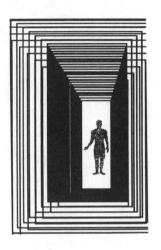

Komitee für Grundrechte und Demokratie

Jahrbuch 2001/2002

*Für eine Gesellschaft bestehen viele Möglichkeiten,
sich von ihren unproduktiven Elementen zu trennen.
In unserer heutigen Gesellschaft stellt die Anstalt die
vorrangige Lösung dar. Die Alten werden in
Altersheime gebracht, Geisteskranke in
psychiatrische Anstalten, Alkoholiker in
Entziehungsanstalten, Diebe und Rauschgiftsüchtige
in Gefängnisse. Die „Trennlinie" zwischen der
produktiven und wohlgestalteten Gesellschaft und
den Unproduktiven wird von der tatsächlichen oder
symbolischen Anstaltsmauer gebildet. Die
Machtinhaber im Gefängnissystem sind somit bloße
Funktionäre des Säuberungssystems.*

(Thomas Mathiesen)

IMPRESSUM

Herausgeber, Verleger:
Komitee für Grundrechte und Demokratie e.V.
Aquinostr. 7-11, 50670 Köln
Telefon (02 21) 9 72 69-20 und -30, Telefax (02 21) 9 72 69 31
email: Grundrechtekomitee@t-online.de

Redaktion: Wolf-Dieter Narr, Roland Roth,
Birgit Sauer, Martin Singe, Elke Steven, Dirk Vogelskamp
Redaktion des Ereigniskalenders: Armin Lauven, Ingrid und Werner Lowin

Umbruch, Gestaltung:
Martin Singe, Elke Steven, Dirk Vogelskamp

Preis 15 Euro;
bei Abnahme von mindestens 10 Exemplaren 20 % Rabatt;
Buchhandel generell 40 % Rabatt;
jeweils zuzüglich Versandkosten

Vertrieb und Bankverbindungen:
Komitee für Grundrechte und Demokratie e.V.
Aquinostr. 7-11, 50670 Köln
Postbank Frankfurt Nr. 3 918 81-600, BLZ 500 100 60
Volksbank Odenwald Nr. 8 024 618, BLZ 508 635 13

Erste Auflage, Dezember 2002, 2.000 Exemplare

Zahlreiche Beiträge sind mit Vorspanntexten versehen; diese wurden von der Redaktion formuliert. Überschriften und Zwischentitel sind teilweise von den Autorinnen und Autoren, teilweise von der Redaktion verfasst. Kurzangaben zu den AutorInnen siehe Seite 439. Die Bildauswahl besorgten Martin Singe, Elke Steven und Dirk Vogelskamp. Bildquellennachweis siehe Seite 443.

Presserechtlich verantwortlich: Dirk Vogelskamp, Köln

Satz, Druck und Gesamtverarbeitung: hbo-druck, Einhausen
ISBN: 3-88906-101-X; ISSN: 0176-7003

INHALT

7

Zum 11. September 2001

Schwerpunktthema
Haftsystem und Menschenrechte

8

9

Editorial

Editorial

Wenn gegen die Menschenrechte spräche, dass die gesellschaftlichen Zeiten ihnen nicht mehr und mehr entgegen kommen, man könnte auch an den Menschenrechten irre werden. Sie erschienen wie Illusionen, wie Wunschdenken. Dem hat Ernst Bloch die „docta spes", die erfahrene, die gelehrig-gelernte Hoffnung entgegengesetzt. Um eine solche handelt es sich bei den Menschenrechten, recht verstanden. Sprich, wenn man die Menschenrechte und das, was sie sind und sein können, angemessen versteht. Zu einem angemessenen Verständnis gehört, dass man nicht darauf vertrauen darf, allem unvermeidlichen ereignisgeschichtlichen Hin und Her zum Trotz paukten sich die Menschenrechte, wie ein in der Geschichte der Menschen angelegtes verborgenes Subjekt nach einem geschichtlich übergeschichtlichen Plan, in zunehmendem Geltungsumfang heraus. Eine solche Annahme historisch wachsender „Vermenschenrechtlichung" könnte nur geschichtsphilosophisch begründet, das heißt aber letztlich nur geglaubt werden.

So schön ein solcher Glaube anmutet, so entlastend er zuweilen wirken mag entgegen allen lähmenden Anwandlungen von Resignation, so wenig scheint es uns gerade menschenrechtlich ratsam, einem solchen zu folgen. Selbstredend wollen wir nicht umstandslos allen „Fortschritt" leugnen oder die Hoffnung auf das Unwahrscheinliche bekriteln. Indes, die diversen Fortschritte stecken voll der Ambivalenzen. Der Hoffnung auf das Unwahrscheinliche aber, der spes contra spem, der hängen wir selber an. Sie besagt eben gerade nicht, auf irgendeine Evolution oder Revolution zu vertrauen – das ist nach dem XX. Jahrhundert vernünftig nicht mehr möglich. Wenn die Menschenrechte im Mittelpunkt des eigenen Denkens, Sich-Orientierens, Urteilens und Tuns stehen, dann ist das Wissen erforderlich, dass menschenrechtsgemäße Praxis auf diesem Globus, der bewohnten Erde eher unwahrscheinlich ist. Dann ist es nötig, einzusehen, dass Menschenrechte, selbst dort, wo sie stück- und brisenweise verwirklicht werden, dauernd prekär sind. Dann ist es vor allem anderen geboten, tief in sich selbst zu wissen und mit solchem Wissen dann entsprechend zu arbeiten, dass Menschenrechte immer nur so weit sind, wie wir uns und andere darum anstrengen, sie zu verwirklichen. So wie Erkenntnis, von Hegel borgend, sich nicht von selbst versteht, sondern die dauernde „Anstrengung des Begriffs" verlangt, so gilt dies fast analog, nämlich dem Erkenntnisprozess eng verschwistert, für die Kenntnis der Menschenrechte, der ihnen entsprechenden Urteilskraft und für die menschenrechtliche Praxis, schweißtreibend, wie sie ist. Von selbst versteht sich in Sachen Erkenntnis, die dann blockiert ist, vielmehr das Vorurteil.

Wir alle sind dauernd von solchen umlagert, wie ein scheues Reh von zähnefletschenden, geifertriefenden Jagdhunden. Von selbst verstehen sich in Sachen Menschenrechte, die dann eitle und täuschende Worte sind, vielmehr gewalterpichte Aggression und selbstbezogene, den Anderen allenfalls als möglichst zu beseitigenden Konkurrenten achtende, materielle Habgier.

Diese unoriginellen Eingangsüberlegungen scheinen uns angebracht, überblickt man das letzte Jahr 2001/2002, das in diesem Jahrbuch in einigen Aspekten, im Monatskalender und in der Dokumentation vor allem unter diversen Aspekten auftaucht. Was hat sich allein an Großereignissen in diesem Jahr getan, die jeweils mehr als eigene Jahrbücher bedürften. In diesen können sie doch nur erinnernd bewahrt, nicht in ihrem gelebten Leben und vor allem in ihren weitergehenden Folgen gerettet oder rettend bearbeitet werden. Der 11.9., der zwischenzeitlich schon zum Eigendatum geworden ist, ohne auch nur nuancenhaft eine neue Politik zur Folge gehabt zu haben – im Gegensatz zu den Behauptungen der Großschwätzer, die zu den Großereignissen unvermeidlich gehören. Der Krieg gegen Afghanistan; der „Krieg" gegen den Terrorismus. Hierbei wurde, wie dies freilich nicht zum ersten Mal geschehen ist, der Kriegsbegriff zur herrschaftlich geradezu universell zuhandenen Metapher, zur Schablone, die jeweils interessengerecht zugerichtet und ausgefüllt werden kann. In der Bundesrepublik Deutschland vor allem die hemmungslose Kriegsteilnahme und die regierungstümliche Aufplusterung zu einer, selbstredend militärisch unterstrichenen Wieder-Weltmachtrolle. Der Israel und Palästina-Konflikt …

Nein, wir können und wollen in diesem Vorwort nicht einmal alle Großkonflikte auch nur nennen, die den europäisch-angelsächsischen Normalblick, dem auch wir verhaftet sind, auch nach Asien und vor allem nach Afrika schweifen lassen müsste. Der Blick bebte rasch. Wir sähen am liebsten wieder weg von all dem Elend und Schrecken, das ursachenviel, jedoch immer mit europäisch-amerikanischen Mitverursachern zu beobachten ist.

Und zu den Großereignissen gesellte sich die Myriade der „Kleinereignisse", die der menschenrechtliche Blick nicht übersehen darf. Jeder Mensch und seine Existenz, das ist der ihn informierende kategorische Imperativ, zählt an und für sich selbst. Und sie zählt gleicher Weise wie die aller anderen Menschen. Welch eine riesige Be-, welch eine, allemal wissend einzugestehende Überlastung.

Zurück zum Ausgang. All die Widerlichkeiten, die Widrigkeiten, ja die schlimmen Zerstörungen und Morde von Menschen an anderen Menschen, auch wenn sie „kriegerisch" geschehen, zusammen mit all den zahllosen anderen, menschenrechtlich nicht leicht zu lösenden Problemen, garantieren jedenfalls eins: „man", andere und wir, die sich so oder so menschen-rechtlich demokratisch engagieren, müssen keine Angst haben, arbeitslos zu werden. Und so bedrückend die Arbeit, wenn Menschen umkommen, wenn sie in ihren Schwierigkeiten schier versacken, so antreibend und auch spaßvoll ist doch eine Arbeit, die, soweit dies uns eben jeweils mög-lich ist, für andere wie uns selbst hilfreich sein kann. Um uns menschlich besser zu benehmen. Hier ist denn auch der Ort, dass ein solches Jahrbuch wie dieses ins Spiel kommt. Gerade, weil Menschenrechte sich nie von selbst verstehen, angefangen von ihrem „Begriff", sprich dem, was jeweils menschenrechtlich geboten ist, wie man Menschenrechte in Erkenntnis, Urteil und Handeln gebrauchen kann, gebrauchen muss, gerade deswegen kommt es immer erneut darauf an, sie einzugedenken. Dazu dient uns und dient, so hoffen wir, unseren Lesenden das Jahrbuch. In ihm wird nicht nur abstrakt über Menschenrechte räsoniert. Auch das kommt vor. Auch das muss sein. In ihm wird an einer Fülle ausgewählter Exempel und Ereignis-se wenigstens immer wieder erneut wortpraktisch kund, was Menschen-rechte sind. Als thematischen Schwerpunkt haben wir dieses Mal die Haft und die Haftbedingungen gewählt. In diesen Schwerpunkt führt ein eige-ner Artikel ein. Ansonsten bleibt es bei den Hauptteilen, die sich im Laufe der Jahrzehnte, da es dieses Jahrbuch schon gibt, als trefflich erwiesen haben.

Wir haben dem letzten Jahrbuch einen kleinen Fragezettel über dasselbe beigelegt. Etliche von Ihnen, liebe Jahrbuch-Lesende, haben die Fragen beantwortet. Dafür bedanken wir uns. Das Echo fiel, wie es fast nicht anders erwartet werden konnte, zwiespältig aus. Neben rühmenden auch sehr kritische Stimmen. Wir sehen uns aktuell nicht veranlasst, das Jahr-buch nicht mehr zusammenzustellen oder völlig umzukrempeln. Dazu scheint es uns auch aus den obigen Erwägungen heraus zu wichtig. Wir werden allerdings auch um des Aufwands willen in den nächsten Jahr-büchern versuchen, schlankere Jahrbuch „gestalten" zu Wege zu bringen. Unsere Bitte bleibt bestehen: dass Sie sich, wann immer Ihnen danach ist, in der Ihnen genehmen Form äußern oder auch, trefflich, Ihre Mitarbeit anbieten.

Berlin, Köln und Wien im Oktober 2002

Wolf-Dieter Narr, Roland Roth, Birgit Sauer, Martin Singe, Elke Steven, Dirk Vogelskamp

Monatskalender
Juli 2001 – Juni 2002

Juli 2001: Im Juli 2001 fanden gegen den in Genua stattfindenden „Gipfel" der sieben reichsten Länder, der sogenannten Gruppe der 7 (inzwischen um Russland auf acht erweitert) mehrtägige Demonstrationen statt. Die Mobilisierungen – mit dem Höhepunkt am Samstag, dem 21. Juli, als 300.000 Menschen demonstrierten – überraschten genauso wie die repressive Antwort der Polizei. Beides ist kaum erklärbar ohne die innenpolitische Konstellation in Italien: Linke Bewegungen, Parteien und Gewerkschaften mobilisierten zur ersten Anti-Berlusconi-Demonstration. Die rechte Regierung wollte zeigen, dass mit ihrer „harten Hand" zu rechnen ist (vgl. u.a. den Artikel von Peter Kammerer in diesem Jahrbuch). Und dennoch war Genua mehr: Die internationale Rezeption stellt die Ereignisse in die Reihe des „globalisierungskritischen" Aufbruchs, der sich unter anderem mit den Protesten gegen das Multilaterale Investitionsabkommen (MAI) 1998 (vgl. den Artikel von Maria Mies in Jahrbuch 1998/99), gegen die 3. WTO-Ministerkonferenz 1999 in Seattle, gegen die IWF/Weltbank-Tagungen in Prag und Washington 2000 und 2001, gegen den EU-Gipfel in Göteborg unmittelbar vor Genua und den Protesten in der ligurischen Stadt selbst formierte. Oder besser gesagt: dort „kristallisierte".

Ulrich Brand

„Seattle", „Genua" und die Rehabilitation von Protest

Bis heute (Sommer 2002) harren die Ereignisse in Genua einer rechtlichen Aufklärung. Die vielfach absurden Anklagen gegen viele AktivistInnen werden aufrecht erhalten. Inzwischen ist deutlich, dass die italienische Polizei selbst entscheidend zur Eskalation beigetragen hat. Auf eine solche polizeiliche Eskalation deutete schon der Schießbefehl, den der italienische

Innenminister Anfang 2002 gegeben hat. Dieser wurde allerdings, aufgrund welcher Umstände auch immer, nicht weitergegeben.

Internationale Proteste als Kristallisation vielfältiger praktischer Kritik

„Seattle", „Genua" und die anderen Demonstrationen sind internationale Kristallisationspunkte sozialer Bewegungen nach Jahren politischer Lähmung. Waren während der 80er Jahre die Proteste der metropolitanen Solidaritätsbewegung gegen Weltbank und Internationalen Währungsfonds (IWF) noch eher einer klassischen – und keineswegs falschen – Imperialismuskritik verbunden, so agieren die Initiativen heute gegen einen tatsächlich globalen Kapitalismus. Deutlich wird auch, dass Nicht-Regierungsorganisationen (engl.: Non-governmental-organisations = NGOs) mit ihrer Fokussierung auf Expertise und das Appellieren an die aufgeklärten Eigeninteressen der Herrschenden nicht weiter kommen. Ihre Expertise wird in einem gesellschaftlichen Klima aufgenommen, in dem die Rezipienten – Regierungen, Unternehmen, Medien – es sich leisten können, die ihnen genehmen Aspekte herauszupicken. Zugleich können sie ihr Nichtstun legitimieren: Denn wenn die „Zivilgesellschaft" mitredet, dann scheint ja alles in Ordnung zu gehen. Substantielle Veränderungen folgen kaum. (Kritische NGOs haben längst erkannt, dass soziale Bewegungen für sie wichtig sind.)

Um keine Missverständnisse aufkommen zu lassen: Protest und soziale Bewegung im linken Spektrum sind im Vergleich zu den oft als ExpertInnen und Co-Eliten agierenden NGOs immer noch recht schwach. Linke nicht-

parteiförmige Politik wird hauptsächlich weiter von Verbänden artikuliert. In diesen Tagen (Ende August 2002) wird das am „Rio+10"-Gipfel deutlich, der in Johannesburg stattfindet. Ich nenne dies den „Rio-Typus" von Politik. Der wurde 1992 inauguriert und sollte das folgende Jahrzehnt bestimmen. Dass nämlich mit guten Argumenten, gutwilliger Kooperation und Expertise die Welt „nachhaltig" verändert werden könnte. Von „globaler Partnerschaft" und dem „Geist von Rio" war die Rede. Es bildete sich auf internationaler Ebene eine Gruppe von Regierungs-, Unternehmens- und zivilgesellschaftlichen Vertretern. Denen geht es wenig um die Interessen schwächerer Gruppen. Ihr Blick auf Probleme erfolgt(e) „von oben". Von hier gehen ihnen zufolge die wirksamsten Impulse zur Rettung des Planeten aus. In Johannesburg ist dieser Typus wieder zu besichtigen.

Und dennoch: Seit dem „Battle of Seattle" und erst recht seit Genua erhält ein Phänomen hohe Aufmerksamkeit, das als internationale Protestbewegung bezeichnet werden könnte. Ich nenne es vorläufig den „Seattle-Typus" von Politik (der müsste heute um den „Porto Alegre"-Typus wegen der dort stattfindenden Weltsozialforen ergänzt werden). Die Bewegung äußert sich auf den Demonstrationen nicht nur durch die Aktiven in internationalen Netzwerken, sondern formiert sich aus nationalen und lokalen Bewegungen (in Seattle die US-Gewerkschaften, in Genua die PostkommunistInnen). Die internationalen Netzwerke sorgen jedoch für Kontinuität. Ein Teil dieser internationalen Bewegung ist beispielsweise das 1997 gegründete Netzwerk Peoples' Global Action (PGA), das sich als Ausdruck einer vielfältigen und radikalen globalen Protestbewegung versteht (www.agp.org). Mitglied sind Bewegungen, Organisationen und Individuen in Nord und Süd. Es wird insbesondere auf die zunehmenden Kämpfe in peripheren Ländern verwiesen, die Anstöße in den Metropolen bringen sollen. Ein wichtiger Bezugspunkt für PGA ist der Aufstand der Zapatistas seit 1994 und das im Sommer 1996 im mexikanischen Chiapas durchgeführte „Erste Treffen gegen Neoliberalismus und für eine menschliche Gesellschaft". Heute weltweit verwendete Mottos wie „ya basta!" (es reicht) oder „Eine andere Welt ist möglich!" stammen von den Zapatistas.

Seit Genua hat auch das internationale Netzwerk attac an den Demonstrationen teilgenommen, das sich dadurch auszeichnet, dass es einen sehr konkreten Vorschlag unterbreitet. In einem Artikel in Le Monde Diplomatique (Dezember 1997) schlug Ignacio Ramonet vor, eine Vereinigung zu gründen, die dafür mobilisiert, die Finanztransaktionen globaler Unternehmen zugunsten der BürgerInnen zu besteuern (französisch abgekürzt „attac", www.attac.org; www.attac-netzwerk.de). Der Erfolg von attac ist gerade hierzulande immens. Das führt teilweise dazu, das inzwischen 7.000 Mitglieder zählende und in fast 100 Städten aktive Netzwerk synonym mit der globalisierungskritischen Bewegung zu setzen.

Insbesondere Pierre Bourdieu hat auf den wichtigen Umstand hingewiesen, dass anti-hegemoniale Praxen Bewegungen und Intellektuelle enger zusammenbringen sollten (www.raisons.org). Das neoliberal-postfordistische Projekt hätte in der Tat nicht seine Konturen bekommen ohne seine „organischen Intellektuellen". Diese haben entscheidend dazu beigetragen, den Konsens zu

etablieren und die Verhältnisse plausibel zu begründen. Dabei ist festzuhalten, dass es bislang im etablierten wissenschaftlichen Betrieb wenige kritische Intellektuelle gibt, die sich mit neuen Formen praktischer Kritik auseinandersetzen. Weit wichtigere Orte von Reflexion und Orientierung sind kritische Nichtregierungsorganisationen. Wichtige Anstöße kommen ebenso von internationalen Netzwerken wie dem „International Forum on Globalization", das 1994 gegen das Nordamerikanische Freihandelsabkommen NAFTA und die Uruguay-Runde des GATT (die u.a. mit Gründung der Welthandelsorganisation [WTO] endete) mobilisierte (www.ifg.org).

In den letzten Jahren wurde schließlich deutlich, dass diese Bewegung eigene Foren auf lokaler, nationaler und internationaler Ebene benötigt, damit die Gruppen sich kennen lernen, austauschen und ihre Eigenarten ausbilden. Hier nimmt das Weltsozialforum, das seit 2001 im brasilianischen Porto Alegre stattfindet, inhaltlich und symbolisch einen wichtigen Stellenwert ein (vgl. www.links-netz.de zu Porto Alegre).

„Smash capitalism!" oder Bewegungskampf?

Einer der interessantesten Aspekte liegt zweifellos darin, dass es der heterogenen Bewegung gelungen ist, eine neue Runde der Interpretation der gegenwärtigen Verhältnisse einzuläuten. Deutungen sind immer mehr oder weniger umkämpft. Eine zentrale Stärke des Neoliberalismus liegt zweifellos darin, dass er zum Alltagsverstand wurde. In den jüngsten „Globalisierungskritiken" wird dieser Alltagsverstand erstmals grundsätzlicher in Frage gestellt. Die Politisierung vormals „quasinatürlicher" Entwicklungen erfolgt

21

über Begriffe wie „Neoliberalismus", „neoliberale Globalisierung", „negative Folgen von Privatisierungen", die „zunehmende Nord-Süd-Spaltung", die „Macht der Finanzmärkte", Institutionen wie IWF/WB/WTO, die Gruppe der 7/8 oder das „Weltwirtschaftsforum in Davos", die „Zentralisierung und Konzentration der Unternehmensmacht" sowie die „zunehmende Entdemokratisierung".

Auf allgemeiner Ebene politisiert die Bewegung damit die Widersprüche des globalen Kapitalismus. Im Zentrum stehen die Deregulierung und der damit verbundene Abbau sozialer Rechte sowie die weitere Kommodifizierung sozialer Verhältnisse z.b. durch Privatisierung öffentlicher Unternehmen, Umbau der Sozialhilfe oder Inwertsetzung von menschlicher und außermenschlicher Natur. Insbesondere die regulatorischen und systemischen Schwächen des globalen Finanzsystems werden immer offensichtlicher.

Dem werden Kategorien der Gerechtigkeit, eine Demokratisierung der Verhältnisse (wobei unklar ist, ob dies über die grundlegende Veränderung oder gar Abschaffung internationaler politischer Institutionen erfolgen soll), Diversität gegen Monokultur u.a. entgegengestellt. Dabei werden die Grenzen der parlamentarischen Demokratie, die nicht nur angesichts der Internationalisierung sozialer Prozesse offenkundig sind, selbst für die undemokratische Durchsetzung des neoliberalen Projekts verantwortlich gemacht. Es gibt einen breiten Konsens, dass gewaltlose direkte Aktionen und ziviler Ungehorsam legitim sind. Darüber hinaus bestehen einige inhaltliche und strategische Differenzen, die im Abschnitt zu den Ambivalenzen praktischer Globalisierungskritik angedeutet werden.

Insgesamt finden langwierige Stellungskämpfe um gesellschaftliche Hegemonie statt. Herrschende Sichtweisen und Diskurse werden delegitimiert. Das ist komplizierter als die Formel „smash capitalism!" suggeriert. Diese wird gleichwohl von Teilen der Bewegung provokant vertreten.

Neubestimmung eines „radikalen Reformismus"?

M.E. stehen die Zeiten nicht schlecht, um in den aktuellen Debatten das Konzept des „radikalen Reformismus" zu diskutieren. Es wäre unsinnig, die aktuellen emanzipativen und kritischen Bewegungen an dem Konzept „zu messen". Das würde den Bewegungen nicht gerecht werden, widerspräche aber auch dem Theorieverständnis des radikalen Reformismus. Diesem geht es gerade nicht um Handlungsanweisungen, sondern darum, dass theoretische Reflexion Wissen um die Möglichkeiten, Grenzen und Wirkungen emanzipativen Handelns bereitstellt.

Als Mitte der 80er Jahre das Konzept entwickelt wurde, standen zwei Erfahrungen gesellschaftsverändernder linker Politik im Zentrum. Zum einen das schon damals offenkundige Scheitern des Realsozialismus und zum anderen die offensichtlichen Grenzen der Sozialdemokratie. Beiden linken Traditionen war eines gemeinsam: eine grundlegende Transformation der kapitalistischen Gesellschaft über den Staat erreichen zu wollen, sei es qua revolutionärer Übernahme der Staatsmacht oder qua Wahlen und der nachfolgenden Umgestaltung. Dasselbe gilt, wenngleich weniger geschichtsmächtig, für leninistische Organisationen in den kapitalistischen Ländern.

Kapitalistische Klassenherrschaft und die ihr zugrunde liegende Produktions-

weise können aber nicht per staatlicher Politik aufgehoben werden. Der Staat ist kein neutraler Akteur, sondern selbst ein kapitalistischer Klassenstaat. Denn der Staat ist selbst finanziell und legitimatorisch auf das Gedeihen der kapitalistischen Ökonomie angewiesen. Staat ist allerdings kein reines Instrument der herrschenden Klasse(n), sondern ein Terrain, auf dem höchst ungleiche gesellschaftliche Interessen sich durchzusetzen versuchen und Kompromisse bilden.

Die Diskussionen um einen radikalen Reformismus versuchen ernst zu nehmen, dass der Kapitalismus eine höchst widersprüchliche und dynamische Veranstaltung ist. Dies drückt sich insbesondere in grundlegenden „Gesichtern" des (fordistischen) Nachkriegs- und aktuell des sich verändernden (postfordistischen) Kapitalismus aus. Es wandeln sich Produktions- und Konsummuster, soziale Lagen, Bedürfnisse und Sozialisationsprozesse, Geschlechter-, Familien- und Generationenverhältnisse, Konfliktlinien etc. Bewegungen drohen zu erstarren, die dieser Wandlungsfähigkeit des Kapitalismus keine Rechnung tragen.

Emanzipative Akteure sind nicht abstrakt und vorher bestimmbar (etwa qua „objektiver" Lage als subalterne Klasse oder Indigene), sondern schaffen sich in ihrem Kampf gegen herrschende Verhältnisse und Institutionen buchstäblich selbst. Bewusste Entscheidungen schaffen alternative und gegen die herrschenden Institutionen gerichtete Erfahrungs- und Kommunikationszusammenhänge. Politische Radikalität ist dementsprechend nicht abstrakt festlegbar. Sie muss in Klärungs- und Politisierungsprozessen erzeugt und reflektiert werden. Entsprechend geht es um durchaus konfliktreiche und wider-

sprüchliche Lern- und Erfahrungsprozesse.

Diese meines Erachtens wichtigen Überlegungen zum radikalen Reformismus sind kaum rezipiert worden. Das hängt offenbar mit der in den 90er Jahren dominanten Defensive der Linken zusammen. Angesichts des Erfolges neoliberaler und neokonservativer Politiken ging es zuvorderst darum, bestimmte Aspekte des Nachkriegsmodells zu retten. Dies ist, wie in Deutschland sichtbar, teilweise gelungen. Der neoliberale Umbau findet nun mit erheblicher Verspätung statt. Die Defensivposition scheint sich derzeit zu öffnen. Mit den Stichworten „Seattle" und „Genua" ist eine Konstellation benannt, in der zumindest auf der diskursiven Ebene die neoliberale Hegemonie in Frage gestellt wird. Ob dies auch materiell der Fall sein wird, muss sich in den kommenden Jahren zeigen. Es kann nur Ergebnis weiterer Auseinandersetzungen sein.

Zentral scheint mir heute, dass unter den gegenwärtigen Bedingungen überhaupt wieder einigermaßen hörbar auf politische Alternativen insistiert wird. Das von den Zapatistas entlehnte Motto „Eine andere Welt ist möglich" drückt dies aus. Es geht um die Infragestellung neoliberaler „Wahrheiten". Dass eine kritische Bewegung in den kapitalistischen Zentren wieder entsteht, ist kaum zu überschätzen. So werden Metropolenlinke bloßgestellt, die kaum noch über den Tellerrand hinauszuschauen in der Lage waren. Der Blick wird wieder verstärkt darauf gerichtet, dass auch und gerade der postfordistisch-neoliberale Kapitalismus eine weltweite Katastrophenveranstaltung ist. Anerkannt wird heute vom größten Teil emanzipativer Bewegungen, dass gesellschaftliche Veränderung nicht ein mehr oder weniger fixes Ziel verfolgen sollte, sondern der Weg selbst entscheidend ist. Auf diesem geht es auch um die Selbstveränderung der handelnden Menschen.

9/11

Kurz nach Genua kam es zu einem weiteren einschneidenden Ereignis von ungleich größerer Tragweite. Die Anschläge in den USA und die Reaktion der USA/NATO darauf werden die Koordinaten nicht nur der „großen" Politik gründlich verschieben, sondern auch die Bedingungen emanzipativer Praxis. Die öffentlichen Auseinandersetzungen richten sich weniger auf die gesellschaftskritischen Ansätze. Es herrscht in weiten Teilen ein „diskursiver Ausnahmezustand". Dies geht einher mit einem dramatischen Rückbau von BürgerInnenrechten und Rechtsstaatlichkeit, die gerade linke Handlungsbedingungen beschneiden. Der „Kampf gegen den Terror" wird schnell ausgeweitet auf andere Formen oppositionellen Handelns. Eine internationale Konstellation wird gewissermaßen repressiv nach innen gewendet. Rechtsstaatliche Errungenschaften werden abgebaut. Dies hatte sich vor den Protesten in Genua bereits angekündigt und gewinnt nach den Anschlägen eine neue Dynamik. Dazu gibt es intensivere Formen der militärischen und polizeilichen Kooperation zwischen nördlichen Staaten. Die Herrschenden üben die Definitionsmacht über die Ereignisse aus. Mit den Begriffen „Terrorist" bzw. „unterstützendes Umfeld" können fast beliebig Zuschreibungen gegenüber anderen Ländern oder Gesellschaftsgruppen erfolgen. Schließlich werden die von den meisten Menschen als dominant wahrgenommenen Konfliktstrukturen wieder verschoben. War es ein Erfolg des Neoliberalismus, dass sich gesell-

schaftliche Interessen durch den dominanten „horizontalen" Konflikt (Marco Revelli) begreifen, nämlich den Standortwettbewerb, so haben die jüngsten Proteste es erreicht, dass vertikale Konflikte zwischen Oben und Unten und innergesellschaftliche Herrschaftsfragen wieder legitim werden. Dies könnte sich dramatisch ändern. Politik wird mit dem Muster des „Kulturkampfes" interpretiert, Ökonomie als „Standortkampf". Für Auseinandersetzungen, die sich am gesellschaftlichen Oben und Unten orientieren, bleibt weniger Raum.

Offen bleibt, ob diese „Schließung" gelingt und welche Widersprüche diese Konstellation erzeugt. Es wird deutlich, dass die „Neue Weltordnung" und neoliberale Globalisierung den meisten Menschen nichts zu bieten haben. Insbesondere das Nord-Süd-Verhältnis kam politisch wieder auf die Tagesordnung (und nicht mehr, wie vorher, nur als eines nicht-gelingender Weltmarktintegration und des zu verwaltenden Chaos). Auch Repression kann, wenn sie wie in Genua selbst in der bürgerlichen Öffentlichkeit als „übertrieben" angesehen wird, den Protesten eine höhere Legitimität geben. Notwendig für eine emanzipative Linke ist es, eine kritische Position gegenüber Terror und den herrschenden Verhältnissen zu entwickeln und die vielfältigen Verbindungslinien zwischen den verschiedenen Entwicklungen herzustellen.

Ambivalenzen praktischer Globalisierungskritik

Die konkreten Bedingungen linker Kritik und Politik bestehen in dem weitgehend ungebrochenen Durchmarsch neoliberaler Politik und in der wachsenden Militarisierung. Auch wenn sich der Neoliberalismus auf der ideologischen Ebene vielleicht erschöpft hat und heute mit „anti-neoliberalen" Politiken durchgesetzt wird (vgl. etwa das sog. Schröder/Blair-Papier, das sich als anti-neoliberales versteht), so sind die neoliberalen Kräfte weiterhin am Zuge und gestalten die Gesellschaften tiefgreifend um. Ihr Erfolg liegt ja gerade darin, dass zentrale Merkmale wie die Herstellung von Wettbewerbsfähigkeit oder Standortpolitik von großen Teilen der Bevölkerung nicht mehr in Frage gestellt werden.

Ich möchte nun eher kursorisch auf einige, mir wichtig erscheinende Aspekte unter dem Stichwort „Ambivalenzen der Globalisierungskritik" eingehen. Eine Gefahr der Proteste besteht darin, dass sie zum routinierten Begleitprogramm internationaler Konferenzen werden. Die „großen" internationalen Proteste mit entsprechender medialer Aufmerksamkeit drohen – entgegen ihrer Absicht – andere Kämpfe zu entwerten. Gerade in peripheren Ländern gibt es vielfältige Ansätze, die die herrschenden Verhältnisse konkreter und nachhaltiger in Frage stellen, international jedoch kaum wahrgenommen werden. Das Weltsozialforum in Porto Alegre wie auch die kontinentalen, nationalen und lokalen Sozialforen sind Versuche, über Proteste hinaus Ansätze zu entwickeln.

Es gibt zudem in einzelnen Fragen erhebliche Differenzen innerhalb der breiten und heterogenen Bewegung. Teilweise wird Kapitalismuskritik heute auf negative Folgewirkungen und die Notwendigkeit einer „Re-Regulierung" beschränkt. Deswegen bleibt sie hochgradig anschlussfähig für den liberalen Mainstream. Eine zentrale Forderung von Attac, nämlich die Einführung einer Steuer auf internationale Kapitaltransfers (sog. Tobin-Steuer), konnte deshalb politisiert werden, weil sie Kritiken entsprach, die auch im Establishment formuliert werden. Das macht bestimmte Kritikmuster und Handlungsvorschläge auch in einer breiteren Öffentlichkeit attraktiv, droht aber Enttäuschungen nach sich zu ziehen. Zugespitzt könnte gefragt werden: Geht es um die Behebung der Dysfunktionalitäten des globalen Kapitalismus und dessen krisenfreieres Funktionieren oder um die schwierige Suche nach Ansatzpunkten, um kapitalistische Strukturen selbst in Frage stellen zu können? Positionen zwischen beiden Polen sind vertreten. Auch in der Frage des Staates sind diverse Perspektiven auffindbar. In einer Diskussion zwischen BUKO (Bundeskongress der entwicklungspolitischen und internationalistischen Aktionsgruppen in Deutschland, Hamburg) und Attac-VertreterInnen meinte jemand vom BUKO, es bestehe die Gefahr, Menschen, die aus einem Unwohlsein heraus „etwas machen wollen", auf die falsche Fährte zu lenken (vgl. Sonderheft „Gegenverkehr. Soziale Bewegung im globalen Kapitalismus" des iz3w, Freiburg).

Zudem drohen dominante Politikvorstellungen reproduziert zu werden. Dass nämlich Probleme möglichst effizient „zu lösen" und „politikfähige" Konzepte zu entwickeln seien. Dahinter stehen technokratische Politikvorstellungen, denen gemäß „objektiv" vorhandene Probleme scheinbar objektiv zu lösen sind. Unterschiedliche Problemverständnisse und Vorstellungen, diese zu betrachten, bleiben ausgeblendet. Gerade Medien, staatliche Apparate und staatsnahe Teile der „Zivilgesellschaft", wie die politischen Stiftungen, vertreten solche Ansätze.

Ein weiteres Dilemma besteht darin, dass „Globalisierungskritik" momentan zwar „in" ist und den Anliegen wie sel-

ten zuvor gesellschaftliche Aufmerksamkeit geschenkt wird. Eine postkapitalistische Orientierung muss jedoch ernst nehmen, dass die Fermente einer anderen Gesellschaft in komplizierten Lern- und Erfahrungsprozessen gewonnen werden. Dies kann nicht durch mediale Aufmerksamkeit und die Schaffung anerkannter SprecherInnen kompensiert werden. Zweifellos besteht die Gefahr, Teil der „Politik in der Manege" (Wolf Dieter Narr/Roland Roth) zu werden. Nach Genua wird auch deutlich, wie man sich die Stichworte der eigenen Debatte von bürgerlichen Medien vorgeben lässt. Die Diskussionen zu Militanz u.a. sind zweifellos wichtig, ihre Engführung jedoch ein Problem.

Radikaler Reformismus geht davon aus, dass die „bürgerlichen Ideale" der Aufhebung von Herrschaft und die Gewinnung von Freiheit, Gerechtigkeit, Selbstbestimmung und Demokratie nach wie vor unerreicht sind und unter kapitalistischen Verhältnissen auch systematisch nicht eingelöst werden können. Ein hauptsächliches Dilemma jeder kritisch-emanzipativen Bewegung besteht darin, dass sie entgegen ihrem Anspruch integriert und letztendlich modernisierend wirken kann. Dagegen gibt es keinen Ausweg, außer der permanenten Reflexion der (Kräfte-) Verhältnisse und eigenen Strategien. Unter widersprüchlichen Bedingungen ist und bleibt auch kritisches und emanzipatives Denken und Handeln widersprüchlich. Emanzipative Politik „geht" nicht schnell – wenngleich „Sprünge" vor allem auf der symbolischen Ebene und jener der positiveren Selbsteinschätzung unverzichtbar sind. Des-wegen sind „Genua" und „Seattle" wichtig. Emanzipative Politik ist kompliziert und muss an alltägliche Praxis in Uni, Betrieb,

Stadtteil, politischen Organisationen oder persönlichen Beziehungen rückgebunden werden. Sonst wird nämlich unterschätzt, dass der Neoliberalismus gerade auf der kulturellen Ebene überaus erfolgreich war.

Wichtig bleibt daher, „eigene" Diskussionsstrukturen zu haben bzw. – gerade auf internationaler Ebene – aufzubauen, Erfahrungen auszutauschen, Anregungen zu vermitteln, eigene Sichtweisen und Handlungen kritisierbar zu machen. Gelingt dies einigermaßen, dann kann es auch Medien-Hypes wie nach Genua geben, die kritisch-emanzipative Anliegen in eine breitere Öffentlichkeit tragen. Doch es besteht keine Gefahr, diesen Hype mit der realen Stärkung von Bewegungen zu verwechseln. Wenn sich eine Streitkultur entwickelt und unterschiedliche Einschätzungen akzeptiert bleiben (was nicht bedeutet, dass sie beliebig sind), dann wird es weiterhin nicht die eine Perspektive und die eine Strategie geben, sondern produktive Suchprozesse in Richtung einer freieren und gerechteren Gesellschaft.

August 2001: Der norwegische Containerfrachter Tampa rettete 433 überwiegend aus Afghanistan stammende Flüchtlinge, die vor den Weihnachtsinseln in Seenot geraten waren. Eliteeinheiten des australischen Militärs enterten den Frachter und hinderten die „boat people" daran, das Festland zu erreichen, um dort ihre Asylgesuche stellen zu können. Statt dessen werden die Schutz suchenden Flüchtlinge auf entlegene Inseln im Indischen und Pazifischen Ozean deportiert – in diesem Fall auf den von Australien ökonomisch abhängigen Inselstaat Nauru – und dort interniert. Diese Internierungslager, in die Asyl Suchende für die Zeit, in der ihre Flüchtlingseigenschaft überprüft wird, eingesperrt werden – vielfach über Jahre hinweg –, sind in Australien nach wiederholten Flüchtlingsprotesten und -unruhen massiver menschenrechtlicher Kritik ausgesetzt. Diese sogenannte, inzwischen in Gesetze gegossene „pazifische Lösung" ist die australische Variante der militärisch überwachten Abschottung gegen unerwünschte „illegale" Migration, durch die schon unzählige Flüchtlinge ihr Leben verloren haben.

Sandra Heiland

Australische Asylpolitik – durch Haft in die Freiheit?

Seit 10 Jahren gibt es in Australien ein Gesetz, aufgrund dessen Asylbewerber, die ohne gültige Visa einreisen, zwangsweise in Flüchtlingslagern (detention centres) inhaftiert werden. Dort warten sie oft Monate, manchmal auch Jahre, auf die Bearbeitung ihres Asylantrages.

Es wird angenommen, dass sowohl die psychische als auch die physische Gesundheit der Flüchtlinge durch die zwangsweise Inhaftierung erheblich angegriffen wird. Dies gilt insbesondere vor dem Hintergrund, dass viele dieser Menschen schon durch vergangene Verfolgung, vor der sie ja gerade fliehen, traumatisiert sind. Die Politik der zwangsweisen Inhaftierung von Flüchtlingen widerspricht darüber hinaus internationalen Standards, insbesondere da man die Inhaftierung nicht von Gerichten überprüfen lassen kann.

Auch das in der Genfer Flüchtlingskonvention niedergeschriebene Gebot, dass keine Flüchtlinge in Länder abgeschoben werden dürfen, in denen ihnen Gefahr für Leib und Leben droht (nonrefoulement), wird von der australischen Regierung nicht ausreichend beachtet. So wurde 1999 eine Chinesin, die ihr zweites Kind erwartete, im achten Monat der Schwangerschaft nach China abgeschoben. Kurz nach ihrer Ankunft wurde die Frau zur Abtreibung gezwungen. Im Januar 2000 wurde ein algerischer Asylbewerber abgeschoben, obwohl ein schriftliches Ersuchen des UN-Ausschusses gegen Folter vorlag, das um einen Aufschub der Abschiebung bat, solange der Ausschuss den Fall noch untersuche. Die australische Regierung vertrat jedoch die Auffassung, dass sie einem Ersuchen der UN nicht verpflichtet sei.

Die Wahlen

Im November letzten Jahres fanden in Australien Parlamentswahlen statt. Nachdem einige Flüchtlingsbote an der australischen Küste angekommen waren, richtete sich der Wahlkampf vor allem auf die Asylpolitik. Die Politiker verstanden es, der Bevölkerung den Eindruck zu vermitteln, dass demnächst mit einer Schwemme von Flüchtlingen zu rechnen sei. Deshalb müsse sich Australien schützen. Die konservative Regierungskoalition unter Premierminister Howard wurde bei der Wahl in ihrem Amt bestätigt, obwohl sie in den Monaten vor der Wahl sehr schlechte Umfrageergebnisse erzielt hatte. Wahl-

beobachter berichten, dass die Regierung allein aufgrund ihrer Asylpolitik die Wahl im letzten Jahr wieder für sich entscheiden konnte. Da die Regierung in ihrer Flüchtlingspolitik durch die Wähler bestätigt wurde, kann vorerst mit einer Änderung der australischen Politik auf diesem Gebiet nicht gerechnet werden.

Die Tampa

Unter den Flüchtlingsbooten, die in Australien ankamen, befand sich auch ein indonesisches Boot, das im August 2001 in internationalen Gewässern in Seenot geraten war. An Bord befanden sich vor allem Flüchtlinge aus Afghanistan, Sri Lanka, Irak und Pakistan. Die Flüchtlinge, die sich auf dem Boot befanden, wurden von der Besatzung des norwegischen Frachters Tampa gerettet. Da sich die Tampa näher an Australien als an Indonesien befand, entschied sich der Kapitän, Kurs auf die australischen Weihnachtsinseln zu nehmen. Ihm wurde jedoch von australischen Behörden die Genehmigung zum Anlegen verweigert. Als er trotzdem Kurs auf die Weihnachtsinseln nahm und sich die Tampa in australischen Gewässern befand, wurde sie Ende August 2001 von australischen Soldaten, nach zunächst mehrtägiger Belagerung, geentert.

Die australische Regierung entschied sich bei der Bearbeitung der Asylanträge für eine „pazifische Lösung". Nach Verhandlungen mit der Regierung von Nauru wurden die Flüchtlinge auf dieser Pazifikinsel in provisorische Internierungslager gebracht. Von dort aus sollen ihre Asylanträge geprüft werden. Neuseeland hat sich bereit erklärt, 150 Flüchtlinge aufzunehmen und deren Asylanträge zu prüfen, ohne die Flüchtlinge in Lager zu bringen. Fast allen

Personen, die nach Neuseeland gebracht wurden, wurde inzwischen der Flüchtlingsstatus zuerkannt. Australische Behörden sind dagegen noch heute mit der Bearbeitung der Asylanträge beschäftigt.

Australien erwägt, weitere Lager in anderen Pazifik-Staaten zu bauen und zu finanzieren. Verschiedene Regierungen meldeten sich, nachdem Nauru und Australien eine Einigung hatten erzielen können. Inzwischen hat sich auch Papua-Neuguinea bereit erklärt, Flüchtlinge aufzunehmen, die auf Manus Island untergebracht worden sind. Australien hat sowohl der Regierung von Nauru, als auch der Regierung von Papua-Neuguinea garantiert, dass diese keine Flüchtlinge ansiedeln müssen. Es ist aber bis jetzt nicht entschieden, was mit den Flüchtlingen geschehen soll. Vielmehr unterstrich der australische Einwanderungsminister in einer Presseerklärung im Mai 2002, dass Flüchtlinge ihren zukünftigen Aufenthaltsort nicht frei wählen könnten, d.h., dass Flüchtlinge, die von australischen Behörden als solche anerkannt worden seien, nicht selbstverständlich in Australien angesiedelt werden, sondern andere Lösungen gefunden werden müssten.

Diejenigen, die nicht als Flüchtlinge anerkannt werden, sollten Australien schnellstens wieder verlassen. Zu diesem Zwecke hat der Einwanderungsminister ein Abkommen mit Afghanistan unterzeichnet, das die Rückführung von Asylbewerbern nach Afghanistan zum Ziel hat. Dafür möchte Australien der Regierung in Afghanistan mehrere Millionen Dollar zur Verfügung stellen. Während der australische Minister davon ausgeht, dass die Lage in Afghanistan inzwischen stabil sei, haben die Vereinten Nationen dieser Ansicht offiziell widersprochen.

Als Ende letzten Jahres weitere Flüchtlingsboote auf Australien zusteuerten, wurden diese, auch unter dem Einsatz von Kriegsschiffen, zur Rückkehr in internationale Gewässer gezwungen. Darüber hinaus hat die Regierung verschiedene Hoheitsgebiete per Gesetz aus ihrer „Einwanderungszone" ausgeschlossen und verweigert jedem, der von dort aus einen Asylantrag stellt, die Bearbeitung dieses Antrages. Viele dieser Flüchtlinge sind aus ihrer Heimat vor Verfolgung durch ihre Regierung und vor schweren Menschenrechtsverletzungen geflohen.

Das Inhaftierungslager Woomera

Auch die Lage der Flüchtlinge in den australischen Inhaftierungslagern hat vor allem Anfang diesen Jahres (2002) Anlass zur Besorgnis gegeben. Im Lager bei Woomera war es zu Aufständen gekommen. Dieses südaustralische Flüchtlingslager liegt etwa 500 Kilometer nordöstlich von Adelaide. Durch seine Lage am Rande der Wüste ist es sehr isoliert. Trotzdem ist es von hohem Stacheldraht umgeben.

Im Januar 2002 haben die Flüchtlinge im Lager Woomera erneut begonnen, gegen ihre Lebensbedingungen und die langen Wartezeiten zu protestieren – einige Asylsuchende warten seit über zwei Jahren auf die Bearbeitung ihres Asylantrages. Über 200 Personen traten in Hungerstreik, 60 Personen nähten sich die Lippen zu.

Aufgrund dieser besorgniserregenden Situation in den australischen Flüchtlingslagern hat die UN-Hochkommissarin für Menschenrechte, Mary Robinson, einen Termin für Anfang diesen Jahres (2002) für eine Besichtigung der Lager bei der australischen Regierung angefragt. Nach anfänglicher Ableh-

nung hat sich die australische Regierung dem internationalen Druck gebeugt und dem Ersuchen zugestimmt. Am 27. Mai 2002 konnte eine Delegation der Vereinten Nationen, bestehend aus der Gesandten Richterin Parafullachandra Natwarlal Bhagwati für die Hochkommissarin für Menschenrechte und einigen Mitgliedern der UN-Arbeitsgruppe zu Zwangshaft, das Lager Woomera besichtigen.

Berichten zufolge soll das Lager speziell für diesen Anlass hergerichtet und der Umgang mit den inhaftierten Menschen verbessert worden sein. So werden die Inhaftierten seit einigen Wochen nicht mehr mit einer anonymen Nummer, sondern mit ihrem Namen angesprochen. Ausserdem wurden Überraschungsausflüge für die inhaftierten Kinder organisiert. Die Unter-

künfte wurden hell gestrichen. Man hat 1.500 Eukalyptusbäume gepflanzt. Der Stacheldrahtzaun wurde entfernt und die Verpflegung wurde verbessert. Außerdem wurden Telefonkabel für neue Anschlüsse verlegt, nachdem sich zuvor 200 Inhaftierte zwei Telefone haben teilen müssen.

Während das Einwanderungsministerium bestreitet, dass Woomera für den UN-Besuch verschönert worden sei, berichten Insassen, dass bei offiziellen Besuchen immer Erneuerungen vorgenommen werden, die diesmal nur besonders deutlich aufgefallen seien. Welchen Eindruck das Lager bei den UN-Beobachtern hinterlassen hat, bleibt abzuwarten. Die Ergebnisse werden im Jahr 2003 auf der 59. Sitzung der Menschenrechtskommission der Vereinten Nationen vorgestellt. Jedoch wurde berichtet, dass sich schon einzelne Teilnehmer der UN-Delegation in privaten Gesprächen negativ über die Unterbringung von Flüchtlingen in den australischen Inhaftierungslagern geäußert hätten. Der australische Einwanderungsminister wies diese Vorwürfe zurück und unterstrich, dass keiner der UN-Beobachter Bedenken wegen der australischen Asylpolitik gegenüber Vertretern der Regierung geäußert habe.

Schlussbetrachtung

Australien gefährdet durch seine Politik das Leben von Asylsuchenden und untergräbt das Recht auf Asyl. Nach der Genfer Flüchtlingskonvention dürfen Flüchtlinge nicht gegen ihren Willen in ein Land zurückgeschickt werden, in dem ihnen Menschenrechtsverletzungen drohen. Außerdem ist ein faires und umfassendes Asylverfahren zu garantieren.

Die zwangsweise Inhaftierung von Asylsuchenden sollte aufgrund der Situation in den Lagern, die oft sehr langen Bearbeitungszeiten der Asylanträge sowie der Auswirkungen der Haft auf die Menschen abgeschafft werden. Es sollte schnellstens nach Alternativen für die Verbliebenen gesucht werden. Die sogenannte „pazifische Lösung" der australischen Regierung stellt keinen Schritt nach vorne dar. Auch wenn die Bezeichnung eine Lösung vermuten lässt, wird das Problem nur geographisch verschoben. Vielmehr versucht sich Australien, aus seiner internationalen Verantwortung hinsichtlich des Flüchtlingsschutzes freizukaufen.

Da die Australier in den vergangenen Parlamentswahlen den harten Kurs der Regierung in der Asyl- und Flüchtlingspolitik guthießen, ist eine Änderung dieser Politik aus eigener Initiative der australischen Regierung nicht zu erwarten. Nur Druck von außen, sei es durch die Vereinten Nationen, durch Nichtregierungsorganisationen oder auch die Initiative einzelner, kann eine Wende und damit einen umfassenden Flüchtlingsschutz in Australien möglich machen.

September 2001: An jenem klaren Herbstmorgen
des 11. Septembers erreichen ein gutes Dutzend
Selbstmordattentäter ihre Ziele, das World Trade Center und
das Pentagon, für sie Zentren des Bösen. Indem sie die
Passagiere mit in den Tod reißen, tragen sie ihren Terror,
den sie zuvor schon in Afrika und im Mittleren Osten
verbreitet haben, in die USA. Tausende Menschen aus allen
Teilen der Welt sterben einen grausamen Tod,
hunderttausende an der Ostküste verlassen fluchtartig die
Bürogebäude aus Angst vor weiteren Anschlägen.

Albrecht Funk

September 11

Es war ein Tag des Schreckens und der Sprachlosigkeit angesichts der menschlichen Hilflosigkeit diesem Terror gegenüber. Selbst die machtbewussten Präsidenten und Kanzler der westlichen Industriestaaten verloren für einige Stunden ihre übliche Siegesgewissheit. Die jähe Erkenntnis, dass auch wir, die Bürger westlicher Industriestaaten, in einer Welt leben, in der das Ende des Kalten Krieges nicht zu mehr Frieden und Gerechtigkeit führte, sondern zu mehr Gewalt, hat für einen kurzen Augenblick ein globales Trauern bewirkt, mit Menschen, deren Alltag in Afrika, Lateinamerika oder dem Mittleren Osten seit Jahrzehnten von Gewalt und Terror, Unterdrückung und Ausbeutung bestimmt sind. In diese, Misstrauen und selbst Hass überbrückende, menschliche Trauer mischte sich zugleich die Hoffnung, dass die sinnlose Tat Ausgangspunkt für neue gemeinsame Bemühungen um eine friedlichere, gerechtere und humanere internationale Ordnung werden könnte.

In den USA wie in Europa sind Politiker dann auch nicht müde geworden, diese Hoffnungen zu nähren und zugleich für ihre Zwecke auszubeuten. Die Terrorakte hätten auf mörderische Weise Menschenrechte und Grundwerte einer zivilen, demokratischen Gesellschaft in Frage gestellt. Es ginge deshalb darum, so der Außenminister Fischer in der Regierungserklärung zum „Beginn der Operationen gegen den internationalen Terrorismus in Afghanistan", „eine Weltordnung (zu) schaffen, die allen Völkern die Perspektive voller Teilhabe ermöglicht; das klingt zwar sehr ambitioniert, ist aber nur die Konsequenz aus einem erfolgreichen Kampf gegen den Terrorismus". Dies erfordere Menschenrechtsverletzungen auch dort einzuklagen, wo sie von Bündnispartnern begangen werden, erfordere stärkeres in- ternationales Engagement, mehr Entwicklungshilfe, erfordere die Bereitschaft, ein „Mehr an Risiken zu schultern" und die Fähigkeit zu „interkulturellen Dialogen". Die gemeinsame

Suche nach „internationalen Ordnungs-normen und Strukturen", so Fischers Credo, sei das Ziel. „Multilateralismus und nicht Unilateralismus wird die Welt im 21. Jahrhundert zu bestimmen haben."

Ob Fischers hohem Lied einer neuen Außenpolitik Ignoranz oder der Versuch zugrunde liegt, die öffentliche Meinung zu manipulieren, kann dahingestellt bleiben. Sicher ist, dass schon zum damaligen Zeitpunkt, dem 11. Oktober 2001, klar war, dass die Antwort der westlichen Welt auf die Terrorakte des 11. September nicht irgendwelche Welt verbessernden Aktionen, sondern eine ganz reale Kriegserklärung war. Die USA hatte unter Berufung auf Art. 51 der UNO-Charta gegenüber dem Weltsi-cherheitsrat auf ihrem Recht zur Selbst-verteidigung gepocht und einen Krieg gegen den Terrorismus ausgerufen. Nicht die Suche nach internationalen Ordnungsnormen, sondern diesen Krieg haben die NATO-Verbündeten und damit auch die Bundesregierung offizi-ell zu ihrer Sache erklärt, selbst wenn die USA die meisten von ihnen nicht gerufen hat, die an diesem Krieg teilzu-nehmen sich bereit erklärt haben.

Der amerikanische Präsident mag sich auf die Auserwähltheit des amerikani-schen Volkes berufen und mit dem Ban-ner der Freiheit, der Menschenrechte und der Demokratie gegen „das Böse" in der Welt in den Krieg ziehen. Der deutsche Außenminister Fischer mag diesen Krieg als humanitäre Ordnungs-politik verkaufen. Doch schon im Feld-zug in Afghanistan waren die westlichen Befreier der vom Talibanregime geschundenen Zivilbevölkerung mehr darin interessiert, eine opportune Koali-tion von Warlords für den Krieg gegen Al-Qaeda zu bilden, als an einem Ver-such, die institutionellen Vorausetzun-gen für ein ziviles, die Menschenrechte achtendes Regime zu schaffen. „Nation-building" ist – wie der amerikanische Präsident Bush immer wieder versichert hat – kein Bestandteil des „war on terro-rism".

Je länger der Krieg dauert, je weniger lässt sich verdecken, dass dieser Krieg in Afghanistan oder Indonesien, in Paki-stan oder Usbekistan nichts mit einer Intervention zur Durchsetzung von Menschenrechten und Demokratie zu tun hat. Die Befreiung von einem unter-drückerischen Regime, wie sie die große Mehrheit der afghanischen Frauen und Männer erlebt haben, ist nur akzidentiel-les Produkt einer Politik, welche die Ordnung der Welt im Interesse der Sicherheit der USA und ihrer westlichen Verbündeten zum Ziel hat. Die Imperati-ve des Krieges dominieren die Notwen-digkeit von Menschenrechten – wie Michael Ignatieff feststellte.

Der Krieg erklärt alle Akteure zu potentiellen Feinden, welche die Sicher-heit und ökonomische Stabilität der G7-Welt gefährden könnten. Von dieser Warte aus ist es nur folgerichtig, wenn auf der Liste der Bedrohungen Terror-gruppen wie Al-Qaeda neben „failed states" wie Somalia stehen und den aus ganz unterschiedlichen Gründen zu „Schurkenstaaten" erklärten Regimen des Iraks, Nordkoreas oder Kubas. Der Schrecken und die Angst, die Bürgern in den USA und in Europa nach dem 11. September in ihre Glieder gefahren sind, werden zum Passepartout für alle mögli-chen sicherheitspolitischen Zwecke: der Sicherung des Rohölbedarfs, der Sicher-heit der internationalen Finanzmärkte oder der imperialen Handlungsfähigkeit der USA und ihrer Verbündeten. Alle Staaten, die in dieser globalen Ord-nungspolitik der Sicherheit der westli-chen Staaten von Nutzen sind, werden zu potentiellen Partnern, selbst wenn es sich bei diesen um korrupte, autoritäre Regime handelt, in denen die Menschenrechte systematisch missachtet werden, wie in Pakistan, Usbekistan oder Saudi Arabien. Die freundliche Umarmung solcher Regime ist nur die Folge der konsequenten Anwendung einer Politik, die „Ordnung" durch eine Koalition von Staaten herzustellen sucht, die innerhalb ihres Territoriums Gewalt monopolisieren, repressiv Ordnung schaffen und zugleich den imperialen Führungsanspruch der USA und ihrer westlichen Verbündeten akzeptieren.

Dass dort, wo gehobelt wird, eben auch Späne fallen, wird hingenommen. Drückte etwa die EU über Jahre ihre Besorgnis aus über die Verletzung der Menschenrechte in Tschetschenien, so wird nach dem 11. September für Kanzler Schröder die russische Politik zu einer Polizeiaktion gegen „islamfundamentalistische Terrorgruppen". In der globalen Ordnungspolitik einer Koalition heterogener Staaten verliert selbst die innere Legitimation der westlichen Staaten an Bedeutung, vorbildlich rechtsstaatlich zu handeln und die Grundrechte der Bürger wie der Ausländer zu achten. Die USA und ihre Verbündeten haben sich – wie die Generalsekretärin von Amnesty International bei der Vorstellung des Jahresberichts 2002 konstatierte – in ihrem Krieg gegen den Terrorismus „rücksichtslos über internationale Menschenrechtsprinzipien hinweggesetzt. ... Die Unterhöhlung von Menschenrechten im Namen der Sicherheit ist etwas, was wir zuvor schon gesehen haben. ... Was neu ist, ist die Art und Weise, in der demokratische Rechtsstaaten ebenso beflissen sich der Methode bedienen, maßnahmestaatliche (‚shadow') Strafverfolgungssysteme zu

etablieren." (Financial Times, 29.5. 2002)

Am 11. September haben mehr als 3.000 Menschen, die ihren Alltagsgeschäften nachgingen, ihr Leben verloren. Den Mitbürgern, die den Zusammenbruch der Twin Towers am Fernsehschirm miterlebten, ist ihre eigene Hilflosigkeit gegenüber terroristischer Gewalt in offenen Gesellschaften bewusst geworden. Die Folge dieser Gewalttaten war eine Entgrenzung staatlicher Gewalt, nicht die Suche nach einer neuen Weltordnung, die den Menschen mehr Teilhabe, Gerechtigkeit und Sicherheit böte. Der Terror hat zur Erneuerung und Festigung eines alten faustischen Paktes der Bürger mit dem Staat geführt, der Protektion und Sicherheit dadurch herzustellen verspricht, dass er dem Leviathan das Recht auf Gewalt und Krieg gegen die selbstdeklarierten inneren und äußeren Feinde staatlicher Ordnung einräumt. Es ist nicht etwa nur der Präsident der USA, der die hehren politischen Reden über Menschenrechte den selbsterklärten Sicherheitsinteressen der Regierung opfert. Es sind viele Bürger, und zwar nicht etwa nur in den USA, sondern auch in Europa, die ihre eigene Existenz in den „Oasen des Friedens" durch eine kriegerische Befriedung der „Zonen des Chaos" (Singer/Wildavsky) am besten gesichert sehen. Wie geschickt auch immer ausgebeutet, es sind zuallererst deren Ängste um ihre Oasen, welche einer alt-neuen imperialen Ordnungspolitik den notwendigen Rückhalt verleiht, die durch selektive, kriegerische Intervention Sicherheit zu schaffen vorgibt.

Menschenrechtliche Kritik wird diesem Pakt nur wenig anhaben. Sicher, die Einwände von Menschenrechtsgruppen und Globalisierungskritikern sind triftig: eine kriegerische Ordnungspolitik wird keine human begründete Sicherheit schaffen, schon gar keine globale, sondern die Spirale des Terrors nur weitertreiben – eine Einsicht, die sich an Afghanistan von den Anfängen des Krieges an gegen die sowjetische Besetzung und die Unterstützung Al-Qaedas und der Taliban durch den Westen gut studieren lässt. Der Versuch, Sicherheit auf eine Koalition staatlicher Ordnungsmächte zu stützen, welche die Zonen des Chaos gewaltsam befrieden, wird daran scheitern, dass die Reichweite staatlicher Herrschaft in vielen Teilen der Welt kaum über die Hauptstadt hinausreicht. Stichhaltig ist deshalb auch das Argument des Direktors der amerikanischen Sektion von Amnesty, William Schulz, dass gerade jetzt der Kampf für Menschenrechte und rechtsstaatliche Regime, welche die Bürgerrechte einhalten, im nationalen Interesse der USA wie aller anderen westlichen Staaten sei.

Doch wie eine solche Politik aussehen könnte, darauf haben die Menschenrechtsgruppen in Europa und den USA schon vor dem 11. September keine schlüssige Antwort gehabt. Die Adressaten menschenrechtlicher Kritik, die Staaten und deren Leviathane, sind zugleich die einzigen Institutionen, die ihren Bürgern nicht nur Sicherheit von Leib und Leben, sondern auch Schutz vor Willkür, minimale Rechte und eine berechenbare Verwaltung offerieren können. Hannah Arendt hat aus eigener leidvoller Erfahrung auf diese Fundierung der Bürgerrechte gepocht. Die alltägliche Brutalität und Gewalt in den ge- und zerfallenen Staaten Afrikas oder Ozeaniens bieten uns hierfür täglich neuen Anschauungsunterricht. Das unsägliche Leid der Zivilbevölkerung, die der Willkür von Kriegsherren, kriminellen Politikern und Terrorgruppen hilflos ausgeliefert sind, ethnische Säuberungen und Epidemien, die weite Teile der Bevölkerung dahinraffen, haben deshalb immer wieder erneut zu Forderungen nach „menschenrechtlichen Interventionen" geführt – mit problematischen Folgen, wie die Beispiele Somalia oder das frühere Jugoslawien zeigen.

Noch schwieriger ist es für eine Menschenrechtspolitik, Antwort auf die Frage zu finden, wie Terrorakten begegnet werden kann, die gezielt die prekäre, aber kriegerische Gewalt immerhin einhegende, internationale Ordnung zu zerstören suchen. Gewiss ist nur, dass wir auf die westliche Staatengemeinschaft, die vielstimmig das hohe Lied der Freiheit und der Menschenrechte singt, nicht setzen können. Die Politik des 21. Jahrhunderts, die Fischer als Antwort auf den 11. September entwarf, war das leider hohle Versprechen eines Aufbruchs in eine neue Zukunft. Faktisch kommt die Antwort einem Rückfall in die Kanonenbootpolitik des ausgehenden 19. Jahrhunderts gleich, in der die damaligen Imperialmächte die Welt nach ihren Regeln, Normen, und vor allem Machtinteressen realpolitisch zu ordnen suchten. „Der Kampf um die Herzen und Seelen" der Menschen heute, einer von Außenpolitikern wieder bemühten Formel britischer Kolonialpolitik, also der Kampf um die, von korrupten Regimen beherrschten Bürger des Mittleren Ostens oder der „staatenlosen" Bevölkerung Afrikas wird heute so wenig wie damals durch eine gewaltsame Ordnungspolitik gewonnen werden. Imperiale Machtpolitik ist nach dem 11. September 2001 noch weniger als zuvor eine realistische Alternative zu einer globalen Menschenrechtspolitik, wie unrealistisch deren Verwirklichung im Moment auch erscheinen mag.

38

Oktober 2001: Die Anschläge vom 11. September wurden schnell genutzt, um die Freiheitsrechte der Bürger und Bürgerinnen bis zur Unkenntlichkeit einzuschränken. Eilig begannen die verschiedenen Bundesländer, per Rasterfahndungen nach „terrorheckenden Schläfern" zu suchen. Nachdem bereits im September – in einem ersten Sicherheitspaket – das Religionsprivileg aufgehoben worden war, einigte sich die rotgrüne Regierungskoalition einen Monat später, am 28. Oktober, auf ein zweites „Sicherheitspaket". Im Dezember wurde dieses Gesetz, mit dem tiefgreifende Einschränkungen bürgerlicher Freiheitsrechte verbunden sind, von Bundestag und -rat verabschiedet.

Albrecht Maurer

Eine Bevölkerungsgruppe unter Generalverdacht

Rasterfahndungen nach dem 11. September 2001

Die Terroristen leben mitten unter uns und gefährden die Sicherheit der Bundesrepublik Deutschland – das war der Tenor all der „sicherheitspolitischen" Reaktionen auf die Ereignisse des 11. Septembers. Auf menschen- und bürgerrechtliche „Empfindlichkeiten" könne da keine Rücksicht genommen werden. Verdächtig sind seitdem vor allem alle Ausländer und Bürger ausländischer Herkunft. Gegen sie richteten sich die Maßnahmen als erstes und vor allem.

Schnell wurde die Anwendung des „alten", vor allem aus den siebziger Jahren bekannten Instruments der Rasterfahndungen eingeleitet. Gesucht wurde nach Ausländern, die unauffällig und angepasst in der Bundesrepublik Deutschland leben, da sie als sogenannte Schläfer eine „gegenwärtige Gefahr" für die Bundesrepublik darstellen könnten. Einige Bundesländer starteten damit, bevor die Innenministerkonferenz Anfang Oktober 2001 die bundesweite Rasterfahndung einleitete. Niedersachsen, Bremen und Schleswig-Holstein, deren Gefahrenabwehrverordnungen oder Polizeigesetze keine

Rasterfahndungen für präventive Maßnahmen, zur Gefahrenabwehr vor einem Anfangsverdacht oder einer konkreten Strafverfolgung vorsahen, mussten dafür erst ihre Gesetze ändern. Bremen hatte die Rasterfahndung sogar kurz zuvor aus seinem Polizeigesetz gestrichen. In Schleswig-Holstein begann das Landeskriminalamt mit der Rasterei ganz ohne rechtliche Grundlage. Man habe nur „vorgerastert", das Gesetz komme schließlich bald (FREITAG vom 08.03.02).

Auch die beiden „Sicherheitspakete", denen die Bundestagsabgeordneten in aller Eile und ohne die notwendige Prüfung und öffentliche Diskussion zustimmten, betreffen die Rechte von Ausländern in besonderem Maße. Asylsuchende und Einwanderungswillige werden unter den Generalverdacht des Terrorismus gestellt. Unter dem Vorwand der Terrorismusbekämpfung wird die ausländerpolitische Schlinge generell enger gezogen. Gehandelt wird nach der Parole „Ausländer raus – oder gar nicht erst rein". Jede politische Betätigung wird nun zum aufenthaltsrechtlichen Risiko. Persönliche Daten, die schon zuvor in unvorstellbarem Maße zentral gespeichert wurden, werden nun erheblich umfangreicher erhoben und verknüpft, den Geheimdiensten zugänglich gemacht und gegebenenfalls auch an ausländische Geheimdienste weitergegeben.

Der Gesetzentwurf verrate „totalitären Geist", kommentierte Burkhard Hirsch den Entwurf zum zweiten Anti-Terror-Sicherheitspaket. Und auch über das vom Bundestag am 20. Dezember 2001 gegen die Stimmen von FDP und PDS verabschiedete Gesetz urteilt er vernichtend (vgl. Grundrechte-Report 2002): Der Bundestag wurde zur Abstimmungsmaschine degradiert, verfassungsmäßige Grenzen wurden abgebaut, und das Ausländerrecht nähert sich endgültig polizeirechtlichen Kategorien. In 17 Gesetze und fünf Verordnungen wurde mit diesem Gesetz eingegriffen, um Freiheitsrechte zu beschneiden und Überwachung zu ermöglichen.

Wie gegenwärtig ist die Gefahr – Justiz und Rasterfahndung

Polizeikritiker und Bürgerrechtler kritisierten all diese Maßnahmen und Gesetze und ermunterten zu Klagen gegen die Rasterfahndungen. Die Gerichte urteilten unterschiedlich über die Zulässigkeit der Rasterfahndung, da auch die Polizeigesetze der Länder unterschiedliche Vorgaben machen. Der hessische Datenschutzbeauftragte von Zezschwitz nannte die Praxis „kontraproduktiv" für eine bundeseinheitliche Maßnahme. „Derzeit gebe es sieben verschiedene Gesetzestypen mit einer unterschiedlichen Eingriffsgrenze von der ‚unmittelbar bevorstehenden Gefahr' in Hamburg bis zur ‚vorbeugenden Bekämpfung von Straftaten' in Bayern und Baden-Württemberg" (Das Parlament Nr. 13-14/2002).

Weitere Gründe für die unterschiedliche Rechtsprechung liegen in der uneinheitlichen, ja konträren Beurteilung der Gefährdungslage durch die Gerichte.

Anordnungen zur Rasterfahndung wurden im Herbst 2001 durch Gerichte darin bestätigt, dass durch terroristische Akte islamistischer Gruppen „Gefahr drohe". Die Rasterfahndung diene damit der „Abwehr einer gegenwärtigen Gefahr für den Bestand oder die Sicherheit des Bundes oder eines Landes oder für Leib, Leben oder Freiheit einer Person" (zit. nach Rolf Gössner, Frankfurter Rundschau vom 12.04.02).

Diese „gegenwärtige Gefahr", diese „höchste Steigerungsform des Gefahrenbegriffs" im Polizeirecht (Gössner) war es gerade, die nach dem 11. September in der Bundesrepublik Deutschland und Europa nach offiziellen Aussagen *nicht* gegeben war. „Keine konkreten Hinweise auf Gefahren oder terroristische Anschläge" lauteten die Lagebeurteilungen aus Politik, Polizei und Geheimdiensten.

Für das Landgericht Düsseldorf aber ergibt sich die Gefahr bereits daraus, „dass seitens der Bundesregierung uneingeschränkte Solidarität – gegebenenfalls auch mit militärischen Mitteln – mit dem Vorgehen der Vereinigten Staaten wiederholt bekundet wurde und dass seitens der hinter den Anschlägen vom 11.09. (…) vermuteten Organisationen (…) Vergeltungsschläge gegen die an den militärischen Aktionen beteiligten Staaten angekündigt wurden" (zit. nach Gössner, Frankfurter Rundschau vom 12.04.02). Das Amtsgericht Wiesbaden steigerte diese Einschätzung noch und erging sich in einem detaillierten Gemälde über mögliche Folgen des Krieges hierzulande durch Aktionen extremistisch islamischer Kreise, denen es vorzubeugen gelte (ebd.).

Andere Gerichte in Hessen und Berlin kamen zu gegenteiligen Ergebnissen und gaben den Klagen gegen die Rasterfahndung statt. In Hessen wurde vor allem die „gegenwärtige Gefahr" nicht gesehen, beziehungsweise festgestellt, dass sie nicht mit Tatsachen belegt sei und die Polizei sich in Mutmaßungen ergehe. Das Berliner Amtsgericht argumentierte ähnlich, gab den drei Beschwerdeführern Recht, aber nur diesen. D.h., die herausgerasterten anderen Personen wurden oder werden weiter auf herkömmliche Weise polizeilich ausgeforscht.

Das Oberlandesgericht Düsseldorf schließlich erklärte, die Rasterfahndung sei im Prinzip rechtmäßig – allerdings dürften bei der Fahndung nach „so genannten Schläfern – wegen der erforderlichen Nähe zur Gefahrensituation – nur personenbezogene Daten von Staatsangehörigen verdächtiger Länder oder von Muslimen weitergegeben und gerastert werden – nicht aber von deutschen Staatsbürgern" (Gössner, ebd.). Originalton des Gerichts: „Diese Personenselektion hätte erheblich eingeschränkt werden können auf diejenigen Personen, die die Staatsangehörigkeit eines der in der Anlage (…) aufgeführten Länder besitzen oder dort geboren sind oder die islamische Religionszugehörigkeit besitzen." (Christiane Schulzki-Haddouti vom 13.02.02, www.telepolis.de). Das ist ein geradezu klassisches Beispiel dafür, wie unter dem Vorwand „Gefährdungslage" und Bedrohungsanalyse der Generalverdacht gegen Muslime oder Menschen aus bestimmten Herkunftsländern blühen und gedeihen kann.

Folgenden Überblick über die Urteile – Stand April 2002 – gab die niedersächsische Landesregierung in der Antwort auf eine Kleine Anfrage des parteilosen Abgeordneten Schwarzenholz (Drs. 14/3429, S. 9):

„Der Landesregierung sind konkret nachfolgende Entscheidungen (ohne Vorinstanzen) zur Kenntnis gelangt:

● LG Berlin vom 15.01.2002 (84 T 278 u.a.) vier ausländische Staatsangehörige sowie die Humboldt-Universität zu Berlin B Stattgabe,
● VG Mainz vom 01.02.2002 (1 L 1106/Ol.Mz) marokkanischer Staatsangehöriger B Ablehnung,
● OLG Düsseldorf vom 08.02.2002 (3 Wx 357/01) deutscher Staatsangehöriger B Stattgabe,

● OLG Düsseldorf vom 08.02.2002 (3 Wx 351/01) jordanischer Staatsangehöriger B Ablehnung, ● OLG Frankfurt vom 21.02.2002 (20 W 55/02) ausländischer Staatsangehöriger B Stattgabe, ● VG Hamburg vom 27.02.2002 (14 VG 446/2002) ausländischer Staatsangehöriger B Ablehnung, ● OVG Koblenz vom 22.03.2002 (12 B 103331/02) Zurückweisung der Beschwerde gegen den Beschluss des VG Mainz (s. o.), ● VG Bremen vom 27.03.2002 (8 V 356/02) marokkanischer Staatsangehöriger B Ablehnung."

(Stattgabe = Beschwerdeführer bekommen Recht. Ablehnung = Beschwerde abgelehnt)

Ende April kommt „die tageszeitung" zu dem Ergebnis, dass bei den Obergerichten die Tendenz vorherrsche, eine „gegenwärtige Gefahr" anzunehmen. Anlass für diese Bilanz war das Urteil des Berliner Kammergerichts, das die derzeitige Gefahr von Anschlägen sogar als „Dauergefahr" einstufte, die sich „jederzeit" erneut verwirklichen könne (die tageszeitung vom 23.04.02). Wer eine terroristische Dauergefahr attestiert, rechtfertigt die permanente Rasterfahndung und redet dem „rettenden" Ausnahmestaat das Wort.

Aus über 6 Millionen Personendaten wurden 19.000 Personen als Verdächtige herausgefiltert und weiter überprüft. Die meisten werden gar nichts von ihrer Aufnahme in die Datei erfahren. Andere wurden zum Gespräch ins Polizeipräsidium vorgeladen (beispielsweise in Hamburg). „Terroristische Schläfer" wurden bislang auf diesem Wege nicht entdeckt, aber Ermittlungsverfahren wegen mutmaßlichem Sozialhilfemissbrauch, nicht bezahlten Steuern, abge-

laufenen Aufenthaltserlaubnissen und Schwarzarbeit sollen eingeleitet worden sein. Das also sind die Taten, die eine unmittelbare Gefährdung der Bundesrepublik Deutschland darstellen! Und selbstverständlich wird von denen, die nur immer mehr Überwachung und Staats-Sicherheit fordern, das Instrument trotz allem schöngeredet und werden weitere „Sicherheitsgesetze" gefordert. Bayerns Innenminister Beckstein erklärte im Brustton der Überzeugung, der mutmaßliche Drahtzieher Atta wäre „sicher" im Raster hängen geblieben, „es war ja auf ihn zugeschnitten" („Im Kreuzfeuer", RTL vom 01.09.02). Hessen änderte schnell das Gesetz über die öffentliche Sicherheit und Ordnung, nachdem die Gerichte die Unzulässigkeit der Rasterfahndung festgestellt und die Löschung der Daten veranlasst hatten. Die Rasterfahndung ist in Hessen nun zu einem reinen Verwaltungsakt geworden, über den kein Richter mehr befinden muss. Und Volker Bouffier (hessischer Minister des Inneren und für Sport) forderte gleich weitere unkontrollierte Eingriffsmöglichkeiten des Staates: etwa die Möglichkeit, „jemanden (…) außer Landes zu verweisen", wenn es konkrete Verdachtsmomente gibt und bessere Möglichkeiten zur sicheren Identitätsfeststellung (Speicherung biometrischer Daten) (vgl. Frankfurter Rundschau vom 11.9.2002).

Passend machen

Rolf Gössner (Frankfurter Rundschau vom 12.04.02) betont zu Recht, dass es bei der Rasterfahndung nicht „um die Suche nach Straftätern wegen bereits begangener Straftaten" (gehe), wie der Begriff ‚Fahndung' nahelegt (…), vielmehr handele es sich um „eine polizeiliche Vorfeldmaßnahme der Gefahrenab-

wehr, mit der in hochrangige Grundrechtspositionen" von Unverdächtigen und Unbeteiligten eingegriffen werde.

Ziel der Rasterfahndungen im Gefolge des 11. Septembers, so wurde behauptet, sei es, „Schläfer" ausfindig zu machen. Der Begriff „Schläfer", bis dahin nur LiebhaberInnen von Spionageromanen bekannt, erwies sich bei der Übertragung auf die „neue Terrorszene" propagandistisch als Volltreffer – kriminalistisch betrachtet und gemessen an der eigenen Zielsetzung als kompletter Flop.

Rasterfahndungen allgemein gelten seit ihrer „Erfindung" in den siebziger Jahren bei ihren KritikerInnen als Paradebeispiel für eine extrem personal- und finanzaufwändige Methode, bei der zudem fast nie die eigentlich Gesuchten im Raster hängen bleiben (können). Entwickelt vor allem gegen die deutsche RAF, gelang den Behörden mit dem Instrumentarium der Rasterfahndung lediglich ein Zufallstreffer aus diesem politischen Zusammenhang. In schöner Regelmäßigkeit werden deshalb Minimal- oder „Nebenbei-Erfolge" zitiert, um nicht mit völlig leeren Händen dazustehen.

Heute, einige Monate nach der Fahndungseuphorie im Nachseptember, scheint das ursprüngliche Ziel, die „Schläfer", abhanden gekommen zu sein. Die angekündigten Großerfolge der Rasterfahndung scheinen im sicherheitsstaatlichen Alltagsgeschäft von 129a und b-Verfahren und Vereinsverboten zu versickern.

Sag mir, wo die Schläfer sind

Generalbundesanwalt Nehm setzt auf das kurze Gedächtnis der Öffentlichkeit und erklärt Ende April 2002 kurzerhand, es gäbe weder eine Steuerung

durch eine Zentrale, noch seien „Schläfer" im eigentlichen Sinne eingeschleust worden. Saßen bis dahin Bin Laden und andere wie Spinnen im weltweiten Terrornetz, kennzeichnen jetzt „amorphe Netzwerke" mit Knoten (das seien charismatische Schlüsselfiguren) die Szene. Nicht fertige Kämpfer, schlafend bis zum Weckruf, würden eingeschleust – die Radikalisierung finde hier statt (Frankfurter Rundschau vom 26.04.02). Diese nach der Festnahme von Mitgliedern der „al-Tawhid-Gruppe" nach § 129a StGB entwickelte neuere Sicht der Dinge passt sehr gut zu der Feststellung, dass bisher „unklar … bleibt, welche Straftaten die deutsche al-Tawhid-Gruppe begehen wollte" (ebd.). Mehr noch: „Wer sich hinter der Gruppe … verbirgt, bleibt weiter unklar" (die tageszeitung vom 26.4.02). Oder es scheint sogar „eine Verwechslung mit einem anderen Verfahren gewesen zu sein" (ebd.). Neun der mutmaßlichen Mitglieder sind auf jeden Fall in Haft.

Kryptische Formulierungen, wie die von Generalbundesanwalt Nehm, gehören zu Ermittlungen nach § 129a und – dem neu geschaffenen – § 129b (Werbung, Mitgliedschaft, Unterstützung … in- und ausländischer terroristischer Vereinigungen) wie Watson zu Sherlock Holmes. In unzähligen (Ermittlungs)verfahren gegen Linke, militante Basisbewegungen und Gruppen aus dem vermeintlich terroristischen Umfeld hat sich die reine Ausforschungsfunktion dieser Paragraphen gezeigt. Angesichts der Größe und Dauer der unterstellten Gefährdung gehört dazu eben auch die Rasterfahndung als geeignetes Werkzeug.

Je „amorpher" die Netzwerke sind, desto mehr muss gefahndet und ermittelt werden. Je geringer konkrete Beweise für eine der Katalogstraftaten der 129er-Paragraphen wiegen, desto wichtiger werden Verdachtsgewinnung und Verdachtsverdichtung durch vor allem verdeckte, polizeiliche Ermittlungsarbeit. Exakt in diesem Zusammenhang macht das Bild von den „Schläfern" zum Auftakt der Rasterfahndungen ermittlungstaktischen, sprich: propagandistischen Sinn.

Einerseits kann man „Schläfer" per definitionem nicht erkennen. Sie sind unauffällig bis zum Verschwinden. Das suggeriert Gefahr und allgegenwärtige Bedrohung. Andererseits aber kann man der Öffentlichkeit mit dem Bild auch weismachen, man könnte das Gesuchte einigermaßen genau beschreiben. Auch Rasterfahndungen müssen ein nachvollziehbares Ziel gesetzt bekommen. Zumindest in groben Umrissen.

Ziel sei, schreibt Niedersachsens Innenminister Bartling in seiner Antwort auf die Kleine Anfrage (Drs. 14/3429, S. 7), „die Detektion von Terroristen vom Typus des sog. Schläfers". Diese schöne Formulierung bedarf noch der Operationalisierung durch das BKA, und schon ergibt sich das Schläfer-Täter-Profil:

● männliche Studenten und Ex-Studenten,
● zwischen 18 und 40 Jahren,
● mit (vermutlich) islamischer Religionszugehörigkeit,
● die aus (zwischen 15 und 30) islamischen Staaten stammen,
● einen legalen Aufenthaltsstatus haben,
● in der Zeit von 1996 bis 2001 technisch-naturwissenschaftliche Fächer studierten,
● finanziell unabhängig sind,
● rege Reisetätigkeit entfalten (teilweise Flugausbildung)

● und bislang nicht kriminalpolizeilich in Erscheinung getreten sind. (zit. nach Gössner, a.a.O.)

Die Suchraster der Landeskriminalämter sind durchaus nicht einheitlich und gehen z.T. noch mehr ins Allgemeine. Und spezifischere Daten (wie z.B. Religionszugehörigkeit) sind zumeist nicht erfasst. So musste das Berliner Amtsgericht Tiergarten das erstellte Profil der Täter schon einen Tag später korrigieren und auf die Merkmale „*mutmaßliche* islamische Religionszugehörigkeit" und „*mutmaßliche* Herkunft aus einem von siebzehn islamischen Staaten" reduzieren. Anders formuliert heißt dies: Alle, von denen angenommen wird, aus jenen Ländern zu kommen, und die die gemutmaßte Religionszugehörigkeit besitzen, stehen unter Verdacht.

Die gewollte Beliebigkeit oder Unschärfe als Rechtsprinzip

Der baden-württembergische Innenminister Schäuble trug ungewollt zur Entzauberung des Fahndungsinstruments „Raster" bei, als er die Erfolge in die Mikrofone diktieren wollte: Die Rasterfahndung sei ein „unverzichtbarer Baustein der polizeilichen Ermittlungsmaßnahmen zur Enttarnung hier lebender mutmaßlicher Mitglieder von Terrorzellen" (Die Welt vom 20.07.02). Nach der Durchforstung von rund „80 öffentlichen und privaten Datenhaltern" wird festgestellt, dass eine heiße Spur von gesuchten „islamistischen Terror-Schläfern" (ebd.) fehle. Es seien aber „rund 400 Personen bekannt geworden, die etwa – vergleichbar mit den Attentätern in den USA – aus einem arabischen Staat stammten, hier studierten und über eine Flug- oder Gefahrguttransportlizenz verfügten" (ebd.). Dann folgt der Hinweis auf 24 Haftbefehle wegen der Einschleusung von Ausländern, Rauschgift- und Eigentumskriminalität, Urkundenfälschung und Geldwäsche, d.h. wegen Delikten, die alltäglich zu Ermittlungszwecken vor allem gegen illegalisierte Ausländerinnen und Ausländer herangezogen werden. Selbstverständlich gehe „es nicht darum, den Islam als Religion zu stigmatisieren, aber die Behörden müssen personenscharf gegen islamistische Straftäter vorgehen".

Die weitere Perspektive

Danach schließen sich „offene Ermittlungen der Polizei" an. Diese werden die im Rahmen der Rasterfahndung festgestellten Personen „offensiv" ansprechen. „Damit würde potenziellen Extremisten bewusst, dass sie nicht unbemerkt blieben", so der baden-württembergische Innenminister (Die Welt vom 20.07.02).

Dieses Verfahren soll auf Grundlage der Anfrage im niedersächsischen Landtag etwas ausführlicher beschrieben werden. Danach (vgl. Drs. 14/3429) wurde vom Landeskriminalamt die Übergabe von Datensätzen gegenüber 27 Universitäten, Hochschulen und Fachhochschulen „angeordnet". Das ergab zwischen November 2001 und Februar 2002 etwa 3.800 Studentendatensätze. Nach Bereinigung entsprechend der bundesweiten Suchkriterien blieben 2.700 übrig. Dazu lieferten 427 Einwohnermeldeämter noch einmal etwa 40.000 Datensätze. In verschiedenen Schritten – z.B. Meldeämter und Studentendatensätze-Abgleich – wurden 1.677 Datensätze als Grundbestand der Prüffälle herausgerastert. Diese wiederum werden mit weiteren „Abgleichdateien" (z.B. Fluglizenzinhaber …) und weiteren polizeilichen Dateien (Polas z.B.) und mit der Ver-

bunddatei „Schläfer" beim BKA abgeglichen. Dort wird – so geht aus der Antwort der niedersächsischen Landesregierung hervor – der Datenbestand „angereichert". Diese „Treffer" gehen wiederum zurück nach Niedersachsen. Daraufhin werden die Datensätze „priorisiert", d.h. eine Ranking-Liste erstellt, die auf herkömmliche Art durch den polizeilichen Staatsschutz abgearbeitet wird.

Da das signifikanteste Merkmal des „Schläfers" seine „unauffällige Lebensweise" ist, wird die „Verdachtsverdichtung eher durch das Zusammenführen von Informationen, die vorhanden sind, als durch Befragungen von Nachbarn oder anderen Bezugspersonen erfolgen" (ebd.).

Deshalb ist der Datenhunger der Rasterer unersättlich. In Nordrhein-Westfalen wurden 4,7 Millionen Datensätze der Einwohnermeldeämter gerastert, 500.000 der Hochschulen und 89.000 des Ausländerzentralregisters (FREITAG vom 08.03.02). Rolf Gössner nennt in dem oben zitierten Artikel weitere Zahlen: Bis Mitte November führten die NRW-Fahndungen zu mehr als 10.000 Recherchefällen. Die erste Rasterung in Brandenburg brachte etwa 15.000 Treffer, in Hessen 6.000, in Bayern 2.000. In Hamburg wurden die aus mehr als 10.000 Personendatensätzen ausgerasterten 140 ausländischen Studenten von der Polizei vorgeladen und vernommen. Diese mussten sämtliche persönliche Papiere mitbringen – von Mietverträgen über Geburtsurkunden bis zu Studien- und Arbeitsbescheinigungen, sowie Kontounterlagen. Bundesweit ergaben sich aus den sechs Millionen Datensätzen aus der Sammlung der Landeskriminalämter weit über 20.000 potenziell „Verdächtige" im Sinne der Rasterfahndung.

Die Länder und das BKA

Das BKA hatte Koordinierungsfunktion und stellte seine Datenbestände zur Anreicherung zur Verfügung (s.o.). Das BKA ging aber auch noch einen entscheidenden Schritt weiter. In einer zeitlich gestaffelten Rundbrief-Großaktion wandte es sich im Oktober/November 2001 direkt an die Wirtschaftsverbände und Unternehmen mit der Bitte, die Daten ausländischer Mitarbeiter herauszugeben. Mit Hilfe eines „Profilchecks" sollten aus Mitarbeitern zentralasiatischer oder arabischer Herkunft Terroristen herausgefiltert werden. Diesem „größten computerbasierten Fangnetzversuch" (Wall Street Journal, nach Süddeutsche Zeitung vom 20.07.02) kamen mehr als 200 Unternehmer nach und rückten die Personaldaten heraus. Über 4.000 Unternehmen allerdings weigerten sich, dem Ansinnen nachzugeben. Die Intervention des Bundesdatenschutzbeauftragen konterte das BKA mit der nachgeschobenen Behauptung, die Herausgabe der hochsensiblen Daten geschehe freiwillig, und dem falschen Schluss, diese sei damit rechtens. Über 260.000 Mitarbeiter in sicherheitsrelevanten Bereichen wurden vom BKA überprüft (Berliner Zeitung online vom 05.09.02).

Erfolglos? Gibt's nicht!

Aus Sicht des Bundesinnenministeriums stellt sich im Juli 2002 das Ergebnis der Durchforstung gigantischer Datenberge (s.u.) folgendermaßen dar. „Die Rasterfahndungen der Länder sind abgeschlossen. Insgesamt wurden 24.447 Personen aus 15 Ländern (ohne Hessen) als Prüffälle aufgenommen. Die erste Abgleichserie (Flughafenpersonal, Piloten) im Bundeskriminalamt ist abgeschlossen. Erste Trefferfälle (ca. 4.000) – im Sinne von Namensidentitäten – sind den Landeskriminalämtern übermittelt. Die Erkenntnisse bedürfen der weiteren Analyse." (Parlamentarischer Staatssekretär beim Bundesministerium des Innern, Körper; veröffentl. Manuskript eines Vortrags vom 09.07.02 an der Universität Mainz)

Aber: „Trefferfälle" sind keine strafprozessual Verdächtige, „Prüffälle" genauso wenig. Es handelt sich um vollkommen unschuldige Personen, gegen die keinerlei konkreter Verdacht auf eine Straftat vorgebracht werden kann. Sie sind lediglich auf Grund der vorgefertigten Kriterienkataloge im Raster hängen geblieben. Selbst unter den einigen hundert „Prüffällen", die derzeit beim BKA liegen, so schreibt die Berliner Zeitung am 4.09.02, werde kein „Schläfer" vermutet.

Schily, bzw. die rot-grüne Koalition hat die Gesetzeslage der Bundesrepublik Deutschland vermutlich tiefgreifender verändert als die CDU-CSU-Regierung. Zumindest im Bereich der sogenannten Inneren Sicherheit hat, personalisiert formuliert, Schily nicht nur die Vorgaben seines Vorgängers Kanther getreulich übernommen. Er hat sie in einem Ausmaß weiterentwickelt und vertieft, das kaum absehbar war. Das gilt für den traditionellen Bereich der Inneren Sicherheit und für die Verknüpfung Innerer Sicherheit mit rassistischen, diskriminierenden Elementen gleichermaßen. Das Sicherheitskonzept ist die „konsequente Frucht eines Sicherheitsdenkens im Präventionsstaat, wie dies spätestens seit dem Gesetz zur Bekämpfung des illegalen Rauschgifthandels und anderer Erscheinungsformen der Organisierten Kriminalität vom 15. Juli 1992 (…) zum Ausdruck gekommen ist, vom Lauschangriff bis zur Raster- oder Schleierfahndung und zur Überwachung des nicht leitungsgebundenen internationalen Fernmeldeverkehrs." (E. Denninger in: Aus Politik und Zeitgeschichte B 10-11, Beilage zu: Das Parlament Nr. 10-11/2002)

Kritik, wie sie derzeit vor allem aus den Reihen der Datenschützer und Bürgerrechtsorganisationen kommt, wird die Regierung kaum mäßigen können. Wie im „Schengen-Prozess" wird auch in diesem Verbund gegen einen neuen Terrorismus die europäische Umgestaltung der Sicherheitspolitik vorangetrieben. In dem schon zitierten Manuskript des Staatssekretärs Körper heißt es unter Punkt 4 – Internationale Kooperation/ Terrorismusbekämpfung – u.a.: „Der auf deutsche Initiative bereits am 20. September 2001 einberufene Sonderrat der Justiz- und Innenminister der Europäischen Union hat ein umfangreiches Maßnahmenpaket verabschiedet ... Darüber hinaus hat die Bundesregierung weitere Initiativen im Rahmen der EU auf den Weg gebracht, so z.B. die Einführung einheitlicher Sicherheitsnormen bei Visa, die Entwicklung eines europäischen Identifizierungssystems bei Visa-Erteilung, die Verbesserung im Visa-Konsultationsverfahren, die Eröffnung des Online-Zugriffs auf Datenbestände des Schengener Informations-Systems durch Europol, nationale Staatsanwaltschaften, Ausländer- und Asylbehörden und letztlich die Ermöglichung europaweiter Rasterfahndungen ..." (a.a.O., S. 6/7)

Vor wenigen Jahren noch – bis zur Änderung des Art. 16 GG – forderten konservative PolitikerInnen die Deregulierung oder, wie Schäuble/Kanther das nannten, die Neujustierung des Grundgesetzes als Voraussetzung zur gleichberechtigten Teilnahme der Bundesrepublik an der europäischen Integration im Bereich Asyl-, Innen- und Rechtspolitik. Die Entwicklung scheint unter der rot-grünen Regierung so weit gegangen zu sein, dass Frankreich und andere Staaten ihre Verfassungsgrundsätze gegen deutsche Anmaßungen in Stellung bringen müssen. „Der europaweite Zugriff auf Daten muss verbessert werden ... Frankreich sieht Probleme, dies mit seiner Verfassung in Einklang zu bringen, andere haben prinzipielle Bedenken ... Wir sollten einheitliche rechtliche und organisatorische Voraussetzungen für eine europäische Rasterfahndung schaffen ..." (Schily in Welt am Sonntag vom 21.07.02)

Wenn sich die Bürgerinnen und Bürger nicht selber gegen die sukzessive Einschränkung ihrer Grundrechte zugunsten staatlicher Sicherheitsversprechen wehren, dann ist der Übergang zum Überwachungsstaat nicht mehr fern.

November 2001: Am 16. November beschloss der Bundestag die Teilnahme der Bundeswehr an den „Enduring Freedom" (dauerhafte Freiheit) getauften Militäroperationen. Die meisten Abgeordneten haben nicht gewusst, worin genau die deutsche Beteiligung am weltweiten „Krieg gegen den Terrorismus" besteht. Der Beschlussantrag der Regierung ist, was beispielsweise militärische Ziele, Zeitpunkt und etwaige Einsatzgebiete anbelangt, gänzlich unbestimmt und auslegungsoffen formuliert. So erhielt die Regierung eine Kriegsermächtigung für ein Jahr. Das nur ungenügend informierte Parlament, das die Bundesregierung doch eigentlich zu kontrollieren hätte, nahm seine verfassungsgemäße Aufgabe nicht wahr und entmachtete sich selbst. Der Kanzler verknüpfte obendrein die Bereitstellung deutscher Militärkontingente mit der parlamentarischen Vertrauensfrage, um Druck auf die KriegsgegnerInnen in den eigenen Reihen auszuüben und ihre Zustimmung abzupressen. Die Willfährigkeit, mit der die meisten ParlamentarierInnen dem Kriegskurs folgten, stimmt für die Zukunft höchst bedenklich.

Andreas Buro

„Vorratsbeschluss" für eine deutsche Kriegsbeteiligung

Kriegsermächtigung

Als die Mitglieder des Deutschen Bundestages am Freitag, dem 16. November 2001, in ihre Büros und zum Plenarsaal strebten, wurden sie von Demonstranten – darunter auch Mitglieder des Komitees für Grundrechte und Demokratie – mit Plakaten und Sprechchören konfrontiert: „Nein, zum Krieg" war die Botschaft. „Partei-Soldaten stoppen" und „Kriege bringen keinen Frieden" hieß es auf Plakaten. Die Abgeordneten wurden aufgefordert, gegen die Vorlage der rot-grünen Regierung zu stimmen, nach der 3.900 Bundeswehrsoldaten an die „Anti-Terror-Front" geschickt werden sollten. Nach der Abstimmung sprach Bundeskanzler Schröder pikanterweise von einer „Ermächtigung", die ihm der Bundestag erteilt habe (Jungle World Nr. 48/2001). Um 7.30 Uhr entrollten sechs Demonstranten ein Plakat über dem Westportal und wurden umgehend von der Polizei festgenommen. Gegen 9.30 Uhr blockierten dann hundert Menschen die Straße des 17. Juni am Brandenburger Tor. Auch hier griff die Polizei sogleich ein. Bereits in den ersten Tagen der Abstimmungswoche hatte es große Demonstrationen in Berlin gegen eine deutsche Kriegsbeteiligung gegeben. Veranstalter waren Bündnisse von vielen Organisationen der Friedensbewegung, die ihre unterschiedlichen Motive des Protestes in die Öffentlichkeit trugen und vielfach Hoffnungen auf eine Wiederbelebung der Friedensbewegung weckten.

Offensichtlich herrschte eine gespannte Atmosphäre und dies nicht ohne Grund. Nach den terroristischen Attentaten in den USA vom 11. September hatte die NATO den Bündnisfall ausgerufen, und der Bundeskanzler versprach den USA uneingeschränkte und vorbehaltlose Solidarität. Was daraus folgen sollte, war einige Zeit unklar und umstritten. Offensichtlich aber wollte die Bundesregierung wie auch die konservative und neoliberale Opposition im Bundestag militärisch in dem folgenden Feldzug zwischen „Gut und Böse" dabei sein. Deutschland sollte sich als verlässlicher militärischer Partner erweisen. Berlin wollte auch die „Normalisierung" seines Status als gleichberechtigter Militärmacht im Rahmen der NATO und der EU unter Beweis stellen – diesmal sogar von Afrika bis weit nach Asien.

Entgrenzung der Einsatzgebiete

In dem Entschließungsantrag der Fraktionen der SPD und von Bündnis 90/Die Grünen ging es nicht nur um die Beteiligung an dem Angriff der USA auf Afghanistan, sondern um die Teilnahme an der Operation „Enduring Freedom", die selbst nach Zeit und Raum nicht begrenzt ist. Das Einsatzgebiet sollte „die arabische Halbinsel, Mittel- und Zentralasien und Nord-Ost-Afrika sowie die angrenzenden Seegebiete" sein. Dementsprechend wurden nicht nur Truppen für Afghanistan vorgesehen, sondern auch für Nahost und den afrikanischen Bereich und nach dem Beschluss im Bundestag auch entsandt.

Nach den von Deutschland mit forcierten Bemühungen um die Aufrüstung der EU (Eingreiftruppe u.a.), der Entsendung deutscher Soldaten nach Bosnien, der deutschen Kriegsbeteiligung am Überfall auf Jugoslawien und der Stationierung deutscher Soldaten im Kosovo und in Mazedonien war überhaupt nicht daran zu zweifeln, dass der Bundestag auch diesmal mit Mehrheit den Einsatz deutscher Truppen – nun weit außerhalb Europas – billigen würde. Zu bezweifeln war allerdings im Vorfeld der Abstimmung, ob die Regierungskoalition für sich eine Mehrheit im Bundestag zusammenbringen würde. Immerhin gab es in beiden Parteien Parlamentarier, die sich als Pazifisten oder Anti-Militaristen verstanden. In jeder Fraktion der Regierungsparteien ließen etwa 15 Abgeordnete vorab erkennen, dass sie mit Nein stimmen würden. Kanzler-Mehrheit ade! Eigentlich hätte der Kanzler dies durchaus ertragen können, ja er hätte sogar argumentieren können, dass in den Regierungsparteien auch Pazifisten einen Platz hätten, wenn auch die Regierungspolitik in eine andere Richtung marschiert.

Nötigung der Abgeordneten

Doch der Bundeskanzler beschloss, den pazifistischen Abweichlern die Peitsche zu zeigen. Er verknüpfte den Marschbefehl für die deutschen Soldaten mit der Vertrauensfrage für seine Regierung. Es war klar, nun würden die Oppositionsparteien gegen die Regierungsvorlage stimmen, und die rot-grünen Pazifisten wurden erpresst, der Ermächtigung zum Krieg zuzustimmen, wollten sie nicht die rot-grüne Regierung abstürzen lassen. Dieses wohlkalkulierte Verhalten des Bundeskanzlers gegenüber den pazifistischen Kräften in seiner und der grünen Partei sagt viel aus über die grundsätzlich militärische Orientierung seiner Politik. Dies ist wichtig zu erinnern, wenn er sich kurz vor der Bundestagswahl gegen einen US-Krieg zum Sturz des Diktators im Irak wendet.

In der Abstimmung im Bundestag votierte nur eine SPD-Abgeordnete gegen die Ermächtigung der Regierung zur Kriegsbeteiligung. Der politische Druck auf sie war so stark, dass sie sich entschließen mußte, aus der eigenen Fraktion auszutreten. Ein Lehrstück für die Meinungs- und Gewissensfreiheit der Abgeordneten! Bei den Grünen schrumpfte die Zahl der Dissidenten von 15 auf vier. Mit vier Nein-Stimmen von dieser Seite wurde die Kanzlermehrheit nicht in Frage gestellt – lediglich ein zittriges kleines Papierfähnlein mit einer Taube darauf wurde aus der grünen Fraktion gereckt. Doch die Öffentlichkeit hat wohl verstanden, dass die grüne Politik nun mehrheitlich auf einen militärgestützten „Belli-Pazifismus" à la Volmer (siehe dazu auch die Dokumente im Anhang des Jahrbuchs) festgelegt ist. Der folgende grüne Parteitag hat dies später bestätigt. Es darf also weiter gerüstet und interveniert werden.

„Krieg darf nicht die Antwort auf Terror sein!"

Schon nach der ersten Entschließung des Bundestages vom 19. September 2001 zu den Attentaten hatte das Komitee für Grundrechte und Demokratie eine Petition unter der Überschrift formuliert: „Krieg darf nicht die Antwort

51

auf Terror sein!" Die dort vorgetragenen Argumente treffen auch auf den Bundestagsbeschluss vom 16. November 2001 zu. Das Komitee schrieb: „Solidarität mit den Opfern bedeutet jedoch etwas anderes, als nach Rache, Vergeltung und Krieg zu rufen! Statt mit menschenrechtlich angemessenen Mitteln vorzugehen sowie die tiefer liegenden Ursachen des Terrors zu bekämpfen, haben die USA einen zehnjährigen kriegerischen ‚Kreuzzug' gegen dafür mutmaßlich verantwortliche Staaten angekündigt. US-Politiker haben darauf hingewiesen, dass dabei zwangsläufig auch unbeteiligte Menschen getötet werden. Diese Opfer, als solche menschenrechtlich nicht akzeptabel, bewirken nicht mehr Sicherheit. Sie halten vielmehr die Spirale von Gewalt und Gegengewalt am Laufen."

In der Petition wurde gefordert, der Deutsche Bundestag möge erneut über die Konsequenzen der Terroranschläge beraten und seinen Beschluss, militärische Mittel der Bundeswehr für Kriege gegen sogenannte Schurkenstaaten zur Verfügung zu stellen, rückgängig machen. Die Petition wandte sich auch den innenpolitischen Maßnahmen der Regierung zu: „Ganz und gar ohne Augenmaß und Not ist es, wenn Bundesregierung, Bundestag und Landesregierungen grundrechtswidrig Polizei und Geheimdienste mit mehr Kompetenzen versehen und ausbauen, ja das Militär innenpolitisch einsetzen wollen. Durch solche Schritte werden nicht ein Mehr an Lebenssicherheit herbeigeführt, vielmehr das sichere Ende bürgerlicher Freiheit und Integrität."

In der Begründung der Petition wurde positiv gefordert: „Jetzt ist Handeln nötig. Die Ablehnung kriegerischen Vorgehens bedeutet nicht, daß für die internationale Sicherheit nichts getan

werden könne. Aber es gilt, mit angemessenen Mitteln zu reagieren. Schleunigst gilt es, internationale Institutionen – etwa regionale Organisationen der UNO – einzusetzen, die – zeitlich auf ein halbes Jahr begrenzt – eine Problembearbeitung in den Krisenregionen betreiben. Eine Bestandsaufnahme der Konfliktformationen und -ursachen muss in Zusammenarbeit mit allen gesellschaftlich relevanten Gruppen in den Regionen geschehen und in umsetzbaren Vorschlägen enden. Dann wird sich zeigen, wie stark den westlichen Gesellschaften an einer allgemeinen, allen Menschen geltenden Zivilisation gelegen ist. Die nötigen politisch-wirtschaftlichen Verhaltensveränderungen werden erheblich sein. Zum anderen ist es jetzt nötig, die tieferen Ursachen des Terrorismus aufzuarbeiten und zu beseitigen." Die Petition endete mit der Mahnung: „Die Gewaltspirale muß durchbrochen werden!"

Die Petition wurde von über 7.500 Personen unterzeichnet und im November dem Petitionsausschuss übergeben. Am 17. Juni 2002 kam die Antwort, die Petition sei behandelt und abschlägig beschieden worden.

Ein Jahr nach den terroristischen Attentaten in New York und Washington drohen die USA gegenüber dem Irak mit einem Krieg. Ein Zusammenhang des Irak mit den Attentaten kann nicht aufgezeigt werden, trotzdem soll im Rahmen der Bekämpfung von Terror losgeschlagen werden. Oder handelt es sich schlicht um Weltmachtpolitik, um Märkte und Öl? Unsicher ist nach wie vor, ob im Bundestag allmählich begriffen wird, dass dieser angebliche „Krieg gegen das Böse" selbst ein Teil der Gewalt erzeugenden Dynamik ist.

Dezember 2001: Als der Internationale Währungsfonds (IWF) am 5. Dezember 2001 der argentinischen Regierung einen weiteren Kredit verweigerte, stürzte das hochverschuldete Land in die schwerste Wirtschaftskrise seiner Geschichte. Die Bevölkerung begehrte gegen die daraufhin verhängte Austeritätspolitik auf. Die sozialen Unruhen setzten sich trotz Ausrufung des Ausnahmezustandes fort und trieben das Land in eine tiefgreifende politische und institutionelle Krise. Bei den Dezember-Protesten wurden 31 Menschen Opfer polizeilicher Repression. Tausende Geschäfte wurden geplündert und ganze Stadtviertel verwüstet. Das Musterland des Neoliberalismus ist explodiert. Wie sehen die Zukunftsperspektiven des endgültig gescheiterten argentinischen Modellversuchs aus?

Roman Herzog

Termitenbau zerstoben Argentinien existiert nicht (mehr)

„Der langsame Tod der Demokratie ist ein langer Prozess fortschreitender Korrosion. Eines Tages wachst du auf und stellst fest, dass diese Demokratie aufgehört hat zu existieren. Ich stelle sie mir wie ein Haus vor, dessen Fundament von Termiten zerfressen wurde. Bis zur Nacht schien es perfekt und am kommenden Morgen bringt es ein winziger Windstoß zum Einsturz." (O'Donnell 2000)

Was der argentinische Transformationsforscher Guillermo O'Donnell Ende 2000 als Warnung an die Politiker seines Landes verstand, trifft zu. Auch wenn es viele nicht wahrhaben wollten oder immer noch nicht wahrhaben wollen: der Termitenbau ist zerstoben. Das System Argentiniens ist mit der Jahreswende 2001/2002 politisch, wirtschaftlich und gesellschaftlich zusammengebrochen. Die sich seit Jahren steigernde Krise und soziale Misere ist über ihren Endpunkt hinausgelangt. Was wir derzeit, womöglich als Vorspiel einer neuartigen Regierung der Bevölkerung, erleben, ist eine „Politik der letzten

Tage" – als Nachspiel eines Transformationsprozesses, der ein viertel Jahrhundert zurückreicht mit vermeintlich globalem Mustercharakter.

Die Ereignisse der Jahreswende 2001/2002, die auch in bundesdeutschen Medien breiten Raum fanden, seien kurz ins Gedächtnis gerufen: Ende Dezember 2001 ist der 1999 gewählte Präsident des Landes, Fernando De la Rúa der Bürgerunion UCR, von der rebellierenden Bevölkerung regelrecht fortgejagt worden. Der sich massenhaft und explosiv, auch in Supermarktplünderungen, vor allem aber in nicht anhaltenden, lautstarken, weil kochtopfschlagenden Märschen von der Peripherie der 13 Mio.-EinwohnerInnenstadt Buenos Aires ins Zentrum mitten auf den Plaza de Mayo entladende Volkszorn zwang De la Rúa, den Regierungspalast per Hubschrauber zu verlassen. Nach elf Tagen vollständiger politischer Ungewissheit und dem Sturz eines ersten Übergangspräsidenten, konnte sich Eduardo Duhalde bis auf weiteres etablieren und dabei sogar von der Bevölkerung dringend geforderte Neuwahlen vermeiden. Mit Blick auf die lange Geschichte politischer Instabilität in Argentinien könnte man meinen, eigentlich habe sich nicht viel verändert. In gewissem Sinne stimmt diese Beobachtung. Gleichzeitig hat sich jedoch sehr viel verändert.

Argentinien existiert nicht mehr.

Die Entwicklungen seit Dezember 2001 haben zum vollständigen Zusammenbruch des Staates, der Politik, der Wirtschaft und auch größtenteils der Gesellschaft des Landes geführt. Die bereits unter einer vierjährigen Rezession leidende Wirtschaft ist vollständig zum Erliegen gekommen. Politische Entscheidungen werden nicht gefällt.

Auch die Gesellschaft ist wenige Wochen nach den massiven Mobilisierungen paralysiert und mehr denn je fast ausschließlich mit der Sicherung des täglichen Überlebens beschäftigt. Das „Verschwinden" Argentiniens ist Effekt global diagnostizierbarer Phänomene. Es geht zurück auf wirtschaftliche Manöver, die oft als neoliberal bezeichnet werden und im Falle Argentiniens zum Kollaps eines ganzen Landes geführt haben. Damit ist Argentinien das erste Land der Welt in dem sich die finalen Auswirkungen dieser Prozesse in spezifischer Art festmachen und analysieren lassen, die – so steht zu vermuten – in anderen Ländern folgen werden. Nach der de facto-Aufgabe der eigenen Währung und Wirtschaft folgte die der eigenen Politik. Dieser folgt derzeit die des eigenen Staates und Landes.

An seinen Endpunkt gelangt ist damit ein Transformationsprozess, der weit hinter das aktuelle Geschehen zurückreicht. Dieser beginnt mit der Machtübernahme der letzten Militärjunta im Jahre 1976 (bis 1983). Die Regime von 1976 bis 2001 haben in einem viertel Jahrhundert eine komplette Umstrukturierung des Landes eingeleitet. Deren Kennzeichen sind: Marginalisierung der Bevölkerung, Privatisierung und Denationalisierung der Wirtschaft und Politik des Landes und Auflösung des Staates. (1)

Unter der Militärregierung wurde ein Bruch mit den Versuchen einer importsubstituierenden Industrialisierung seit 1945 vollzogen. Ein grundlegender Restrukturierungsprozess der Wirtschaft des Landes wurde eingeleitet. Seine wesentlichen Kennzeichen waren eine bewusste Deindustrialisierung. Man öffnete die Wirtschaft nach außen, führte eine auf dem Export von Agrargütern und Primärprodukten basierende Wirtschaft wieder ein und garantierte staatlich finanzspekulative Profitsteigerungen bei enorm wachsender Auslandsverschuldung (Tablita). Von Bedeutung ist, dass ab Mitte der 70er Jahre diese Wertsteigerung des Kapitals über Finanzspekulationen in direkter Verbindung mit der Auslandsverschuldung eingeführt und in wenigen Jahren zur dominanten Form der Profitsteigerung in Argentinien wurde. Sie übersteigt seither diejenige durch produktive Investitionen bei weitem. Lag die Auslandsverschuldung 1975 bei US$ 7,8 Mrd., so betrug sie 1982 US$ 43 Mrd. – eine Steigerung um 450%. Am Ende der Militärdiktatur wurde der mehrheitliche Anteil der privaten Auslandsschulden an diesen Gesamtschulden (US$ 28 Mrd.) durch den damaligen Zentralbankchef Domingo Cavallo verstaatlicht (Basualdo/Kulfas 2000: 84, 100). Von den Militärs wurden darüber hinaus privatwirtschaftliche Unternehmen staatlich gefördert. Milliardensummen flossen in die Privatwirtschaft. (2) Der somit in den 70er Jahren etablierte argentinische „Hood-Robin-Staat" (Verbitsky), der die Einkommen von den unteren zu den oberen Klassen massiv umverteilte, gelangte gegen Ende der 80er Jahre in dem Maße, wie die Auslandsschulden das staatliche Förderungsregime für die Großunternehmen behinderten, an sein Ende (Verbitsky 1990: 117).

Die Politik der 90er Jahre betrieb demgegenüber neben der Finanzspekulation Privatisierungen fast aller Staatsunternehmen und die daran gekoppelte Kapitalisierung eines geringen Teils der Auslandsschulden im Rahmen eines globalen Regimes. Unter der Regierung Menem (1989-1999) wurde dabei die 1976 begonnene und zwischen 1983 und 1989 unter Alfonsín (UCR) stagnierende Transformation Argentiniens durch einen umfassenden politisch- und wirtschaftlich-institutionellen Schock weitergeführt. Ergebnisse dieses Prozesses der 90er Jahre sind im ökonomischen Bereich:

● die Eliminierung der Inflation,
● die Einleitung einer dauerhaften Rezession ab 1997 und einer Depression (Negativ-Wachstum) ab 2000,
● eine sinkende Wettbewerbsfähigkeit der argentinischen Wirtschaft,
● eine fast vollständige Deindustrialisierung des Landes,
● eine zunehmende Transnationalisierung und Konzentration des Kapitals,
● eine mono- bzw. oligopolistische Strukturierung der Märkte,
● eine massive Erhöhung des Handelsbilanzdefizits,
● eine stark konjunkturabhängige Zahlungsbilanz und
● eine enorm anwachsende Auslandsverschuldung und Kapitalflucht.

Menem etablierte ein auf den Weltmarkt ausgerichtetes Akkumulationsregime. In ihm wird zum einen Argentiniens Rolle als Exporteur von Agrarprodukten, Rohstoffen und leichtverarbeiteten (Vor)Produkten festgeschrieben. Zum anderen konnte sich die finanzpolitische Spekulation unter den neuen Bedingungen der Globalisierung der Finanzmärkte ausweiten. Die Transformation der 90er Jahre fand im Kontext der Neuformierung der internationalen Handelsregime und der zunehmenden Transnationalisierung der Weltökonomie statt. Insbesondere die Etablierung des neuen Welthandelsregimes unter der Führung der Welthandelsorganisation (WTO) ab 1994 und damit die Einführung weitgehender Liberalisierungszwänge u.a. durch Urheberrechts- und Patentsysteme wurden durch frühzeitig eingegangene und weitreichende Verpflichtungen seitens der argentinischen Regierung bewusst schockartig vorangetrieben (Nochteff/Abeles 2000). Die in der Folge zentrale Bedeutung der transnationalen Unternehmen auf dem „argentinischen Markt" ist eines der wesentlichen Ergebnisse dieser Transformation der 90er Jahre (Azpiazu 1999a/b). Zugleich ist die ansteigende Bedeutung globaler Akteure des Finanzkapitals für Argentinien von entscheidender Bedeutung. Die argentinische Ökonomie ist hierbei gleichzeitig nicht nur von den nationalen Finanzspekulanten, sondern insbesondere auch von weltweit bedeutenden Börsen abhängig und äußerst verwundbar gemacht worden. So zeigten etwa die Mexiko-Krise 1995 und die über Brasilien vermittelte Russland/Asien-Krise 1997/98 in Argentinien starke Auswirkungen.

Zwischen 1989 und 2000 haben sich die Auslandsschulden Argentiniens wegen der eingeschlagenen „neoliberalen" Politik von US$ 63 Mrd. um gut 230% auf US$ 147 Mrd. erhöht. Pro Kopf kamen damit im Jahr 2000 auf jede/n ArgentinierIn US$ 3.970 Auslandsschulden. Im Jahr 1989 waren es noch US$ 1.972. Diese Verschuldung muss in einem direkten Zusammenhang mit der Kapitalflucht und dem genannten Mechanismus der Wertsteigerung des Kapitals über Finanzspekulationen betrachtet werden. Ins Ausland transferiert wurden zwischen 1993 und 1998 über US$ 52 Mrd. Dabei überstieg die Kapitalflucht 1994 und 1995 selbst die sehr hohen Schuldenzahlungen. (3) Auf jeden Dollar, der über Kredite ins Land gelangte, kamen damit 0,66 Dollar, die ins Ausland transferiert wurden (Basulado/Kulfas 2000: 77, 95). Auch die Gewinne der „produktiv" tätigen, insbesondere auch der transnationalen, Unternehmen wurden zum Großteil nicht investiert, sondern am Kapitalmarkt in ihrem Wert gesteigert und dann ins Ausland transferiert. Von zentraler Bedeutung ist hierbei, dass alle privatisierten öffentlichen Dienstleistungen zu den rentabelsten Bereichen der argentinischen Wirtschaft gehörten und enorme Profitmargen ermöglichten (Azpiazu 1999a/b).

Die wirtschaftliche Transformation wurde unter Menem in den 90er Jahren politisch und sozial flankiert durch:

● eine Konzentration der Macht in der Exekutive,
● eine weitgehende Ausschaltung der Legislative und Judikative,
● eine systematische Verletzung demokratischer Normen, (Menschen-) Rechte und Freiheiten und starke Zunahme der Repression,
● einen massiven Abbau der staatlichen Beschäftigung und des Staatsapparats,
● einen rapiden Anstieg der Verarmung und sozialen Verelendung (der informelle Sektor wuchs von 25 auf knapp 40%),
● eine zutiefst regressive Einkommensverteilung und Besteuerung,
● eine fast vollständige Zerschlagung des Sozialsystems und
● eine Vervielfachung der Arbeitslosigkeit von 7 auf knapp 20%.

Herausgebildet hat sich damit im Ergebnis eine fragmentierte und die Mehrheit der Bevölkerung ausschließende Schein-Demokratie mit stark autoritären Zügen. Insgesamt führten die Maßnahmen der 90er Jahre nicht nur im wirtschaftlichen, sondern auch im politischen Bereich zu einer Zerrüttung des Staates und der Politik selbst. Die „Ausverkaufspolitik" betraf gerade nicht nur Wirtschaftsunternehmen, sondern auch die Politikprozesse. Korrupti-

on ist dafür kein genügendes Wort. Unter Menem wurden zusammen mit den Unternehmen immer auch Handlungskapazitäten der Politik privatisiert. Fast alle für das Land relevanten Entscheidungen erfolgten in krimineller Art von einer „Bande von Banditen" zur alleinigen Bedienung ihrer Interessen, ohne dass irgendeine gesetzliche oder juristische Ahndung erfolgte. (4)

Die unter Menem hergestellte, international zumeist gepriesene wirtschaftliche „Stabilität", die eigentlich nur einer auf den Ausverkauf folgenden Rezession gleichkam, konnte allein über die 1-1-Bindung der Landeswährung (Peso) an den US-Dollar (Wechselkursparität) erkauft werden. Deflation in Argentinien und Inflation in den USA verteuerten den Peso und die Lebenshaltungskosten in den 90er Jahren in dem Maße, dass Argentinien von 1997-2001 als teuerstes Land der Welt zählte. Das Mindesteinkommen, unterhalb dessen bereits im Jahr 2000 30% der Bevölkerung lebte, lag bei US$ 150. Neben der mangelnden Investitionsbereitschaft der UnternehmerInnen ist hier ein wesentlicher Grund der Rezession und des Zusammenbruchs zu finden. Niemand, erst Recht nicht De la Rúa, wagte die Parität anzutasten. Und je länger damit gewartet wurde, desto mehr stieg die soziale und wirtschaftliche Sprengkraft der befürchteten Explosion. Der von De la Rúa als Retter erneut engagierte Cavallo versuchte schließlich über eine 60-prozentige Abwertung 2001 halbherzig, die Koppelung zu lösen. Die erste Maßnahme Duhaldes bestand im Januar 2002 in der Freigabe des Wechselkurses. Die Inflation betrug zwischen Januar und Juni 2002 über 200%. Zu diesem Zeitpunkt war der argentinische Staat bereits seit über 18 Monaten bankrott – trotz über

US$ 40 Mrd. Beistands- und Umschuldungskrediten des IWF zwischen Dezember 2000 und Dezember 2001. Der heikelste Aspekt der Krise betrifft die rund US$ 46 Mrd., die Teile der argentinischen Bevölkerung aufgrund der Stabilität der 90er Jahre bei zumeist nationalen Banken angespart haben. Die unter De la Rúa in Vorbereitung der Wechselkursfreigabe verfügte Einfrierung der Gelder (Coralito), war der Tropfen, der das bereits überlaufende Fass zum Bersten brachte. Doch auch Duhalde konnte bis Juni, trotz gegenteiliger gerichtlicher Verfügungen, die Auszahlung der Gelder verhindern. Unter maßgeblicher Vorgabe des IWF wurden die Guthaben in Staatsschuldscheine umgewandelt, die erst in drei Jahren einlösbar sein sollen. Bei Ihrer Ausgabe dotierten sie mit 20% ihres Wertes. Die Staatsreserven Argentiniens haben sich von Januar 2001 bis Mai 2002 von US$ 34 Mrd. auf weniger als US$ 10 Mrd. verringert. Die Kapitalflucht erreichte im Jahr 2001 US$ 37 Mrd. Seit Januar 2002 wurden von Unternehmen und Banken trotz eingefrorener Konten wenigstens US$ 5 Mrd. ins Ausland transferiert (Verbitsky 2002). Es ist allen Beteiligten klar, dass eine Auszahlung der Sparguthaben unmöglich ist, weil einfach kein Geld mehr vorhanden ist. Dieser Raub an der argentinischen Bevölkerung stellt einen einzigartigen kriminellen Akt dar, der bislang wiederum unter die Straffreiheit fällt.

Die Transformation seit 1976 ist mit dem Abtreten De la Rúas an ihren Endpunkt gelangt. Das Land ist in jeglicher Hinsicht vollständig ausgepumpt, und auf die bisherigen Arten und Weisen ist kein Profit mehr aus den Verhältnissen zu schlagen. Die Phase seit 2002 ist lediglich ein Nachspiel, in dem verblei-

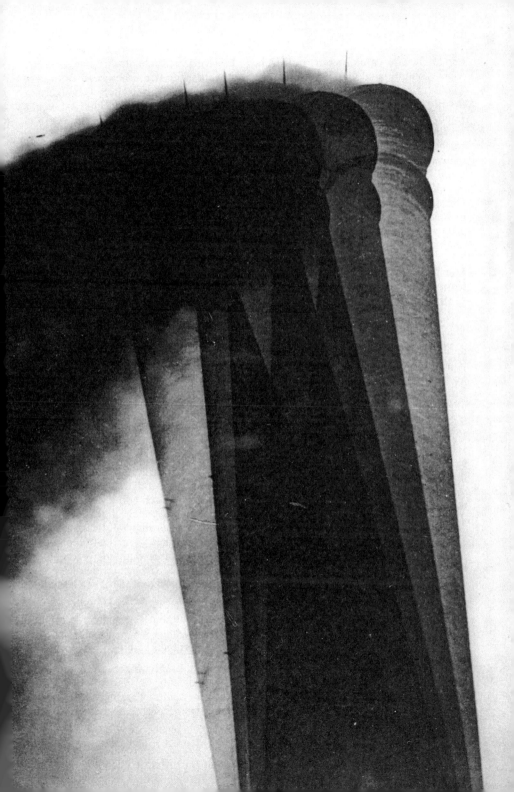

bende Kräfte gleichwohl politische Macht und finanziellen Profit aus der Situation zu gewinnen suchen. Multinationale Unternehmen verlassen das Land, ebenso wie viele der reichen und mächtigen Eliten, die ihren Kapitalfluchtströmen folgen. Auch viele der „normalen" Menschen verlassen das Land, sofern sie irgendwie einen europäischen Pass auftreiben können. Dieser Exodus einer Bevölkerung bildet in gewissem Sinne die Umkehr der großen Immigration nach Argentinien um die vorletzte Jahrhundertwende.

Der Neuaufbau Argentiniens kann (leider) (noch) nicht bei Null anfangen.

Der Zusammenbruch des Landes 2001/2002 führte zur Auflösung der bis dahin charakteristischen politischen Bipolarität des Landes. Eine der beiden politischen Parteien, die UCR, wurde für die nächsten Jahre unwählbar. Vor allem deswegen, weil De la Rúa im Schlussakt der Transformation bereits Ende 2000 das Parlament gänzlich ausschaltete und mit der illegalen Übergabe sämtlicher exekutiver Befugnisse an den erneut berufenen Wirtschaftsminister und Quasi-Alleinherrscher Cavallo in einem Akt der Selbstentmachtung die demokratischen Verfahrensweisen unterhöhlte.

Ein Nullpunkt ist trotz quasi vollständigen Zusammenbruchs des Landes deswegen nicht erreicht, weil die verbliebenen Kräfte und allen voran paradoxerweise der Peronismus de facto fortbestehen, ebenso wie einer der Hauptgründe des Zusammenbruchs: die internationalen Verpflichtungen finanzieller Art. Dass die internationale Finanzwelt auf die Bedienung der Zinsen auf diese kriminellen Auslandsschulden von Anfang 2002 rund US$

155 Mrd. verzichten wird, ist mehr als unwahrscheinlich. Eher ist zu vermuten, dass der argentinischen Bevölkerung die von anderen verursachte Last weiter aufgebürdet wird.

Die Bevölkerung Argentiniens hat (k)eine Zukunft.

Die Bevölkerung Argentiniens scheint von allen und allem verlassen und kann allein auf ihr nacktes Leben und Überleben bauen. Erst wenn der Peronismus ein für alle Mal als nunmehr einzig verbliebene Option politischer Organisation, Repräsentation und Praxis nicht mehr existiert und somit keine Möglichkeit mehr darstellt, kann es für die Bevölkerung des Landes die Chance für einen Neubeginn geben. Dass es zu dieser Entwicklung kommt, ist äußerst unwahrscheinlich. Eine Zukunftsperspektive für die Bevölkerung ist somit nicht auszumachen:

a) Neben den nationalen stehen internationale Interessen dagegen. Sie versuchen im Rahmen internationaler Bemühungen, eine sogenannte „Regierbarkeit" herzustellen. Deren Ziel ist zum einen die Gewährleistung der Zinszahlungen auf die Auslandsschulden. Zum zweiten soll ein international beachtetes Exempel alternativer Politik- und Regierungsmöglichkeiten vermieden werden. Vorangetrieben wird der miese status quo im wesentlichen durch die US-Regierung, den IWF und die Interamerikanische Entwicklungsbank (IDB).

b) Es gibt keine alternative Kraft, die den Peronismus ablösen, gar zum Niedergang bringen könnte.

Obwohl die Bevölkerung um die Jahreswende 2001/02 ausdrücklich alle Politiker beider Parteien verdammte, konnte sich Duhalde festsetzen. Genau

darin besteht das Besorgniserregende. Der Peronismus ist keine Option, sondern das Problem Argentiniens. Das hat sich nicht nur unter Menem, sondern bereits während der beiden vorhergehenden peronistischen Regierungen (1945-1955, 1973-1976) gezeigt. (5) Die Tatsache, dass sich Duhalde trotz der fehlenden angemessenen Politik wie seine Vorgänger längerfristig halten konnte, verheißt nichts Gutes. Der kurze Sommer des argentinischen Volkes wurde (mir scheint der pathetische Begriff des Volkes hier ausnahmsweise tatsächlich nicht unangebracht) sehr schnell beendet.

Die in den Wochen nach dem 19. Dezember entstandenen „Volksorganisationen" und Stadtteilkomitees zerrieben sich in kürzester Zeit selbst oder wurden zumeist durch rechts-peronisti-sche Kräfte stillgestellt. Sie hinterließen dieselben Effekte wie alle politischen Organisierungsversuche in Argentinien seit 1930: Spaltungs-Hickhack, Abwendung, Depolitisierung und Frustration. Bereits wenige Wochen später erwartete kaum jemand in Argentinien eine gründliche Veränderung. Die Kochtöpfe wurden noch vereinzelt traktiert. Aus der Dynamik der Dezembertage entstand jedoch keine langfristig stabile politische Bewegung. Die Gründe hierfür sind vielfach. Neben dem politisch assimilierenden und neutralisierenden Wesenszug des Peronismus ist von Bedeutung, dass während der Militärdiktatur 1976 – 1983 insbesondere progressive und alternative politische Kräfte (Studenten, Gewerkschaften, politische Bewegungen, Guerilla) systematisch liquidiert wurden (30.000 ArgentinierInnen sind in dieser Zeit

„verschwunden"). Diese Kräfte fehlen somit beim demokratischen Wiederbeginn bis heute (Conadep 1984). Diese Zerstörung der politische Opposition zu Beginn des skizzierten Transformationsprozesses 1976-2001 bildete eine Voraussetzung, dass die Bevölkerung ohne wesentlichen Widerstand das systematische Ausbluten des Landes hinnahm.

Die „Politik der letzten Tage" kann in Argentinien zum Dauerzustand werden.

Hätte Richard Lester den Film „The Bed Sitting Room", zu deutsch „Danach", nicht bereits 1968 gedreht, so würde dies heute vermutlich der argentinische Regisseur Pino Solanas tun und die Geschichte in seinem Heimatland ansiedeln. Das in dem Film beschriebene absurde Szenario des dauerhaften Fortbestands grotesker, vollständig entleerter politischer Rituale in einer nach der Apokalypse lediglich noch aus Ruinen bestehenden Welt taugt meiner Meinung nach genau für die derzeitige Situation: die Politik ist so wie die Wirtschaft seit 1997 faktisch zum Stillstand gekommen und lebt doch in Form derselben Rituale weiter. Ebenso kann die seit Menem stillgestellte und unter De la Rúa nicht reaktivierte Justiz kaum irgendwelche Impulse setzen, auch wenn dies von wenigen aufrechten RichterInnen versucht wird. Es scheint mir am wahrscheinlichsten und steht somit zu befürchten, dass in Argentinien mit oder ohne Wahlen und mit oder ohne Regierungsbeteiligung internationaler Organisationen, der nationalen oder internationaler Militärs die derzeitige Situation verlängert wird. Gerade weil das Verschwinden eines kapitalistischen Staates in der Moderne und in dieser Form keinen Vorläufer kennt, liegt diese Situation nicht einmal allein an bösem Willen, sondern auch an mangelnder Erfahrung im Umgang mit derartigen Ereignissen. Was passiert mit einer Bevölkerung, die alle erdenklichen „Reformationen" als Deformationen ertragen musste, in einem Land, dessen Strukturen zusammengebrochen sind und das von allen verlassen wird, dessen Elite ermordet ist oder außer Landes? Was sich in Argentinien abzeichnet, ist eine neuartige bio-politische Bevölkerungsregulierung nach dem politisch-institutionellen Super-Gau. In dem Maße, wie in anderen Ländern der Welt ähnliche Situationen drohen, kann diese als Testfall und Avantgarde für das 21. Jahrhundert dienen. In diesem Sinne kommt Argentinien sicherlich seit 1976, vielleicht aber auch schon früher, die seltsame Rolle des internationalen Testgeländes und Vorläufers für politische, wirtschaftliche und technologische Maßnahmen mit zumeist kriminellem Charakter in vielerlei Hinsicht zu, die in den folgenden Jahren global ausgeweitet wurden.

Damit zurück zur ersten These. Korrekterweise sollte die erste These lauten:

Argentinien existiert nicht

ohne das temporale Anhängsel, das vorgaukelt, das Land habe jemals existiert. Diese bizarr anmutende These ist vielleicht weniger luftig, als sie klingt. So kann von einem Land gesprochen werden, das niemals existiert hat. Vielleicht war Argentinien niemals ein eigenständig existierender Nationalstaat. Vielleicht existierte Argentinien lediglich als phantasmatisches Gebilde und zugleich als reales Testgelände internationaler Politik- und Wirtschaftsmechanismen und -funktionsweisen. Vielleicht hat sich in diesem Sinne überhaupt nichts verändert nach dem

Dezember 2001, da diese Funktion Argentiniens weiterhin beibehalten wird. Aus meiner Sicht sogar verschärft.

Um Missverständnissen vorzubeugen, soll hier klargestellt sein, dass nicht geleugnet wird, durch die Entwicklungen seit April 2002 lebten nach offiziellen Angaben ca. 18 Mio. Menschen, mehr als die Hälfte der Bevölkerung Argentiniens, unter dem Existenzminimum und erführen unnötiges Leid. Ebenso soll nicht suggeriert werden, die kritische Öffentlichkeit habe nichts zu analysieren. Ganz im Gegenteil. Gerade die Besorgnis um das Leid der Bevölkerung weist uns, denke ich, auf die Bedeutung hin, das, was sich in Argentinien derzeit an politischer und gesellschaftlicher Novität entwickelt, genauestens zu beobachten: die präzise Analyse also der auf dem argentinischen Territorium derzeit entstehenden neuartigen bio-politischen Regierungsweise. Dabei sind meiner Meinung nach wenigstens drei Fragen ins Zentrum zu rücken: Welche spezifischen Arten des Bevölkerungsmanagements bzw. der Bevölkerungsführung werden erprobt und etabliert; welche alten und neuen Elemente dabei kombiniert? Was unterscheidet also die entstehende von vorhergehenden Formen der Bevölkerungsregulierung? Wie wird, trotz teilweise schwer kalkulierbarer Aktivität, dabei über welche Techniken die Paralysierung einer Gesamtbevölkerung gewährleistet? Und die wesentlichste, recht alte aber immer wieder neu zu betrachtende Frage ist letztlich: Wie funktioniert heute Macht?

Ich denke, dass eine derartige Betrachtung der gegenwärtigen, aber auch der vergangenen politischen und wirtschaftlichen Prozesse in Argentinien noch aussteht. Gerade in Verbindung mit den traditionellen Untersuchungen –

zum Akkumulationsregime und der jeweils spezifischen Art der Profitsteigerung, zur Funktionsweise des politischen Herrschaftssystems und ähnlichem mehr – kann eine anders ansetzende Analyse wichtige Einsichten über heutige Funktionsweisen der Politik liefern.

Korrekterweise sollte ich anmerken, dass die hier dargestellten Überlegungen inspiriert worden sind durch Kommentare des argentinischen Literaten Alberto Manguel (2002) und des ehemaligen Trainers der argentinischen Nationalmannschaft Cesar Luis Menotti (2002). Menotti beschreibt, dass der kläglich gescheiterte, heiße Favorit für den Titelgewinn der Fußballweltmeisterschaft 2002 – das argentinische Nationalteam – nicht nur das Nationalteam war, von dem kein einziger Spieler im eigenen Land spielt, sondern zugleich das Team eines politisch und wirtschaftlich entstaatlichten und ausverkauften Landes. Und Manguel zeigt, dass Argentinien eher eine Geisteshaltung ist und, politisch gesehen, niemals eine Zukunft hat(te), sondern immer schon „einmal war". Er weist auch darauf hin, dass der Staat zwar stirbt, aber das Volk überlebt und keinen anderen Ort hat zur Desertion.

Literatur

Azpiazu, Daniel/Khavisse, Miguel/Basualdo, Eduardo M. (1986): El nuevo Poder Económico en la Argentina de los Años 80, Buenos Aires: Legasa
Azpiazu, Daniel (1999a): El papel de las privatizaciones en el proceso de concentración y centralización económica, Documento de Trabajo N 6, Buenos Aires: FLACSO
Ders. (1999b): Privatizaciones en la Argentina. Regulación tari-faria, mutaciones en los precios relativos, rentas extraordinarias y concentración económica, Documento de Trabajo N 7, Buenos Aires: FLACSO
Basualdo, Eduardo M. (2000a): Concentración y centralización del capital en Argentina durante la década del 90, Buenos Aires: FLACSO
Ders. (2000b): Tendencias y transformaciones de

la cúpula empresaria argentina durante la década de los noventa, in: Realidad Económica 168, 32-56
Basualdo, Eduardo M./Azpiazu, Daniel (1990): Cara y Contracara de los grupos económicos, Buenos Aires: Cántaro
Basualdo, Eduardo M./Kulfas, Matías (2000): Fuga de capitales y endeudamiento externo de la Argentina, in: Realidad Económica 173, 76-103
Comisión Económica para América Latina y el Caribe (Cepal) (2000): Anuario Estadístico de América Latina y el Caribe 1995 – 2000, Santiago de Chile: United Nations Publications, http://www.cepal.org/
Comisión Nacional sobre la Desaparición de Personas (Conadep) (1984): Nunca mas, Buenos Aires: Eudeba
Instituto Nacional de Estadística y Censos (INDEC) (2000a): Encuesta Permanente de Hogares. Incidencia de la pobreza y de la indigencia en el aglomerado Gran Buenos Aires
Manguel, Alberto (2002): Argentinien war einmal in: Lettre international 56, 28-30
Menotti, Cesar Luis (2002): „Argentinien wird verkauft", in: Frankfurter Rundschau, 25.05.2002
Nochteff, Hugo (Hg.) (1998): La economía argentina a fin de siglo; fragmentación presente y desarrollo ausente, Buenos Aires: FLACSO/Eudeba
Nochteff, Hugo/Abeles, Martín (2000): Economic Shocks without vision. Neoliberalism in the transition of socio-economic systems. Lessons from the argentine case, Frankfurt/Main: Vervuert
O'Donnell, Guillermo (2000): La muerte lenta. Una critica democratica a la democracia. Interview, in: Página/12, 15. Oktober 2000
Schvarzer, Jorge (1986): La Política Económica de Martínez de Hoz, Buenos Aires: Hispamerica
Ders. (1990): Un modelo sin retorno. Dificultades y perspectivas de la economía argentina, Buenos Aires: Cisea
Schvarzer, Jorge/Sidicaro, Ricardo/Töpper, Barbara (1994): Argentinien, in: Töpper, Barabara/Müller-Plantenberg, Urs (1994): Transformation im südlichen Lateinamerika, Frankfurt/Main:Vervuert, 102-147
Verbitsky, Horacio (1990): La Educación Presidencial. De la derrota del '70 al desguace del estado, Buenos Aires: Editorial/12, Puntosur
Ders.: (2002): Palabra Maldita, in Pagina/12, 19. Mai 2002

Anmerkungen

1) Ich werde hier und auch im Folgenden nicht immer im Einzelnen die genannten Aspekte belegen, verwiesen sei auf die umfangreichen Analysen, die unter dem Dach der Fundación Latinoamericana de Ciencias Sociales (FLACSO) Argentinia entstanden. Deren Mitarbeiter haben seit den 70er Jahren die Transformationsprozesse eingehend analysiert. Siehe außerdem: die angeführte Literatur. Bei einigen Angaben wurden zudem die Statistiken der Cepal (2000) und des argentinischen Statistikinstituts INDEC (2000) zu Hilfe gezogen.

2) Dieses Regime der sogenannten Investitionsförderung wurde auch unter der Regierung Alfonsín (1983-1989) weiter beibehalten. In den 80er Jahren konnte jeder investierte Dollar der Privatunternehmen in voller Höhe von den Steuerzahlungen abgeschrieben werden. Außerhalb dieser und anderer Förderungen wurden praktisch kaum Investitionen von der Privatwirtschaft getätigt (Basualdo/Azpiazu 1990: 11ff.).

3) Die Auslandsverschuldung nahm bis 1998 um knapp US$ 78 Mrd. zu.

4) In Argentinien, wie auch in einigen anderen Ländern, wird dieses Charakteristikum als Impunidad (Straflosigkeit) bezeichnet. Die Begriffsverwendung stammt aus den diktatorischen Zeiten bzw. den 80er Jahren, als die ungenügende oder fehlende Ahndung der Menschenrechtsverbrechen mit ihm bezeichnet wurde.

5) Es kann hier keine ausführliche Darlegung des Phänomens des Peronismus erfolgen. Selbstverständlich ist die Auffassung die subjektive eines Nicht-Argentiniers, was ihn in den Augen vieler Argentinier (der rund 50% der Bevölkerung, die sich in irgendeiner Form als dem Peronismus zugehörig bezeichnen) zur Beurteilung dieser heiklen aber entscheidenden Frage vollständig delegitimieren würde.

Januar 2002: Sollen wir lachen oder heulen? Am 22. Januar 2002 erreicht eine Tragikomödie ihren Höhepunkt. Das Bundesverfassungsgericht schiebt die Akten des NPD-Verbotsverfahrens zur Seite. Es sagt den für Februar angesetzten Termin der mündlichen Verhandlung ab, nachdem ein Beamter aus dem Bundesinnenministerium ohne das Wissen seines Ministers mitgeteilt hatte, dass einer der vierzehn Zeugen aus der NPD, die das Gericht hören wollte, lange Zeit nicht nur NPD-Mitglied, sondern zugleich ein V-Mann des nordrhein-westfälischen Landesamtes für Verfassungsschutz (LfV) gewesen war. V wie Vertrauen genoss der Mann nicht nur bei seiner Partei, sondern auch beim Geheimdienst. Dem hat er jahrzehntelang Informationen aus dem Innern der NPD zugetragen – vertrauensvoll.

Heiner Busch

Verfassungsschützerisches Vertrauen in Neonazis

Dieser Wolfgang Frenz war nicht irgendein subalternes Mitglied der NPD. Er war dabei, als die Partei 1965 gegründet wurde. Er saß zwischenzeitlich in deren Bundesvorstand und hatte hohe Ämter in der NRW-Parteihierarchie inne. Frenz war auch nicht irgendein V-Mann. Seine Zusammenarbeit mit dem Schnüffelapparat des Staates begann 1959, sechs Jahre bevor die NPD gegründet wurde. Der „Hardcore-Nazi" (Frankfurter Rundschau vom 24.1.02) bezog dem Vernehmen nach bis zu 800 DM monatlich für seine Informationen – bis er 1995 „abgeschaltet" wurde, weil seine Schriften an-

geblich selbst dem LfV zu rassistisch wurden.

Als der treue Diener zweier Herren vom Gericht zitiert wurde, entsann er sich, dass er seinerzeit seinem verfassungsschützerischen Arbeitgeber Schweigepflicht gelobt hatte. Er beantragte ganz vorschriftsmäßig dortselbst eine Aussagegenehmigung. Wir übersetzen: Er fragte beim Geheimdienst an, ob es ihm erlaubt sei, dem höchsten deutschen Gericht die Wahrheit zu sagen. Besser kann die Verfassungswirklichkeit dieser Republik und zugleich die Absurdität des NPD-

Verbotsverfahrens kaum illustriert werden.

Frenz war nicht der einzige, von dem man in jenen Tagen des Januars und Februars erfuhr, dass er „auf zwei Schultern getragen" hatte. Nach und nach musste die staunende Öffentlichkeit zur Kenntnis nehmen, dass insgesamt fünf im Verbotsantrag zitierte oder als Zeugen geladene NPD-Funktionäre gleichzeitig als durchaus gut bezahlte freie Mitarbeiter für den Verfassungsschutz tätig waren. Zum Beispiel Tino Brandt, stellvertretender NPD-Landesvorsitzender in Thüringen. Dessen V-Mann-Rolle war eigentlich bereits im Mai 2001 durch die Presse gegangen. „Verfassungsschutz zahlt NPD-Aufmärsche", hatte damals – am 14. Mai – die Süddeutsche Zeitung getitelt, weil der Mann nach eigenen Angaben sein V-Mann-Honorar in sechsstelliger Höhe zur Finanzierung von Parteiaktivitäten verwendet hatte.

Insgesamt – so ließ sich bald der Presse entnehmen – seien es rund hundert V-Leute, die den Inlandsgeheimdienst über die Aktivitäten der NPD informierten. Genaue Zahlen könne man nicht vorlegen, erklärte Anfang Februar der frühere Chef des Bundesamtes für Verfassungsschutz und zeitweilige Berliner Innensenator Eckart Werthebach: „Niemand kann diese Zahl im Moment präzise schätzen, weil dann alle Landesämter ihre Informationen über geführte V-Leute auf den Tisch legen müssten. Richtig ist aber, dass die NPD als jahrelang verfassungsfeindliche Partei sehr intensiv beobachtet worden ist von allen Verfassungsschutzbehörden. Deshalb ist die Zahl der V-Leute hoch." (Berliner Morgenpost vom 5.2.02). Inzwischen wissen wir immerhin, dass von den 210 Mitgliedern des Bundes- und der Landesvorstände der NPD 30 (auch) für den Geheimdienst gearbeitet haben – ein Siebtel aller Kader der Partei! Welche Stellung der Rest der V-Leute in der Parteihierarchie hatte, bleibt weiterhin das Geheimnis des Geheimdienstes.

Jahrelang, so Werthebach, sei die NPD intensiv beobachtet worden: Unsere Tragikomödie mag zwar im Januar und Februar 2002 ihren Höhepunkt erreicht haben. Angefangen hatte sie jedoch früher. Im Januar 2001 beschloss die Bundesregierung, beim Bundesverfassungsgericht das Verbot der NPD zu beantragen. Im März zogen auch Bundestag und Bundesrat nach, ihre Beschlüsse hatten nur noch formelle Bedeutung. Abgesehen von der FDP und einigen weiteren AbweichlerInnen schien bei den im Parlament vertretenen Parteien – von der CSU bis zur PDS – die Sache klar: Das Bundesverfassungsgericht sollte die NPD verbieten *müssen*. Seit dem Sommerloch 2000 hatten die Regierungen von Bund und Ländern die große symbolische Trommel gegen den Rechtsextremismus geschlagen. Die Nachrichten über Angriffe auf MigrantInnen und Asylsuchende nicht nur im Osten Deutschlands schadeten dem Ruf des „Standortes Deutschland". Im November schließlich rief die Regierung höchstselbst zum „Aufstand der Anständigen", zu einer Großkundgebung gegen Rechts in Berlin, zu einem Flanieren an der Seite der Obrigkeit. Der Antrag, die NPD nach 36 Jahren ihrer Existenz zu verbieten, bildete den Höhepunkt dieser symbolischen Aktivitäten.

Die Grundlagen für diesen Griff in die Mottenkiste der fdGO (der freiheitlichen demokratischen Grundordnung) hatten seit dem frühen Herbst 2000 die Ämter für Verfassungsschutz erarbeitet. Rund 700 Seiten umfasst die von ihnen

erstellte und bis heute als Verschlusssache gehandhabte Materialsammlung, die in der Begründung des Verbotsantrags auf 74 Seiten heruntergekürzt worden ist. Schon eine oberflächliche Lektüre macht deutlich, dass der Verbotsantrag dem Schema folgt, das das Bundesverfassungsgericht in den 50er Jahren in seinen Verbotsurteilen gegen die faschistische Sozialistische Reichspartei (SRP) und die Kommunistische Partei Deutschlands (KPD) vorgegeben hat: Damals wie heute geht es beim Parteienverbot nicht um das Handeln einer Partei, die konkreten Straftaten, für die ihre Funktionäre oder Anhänger in Strafprozessen verantwortlich zu machen wären, sondern um ihre „aggressiv-kämpferische Haltung" zur FdGO. „Verfassungswidrigkeit ist eine politische Qualität, Rechtswidrigkeit eine rechtliche", wie Helmut Ridder in seinem Kommentar zum Artikel 21 des Grundgesetzes festhält.

Die in den Unterlagen zum NPD-Verbotsantrag zitierten Straftaten von bzw. Anschuldigungen gegen NPD-Leute sind überdies zum großen Teil Meinungsdelikte – vom Tragen verbotener Kennzeichen bis zur Volksverhetzung. Die Gewalt, die von rechtsextremistischen und rassistischen Gruppen vor allem gegen MigrantInnen und Flüchtlinge ausgeübt wird, spielt in dem Antrag nur eine untergeordnete Rolle. Im Zentrum stehen ideologische Fragen: die völkische Ideologie, der Antisemitismus, die „Ablehnung" des Parlamentarismus und der Gewaltenteilung, der von der NPD großmäulig verkündete „Kampf um die Straße" und um die „Köpfe" etc. Die Bewertungen, die die Schlapphüte des Verfassungsschutzes über den Antiparlamentarismus der NPD abgeben, unterscheiden sich kaum von jenen, die in den Verfassungsschutzberichten über die Autonomen zu lesen sind.

Im Kern geht es beim Verbotsverfahren um die politische Gesinnung und Ideologie der NPD, also deren rassistische und antisemitische Äußerungen in der Öffentlichkeit. Das Verbot einer Partei, die je nachdem zwischen 0 und 1 Prozent der Wählerstimmen zu mobilisieren vermag, ist allein deshalb schon unsinnig und bloß repressive Schau, weil Rassismus und Ausländerfeindlichkeit weit über die NPD hinaus verbreitet sind. Der Kampf gegen diese Meinungen aber kann nicht vor einem Gericht, sondern nur in der öffentlichen politischen Auseinandersetzung geführt werden, in der dann notwendigerweise auch über die viel mächtigere regierungsamtliche Ausländer-Raus-Politik zu reden wäre.

Die dicke Sammlung so schwachsinniger wie widerlicher Äußerungen von NPD-Größen speist sich zwar zu einem großen Teil aus öffentlich zugänglichen Materialien. Die wirklich deftigen Aussagen, mit denen nicht nur die grundsätzlich rassistische Position der NPD belegt werden sollte, sondern die für ein Verbot notwendige „aggressiv kämpferische" Haltung, stützen sich jedoch auf „Behördenzeugnisse". Das heißt, dass die Verfassungsschutzbehörden zwar eine Quelle haben – nämlich V-Leute –, dass sie diese aber nicht offen legen. Der Grund dafür heißt „Quellenschutz", ein zentraler Grundsatz jedes Geheimdienstes (und jeder geheim arbeitenden Polizei). Der V-Mann – in selteneren Fällen: die V-Frau – soll innerhalb seines Feldes vor Schwierigkeiten bewahrt und vor allem nicht „verbrannt" werden. Er wird noch gebraucht, er soll weiter Informationen liefern.

Die Lektüre des Antrags und noch mehr der 700 Seiten Materialsammlung macht auch deutlich, dass es sich bei den behörden-bezeugten Spitzeln nicht um irgendwelche Randfiguren handelt. Hochrangige NPD-Leute werden mit Aussagen in kleinen Kreisen oder im persönlichen Gespräch zitiert. Das geht nur, wenn der Lauscher zu einem solchen Kreis zugelassen ist, m.a.W. selbst eine bedeutende Stellung einnimmt.

Darüber hat sich seinerzeit niemand aus dem Kreise derer aufgeregt, die vollmundig das Verbot dieser Partei gefordert haben. Die Frage, ob eine demokratische Verfassung durch geheimdienstlich arbeitende Organisationen und durch die von ihnen geführten Spitzel nicht zu Tode geschützt wird, ist nicht angesagt. Und das, obwohl nicht nur die grundsätzliche Problematik des Spitzeleinsatzes bekannt ist. Seit den 70er Jahren sind die Skandale um V-Leute des Verfassungsschutzes, die gleichzeitig in führenden oder wichtigen Stellen rechtsextremer Organisationen arbeiteten, nicht abgerissen. Für diese Leute, die das „Vertrauen" der „Verfassungsschützer" besaßen, war es offenbar kein Widerspruch, weiterhin strammer Neonazi zu sein. Der Verfassungsschutz erkauft seine Informationen aus dem rechten Sumpf oft genug mit einer regelrechten Organisationshilfe an diese Gruppen: V-Mann-Honorare gehen in die Parteikasse, die „bespitzelten" rechtsextremistischen Organisationen erhalten praktischerweise Informationen aus bester Quelle über bevorstehende Durchsuchungen oder über politische Gegner von links, während die Schützer der Verfassung aus Gründen des „Quellenschutzes" teilweise selbst über Straftaten ihrer Spitzel hinwegsehen – um am Ende längst bekannte Versatzstücke rassistischer Ideologie zu dokumentieren.

Besser kann die Untauglichkeit und Gefährlichkeit sowohl von V-Leuten als auch der sie einsetzenden Geheimdienste oder politischen Polizeien kaum demonstriert werden.

Dennoch: Der Höhepunkt unserer Tragikomödie ist längst vorbei, der Skandal wurde abgewickelt. Zuerst bekam der Beamte aus dem Ministerium eins über die Mütze. Über seine weitere Zukunft haben wir keine Nachrichten. Dann suchten die VerbotsanträglerInnen aus Bundesregierung, Bundestag und Bundesrat nach einer Lösung, wie man den angeschlagenen Antrag doch noch retten könne. In einer gemeinsamen Erklärung Mitte Februar versuchten sie dem Verfassungsgericht und der Öffentlichkeit zu erläutern, dass die V-Mann-Eigenschaft der Frenz & Co. und ihre Aussagen und Handlungen als NPD-Mitglieder strikt zu trennen seien. Der Fall Frenz und die weiteren Fälle werden zu Pannen herabdefiniert. Die Panne bestand demnach in einem Verfahrensmangel, nicht im V-Mann-Einsatz und auch nicht in der notwendigerweise fehlenden Kontrolle der und über die Verfassungsschutzämter.

„Die Bundesregierung wird das Verfahren auch nach der Offenlegung der früheren V-Mann-Tätigkeit eines als Auskunftsperson benannten NPD-Funktionärs und der sich daran anschließenden Diskussion über den Einsatz von V-Leuten fortführen. Denn die Ziele der NPD richten sich – und zwar in aggressiv-kämpferischer Form – eindeutig gegen die freiheitliche demokratische Grundordnung", so heißt es in der Bilanz des Bundesinnenministeriums über seine Tätigkeit in der ablaufenden Legislaturperiode. Das Verfahren wird nach den Wahlen wieder aufgenommen – ohne politische Störungen und ohne kritische Fragen über die Gefährdung der Demokratie durch den angeblichen Verfassungsschutz und seine V-Leute.

Die Tragikomödie ist vorerst beendet. Lachen durften wir nur kurz.

Februar 2002: Der Bundesrechnungshof deckte auf, dass die Bundesanstalt für Arbeit (BA) die Vermittlungszahlen frisiert und – nicht überraschenderweise – weit weniger Erwerbslose als offiziell ausgewiesen vermittelt hat. Daraufhin wird parteiübergreifend die „Ineffektivität" der BA kritisiert und mediengerecht in Szene gesetzt. Öffentlich wird über „Umstrukturierungen" und zeitgemäße „Reformen" der BA, sprich Amputation eines der sozialpolitischen Standbeine der Republik nachgedacht. Der neue Mann im Amt, Florian Gerster, machte schnell deutlich, wie er sich den „Umbau" der Arbeitsverwaltung vorstellt: den Druck auf Arbeitslose erhöhen und sozialstaatliche Absicherungen zurücknehmen.

Christa Sonnenfeld

Die Demontage der sozialen Sicherung – ein Angriff auf soziale Grundrechte

Nicht erst seit der bekannt gewordenen Datenmanipulation der Bundesanstalt für Arbeit ist der ohnehin zurückgenommene Sozialstaat unter erheblichen Druck geraten. Schleichend und stetig wird das löchrige System der sozialen Sicherung Bismarck'scher Prägung geschliffen. Soziale Grundrechte werden weiter und nachhaltiger denn je verletzt. Der „Skandal" der Bundesanstalt hat problematische Schubladen geöffnet, in denen schon lange abrufbereite Konzepte lagen, die das System sozialer Sicherung endlich in Angriff nehmen sollten. Es scheint, als hätten politische Funktionäre und intellektuelle Zuarbeiter nur auf die Eröffnungen des Bundesrechnungshofs gewartet oder den Prozess sogar in Gang gesetzt.

Bereits ein Jahr nach der rot-grünen Regierungsübernahme wurde eine Steuerreform zugunsten der Unternehmen verabschiedet (Einsparungsvolumen von ca. 20 Milliarden DM). Erst allmählich bekommen wir deren Folgen zu spüren, so beispielsweise durch die Finanznot der Kommunen. Hinzu kommt der Druck durch die EU-Kommission auf die „Hochlohnländer", die Lohnnebenkosten weiter zu senken und die Sozialleistungen zu kürzen. Dies bedeutet nicht nur einen Angriff auf die Renten-, Kranken- und Arbeitslosenversicherung, sondern Entlastung der Unternehmen. Die „Rentenreform" war in diesem Umverteilungskontext der Anfang, mit der die paritätisch finanzierte Sicherung aufgegeben wurde.

Für eine höchstmögliche Kapitalverwertung sind sozialstaatliche Sicherungen schon immer ein Hindernis. Jetzt werden all die Planungen, sozialstaatliche Leistungen auf ein Minimum zu reduzieren oder gänzlich einzustellen, in die Praxis umgesetzt. Mit Widerstand ist in der Bevölkerung kaum zu rechnen, nicht zuletzt, weil eine ununterbrochene Propagandamaschinerie den BürgerInnen Grundrechtsverletzungen als schmerzliche, aber notwendige Maßnahmen zumutet, als alternativlose Strategie, die den Staat nicht mehr als Zwangsapparatur, wohl aber als Erfüllungsgehilfen vom Weltmarkt gebotener „Sachzwänge" erkennen lässt. Der Verfassungsrechtler Winfried Hassemer beklagte schon 1997, dass die Bereitschaft, Grundrechtspositionen aufzugeben, auch in der Bevölkerung steige. Der Staat nutze diese Haltung wiederum, um sich neue Befugnisse zu schaffen.

Die soziale Sicherung steht unter massivem Druck

Der Privatisierung der Alterssicherung, die als Reform ausgegeben wird, folgt nun mit großen Schritten die Zurücknahme von Leistungen der Kranken- und Arbeitslosenversicherung.

Gerade bei der letzteren wird auf unterschiedlichen Ebenen strategisch operiert, um die Lohnnebenkosten und damit die Beitragszahlungen der Arbeitgeber zu senken.

Über die Lohnsubventionierung, insbesondere dem Kombilohn, werden Löhne tatsächlich gesenkt. Löhne werden von staatlicher Seite nur befristet subventioniert. Danach bilden sie das Niveau der „neuen" Niedriglöhne, das 20-30% unter dem bisherigen Niedriglohntarif liegt. Der vormalige Präsident des Deutschen Industrie- und Handelstages, Hans Peter Stihl, wollte denn auch den Kombilohn bereits im Jahr 1997 als „trojanisches Pferd" verstanden wissen, da er gesellschaftliche Akzeptanzprobleme befürchtete, wenn die Lohnnebenkosten – und damit einhergehend die Löhne – abrupt gekürzt werden würden. Mit der Lohnsubventionierung ist es dann – unter Berufung auf das Lohnabstandsgebot – möglich, auch den Regelsatz der Sozialhilfe abzusenken.

Parallel dazu geht die Bundesregierung auch bei der Senkung der Sozialleistungen für Erwerbslose in die Offensive. In ihrem Konzept soll die Arbeitslosenhilfe ganz abgeschafft und ca. 1,6 Millionen BezieherInnen sollen in die Sozialhilfe überführt werden. Die Bundesanstalt für Arbeit hätte dann eine andere Funktion: sie verwaltet die BezieherInnen von Arbeitslosengeld, von denen viele erfahrungsgemäß relativ schnell wieder eine Erwerbsarbeit finden. Darüber hinaus wird sie, da Vermittlung und Qualifizierung so weit wie möglich privatisiert werden, zur Ordnungsinstanz, indem sie darauf reduziert wird, Leistungen zu verteilen oder zu sperren. In dieser Strategie werden die grundrechtlichen Einschnitte besonders deutlich:

● Sie führt zu einer erheblichen Verarmung großer Teile der Erwerbslosen.

● Die Kontrollen von Konten, von Einkünften von Verwandten und LebenspartnerInnen, von Wohnungen u.ä. können auf einen weit größeren Personenkreis ausgedehnt werden.

● Der Berufsschutz ist für ArbeitslosenhilfebezieherInnen ohnehin eliminiert, da sie unabhängig von der erworbenen Qualifikation vermittelt werden. Bislang aber können sie noch eine Tätigkeit ablehnen, die unter der Höhe ihrer bezogenen Leistung liegt. Wird die Arbeitslosenhilfe abgeschafft, gelten für sie die Regelungen der „Gemeinnützigen Arbeit", d.h. die Beschäftigung für 50 Cent bis 2 Euro die Stunde in Parks, auf Friedhöfen oder bei Wohlfahrtsverbänden.

Damit einher geht der umfassende Arbeitszwang, der zwar schon immer die Arbeitsmarktpolitik bestimmt, inzwischen aber nie dagewesene Ausmaße erreicht hat. So resümiert der Deutsche Städtetag, dass im Jahr 2000 im Rahmen der „Hilfe zur Arbeit" 403.000 SozialhilfebezieherInnen bundesweit zur Arbeit verpflichtet wurden. Auch bei den Erwerbslosen hat der Druck zugenommen. Diese Entwicklung lässt sich an der Zunahme der Leistungssperren erkennen. Zukünftig werden sich z.B. durch das neue „Job-Aqtiv-Gesetz" eine Unzahl von Möglichkeiten erschließen, Erwerbslose zu sperren, indem neue, gesetzlich sanktionierte Hürden aufgebaut werden. Über Jahre addiert, haben inzwischen Millionen von Menschen derartige Maßnahmen durchlaufen, ohne dass sich ihre Perspektive erkennbar verbessert hätte (Spindler 1999). Es fehlen existenzsichernde Arbeitsplätze. Daran kann auch der schönwortige „akti-

vierende Sozialstaat" kaum etwas ändern.

Die Arbeitslosenversicherung wird demnach nicht nur durch die Auslagerung der ArbeitslosenhilfebezieherInnen erheblich entlastet, sondern auch dadurch, dass die Anstrengungen der Arbeitsämter entfallen, beispielsweise sinnlose „Qualifizierungen" und Trainingsmaßnahmen zu erzwingen. Aus diesen steigen viele Erwerbslose voraussehbar wieder aus, weil sie keine Beschäftigungswirkung zeitigen und weil es als Demütigung empfunden wird, dass eigene Interessen und die erworbene Qualifikation überhaupt keine Rolle spielen.

Auch zuvor war unübersehbar, dass die Verletzung von Grundrechten sowohl im Bundessozialhilfegesetz als auch im Sozialgesetzbuch III angelegt ist. Inzwischen ist in den Planungen und „Reform"-Vorschlägen eine erhebliche Unbekümmertheit zu beobachten. So z.B. wenn Roland Koch vorschlägt, dass auch BezieherInnen von Arbeitslosenhilfe „Gemeinnützige Arbeit" verrichten sollen. Wo die gegenwärtige Gesetzgebung noch zu sozial erscheint, wird schlicht erwogen, dann eben die Gesetze zu ändern.

Während SPD-Experten die stufenweise Annäherung des Arbeitslosengeldes an die Sozialhilfe planen, versucht das CDU-Modell einen Schritt weiterzugehen. Es ist an den Entwürfen zu einer veränderten Regelung des Krankenversicherungssystems orientiert. Eine Aufteilung in Grund- und Wahlleistungen wird vorgeschlagen, bei der man sich durch höhere Versicherungsbeiträge weniger Zwang und mehr Leistungen der Arbeitsämter erkaufen kann. In beiden Modellen wird die Arbeitslosenhilfe abgeschafft.

Die Tendenz ist eindeutig. Die schon eingeleiteten und die geplanten „Reformen" des Arbeitsmarktes zielen auf eine neue Gesellschaft ab, indem die Kosten sozialer Sicherung zunehmend privatisiert werden. Die bloße Armenfürsorge träte zukünftig an die Stelle sozialstaatlicher Verpflichtung. Das System der sozialen Sicherung wäre damit gekippt.

Die Notlage als Motor

Die Voraussetzungen für die allseitige Verfügbarkeit von Erwerbsfähigen wurden in den letzten Jahren auf vielfältige Weise geschaffen. Die Lockerung des Kündigungsschutzes, die Abschaffung des Berufsschutzes und die Ausweitung der Spielräume für Zeit- bzw. Leiharbeit haben den Boden für eine allgemeine Lohnabsenkung bereitet. Viele Menschen, die ihre Arbeit „verlieren", können inzwischen gewiss sein, dass sie sich bei einem neuen Job auf eine schlechtere Bezahlung einstellen müssen. Die Nähe zu Hungerlöhnen (d.h. der Lohn beträgt höchstens 2/3 des regional gezahlten Durchschnittslohns) wird immer häufiger erreicht, weil selbst die Arbeitsämter in Stellen vermitteln, die sittenwidrig unterhalb dieses Durchschnittsniveaus entlohnt werden.

Auch die ohnehin geringen Sozialleistungen geraten unter Druck, nicht nur durch die oben aufgeführten Planungen zur Kürzung des Arbeitslosengeldes und zur Abschaffung der Arbeitslosenhilfe. Die Sozialhilfe selbst wird in Angriff genommen. Bislang noch müssen Sozialleistungen und „Einmalige Beihilfen" individuell nach dem tatsächlichen Bedarf ausgezahlt werden. Die Praxis der Kommunen und einzelner SachbearbeiterInnen differiert z.T. stark. Verweigerung oder Kürzung von Leistungen sind an der Tagesordnung

und beschäftigen seit Jahren Sozialgerichte. Jetzt aber schreiben die gegenwärtig laufenden Modellprojekte in einzelnen Kommunen die Pauschalierung von Miete, Heizung u.a. fest, die die realen Kosten nicht mehr abdeckt. Erste Ergebnisse in Kassel zeigen dies. Damit wird das Sozialhilfeniveau schleichend abgesenkt. Für die Kommunen führt dies zwar zu Einsparungen, für die Betroffenen allerdings bedeutet es drohende Obdachlosigkeit.

Besonders in Ostdeutschland gibt es ein unübersichtliches Durcheinander auf dem Arbeitsmarkt, wenn es um die Verteilung der wenigen Arbeitsplätze geht. Die Situation für die Menschen dort ist sowohl materiell als auch sozial weitaus widersprüchlicher und prekärer als in Westdeutschland. Aufgrund der für die DDR konstitutiven Erwerbszentrierung besaß Lohnarbeit eine sehr starke soziale und psychische Dimension, sie war eingebunden in soziale Kontakte, Freizeit und Sinnstiftung. Diese historisch gewachsenen psychosozialen Verhältnisse werden häufig schamlos ausgebeutet durch sinnlose, entwürdigende Dauerzuweisungen zu Trainingsmaßnahmen und in ABM-Stellen, manchmal unterbrochen durch befristete Jobs mit Gehältern, die nur noch als Lohndumping bezeichnet werden können und – trotz Arbeit – ein Leben in Würde nicht mehr zulassen. Diese Entwicklung breitet sich sukzessive auch im Westen aus und bestimmt zunehmend die Lebensrealität. Sozialleistungen, die auch ohne die geplanten Kürzungen nicht oder kaum zum Leben reichen, gepaart mit extensiv praktiziertem Arbeitszwang bereiten den Boden für eine a-soziale Lohnstruktur. Mit staatlichen „Mobilitätshilfen" werden vor allem jüngere Erwerbsfähige motiviert, Regionen Ostdeutschlands zu ver-

DIE NEUEN AKTIONÄRE

lassen, um im Westen nach Arbeit zu suchen. Gefördert wird auf diese Weise die schleichende Verödung von Kommunen und Landstrichen, so als habe man sie aufgegeben.

Ideologische Geschütze

Die Voraussetzung dafür, diese Praxis durchzusetzen und Akzeptanz in der Bevölkerung herzustellen, besteht in der unentwegten propagandistischen Offensive. Die organisierte Verantwortungslosigkeit und der Weg in den „autoritären Staat" (Ralf Dahrendorf 2000) sind nur durchsetzbar, wenn die bürgerliche Mitte sich als Profiteur der Gesellschaftsordnung wahrnimmt und Wege findet, sich von der Armutsbevölkerung abzugrenzen. Dazu gehört eine Apparatur, die Meinungen formt und Begriffe entweder als antiquiert entwertet oder sie inhaltlich neu besetzt. Redewendungen und Begriffe wie „mehr Eigenverantwortung" (die in Wahrheit die Verlagerung der sozialen Aufwendungen nach unten meint) oder „Fördern und Fordern" (womit real der Ausbau des Arbeitszwangs intendiert ist) sind täglich zu vernehmende eingängige Worthülsen, die man inzwischen selbst von Menschen hören kann, die ansonsten eine kritische Perspektive gegenüber der umfassenden Ökonomisierung des Sozialen haben. Politische Entscheidungen und der vorgelagerte diskursive Prozess der Entscheidungsfindung werden zunehmend aus dem Parlament an die Justiz (zunehmend an das Bundesverfassungsgericht) ausgelagert oder der manipulativen Steuerung von Gedanken und Verhältnissen überlassen. Ein Beispiel dazu: Am Abend des Beginns der amerikanischen Bombenangriffe auf Afghanistan ging es in einer Talkrunde des Fernsehens u.a. um die Frage, ob ein Einsatz der Bundeswehr

nach innen vom Parlament beschlossen werden sollte. Dabei erregte sich Guido Westerwelle (FDP): „Wir können der Bevölkerung keine gruppendynamische Veranstaltung liefern, wenn Gefahr im Verzug ist" (ZDF, 7.10.2001).

Die Sprache verrät und verschleiert in einem. So werden nach offiziellem Sprachgebrauch die einschneidenden Umbaumaßnahmen auf dem Arbeitsmarkt damit begründet, dass dadurch mehr „Gerechtigkeit" entstünde. Die Grundsatzdebatte der SPD-Führung im Jahr 1999 hatte mit dieser Umwertung von Begriffen rasch begonnen. Danach musste man den Eindruck gewinnen, dass Bedingungen dann als gerecht gelten, wenn sich alle BezieherInnen sozialer Leistungen materiell auf dem untersten Niveau einpendeln. „Gerechtigkeit" bedeutet in deren Neubestimmung zwar Gleichheit in der Verteilung und Zuweisung von Lebenschancen, sei aber nicht einlösbar und nicht erwünscht. Ungerechtigkeit als Stimulans, als Möglichkeit der Entfaltung sei erforderlich, damit der Wohlstand für alle gesichert werden könne. Es wird ein Gerechtigkeitsbegriff entworfen, wonach alle am Wettbewerb teilhaben können. Und da gibt es eben Gewinner und Verlierer.

Diese Umwertung schlägt sich im Prinzip des „Fördern und Fordern" nieder, nämlich soziale Leistungen nur noch bei Pflichterfüllung zukommen zu lassen. Das klingt gerecht und nach gesundem Menschenverstand, ignoriert aber, dass soziale Grundrechte nicht an Wohlverhalten gebunden sind.

Überhaupt hat die Erwerbszentrierung ein derartiges Ausmaß erreicht, dass der Begriff der „Sozialpolitik" sich in den der „Arbeitsmarktpolitik" aufgelöst hat. Im Zentrum steht der Mensch mit seiner allseitigen Verwertbarkeit und Verfügbarkeit auf dem Arbeitsmarkt.

Soziale Grundrechte erstreiten

In der BRD ist die inhaltliche Füllung des Bürgerstatus relativ schwach. Die Begründer des Grundgesetzes haben eine politische Teilhabe bewusst nicht intendiert, um der Bevölkerung nicht zu viel Macht zukommen zu lassen (Maus 1999). Dies führte u.a. auch dazu, dass sogar die durchscheinende Demokratieverachtung der politischen Eliten mehr oder weniger als alternativloses Geschick – allenfalls leise murrend – bis heute hingenommen wird. Umso mehr muss ein Bewusstsein dafür geschaffen werden, dass sich eine freie Gesellschaft mit forcierter Armut und repressiven Strategien nicht vereinbaren lässt (Narr/Roth/Vack 2000). Im kapitalistischen (Welt-)system ist zwar das sozialstaatliche Modell mit seinen Versprechen von Freiheitsrechten und Absicherungen von Lebensrisiken ohnehin bloß fiktiv. Dennoch kann eine Diskussion über soziale und politische Grundrechte die wachsende Ungleichheit zum öffentlichen Gegenstand machen, den Zwang zu irgendeiner Arbeit, und sei sie noch so sinnlos und schlecht bezahlt, ins öffentliche Bewusstsein rücken und die Einhaltung von Freiheitsrechten reklamieren. In einer solchen Debatte müsste es auch um die zunehmend autoritäre Politik gehen, die sich auf diesen Ebenen intensiviert. Hier ist nichts von einem Rückzug des Nationalstaates zu verspüren. Der repressive Staat wird gebraucht, um den sozialen Frieden zu sichern und um Ansprüche der Bedürftigen abzuweisen.

Blickt man in die Erklärung der Menschenrechte von 1948, dann mutet diese wie ein revolutionäres Manifest an.

Dort sind soziale Grundrechte, wie z.B. das Recht auf freie Berufswahl, auf soziale Sicherheit, auf gleichen Lohn für gleiche Arbeit u.a. verankert. Davon sind wir weit entfernt. Besonders in der Medienöffentlichkeit würde eine derartige Proklamierung als Naivität diffamiert werden, die die modernen Anforderungen ignoriere.

Dabei trägt bei uns das Sozialgesetzbuch I dem Sozialstaatsgebot Rechnung, indem es die Verpflichtung formuliert, „ein menschenwürdiges Dasein zu sichern, gleiche Voraussetzungen für die freie Entfaltung der Persönlichkeit, insbesondere auch für junge Menschen zu schaffen, ... den Erwerb des Lebensunterhalts durch eine frei gewählte Tätigkeit zu ermöglichen und besondere Belastungen des Lebens, auch durch Hilfe zur Selbsthilfe, abzuwenden oder auszugleichen". Der Einsatz für soziale Grundrechte ist vor diesem Hintergrund sowohl über die Erklärung der Menschenrechte als auch über die spezifisch deutsche Fassung argumentativ zu begründen, auch wenn ökonomische Verwertungsinteressen machtvoll dagegen agieren und staatliche Repräsentanten uns weismachen wollen, dass der Bezug sozialer Leistungen mit der Verletzung von Grund- und Freiheitsrechten einhergehen müsse.

Die Frage bleibt, wie ein kritisches, produktives Verhältnis zu diesen Entwicklungen hergestellt werden kann. Den Sozialstaat der 70er und 80er Jahre zu idealisieren, verkennt die Realität. Reanimierungsversuche vernachlässigen, dass weder soziale Rechte in Gestalt einer aktiven politischen Teilhabe noch eine menschenwürdige Existenzsicherung gegeben waren, da die Vergabe von Sozialleistungen immer mit Zwang und Disziplinierung verknüpft war. Die Bürokratisierung der

Daseinsvorsorge war ebenso virulent wie die Ungleichheit der Lebenschancen. Bedürftigkeit bedeutete immer, bürokratischer Repression ausgesetzt zu sein.

Zum zweiten war das System der sozialen Sicherung Bismarck'scher Prägung durchgehend erwerbszentriert. Die Weigerung, eine Stelle anzutreten, war deshalb immer auch mit der Androhung und Durchsetzung des Leistungsentzugs gekoppelt. Im alten Arbeitsförderungsgesetz (1969) waren jedoch die Interessen der Erwerbslosen und ihr Schutz vor „unterwertiger" Beschäftigung immerhin Bestandteil der Gesetze.

Weder die Rückkehr zum Sozialstaat der 70er und 80er Jahre noch die Forderung nach dem Erhalt der sozialen Sicherung werden uns angesichts des Umstands, dass es immer weniger existenzsichernde Arbeitsplätze gibt, einem menschenwürdigen Dasein näher bringen, das eine Sicherung auch ohne Lohnarbeit ermöglicht. Gleichzeitig muss aber bedacht werden, dass die Abkehr von der klassischen sozialen Sicherung bedeuten würde, soziale Rechte dann weder reklamieren noch einklagen zu können und mehr oder weniger auf die Mildtätigkeit von Wohlfahrtsorganisationen und Unternehmensstiftungen zurückgeworfen zu sein.

Ein bedingungsloses ausreichendes Grundeinkommen dürfte nicht auf dem Beitragsmodell fußen, das der jetzigen sozialen Sicherung wesentlich zugrunde liegt. Es müsste begleitet von sozialen Grundrechten sein. Der Weg dahin wird uns sicherlich nicht geebnet werden, wir müssen ihn uns erstreiten.

Dahrendorf, Ralf, Die globale Klasse und die neue Ungleichheit, in: Merkur 11/2000
Maus, Ingeborg, Menschenrechte als Ermächtigungsnormen internationaler Politik, in: Brunkhorst, Hauke et.al., Recht auf Menschenrechte, Frankfurt/M. 1999
Narr, Wolf-Dieter/Roth, Roland/Vack, Klaus, Politische Korruption – korrupte Politik – am Beispiel: „System Kohl", Köln 2000

Literatur

Spindler, Helga in: bag arbeit (Hrsg.), Arbeit statt Stütze? Ein Streitgespräch, Köln 2000

März 2002: „Die Opposition wacht auf" titelte die „tageszeitung" vom 4. März, als Hunderttausende gegen die Regierung Berlusconi in Rom protestiert hatten. Drei Wochen später, am 23. März, demonstrierten bereits Millionen eindrucksvoll in vielen Städten vorwiegend gegen Berlusconis Vorhaben, den im italienischen Arbeiterstatus verankerten Kündigungsschutz (Artikel 18) zu suspendieren. Die neue bürgerliche Protestbewegung setzt sich aus allen sozialen Milieus zusammen und findet viele Gründe, auf die Straße zu gehen („Gegen die Reformen der Regierung Berlusconi"). An vielen Demonstrationen beteiligen sich auch die Basisgewerkschaften Cobas gemeinsam mit den globalisierungskritischen sozialen Foren – ihr Protest richtet sich vor allem gegen das neue Einwanderungsgesetz. Selbst ein Generalstreik am 16. April, an dem sich über zehn Millionen italienischer Arbeiterinnen und Arbeiter beteiligten, scheint die politische Macht Berlusconis jedoch nicht gefährden zu können.

Peter Kammerer

Warum dem Phänomen Berlusconi so schwer beizukommen ist

Die Lage

In diesem Frühling ist in Italien erstmals eine Massenopposition gegen Berlusconi aufgetreten, gleichzeitig hat dieser seine Machtstellung intern und sein Ansehen international erheblich gestärkt. Ein Jahr nach seinem Wahlsieg vom 13. Mai 2001 und dem Regierungsantritt vom 11. Juni treten die politischen Gegensätze schärfer hervor, das Verständnis des Phänomens Berlusconi wird aber nicht leichter. Nur eines ist auf Grund der Entwicklung in anderen Ländern klar geworden: Das Trio Berlusconi-Bossi-Fini ist kein italienischer Seitensprung, sondern phantastischer Vorreiter eines europäischen Rechtspopulismus, dessen Analyse bisher hinter dem Phänomen zurückbleibt. Eine kleine italienische Chronik der Monate Februar bis April will Fragen formulieren und zu verstehen versuchen, warum dem Phänomen Berlusconi so schwer beizukommen ist.

Oppositionelle Eigeninitiative

Es begann am 2. Februar, einem Samstag, auf der Piazza Navona, dem schönsten Salon der Stadt Rom. Die Spitzenpolitiker der Opposition (D'Alema, Fassino, Rutelli) wettern auf einer von überwiegend Vierzig- bis Sechzigjährigen besuchten Kundgebung: Gegen Berlusconi, für die Unabhängigkeit der Justiz. Im Publikum hält der populäre Regisseur Nanni Moretti den staatsmännischen Leerlauf nicht mehr aus. Er springt aufs Podium und spricht aus, was alle denken: „Mit diesen Leuten werden wir nie gewinnen. Wir müssen zwei, drei Generationen von Politikern überspringen". Der Kaiser ist ohne Kleider. D'Alema verlässt die Veranstaltung kommentarlos, Rutelli wehrt sich im Namen des Fachverstands gegen den Einbruch der Kunst in die Politik („Moretti ist Künstler, kein Politiker") und Fassino beschwört etwas betreten einen notwendigen Dialog: „Verzweifelte Gesten nützen nichts". Der Zusammenstoß zwischen „Apokalyptikern und Machtmanagement" (Henning Klüver in der SZ vom 7.2.02) kommt nicht ganz aus heiterem Himmel. Druckfrisch wird auf dem Platz die neueste Nummer der Zeitschrift Micromega verkauft, die seit Monaten Opposition beschwört. Es fehlen 50 Seiten, ein Gespräch über „Die Linke und die Justiz" zwischen Flores D'Arcais und D'Alema. Die Seite 200 springt weiter zur Seite 251. D' Alema hatte vor dem Druck auf wesentlichen Änderungen bestanden. Im Dilemma zwischen mündlicher und schriftlicher Fassung hat die Zeitschrift auf den Abdruck verzichtet. Und noch ein Zeichen: In oppositioneller Eigeninitiative hatten in Florenz wenige Tage vor dem 2. Februar Dozenten und Studenten eine Demonstration gegen Berlusconi veranstaltet, zu der 15.000 Teilnehmer gekommen waren.

Kleine Unterschiede – großes Ergebnis

Bis zu diesem Februar stand die Opposition wie gelähmt vor der Sphinx: Berlusconi, das Rätsel der Demokratie. Bei den Wahlen vom 13. Mai 2001 verlor „das Haus der Freiheiten" gegenüber 1996 eine Million Stimmen, die Opposition gewann 200.000 Stimmen hinzu (G. Pasquino in: „Il governo Berlusconi", hrsg. von F. Tuccari, Laterza 2002, S. 12). Man kann die Zahlen drehen und wenden wie man will, Berlusconi erzielte keine eindeutige Stimmenmehrheit. Überwältigend ist jedoch seine satte, absolute Mehrheit an Sitzen in den beiden Häusern des Parlaments (in der Kammer 368 von 680, im Senat 177 von 315).

Das war möglich, weil zwei Parteien der Opposition, Rifondazione Comunista und Italia dei Valori (des ehemaligen Staatsanwalts Di Pietro) einzeln und nicht im Kartell des Ulivo auftraten, wodurch fast 3 Millionen Stimmen verloren gingen, und weil die räumliche Verteilung der Stimmen Berlusconi begünstigte. Im Mehrheitswahlrecht zahlt sich aus, viele Wahlkreise mit knapper Mehrheit zu erobern, anstatt große Mehrheiten in wenigen Wahlkreisen zu erzielen. Die kleinen Unterschiede machen das große Ergebnis.

Inhaltlich zeigt sich dies an der befremdlichen Tatsache einer weitgehenden Konvergenz „linker" und „rechter" Gesetzesvorlagen. Ein gutes Beispiel ist das Einwanderungsgesetz, das

im Juni 2002 in der Kammer verabschiedet wurde. Das neue Gesetz trägt die Unterschrift der ehemals extremen Rechten Bossi-Fini, das alte (aus dem Jahre 1998) die der ehemaligen Kommunisten Turco-Napolitano. Diese Namen trennen Welten. Auch die öffentliche Diskussion hört sich an, als ob von der Entscheidung für das alte oder das neue Gesetz Wohl und Wehe Italiens und sogar Europas abhängen würden. Schaut man genau hin, entdeckt man keine strukturellen Unterschiede, nur banale Verböserungen: Längere Wartezeiten für Notleidende, Aufbau bürokratischer Hürden, juristische Rationalisierungen. Eine ausgefuchste Kleinlichkeit zeitigt quälende Folgen für Hunderttausende von Familien. Unter anderem sollen bei der Einwanderung von Nicht-EU-Bürgern in Zukunft Fingerabdrücke abgenommen werden. Die Opposition griff diese Bestimmung mit folgenden Argumenten an: „Unser altes Gesetz sieht das bereits als Möglichkeit vor. Eine nur auf Ausländer beschränkte obligatorische Abnahme hingegen verletzt die durch die Verfassung geschützte Menschenwürde, weil sie diskriminierend wirkt. Es sei denn, wir dehnen diese Maßnahme auf alle Bürger aus!" (Livia Turco in La Republica vom 11.5.2002). Die Regierung sagte dies ohne weiteres zu. Eine grundsätzliche Diskussion über „Sicherheit" oder über die Grenzen des Staates bei der Feststellung der Identität „seiner" oder anderer Bürger, gibt es nicht.

Bei großer Übereinstimmung in der Außenpolitik, bei der Frage der inneren Sicherheit und selbst bei der Arbeitsmarktpolitik (auch international, Blair und Berlusconi entdeckten am 16.2.2002 identische Ansichten zur europäischen Arbeitsmarktpolitik), ist um so bemerkenswerter, wie sehr Gemeinsamkeiten von beiden Seiten hartnäckig geleugnet werden. Jede Seite wirft der anderen sogar vor, ein Regime errichten und das Land in eine Diktatur führen zu wollen. Für beide Seiten ist die Freiheit in Gefahr (zu Berlusconis „Tag der Freiheit" s. Peter Kammerer in Le Monde Diplomatique, deutsche Ausgabe, Juli 2001). Aber während die Diskrepanz zwischen ideologischer Polarisierung und minimalen sachlichen Unterschieden die Opposition gegen Berlusconi frustriert, beflügelt sie dessen Anhänger. Deren Realitätsbezug scheint tendenziell ein anderer zu sein als der der Opposition. Was zählt sind Emotionen und Schwindel erregende Behauptungen. Die Angst vor der „Unterwanderung durch Ausländer" errichtet wirksamere Barrieren gegen Einwanderung als Gesetzesnormen. Sie erst übersetzt die kleinen Unterschiede ins große Räderwerk. Das Spiel mit der Angst, und das ist ein weltweiter Trend, tritt an die Stelle dessen, was man einmal Politik nannte.

Februar – April 2002

Die Worte Morettis am 2. Februar haben einen Bann gebrochen. In den folgenden Monaten versuchen Millionen Menschen, Politik wieder möglich zu machen. Am 7.2. droht Cofferati, Chef der CGIL, der größten italienischen Gewerkschaft, Berlusconi mit einem Generalstreik, falls er den Kündigungsschutz des Artikel 18 abschaffen werde. Am 15. Februar veranstalten Basisgewerkschaften (Cobas) und die Bewegung der No global in Rom eine Kundgebung mit 100.000 Teilnehmern zu den heißen Themen: Bildung, Artikel 18 und Einwanderung. Am 17. Februar bilden 5.000 Demonstranten, angeführt von Moretti, eine Reigen tanzende Menschenkette um die RAI (staatliche Fernseh- und Rundfunkanstalt) als Protest gegen die Machtübernahme Berlusconis in den öffentlich-rechtlichen Medien. Am 20. Februar werden auch die Parlamentarier der Opposition rabiat und verlassen den Ausschuss des Parlaments, der ein Gesetz zur Lösung des Berlusconischen Interessenkonflikts erarbeiten soll. Sie bleiben am 1. März auch der Abstimmung im Parlament fern, bei der Berlusconi, gestützt auf seine Mehrheit, den ihm genehmen Gesetzentwurf zu dieser Frage bequem durchbringt. Am 22. Februar kommt es zum von Fassino geforderten Treffen zwischen Intellektuellen und DS (Democratici di Sinistra, Partei der Ex-Kommunisten). Am gleichen Wochenende treffen sich in Florenz „die Professoren" (Francesco Pardi, Paul Ginsborg) zu einer öffentlichen Diskussion mit D'Alema. Zu einer zum zehnten Jahrestag der „Sauberen Hände" von Micromega und Dario Fo einberufenen Versammlung im Palasport in Mailand kommen 40.000 Personen. Der Innenminister befürchtet Ausschreitungen einer „zur Gewalt bereiten Menge". Wenige Tage später, am 26. Februar, explodiert nachts vor dem Innenministerium eine Bombe, die Sachschaden anrichtet. Bossi sagt dazu das, was wortwörtlich früher die Linke gesagt hatte: „Die Bomben sind Ausdruck der Angst vor Reformen und Werk subversiver Kräfte im Staatsapparat" (eingeschleust durch die vorige, linke Regierung). Am Samstag, den 2. März, bringt der Ulivo 100.000 Menschen gegen die Regierung Berlusconi auf die Straße. Berlusconi erklärt: „Nichts als Hass und Ungerechtigkeit, doch die Leute wählen die Liebe". Am 10. März sind es 10.000 Personen, die Reigen tanzend eine Menschenkette um die RAI bilden. Am 20. März ermorden Terroristen in Bologna einen Arbeits-

rechtsexperten der Regierung (Italien ist das einzige Land in Europa, in dem der politische Mord seit 50 Jahren auch Dank der Komplizität von Teilen des Staatsapparats möglich ist). Der Gewerkschaftsbund CGIL verzichtet trotz der „Warnungen" des Innenministeriums nicht auf die für den 23. März angesagte Großdemonstration in Rom. Der ursprünglichen Losung „Gegen die Reformen der Regierung Berlusconi" stellt sie ein „Gegen den Terrorismus und ..." voraus. Es kommen zwei bis drei Millionen Teilnehmer, die größte politische Demonstration seit Bestehen der italienischen Republik. Drei Minister der Regierung Berlusconi (Bossi, Martino und Sacconi) erklären: „Der Terrorismus ist das Kind eines auf die Spitze getriebenen gewerkschaftlichen Protests". Berlusconi winkt ab: „700.000 bezahlte Ausflügler". Für Mittwoch, den 27. März, organisieren die Gewerkschaften CGIL-CISL-UIL Fackelzüge gegen den Terrorismus. Allein in Rom nehmen daran 100.000 Menschen teil. Gegen die beabsichtigte Reform der Strafprozessordnung machen die Richter am 5. April einen 15-minütigen Warnstreik. Ein Streik der Justiz ist vorgesehen für Juni, falls die Regierung ihren Gesetzesentwurf nicht modifiziert. Am 16. April treten fast 10 Millionen Arbeitnehmer in den Ausstand, zum ersten Generalstreik seit 20 Jahren. In Mailand demonstrieren 300.000, in Florenz 400.000, in Rom 200.000 Menschen. Am 17. April besetzt der neue Verwaltungsrat der RAI alle Schlüsselstellen der öffentlich-rechtlichen Anstalt mit Berlusconi genehmen Figuren. Die Presse spricht von „Machtübernahme". In Bulgarien, wo Berlusconi einen Staatsbesuch absolviert, erklärt er in einer Pressekonferenz am 18. April: „Es ist die Pflicht der neuen Amtsinhaber zu verhindern, dass Leute wie Michele Santoro, Enzo Biagi und Daniele Luttazzi (alle der Opposition nahestehend) das öffentliche Fernsehen weiterhin kriminell missbrauchen". Am 21. April zeigen die Wahlen in Frankreich und Sachsen-Anhalt, wie zuvor schon in Dänemark und später in Holland, dass sich in ganz Europa die Rechte im Aufwind befindet. Am 26. April erlässt die Staatsanwaltschaft Neapel Haftbefehl gegen 8 Polizeibeamte wegen „Freiheitsberaubung". Sie werden beschuldigt, am 17. März 2001 in Neapel Dutzende von Demonstranten des Global Forum zusammengeschlagen, aus den Krankenhäusern geholt und illegal in einer Kaserne festgehalten zu haben. Die Regierung stellt sich hinter die Polizei, Hunderte von Polizisten demonstrieren gegen die Staatsanwaltschaft. Das Justizministerium leitet eine Untersuchung ein gegen Richter und Staatsanwälte in Neapel. Am 11. Mai werden die Haftbefehle aufgehoben. Die Beamten können ab sofort ihren Dienst wieder aufnehmen, einige werden, obwohl das Verfahren weiterläuft, befördert. Am 12. Mai findet ein außerodentlicher Marsch Perugia-Assisi für den Frieden in Palästina statt. Wahlen in zahlreichen Kommunen und Provinzen Italiens zeigen Ende Mai und bei der Stichwahl Anfang Juni, dass die Ereignisse der letzten Monate keine nennenswerte Verschiebung der Wählerstimmen gebracht haben (mit der Ausnahme Genua, wo die Linke Stimmen zugewann), dass aber andererseits die vereinte linke Mitte im Norden auf Grund bescheidener Zugewinne wichtige Gemeinden erobern konnte (Verona).

Was bleibt?

Warum konnte trotz einer außergewöhnlichen, massenhaften Mobilisierung, die früher jede Regierung aus dem Sattel gehoben, zumindest aber in ernste Schwierigkeiten gebracht hätte, Berlusconi seine Macht festigen (RAI, Polizei, Einwanderungsgesetz)? Seit Anfang April überschattet der Konflikt in Palästina die Ereignisse in Italien und spaltet die italienische Linke. Gleichzeitig hat Berlusconi als Aussenminister und Gastgeber auf wichtigen internationalen Konferenzen an Ansehen gewonnen (nicht zuletzt auf dem NATO-Gipfel Ende Mai in Rom). Und schliesslich ist es ihm gelungen, die Gewerkschaftsbewegung erneut auseinanderzudividieren. Die CISL und die UIL nahmen Anfang Juni sein Angebot an, über eine Reform des Artikels 18 zu verhandeln, die CGIL will hart bleiben. Aber es ist kein Geheimnis, dass zahlreiche Abgeordnete auch der Opposition den bisher bestehenden Kündigungsschutz für unvereinbar halten mit der „notwendigen Flexibilität" des Arbeitsmarktes. Mit der Entscheidung der Regierung, die Brücke über die Meerenge von Messina zu bauen, gewinnt auch das Lieblingsprojekt Berlusconis konkrete Erfolgsaussichten: „große Infrastrukturen" mit den enormen wirtschaftlichen Interessen, die daran hängen. Berlusconi kann mit seiner satten Mehrheit in den Institutionen noch viel unternehmen.

Allerdings ist es der Regierung trotz massiver Versuche nicht gelungen, den „Protest der Straße" zu kriminalisieren oder lächerlich zu machen („bezahlte Ausflügler"). Als entscheidende Hindernisse erwiesen sich die Beteiligung der Gewerkschaften und die objektive Berichterstattung der RAI. Beides ist in Zukunft nicht gesichert. Das Recht auf eine adäquate Kommunikation politischer und sozialer Anliegen und Interessen wird immer schwieriger zu verwirklichen sein (und stößt zunehmend auch

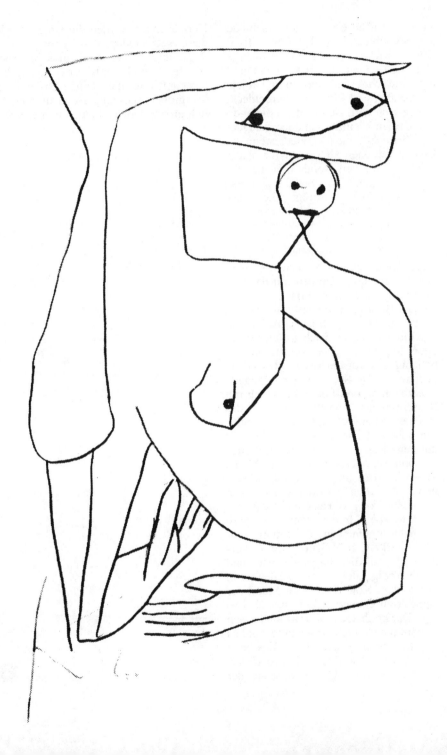

an die Grenzen einer selbstverschuldeten Sprachlosigkeit der Opposition). Diese Entwicklung ist seit langem angelegt. Berlusconi erntet, wo er nicht gesät hat. Eine sehr bunte Opposition hat jetzt die Straßen und Plätze wiederentdeckt. Erfolgreich wird sie nur dann die anderen Medien beeinflussen oder das Duell mit ihnen bestehen können, wenn die Demonstrationen sich nicht nur naturwüchsig entfalten, sondern wenn ihre politisch-ästhetische Qualität und ihre spezifische Wirkungsmöglichkeit auch zum Gegenstand eigener kritischer Analysen werden.

Die große Frage, was lässt sich sagen und zeigen, wem soll was sichtbar werden, hängt eng zusammen mit der Entflechtung des „semantischen Wirrwarrs". Berlusconi und Bossi verfügen über kein eigenes politisches Vokabular und Fini hat das neofaschistische konsequent abgelegt. Daher können sie sich beliebig aus verschiedenen Reservoirs bedienen: Die Sprache der Manager, Unternehmen und Fußballfans, die mit Ressentiments geladene Sprache des „kleinen Mannes" und die der politischen Linken. Dieses Gemisch übt nicht nur neue Reize aus, sondern sorgt auch für politische Desorientierung. Meine These ist, dass inzwischen alle wichtigen politischen Parolen der Linken bewusst von Berlusconi/Bossi/Fini besetzt werden. In ihrem Mund erfahren sie nicht nur eine neue Bedeutung, sondern wirken auf Grund ihrer Verpackung und Mischung auch frisch und glaubwürdig. Gleichzeitig werden sie in ihrem alten Kontext und im Mund der Opposition entwertet und unglaubwürdig. Darum hat es Moretti unter den Zuhörern nicht mehr ausgehalten und ist ans Mikrofon gesprungen. Dies mag auch ein Licht auf die „kleinen Unterschiede" werfen. In der Sprache der Herrschenden werden die Unterschiede der Gesetzentwürfe von Opposition und Regierung immer minimal sein. Aber welche Sprache gibt uns verlässlich Auskunft über die kleinen Differenzen mit großen Wirkungen und die angeblich großen Unterschiede, die gar keine sind?

April 2002: Am 4. Dezember 2001 wurden die Ergebnisse der internationalen Bildungsstudie PISA (Basiskompetenzen von Schülerinnen und Schülern im internationalen Vergleich) bekannt gegeben und werden seitdem in der irritierten Öffentlichkeit kontrovers diskutiert. Demnach kann von Chancengleichheit in deutschen Bildungseinrichtungen keine Rede sein. Vielmehr werden Kinder aus armen und Zuwanderungsfamilien extrem benachteiligt und damit um ihre Zukunftschancen gebracht. Die PISA-Studie hebt den fortgesetzten, gewaltfördernden Klassencharakter der Gesellschaft hervor und spottet allen Beschreibungen einer nivellierten Mittelstands- oder individualisierten Risikogesellschaft. Das Recht auf Bildung verkommt zum Privileg

Albert Scherr

Nach PISA: Bildung und Chancengleichheit für alle?

In seinem brillanten Essay „Bildung" entwickelt Hartmut von Hentig (München 1996: 75) folgende Maßstäbe, an denen gelungene Bildungsprozesse zu erkennen sind: „Abscheu und Abwehr von Unmenschlichkeit; die Wahrnehmung von Glück; die Fähigkeit und den Willen, sich zu verständigen; ein Bewusstsein von der Geschichtlichkeit der eigenen Existenz; Wachheit für letzte Fragen; und – ein doppeltes Kriterium – die Bereitschaft zu Selbstverantwortung und Verantwortung in der res publica". Bildung ist demnach mehr und anderes als Aus-Bildung, zielt nicht primär auf die Erzeugung der Fähigkeit, sich an wechselnde gesellschaftliche Anforderungen anzupassen, sondern auf ein bewusstes Leben in einer demokratisch verfassten Republik. Bildung als Bürger- und Menschenrecht, das wäre demnach das Anrecht, die eigenen Fähigkeiten umfassend und in einer Weise zu entwickeln, die der eigenen Handlungs- und Urteilsfähigkeit als autonomem Individuum in einer demokratischen Gesellschaft förderlich sind. Sie ist also qualitativ mehr als das Recht auf eine Aus-Bildung, die Chancen auf einen Arbeitsplatz eröffnet.

Solche Überlegungen klingen in Zeiten der ökonomischen Krise und der strukturellen Massenarbeitslosigkeit unzeitgemäß. Sie liegen quer zu dem Bildungsdiskurs, der sich seit der Veröffentlichung der PISA-Studien (1) im Sommer 2002 entwickelt hat. Dort geht es keineswegs um die Frage, wie Schulen Kinder und Jugendliche befähigen können, sich zu mündigen Bürgern zu bilden, sie in ihrer moralischen Sensibilität und politischen Urteilsfähigkeit zu stärken, sondern zentral um die ökonomischen Erfordernisse. Es wäre schon viel erreicht, so kann man den Grundkonsens der Diskussion zusammenfassen, wenn alle SchülerInnen nach dem Ende der Schulpflicht ein Niveau an Grundkenntnissen erreicht hätten, das internationalen Standards entspricht und sie befähigt, eine qualifizierte Ausbildung zu absolvieren. Mehr als das scheint kaum mehr jemand vom staatlichen Schulsystem zu erwarten.

Dass deutsche SchülerInnen durchschnittlich schlechtere Leistungen erzielen als etwa SchülerInnen in Finnland, Kanada oder Österreich, diese Tatsache kränkt nicht nur den Stolz der „Kulturnation". Vielmehr wird Bildung seit einiger Zeit als eine ökonomische Schicksalsfrage diskutiert. Bildung, verstanden als Summe der Qualifikationen, die auf den Arbeitsmärkten benötigt und nachgefragt werden, gilt als eine zentrale wirtschaftliche Ressource und zugleich als Mangelware. In der Folge werden alle Bereiche des staatlich regulierten Erziehungs- und Bildungssystem, vom Kindergarten bis zur Hochschule, danach befragt, was sie zur optimalen Ausschöpfung dieser Ressource beitragen können. Hierbei werden Qualitätsverbesserungen gefordert, ohne dass die Bereitschaft besteht, notwendige Vor-

aussetzungen hierfür zu schaffen. Darin liegt ein zentraler Widerspruch der aktuellen Diskussion.

Zwar ist etwa die Notwendigkeit, die Ausbildung von ErzieherInnen auf Hochschulniveau anzuheben, wie dies international üblich ist, allgemein anerkannt. Es mangelt aber an der Bereitschaft, dies zu finanzieren und die Folgekosten, d.h. eine angemessene Bezahlung von ErzieherInnen, in Kauf zu nehmen. Zwar ist die Misere der Hochschulen seit langem bekannt, sie soll aber kostenneutral und mittels der Einführung von Kurzzeitstudiengängen behoben werden. Zugleich hat das Hochschulrahmengesetz der rot-grünen Bundesregierung den Stellenwert der Lehre geschwächt. Die Hochschulen wurden darauf verpflichtet, verstärkte Anstrengungen auf die Einwerbung von Drittmitteln zu verwenden. Die Forderung nach einer einheitlichen pädagogischen Ausbildung und einer einheitlichen Bezahlung für alle Lehrerberufe wird aufgrund des erwartbaren Widerstandes der Gymnasiallehrerverbände kaum erhoben. Von einer halbwegs konsistenten Bildungspolitik kann also selbst dann nicht die Rede sein, wenn man die ökonomische Engführung des Bildungsverständnisses als Prämisse zu Grunde legt.

Diese neue Bildungsökonomie hat ihren Hintergrund in der Annahme, dass unter den Bedingungen der Globalisierung und des digitalen Kapitalismus Europa als Wirtschaftsstandort nur dann noch wettbewerbsfähig sein wird, wenn es sich in eine „Wissens- und Informationsgesellschaft" verwandelt. D.h.: In eine Gesellschaft, deren Reichtumsproduktion zentral auf modernen High-Tech-Industrien beruht, in denen menschliches Arbeitsvermögen kaum mehr als rohe physische Arbeitskraft, sondern überwiegend nur noch als hoch qualifizierte benötigt wird. Die einschlägigen Dokumente der europäischen Union sprechen eine eindeutige und drastische Sprache:

„Das Europa von heute erlebt einen Wandel, dessen Ausmaß dem der industriellen Revolution vergleichbar ist. (…) Der wirtschaftliche und soziale Wandel verändert die Inhalte und erhöht das Niveau der grundlegenden Qualifikationen, über die jeder Bürger mindestens verfügen sollte, um aktiv teilzuhaben am Arbeitsleben, am Familienleben und am Leben des Gemeinwesens auf allen Ebenen (…)." (Europäische Kommission, Memorandum über lebenslanges Lernen, Brüssel 2000: 8f.) Gerechnet wird mit einer weiteren Bedeutungs- zunahme derjenigen Arbeitsmarktsektoren, in denen mittlere und hohe formelle Qualifikationen Voraussetzungen von „Beschäftigungsfähigkeit" sind. Angestrebt wird eine „deutliche Erhöhung der Investitionen in Humanressourcen, um Europas wichtigstes Kapital – das Humankapital – optimal zu nutzen" (ebd.: 2000: 4).

Es sind also nicht humanistische Bildungsideale, die der Aufregung über die PISA-Ergebnisse zu Grunde liegen, sondern wesentlich ökonomische Kalküle. Die Frage nach den Erfordernissen einer zeitgemäßen Bildung werden aus Annahmen über die Erfordernisse der Ökonomie deduziert. Entsprechend fragen die PISA-Studien auch nicht danach, ob SchülerInnen über ein substantielles Wissen verfügen, das sie zu einem angemessenen Verständnis ihrer gesellschaftlichen und natürlichen Lebensbedingungen sowie zu politischer und moralischer Urteilsfähigkeit in die Lage versetzt. Allein nach Verfügung über sprachliche und mathematische Schlüsselkompetenzen sowie

naturwissenschaftliche Grundkenntnisse wird gesucht.

Vor diesem Hintergrund ist es auch wenig erstaunlich, dass eines der zentralen Ergebnisse der PISA-Studien erstaunlich geringe öffentliche Aufmerksamkeit findet, die Tatsache nämlich, dass das deutsche Schulsystem in hohem Maße sozial selektiv und ungerecht ist. Die Vor- und Nachteile der sozialen Herkunft werden durch das Bildungssystem nicht ausgeglichen, sondern verfestigt. In keinem anderen OECD-Land ist, wie die untenstehende Grafik am Beispiel der Lesekompetenz verdeutlicht, der Zusammenhang von sozialer Herkunft und Bildung so eng wie in Deutschland.

Kinder aus den oberen Sozialschichten haben insgesamt erheblich bessere Bildungschancen als Kinder aus den unteren Schichten. Über 50% der Heranwachsenden aus der oberen Dienstklasse besuchen das Gymnasium, aber nur 10% der Kinder von an- und ungelernten Arbeitern. In besonderer Weise betroffen von den Benachteiligungsmechanismen des Schulsystems sind die Kinder aus Einwandererfamilien. Sie werden überproportional häufig in Sonder- und Förderschulen verwiesen; sie erreichen überproportional häufig keinen qualifizierten Schulabschluss; sie sind bei den Abiturienten deutlich unterrepräsentiert. Wenn in den 60er Jahren das katholische Arbeitermädchen vom Land der prototypische Fall von Bildungsbenachteiligung war, so ist es heute der türkische Arbeiterjugendliche aus der Großstadt.

Sozialwissenschaftliche Studien haben nachgewiesen, dass dies wesentlich ein Effekt von sozialer Segregation und struktureller Benachteiligung von MigrantInnen ist. Deshalb genügt es

Unterschiede zwischen der mittleren Lesekompetenz von 15-Jährigen aus Familien des oberen und unteren Viertels der Sozialstruktur (höchster Sozialstatus [HISEI] von Vater oder Mutter)

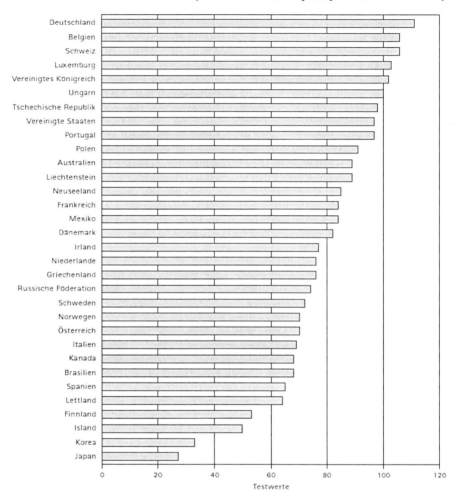

nicht, Sprachkurse für MigrantInnen einzurichten oder gar Schuleingangstests für Kinder mit Migrationshintergrund einzuführen. Solche punktuellen Reformen führen letztlich dazu, dass Schuldzuschreibungen an die Betroffenen erfolgen – sie hätten sich ja früher und intensiver um die Sprachentwicklung kümmern können. Erforderlich ist

eine gesellschaftspolitische Offensive, die die Gleichstellung der Eingewanderten als verbindliches Ziel und als Maßstab erfolgreicher Bildungspolitik etabliert.

Dass das deutsche Bildungssystem soziale Ungleichheit verfestigt, ist eine keineswegs neue, sondern längst

90

bekannte und durch zahlreiche wissenschaftliche Studien immer wieder belegte Einsicht. Die Pisa-Studien haben diese nun jedoch nicht nur auf einer breiten Datengrundlage und in einigen Aspekten genauer als ältere Untersuchungen dargestellt, sondern auch in den Rang eines quasi-regierungsamtlichen Dokuments erhoben. Damit kann der Skandal, daß Ungleichheit durch Bildung verfestigt und verstetigt wird, eigentlich nicht länger ignoriert werden. Ungleichheit ist kein Phantasieprodukt linker KritikerInnen, die sich weigern, anzuerkennen, dass wir in einer individualisierten Gesellschaft leben, in der die Strukturen der sozialen Ungleichheit angeblich bedeutungslos geworden sind.

Dennoch zeichnen sich bislang kaum einflussreiche politische Initiativen ab, die auf eine solche Bildungsreform zielen, die das Recht auf Bildung für alle und die Herstellung von Chancengleichheit im Bildungssystem zum Ziel hat. Die naheliegende Forderung nach einem einheitlichen Gesamtschulsystem für alle SchülerInnen, das auf frühe Auswahl und Laufbahnzuweisung verzichtet, wird von keiner der politischen Parteien erhoben. Immerhin formuliert der baden-württembergische Handwerkstag, also eine gesellschaftskritischer Ambitionen zweifellos unverdächtige Vereinigung: „Die Ergebnisse der PISA-Studie betonen die Notwendigkeit individueller Förderung und stellen die Dreigliedrigkeit in Frage. In der PISA-Studie wurde festgestellt, dass aufgrund der individuellen Entwicklungsverläufe eine zuverlässige Diagnostik (…) nach der Grundschule nicht vorgenommen werden kann. (…) Kinder brauchen Lernanreize. Es ist mehr als fragwürdig, ob Selektion hierzu

einen positiven Beitrag leistet. Beispiele anderer Länder zeigen, welche hohe Lernmotivation Kinder haben, wenn sie in Gruppen lernen, in denen es verschiedene Talente und Begabungen gibt, Gruppen, in denen die einen die anderen unterstützen und umgekehrt." (Konsequenzen aus PISA, Stuttgart 2002: 26).

Eine Bildungsdiskussion aus bürger- und menschenrechtlicher Perspektive dürfte hinter diese Einsicht nicht zurückfallen. Sie hätte darüber hinaus den Zusammenhang von sozialer Ungleichheit, sozialer Ausgrenzung und Bildung umfassend in den Blick zu nehmen. Kindern und Jugendlichen etwa, die unter Armutsbedingungen in desolaten Familienverhältnissen aufwachsen, müssen generell für sie erreichbare und anstrebenswerte Lebensperspektiven sichtbar gemacht werden, damit sie ein Interesse an schulischen Bildungsangeboten entwickeln können. Insofern genügt es nicht, eine solche Bildungsreform zu fordern, die Chancengleichheit im Bildungssystem realisiert. Unverzichtbar ist vielmehr eine grundsätzliche Kritik von sozialer Ungleichheit, Armut und sozialer Ausgrenzung, die durch Bildung weder erzeugt werden, noch allein durch Bildung überwunden werden können.

Darüber hinaus drängt es, die ökonomisch motivierte Funktionalisierung aller Bildungseinrichtungen zu kritisieren. Der Bildungsauftrag von Kindergärten, Schulen und Hochschulen darf nicht darauf reduziert werden, solche Qualifikationen zu trainieren, von denen angenommen wird, dass sie für die spätere „Beschäftigungsfähigkeit" erforderlich sind. Deshalb ist auch eine Debatte um die Erfordernisse einer zeitgemäßen politischen, menschenrechtlichen, ökologischen, kulturellen und sozialen Bildung anzustoßen.

Anmerkungen

1) J. Baumert u.a. (Hrsg.), PISA 2000, Basiskompetenzen von Schülerinnen und Schülern im internationalen Vergleich, Opladen 2002; Deutsches PISA-Konsortium (Hrsg.), PISA 2000 – Die Länder der Bundesrepublik Deutschland im Vergleich. Opladen 2002. Eine Zusammenfassung der Ergebnisse ist im Internet unter www.pisa.de verfügbar.

Mai 2002: Diesen Artikel für den Monat Mai 2002 anlässlich des mörderischen Dauerkonflikts zwischen dem Staat Israel und seinen Vertretern und dem Noch-nicht-Staat Palästina und seinen Vertretern wollten wir von der Jahrbuchredaktion nicht selber schreiben, sondern dafür andere Autoren ansprechen. Wir hätten übrigens auch alle anderen Monate des vergangenen Jahres und eine hoffentlich endliche Anzahl zukünftiger Monate wählen können. Das Gewaltthema Vorderer Orient und einer seiner Kernkonflikte, schon missverständlich staatlich formuliert, Israel vs. Palästina, paßte – mit wenigen Hoffnungssplittern dazwischen – immer.

Wolf-Dieter Narr

Die Wunde, die sich nie schließen darf – Israel, Palästina und „wir"

Für diesen Artikel hatten wir Uri Avnery gewinnen wollen. Er vertritt seit Jahrzehnten in der Worttat und im Tatwort eine Ansicht, mit der wir von Grund auf sympathisieren. Der menschenrechtlich selbstverständlichen – schon in der nötigen Feststellung peinlichen und diskriminatorischen – Zugleich- und Doppelexistenz der Israelis und der Palästinenser sowohl individuell als auch kollektiv. Dazu gehört aber ebenso selbstverständlich der nötige, dem Staat Israel und seinen Bürgerinnen und Bürgern 1948 international bestätigte Existenzraum wie der für die Palästinenserinnen und Palästinenser.

I.

Wir haben dann nach einigem Bedenken darauf verzichtet, Uri Avnery zu bitten. Dieser Verzicht ist nicht dadurch motiviert, dass Uri Avnery über das Thema – wahrscheinlich auch über das sogleich noch zu erläuternde „wir" – nicht viel besser, viel kompetenter, ungleich erfahrener hätte schreiben können als einer von uns. Unser Verzicht entspringt vielmehr unserem Gefühl, dass wir uns hinter dem Rücken Uri Avnerys angesichts eines unvermeidlicher Weise schwierigen Themas drückebergerisch versteckt hätten. Das

93

sollte gerade angesichts mancher neueren bundesdeutschen Debatten nicht geschehen.

Demgemäß ist die von mir mitbestimmte Wahl auf mich gefallen, der diesen Artikel zeichnet, im Englischen etwas verfremdend gesagt, den senior editor des Jahrbuchs. Und ich mache mich an dieses vertrackte Thema, das vertrackt auch und gerade in mir selbst liegt. Was kann, was soll, was muss, was darf ich dazu sagen – und dies in der knappen Form eines Monatskalenderartikels?

Vier erste Bemerkungen sind dazu angezeigt. Zum ersten: das in der Überschrift am Ende prangende „wir" ist bescheiden und unbescheiden zugleich zu verstehen. Zunächst hatte ich formuliert: „und ‚die' Deutschen". Bei genauerem Nachdenken kam mir diese einnehmende Bezeichnung nicht nur zu pauschal und selbst gefährlich nahe den üblichen Vorurteilen vor. Vielmehr kümmert mich zwar als politisches Wesen die Bundesrepublik Deutschland und deren Bürgerinnen und Bürger mehr als mir lieb ist. Ich bin ihnen qua Geburt sogar über den fragwürdigen, deutsch so hoch geschätzten Saft und sein Band, das jus sanguinis verbunden. Indes: alle nationalstaatliche Identifikation ist mir seit dem 8. Lebensjahr teils historisch notwendiger- und in diesem Sinne auch glücklicherweise ausgetrieben worden. Teils ist sie von mir in meines Erachtens bester und notwendiger Emanzipation überwunden worden. Das „wir" steht deshalb, ungleich verbindlicher und in diesem Sinne auch unbescheidener, für mich selbst und all diejenigen, die ähnlich fühldenken wie ich. Ratio und emotio, immer verschwistert, sind bei diesem Thema enger verbunden als sonst. Ob diese mir ähnlich Fühldenkenden sich freilich in diesem

Artikelchen, wie man in falscher „ich-Suche" zu sagen sich angewöhnt hat, „wiederfinden", vermag ich nicht einzuschätzen. Dieses Unvermögen gilt sogar, da ich diesen Artikel schreibe, für diejenigen, die das Jahrbuch mit herausgeben.

Zum zweiten: dass – so das Wort erlaubt ist – wir Menschenrechtler überall, wo wir können, wenn nötig, „intervenieren", versteht sich angesichts des menschenrechtlichen antinationalstaatlichen Anspruchs von selbst. Gerade darum haben wir uns gegen die pseudo-humanitäre Intervention = Krieg so nachdrücklich gewandt. Wir werden es weiterhin tun. Menschenrechte sind jedoch, recht verstanden, nicht die Universalität abstrakt allgemeiner Normen. Menschenrechte verlangen vielmehr, dass überall das Besondere jedes Menschen und das je Besondere sich also verstehender Kollektiva von Menschen wahrgenommen werde. Wenn man sich mit so geschultem Normblick die ‚Situation' in Israel/Palästina ansieht, wird bei jedem etwas historisch gegenwärtig tiefergehenden Einblick deutlich, wie verflixt, verfilzt und zugleich wechselseitig bis zur Existenzverneinung exklusiv sich die beiden Gruppen in der Hauptsache gegenüber-, genauer entgegenstehen. Was hülfe da ein Außenblick, gar eine alles andere als tunliche Stellvertreterweisheit von außen, die sich sehr schnell als Unweisheit entpuppte. Wäre das, dem alten jiddischen Wort gemäß, nicht schlimmste Chuzpe?

Zum dritten: und das ist mehr, was erschwerend hinzu kommt. Das ist ein anderer qualitativer Sprung. Nicht eine Seelen- und Gedankensekunde lang ist zu vergessen, was die Deutschen ohne die jüdischen Deutschen, die sie darob als „undeutsch" „aussonderten" und

„ausmerzten", in ihrer übergroßen mittuenden Mehrheit während der nationalsozialistischen Herrschaft zwölf, je mehr man davon zu wissen meint, desto unvorstellbarere Jahre lang an massenmörderisch ausgeführter Diskriminierung der in Europa siedelnden Juden getan haben. Muss dieses inwendig angeeignete Nachwissen der Nachgeborenen nicht auch den wie immer geschwungenen deutsch-bundesdeutschen Mund verschließen, der ob gegenwärtiger Vorkommnisse schreien wollte? So dazuhin solch enge Zusammenhänge bestehen. Diese Beobachtung gilt, obwohl beispielsweise der Zionismus und dessen 1948 schließlich erfolgreiche Staatsbildungsmotive nicht zuletzt Ausdruck der politischen Ideengeschichte des europäischen 19. Jahrhunderts sind. Ein solches Fast-Tabu, das jedenfalls jeder einmischenden

Äußerung äußerste Vorsicht, einen mehr als üblichen politischen Takt auferlegt, läßt sich dort am besten zeigen, wo es am nächsten zu liegen scheint, es brechen „zu müssen". Sind nicht viele der politischen Verhaltensweisen des israelischen Staates und der Mehrheit seiner jüdischen Bürger gegenüber den Paläs-tinensern, wie sie beispielsweise während der 1. und nun im Verlaufe der 2. Intifada bekannt geworden sind und jetzt geübt werden, gerade darum schier zum Verzweifeln, weil sie just von einer Bevölkerungsmehrheit und ihrem Staat ausgehen, deren Vorfahren, deren Eltern und Großeltern ihrerseits so unheimlich nachhaltig lange Opfer und schließlich Opfer der nationalsozialistischen mörderischen „Endlösung" „der Judenfrage" gewesen sind? Dass Opfer in einem in diesem Sinne „normalen" (National-) Staat zu Tätern werden? Ja,

95

so möchte man menschenrechtlich allgemein engagiert rufen. Der Ruf sollte Bundesdeutschen jedoch im Halse stecken bleiben – und allen anderen etwas Kundigen schwer aus dem Ensemble der Stimmbänder gehen. So sie nachdenkfühlen. So sie ihre ganze eigenhistorisch informierte Vorstellungskraft zusammennehmen. Sonst könnte der doch entlassene Ruf nicht nur von der viel naheliegenderen Verzweiflung über den eigenen Täter- und Täterinnen-Nach-folgestaat, genannt BRD, und seine Nachfolgebevölkerung ablenken. Der unbedacht unerfahrene Ruf möchte sehr wohl mehr oder minder sublime antisemitische Elemente enthalten. Darum gilt hier Bert Brechts Hinweis in seinem Gedicht „An die Nachgeborenen" über die NS-Gleichzeitigen auch für die Nachgeborenen selber. Ein unbedachtes, phantasieloses „Gespräch über Bäume" mag auch heute das Verschweigen gegenwärtiger Untaten bedeuten. Ein Ablenkungsmanöver. Eine kleine Partie aus Ruth Krügers Buch „Weiter leben" mag erläutern, was ich mit den verkürzten Hinweisen zuvor im Sinn hatte. Muss ich sie, Ruth Klüger nämlich, vorstellen, muss ich sie als Theresienstadt, Auschwitz und Christianstadt Überlebende „ausweisen"?!

„Meine jungen Bekannten", berichtet sie von einer Begegnung mit zwei klugen, engagierten Studenten, die *die* deutsche Vergangenheit und die ihrer Eltern bzw. Großeltern kennen und „hart" beurteilen – „meine jungen Bekannten, die ein so unbeabsichtigtes wie freiwilliges Interesse an meiner Kindheit genommen hatten, weigerten sich hartnäckig, den Unterschied zwischen Polen und Juden zuzugeben und den Antisemitismus der polnischen Bevölkerung in ihre Besinnungsstunden

und Beschaulichkeiten mit einzubeziehen. Das geschundene Volk muss gut gewesen sein, wo kämen wir sonst hin mit dem Kontrast von Tätern und Opfern? Nicht anders die höheren Semester. Ich sitze am Mittagstisch mit einigen Göttinger Doktoranden und Habilitanden. Einer berichtet, er habe in Jerusalem einen alten Ungarn kennengelernt, der sei in Auschwitz gefangen gewesen, und trotzdem, ‚im selben Atem' hätte der auf die Araber geschimpft, die seien alle schlechte Menschen. Wie kann einer, der in Auschwitz war, so reden? fragte der Deutsche. Ich hake ein, bemerke, vielleicht härter als nötig, was erwarte man denn, Auschwitz sei keine Lehranstalt für irgend etwas gewesen und schon gar nicht für Humanität und Toleranz. Von den KZs kam nichts Gutes, und ausgerechnet sittliche Läuterung erwarte er? Sie seien die allernutzlosesten, unnützesten Einrichtungen gewesen, das möge man festhalten, auch wenn man sonst über sie nichts wisse. Man gibt mir weder recht, noch widerspricht man mir. Deutschlands hofffnungsvoller intellektueller Nachwuchs senkt die Köpfe und löffelt verlegen die Suppe. Jetzt hab ich euch mundtot gemacht, das war nicht meine Absicht. Eine Wand ist immer zwischen den Generationen, hier aber Stacheldraht, alter, rostiger Stacheldraht." Wenig später schließt Ruth Klüger diese Passage ihres Buches mit dieser einstweiligen Zusammenfassung: „Da sollen die Überlebenden entweder zu den Besten oder zu den Schlechtesten (die Täter, WDN) gehören. Und die Wahrheit ist auch hier, wie üblich, konkret. Die Rolle, die so ein KZ-Aufenthalt im Leben spielt, läßt sich von keiner wackeligen psychologischen Regel ableiten, sondern ist anders für jeden, hängt ab von dem, was vorher kam, und auch davon, wie es für den und die im Lager war. Für jeden war sie einmalig." Mit anderen Worten: jede Verelendungstheorie, emanzipatorisch gespitzt, ist falsch. Das ist es ja gerade, warum aus „der" Geschichte so wenig gelernt wird und werden kann. Das ist es ja gerade, warum alles darauf ankommt, Zustände zu schaffen, die Selbstbewustsein und Handlungsvermögen prämieren, die erst andere und Andersartigkeiten in nicht repressiver Toleranz zulassen. Das ist in der wahrhaft weltgeschichtlich privilegierten Bundesrepublik Deutschland systematisch nicht zuletzt im handelnden Lernen aus der Vergangenheit versäumt worden. Und wird es bis heute. Dass beispielsweise Vorurteile gegen Ausländerinnen so massiv selbst und gerade regierungsamtlich gefördert werden; dass mit Asyl Suchenden umgangen wird, als handele es sich um Aussätzige: Sie nicht ins Land zu lassen und, wenn sie doch gekommen sind, schleunigst abzuschieben. Wenn dies nicht sofort möglich ist, sie erneut, unsäglich dies nach 1945 zu denken, in gefängnisartige Lager zu stecken. Langum: die Tür, vor der die Bundesdeutschen zu kehren haben, ist allemal und zuerst die höchst eigene. Dass die un-sichere Rutschebene der Ambivalenz jedoch immer gilt, ist zu begreifen, will man Vergangenheit nicht „bewältigen", sondern aus ihr lebend lernen (s. grundsätzlich Zygmunt Bauman: Moderne und Ambivalenz, 1992).

Zum vierten: als der Antikommunismus die (alte) Bundesrepublik schier erfror, haben viele kritische Bundesdeutsche, darunter auch ich, die Zustände in der DDR weitgehend ausgespart. Das war uns zu nationalstaatlich orientiert. Vor allem aber wollten wir nicht in die herrschende ideologisch antikommunistische Tuba mitblasen

bzw. in unserer Kritik dafür vereinnahmt werden. Das war falsch. Menschenrechtlich demokratisch (bei mir allemal auch sozialistische) Kritik muss man äußern, auch wenn sie missverstanden und vor allem missbraucht werden könnte. Sonst kann man fast immer nur schweigen (und sich de facto anpassen). Ich erwähne dieses Versäumnis, weil dazu aktuell eine eher formale Parallele besteht. In der Bundesrepublik ist der starke Flöz an Vorurteilen gegen Andere und Anderes vor allem in seinen offiziell geduldeten oder gar mit geschaffenen Bedingungen nie gründlich abgebaut worden. Hierbei gilt, dass die Bemühungen, soziopolitische und ökonomische Bedingungen von Vorurteilen abzubauen, andauernd unternommen werden müssen. Vorurteile enstehen und vermehren sich fast wie Wasser abwärts rinnt und sich aus allen zusätzlichen Gerinseln zum starken, ja reißenden Strom vermehrt. Auch wir alle selbst sind dauernd in Gefahr, vom Strom der Vorurteile oder einem Nebengerinsel mitgerissen oder „sanft" umspült zu werden. Wir müssen uns demgemäß menschenrechtlich dauernd anstrengen. Aus diesem durch neue und neue Ablagen erneuerten Kompost der Vorurteile, in dem immer auch antisemitische Fermente wirksam sind, treiben gerade in jüngster Zeit wieder antisemitische Kürbisse diverser Größenordnung. Und diese Vorurteile, wenn man ihre Spitzenvertreter hört und liest, drapieren sich nicht selten mit kritischen Äußerungen an die Palästinenser-Politik des Staates Israel und seiner führenden Gruppen. Manche der kritischen Äußerungen, auch der Möllemänner, der Blüms, selbst der Walsers und tutti quanti sind, für sich genommen, nicht falsch. Sie werden es erst durch ihren Kontext, durch ihre Verallgemeinerungen, durch ihre mangelnden

Differenzierungen, durch ihre Blindheiten, dadurch, dass sie in deutsche Ressentiments eingelagert sind – so wie wohlgemerkt auch manche Bemerkungen des ideologischen Antikommunismus mit dem festgezurrten Nato-Helm auf feindgerichtetem Kopf. Da soll die Bundesrepublik Deutschland als fröhliches Weltkind in der Mitten aller Politik sich vorbehaltlos tummeln können auch und gerade gegenüber israelischer Politik. Als hieße sie Hase und wisse von nichts. Als könne nun endlich der seit 1945 dauernd ersehnte und mit aller Kraft angestrebte „Schlussstrich" gezogen werden, der nur der eigenen gegenwärtigen Bedenkenlosigkeit und der restlosen Entsorgung der Vergangenheit dienen soll. Als dürfe man, indem man mit anscheinend richtiger, jedenfalls verständlicher Kritik an israelischer Politik politisch-moralisch posiert, zugleich bundesdeutsch vieler Orts allenfalls schlafende oder neu produzierbare antisemitische Vorurteile ein wenig motivieren und mobilisieren. Damit man die Israel-Kritik-Dividende für die eigene schwache, substanzlose Politik oder das eigene walsertiefe unpolitisch politische „Seelenheil" einfahren könne. Darum also ist es auch erforderlich, dass wir uns zur „Sache" Israel und Palästina äußern. Damit Kritik nicht anders und erneut als „permanenter Appell an den inneren Schweinehund des Menschen" (Kurt Schumacher als Reichstagsabgeordneter an die Adresse von Göbbels) antikritisch, vielmehr vorurteilstreibend missbraucht werde. Kritik aber, die ihrem Namen gemäß etwas taugen soll, ist immer spezifisch. Sie ist nie pauschal und „totalitär". Sie achtet in sozialen Gefilden immer auf die Enstehungs- und die Wirkungsbedingungen dessen, was kritisiert wird; dessen, was eventuell aus der Kritik folgt.

II.

Wenige Feststellungen im Kontext des Nicht-Feststellbaren

(1) Um mich auf diesen Artikel informationell „einzustimmen", habe ich unter anderem das vor nicht allzu langer Zeit erschienene Buch von Tom Segev gelesen, dessen Qualität als Historiker ich aus früheren Publikationen schätze. Der Titel – ich weiß nicht, ob es im Deutschen schon er-schienen ist – „One Palestine, Com-plete. Jews and Arabs under the British Mandate", in englischer Übersetzung in Großbritannien zuerst 2000 erschienen, von mir als Abacus Book, London 2001, erstanden. Dieses von verläßlichen Informationen überquellende, an expliziter und zusammenfassender Analyse etwas unter-ernährte lesenswerte Buch, das der Zeit von 1917 bis 1948 gilt, macht erneut eines deutlich: nicht nur wie fahrlässig unter anderem die britische Politik gewesen ist, sondern wie auch früher gleich wie heute schier unlösbare Probleme human überaus kostenreich von diversen, für sich selbst oft durchaus „aufgeklärt" vernünftigen Akteuren phantasielos, kurzfristigen Interessen folgend, zusammengeschussel worden sind. Vielmehr wird in diesem viele andere Forschungen zusammenfassenden Buch einsichtig, wie aus zahlreichen Rinnsalen, teilweise jahrtausendealt, die gegenwärtigen Syndrome (= Gerinnsel) zusammengeflossen sind; wie sie tief in den Habitus und den Institutionen aller Beteiligten geradezu eingewachsen sind; wie es schier unmöglich erscheint, die einander entgegenstehenden Ängste und Träume der (jüdischen) Israelis und ihres ansonsten schon problemüberladenen Gemeinwesens und die der gebeutelten, seit Jahrzehnten in schlimmen Lagern gepferchten, von ihrerseits stark herrschaftsinteressierten Reprä-

98

sentanten oft fragwüdig geführten Palästinenserinnen und Palästinenser lebbar für beide, individuell und kollektiv menschenrechtsangemessen, zusammenzubringen.

(2) Die aus Geschichte(n) und Gegenwart(en) erwachsende Einsicht – denn Geschichten und Gegenwarten lesen sich je nach Perspektive geradezu radikal anders, da gibt es keine beschwingte „herrschaftsfreie" Kommunikation – besteht zuallererst für Leute (für Gruppen, für Institutionen à la andere Staaten und deren Vertreter) darin, äußerste Zurückhaltung zu üben. So hart, so niederdrückend das ist, gerade wenn man die hoch vermittelte, jedoch unmittelbar tödliche Gewalt der einen gegen die anderen unterbrechen, wenn man sie stoppen, wenn man sie friedlich beilegen möchte. Zu dieser äußersten Zurückhaltung kommt das Erfordernis hinzu, alle eigenen Vorschläge von außen, gar alles Handeln, das über solche verbindlich unverbindlichen Vorschläge hinausgeht, so zu artikulieren, dass alle Artikulation immer an beide Seiten adressiert ist, ohne deren Abschottung nach außen und nach innen zu stärken. Klar und eindeutig muss bei allem Zu-Denken, bei allem Zu-Handeln, bei allem Helfenwollen sein: eine Stellvertreterpolitik und eine Stellvertreterlösung gibt es nicht. Und wäre diese noch so schön.

(3) Zu diesen Minima gehört als existentielles Minimum die unablässig wiederholte Garantie, dass keine Zeit welcher Lesart heute oder in Zukunft umgedreht werden darf. Der Staat Israel besteht und soll bestehen bleiben, wie immer dieser sich im Laufe der Jahrzehnte nach einer hoffentlich einmal eintretenden Phase ohne existentielle Dauerkonfrontation entwickeln mag.

Das auch staatlich institutionalisierte Selbstbestimmungsrecht der Palästinenserinnen und Palästinenser gilt gleichermaßen. Es ist in einer Weise auch territorial zufriedenzustellen, dass individuelle und gesellschaftliche Normalität eintreten kann.

(4) Über diese drei Feststellungen hinaus, die in modifizierter Form einer gemeinsamen Erklärung israelischer und palästinensischer Intellektueller aus dem Jahre 2001 entsprechen – ein Glück, dass es solche Gemeinsamkeiten und zugleich solche Unterschiede in den „Blöcken" gibt –, lässt sich nur wenig vorweg festlegen. Auch und gerade, wenn man menschenrechtlich radikaldemokratisch an den brennenden Problemkessel herangeht. Um nur ein überaus schwieriges Beispiel zu nennen. So unfraglich es mir scheint, dass die israelische Siedlungspolitik sofort und eindeutig beendet und jedenfalls teilweise zurückgenommen werden müßte, so fraglich wird unter dem Gesichtspunkt des Abbaus explosiver Probleme und des Vermeidens neuen Leides das sogenannte Rückkehrrecht vertriebener Palästinenserinnen und Palästinenser (vgl. anders, nämlich eindeutig in Richtung „Rückkehrrecht" orientiert BADIL: Zur israelischen Debatte um das Rückkehrrecht, in: inamo special: Inifada 2 Israel/Palästina, August 2001. Auf diese Nummer und die Zeitschrift des Informationsprojekts Naher und Mittlerer Osten, die in Berlin erscheint – Dahlmannstraße 31, 10629 Berlin –, möchte ich mit nachdrücklicher Empfehlung aufmerksam machen). Wer würde nicht, menschenrechtlich auch nur angehaucht, sofort ein solches Rückkehrrecht, fundiert auf unrechter Vertreibung, unterstreichen und unterstützen wollen. Und doch: wer im Rahmen existentiell eindeutiger Festlegun-

gen konkrete, beiderseits, mehr noch von allen in Israel/Palästina menschenrechtlich lebbare Lösungsprozesse will, der muss in schwieriger Güterabwägung Gestaltungschancen bestehen lassen. Das heißt leider auch: Vorsicht vor normativer Überforderung!

III.

Die ewigjunge banale, jedoch ebenso basale und also nötige Frage: können wir, die wir in der Bundesrepublik allenfalls kritisch (und das heißt auch prekär) zuhause sind, deutscher der gemeinsamen Sache der Israelis und der Palästinenser dient, eine Sache, die sie mit unserer und anderer Hilfe selbst betreiben müssen. Ein Drittes gibt es nicht. Etwa auch nicht die Hoffnung auf die große machtvolle USA, die hier wie nirgend anders lösenden Einfluss nehmen könnten. Auch und gerade für die USA gälte, das zeigt, von Bush jr. zu schweigen, das engagierte Scheitern Clintons mit seinem höchst einseitig akzentuierten Friedenszwingversuch in Camp David II, dass sie nur dann und insofern hilfreich wären, wenn sie gewaltfreie Lösungen in Israel/Paläs-

Geschichte und Gegenwart eingedenk, also der offenen Wunde weh bewusst, irgend etwas tun, das darüber hinaus geht, deutschen wieder- und neukehrenden Antisemitismen mit aller Sprach-, Diskussions- und Demonstrationsmacht entgegenzutreten?

Die erste Antwort auf diese mit Schwierigkeiten bespickte Frage lautet: wenig. Indes: auch das Wenige kann, je nach Umständen viel sein, vor allem dann, wenn es öffentlich geschieht und konsequent der getrennten und darum tina, im Nahen Osten insgesamt durch die dortigen Kräfte anstrebten und nicht vor allem ihren eigenen innen- und außenölpolitischen Interessen folgten (zum israelisch-nordamerikanischen „Doppelpass" im „Guten" wie im „Problematischen" siehe Ekkehart Krippendorffs spannende Überlegungen in: Blätter für deutsche und internationale Politik 8/2002).

Wenige, nicht, wie nötig, weiter ausgeführte Tunserwägungen müssen genügen:

1. Wir sollten vor aller Stellungnahme im einzelnen zunächst bundesdeutsch öffentlich immer erneut hervorheben, wie sehr uns das kümmert, was sich in Israel-Palästina „abspielt". Wir dürfen dies freilich nur dann und insoweit tun, als wir nicht nur in jeder Äußerung, solange das nötig ist – und das ist es für unabsehbare Zeit –, die oben genannten Feststellungen wiederholen. Wir haben auch auf jede wohlfeile, bundesdeutsch so herrlich errungene Oberflächenmoral zu verzichten. Als müßten etwa die Israelis nur bundesdeutschgut wollen und alles werde sich wohlgefällig lösen.

2. Von selbst müßte sich verstehen, dass wir den in einen seltsamen „moralspeak" (frei nach Orwell) eingelassenen Antisemitismen überall, wo wir ihnen begegnen, entgegentreten. Selbstredend ohne – typisch „rechtsstaatsdeutsch" und also auch nicht selten „links" – nach neuen Verboten zu rufen. Demokratisch agiert man. Nur Nicht-Demokratien brauchen überall, in der Bundesrepublik jüngst bis zur Produktion des Verbotenen aufgestellte Verbotstafeln möglichst strafrechtsbewehrt. In dieser Richtung stimme ich Andrei Markovits zu, ohne, wozu er leider neigt, alle Kritik der herrschenden USA als Antiamerikanismus und (fast) allen Antiamerikanismus als Antisemitismus seinerseits diskriminieren zu wollen (s. A. Markovits: Ein Tabu fällt. Antisemitismus in Deutschland und Europa, in: Gewerkschaftliche Monatshefte 7/2002, S. 366-370).

3. Als ich nicht lange vor dem Osloer Abkommen Israel und in diesem Zusammenhang auch etliche Palästinenserlager im Gazastreifen besuchte, fasziniert und erschreckt von Israel und dem, was sich dort politisch tat in einem, habe ich mir versprochen, ohne dieses Versprechen bis heute zu halten, dass wenn immer ich mit anderen menschenrechtlich noch einmal international aktiv würde, ich dafür einträte, uns um die elenden, noch einmal in zwei Klassen geteilten Lager, voll gepfercht mit Palästinenserinnen und Palästinensern zu kümmern. Ich weiß, darauf sind glücklicherweise schon Bessere vor mir gekommen. Da geschieht auch manches. Dennoch: nach all meinem Wissen: hier gibt es Chancen, Kindern, Jugendlichen, Erwachsenen zu helfen. Dafür ist es spät, weil für viele alle Hilfe zu spät kommt. Dafür ist es indes nicht und nie zu spät, so lange Menschen unter solchen Bedingungen unvermeidlich krumm heranwachsen. Freilich: es wäre falsch, die Chancen solchen Engagements zu über- und die Schwierigkeiten eines solchen zu unterschätzen. Muriel Asseburg hat in ihrem Artikel im oben erwähnten Sonderheft von inamo (S. 47-51) am Beispiel der EU-Politik mit etlichen Belegen hierauf nachdrücklich aufmerksam gemacht. Als handelte es sich bei den Problemen der Palästinenser primär um solche der Armut. Um solche gewiss auch, nicht zuletzt bewirkt durch die Wirtschaftspolitik Israels. Als könnten diese Armutsprobleme – das zweite Als-Ob – direkt und mit entsprechender materieller Hilfe von außen ohne sonstige Änderungen angegangen werden. Als bestünde nicht sogar die Gefahr, dass durch unbedachte und nicht bis ins angewandte tz gegebene Hilfe – das dritte Als-Ob – die schlechten politisch und dann auch ökonomisch gegebenen Bedingungen eher verstärkt würden (Muriel Asseburgs Artikel besitzt den Titel: „Die EU und der Friedensprozess im Nahen Osten – Anspruch und Realität").

4. Neben „außerparlamentarischen" Aktivitäten, die selbstredend nicht an

Israel vorbei betrieben werden könn(t)en, bleiben Einwirkungen auf die bundesdeutsche und die europäische Politik gegenüber Israel wichtig. Das Spektrum politischer Einwirkungschancen ohne falsche und meist eher kontraproduktive Pressionen reichte von der Asyl- und Flüchtlingspolitik bis hin zur Art der bundesdeutschen Wirtschaftspolitik bzw. der entsprechenden politischen Aktivitäten der Europäischen Union. Angemessene politische Änderungen, die Israel im Palästina-Konflikt und Palästina im Israel-Konflikt hälfen, ohne die Eigenständigkeit beider Akteure infrage zu stellen, verstehen sich gerade in der Bundesrepublik alles andere als von selbst. Das hat auch immer noch mit einer unzureichenden, in den ersten Jahrzehnten verleugnenden, in letzter Zeit durch Denkmalsschauen und leere Trauergesten ersetzten „Vergangenheitspolitik" mit mangelnden gegenwärtig-zukünftigen Konsequenzen zu tun (zur ersten Phase der „Vergangenheitspolitik" 1949-1955 vgl. das nur im Ausblick kritisierenswerte ausgezeichnete gleichnamige Buch von Norbert Frei).

5. Am Ende soll doch noch Uri Avnery zu Wort kommen. Was er vor einem Jahr in der besagten inamo-Nummer unter anderem über die israelischen Intellektuellen schreibt, gilt mit erheblichen Änderungen und nicht gleicherweise unmittelbar auch für diejenigen, die außerhalb Israels über Israel und Palästina sich kümmernd nachdenken. Ich zitiere die Schlusspassage seines Aufsatzes ohne weiteren Kommentar (Uri Avnery: „Eine wundervolle Einheit", .38 f.).

„Die widerlichste Szene in dieser Orgie (Uri Avnery meint die gedankenlose Zustimmung der überwiegenden Mehrheit zur Politik Scharons und

zuvor schon des friedenspolitisch überschätzten Ehud Barak, WDN) ist der Verrat der Intellektuellen. Sie, die die neue Karte hätten entwerfen müssen, um die Menschen in die Wirklichkeit des Friedens zu führen, enttäuschen das in sie gesetzte Vertrauen. Die wenigen – die sehr wenigen –, die ihrer Mission treu geblieben sind (s. als ein Beispiel Asaf Oron, der den Waffendienst verweigerte: vgl. den Abdruck einer von ihm mitunterzeichneten Erklärung auf der Dokumentationsseite der Frankfurter Rundschau vom 23.8.2002 unter dem Titel „Unterdrückte Wahrheiten", WDN), treffen auf Verachtung und Hass. Und doch lastet auf den Schultern dieser wenigen nun das Schicksal des Landes. Es kann keine Zukunft für Israel geben, wenn es sich weiter wie ein bewaffnetes Ghetto verhält. Ein Staat ist kein Ghetto, und das Ghetto war kein Staat. Um weiter existieren zu können, braucht der Staat eine neue Wahrnehmung seiner selbst und seiner Umgebung, eine Wahrnehmung, die der neuen Situation entspricht. Und das ist in allererster Linie die Aufgabe der Intellektuellen" und, wie ich hinzufüge, aller engagierten, notwendigerweise auf Phantasie bauenden, mit Phantasie arbeitenden, gerade darum Vergangenes nicht vergessenden auch bundesdeutschen Menschenrechtlerinnen.

Anmerkung

Im Sommer 2002 hat das Komitee für Grundrechte und Demokratie erstmalig Begegnungen für 45 junge Israeli und entsprechend viele Palästinenser-Innen in Deutschland im Rahmen der Aktion „Ferien vom Krieg" organisiert. Erst über das von Helga Dieter mit großem Einsatz und großer Überzeugungskraft initiierte Begegnungsprojekt ist es möglich geworden, dass sich kritische junge Erwachsene aus beiden Gruppen überhaupt einmal treffen und miteinander diskutieren konnten. Ein Bericht über diese gedeihlichen Freizeiten kann im Sekretariat des Komitees angefordert werden.

Juni 2002: Das Treffen der Staats- und Regierungschefs der Europäischen Union (EU) in Sevilla am 21. und 22. Juni bot Anlass für diesen Monatsartikel. Im Zentrum der Beratungen stand die „illegale Einwanderung". Dazu wurden auf dem „EU-Gipfel" zwar keine formellen Beschlüsse gefasst, doch in den Schlussfolgerungen des EU-Rates wird die „entschlossene Bekämpfung der illegalen Einwanderung" angemahnt. Der Kontrolle und Abwehr der Migrations- und Fluchtbewegungen nach Europa wird oberste politische Priorität eingeräumt. Tage zuvor besetzten über 400 illegalisierte Arbeitsmigranten (sin papeles), die vergeblich als Erntehelfer anzuheuern versucht hatten, eine Sporthalle der Pablo Olavide Universität am Stadtrand Sevillas. Einige traten in den Hungerstreik, um ihrer Forderung nach einer Aufenthaltsgenehmigung Nachdruck zu verleihen. Für ihren Bleiberechtsprotest nutzten sie die mit dem Ratstreffen verbundene Aufmerksamkeit der internationalen Öffentlichkeit.

Dirk Vogelskamp

Europawärts: Kontrollen, Lager und Tod

Militäreinsätze gegen die „unkontrollierte Einwanderung"

Bereits im Vorfeld sorgte die Ratstagung für mediale Aufgeregtheit. Dazu trug unter anderem die englische Tageszeitung „Guardian" bei, die über ein Memorandum der britischen Regierung berichtete, in dem der Einsatz der Kriegsmarine (Royal Navy) und der Luftwaffe (Royal Airforce) im Kampf gegen die „illegale Einwanderung" vorgesehen sei. Dem Bericht zufolge sollen im östlichen Mittelmeer Kriegsschiffe gegen „Flüchtlingsschleusungen und Menschenschmuggel" eingesetzt werden. (vgl. „Frankfurter Rundschau" vom 24. Mai 2002) Auch das deutsche Nachrichtenmagazin „Der Spiegel" widmete dem zentralen Ratsthema, der „Bekämpfung der illegalen Einwanderung", einen Hefttitel („Europa macht dicht", „Der Spiegel" Nr. 25 vom 17. Juni 2002). Auf dem Titelbild prangte der Bug eines Frachters, auf dessen Oberdeck unzählige Flüchtlinge gedrängt lagerten oder an der Reling herumstanden. Wer das sorgsam ausgewählte Foto vom „vollen Boot" nicht gleich verstand, dem half der Untertitel der Schlagzeile nach: „Ansturm der Migranten". Die wohl nicht unbeabsichtigte Aufmachung des Titelbildes, aufgenommen aus der Vogelperspektive, erinnert an die „Wimmelbilder" in Kinderbüchern, auf denen erst beim zweiten, suchenden Hinsehen individuelle Akteure erkennbar werden. Inzwischen werden häufig Nachrichten über „illegale Einwanderung" und Flüchtlinge mit Bildern illustriert, auf denen erschöpfte Flüchtlinge auf rostigen Frachtkähnen, Fischer- oder rasenden Schlauchbooten mit ihren wenigen, in Plastiktaschen verstauten Habseligkeiten abgebildet werden. Die Bilder sind nicht darauf angelegt, spontanes Mitgefühl zu erzeugen. Sie transportieren vielmehr Armut, Fremdheit und die Unstetigkeit nomadischen Lebens. Sie produzieren Distanz: Warum begeben sich diese Menschen überhaupt in eine solch gefährliche Situation? Was wollen sie „hier"? Die Metapher vom „vollen Boot" – schön das Bild des Spiegel-Titels – diente in Medien und Politik bislang vor allem dazu, gängige Vorurteile zu bestätigen und politische Brandreden zu veranschaulichen: Die Belastungsgrenze der deutschen Gesellschaft, Migranten aufzunehmen, sei erreicht, wenn nicht gar überschritten (Otto Schily). Zwar wurde schon seit eh und je vom Ansturm der Migranten und Flüchtlinge wider alle Fakten schwadroniert. Doch nun sitzen die „Unerwünschten" als „menschliches Frachtgut" titelseitig im „vollen Boot" europawärts. Die südliche, mediterrane Außengrenze der EU wird als aktuelle

Konfliktlinie ausgemacht. Deutschlands alternder Kahn erwartet hingegen hochqualifizierte Eliteeinwanderer, die dazu beitragen sollen, diesen für die Weltmeere (wieder) fit zu machen. Diese Flüchtlingsbilder symbolisieren den mehrheitlich unterstützten „Perspektivwechsel" in der europäischen Migrations- und Flüchtlingspolitik: Die unerwünschten „Weltüberflüssigen" (Johannes Agnoli) markieren die Kehrseite der bedingten Einwanderungsregelungen für gut ausgebildete Arbeitsmigranten. Die unkontrollierten, irregulären Wanderungsbewegungen geraten nun vermehrt in den Blick der Öffentlichkeit oder, grenzpolizeilich gesprochen, ins Fadenkreuz. Die europäische Migrationspolitik, die darauf zielt, die Bekämpfung der irregulären, also staatlich nicht autorisierten Migration und des irregulären Aufenthalts (der sans papiers) zu intensivieren und auszuweiten, erscheint durch ihre begrenzt zugelassene Einwanderung abgemildert und gerechtfertigt. Was wie eine Politik der Öffnung erscheint, ist eine der Auslese (vgl. Saskia Sassen, Migration und Staatssouveränität, in: „Le Monde diplomatique" vom 10. November 2000). Die Flucht- und Wanderungsbewegungen nach Europa und die sogenannten Migrationsnetze der Einwanderungsgemeinschaften werden zu bedrohlichen Feind- und Schreckensbildern ausgemalt. „Wir müssen unsere Küsten gegen die Illegalen verteidigen, als wären wir im Krieg" zitiert die „Süddeutsche Zeitung" vom 2. Februar 2002 den Bürgermeister der italienischen Stadt Treviso. Diese grenzübergreifende europäische, Feinderklärung schließt mit ein, dass Millionen irregulärer Einwanderer in Europa kriminalisiert und von elementaren Rechten ausgeschlossen werden. Die Integration der erwünschten wird durch

den konsequenten Ausschluss der unerwünschten Einwanderer ergänzt, die kurzerhand als Komplizen „der organisierten Kriminalität" definiert werden. Es gehört zu den Strategien der europäischen Einwanderungspolitik, den Kampf gegen die irreguläre Einwanderung mit dem gegen die „grenzübergreifende Kriminalität" öffentlich zu verknüpfen. Damit werden Vorurteile gegen Ausländer bewusst erzeugt.

Kontrolle der „Migrationsströme"

Die Bedeutung des Ratstreffens liegt darin, dass sich das politische Klima gegenüber „illegalen" Einwanderern verschärfen wird (vgl. Die Schlussfolgerungen des Ratstreffens, dokumentiert in: EU-Nachrichten Nr. 1, 27. Juni 2002, S. 6 - 9) Der Kernsatz der Abschlusserklärung lautet: „Für die Europäische Union und ihre Mitgliedsstaaten ist es von entscheidender Bedeutung, dass die Migrationsströme unter Wahrung des Rechts und in Zusammenarbeit mit den Herkunfts- und Transitländern unter Kontrolle gehalten werden." Dazu wird ein kurz- und langfristiges repressiv ausgerichtetes Maßnahmenbündel, wie bereits im europäischen Aktionsplan zur Bekämpfung der „illegalen" Einwanderung vorgesehen, nachdrücklich empfohlen: unter anderem ein gemeinsames System der Visaidentifizierung (bei nunmehr 130 visumpflichtigen Staaten), ein gemeinsames Rückkehrprogramm und der rasche Abschluss von Rückübernahmeabkommen, beschleunigte Abschiebungen und Ausweisungen und die Bekämpfung und Kriminalisierung von kommerziellen „Fluchthelfern und Schleppern". Unter dem Titel „der schrittweisen Einführung eines koordinierten und integrierten Schutzes der Außengrenzen" wird darüber hinaus die Initiative zur Bildung einer „Europäischen Grenzpolizei" begrüßt und die Einrichtung eines Netzes zur Zusammenarbeit der Grenzschutzbehörden und eines „Teams von Fachbeamten für Einwanderungsfragen" gefordert. Alle dies Maßnahmen zielen auf eine vorgelagerte Abwehr der Migrationsbewegungen und die Auslagerung des Flüchtlingsschutzes in die Transitstaaten (vgl. dazu auch Karl Kopp, Flickenteppich Asylrecht, in: „die tageszeitung" vom 24. Juni 2002). Zu diesem Bereich zählt ebenso die von der deutschen Bundesregierung unterstützte Initiative, Transit- und Herkunftsstaaten, die sich bei der Bekämpfung „illegaler Migration" nicht kooperativ zeigen, durch Streichung der Entwicklungshilfe oder Agrarzuschüsse zu sanktionieren. Die Androhung einer Politik des Aushungerns, um migrationspolitisches Wohlwollen von Drittstaaten zu erzwingen, fand in dieser Form (noch) keine Mehrheit und wurde abgeschwächt in das Schlusskommuniqué aufgenommen: „Eine unzureichende Zusammenarbeit seitens eines Landes könnte einer Intensivierung der Beziehungen zwischen dem betreffenden Land und der Union abträglich sein." In vielen Handels- und Kooperationsabkommen der EU mit Drittstaaten sind bereits Migrationsklauseln und Rückübernahmeverpflichtungen aufgenommen. Die Auflagen zur Migrationskontrolle hat die ost- und südosteuropäischen Staaten längst in einen Sicherheitskordon gegen Flüchtlinge verwandelt.

Die Gewalt der Grenzen

In Sevilla wurden auf höchster politischer Ebene die Grundsatzfragen europäischer Migrationspolitik diskutiert und die Weichen auf eine zukünftig abgestimmte und gleichgerichtete Abschottungs- und Kontrollpolitik gestellt. Sie wird von einem willigen Heer von Beamten, Bürokraten, Polizisten, Technikern, Fachleuten und Wissenschaftlern europaweit umgesetzt. Die unzähligen Opfer, die diese Politik fordert, werden – auch in den Medien – weitgehend ausgeblendet. Das expansive Europa nimmt im Abwehrkampf (!) gegen die transnationale Migration Gestalt an. Für die entwurzelten Menschen auf den Migrationsrouten, in den Transiträumen, Auffanglagern und in den Grenzregionen besitzt der nationalstaatliche und europäische Anspruch, die Grenzen gegen die unerwünschte Einwanderung abzusichern, bereits heute existenzielle Dimensionen. Tausende lassen ihr Leben in Erwartung eines besseren. Exemplarisch: Allein von 1997 bis 2001 fand man 3.286 Tote auf beiden Seiten der Meerenge von Gibraltar, die tausende MigrantInnen von Afrika nach Spanien jedes Jahr zu überqueren versuchen (vgl. Sie sind wie Frachtgut in: „Jungle World" Nr. 41 vom 2. Oktober 2002). Trotz der vielen Menschenopfer werden die Abwehrmaßnahmen weiter perfektioniert. Inzwischen hat Spanien ein 140 Millionen Euro teures und von der EU gefördertes elektronisches Überwachungssystem an seinen südlichen Küstenrändern installiert, um herannahende Flüchtlingsboote frühzeitig entdecken zu können.

Die Verflüchtigung des Asylrechts im Abwehrkampf gegen die unkontollierte Migration

Das Ratstreffen in Sevilla ist eine wichtige Station auf dem Weg zu einer abgestimmten europäischen Migrati-

onspolitik. Deren vorrangiges Ziel besteht in der Eindämmung und Bekämpfung irregulärer Einwanderung. Dabei greift das europäische System der Migrationskontrolle, -steuerung und -abwehr weit über die Kernstaaten der EU hinaus. Es bezieht die Transit- und Herkunftsstaaten Schritt für Schritt in den „Abwehrkampf" mit ein. Es bindet diese an die europäische Einwanderungspolitik in verschiedener Weise (Handelspolitik, Entwicklungshilfe). Diesem vorrangigen politischen Ziel werden selbst die ansonsten hochgehaltenen humanitären Ansprüche untergeordnet. Karl Kopp, Europareferent von PRO ASYL, konstatiert zurecht: „Die Zukunft eines europäischen Asylrechts entscheidet sich vor allem an den Außen- und vorverlagerten Außengrenzen: Ohne Abbau der Barrieren, ohne legale und gefahrenfreie Zugänge für Schutzsuchende würde selbst ein liberales Asylrecht wirkungslos bleiben." Der migrationspolitische Versuch der EU, sich gegen Einwanderung bereits in den EU-Anrainerstaaten abzuschotten und dort die Instrumente der Flüchtlingsabwehr und -aufnahme (Lager) zu installieren, hebt die Unterscheidungen von Vertriebenen, Flüchtlingen, ArbeitsmigrantInnen und Asylsuchenden zugunsten von konstruierten „bedrohlichen Migrationsströmen" auf. Einzig die kleine Schar der erwünschten ArbeitsmigrantInnen kann noch auf legalem Wege nach Europa einreisen. Der Aufbau eines europäischen, multinationalen Migrationsregimes, das im wesentlichen auf Abwehr von Flüchtlingen möglichst weit im Vorfeld der Wohlstandsgrenzen ausgerichtet ist und dem Tausende zum Opfer fallen, untergräbt das nationalstaatliche Asylrecht, das die wenigsten Flüchtlinge noch in Anspruch nehmen können. Wenn es aber den Flüchtlingen unmöglich gemacht wird, den Teil Europas überhaupt zu erreichen, von dem sie sich Zukunftsperspektiven, Überleben und Schutz erhoffen, dann wird ihnen schon dort, wo sie abgefangen, ausgesondert und eingesperrt werden, wo sie gejagt und vertrieben werden oder ums Leben kommen, das Recht auf Asyl, auf Schutz und auf Leben und Integrität verwehrt. Das Recht auf Asyl in Europa verflüchtigt sich, da die Grenzen des europäischen Migrationsregimes selbst verfließen oder sich vervielfältigen: in den Vorkontrollen in den Herkunftsländern (Visabeschränkung); in den unzähligen zwischenstaatlichen Rücknahmevereinbarungen; in der restriktiven Interpretation des Flüchtlingsbegriffs; in den Marinepatrouillien im Mittelmeer; den Hundestaffeln an Oder und Neiße und im Universum der neuen Internierungslager an den Transitrouten, den „save havens". Was bedeutet es noch, einen Rechtsanspruch auf Asyl zu haben? Die Verflüchtigung des Asylrechts und des Flüchtlingsschutzes im Abwehrkampf gegen die unkontrollierte Migration ist das Ergebnis einer gezielten Politik, die das Ankommen der globalisierungsbedingten Vertriebenen und Entwurzelten verhindern und den Zugang zu Rechten verwehren will. Erst die politischen Maßnahmen zur Abschottung der europäischen Wohlstandsgrenzen stellen die Illegalisierung der Wander- und Fluchtbewegungen und ihrer gesellschaftlichen Ausgrenzung her. Dem einzelnen bleibt mit etwas Glück ein irregulärer Job auf dem schwarzen Arbeitsmarkt, ein rechtloses Leben in der Illegalität, und auf nicht wenige wartet über kurz oder lang das Abschiebegefängnis. Es sind Menschen, die vom gesetzlichen Standpunkt aus nicht existent (ohne gültige Aufenthaltserlaubnis) und dennoch anwesend sind. Wird man ihrer habhaft, erhalten sie sogleich den Status des Abzuschiebenden, des Abschiebehäftlings, noch anwesend, aber schon so gut wie außer

Landes geschafft. (vgl. Ohne Bürgerrechte bleibt nur das nackte Leben, ein Interview mit Giorgio Agamben, in: „Subtropen" Nr. 3, Beilage zur „Jungle World" vom 4. Juli 2001) Der italienische Philosoph Gorgio Agamben beschreibt in dem angeführten Interview die Abschiebehaftanstalten und „Ausreisezentren" als Orte des Ausnahmezustandes, an denen die Bürgerrechte außer Kraft gesetzt seien. Diese „könnten wir als eine Enklave interpretieren, in der sich die Krise der Bürgerrechte zeigt".

Herstellung einer europäischen Gemeinschaft

Einer der Ratsteilnehmer, der luxemburgische Regierungschef Jean Claude Juncker, verbindet mit dem Kampf gegen die illegale Einwanderung weitere Erwartungen: „Gelingt es uns, ein paar vernünftige Maßnahmen gegen die illegale Zuwanderung zu beschließen, so können wir die Europa-Skeptiker wie auch die den Parolen der Rechtspopulisten nachlaufenden Leute mit dem Projekt der weiteren Intergration der Gemeinschaft versöhnen." (zit. nach: „Frankfurter Allgemeine Zeitung" vom 22. Juni 2002) Die „Bekämpfung der illegalen Migration" und die zunehmende Militarisierung der Außengrenzen wird zum gemeinschaftsfördernden Projekt erhoben. Einigkeit im Abwehrkampf gegen die unerwünschte Einwanderung. Es ist das altbekannte Muster politischer Herrschaft: Über den Ausschluss der Habnichtse soll das globalisierungsbedingt prekär gewordene Sozialgefüge auf den Wohlstandsinseln wiederhergestellt werden. Die Herstellung einer europäischen „Gemeinschaft" durch den Ausschluss der Nichtdazugehörigen. Dieses sind die Weltarmen.

Entwurzelung im Prozess der Globalisierung

In der Öffentlichkeit erscheint das Phänomen der transnationalen Flucht- und Migrationsbewegungen losgelöst von der Dynamik der globalen Wirtschaftsentwicklungen und ihren gewaltsamen Folgen in vielen Teilen der Welt. Diese werden überwiegend als Kontroll- und Abwehraufgabe wahrgenommen.

Saskia Sassen führt in dem oben angeführten Artikel „Migration und Staatssouveränität" zwei typische Beispiele an, mit denen gezeigt werden kann, wie Wirtschaftsaktivitäten von Industrienationen die Art und Weise des Überlebens von Menschen in den wirtschaftlich und politisch abhängigen Ländern beeinflussen. (Sassen benutzt den einst mit Entwicklungshoffnungen aufgeladenen Begriff der „unterentwickelten Länder". Von eigenständiger „Entwicklung", nach- und aufholender Art, kann jedoch heute keine Rede mehr sein.) Diese schaffen Bedingungen, in denen für die einheimischen Bevölkerungen Überlebensperspektiven vor allem in der Auswanderung oder Wanderarbeit liegen. Zuerst nennt sie die von US-amerikanischen Agrarkonzernen dominierte Globalisierung des Marktes für Agrarprodukte, die die exportorientierte Plantagenwirtschaft in vielen abhängigen Ländern förderte und die Überlebensmöglichkeiten von Kleinbauern einschränkte. Die Folge dieses „Entwicklungsprozesses" ist die Proletarisierung der Klein- und Subsistenzbauern in die Lohnarbeit auf den Plantagen, in die der saisonalen Wanderarbeit oder die Mobilisierung in die grenzüberschreitende Arbeitsmigration. Die weltmarktbedingte Zerstörung kleinbäuerlicher Existenzen ist ein gewaltsamer Prozess der Entwurzelung.

Als zweites Muster führt Saskia Sassen die Fabrikations- und Montageindustrien in den sogenannten Niedriglohnländern an, zumeist angesiedelt in wirtschaftlichen Sonderzonen. Über die Anwerbung vor allem weiblicher Arbeitskräfte werden die traditionellen Dorfökonomien destabilisiert, in denen die jungen Frauen eine bedeutende Rolle einnahmen. Auch hier setzt ein Prozess der Proletarisierung weiblicher Arbeitskräfte ein. Alsbald folgen die Männer in die Städte oder wandern weiter auf der Suche nach Arbeit. Es sind die Erfahrungen in den Montageindustrien, die die Arbeiterinnen und Arbeiter geradezu für die grenzüberschreitende Arbeitsuche vorbereiten. Die Begleiterscheinungen dieses kapitalistischen „Entwicklungsprozesses", der darauf beruht, industrielle Fertigungsabschnitte auszulagern und die niedrigen Reproduktionskosten der Ware Arbeitskraft (Lebensunterhalt, Qualifikationen, Verwaltung etc.) auszunutzen, sind Entwurzelung, Verarmung, Proletarisierung und Mobilisierung in die Arbeitsmigration. Grenzen markieren heute im wesentlichen Zonen mit unterschiedlichem Reproduktionsniveau, das sich nicht nur im Lohngefälle zwischen Hoch- und Hungerlohn ausdrückt. Dass es im Interesse der wohlhabenden und militärmächtigen Staaten liegt, dieses Wohlstandsgefälle zwischen den radikal ungleichen Lebensverhältnissen – notfalls gewaltsam – aufrechtzuerhalten, braucht nicht gesondert betont zu werden.

Zonen der Gewaltsamkeit, Inseln des Wohlstands

Diese beiden Beispiele verdeutlichen, wie sehr Migration von Anfang an mit den Prozessen wirtschaftlicher Globalisierung verflochten ist. Im gegenwärtigen, krisenhaften Umbruch der Weltwirtschaft werden diese radikalen Ungleichheiten in den Lebensverhältnissen noch vertieft und festgeschrieben. Damit werden zugleich der Mehrzahl der Menschen die Überlebens- und Selbstbestimmungsmöglichkeiten massiv beschnitten. Die neoliberale Strategie der Globalisierung hat mit ihren Diktaten der Privatisierung, Deregulierung und erzwungenen Anpassung an die Welmarktstandards verheerende Folgen in weiten Teilen der Welt hinterlassen: Vertiefung der sozialen und ökonomischen Ungleichheiten (Massenarmut und Not); die ökonomische und politische Desintegration ganzer Regionen und Staaten; die darin oftmals eingeflochtenen gewaltsamen, ethnisch oder religiös eingekleideten Konflikte und Bürgerkriege. Letztere gehen wiederum mit Vertreibungen und Ausgrenzungen ganzer Bevölkerungsgruppen einher. Die Globalisierung fragmentiert die Weltgesellschaft in Zonen der Gewaltsamkeit, der tödlichen Armut und in die des Wohlstands. Die Grenzen zwischen diesen verlaufen diffus. Sie finden sich zum Beispiel auf internationalen Flughäfen zwischen Sonnentouristen auf der einen und den Internierungslagern für irreguläre Einwanderer auf der anderen Seite.

Die Gründe des Aufbruchs von Millionen liegen in diesen weltweit ungleichen Lebensbedingungen und den darin gründenden ungleich verteilten Lebenschancen. Etienne Balibar konstatiert, „dass die Globalisierung unterschiedlicher Formen extremer Gewalt eine Teilung der globalisierten Welt in Zonen des Lebens und Zonen des Todes hervorgebracht hat. Zwischen diesen Zonen (deren Grenzen in der Tat diffus sind und einzelne Staaten oder Städte auf vielfältige Weise durchziehen) existie-

ren fragile ultimative Grenzen, die neue Fragen hinsichtlich der Einheit und Fragmentierung der Welt aufwerfen ...“ (vgl. Etienne Balibar, Topographie der Grausamkeit, in: „Subtropen“ Nr. 8, Beilage zur „Jungle World“ vom 12. Dezember 2001).

Anlässlich des Krieges gegen Afghanistan begründete Bundeskanzler Schröder die bundesdeutsche Teilnahme folgendermaßen: „Wir verteidigen unsere Art zu leben, und das ist unser gutes Recht“ (zit. nach „Frankfurter Rundschau“ vom 17. Oktober 2001). Deshalb fielen Splitterbomben auf Afghanistan. „Ein Flüchtlingslager namens Afghanistan“ lautete die Überschrift der „Neuen Züricher Zeitung“ vom 29./30. September 2001 über einen Artikel, in dem das unsägliche Elend von Hunderttausenden von bitterer Armut und Hunger gezeichneten afghanischen Binnenvertriebenen beschrieben wird, die sich auf die Suche nach Überlebensmöglichkeiten machten. Ihre Flucht vor dem bevorstehenden Antiterrorkrieg ende jedoch zumeist vor den Grenzen, die von den Nachbarstaaten längst verschlossen und militärisch kontrolliert wurden. An den Grenzverläufen zwischen den Zonen der Armut und den Zonen des Wohlstands wird es zum guten Recht der wohlhabenden Staaten, in einem der ärmsten Länder der Erde Krieg zu führen.

„Unsere Art zu leben“ gründet auf weltweiter Ausbeutung und Raub und produziert mannigfach Leid und Zerstörung. Diese Art metropolitanen Lebens militärisch zu verteidigen, findet offensichtlich Zustimmung in den Bevölkerungen des Nordens. Die in Sevilla vereinbarte konzertierte Bekämpfung der irregulären Einwanderung ist nur eine Facette dieses Krieges. Welchen Charakter können „Grenzen“ im Zeitalter der Globalisierung annehmen? Die weiterhin bestehenden nationalstaatlichen Grenzen, innerhalb derer die Staatsbürgerschaft über den Zugang zu Bürgerrechten, zu Arbeit und Gesundheitsvorsorge entscheidet, legitimieren Ausschluss und Entrechtung der damit fremd gemachten ImmigrantInnen. Sie begründen staatliche Souveränität und befördern die Fiktion nationaler „Identität". Jene Grenzen zwischen den Zonen der Armut und denen des Wohlstands bilden das Terrain, auf dem „humanitär interveniert" wird; Vorposten des europäischen Migrationsregimes installiert werden. Internierungslager und Gefängnisindustrie gedeihen. Sterben wird in Kauf genommen. In der „Bekämpfung und Kontrolle der illegalen Migrationsströme" decken sich diese Grenzen teilweise.

Ein globales Apartheidssystem

Ich möchte die europäische Migrationspolitik und -praxis als Teil des globalen sozialen Apartheidsregimes interpretieren, das die herrschende Ordnung von Ausbeutung, Unterdrückung und Vertreibung aufrechterhalten soll. Die Staatszugehörigkeit garantiert und definiert weiterhin auch innerhalb der EU die Teilhabe an Privilegien und Bürgerrechten. Armut hingegen, auch die der europäischen Unterschichten, wird dämonisiert (Ströme von ArmutsmigrantInnen/"Parasiten"), stigmatisiert (Einkaufsgutscheine), diskriminiert (mindere soziale Ansprüche) und ausgegrenzt (Lager, Abschiebung). Nach außen richten sich im wesentlichen die militarisierten Migrationskontrollen. Nach innen werden in der Kombination von Zugehörigkeit und Ausschluss den MigrantInnen elementare Rechte vorenthalten und ihre kulturellen Differenzen („Islam") sowie ihre soziale Armut hervorgehoben („Wirtschaftsflüchtlin-

ge"). Eine Politik des Ausschlusses gegen die armen Fremden und die fremden Armen. Mitarbeiter des „Instituts for race relation" in London heben hervor, dass sich neben den europäischen Institutionen der Migrationskontrolle in der Alltagskultur ein neuer Diskurs über und gegen Flüchtlinge herausgebildet habe. „Diejenigen, die Asyl beantragen, werden als Betrüger, Schmarotzer, illegale Einwanderer und Wirtschaftsflüchtlinge gebrandmarkt, die sich Zugang zum Wohlstand des kapitalistischen Westens erschleichen und gleichzeitig dessen Kultur zerstören wollen. Und diese Dämonisierung von Menschen, die die kapitalistische Welt im Namen der Aufrechterhaltung von wirtschaftlicher Ordnung und nationaler Identität vor ihren Toren zu halten versucht, signalisiert das Aufkommen eines neuen Rassismus." (A. Sivanandan/Liz Fekete, Migration und Rassismus im Zeitalter der Globalisierung, in: Die Globalisierung des Migrationsregimes, Berlin 2002, S. 175 - 195) In Europa paart sich eine aggressive Politik gegen MigrantInnen mit institutionalisierten und alltagskulturellen rassistischen Denkweisen. Insofern lässt sich, so denke ich, zurecht von einer Apartheidspolitik sprechen.

Die Autonomie der Migration

Abschließend kann ich nur noch einige Gedanken skizzieren, die mir in diesem Kontext wichtig erscheinen. Erstens: Die Bedeutung der kapitalistischen Globalisierungsprozesse für das Entstehen von Migration habe ich bereits kurz angeschnitten. Ich denke, dass die Migrationsbewegungen keine zwangsläufigen Resultate dieser Globalisierungsprozesse darstellen, sondern ein Moment hinzukommen muss, das Yann Moulier Boutang als Autonomie der Migration beschrieben hat. Es kommt ihm darauf an, die subjektiven und sozialen Dimensionen der Migrationsbewegungen zu betonen. Entscheidungen zur Migration mögen dem individuellen Wunsch entsprungen sein, der Misere zu entkommen. Das Vorhaben werde aber in einer größeren Gruppe (Familie, soziales Umfeld) entwickelt. MigrantInnen sind in dieser Sicht nicht jene objektivierten „Migrationsströme" und „statistisches Datenmaterial" in den Händen der Migrationsforscher, sondern politische Subjekte, die ihre eigenen Formen der Organisation hervorbringen. „Migration, ob sie nun die Grenzen von Nationalstaaten überschreitet oder nicht, ist ... niemals die Aktion eines isolierten, asozialen, ausgestoßenen Individuums. Bilder, die diese Fiktion stützen, finden sich gewiss, und sie bedienen Vorstellungen vom Elend der Migration." Diese Bilder (z.B. das oben beschriebene Spiegel-Titelbild) seien Teil einer komplexen Inszenierung (vgl. Yann Moulier Boutang, Nicht länger Reservearmee, in: „Subtropen" Nr. 12, Beilage zur „Jungle World" vom 3. April 2002). Nur wenn wir MigrantInnen als Personen in ihrem sozialen Kontext wahrnehmen, können wir auf ihre sozialen Kämpfe (z.B. die der sans papiers in Europa) Bezug nehmen und zu ihnen einen solidarischen Kontakt herstellen. Wir sollten sie weniger zu Objekten unseres „aufrichtigen Mitleids" und unserer berechtigten Empörung machen. Insofern sind primär die Aktionen der sans papiers und ihre Bleiberechtsforderungen dort zu unterstützen, wo wir es einzeln oder gemeinsam können. Diese sind, recht verstanden, ein Teil der globalisierungskritischen Bewegung.

Zweitens: Die Auflösung des Asylrechts in der europäischen Politik der Migrationskontrolle offenbart das Dilemma eines „isolierten" Kampfes um die Schutzrechte für (politisch verfolgte) Flüchtlinge. Meine ersten Überlegungen vor dem Hintegrund der europäischen Migrations- und Asylpolitik dazu sind, den Kampf für politische und soziale Rechte, die gewöhnlich mit dem Flüchtlingsstatus verbunden sind (Aufenthalt), auf alle MigrantInnen auszudehnen, mit ihnen für einen dauerhaften Zugang zu Rechten zu streiten. Die Differenzierung der Flüchtlinge widerspricht der Realität der Globalisierung. Sie ist aufzugeben. Dieses Entdifferenzierungspostulat gilt noch mehr, wenn der von Saskia Sassen prognostizierte Trend zutrifft, dass zukünftig die Regierungen nur noch für die Problemfälle und wertschöpfungsschwachen Immigranten (Arme, nichtqualifizierte Billigarbeitskräfte, Flüchtlinge, abhängige Familienmitglieder und jene Facharbeiter, die für politische Spannungen sorgen könnten) zuständig seien, und die Arbeitsmigration hingegen von supranationalen regierungsunabhängigen Institutionen wie die WTO verwaltet würden.

Und die Menschen in der Turnhalle am Stadtrand von Sevilla? Nach zwei Monaten Protest löste die spanische Nationalpolizei die Besetzung Anfang August auf und nahm 270 Immigranten fest. Ihnen droht die Abschiebung.

Literatur:

Die Globalisierung des Migrationsregimes. Zur neuen Einwanderungspolitik in Europa, Materialien für einen neuen Antiimperialismus Heft 7, Berlin 2002
Forschungsgesellschaft Flucht und Migration / Solidarite sans frontiers, Marokko, Transit NON Stop, FFM Heft 9, Berlin 2002
Forschungsgesellschaft Flucht und Migration / Flüchtlingsrat Brandenburg (Hg.), Italien, Legalisierung von Flüchtlingen – Militarisierung der Grenzen?, FFM Heft 8, Berlin 2002

Zum 11. September 2001

Joachim Hirsch

Die Globalisierung der Gewalt

Der Begriff „Globalisierung" ist heute in aller Munde. Es gibt kaum etwas, das nicht mit ihm gerechtfertigt oder begründet würde. Besonders aussagekräftig ist er nicht, jedoch liegt gerade darin seine propagandistische Nützlichkeit. Hinter der einfachen Formel verbirgt sich in Wirklichkeit ein Komplex vielfältiger, miteinander verbundener, aber auch gegenläufiger Prozesse, die es auseinanderzuhalten gilt, sollen genauere Aussagen über gesellschaftliche und politische Entwicklungen gemacht werden. Das Phänomen ist überdies nicht neu. Der Kapitalismus war von seinem Beginn an ein globales System, gehörten doch koloniale Eroberung und Ausbeutung zu seinen wesentlichen Entstehungsgrundlagen. Immer schon war er – als Herrschafts- und Ausbeutungsverhältnis – mit Gewalt verbunden. Wenn heute von Globalisierung geredet wird, so ist damit gemeint, dass sich der Charakter des Kapitalismus als Weltsystem und die Form der damit verbundenen Gewaltverhältnisse in den letzten Jahrzehnten grundlegend verändert haben. Die wesentlichen Ursachen dafür liegen in der Krise des „fordistischen" Nachkriegskapitalismus, die in den siebziger Jahren des 20. Jahrhunderts ausgebrochen war und die eine weltumspannende Politik der neoliberalen Restrukturierung zur Folge hatte. Ein Bestandteil dieses ökonomischen, gesellschaftlichen und politischen Umwälzungsprozesses war der Untergang der staatssozialistischen Systeme und der Zusammenbruch der Sowjetunion, in dessen Gefolge sich die Staatenwelt neu strukturierte.

Die im Kern auf eine Deregulierung der internationalen Kapital- und Finanzmärkte gestützte Globalisierungsoffensive zielte auf eine grundlegende Umwälzung der sozialen Kräfteverhältnisse. Sie war ein von neoliberalen Regierungen in Kooperation mit den multinationalen Unternehmen durchgesetztes politisches Projekt. Die Staaten begaben sich damit zielgerichtet wichtiger wirtschafts- und sozialpolitischer Eingriffsmöglichkeiten. Die Konkurrenz zwischen den Arbeitskräften verschärfte sich, und die sozialen Sicherungssysteme gerieten unter Druck. Damit wurde nicht nur die Einkommensverteilung grundlegend zugunsten des Kapitals verschoben, sondern auch die Voraussetzungen für umfassende Rationalisierungsmaßnahmen und für die Erschließung erweiterter Kapitalanlagesphären auf der Basis neuer Technologien geschaffen. Die Internationalisierung der Produktion im Kontext grenzüberschreitender Unternehmensnetzwerke erhielt neue Dimensionen. Das Kapital konnte sich damit stark aus seiner Abhängigkeit von nationalen Märkten und von auf einzelstaatlicher Ebene zustande gekommenen sozialen Kompromissen lösen. Nach dem Einbruch der siebziger Jahre stieg der Kapitalprofit seit den achtziger Jahren wieder an. Die zweite Weltwirtschaftskrise des 20. Jahrhunderts schien zunächst einmal überwunden.

Die Folgen für die Struktur der Staaten und des Staatensystems waren allerdings einschneidend. Die ökonomische und soziale Interventionsfähigkeit der einzelnen Staaten wurde erheblich beschränkt. Zunehmende internationale ökonomische Verflechtungen ließen die ehemals relativ geschlossenen Nationalökonomien aufbrechen, und die gesellschaftlichen Fragmentierungen nahmen auf nationaler wie internationaler Ebene zu. Die multinationalen Unternehmungen wurden bestimmender und mächtiger. Sie treten den Staaten inzwischen als mächtige Akteure mit erweiterten Handlungsspielräumen gegenüber. Dadurch wurde Standortkonkurrenz, d.h. die Herstellung günstiger Verwertungsbedingungen für das mobiler gewordene Kapital zu einem alle Politikbereiche beherrschenden Prinzip. Der Typus des „nationalen Wettbewerbsstaates" setzte sich allgemein durch. Er ist nicht zuletzt dadurch gekennzeichnet, dass demokratische Prozesse an den – freilich politisch geschaffenen – „Sachzwängen" des Weltmarkts auflaufen. Die liberaldemokatischen politischen Systeme bleiben zwar bestehen, und in vielen Teilen der Welt kam es sogar zu demokratischen Reformen. Zugleich aber drohen die demokratischen Institutionen und Prozesse leer zu laufen. Die Interessen breiter Bevölkerungsteile werden systematisch ausgeblendet.

Entscheidend für die Struktur des Staatensystems war der Untergang der Sowjetunion nach 1989. Dadurch erhielt der aktuelle Globalisierungsprozess einen weiteren und entscheidenden Schub. Die staatssozialistischen Systeme waren auf Grund ihrer sozialen und politischen Strukturen kaum mehr in der Lage, sich in der Konkurrenz mit dem neoliberal transformierten Kapitalismus zu behaupten. Dies veranlasste die dortigen Eliten zur Selbsttransformation bzw. Selbstauflösung und führte zu einer Eingliederung dieser Staaten in den kapitalistischen Weltmarkt. Damit wurden die USA zur ökonomisch und militärisch allein dominierenden Weltmacht. Dies bedeutete das vorläufige Ende der „westfälischen" Staatenordnung, d.h. des einigermaßen ausbalancierten Systems „souveräner" Staaten, die sich nach dem Ende des dreißigjährigen Krieges etabliert hatte und in der bipolaren Welt des Kalten Krieges seine letzte Ausprägung erfuhr. Die globalen Machtverhältnisse werden nun vom Gegensatz zwischen den ökonomisch und militärisch starken Staaten des kapitalistischen Zentrums (USA, Japan, Europäische Union) und einer weitgehend abhängigen Peripherie bestimmt. Die „Dritte Welt" als eine relativ unabhängige, zwischen den Blöcken operierende Staatengruppe besteht

nicht mehr. Damit wurden auch nationalen Befreiungsbewegungen die ökonomischen und politischen Grundlagen entzogen. Die Staaten des kapitalistischen Zentrums bilden indessen keinen geschlossenen Block, sondern stehen in einem komplexen Kooperations-Konflikt-Verhältnis. Ein Zwang zur Kooperation besteht insofern, als sie ihre Herrschaft ökonomisch und politisch nur gemeinsam ausüben können. Die ökonomischen Potenzen Westeuropas und Japans verlangen ein Mindestmaß an internationaler Koordination und eine gewisse Bereitschaft zu einem globalen Krisenmanagement. Die USA benötigen die ihnen militärisch untergeordneten Zentren als Märkte und Investitionsräume, während diese zur Sicherung ihrer Interessen militärisch und ökonomisch auf die Unterstützung der Vereinigten Staaten angewiesen bleiben. Zugleich stehen die Staaten des Zentrums aber auch in einem Konkurrenzverhältnis, das sich in gegen-sätzlichen geopolitischen Strategien und permanenten wirtschaftlichen Auseinandersetzungen äußert. Deshalb ist die von Bundeskanzler Schröder nach dem 11. September verkündete „uneingeschränkte Solidarität" mit den USA so vorbehaltlos nicht, wie sich schon ein Jahr später im Zusammenhang mit dem geplanten neuen Irak-Krieg gezeigt hat.

Der „Sieg" des Kapitalismus in der Konkurrenz der Systeme hatte anfangs zu Hoffnungen auf das Entstehen einer in eine „Weltzivilgesellschaft" eingebetteten friedlichen „Staatengemeinschaft" Anlass gegeben. Diese Erwartungen haben offensichtlich getrogen. Der Irrtum erwuchs unter anderem aus der Vorstellung, eine im Prinzip friedliche und gewaltlose Regulierung der gesellschaftlichen Verhältnisse durch den Marktmechanismus sei möglich. Dabei wird übersehen, dass Märkte nicht von selbst entstehen, sondern dass ihre Bedingungen durch Gewalt hergestellt werden müssen. Das Privateigentum und damit die Trennung der Produzenten von den Produktionsmitteln muss gewaltförmig durchgesetzt werden. Dies meint der marx'sche Begriff der ursprünglichen Akkumulation. Dieser Prozess ist bis heute nicht abgeschlossen, wie man an den gewalttätigen Auseinandersetzungen über Landrechte in vielen Teilen der Welt, aber auch an den Bemühungen zur Überführung ehemals frei verfügbarer Informationen und von Wissen – zum Beispiel über genetische Ressourcen – in Privateigentum sehen kann. Und Märkte können nur funktionieren, wenn das Privateigentum – notfalls mittels Gewalt – gesichert bleibt. Der Kapitalismus ist und bleibt daher ein Gewaltsystem. Die Existenz staatlicher Herrschaftsapparate gehört zu seinen wesentlichen Grundlagen. Die Formen aber, in denen diese Gewalt zum Ausdruck kommt, verändern sich mit den historischen Ausprägungen, die dieses gesellschaftliche System annimmt. Insofern unterscheidet sich der aktuelle „postfordistische" Kapitalismus vom fordistischen um die Mitte des 20. Jahrhunderts entscheidend. Nicht zuletzt in den Anschlägen von New York und Washington am

11. September 2001 und den Reaktionen darauf ist dies schlagend zum Ausdruck gekommen.

Die Struktur der heute bestehenden Weltordnung wird sehr wesentlich dadurch bestimmt, dass zwar – gekennzeichnet durch die dominierende Position der kapitalistischen Zentren unter Führung der USA – ein eindeutiges Dominanzverhältnis besteht, dieses aber zugleich deutlich nichthegemoniale Züge aufweist. Politische Hegemonie besteht, wenn es führenden Klassen oder Staaten gelingt, ein Konzept von Ordnung und Entwicklung der Gesellschaft zu entwickeln, das auch die Interessen untergeordneter sozialer Gruppen oder Regionen berücksichtigt und dies durch politische und materielle Kompromisse untermauert. Der fordistische Kapitalismus der Nachkriegszeit hatte insofern einen hegemonialen Charakter, als die westlichen Staaten und insbesondere die USA gezwungen waren, in der Konkurrenz mit dem staatssozialistischen Block gewisse materielle Zugeständnisse durchzusetzen, gesellschaftliche Perspektiven zu entwickeln und Fortschritts- und Entwicklungsversprechen über soziale, politische und kulturelle Grenzen hinweg einige Glaubwürdigkeit zu verleihen. Die Proklamation von „Entwicklung", „Aufholen" und steigendem Wohlstand gewann dadurch einige Überzeugungskraft. Davon ist heute keine Rede mehr. Zwar hat sich die neoliberale Ideologie weltweit in erheblichem Umfang durchgesetzt, eine politische Führung in diesem hegemonialen Sinne fehlt aber weitgehend. Die herrschenden Staaten verfolgen im wesentlichen kurzfristige ökonomische Interessen und sind bestenfalls zu einem notdürftigen Krisenmanagement bereit, wenn ökonomisch und sozial genügend viel schief gegangen ist. Spätestens seit dem Amtsantritt der zweiten Bush-Regierung gilt „America first" als Grundprinzip der US-amerikanischen Politik. Dem liegt ein grundlegender Widerspruch des neoliberalen Projekts zugrunde. Eine Politik, die vor allem auf Privatisierung und ökonomische Deregulierung setzt, beinhaltet den Verzicht auf eine politische Gestaltung und soziale Integration der „Weltgesellschaft". Sie setzt im wesentlichen auf die Wirksamkeit der kapitalistischen Marktmechanismen, deren politisch und sozial konflikthafte Folgen notfalls mit Gewalt bearbeitet werden. Die USA beherrschen zusammen mit den mit ihnen kooperierenden Staaten des kapitalistischen Zentrums die Welt im wesentlichen mit ökonomischen, militärischen und ideologischen Mitteln. Die Folge ist eine fortschreitende Zerrüttung der Welt, die sich in wachsenden ökonomischen und sozialen Ungleichheiten, der Ausgrenzung großer sozialer Gruppen und Regionen, der Fragmentierung und Desintegration von Staaten mit den damit verbundenen bürgerkriegsförmigen Konflikten äußert. Politische Führung wird durch das Diktat von Ökonomie und Gewalt ersetzt.

Im Vergleich zu der Periode bis zur Mitte des vergangenen Jahrhunderts sind „imperialistische" Kriege im traditionellen Sinne, also bewaffnete

Auseinandersetzungen zwischen den mächtigen kapitalistischen Staaten, heute kaum noch wahrscheinlich. Dies hängt mit der veränderten Struktur des globalen Kapitalismus und des Staatensystems zusammen. Mit wachsender Internationalisierung des Kapitals und der Produktion tritt die „friedliche" Durchdringung der Märkte immer mehr an die Stelle staatlicher Eroberungen. Die militärisch dominante Position der USA, gegen die oder ohne deren Duldung heute praktisch kein Krieg im konventionellen Sinne mehr möglich ist, verbietet derartige Auseinandersetzungen ohnehin. Dies schließt freilich verdeckte oder Stellvertreterkriege wie z.B. in den vergangenen Jahren in Afrika nicht aus. Dort sind die gegensätzlichen Interessen der Großmächte mit verheerenden Folgen aufeinandergeprallt. Auch die Kriege auf dem Balkan oder in Afghanistan und die dabei durchaus nicht konfliktlose Kooperation der westlichen Mächte sind ohne deren konkurrierende geostrategische Interessen (an militärischen Einflusszonen, Rohstoffen, Transportwegen usw.) kaum erklärbar.

Gleichzeitig gestaltet sich die Öffnung und Absicherung von Märkten und Investitionsgebieten keineswegs friedlich. Gegebenenfalls wird sie mittels militärischer Interventionen durchgesetzt, deren Ziel die Bekämpfung jeweils aktuell definierter „Schurkenstaaten" ist, d.h. solcher, die sich den von den führenden Mächten definierten ökonomischen und politischen Regeln entziehen. Dass es sich dabei oft um brutal repressive Regime handelt, erleichtert die Rechtfertigung der Interventionen als demokratisch und humanitär, darf aber nicht darüber hinwegtäuschen, dass sich auch unter den Verbündeten der führenden Mächte „Schurken" in diesem Sinne befinden. Der Angriff der USA und ihrer Verbündeten auf Afghanistan fand statt, nachdem die USA jahrelang mit dem Taliban-Regime kooperiert und es politisch und militärisch unterstützt hatten. Ein Grund für die Intervention war nicht zuletzt, dass sich das Taliban-regime am Ende den US-Interessen an Öltransportwegen nicht genügend gefügig erwies. Außerdem entwickelten die USA ein wachsendes Interesse an der Festigung ihrer militärischen Position gegenüber Russland und China im zentralasiatischen Raum. Auf diese Weise sind militärpolizeiliche Aktionen die heute vorherrschende Form des Krieges geworden. Diese kommen nicht nur dann zum Zuge, wenn es um strategische und ökonomische Interessen geht, sondern auch dann, wenn die desaströsen Folgen der ökonomischen Globalisierung, der Zusammenbruch von Staaten oder menschenverursachte Natur- und Umweltkatastrophen zur Bedrohung der kapitalistischen Zentren werden, nicht zuletzt wenn ein Übergreifen der immer mehr anwachsenden Migrations- und Fluchtbewegungen auf die wenigen Wohlstandsinseln der Welt droht. Die zugrundeliegende militärische Strategie, die auf überlegene Waffentechnik setzt und dem Schutz der eigenen Soldaten Vorrang einräumt, kalkuliert

„Kollateralschäden" in Form von Tod, Verletzung und Vertreibung Unbeteiligter notwendig mit ein. Das „Humanitäre" an „humanitären Militärinterventionen" wird also von durchaus einseitigen Interessenkalkülen bestimmt.

Die Kehrseite dieser neuen Welt-Militär-Polizei-Ordnung ist die Zunahme dessen, was als „Terrorismus" bezeichnet wird. Dieser ist auch eine Reaktion auf die bestehenden ökonomischen Strukturen und militärischen Kräfteverhältnisse, die „nationale Befreiungskriege" im traditionellen Sinne praktisch unmöglich machen. Sie speist sich – wie besonders im Falle des sogenannten islamischen Terrorismus deutlich ist – nicht zuletzt aus der Tatsache, dass etwa im Nahen Osten von den westlichen Staaten diktatorische Regimes und Unterdrückungsverhältnisse gestützt werden, die eine eigenständige politische, soziale und demokratische Entwicklung unmöglich machen. Nicht zuletzt dies sorgt für eine wachsende soziale Basis und einen politischen Legitimationshintergrund terroristischer Gruppierungen. Dass terroristische Akte wie die Anschläge vom 11. September menschenverachtend und in jeder Hinsicht emanzipationsfeindlich sind, steht außer Frage. Beurteilen kann man sie aber nur, wenn man diese Hintergründe in Betracht zieht. Das heißt zugleich, dass ein nur militärischer und polizeilicher „Kampf gegen den Terrorismus" aussichtslos ist. Davon nimmt die offizielle Politik freilich nur in gelegentlichen Sonntagsreden Notiz. Das Fehlen einer „Weltinnenpolitik", die auf Gerechtigkeit, Selbstbestimmung und sozialen Ausgleich zielt, markiert besonders deutlich den nichthegemonialen Charakter der bestehenden Weltordnung.

Die Militärinterventionen der starken Staaten und das, was als internationaler Terrorismus bezeichnet wird, legitimieren sich damit auf fatale Weise gegenseitig. Während die führenden Staaten permanent das Völkerrecht brechen und internationale, zur Friedenssicherung geschaffene Organisationen wie die Vereinten Nationen entweder für ihre Zwecke instrumentalisieren oder umgehen, wächst auf der anderen Seite die Gewalt in ihren brutalsten Formen. Dass die USA sich weigern, der Konvention über einen internationalen Strafgerichtshof beizutreten und mit allen Mitteln versuchen, diesen auszuhebeln, sagt einiges über die menschen- und völkerrechtliche Qualität ihrer Politik. Die Ereignisse vom 11. September 2001 kennzeichnen daher in besonders krasser Weise die bestehenden Weltverhältnisse. Sie haben die Welt nicht verändert, sondern ihre Veränderung nur schlagend zum Ausdruck gebracht. Die Anschläge lieferten den herrschenden Staaten die Rechtfertigung dafür, diverse alte Rechnungen zu begleichen, die Bekämpfung von Rebellionen und Aufständen in aller Welt voranzutreiben und ihre ökonomischen und strategischen Interessen nun völlig unverblümt zu verfolgen. Bemerkenswert ist, dass nicht einmal mehr versucht wurde, die Afghanistan-Intervention humanitär und demokratisch zu begründen. Dasselbe gilt für den geplanten Krieg gegen den

Irak. Es ging und geht nur mehr um die Etablierung eines globalen Sicherheits- und Kontrollsystems. Terrorismus ist, wie man weiß, eine nicht eben neue Erscheinung. Dass er heute in das Zentrum der politischen Diskurse gerückt ist, hat seine Begründung darin, dass terroristische, d.h. regellose und Unbeteiligte zu Opfern machende Gewaltaktionen zur beherrschenden Form des Krieges geworden sind.

Der Terrorismus legitimiert nicht nur den Ausbau einer weltumspannenden Sicherheitsapparatur, die jeden offenen Widerstand gegen die herrschenden ökonomischen und politischen Verhältnisse unterbinden soll. Er hat zugleich auch einen willkommenen Anlass geboten, den autoritären Sicherheitsstaat selbst in den Teilen der Welt enorm auszubauen, wo formell demokratische Verhältnisse herrschen. Auf diese Weise verbindet sich die faktische Aushöhlung der liberalen Demokratie im Kontext wettbewerbsstaatlich organisierter kapitalistischer Standortkonkurrenz mit einer institutionell abgesicherten und legal durchgesetzten Schwächung grundlegender Freiheitsrechte.

Hinter den physischen Gewaltaktionen wie Krieg und Terrorismus stehen „strukturelle" Gewaltverhältnisse, die diese erst hervorbringen. Die Verweigerung grundlegender politischer und sozialer Rechte ist nicht nur gewalttätig, sondern erzeugt immer neue Gewalt. Die als Globalisierung bezeichnete neoliberale Umstrukturierung der Weltwirtschaft, die damit verbundene Einschränkung einzelstaatlicher Handlungsspielräume und der Verzicht auf eine politische Gestaltung der globalen Verhältnisse liefern die Menschen in wachsendem Maße einem „stummen Zwang" der Ökonomie aus, gegenüber dem politische Mittel wirkungslos scheinen. Davon zeugt nicht zuletzt der enorme Einfluss, den demokratisch praktisch nicht kontrollierte internationale Organisationen wie die Welthandelsorganisation, der Internationale Währungsfonds oder die Weltbank auf die soziale und ökonomische Entwicklung einzelner Staaten haben. In der Tat ist eine halbwegs emanzipative Wirtschafts- und Gesellschaftspolitik auf einzelstaatlicher Ebene unter den Bedingungen des entfesselten Weltmarkts nur noch schwer möglich. Genau dies zu erreichen, war das Ziel der neoliberalen Globalisierungsoffensive. Es ist deshalb heute mehr denn je naheliegend, von einem „Terror der Ökonomie" zu sprechen, wie ein bekannter Buchtitel heißt. Zu diesem terroristischen Charakter gehört auch, dass, bedingt durch den Abbau politischer Kontrollen und damit verbundener sozialer Verpflichtungen, die Welt der Unternehmer immer deutlicher kriminelle Züge annimmt. Auch dies ist ein Aspekt, der die Gewaltverhältnisse im heutigen Kapitalismus nachhaltiger zu prägen scheint.

Diese Entwicklung ist indessen nicht naturgesetzlich, sondern politisch gemacht. Es darf nicht übersehen werden, dass sie dort, wo halbwegs demokratische Verhältnisse herrschen, mit der Zustimmung des Wahlvolks durchgesetzt wurde. Dies verweist auf den eigentlichen Kern der heute herrschenden globalen Gewaltverhältnisse: den immer rücksichtsloser werdenden Kampf einiger metropolitaner Wohlstandsregionen um die Sicherung ihrer Privilegien unter Inkaufnahme wachsender Armut, Depravierung und Ausgrenzung in vielen Teilen der Welt, deren Folgen gegebenenfalls mit militärischen Gewaltmitteln eingedämmt werden. Unter den Bedingungen dieses Wohlstandschauvinismus kehren sich die politischen Systeme der dominierenden Staaten gegen grundlegende universalistische und humanitäre demokratische Prinzipien. Sie verwandeln sich in eine Art Selbstorganisation der Privilegierten, denen es darum geht, herrschende Ungleichheits-, Ausbeutungs- und Unterdrückungsverhältnisse im Rahmen eines globalen Apartheidsregimes zu stabilisieren.

Eine Politik, die sich gegen das im neoliberalen Globalisierungsprojekt angelegte Ausufern von Gewalt richtet, hätte vor allem hier anzusetzen. Sie erfordert nicht nur eine den einzelstaatlichen Rahmen überschreitende Kooperation emanzipativer Kräfte. Sie muss darüber hinaus wirkungslos bleiben, wenn dabei nicht zugleich die herrschenden Muster von Produktion und Konsum praktisch in Frage gestellt werden. In der globalisierungskritischen Bewegung, die sich allmählich herauszubilden scheint, gibt es zumindest einige Ansätze dazu. Ihre Chancen sind nicht so schlecht, wenn man bedenkt, dass der neoliberale Kapitalismus sich als offensichtlich sehr viel weniger stabil und zukunftsträchtig erweist, als seine Propagandisten einst glauben zu machen versuchten. Die Anzeichen mehren sich, dass er bereits wieder in eine fundamentale Krise geraten ist. Was daraus folgt, wird sehr wesentlich von denen abhängen, die nicht nur glauben, dass eine andere Welt möglich ist, sondern sich praktisch, solidarisch und kooperativ dafür einsetzen.

Hartmut Lindner

Auf, nach Kabul!

Neues vom braven Soldaten Schweyk, dem unermüdlich solidarischen Kämpfer an der Heimatfront im Krieg der internationalen Allianz gegen den Terror

„Auf, nach Kabul! Mir werrn die Feinde drreschen, werdets ihr woll solidarisch sein, ihr Hunde!", rief Schweyk mit sich überschlagender Stimme und trieb mit seiner Krücke die leicht widerstrebenden Abgeordneten des Verteidigungsausschusses und die schweigsamen Soldaten der Spezialeinsatzkräfte mit den markigen Gesichtern die Gangway der Transall hinauf, die der Bundesverteidigungsminister zum Abflug nach Dschallalabad bereitgestellt hatte.

Auf den Fernsehschirmen im Innern des Flugzeugs empfing sie das breite Grinsen des Bundeskanzlers, der abermals mit unaufgeregter Stimme und ruhiger Hand versicherte, dass wirklich alles getan werde, um die Risiken für die Einsatzkräfte in Afghanistan möglichst gering zu halten.

Unmittelbar vor dem Abflug ging ein mächtiges Blitzlichtgewitter der Pressefotografen über die patriotischen Abgeordneten und die wackeren Spezialkräfte nieder, die seitdem nie mehr gesehen waren.

Kopfschüttelnd sammelte Schweyk die Reste seiner zerbrochenen Krücke auf, zwängte sich in den Bus der Fotografen und flüsterte zum taz-Reporter: „Am Freitag, nach 'm Krieg, um sechs, im Kelch!"

Schweyk über die metaphysische Dimension der US-Politik im Krieg gegen den internationalen Terrorismus

In der Cafeteria der taz spricht Schweyk einen Redakteur an, der die US-Politik in Afghanistan und die tödliche Behandlung von meuternden Gefangenen, die kürzlich bekannt geworden war, in einem Kommentar als „gnadenlos" kritisiert hatte.

„So, Sie finden also die US-Politik ‚gnadenlos' und wundern sich, dass ein zivilisiertes Land, das kulturell zweifellos hochstehend ist, zu solchen Handlungen fähig ist. Da kann ich Sie beruhigen. Das muss Sie nicht irritieren, das muss so sein. Haben S' nicht jüngst den Herrn Verteidigungsminister Rumsfeld gehört, wie er es vor allen Kameras, wo im Weißen Haus versammelt waren, den Reportern und der Weltöffentlichkeit erklärt hat: ‚Was die Frage einer Begnadigung von Osama bin Laden und seiner

Leute betrifft', hat er gesagt, ,dies kann allein Allah entscheiden. Unsere Aufgabe ist es, dieses Zusammentreffen möglichst bald zu arrangieren. Dafür arbeiten wir.' Verstehen S'? Es liegt also an der Arbeitsteilung in Washington. Die US-Regierung kann sich nicht um alles kümmern, der Kampf gegen die internationalen Terroristen ist ja so schon, wie man in Amerika sagt, ein Fulltimejob. Deshalb die Arbeitsteilung – ich erkenn hier die metaphysische Dimension der amerikanischen Politik. Hab ich Recht?"

Schweyk und die Forderung nach einem Bombenstopp während des Ramadan

Schweyk unterhält sich in der Cafeteria der taz mit einer Redakteurin, die die Forderung aus den Reihen der Grünen, nach einem Bombenstopp während des Ramadan unterstützt. „Ja, der Bombenstopp muss kommen, da haben S' Recht. Der Bombenstopp wird kommen, weil er kommen muss. Aber nicht so, wie Sie denken, gnädige Frau, nicht wegen der muslimischen Feiertage, die sich ja bald über einen ganzen Monat hinziehen möchten, nein, deshalb nicht. Sie vergessen, der Präsident Bush befindet sich in einem heiligen Krieg, da kann er keine Rücksicht nehmen auf die religiösen Gepflogenheiten der anderen Seite. Wenn Sie mit dem Teufel Krieg führen möchten, da kennten S' auch keinen Sonntag bis nach 'm Sieg. Nein, der Bombenstopp kommt aus einem ganz andern Grund. Dahinter steckt, Sie werden S' nicht glauben, die Industrie, die Bombenfabrikanten, um genau zu sein. Die machen sich große Sorgen und sind auf das Militär ganz schlecht zu sprechen. Es gibt nämlich, so hör' ich aus dem Pentagon, so gut wie keine Fehlwürfe mehr, weil die Luftwaffe ihre Bombenschläge so exakt platziert wie ein Chirurg sein Seziermesser, es fließt praktisch kein Blut, das ist wirklich unglaublich, so exakt arbeitet die Luftwaffe, weil das alles über die Satellitencomputer gesteuert wird, da haben die Piloten, hör' ich, einen ganz anderen Überblick, die sehen praktisch alles und machen deshalb keine Fehler mehr, wie früher, also bei der K.u.K.-Armee, wo ich gedient hab, sind oft mehr Leute im eigenen Artilleriefeuer umgekommen als Feinde. Jetzt haben sie feststellen müssen, dass es doch mehr und mehr Tote gibt, weil rund ein Drittel der Bomben sogenannte Blindgänger sind, also nicht explodieren, während der Angriff läuft und alle in Deckung sind, sondern erst später, nachdem sich alles beruhigt hat, das Leben weitergeht und alle unterwegs sind und die Kinder ahnungslos in den neuen Ruinen spielen. Da soll es schon schlimme Vorkommnisse gegeben haben.

Jetzt fürchten die Bombenfabrikanten, dass sie von den überlebenden Afghanen in Regress genommen werden könnten, weil sie gehört haben, dass es in Amerika ein Gesetz gibt, das den Hersteller für alle Schäden haftbar macht, wo entstehen, wenn sein Produkt nicht sachgerecht funktioniert.

Sehen S', ein Rechtsanwalt hat herausgefunden, dass das auch für Bomben gilt, das sind ja ganz normale Produkte, wo hergestellt und verkauft werden, mit einer Garantie, dass man sich drauf verlassen kann, dass sie funktionieren bei sachgerechter Handhabung. Jetzt droht den Herstellern eine Sammelklage, gegen die sie praktisch wehrlos sind. Nur ein Bombenstopp könnte sie vor dem finanziellen Ruin retten, der so gut wie sicher ist. Und was fürchtet der Amerikaner mehr als den finanziellen Ruin. Sehen S' die friedenstiftende Kraft des oft gescholtenen amerikanischen Rechts?"

Schweyk faltete die Zeitung zusammen und sagte: „Sie dürfen das amerikanische Rechtssystem nicht unterschätzen, die Macht der Anwälte ist in den USA gefürchtet. Der Präsident soll mehrere in seinen Beraterstab aufgenommen haben. Aus purer Selbstverteidigung, hör' ich. Wir sehen uns, am Freitag, nach'm Krieg, um sechs im Kelch."

An der Tür machte Schweyk noch einmal kehrt, kam ganz nah an die Redakteurin heran und flüsterte: „Weil der Präsident Bush die Macht der Anwälte so fürchtet, möcht' er auch die Ausländer, und es sind, glauben Sie mir, nur Ausländer, wo mit dem internationalen Terrorismus zu tun haben, denn sonst wär' es ja ein amerikanischer Terrorismus, was absurd wäre, also wegen der allseits gefürchteten Macht der Anwälte will der Präsident die ausländischen internationalen Terroristen von Militärgerichten aburteilen lassen. Da sollen die Prozesse ganz kurz sein, die Strafen aber dafür umso länger, auch die Todesstrafe. In Amerika nennen sie das due process of law. Das werden S' bei uns auch einführen müssen, glaub' ich, weil wir sonst keine ausländischen internationalen Terroristen an die USA ausliefern können, wenn ihnen dort kein faires Verfahren droht. Und das wär keine echte Solidarität, das wär Prinzipienreiterei, reinster juristischer Dogmatismus.

Ich bin gespannt, wie der Schily das Problem lösen wird. Aber lösen wird er's, da können S' ganz sicher sein. Und zwar noch bevor der Krieg zu Ende ist. Aber ich hoff', ich seh' Sie am Freitag, nach 'm Krieg, um sechs im Kelch."

Schweyk und die Frage der Einführung der Folter

„Ja, ja, auch in Ihrer Zeitung hat es gestanden", sagte Schweyk schwer atmend und mit Sorgenfalten im Gesicht zum Redakteur, den er nun schon seit vierzehn Tagen immer nachmittags in der Cafeteria der taz aufsuchte, um mit ihm die jüngsten Schritte der US-Regierung im Krieg gegen den internationalen Terrorismus zu besprechen und sich Klarheit zu verschaffen.

„Ja, sie erörtern es gründlich in den Zeitungen in Amerika und sind sich noch nicht so recht einig: Soll man nun im Krieg gegen den internationalen Terrorismus, wo der amerikanischen Regierung aufgezwungen worden ist, die Folter einführen oder nicht. Was meinen Sie?" Schweyk ließ seinem Gegenüber aber keine Zeit sich zu äußern, sondern fuhr gleich fort: „Es soll schon sehr viel darüber geschrieben worden sein, sogar der oberste Staatsanwalt soll sich, hör' ich, auch schon positiv geäußert haben, freilich noch mit Hemmungen."

Sorgenvoll wiegte er sein schweres Haupt, dann klärte sich sein Gesicht auf und munter fuhr er fort. „Für mich ist der Fall klar. Für die Einführung der Folter gibt es viele gute Argumente, wie für jede zweischneidige Sach', weshalb ich doch eher abraten möcht', weil ich glaub', dass auch die Folter den Amerikanern nicht groß aus der Patsche helfen möcht', in der sie jetzt stecken. Wissen S', ich kenn' mich aus in dieser Angelegenheit, ich hab' so meine Erfahrungen. Wie ich in der K.u.K.-Armee gedient hab', da ham sie auch jede Menge von Gefangenen ausgeforscht, vernommen und verhört. Sie ham ja wissen müssen, was der Feind so plant, wie es ihm geht, ob man ihm richtig geschadet hat mit dem letzten Bombardement, oder ob alles für die Katz' war usw. usf. Da ist mir gleich aufgefallen, dass die Wirksamkeit oder Unwirksamkeit der Torturen nur vom Grad der Intelligenz der Beteiligten abhängig war. Sie wundern sich? Sie gehen wohl davon aus, dass es auf den Grad von Grausamkeit ankommt, zu dem der Folterknecht bereit und befugt ist. Da irren Sie sich, da sind S' auf dem Holzweg. Entscheidend ist nur der Intelligenzgrad der – ich formulier' es, wie Sie sicher bemerkt haben – ganz neutral, da ist es leichter – vom Intelligenzgrad der Beteiligten. Also, um genau zu sein die Relation, das Verhältnis der beiden Intelligenzgrade, soweit vorhanden.

Wissen S' ein intelligentes Opfer wird sehr rasch merken, was der Folterknecht oder sein Offizier, wo ihn antreibt und anspornt, hören möcht', und sich entsprechend verhalten. Nur wenn er ganz verstockt ist, wird er nicht sprechen, und es auf die Spitze treiben, dann reizt er natürlich auch die Folterknechte, so dass es zu unschönen Szenen, ja zu regelrechten Exzessen kommt, wo dann später in der Zeitung stehen und man den Kopf schüttelt, wenn man es liest, weil er verstockt ist, also wenig intelligent.

Ein intelligenter Verdächtiger wird gleich erkennen, dass es im verschärften Verhör und danach nicht auf die Wahrheit an sich, die reine Wahrheit ankommt, sondern auf die Wahrheit der anderen, eine höchst subjektive Wahrheit, wenn Sie's philosophisch ausdrücken möchten, also wird er sie bedienen und ihnen alles erzählen, grad wie sie's hören wollen. Alles schön detailgetreu ausgemalt, so, wie man es sich vorstellt, mit Fahrplänen, Telefonnummern und Straßennamen, eben alles, was er weiß. Ja, auch Namen, natürlich Namen, wie sie ihm halt einfallen, wie er sich erinnert, möcht' auch Ihr eigener oder der Ihrer Kolleginnen und Kollegen darunter sein, Sie legen ja Wert darauf, dass Ihre Artikel namentlich gezeichnet sind." Bei diesen Worten schlug Schweyk triumphierend die taz vom Tage auf und deutete mit seinem ungeschlachten Finger auf den Namenszug seines Gegenüber, der einen Hintergrundartikel über die Strukturen des internationalen Terrorismus' im arabischen Raum veröffentlicht hatte, um dann ganz nah an ihn heranzurücken und flüsternd fortzufahren: „Die Krieger des internationalen Terrorismus', so sagt man, sollen hoch intelligente Wesen sein, mit akademischer oder wenigstens technischer Ausbildung, die sprechen mehrere Sprachen fließend, beten den Koran auf arabisch mit einem Tempo herunter, dass man sie kaum versteht, haben die High-School absolviert oder sogar promoviert, ich sag' Ihnen, ganz intelligente Leute sind das. Deshalb sind sie so gefährlich. Da hat ein gewöhnlicher GI mit abgebrochener Schulausbildung, sagen wir aus der Bronx oder Roxburry, oder ein Polizist mit höchstens 10 Klassen, wo was aus denen rausprügeln soll, doch keine Chance. Die sind ihm haushoch überlegen, selbst wenn der ihnen das Messer an die Kehle setzt oder ihnen Wahrheitsdrogen injiziert, wo sie sich im CIA in ihren Labors zusammengekocht haben. Auch darauf sind die internationalen Terroristen vorbereitet, weil sie die CIA schon vor Jahren ausspioniert haben, damals, als sie ihren Feldzug geplant haben, hinter dem Rücken des amerikanischen Präsidenten, wo der noch völlig ahnungslos mit seiner Praktikantin im Weißen Haus Zigarren geraucht hat, Sie erinnern sich, nicht wahr?

Ich sag's Ihnen, es wird ein Reinfall werden, die amerikanische Regierung wird sich blamieren bis auf die Knochen, aber helfen wird's nix. Ich räum' das gerne ein, und sag es immer wieder: Es gibt gute Argumente für die Einführung der Folter, wie für jede zweischneidige Sach', aber ich möcht doch eher abraten, die Gefahr einer tödlichen Blamage ist einfach zu groß."

Schweyk erhob sich langsam, strich sich die Jacke glatt, griff nach seiner verwaschenen Mütze und verabschiedete sich mit den eindringlichen Worten: „Denken S' an meine Worte. Sie wer'n mir noch Recht geben müssen. Spätestens am Freitag, nach 'm Krieg, um sechs im Kelch."

Schweyk über American Spirit

Seit dem Bombardement von Kandahar sitzt Schweyk nicht mehr in der Cafeteria der taz, sondern im Café Einstein. Großzügig bietet er jedem, der sich zu ihm setzt, an, sich aus seiner Schachtel American Spirit, der amerikanischen Zigarette, die aus ökologisch angebautem Tabak hergestellt wird, zu bedienen:

„Ich seh's Ihnen an und spür's aus ihrem Blick und den Fragen, wo Sie mir stellen, gleich heraus, dass es Ihnen am rechten Kampfgeist fehlt, dass

Sie kein uneingeschränktes Vertrauen in die US-Politik ham, mit der wir auf die gleiche Weise solidarisch sind. Wenn S' diese Sorte rauchen, muss gleich ein jeder sehen, wo Sie stehen, und Sie sparen sich viel Ärger, jetzt bei der Rasterfahndung gegen die ‚Schläfer‘, wo jeder verdächtig ist und sich absichern muss, da rat ich Ihnen, überlegen S', was Sie tun, senden S' keine falschen Signale aus, sind S' einfach uneingeschränkt solidarisch, wie unser Kanzler immer wieder betont.“ Mit diesen Worten strich er seine rot-weiß gestreifte Krawatte mit den weißen Sternen glatt und verabschiedete sich mit dem bekannten Gruß: „Am Freitag, nach 'm Krieg, um sechs im Kelch.“

Schweyk über das Bombardement und den Fall von Kandahar, die Heimkehr der ersten Toten des Kriegs, die Bezeichnung „Tausendjähriges Reich“, die amerikanischen Markennamen von Zigaretten, Orden und die Sieger der Geschichte

„Ich sitz jetzt hier, im Café Einstein, denn das ist der einzige Ort, an dem ich mich wirklich sicher fühl. Ein-Stein, da können S' nicht von herunterfallenden Steinen erschlagen werden!“ Schweyk sprach den großen Namen so aus, dass man die einzelnen Teile dieses Kompositums bewusst wahrnehmen konnte. „Nehmen S' Platz! Hier kann Ihnen nix passieren.“ Mit diesen Worten nötigte der etwas übermüdet aussehende Schweyk den Redakteur der taz, sich an seinen Tisch zu setzen. „Hier sitz ich gerne, hier sagt der Name schon, was die internationale Allianz gegen den Terror mit Blick auf Kandahar geschworen hat, ‚Kandahar muss fallen, Kandahar wird fallen! Kein Stein wird auf dem anderen bleiben‘, das ist der größte Triumpf der Taliban. Die internationale Allianz, also ich mein' den Bush, der bomdardiert, wie man so sagt: ‚ohne Rücksicht auf Verluste‘, und das ist wahr, das ist nicht übertrieben. Ham S' gehört, sie nennen es friendly fire. Sie bombardieren mit ihren chirurgischen Computerwaffen, wo die Spezialeinsatzkräfte am Boden mit ihren Laserpointern dirigieren, die eigenen und die angeheuerten fremden Leute, wo jetzt für uns die Kohlen aus dem Feuer holen müssen, nachdem wir sie und uns hineingeritten haben, damals, als die amerikanischen Sicherheitsexperten die Afghanen ermuntert haben, sich der sowjetischen Einmischung in unsere Angelegenheiten in Afghanistan zu erwehren, mit US-Dollars und Stingerraketen, aber das ist eine andere Geschichte, das ist lang her, da erinnert sich kaum noch jemand, jetzt, wo alles anders ist, seit dem 11.9., wie ich hör'.

Diese Nacht hab' ich's gesehen, die Opfer von Kandahar, sie zeigen's auch im Fernsehen, in Fox News, da sind sie marschiert, die amerikanischen Soldaten, drei Fahnenträger eskortiert von zwei anderen Soldaten mit Gewehr und aufgepflanztem Bayonett, und haben die drei Särge mit den jungen GI's begleitet, wo sie eingeflogen haben aus Afghanistan und dem Persischen Golf. Ein ergreifendes Schauspiel, eindrucksvoller als bei der K.u.K-Armee, wo ich gedient hab. Wenn wir unsere gefallenen Kameraden oder mal einen altersschwachen General begraben haben, wo im Offizierscasino am Herzschlag gestorben ist, gab es manchmal auch einen Feldgottesdienst, einen Fahnenappell, aber so ergreifend wie die Szene auf dem nächtlichen Flugplatz von Ramstein war es nicht, das war einfach kein Vergleich. Und das nur für drei einfache GI's! Da sehen Sie, bei den Amerikanern zählt jeder Mann, das ist keine anonyme Massengesellschaft, da hat das Individuum einen hohen Preis. Gestört hat die ergreifende Stimmung nur der unpassende, wenn vielleicht auch nicht ganz unzutreffende, also womöglich wahre Hinweis, dass der eine Marine, wo im Sarg gelegen ist, nicht im Kampf, sondern ins tödliche Wasser gefallen ist, weil er auf'm Flugzeugträger, wo im Gefechtseinsatz war, nicht richtig aufgepasst hat und über das Landungsdeck hinaus gelaufen ist, ein tödlicher Fehler. Der Persische Golf, das perfide Gewässer, kennt keine Gnade. So ein arabisches Meer ist nicht jedermanns Sache.

Die Reporterin, wo den Leichentransfer für Fox News kommentiert hat, war ganz euphorisch, dass es nur drei Tote waren, dafür aber ganz junge Leute, was ihre Euphorie etwas gedämpft hat. Wenn es, sagen wir, Leute in meinem Alter gewesen wären, also Veteranen, wär's ihr weniger nahe gegangen, weil Leute in meinem Alter, die haben ihre Kriegsmedaillen ja schon verliehen bekommen. Von uns können S' nix mehr Besonderes erwarten, aber bei dem jungen toten GI, da sieht es schon anders aus.

Ich hatte ja auch so manchen Orden, wo mir vom Kaiser und vom wackeren Trinker Ley, dem Chef im Reichsarbeitsdienst, für treue Dienste verliehen worden ist. Man tut halt, was man kann. In windigen Zeiten, eben auch windige Arbeiten, auf'm zugigen Rangierbahnhof in Prag, wo mir die Züge mit den Erntemaschinen und den Maschinengewehren nach Russland oder Bayern zusammengestellt haben. Ich hab' mich nie beschwert, auch nicht über die schlechte Behandlung oder das Essen, wo sie uns nicht gegeben haben, das ist auch aktenkundig bei der SS und den anderen Sicherheitsdiensten, wo nach ihr gekommen sind. Sicherheit brauchen S' immer, und deshalb auch die Dienste, wo ihr dienen. – Geschichte, das hab' ich am eigenen Leib erfahren, ist ein ganz vertrackter Prozess, da kann man sich leicht verrechnen und aufs falsche Pferd setzen, wenn man auf den Sieger spekuliert. Die ,Sieger der Geschichte', das ist ein ganz kompliziertes Kapitel, ich sag Ihnen, spannend wie ein Kriminalroman, das steckt voller Überraschungen.

Aber zurück zu den toten GI's, mitten in der Nacht sind sie auf Ramstein gelandet, dass es keiner sieht, und dann haben sie sich doch nicht beherrschen können und es im Fernsehen gebracht, die ersten Toten in diesem

Krieg." Schweyk rückte ganz nah an seinen Gesprächspartner heran, beugte sich vor und flüsterte: „Die Afghanen, das haben wir durch die objektive und verantwortungsvolle, wahrhaft solidarische Berichterstattung gelernt, zählen eh nicht, denn Krieg gab es dort ja schon vorher. Sie erinnern sich, zuerst die Russen, dann die Mujahedin, die Taliban und ganz gewöhnliche Räuberbanden mit clandestiner amerikanisch-pakistanischer Unterstützung, wo der Sicherheitsberater Prof. Breczinski und die CIA empfohlen haben. Wer wollte sich da an die ersten Toten erinnern, das wär ungerecht gegenüber den namenlosen tausenden, die Ihnen folgen mussten, das würde das Menschenmögliche übersteigen, so ein Gedächtnis hat kein Mensch, verstehen S'?"

Über die Markennamen von amerikanischen Zigaretten

Schweyk richtete sich wieder auf, drückte sein Kreuz durch, das ihn schmerzte, und massierte sich umständlich die Wirbelsäule, soweit er sie erreichen konnte. Dann fischte er eine Schachtel Lucky Strike aus seiner Jackentasche und sagte ganz beiläufig: „Ist Ihnen schon aufgefallen, dass die Amerikaner für jede Gelegenheit eine Zigarettenmarke haben? Der rote Punkt im schwarzen Kreis auf der Schachtel bedeutet die punktgenaue Treffsicherheit der amerikanischen Bomben, die treffen immer ins Schwarze, weil es Präzisionswaffen sind, computergesteuert und video-überwacht, was uns die Presseoffiziere, wo im Pentagon sprechen, immer wieder eindrucksvoll und wortreich demonstrieren, wenn uneinsichtige Kommentatoren ihre zweifelnde Stimme erheben möchten und nach Beweisen für die Richtigkeit der amerikanischen Strategie verlangen könnten. Lucky Strike und friendly fire, mehr sag' ich nicht, das ist makaber genug.

Als der Eiserne Vorhang gefallen ist, da gab es eine große Kampagne der Zigarettenwerbung, Go West, Sie erinnern sich? Jetzt, wo die Aufbauhilfe für Afghanistan anrollen wird, werd' ich Gold-Dollar rauchen, das ist auch echter Virginia-Tabak. Da fällt mir ein, seit die Zigarettenmarke Salem verschwunden ist, hat die Zahl der Kriege, wo wir hineinverstrickt sind, enorm zugenommen. Da haben die Zigarettenproduzenten Glück gehabt, dass sie diese Marke schon vorher und aus freien Stücken aufgegeben haben, denn wenn man mit dem Islam im heiligen Krieg ist, wo der Bush ja proklamiert hat, um ewige Gerechtigkeit herzustellen, Infinite Justice, wie sie es im Pentagon nennen, wo sie sich die Feldzüge und ihre Namen ausdenken, – stellen Sie sich vor, mitten auf dem Kreuzzug würde einer eine Schachtel Salem auf den Tisch legen. Das wär' schon eine arge Provokation, das könnt' als Untergrabung der Kampfmoral, wo auch an der Heimatfront aufrecht erhalten werden muss, aufgefasst werden. Kurz, die Marke wär' nicht mehr gekauft worden, weil der Kauf als ein Akt von Zivilcourage hätte missverstanden werden können, dem Risiko wollt' sich wohl kaum einer ohne Not aussetzen. So ist nun einmal die menschliche Natur.

Da fällt mir ein, es gab vor langer Zeit, also während der Indianerkriege in den USA eine Revolvermarke, die Peacemaker hieß und einen guten Absatz fand. Ich nehm' an, es sind noch ein paar von diesen Exemplaren auf mancher Ranch vorhanden. Möcht' sein, dass der Bush Junior mit so einem Revolver das Schießen gelernt hat, dass er sozusagen vom Peacemaker geprägt worden is', jedenfalls in seiner Beziehung zum Schießeisen und zum Frieden, denn die beiden sind ja untrennbar miteinander verknüpft, ja geradezu identisch. Entschuldigen S' bitte, ich komm' heut' immer wieder aus dem Konzept, ich wollt' Ihnen ja was ganz anderes erzählen, was ich die Nacht in den Nachrichten von Fox News gesehen hab', die Rückführung der ersten Toten aus Afghanistan.

Ganz erhebend war die Zeremonie, in schlichten, aber würdigen Särgen, mit der US-Flagge, ganz langsam sind die Soldaten, wo die Särge getragen haben, gegangen, ganz feierlich, für sie war es, das konnte jeder sehen, keine Routine, sondern ganz ungewöhnlich, aber dann haben sie die Särge einfach in einen schmucklosen Kombiwagen geschoben, die Särge mit den Stars and Stripes, so wie meine Krawatte oder das Baseballcap, das mich gegen das Scheinwerferlicht der Kamerateams schützen soll, die sich für mich interessieren möchten."

Schweyk über den Zustand der Presse, die „Ratten und Schmeißfliegen", seine Wertschätzung der Toleranz des Kanzlers gegenüber dem Geist, die nächsten Etappen des Kriegs gegen den Internationalen Terrorismus und das Ende der Kriegstreiber, das globale Dorf und den Visionär Bush, Streubomben und die Einlösung der alten Parole „Frieden schaffen mit weniger Waffen", die geteilten Visionen

Vergnügt saß Schweyk im Café Einstein, trank eine Wiener Melange, rauchte ostentativ American Spirit und blätterte die Zeitungen durch. Als er die Redakteurin der taz erblickte, winkte er sie an seinen Tisch, nötigte sie Platz zu nehmen. „Ich schätze es an unserem Kanzler sehr, dass er, ganz im Gegensatz zu manchem zigarrenschweren Vorgänger, – Sie sollten das nachlesen, wenn Sie sich nicht mehr erinnern können, weil Sie zu jung sind – was natürlich nicht als Vorwurf gemeint ist, das wär' ja eine neue Art von Kollektivschuld und Sippenhaftung, gleich einer ganzen Generation, Maria hilf!, so deutsch wollte ich nicht sein, – wo sie in Deutschland besonders empfindlich sind, in diesen Dingen, was das Kollektiv und die Sippe betrifft. Also, weil Sie es nicht mehr am eigenen Leib erfahren haben, wie sich der Bundeskanzler Erhard ‚der Ratten und Schmeißfliegen', wo damals seinen Amtsstuhl belagert haben, erwehren musste, – wie er die ‚Nestbeschmutzer' zwar nicht zum Schweigen gebracht, aber doch richtig stigmatisiert hat. Also für solche Methoden ist sich unser Kanzler zu fein, ein feiner Zug, den ich an ihm schätz'.

Neulich hat er sogar die Freiheit besessen, die schlimmsten Kritiker, wo sich im Stern, einer Illustrierten, wo in Deutschland-West der Pornographie zum Durchbruch verholfen hat, ohne heute wirklich pornographisch zu sein, ich hab' mich überzeugt, eigentlich schad, hab' ich Recht? Also die Leute, wo sich im Stern gegen den Krieg gegen den Terrorismus ausgesprochen haben, die Naivlinge, wo zum ersten Mal in ihrem Leben, weil sich der Terrorismus gegen sie verschworen hat, mit 'm Generalstaatsanwalt eines internationalen Gerichtshofes, wo sie gar nicht kennen können, weil der Gerichtshof noch gar nicht existiert, zusammenarbeiten wollten, statt auf die reinigende Kraft der realexistierenden und realexplodierenden Bomben der US-Luftwaffe und der Marine, wo von den Flugzeugträgern aufsteigen, zu vertrauen, diese Zwischenrufer hat er eingeladen und um Rat gefragt oder wenigstens so getan, als ob er auf ihr Wort was gäbe.

Das war sehr geschickt von ihm. Viele fanden es gut, dass er den Geist eingeladen und nicht einfach, wie man es von der Politik gewohnt ist, nicht einfach nur verachtet hat. Andere fanden es gut, dass er sich von den halblinken und halbseidnen Vögeln nicht hat einspinnen lassen, – ich weiß, das ist ein schiefes Bild, aber ich geb' ja nur die Gefühle der Betrachter wieder, da werden's keine literarischen Rafinessen von mir erwarten können, es genügt hoffentlich, wenn ich politisch korrekt sprech' und nicht noch literarisch. Wo waren wir stehen geblieben? – Auf Ihr Wohl!" Etwas hektisch stürzt Schweyk das Prager Schwarzbier in sich hinein, weil er keine Zeit verlieren und seine Rede sofort fortsetzen möchte.

„Ja, mein' Dissens! Wissen S', viele halten mich für einen unbedingten Jasager, die verkennen mich, die kennen nicht mein entschiedenes Nein zu allen Plänen und Vorschlägen, wo unseren Feldzug gegen den Internationalen Terrorismus – das ist kein Rechtschreibfehler, die Großschreibung, sondern der angemessene Ausdruck für eine Sache, wo alle angeht, also ein Eigenname,– also es geht um mein absolutes Nein zu allen Plänen, wo der Bekämpfung des Internationalen Terrorismus entgegenstehen. Deshalb geniere ich mich nicht, wie andere, einfach und laut zu rufen: Auf, nach Somalia! Auf, nach Bagdad! Wir werr'n sie drreschen in Nordkorea, Auf! Nach Pjöngjang!

So, Sie halten mich für einen Kriegstreiber! Beleidigen'S mich nicht! Ich bin kein Kriegstreiber, das weis' ich ganz entschieden zurück, ich bin ein Friedenstreiber, bin ich, und Sie sind ein schlechter Denker! Der Frieden wird umso früher eintreten, je früher die Kriegstreiber vernichtet sind. Da ist keine Zurückhaltung geboten, da muss Flagge gezeigt werden!

Deshalb: Auf, nach Somalia!
Auf, nach Bagdad! Tötet Saddam!
Auf, nach? Pjöngjang!
Wir werr'n die Feinde drrreschen, bis alle Kriegstreiber vernichtet sind, da kennen wir keinen Kompromiss, da scheuen wir keine Anstrengung, da zahlen wir jeden Preis, und wenn's das Leben kost'. Für unsere Sicherheit nehmen wir alles, auch das Leben, da dürfen wir nicht sparen. Sie müssen ja auch an die Zukunft denken und an unsere Verantwortung, vor allem an unsere Verantwortung, die gemeinsame Verantwortung für die Welt, die ja zum globalen Dorf geworden ist, da muss mehr gemacht werden als Kirchturmspolitik, da braucht es Visionen und Visionäre. Und das bewunder' ich an dem Bush. Der hat so etwas Visionäres, wenn er im Weißen Haus vor den Kameras und den Journalisten und dem Fahnenwald zu uns spricht, wenn sein Blick über die Köpfe und Objektive der Kameraleute ins Unbekannte hinausschweift und er gut akzentuiert und mit einfachen Sätzen die nächsten Schritte, wo uns noch ganz unbekannt, aber dringend notwendig sind, erklärt und mit einer Unbeugsamkeit trotz all der Schläge, wo Amerika hat einstecken müssen, weil die Sicherheitsbehörden nicht richtig aufgepasst haben und die arabischen Flugschüler in Kalifornien ausgebildet statt gleich eingelocht haben, wo das Anthrax, was dem Senator Dashle von den Demokraten geschickt worden ist, aus einem amerikanischen Militärlabor stammen muss, weil sie nur beim US-Militär Anthrax von dieser Güte und Wirksamkeit, was sie mit der Post verschicken können, hergestellt haben. Dann das Gerede wegen der Splitterbomben, wo nicht rechtzeitig explodieren, in was die US-Regierung gekommen ist, dass jetzt schon das IKRK sich einmischen will und fordert, dass diese Bomben nicht mehr in dicht besiedelten Gebieten abgeworfen werden sollen. Ja, sagen Sie, was glauben die Leute wohl, für wen diese Bombensorte entwickelt, hergestellt und von den Militärs eingekauft wurde?

Aber die US-Regierung läßt sich nicht entmutigen, weil die Herren haben eine Vision, die Vision nämlich, dass sie durch erhebliche Anstrengung und die Abschaffung jeder Sabotage durch Perfektion die Fehlerquote bei den Streubomben auf unter ein Prozent drücken werden. Das ist genial, das bringt uns dem Frieden näher, weil sie dann die Zahl der Bomben, wo sie auf Afghanistan werfen müssen, glatt um ein knappes Drittel senken können. Die Herren machen den Wunsch der gemäßigten Friedensbewegung wahr, den Sie doch auch lange Zeit auf ihrer Joppe getragen haben. ‚Frieden schaffen mit weniger Waffen!', erinnern Sie sich? Vielleicht verstehen's jetzt, weshalb die Grünen mit der US-Regierung uneingeschränkt solidarisch sein können, ohne sich dabei etwas denken zu müssen, – man hat Visionen und teilt sie. Und deshalb bin ich ganz zuversichtlich, dass mir auf dem richtigen Weg sind und das Ende des Krieges noch erleben werden, dann sprechen wir uns wieder, am Freitag, nach 'm Krieg, um sechs im Kelch. Da werd' ich mich revanchieren für das Bier, wo Sie mir spendiert ham, wie gesagt, am Freitag, nach 'm Krieg, im Kelch um sechs."

Über die mangelnde Unterstützung der US-Regierung durch die Presse, die Industrie und eine überfällige Entschuldigung bei Heiner Geissler

Mit besorgtem Gesicht saß Schweyk schon am Vormittag im Café Einstein und studierte kopfschüttelnd die Presse. Es waren nur wenige Gäste im Lokal, und deshalb winkte er den Kellner, einen promovierten Absolventen der Philosophischen Fakultät der Karlsuniversität Prag, der in seinem Fach in Tschechien kein Auskommen mehr gefunden hatte und beim Einstein nicht schlecht verdiente, zu sich heran. „Ich bitt' Sie, Herr Landsmann, setzens' Ihnen zu mir her, machens' eine kleine Pause, im Geschäft lauft ja eh nix." Der Kellner nahm aber nicht Platz, sondern verschränkte die Hände hinter dem Rücken und beugte sich leicht zu Schweyk vor, so dass dieser ihm seine Wünsche mitteilen konnte, ohne seine Stimme zu sehr erheben zu müssen. Die Haltung, die der Kellner eingenommen hatte, war zwar formvollendet, aber nicht besonders bequem.

„Der Bush und seine Leute, wo uns in den Kampf gegen den internationalen Terrorismus führen müssen, haben 's aber schwer. Niemand unterstützt sie, immer nur Kritik und Angriffe aus dem Hinterhalt. Nicht nur in ihrer eigenen Presse, wo sich überschlagt in der Formulierung von Zweifeln, Ängsten, Bedenken, ja wo geradezu Panik zu erzeugen droht. Nein, auch in unserer Presse lasst man kein gutes Haar an der amerikanischen Politik. Ham Sie das gelesen, hier, da sehen Sie wieder einmal so ein Beispiel. Wenn mal etwas schiefgeht, und bei einer so großen Sach' müssen immer ein paar Sachen schief gehen, das liegt in der Natur der Sache, sonst wär sie nicht so groß, also wenn etwas schief geht, dann hängen sie es hier bei uns, wo die Pressefreiheit falsch verstanden oder gar missbraucht wird, gleich an die große Glocke. Die schlechten Nachrichten immer zuerst. Das ist das Motto der neuen Schriftleiter. Die positiven Konsequenzen, wo man aus den Fehlern gelernt hat, kommen ganz am Schluss. Hier sehen Sie: In Ramstein, wo die Pakete der humanitären Hilfe gemeinsam von amerikanischen und deutschen Soldaten gepackt werden, wo die amerikanischen Bombenflugzeuge über Afghanistan abwerfen, was nicht ganz ungefährlich ist, weil neulich eine Frau von ihrem einstürzenden Haus erschlagen wurde, weil es von einem Container mit humanitären Lebensmitteln und Kurbelradios getroffen worden ist, legen sie jetzt drei Schichten Pappe unter die Paletten, um den Aufprall der Container zu dämpfen. Da sehen Sie, wie man Rücksicht nimmt, ja ernsthaft bemüht ist, Opfer unter der Zivilbevölkerung zu vermeiden, bei diesem humanitären Einsatz. Wo steht es? Am Ende des Artikels, nicht am Anfang!" Schweyks Finger zitterte vor

Erregung, als er auf die entsprechende Passage deutete, um seine Aussage zu unterstreichen.

„Dabei könnte man es leicht umstellen, dass es ein jeder gleich richtig versteht: Zur Vermeidung von unnötigen Opfern in der Zivilbevölkerung tragen auf Anweisung der US-Regierung künftig drei Schichten Pappe bei, die von den amerikanischen und deutschen Soldaten unter die Paletten der Hilfssendungen gelegt werden. Sehen Sie, den unermüdlichen Kritikern der Bush-Regierung kann man nichts recht machen. Erst hieß es, die Afghanen bräuchten keine Bomben, sondern Hilfslieferungen, als die Hilfslieferungen über den Dörfern abgeworfen wurden, hieß es, sie würden die Bevölkerung gefährden. Andererseits muss die US-Armee in dem von Minen verseuchten Land die Lebensmittelabwürfe möglichst nah an die Zivilbevölkerung heranbringen. Das ist ein Dilemma, vor dem die US-Luftwaffe tagtäglich steht, aber im Pentagon lernen sie schnell und sind sie gewohnt, Missstände rasch abzustellen, damit sie nicht dauernd eine schlechte Presse haben. Deshalb die drei Schichten Pappe. Aber was nützen die besten Ideen, wenn sie in der Presse nicht richtig platziert werden."

Über die fällige Neubewertung von Heiner Geißlers Äußerung, die Pazifisten seien für Auschwitz verantwortlich

„Ja, so ist das mit den historischen Entscheidungen; man kann nie wissen, wozu sie gut sind. Sehen Sie, heute sehen alle klarer, wo doch auch die Grünen im März (2002) ihr Parteiprogramm geändert und sich von der Gewaltlosigkeit abgewandt haben, damit die Claudia Roth ruhigen Gewissens sagen kann, dass sie ‚stolz ist, die Vorsitzende einer Antikriegspartei' zu sein, weil es sie nicht hat schlafen lassen, dass durch eine fundamental-pazifistische Haltung der Partei dem Unrecht der Taliban z.B. nicht Einhalt geboten werden konnte. Die Kritik am Fundamentalpazifismus hat der Heiner Geißler schon vor zwanzig Jahren, während der Nachrüstungsdebatte, formuliert, als er gesagt hat, dass die Pazifisten an Auschwitz schuld waren. Damals haben ihn nur wenige verstanden und er ist von den meisten Journalisten der Linkspresse scharf attackiert worden. Das war schreiendes Unrecht, was dem Mann damals angetan worden ist. Das sollten Sie einmal nachlesen, was da in der taz gestanden hat, kommens' doch einmal in meinen Laden in der Winterfeldstraße, da liegen noch ein paar Bände alter Zeitungen, ich handel ja damit. Es wird Sie interessieren, wie man dem Geissler damals mit der Moralkeule gekommen ist und es als ungeheuerlich bezeichnet hat, dass er die Opfer von Auschwitz für seinen Wahlkampf und seine Rüstungspolitik funktionalisiert hat, das empfand man als geschmacklos. Heute sieht man das anders. Erinnerns' Ihnen noch, was der Scharping und der Fischer gesagt haben, warum die Nato Serbien bombardieren musste? Ich meine, es ist Zeit, dass sich die Parteispitze der Grünen und die Linkspresse, wo heute rechts steht, beim Heiner Geißler entschuldigen, für die unqualifizierten Angriffe wegen seiner damaligen wegweisenden Äußerung über die historische Schuld des Fundamentalpazifismus, wo auf beiden Augen blind war, auf dem linken, weil er die Gefahren, wo die SS 20 bedeutet haben, wo auf uns gerichtet waren, nicht gesehen hat, und auf dem rechten, weil er nicht die friedensstiftende Kraft der Pershingraketen erkannt hat. Wir als Tschechen sollten dankbar sein für das verschärfte Wettrüsten in den 80er Jahren, weil es zum Ruin der Sowjetunion und unseres eigenen Regimes geführt hat. Ich sag es Ihnen, ohne den Nato-Doppelbeschluss, könnten Sie hier nicht kellnern und mir zuhörn, da würden Sie immer noch über den staubigen Bänden der Philosophischen Zeitschrift der Akademie der Wissenschaften brüten und das Leben würde an Ihnen vorbeigehen, ja und ich, ich würde noch immer in Prag mit Hunderln handeln, wo ich für den Schwarzmarkt in der Provinz aufgetrieben oder den Grenztruppen der DDR abgeluchst hab'. Da sitz ich doch lieber im Einstein, trink meinen Kaffee und mach mir so meine Gedanken über die Welt und freu mich auf den Freitag nach 'm Krieg um sechs im Kelch."

Schluss

Schweyk bestellt ein großes Bier, einen doppelten Cognac und dringt sofort auf die Rechnung, die er auch gleich bezahlt. Man spürt seine innere Unruhe, er wirft sein Baseballcap mit dem ostentativ großen Schirm und den Stars and Stripes in den Abfall, zieht sich die Stars-and-Stripes-Krawatte vom Hals, will auch diese entsorgen, zögert dann und steckt sie mit den Worten: „Man sollte nicht voreilig sein, vielleicht möchten wir sie doch noch brauchen", in die rechte Tasche seines Jacketts, atmet sichtbar auf, kippt den Cognac und trinkt in großen Zügen sein Bier aus. Er atmet tief durch und sagt, während er die Zeitung mit der Schlagzeile, die vom vernichtenden Militärschlag gegen Prag kündet, zusammenfaltet: „Schad' is' um die schöne Stadt Prag und um den Kelch, aber das ist der Preis der uneingeschränkten Solidarität. Allah akbar".

Aus einer prophetengrünen Plastiktüte auf der in blauen arabischen Schriftzügen Aldi steht, angelt er einen schwarzen Turban, den er sich aufsetzt, um dann das Einstein, dessen Schließung unmittelbar bevorsteht, wie ihm der Kellner beim Servieren rasch zugetuschelt hat, zu verlassen. Seitdem hat man von ihm nichts mehr gehört, sein letztes Wort, das überliefert ist und das Ende des heiligen Kriegs der USA mit dem Islam markierte, lautete wirklich: „Allah akbar."

Haftsystem und Menschenrechte

Wolf-Dieter Narr/Roland Roth

Das Haftsystem – eine sich dauernd selbst erhaltende, ungemein kostenreiche und gleicherweise ungemein symptomatische Absurdität

Wer sich nicht irgendwie professionell damit befasst, wird im Alltag das Gefängnis-un-wesen inmitten des gesamten Straf-Rechts-Systems kaum wahrnehmen. Befragt, wüssten wir selbstredend darum. Indes: es spielt eine marginale, selbst von menschenrechtlich engagierten Gruppen nicht allzu sehr thematisierte Rolle.

Dennoch gehören Gefängnisse, also Anstalten, in denen kürzer und länger Menschen ihre Freiheit entzogen wird, zur Normalität all „unserer" modern und postmodern überpurzelnden Gesellschaften, so auch der bundesdeutschen. Man muss sich übrigens diesen deutschen Regelausdruck einmal auf der nicht zu menschenrechtssensiblen Zunge zergehen lassen: *Freiheitsentzug.* Dann mag vielleicht ein „Spürgefühl" (ein trefflicher Ausdruck des ersten Bundespräsidenten Theodor Heuss) dafür entstehen, eine Brise Vorstellungskraft sich entwickeln, was solcher Freiheitsentzug meint. Und dies nicht nur an erster Stelle für diejenigen, die mit entzogener Freiheit leben. Wenn denn Freiheit das Lebenswasser der Menschenrechte bezeichnete, dürfte man jemandem, also einem anderen Menschen dieses Wasser entziehen? Oder ist die viel beschworene und pathetisch auf alle möglichen Throne gesetzte Freiheit dann doch nur ein wenig Schlagobers auf dem sonstigen Lebenskuchen? Was aber, wenn es sich bei der Freiheit des Menschen um so etwas wie Wasser verhielte, ohne das er nur verkürzt, nur „krank" Mensch sein könnte? Was aber, so müssten wir dann fragen, besagt es über moderne, selbstredend aufgeklärte, selbstredend menschenrechtlich demokratisch verfasste Gesellschaften, die den Freiheitswasserentzug systematisch und auf Dauer mit unterschiedlichen Zeiten des Wasserentzugs für eine mit spitzen strafrechtlichen Krallen herausgegriffene Anzahl von Menschen als selbstredend besserndes Zwangssystem einrichten? Sollen diese Hungernden unfrei zur Freiheit gezwungen werden? Um welche normale Normalität handelt es sich außerhalb der Haftanstalten, wenn in ihr die anormale Normalität derselben aufgehoben ist, sprich bewahrt und beseitigt in einem?

Wenn alltägliches Übersehen und die gleichfalls alltägliche a-normale Normalität des Gefängnisses, in dem Menschen wie du und ich hausen (oder doch nicht wie du und ich?!), als feste Einrichtungen „dieser unserer Gesellschaft" und ihrer staatlichen Institutionen zusammenbestehen, dann muss eine solche allseits akzeptierte Koexistenz von Freiheitspathos und Freiheitsentzug einige Tiefenblicke in die Art der normalen Freiheit tun lassen. Über der Erde gehet der frei ausgreifende Schritt, unter der Erde wandert der gefangen vertäute Bösewicht mit.

In diesen Kontext passt es, wenn Christoph Nix, engagierter Anwalt und (Hochschul-)Lehrer schon vor bald 10 Jahren eher resignativ feststellt: „Es gibt keine Transparenz im Hinblick auf die Institution Gefängnis, keine Ansprechpartner mehr für Eingeschlossene. Auch die einst junge kritische Anwaltschaft, die noch Strafvollzugsrecht bearbeitete (gemeint sind Anwältinnen und Anwälte, die in den 70er Jahren ihre Robe erstmals ausprobierten), hat diese wenig lukrative Tätigkeit längst aufgegeben. Mehr denn je fehlt kritische Öffentlichkeit in Sachen Strafvollzug." (Nix 1993, S. 55)

Vor dem Hintergrund des einstimmend Gesagten wollen wir zunächst danach fragen, warum der im Gefängnis institutionalisierte und mit vielen Sicherheitsvorkehrungen garantierte Freiheitsentzug normativ so stark ist, dass er zur Praxis unbefragter Normalität sedimentieren konnte (A.). In einem zweiten Teil gehen wir darauf aus, einen Teil der Einwände gegen das Haftsystem zusammenzufassen (B.). Diese Einwände, seit Jahrzehnten, teilweise seit Jahrhunderten vorgetragen und auf alle und jede Weise „wissenschaftlich" und dazuhin außerdem noch menschenrechtlich stimmig, belegen immer erneut nur eins: die Absurdität des Haftsystems. Zu diesem Urteil gelangt, wer unterstellt, diejenigen, die u.a. das gegenwärtige Haftsystem legitimieren, wären wie auch wir darauf erpicht, in einer Gesellschaft möglichst wenig Leid zuzulassen. Sie wollten alles Menschenmögliche tun, um zu vermeiden, dass die einen Menschen zu den

Opfern der anderen werden: durch Raub und durch alle Arten physischer Gewalt vor allem.

Abschließend werden wir begründen, warum wir nach wie vor die „abolitionistische" Position vertreten, sprich für die Abschaffung des Gefängnisunwesens plädieren. Diese Abschaffung des Gefängnisunwesens kann freilich nicht ersatzlos gefordert werden. Diese unsere und weniger anderer Position hat gegenwärtig keinerlei Aussicht darauf, ihre Überzeugungskraft auszuweiten. Bleiben wir dann darauf beschränkt, den alten Cato nachzuahmen und immer erneut festzustellen: im übrigen sind wir davon überzeugt, dass die Gefängnisse abgeschafft werden müssen (der alte Cato, ungleich herrschaftsnäher, hatte mit seinem Carthago zerstörerischen Räsonnement bekanntlich vernichtenden Erfolg)? Oder gibt es noch mehr, als die Wiederholungsleier zu zupfen, die einem selbst die Finger und Ohren abstumpft (C.)? Wenige Hinweise auf die anderen Beiträge des Jahrbuchschwerpunkts folgen.

A. Einige Beobachtungen und Gründe, warum das Gefängnissystem so stark ist (trotz seiner gesellschaftlichen Randständigkeit, die sich auch seinen Bediensteten mitteilt)

Kapitalismuskritik wird wohlfeil und verfehlt ihren kritisierten Gegenstand, wenn sie nicht zuerst herauszufinden sucht, was den Kapitalismus der diversen Entwicklungsstufen, heute auf der der Globalisierung, so stark macht. Sonst werden die Kritiker leicht Opfer allemal kleingesichtiger Verschwörungstheorien. Umgekehrt, sie tragen zu der seichten Hoffnung bei, wenn man nur einige „böse" Verschwörer irgendwie ablöse, dann spränge urplötzlich der „Kapitalismus mit menschlichem Antlitz", Athene-aus-dem-Haupt-des-Zeus-gleich, sieghaft hervor. Ähnlich dieser Kapitalismuskritik, wird auch alle Staats- und im Staat alle Straf- und Gefängnissystemkritik wohlfeil und ist kaum einen Heller wert, die nicht darauf ausgeht, herauszufinden, warum just das staatliche Gewaltmonopol und das in ihm enthaltene, durch selbiges ausgeübte Straf- und Gefängnissystem allen nicht unerheblichen Veränderungen zum Trotz sich durch alle staatlichen und modernen, ach so aufgeklärten Gesellschaften hindurch halten und befestigen konnte. Darum packen wir das Straf- und Haftsystem zunächst an einigen seiner prinzipiellen Stärken an. Letztere müssen unseres Erachtens gerade dann erkannt und angemessen erwogen werden, wenn man gegen dieses Straf- und Haftsystem geradezu fundamental opponiert.

I. Der Stiefeltritt des staatlichen Gewaltmonopols

Gesellschaften werden unter anderem durch Normen und Sanktionen zusammengehalten. Dieses Merkmal bedeutet freilich noch nicht, dass alle

Gesellschaften herrschaftlich geteilt sein müssten. In solche, die die Normen bestimmen und bei abweichendem Verhalten die entsprechenden Sanktionen anwenden, und solche, die brav oder a-nomisch den bestätigenden oder zurechtrückenden Sanktionen unterworfen werden. Es kommt entscheidend darauf an, wer welche Normen bestimmt, ebenso wer welche Sanktionen wie ausführt. Sonst gäbe es zwischen primitiven Gesellschaften und modernen ebenso wenig prinzipielle Unterschiede wie im Rahmen moderner Gesellschaften zwischen diktatorisch regierten und demokratisch verfassten, menschenrechtlich orientierten.

Es bezeichnet unter anderem genau die Differenz ums Ganze zwischen moderner staatlicher Organisation von anderen politischen Organisationsformen, dass die erstere das Monopol legitimer physischer Gewaltsamkeit für sich beansprucht. Das heißt aber, diejenigen Institutionen, die den Staat bilden, und diejenigen Personen, die aktuell die staatlichen Institutionen ernannt und/oder gewählt repräsentieren, formieren Prozeduren und Inhalte der Normen ebenso, wie sie Abweichungen von den Prozeduren und von Sinn und Funktion der Normen sanktionieren. In einer repräsentativen Demokratie sind das verfassungsgemäß die Legislative und ihre Vertreterinnen/Vertreter in Sachen Normbestimmung, die exekutivischen Einrichtungen samt der Judikative in Richtung Sanktionierung. Die Eigenart des staatlichen Gewaltmonpolanspruchs, wie immer er legitimiert wird, im Rahmen der BRD etwa repräsentativdemokratisch (vgl. Art. 20 GG vor allem), besteht nicht nur darin, dass alle gesellschaftlich allgemeinen Norm- und Sanktionsbestimmungen vom Monopol und seinen Institutionen beansprucht werden, ja, dass in Sachen Sanktion mit Gewalt nur „der" Staat oder staatlich lizensierte Institutionen und deren Vertreter kompetent sind. Besagte Eigenart erschließt sich vor allem auch aus der Totalität des Monopolanspruchs. Die eigenen Büger (und neuerdings gemäß formaler Emanzipation meist auch die Bürgerinnen) können für die kriegerischen Zwecke des Staats und seines Monopols samt des in ihm steckenden Umfassungsanspruchs in ganzer Person gefordert und der Chance nach tödlich eingesetzt werden. Soldatinnen und Soldaten. Im Krieg ist darum, Schillers bekanntem Söldnerlied in Wallensteins Lager gemäß, nicht nur „der Mann (oder die Frau in männlicher Funktion) noch was wert". Vielmehr kommt darin der STAAT und kommen die behelmten oder Paraden abschreitenden Staatsmänner diversen Geschlechts zu ihrem nachhaltigsten Ausdruck. Der STAAT ist noch etwas, ja ist dann seine Essenz wert.

Im Staatsinnern verlängert sich der Totalitätsanspruch eigentümlich und wird ein Stückweit sublimer. Der nach staatsinnen mit Hilfe des verrechtlichten Gewaltmonopols garantierte Frieden und die in ihm angelegte Übereinstimmung mit den gesatzten Normen, dem positiven Recht also, können abweichenden Bürgerinnen oder Bürgern gegenüber oder auch an die Adresse von Ausländern gerichtet, die sich auf den Rechts- und Sanktionsboden sagen wir der BRD begeben haben, notfalls „mit aller Härte des Gesetzes" (O-Ton des amtierenden Innenministers) und einschließlich der Freiheitsstrafe und ihrer Konsequenz der Inhaftierung durchgesetzt werden. Die ganze Person des Bürgers/der Bürgerin ist erneut in Gewalt des Staates. Es gibt kein eigenständiges Anderes mehr. Das Private ist antiemanzipativ staatsgewaltig.

Das ist also des strafenden Staatspudels Kern. Jedenfalls ein Kernelement desselben, eine seiner Herzklappen. Dass der Staat seine Gewalt im Innern jedermann und jederfrau und jedemkind dadurch demonstrieren kann, dass er ihm oder ihr das höchste Gut zeitweise oder auf Dauer entzieht: die eigene Freiheit. Und dies nicht ideell, sondern höchst materiell, räumlich fixiert: Haftanstalt, Zelle, Schloss und Riegel, Wärter und Aufsichtsbeamter. Nirgendwo – außer dem verwandten Polizeiknüppel und der Festnahme – wird staatliche Gewalt so unmittelbar und zeigt so, was „Sache" ist. Jeder Handgriff eines Häftlings ist verrechtlicht, also auch gewaltmonopolbestimmt. Darum ist dieser Ausschnitt des staatlichen Gewaltmonopols auch legitimatorisch so wichtig. Die meisten Rechts- und Sozialwissenschaftler, die sich überhaupt darum kümmern – und nicht nur über davon hergeleitete Phänomene reden, sogenannte Epiphänomene –, argumentieren, als gehe die allgemeine, letztlich durch Wahlen erbrachte Legitimation im Normenkranz der Grund- und Menschenrechte den Aktionen voraus, die vom Gewaltmonopol, seinen Institutionen und Beauftragten/Repräsentanten ausgehen. So dass entsprechende Staatsgewalthandlungen immer schon legitimiert sind. Tatsächlich verhält es sich meist umgekehrt. Die entsprechenden Staatsakte werben ihre eigene Legitimation ein. Dadurch, dass der Staat ins Gefängnis werfen und dort halten kann, zeigt er seine Kraft und Stärke. Und also legitimiert er sich allen gegenüber, die daraus ihr Sicherheitsgefühl ziehen. Das jeweilige Recht (= Gesetz) wird sich schon finden. Juris-prudentia. Klugheit des Rechts, seiner Anwendung und seiner Anwender.

Das, was hier selbstredend überaus verkürzt auf den Punkt gebracht worden ist, das, was wir den totalitären Anspruch des Staates und seine kriegerischen oder gewaltförmig sichernden Auswirkungen bis zum Gefängnis genannt haben, widerspricht abstrakt allem Liberalismus und konkret aller Liberalität. Historisch und gegenwärtig bauen allerdings die primär ökonomisch zielenden Liberalismen und Neoliberalismen genau auf diesem staatlichen Monopolanspruch und seiner gewalttätigen Durchsetzung nach innen fast mehr noch als nach außen auf. Wie anders sollten die gegebenen und ungleich vermehrten Eigentumsverhältnisse aufrecht erhalten werden können. Nicht nur Klassengesellschaften im Sinne des 19. und frühen 20. Jahrhunderts, alle Gesellschaften, die aus groben und feinen Unterschieden gezimmert sind, können ohne die starke Hand des Staates nicht einigermaßen stabil existieren. Eigentum mag diejenigen „frei" machen, die solches haben. Eigentum muss jedoch zugleich gegenüber den Eigentumslosen geschützt werden. Sonst erzeugte das gesicherte Eigentum keine Freiheit. Es wäre nur angstbesetzt. Darum vertragen sich Liberalismus und Neoliberalismus mit Krieg, massierter Innerer Sicherheit und mit den ganz und gar illiberalen Einrichtungen wie Haftanstalten so prächtig. Sie produzieren solche geradezu systematisch.

II. Das Gefängnis als Teil des Strafsystems insgesamt

Die Einrichtung von Haftanstalten darf nicht isoliert verstanden werden. Manche der Reformer bis hin zu manchen „Abolitionisten", also uns in ihrer Sache sympathischen Leuten, die Gefängnisse insgesamt abschaffen wollen, konzentrieren sich primär auf die erhabenen Haftobjekte.

Die Haft- oder Gefängnis-, bis vor nicht allzu langer Zeit auch noch die Zuchthausstrafe ist Teil des gesellschaftlichen Straf- und Sicherheitsverlangens, das in den entsprechenden staatlichen Institutionen und Verfahren eminent und praktisch wird. Das aber heißt: das Gefängnis ist im Rahmen der staatlichen Institutionen und Funktionen zu sehen, als Bestandteil des staatlichen Sicherheitssystems. Und zwar sowohl den eher unmittelbar gewaltbewehrten Teilen des staatlichen Sicherungssystems, in deren Mitte die Polizei steht, als auch den mittelbar, nur letzten Endes auf die staatlichen Gewaltgriffe angewiesenen Institutionen, die das bestücken, was Sozialstaat genannt wird. Die diversen Sicherheiten, zum Teil markant voneinander abgehoben, sind gerade dann und dort aneinander gelagert, wo die sozialen Sicherungen, wie dies gegenwärtig in der Bundesrepublik wieder der Fall ist, je weiter sie sozial „nach unten" reichen, desto repressiver werden.

Noch einsichtiger ist die enge Koppelung zwischen den Strafvorstellungen und dem Strafverlangen einer Gesellschaft. Im Straf- und im Strafprozessrecht verknoten sie sich beispielsweise in der Bundesrepublik normativ. Schaffte man die Gefängnisse, wie wir meinen aus guten, überzeugenden Gründen ab, dann müssten zuvor und danach das gesamte Strafrecht und die in ihm zum Teil heterogen eingekapselten Motive fast total revidiert werden. So, dass das Strafsystem hinterher nicht mehr wiederzuerkennen wäre. Und auch nicht mehr *Straf*system genannt werden könnte. Die heterogen eingekapselten Motive herauszulassen, die im Straf- und im Strafprozessrecht samt seinen Konnexinstitutionen enthalten sind, wäre eine eigene lohnende, nur ab und an anritzend angegangene Aufgabe. In unserem Zusammenhang bedeutet jedoch der Umstand, dass die Haftanstalten und der Strafvollzug in ein solches staatlich-gesellschaftliches Sicherungs- und Strafsystem insgesamt eingebettet sind, eine Art zusätzliche Bestandsgarantie des Systems der Freiheitsstrafen. Welches Umdenken, Umfühlen und Umorganisieren und, vor allem, welcher Umspann tief

146

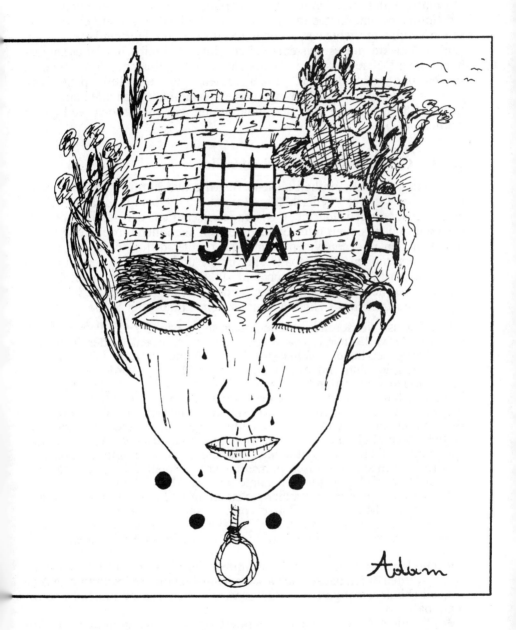

insitutionell und habituell eingesessener Interessen wären notwendig, das Vernünftige, das zugleich mit den materialisierten Menschenrechten übereinstimmt, zu tun. Tantae molis erat ..., so viel Mühe kostete es, dichtete schon Vergil angesichts der Gründung Roms über die Jahrhunderte hinweg. Einige Aspekte dieses Systems sollen einige Schreib- bzw. Leseaugenblicke lang Revue passieren. Als da sind funktional ausgedrückt: sichern, strafen und resozialisieren. Hinter diesen drei zum Teil spannungs-, ja sogar widerspruchsreichen Funktionen versammeln sich alle hauptsächlichen Absichten, die mit der Inhaftierung von Menschen verbunden werden.

II. Das Gefängnis als Sicherheitszelle

Sicherheit hat bekanntlich tausend Begriffe und Formen. Man könnnte, liest man sich tiefer in einschlägige Literatur ein – bis hin zu allen möglichen Behauptungen über neue Risikogesellschaften, den Ausruf sehr gut nachempfinden: sichert mich endlich vor den unendlich unsicheren Sicherheitsbegriffen und den ihnen mehr oder minder diffus folgenden Sicherungsvorkehrungen. Die Debatte über innere und äußere Sicherheit in den USA und der BRD (der EU) nach dem „11. 9.", der längst zu einem Eigendatum geworden ist, um nur diese beiden Länder beispielhaft herauszugreifen, illustriert das sicherheitsemphatische „Ende aller Sicherheit".

● Teilweise vorbereitete Sicherheitsgesetze wie der US-Patriot Act – welch ein Orwell'scher, repressiv einsetzbarer goodspeak – oder die beiden sicherheitsgesetzlichen Wellen im Herbst/Winter letzten Jahres in der BRD, dem im Juni noch eine Nachgeburt folgte, wurden in rekordverdächtigen Zeiten durch die einschlägigen Legislativen gepaukt (dass letztere sich dadurch in ihrem Gewicht haben weiter erleichtern lassen, ist nur ein gewichtiger Nebenaspekt). Sie sind, unbeschadet aller einzelnen Bestimmungen und Unterschiede, dadurch gekennzeichnet, dass sie bürgerliche Sicherheit, insbesondere, wenn „fremdländisches" Aussehen hinzukommt, bis zur Unkenntlichkeit durchlöchern: vom informationellen Zugriff je nach staatspolitisch-polizeilichem Gusto auf alles und jede/n bis hin zur Durchsuchung, zur Festnahme und zur Abschiebung.

● Zwischen innerer und äußerer Sicherung und den dafür zuständigen Institutionen, Militär und Polizei primär samt den immer schon das Dunkel liebenden Geheimdiensten prinzipiell undemokratischer Art, verschwimmen, mehr als zuvor, die klaren Konturen und wichtige Unterschiede.

● Die Kontrollmöglichkeiten der immer begrenzt kontrollfähigen Judikative werden durch pauschale Gesetzesvorgaben für die Exekutive zusätzlich erheblich verringert und zum symbolischen use of judicial control marginalisiert.

● Die allem Anschein nach gestärkte Exekutive, insbesondere was ihre Gewaltarme angeht, die in ihren informationellen Nerven verbreitert und

verfeinert wurden, kommt nicht nur in ihren bürokratischen Riesenlaby-
rinthen selbst nicht mehr zu recht. Auf diese Weise ist das, was Charles
Perrow für technische Großprojekte diagnostizierte, vorprogrammiert: normal accidents, zu deutsch: Normale Katastrophen (siehe Charles Perrows
gleichnamiges Buch, das bei Campus in Frankfurt übersetzt erschienen ist).
Vielmehr steigt allein die Gewalt ihrer Willkür an, weil sie sich zusätzlich
zur informationellen Überlastung nicht in die Lage versetzt hat und gegenwärtig auch nicht kann, die Gefahren, die allen möglichen Sicherheiten
drohen, auf einigermaßen klare und deutliche Begriffe zu bringen.

In einem solchen Kontext von Sicherheitswahn, sprich menschlich und
gesellschaftlich nicht und nie realisierbarem Sicherheitsverlangen und ihm
entsprechenden füllig widersprüchlichen Sicherheitsvorkehrungen kommen Gefängnisse wie gerufen. Das galt „herkömmlich" schon vor dem
11.9. Zum einen müssen Strafen vermehrt werden, damit die Fiktion von
Gesellschaft als einem blattexakt beschnittenen Französischen Garten
fort(alb-)geträumt werden könne. Diese vermehrten Strafen sind schon
deshalb nötig, weil anders „Gesellschaft" dem Anschein nach nicht mehr
organisiert werden kann. Zum anderen bieten die Gefängnisse, anders als
andere Schutzvorkehrungen, eine Garantie. Oder: sie scheinen es doch zu
tun. Ihr mauern-, draht- und kontrolltechnisch gesicherter, aus der übrigen
Gesellschaft ausgeschnittener Raum bietet die Garantie, dass diejenigen,
die gesetzliche Normen verletzt haben, und vor allem diejenigen, die andere Menschen oder Institutionen gefährdet, verletzt, ihnen Gewalt angetan
haben, weggeschlossen sind. Ende des gesellschaftlichen Verkehrs. Indem
man – strikt nach dem Muster des „Rechtsstaats" bzw. des „due process of
law", versteht sich – Menschen drohen kann, sie würden ins Gefängnis
abgeschoben, und die Abgeschobenen dort wahrhaft draußen halten kann,
scheint geradezu das Optimum an Sicherheit erreicht. Diese Art von Angst-
ausgrenzung im doppelten Sinne, der Ausgrenzung aus Angst und der Ausgrenzung der Angst, die dafür sorgt, alle individuell und kollektiv eigenen
Anteile wegschieben zu können, bildet die weit verbreitete, insoweit geradezu kollektive sozialpsychische Grundlage aller etablierten Sicherheitspolitik in politisch mobilisierender und formierender Absicht.

In Sachen Haftandrohung und Haftumstände kommt die ebenfalls weit
verbreitete und auch durch wissenschaftlich fadenscheinige Kriminologie
inner- und außerpolizeilicher Art immer wieder aufgetischte Annahme
hinzu, beide wirkten im Doppelpass von Drohung und Vollzug präventiv.
Sprich: Haft hielte nicht nur den entsprechend Bestraften davon ab, wenn
er denn einmal gesiebte Luft gründlich schwer geatmet habe, sich erneut
„kriminell" zu verhalten und Falladas erfahrungsschweren Romanklassiker
„Wer einmal aus dem Blechnapf fraß" zu widerlegen (das nennt man fach-
lich: Spezialprävention). Vielmehr wirke der Umstand des in den Stau-
damm der Haft mündenden Strafsystems generell abschreckend (sog.

Generalprävention). Widerlegungen, die etwa die sogenannt überführten Mörder betreffen, die entsprechend zu lebenslanger Freiheitsstrafe verurteilt worden sind, deren „Rückfallquote" sehr gering ist, wie empirische Belege dafür, dass das Haftsystem insgesamt als negative Vergesellschaftung wirkt (= Sozialstation mit negativen Effekten), verdampfen auf den ewig heißen, herrschaftsinteressiert erhitzten Vorurteilssteinen. Des Mordes Angeklagte werden übrigens – dieser Umstand kann nicht oft genug wiederholt werden – in der Regel überführt oder als überführt erachtet, wenn sie die strafwürdigen Kriterien des Paragraphen 211 StGB erfüllt haben. Dieser Paragraph ist, wohlgemerkt, in der Form eines Führerbefehls ergangen. Im „Dritten Reich" galt das Motto „Der Führer schafft das Recht" – Carl Schmitt. In der Bundesrepublik haben 53 Jahre nur wenige gesetzesinitiativ, gar gesetzlich erfolgreich darin genügend Anlass gesehen, seine radikale Entbräunung zu initiieren. Auch das Bundesverfassungsgericht hat ihn, schlecht begründet, nicht angetastet. Und dies, obwohl dieser Paragraph 211 StGB geradezu nationalsozialistisch stinkt.

III. Strafen

Nicht selten hat man den menschenrechtlich, sozialwissenschaftlich und politisch moralisch geradezu verzweifelten Eindruck, als stecke die Sucht nach Bestrafung anderer religiös und postreligiös nicht nur in den strafend pulsierenden Adern des Staates – und seiner herrschaftlichen Vorformen –, sondern nahezu aller ansonsten „billig und gerecht" denkenden Menschen (seit „Adam und Eva" und Gottes strafendem Zorn).

Strafrecht-Strafverfolgung-Strafverfahren-Strafvollzug – also zieht eine muskelbepackte, strafgesattelte und strafgezügelte Pferdequadriga den eisenbeschlagenen Staatswagen trotz aller Verfassungswindungen die „ewige" Herrschaftsstraße entlang. Sie wird umsäumt von jubelnd fäusteschwingenden Herrschaftszugetanen, die die Quadriga mit Straföl hinzuschüttenden Rufen anfeuern. Wie soziale Paniken, die immer auch inszeniert werden müssen, neuerdings etwa von den Massenmedien, breiten sich strafsüchtige Pogromstimmungen aus. Da nützen alle Einsichten wenig. Dass das, was jeweils bestraft werden soll, gesellschaftlichen, heute staatlich verrechtlichten und polizei- schließlich gefängnisgewaltig sanktionierten Konventionen entspricht. Und Konventionen haben es an sich, zuweilen rasch, meist eher träge sich zu wandeln und anderswo andersartig zu gelten. Dass diejenigen, die gegen strafbewehrte Normen verstoßen – und dabei erwischt werden, vor allem, wenn sie weniger begüterten und weniger privilegierten Kreisen angehören –, nicht von „Natur" „schlecht" oder nach dem neualten geflügelten Wort des amerikanischen Präsidenten „böse" sind. Dass es vielmehr die Fülle der gesellschaftlichen, die Einzelnen und die Gruppen vergesellschaftenden Umstände sind, die „anomi-

150

sche" Effekte produzieren. Dass darum die Bestrafung von Individuen nicht nur diese nicht „verbessernd" befördert, sondern auch nichts dazu beiträgt, die Bedingungen zu verändern, die sich schließlich in den zuweilen schlimmen Taten einzelner verdichtet haben. Vergewaltigungen als schlimmes und weit verbreitetes Exempel. „Tut nichts, der Jude wird verbrannt" wiederholt der borniert verstockte und der verstockt bornierte Tempelherr in Lessings „Nathan, der Weise". Gleich ihm lautet der Gesellschaft durchhallende, die staatliche Strafmaschinerie in Gang setzende Ruf: schuldig, schuldig, schuldig, Strafe, Strafe, Strafe!

Wie kommt es nur zu solcher Bestrafungssucht, die jeder mittelmäßige oder eher saumäßige politisch professionelle Populist dafür ausbeuten kann, das „Unterste" im Menschen zu oberst zu kehren und Politik durch den „permanenten Appell an den inneren Schweinehund des Menschen" (Kurt Schumacher) zu ersetzen? Wie kommt es, dass dieses Strafverlangen, das sich durch Präventionsbehauptungen und Besserungswirkungen bestenfalls kostümiert, ein solches, bei vielen Menschen – bei uns selber?! – angelegtes „Unterstes" ist? Dieses weite, viel bestellte Feld soll hier nicht ursachenpicht beackert werden. Wie wenn man ackerte, um mit dem Pflug auf Felsbrocken zu stoßen. Es muss genügen, auf historisch psychoanalytisch ergründete Archaismen aufmerksam zu machen. Diese scheinen in allen Menschen angelegt. Sie haben mit dem von Freud entdeckten „Aggressionshaushalt" in uns zu tun, der allerdings, und das gibt den Ausschlag, je nach Sozialisation und sozialem Kontext mehr oder weniger sublimiert werden kann. Auf dieses Mehr oder Minder, auf die gesellschaftlich bedingten Arten der Sublimation (oder anders: der „Zivilisierung") kommt es entscheidend an. So erklären sich die von Paul Parin, Fritz Morgenthaler und Goldy Parin-Matthèy als Buchtitel formulierte Forderung und die ihr folgenden Projektionen auf die anderen: „Fürchte deinen Nächsten wie dich selbst!" Hinzu kommt, dass das Schuld-, Schuld-, Schuld-Gezeter all „unseren", jahrhunderte-, zum teil jahrtausendelang eingepaukten Moralvorstellungen, vor allem den modernen unter ihnen, entspricht und schmeichelt. Dies gilt auch und gerade, wenn diese Moralvorstellungen weithin nur hehre Normen auf dem individuellen und gesellschaftlichen Podest darstellen und von uns und allen anderen dauernd durchbrochen werden. Umso härter und gnadenloser sind diese „Werte" zu verteidigen, zu bewehren. Eine feste Burg ist unser „Gewissen" und unsere in ihm gründende „Verantwortung". Und jeder wird schuldig, ist schuldig, der diese Burg durch sein Verhalten in Frage stellt. Und zerrisse er nur, vielmehr gerade den Schleier drumherum. Könnte man doch Andersens Märchen von des Kaisers neuen Kleidern, also „unsere" kläglichen Gestalten verhüllenden Kleidern wirksam und nachhaltig jeden Tag neu erzählen. Nietzsche, auf den wir in diesem Zusammenhang durch Fritz Bauers (s. weiter unten) neuaufgelegte Schriften erneut aufmerksam geworden sind, schreibt dazu unter anderem: „Überall, wo Verantwortlichkeiten gesucht werden, pflegt es der Instinkt des Strafen- und Richtenwollens zu sein, der da sucht. Man hat das Werden seiner Unschuld entkleidet, wenn irgend ein Soundso-Sein auf Wille, auf Absichten, auf Akte der Verantwortlichkeit zurückgeführt wird. Die Lehre vom Willen ist wesentlich erfunden zum Zwecke der Strafe, d.h. des Schuldigfindenwollens. Die alte Psychologie, die alte Willenspsychologie hat ihre Voraussetzungen darin, dass deren Urheber, die Priester an der Spitze alter Gemeinwesen, sich ein Recht verschaffen wollten, Strafen zu verhängen. Die Menschen wurden ‚frei‘ gedacht, um gerichtet und gestraft werden zu können." (Götzendämmerung)

Nur ein kleiner, gerade einen Fußbreit abseits liegender Fall aus der Gegenwart. Dieser Fall zeigt, wie weit die Strafsucht reicht, die sich unsauber, jedoch fast allgemein akzeptiert mit seltsam verdrehten Gerechtigkeitsvorstellungen verbindet. Der ICC. Der International Criminal Court. Nur „die" Amerikaner wollen an ihm mit zum Teil sehr schlechten, in ihrem fast absoluten USA-für-sich-selbst und an-erster-Stelle-Wahn steckenden Gründen nicht teilnehmen. Die amerikanische Politik und ihre Gründe kümmern uns in diesem Zusammenhang aber nicht. Ansonsten herrscht geradezu globaler, jedenfalls europäisch dicker Konsens aller menschenrechtlich Wohlmeinenden. Und das ist, solange es nur ums Wohlmeinen geht, die Mehrheit. Solche, die anderer Ansicht sein sollten, müssen sich den Vorwurf gefallen lassen, offenbar Kriegsverbrecher und ähnliche „Un-Menschen" nachsichtig zu behandeln und den ersten Schritt auf dem Weg zur fortgesetzten Weltgerechtigkeit nicht mitgehen zu wollen. Wie kommt es nur, dass selbst Leute den ICC lobpreisen, die den nationalen Straf(rechts)systemen kritisch gegenüber stehen, rar genug wie sie sind, Leute, die Menschenrechte nicht nur dort im Mund führen, wo sie ihren „humanitär" eingesetzten Interessen „interventionistisch" dienen? Dessen Vorformen sind im Nürnberger Kriegsverbrechertribunal und neuerdings aus Anlass des Genozids in Ruanda und der Massenmorde im Umkreis der Kriege in Ex-Jugoslawien in den beiden dafür geschaffenen Tribunalen zu beobachten. Alles ziemlich gesicherte Wissen über die Wirkungen von General- und Spezialpräventionen, alles Wissen über die falsch individualisierende Form der Prozesse und der eventuellen Bestrafungen, alle wohl begründete Kenntnis davon, dass Ursachen von Kriegen und kollektiven Verbrechen auf diese Weise nicht abgebaut werden, von der Fülle der teilweise unvermeidlichen Missbrauchsmöglichkeiten und der Fehlfixierungen einer wechselnden Öffentlichkeit ganz zu schweigen – all diese und andere „Wahrheiten" werden weggefühlt, wegprojiziert. Die Lichtgestalt einer kostenlosen Weltgerechtigkeit erscheint am Horizont. Schillers nüchterner Spruch: „die Weltgeschichte ist das Weltgericht" erhält plötzlich einen anderen Ton, das vermeintliche Weltgericht wird als erste Instanz der Weltgerechtigkeit geadelt. Müssen wir, um nicht gänzlich missverstanden zu werden, hinzufügen, dass wir selbstverständlich gründliche, in die Tiefe der Ursachen und beteiligten Interessen bohrende, konsequenzreiche öffentliche Auseinandersetzungen mit schlimmen Vergangenheiten und Gegenwarten für notwendig halten und gerade darum mit den deutschen Formen, Schulden „begleichen" zu wollen, uneinig sind? Ein riesiges, schon begrifflich angemaßtes Holocaust-Denkmal auf der einen Seite, das zudem gemordete Gruppen und deren Nachkommen auslässt, Sinti und Roma etwa, bis ins pervertierte Grundrecht zur Abwehr von Asyl Suchenden und deren gefängnisförmiger Abschiebung auf der anderen Seite.

IV. Resozialisation – so lautet das angegebene Hauptziel des weitgehend unverändert geltenden Strafvollzugsgesetzes von 1977. – Was heißt das, was kann es heißen?

In dem Gutachten eines renommierten universitären Psychiaters über einen Mann, der mit Unterbrechung seit 26 Jahren inhaftiert ist, heißt es im Jahre 2001 schlussfolgernd gegen den Antrag des Inhaftierten, in eine psychotherapeutisch ausgerichtete Einrichtung verbracht zu werden: „Insofern ... ist es in der Tat wichtig, dass er (nämlich der Inhaftierte, WDN/RR) sehr klaren, einheitlichen strukturellen Vorgaben unterliegt, während eine psychotherapeutisch ausgerichtete Einrichtung ... ihm zu viel Spielraum bietet ... Insofern scheint gegenwärtig und auf absehbare Zeit eine Unterbringung im Normalvollzug sehr viel sinnvoller zu sein. Möglicherweise wird Herr X (das X statt des Namens stammt von uns, WDN/RR) dort nach einiger Zeit zu der Einsicht kommen, dass es doch notwendig ist, in einer kritischen, ungeschönten Weise die eigene Vergangenheit zu vergegenwärtigen und auf die Suche nach den wirklichen Gründen seines erneuten Scheiterns zu gehen." Unter erneutem Scheitern meint der Gutachter, dass der Häftling erneut zu weiterer Freiheitsstrafe verurteilt worden ist, nachdem er, zu lebenslanger Freiheitsstrafe verurteilt, 18 Jahre in Haft verbracht hatte, aus der er entlassen worden war. Er hat danach einen Raubüberfall begangen. Zum Zeitpunkt des Gutachtens hatte der Inhaftierte 25 Jahre in Haftanstalten zugebracht.

Uns interessieren an dieser Stelle nicht die Herrn X mit seiner Zustimmung zur Last gelegten Taten, noch ob und inwieweit die Urteile, strafrechts- und strafprozessrechtsimmanent gesprochen, akzeptabel genannt werden können. Wir zitieren den Gutachter nur ob seiner Einschätzung der positiven, dem Inhaftierten nützenden, ihn also „resozialisierenden" Wirkung des „normalen Strafvollzugs". Wir zitieren ihn anonym, weil wir jede negative Wirkung für die Sache des Inhaftierten vermeiden wollen.

Trifft das Urteil des Gutachters, kompetenter forensischer Psychologe, der er ist, nicht zu, wenn er von der erzieherisch sinnvollen Wirkung des

Normalvollzugs in einer x-beliebigen bundesdeutschen Haftanstalt überzeugt scheint?

Zunächst entspricht seine Auffassung voll und ganz den Zielen, wie sie
an erster Stelle in Richtung der „Resozialisierung" im geltenden Strafvollzugsgesetz normiert worden sind. Demgemäß soll die Haftanstalt mehreren Zielen dienen. Indes, das überragende Ziel lautet: „Resozialisierung".
Und Resozialisierung ist vor allem als ein Ziel zu verstehen, demgemäß
der Strafvollzug die Inhaftierten vor allem dazu präparieren soll, nach
abgesessener Strafe wieder bzw. neu und straffrei Mitglied der „ordentlichen" Gesellschaft zu werden.

Wir wollen darauf verzichten, das „Re" im Begriff der „Resozialisierung" zu bekritteln. Die Frage drängt sich selbstredend auf, ob es sich vor
allem bei den schwierigen Straffällen und demgemäß den Strafgefangenen
in der Regel um ein „wieder" handeln könne. Waren diese, bevor sie durch
ihr Verhalten strafbar wurden, in die etablierte Gesellschaft problemlos ein-
gemeindet, so dass sie nach ordentlich abgeleisteter Strafe nur noch in den
alten Vor-Bestraftwerdens-Zustand zurückkehren sollten? Eine andere
restitutio in integrum, eine Wiederherstellung des vorherigen Zustands?
Daran klebt sich sogleich die zweite Nachfrage. Diese wollen wir gleichfalls nur stellen, nicht erörtern. Ist der gesellschaftliche Zustand dem die
„Wieder"-Vergesellschaftung gelten soll, unproblematisch gewesen? Ist
der „Zustand" zu Zeiten der strafwürdigen Tat in den in der Haft verbrach-
ten Jahren unproblematisch und grosso modo gleich geblieben? Ist also die
„Resozialisierung" nach der Haft, so man die vergleichsweise geringen
Hilfen betrachtet, die den Gerade-noch-Inhaftierten nach ihrer Entlassung
gewährt werden, ein insgesamt glatt gleitend vorzustellender Vorgang?
Kurz: Resozialisierung! Wir wollen primär die Frage stellen, ob die
„Gefängnislogik" (s. Thomas Mathiesen 1989 – von Thomas Mathiesens
Werk zehren wir insgesamt sehr, ohne es im einzelnen zu referieren) die
Chance begründet, das heißt zugleich die Wahrscheinlichkeit eröffnet, dem
normierten Resozialisierungsziel zuzuarbeiten. Hierbei unterlassen wir es,
das Strafvollzugsgesetz, was sich durchaus verlohnte, Artikel für Artikel
und alle Artikel zusammengesehen durchzugehen und jeden Artikel und
alle Artikel zusammen abzuklopfen, wie es mit ihrer mutmaßlichen und –
soweit bekannt – tatsächlichen Wirkung in Richtung „Resozialisierung"
steht. Wir beschränken uns auf skizzenhafte Hinweise.

a) Zuerst müssten das Strafrecht und das Strafprozessrecht daraufhin
durchgehechelt werden, wieweit in ihnen Normen und strafende Folgen
formuliert werden, die dem Resozialisierungsziel schon in der Art widersprechen, wie die Abweichung vom Pfad straffreier Tugend bestimmt wird.
Es gibt, dem großen Strafrechtler Gustav Radbruch gemäß, nicht nur
gesetzliches Unrecht und entsprechend übergesetzliches Recht. Darum

begründet er übrigens auch den Gnadenerweis als nötige, sozusagen regelhafte Ausnahmekorrektur in der strafrechtlichen und strafvollzieherischen Regel. Es gibt auch grund- und menschenrechtswidrige, ja einem so bezogenen Strafrecht widrige Strafrechtsnormen. Entsprechend müssten alle strafrechtlichen (und strafprozessualen) Normen getestet und das Strafgesetzbuch insgesamt, in Struktur und Funktion vordemokratisch und vorgrundrechtlich, wie es entstanden ist, radikal in seinen Entstehungsgründen und seinen Funktionsvermutungen durchleuchtet werden. Die diversen, selbstredend immer „großen" Strafrechtsreformen haben solches nie geleistet, sind also nie richtig „groß" und früheren Normierungen gegenüber emanzipativ gewesen, von neu hinzugekommenen grundrechtlich „unmöglichen" Strafrechtsnormen à la § 129 a StGB (verabschiedet 1976) und § 129 b StGB (verabschiedet 2001) ganz zu schweigen.

Eine solche grundrechtlich und strafrechtlich nicht zu verteidigende, dennoch fröhlich geltende Norm ist der § 211 StGB, nicht eine Mord-, sondern eine Mörderbestimmung. Von ihm und seinem nationalsozialistischen Scheitel war schon die Rede (vgl. auch die Beiträge im Unterschwerpunkt dieses Jahrbuchschwerpunkts zur lebenslangen Freiheitsstrafe). Nicht darin liegt jedoch das grundrechtliche Skandalon, dass es sich um eine Mörder-Norm handelt, wenngleich man über den Sinn des Ausdrucks Mörder geteilter Meinung sein kann. Er wird leicht von einem einer Tat geltenden Etikett zu einer dem Menschen insgesamt geltenden Wesensaussage. Das Ärgernis besteht darin, dass in diesem Paragraphen schon der eines Mordes Angeklagte menschlich zur Sau gemacht, genauer als ein Halb- oder Unmensch qualifiziert wird. Jede oder jeder, die oder der der Verfehlungen, wie sie der § 211 StGB benennt, als schuldig angeklagt oder dann, gerichtlich „überführt", als schuldig erkannt worden ist, muss sich geradezu, so er oder sie überleben will, gegen den niedermachenden Inhalt dieses Strafrechtsparagraphen wehren. Weiterleben kann eine/einer nur mit einem Minimum an Selbstachtung. Dieses Minimum an Selbstachtung, das dann weiter gepäppelt werden muss, ist unabdingbar, wenn sich eine oder einer „resozialisieren" wollen können soll. Mit anderen Worten: diese strafrechtliche Bestimmung widerspricht qua Norminhalt und übrigens auch qua Normform exakt den Ansprüchen, die das Strafvollzugsgesetz in Richtung der Resozialisierung formuliert. Es ist leicht einzusehen, was passiert, wenn solche Widersprüche im eng verzahnten Strafsystem vorkommen. Die überlegene und vorausgehende Norm des Strafgesetzes hebelt den Strafvollzug in seinem angeblichen Sinn aus. Die Resozialisierung verdünnt sich und verglimmt zu einer Legitimationsformel.

b) Der Resozialisierung steht jedoch auch die zentrale Eigenschaft des Strafvollzugs entgegen: sein in diversen Zeiten scheinexakt gemessener Freiheitsentzug. Schon eingangs haben wir darauf aufmerksam gemacht. Wie kann man vernünftigerweise auf den Gedanken verfallen, man lerne schwimmen vor allem dadurch, dass man das Wasser meide? Ungleich schwieriger ist es indes, sich im Dickicht der Gesellschaft und ihren schlaglochreichen Verkehrswegen, ohne anzuecken, zurechtzufinden, ambivalent, wie fast alles Menschlich-Gesellschaftliche nun einmal ist. Dazu soll nun just ein nach außen abgeschottetes, regeldichtes Anordnungs-, Verhaltensteuerungs- und feines Kontrollsystem vorbereiten. Dieses Regelungs- und Kontrollsystem zeichnet sich außerdem dadurch aus, dass es zwar keinen Kadavergehorsam verlangt und notfalls einprügelt. Das Zuchthaus ist glücklicherweise weitgehend überwunden. Wohl aber wirkt es zum einen „dissoziativ", sprich stärkt die vereinzelnden Überlebensstrategien der Inhaftierten, während es zugleich eher negativen Gruppendruck mehrt. Vor allem aber wird das eigene Tun und Lassen, das eigene Selbstbestimmen und Mitbestimmen abgeblockt. Gegenseitige Hilfe, die viel berufene Solidarität, werden unterbunden und negativ beeinflusst. Nein, die „Muskeln", sich selbstständig zu verhalten, und die Fähigkeit, selbst zu urteilen, werden nicht gefördert.

Die „Gefängnislogik", um Thomas Mathiesens Begriff zu wiederholen, weist nicht in Richtung „Resozialisierung", unterstellt, damit seien Verhaltensweisen gemeint, die die Fähigkeit einschließen, ein eigenes Leben zu führen, ohne sich an den Kanten und Zinken des Strafrechts zu schneiden oder sich in ihnen zu verfangen. Nicht die Fähigkeiten werden entwickelt und gestärkt, mit sich, auch seinen in uns allen steckenden Aggressionen, und dem, was man jeweils hat, und mit anderen auszukommen. Im Gegenteil: alle möglichen Tricks und täuscherischen Verhaltensweisen werden eingeübt, weil eine/einer sonst, von sexuellen Schwierigkeiten angefangen, jedenfalls längere Zeit schwer überleben kann. In nicht wenigen Haftanstalten oder einzelnen Abteilungen trifft außerdem die sarkastische Feststellung zu: wer vor „dem Knast" nicht drogenabhängig war, wird es in demselben. Hinzu kommt, dass die materielle und personelle Ausstattung der Haftanstalten mit kompetenten und angemessen bezahlten, selbst „sozialisierungsfähigen" Leuten von allem Anfang des Strafvollzugsgesetzes an unzureichend war. Nun aber, in Zeiten des „Sparzwangs", wird zuerst in den Haftanstalten gespart. Die ohnehin zarten, mit wenig Humus versehenen Resozialisierungsanemonen, im Blumengenre analog eher Disteln oder Brennesseln zu nennen, verkümmern.

Kurzum: die Gefängnislogik widerspricht materiell, funktionell und habituell dem resozialisierenden Anspruch. Das gilt heute sogar noch mehr als vor 15 Jahren. Ob es nun den Regelkäfig angeht, in dem sich jede und jeder täglich, stündlich wundstoßen müsste, benähme er oder sie sich „normal" oder „resozialisiert", ob es die mangelnde, meist mangelhaft qualifizierte und zudem mangelhaft bezahlte Arbeit ist, ob es gar die eng begrenzten Kontakte zur Außenwelt angeht – der e-mail-Zugang eines Inhaftierten ist schon als Gedanke revolutionär ungeheuerlich: überall sorgt der

„Knast" dafür, dass in der Regel nichts „resozialisiert" Brauchbares hinzugelernt, dass allenfalls entlernt wird oder Verhaltensweisen angenommen werden, die sich in der Tat bestenfalls im Lichtdunkel einer Haftanstalt tummeln können.

In diesem Sinne zeigt es – zu seinen Gunsten angenommen – die ganze Ahnungslosigkeit des am Eingang dieses Abschnittes zitierten „wissenschaftlich" fundierten Psychiaters, wenn dieser annimmt, der Normalvollzug werde den noch nicht zureichend selbstehrlichen Häftling schon noch soweit bringen. Wenn nicht in den ersten 26 Jahren, vielleicht in den zweiten 26 Jahren. Diese Ahnungslosigkeit des Psychiaters über das soziale System Haftanstalt ist in der Tat schuldhaft. Nur, diese „Schuld", das heißt dieser Mangel an informierter sozialer Phantasie, ist so allgemein verbreitet und so erwünscht, dass sie nicht geahndet wird. Der Psychiater kann weiterhin durch seine Gutachten Geld und Renommee verdienen.

Es soll unter all dieser berechtigten, informationell bergehoch belegbaren Kritik nicht verborgen bleiben, dass es auch hier Ausnahmen in der Regel, Ausnahmen im Normalvollzug gibt. Zum einen gilt trotz aller gesetzlichen Gleichheit: Haftanstalt ist nicht gleich Haftanstalt, ja sogar innerhalb der Haftanstalten unterscheiden sich manche Abteilungen qualitativ von den anderen. Diese Unterschiede sind zum Teil in der föderalen Varianz begründet. Bayern ist kein den Gefängnissen besonders resozialisierend zugetaner „Freistaat", in Straubing gibt es eine Haftanstalt, die die Inhaftierten noch restriktiver behandelt als anderswo. Die Verschiedenheiten resultieren auch aus den diversen Anstaltsleiterinnen und Anstaltsleitern, sie reichen über die eingesetzten Sozialarbeiter hinunter bis zum „letzten" Schließer. Gerade dort, wo alles geregelt ist, wo kein Spielraum mehr gegeben scheint, gerade dort spielt die jeweils leitende Person für den „Geist" einer Haftanstalt insgesamt, gerade dort spielt das Verhalten des einfachen Beamten, wie er seinen Pflichten nachkommt, warum er wo zuweilen ein Auge zudrückt, eine erhebliche Rolle (dieser Sach- bzw. Personenverhalt wird bekanntlich durch die Erfahrungen qualitativ schlimmerer Lager und totaler Institutionen bestätigt). Schließlich darf nicht übersehen werden, dass manche Inhaftierte, auch und gerade unter den sogenannten Langstrafern, in den Haftjahren an Wissen und an Selbstbewusstsein gewinnen. Die permanente Auseinandersetzung mit der Fülle der „rechtsstaatlichen" „Idiotien" der Haftanstalten, mit der Fülle der Regeln und ihren teilweisen Widersprüchen, mit den oft für sie selbst ausschlaggebenden Fehlansprüchen von Psychologen aller Schulen, die sich anmaßen, Prognosen abzugeben und sich unbedenklich auf die Haftbedingungen einlassen, diese Auseinandersetzungen für sich selber, oft jedoch auch und gerade darum für andere Inhaftierte, lassen manche nicht nur zu Rechts-, Psychologie- und Knastexperten werden, sondern stärken sie auch habituell als Personen.

Diese „positiven" Effekte indes sind alles andere als Regeleffekte. Sie entstehen trotzdem. Die betreffenden Personen – einige sind uns aus langjährigem Umgang bekannt – hätten aller Wahrscheinlichkeit ohne jahrelanges Gefängnissitzen besser und mehr gelernt und mehr bewirkt. Ihr Leben hätte früher einen sozialen Sinn wiedergewonnen. Die negativen Effekte sind das System. Sie haben die Logik des Gefängnisses zum Inhalt. Die Ausnahmen sind also nicht Teil des Haftsystems, sie sprechen nicht für dasselbe.

V. Worin also besteht die Funktion der Haftanstalten? – Einige vorläufig abschließende Notizen

a) Haftanstalten bestätigen das staatliche Gewaltmonopol und seinen letztlich dem ganzen Körper des Menschen „im Staat" unmittelbar geltenden Sicherheitsanspruch. Derjenige, der sich eines staatlich definierten Verbrechens schuldig gemacht hat oder schuldig gemacht haben könnte, wird mit Hilfe des umfänglichen Apparats der Strafverfolgung personenfestgemacht und gefängnisfixiert. Der gerade genannte Apparat der Strafverfolgung verdiente übrigens im Zusammenhang des Haftsystems und seines weiten Vor- und Nachhofs auch in seiner bürgerlich „sozialisierenden" Wirkung ein eigenes Kapitel. Erst die Strafverfolgung übersetzt oder implementiert vor dem Haftende und der vermittelnden Strafjustiz das geltende Strafrecht. Sie macht es dadurch erst gelten. Die Strafverfolgung bestimmt auch in hohem Maße mit, wer wie schließlich überführt wird und im Gefängnis landet.

b) Indem „der" Staat sich im Haftsystem in einer zentralen Funktion verkörpert, wird zugleich das allgemeine Wahrzeichen des Gewaltmonopols deutlich. Das Gewaltmonopol wehrt sich gegen als „privat" disqualifizierte Gewalt (das ist sein Anteil am „Prozess der Zivilisation"). Es beansprucht alle Gewalt für sich. Danach kann es sie freigiebig auch an andere private Lizenzträger verteilen. Gewalt wird als staatlich gemachte und ausgeübte legitim (je nach den verfassungsverschiedenen Legitimationsmustern erfolgt die Prozedur anders). Die staatlich legitim konzentrierte Gewalt schafft jedoch Gewalt im gesellschaftlichen Verkehr nicht ab. Gewalt wird, Gewalt ist glückendenfalls, verstaatlicht – auf Fragen und Probleme der „strukturellen Gewalt" (Johan Galtung) gehen wir an dieser Stelle nicht ein. Mehr und fast wichtiger noch: staatliche Gewalt, das wird gerade in der Strafsequenz funktionell und institutionell deutlich, geht nicht an mögliche Ursachen formell privater Verstöße gegen das Recht heran, dem, was staats-rechtlich etikettiert als Kriminalität bezeichnet wird. Gerichtlich überführte Täter werden ihrer „Schuld" gemäß einer Art kurz-lang-länger aufgenötigtem Strafzeittaylorismus unterworfen. Die Hintergründe, die Täter zu ihren Taten veranlassten, werden zwar strafjustiziell mehr oder minder gemäß der verschieden geschätzten Tradition des „Sozialstrafrechts" Radbruch'scher Schule in Deutschland zur Kenntnis genommen und gegebenenfalls als mildernde Umstände berücksichtigt. Der individualisierenden Eigenart des Strafsystems gemäß, angefangen vom Strafrecht, werden die Umstände jedoch strafjustiziell und schließlich im Gefängnis an den überführten, dann bestraften Personen „abgearbeitet". Das aber heißt, die gesellschaftlichen Bedingungen (das wäre wieder eventuell „strukturelle Gewalt"), die schließlich bestrafte Personen produzieren, werden nicht weiter beachtet. Das bezeichnet geradezu die kategorische Grenze des „Resozialisierungsversprechens".

c) So sehr die potentiellen – das sind „wir" alle – und die aktuellen Opfer von „Verbrechen", wenn es sich um personenbezogene Taten handelt, auf das staatliche im Gefängnishafen endende Sicherheitssystem mit seinem Versicherer setzen, dem staatlichen Gewaltmonopol, so wenig werden die (potentiellen und aktuellen) Opfer und deren Angehörige im Strafsystem an die erste Stelle gesetzt. Einige Veränderungen sind in neuerer Zeit festzuhalten. Frauen werden als Nebenklägerinnen in Vergewaltigungsverfahren zugelassen; geschlagene und sexuell missbrauchte Kinder erhalten mehr Aussagegewicht; den Opfern und Opferangehörigen von Gewalttaten wird etwas mehr Hilfe als früher zugestanden. Insgesamt aber gilt nach wie vor: nicht der Opferschutz und die Opferhilfe stehen im Mittelpunkt der einschlägigen Strafverfahren und des Strafsystems insgesamt, sondern der erhabene Anspruch des staatlichen Leviathan. Der inkorporierte STAATSanwalt. Der bezieht sich primär auf (potentielle) Täter als diejenigen Objekte, an denen die strafenden Exempel statuiert werden können.

d) Das Strafsystem wird heute nicht mehr legitimationsoffiziell durch Sühne und Vergeltungsmotive gerechtfertigt. Beide Motivbündel sind jedoch, wie jede Einsicht ins Strafsystem, jede Teilnahme an Strafverfahren und fast jedes Gespräch mit (potentiellen und aktuellen) Opfern – im übrigen auch, nur auf andere gerichtet, mit Tätern – herausfinden kann, fast überall wirksam. Sie bewegen, dem Sinn des Wortes „Motiv" (= Bewegungsgrund) gemäß, die meisten Menschen. Darauf baut die staatliche Politik, die sich ins Strafsystem ergießt und von ihm zehrt.

B. Würde primär auf die Menschenrechte gebaut und würden menschenrechtliche Normen materialisiert, das herkömmliche Haftsystem im Rahmen des Strafsystems insgesamt fiele in sich zusammen. Der Blick würde frei. Ein anderer Umgang mit Fehlverhalten von Menschen gegen Menschen würde möglich und nötig, Fehlverhalten, Gewalt, Raub und dergleichen, das auch in „besten" Gesellschaften auftreten wird.

„Ein demokratisches Strafrecht beruht nicht auf einem Oben und Unten, auf der Repression, sondern auf der Gleichheit und Solidarität aller Staatsbürger und zielt auf ‚Sozialisierung' (‚socialising') oder ‚Resozialisierung' des Täters aus dem Geist mitbürgerlicher und mitmenschlicher Verantwortung." (Bauer 1998, S. 272)

„Ein Strafrecht, das auf dem Primat des Sollens vor dem Können beruht, ist nicht nur autoritär, sondern kann eine menschenunwürdige Behandlung des Täters zum Inhalt haben und deswegen sogar grundgesetzwidrig sein." (ebd., S. 274)

Und nun die unseres Erachtens in den beiden Zitaten schon steckende, allein angemessen Richtung gebende Aussage: „Wozu das alles? Es galt zu zeigen, was Ausgangspunkt eines modernen Rechts sein sollte. Nicht irgendeine Scholastik ist wichtig, *sondern die Kenntnis vom Menschen* (hervorgehoben von uns, WDN/RR). Das Recht muss sich um die Ursachen kriminellen Verhaltens kümmern und versuchen, diese Ursachen zu beseitigen. Dies geschieht nicht aus reiner Larmoyanz, es ist um des Einzelnen und um der Gesellschaft willen erforderlich. Es wird nicht der Neugier wegen biologisiert, psychologisiert und soziologisiert, sondern um dem Menschen und in den Menschen seiner Umwelt zu helfen." (Bauer 1998, S. 290)

Wir haben bei der Vorbereitung dieser etwas grundlegenden Einleitung zu einem Jahrbuchschwerpunkt, die unvermeidlich eher einer Versammlung weniger wichtiger Aspekte gleicht, unter anderem in den dankenswerter Weise neu aufgelegten Aufsätzen des ungewöhnlichen Staatsanwalts Fritz Bauer gelesen (s. Fritz Bauer 1998). Einige uns wichtige Argumente illustrieren wir, nicht zuletzt auch, um auf Bauer nachdrücklich neu hinzuweisen, mit Zitaten aus diesen strafreformerisch einschlägigen Aufsätzen. Hierbei ist nicht zu verschweigen, dass Bauer in einer uns um weniges vorgelagerten Zeit, also in den 50er und 60er Jahren schrieb. Er hat sich nicht nur, wie sich dies von selbst versteht, auf den damaligen Rechts- und Gefängnis-, ja noch Zuchthauszustand bezogen und die daran meist „kleingläubig" ansetzenden Reformdebatten. Bauer hat auch seine Kritik nicht auf das System der Freiheitsstrafen und seine Anstalt, das Gefängnis insgesamt ausgedehnt. Bauer hat sogar, obwohl er weitergehende Forderungen der Sozialdemokratie aus der Frühzeit der Weimarer Republik zustimmend zitiert, die lebenslange Freiheitsstrafe als Gegebenheit hingenommen. Liest man indes seine Schriften zu einzelnen Etappen des Strafsystems insgesamt und denkt man Bauers auch in den obigen Eingangszitaten steckenden Ansatz fort, dann scheinen weitergehende Konsequenzen angezeigt. Diese rütteln dann notwendigerweise am System der Freiheitsstrafen insgesamt.

I. Schuld

Diesen Hauptpfeiler allen Strafens haben wir schon angeschnitten. Sobald man nicht projektiv verfährt, sondern unter Anstrengung der gesamten Vorstellungskraft aus den Erfahrungen der Menschen mit Menschen herausfinden will, was Schuld ist, wird man nicht alles verstehen, um alles zu verzeihen. Darum geht es ohnehin nicht: Taten ungeschehen zu machen, sie zu nivellieren, sie im Meer der Entstehungsgründe unterzutauchen. Es geht vielmehr darum, aus Taten und ihren Wurzel- oder Quellgründen zu lernen. Einerseits im Hinblick auf die Täter und was in ihren Lebensbedingungen hinfort beachtet werden muss. Andererseits zukunfts- und vermeidungsgerichtet. Aber eben nicht in Richtung einer Prävention, die auf eine möglichst totale Kontrolle aller gesellschaftlichen Regungen hinausläuft. Der perfekte, präventiv gewandte Sicherheitstraum wird immer zum Albtraum. Letztlich sogar für diejenigen, die sich perfekt sichern wollen (einen „guten" Geschmack davon kann u.a. das System der „Stasi" geben). Das war schon des BKA-Chefs der 70er Jahre, Horst Herolds, vergeblicher und nur mit negativen Grundrechtseffekten ausgestatteter Traum. Stattdessen bedarf es politischer sozialer Konsequenzen, die an die Nähr- und Förderbedingungen gewalthaften Verhaltens anpacken. Wenn man den auch populär herrschenden Schuldbegriff und das Personen festhaltende und inkarzerierende Schuldigesuchen kritisiert, dann folgt daraus nicht eine Abnahme von untersuchender Anstrengung. Es folgt daraus vielmehr eine Zunahme. Dann folgt daraus nicht Unverbindlichkeit nach einem postmodernen Motto: jeder bastele sein eigenes Verbrechen und konstruiere sich seine eigene Wellness-Nische. Vielmehr wächst die Verbindlichkeit für alle und jeden im Sinne der nötigen Konsequenzen. Solche Konsequenzen wären beispielsweise aus der Gewalt von Jugendlichen in den fünf neuen Bundesländern und der allgemeinen Vorurteilsgewalt quer über die BRD politisch, in den Schulen, in den Freizeitstätten, in geschaffener sozialer Relevanz u.ä.m. zu ziehen. Auch die gewalttätig gewordenen Jugendlichen würden nicht mit einem freundlichen Klaps und dem Hinweis „anything goes" entlassen. Sie müssten für sich und andere arbeiten. Das hätte selbstredend alles andere als modernisierte Arbeitshäuser im repressiven Stil zur Folge (s. Rusche/Kirchheimer 1974).

Zuerst zu den „Schuldgefühlen" des Täters, die auch unser am Eingang des „Resozialisierungsabschnitts" zitierter akademischer Psychiater beim untersuchten Täter vermisst: „In der juristischen Literatur in Deutschland wird viel von Schuld geredet; Schuldgefühle werden dem Täter bestenfalls unterstellt, Art und Ausmaß ist aber noch nie empirisch nachgeprüft worden. Auch hier zeigt sich der Grundfehler der gesamten Strafrechtskonzeption. Man operiert mit einem abstrakten Modell vom Menschen, und die Folge ist, dass man den wirklichen Menschen verfehlt." (Bauer 1998, S. 268)

In Sachen Schuldvorwurf zitiert Bauer aus gutem Grund Nietzsches „Menschliches, Allzumenschliches". Es gibt niemanden in der deutschen Literatur, der die psychischen Verästelungen, das Gespinst der wohlgefälligen, nämlich interessierten Selbst- und Fremdtäuschungen so feinziseliert nachgezeichnet hätte wie eben Friedrich Nietzsche: „Der Verbrecher, der den ganzen Fluss der Umstände kennt, findet seine Tat nicht so außer Ordnung und Begreiflichkeit wie seine Richter und Tadler. Wenn die Kenntnis, welche der Verteidiger eines Verbrechens von dem Fall und seiner Vorgeschichte hat, weit genug reicht, so müssen die sogenannten mildernden Umstände, welche er der Reihe nach vorbringt, endlich die ganze Schuld hinwegmildern. Oder noch deutlicher: Der Verteidiger wird schrittweise jenes verurteilende und strafzumessende Erstaunen mildern und zuletzt ganz aufheben, indem er jeden ehrlichen Zuhörer zu dem inneren Eingeständnis nötigt, er musste so handeln, wie er gehandelt hat: wir würden, wenn wir bestrafen, die ewige Notwendigkeit bestrafen." (zit. nach Bauer 1998, S. 269)

Entgegen dieser Sicht, die Schuld annimmt als etwas, das weitgehend aus menschengeschaffenen Bedingungen erwächst, nicht zuletzt Bedingungen, die die strafverfolgenden und Strafe zumessenden, dann inhaftierenden staatlichen Institutionen, siehe Gewalt von Jugendlichen, vergleiche Vorurteile gegen Ausländerinnen und Ausländer, selbst mitgeschaffen haben, weiß Bauer, wie sehr eigene oder einem ganzen Kollektiv gehörige Schuld, „den" Deutschen im und nach dem Nationalsozialismus, auf andere, auf andere Umstände, auf Verführer (und Führer) weg-projiziert werden. „Das beste Beispiel für die Schuldentlastung und gewisse menschliche Mechanismen bietet unsere sogenannte ‚unbewältigte Vergangenheit', das Leben, das Tun und Unterlassen im nationalsozialistischen Unrechtsstaat. Menschen verdrängen die unangenehmen Erinnerungen. Sie finden einen Sündenbock, sie projizieren die Ursache, die ‚Schuld' auf andere Personen oder äußere Umstände. Das Handeln wird weltanschaulich unterbaut, womit jedes auch noch so verbrecherische Verhalten eine positive Wertung erfahren kann und ‚aus bester und ehrlicher Überzeugung', ‚im Dienst an der Sache' und ‚im Bewusstsein der Verantwortung' geschieht. An Weltanschauungen, zumal solchen, die der offenen und latenten Aggressivität des Menschen Raum geben, hat es bekanntlich noch nie gefehlt. Man braucht nur an die Idealisierung des Kampfes aller gegen alle zu erinnern, an das ‚survival of the fittest' oder an die Alternative eines deutschen Strafrechtslehrers: Freund/Feind." (Bauer 1998, S. 270; s. auch S. 283 f. Dort berichtet Bauer, wie die NS-Prozesse zum Anlass wurden, dass einige „plötzlich" einer Art anderen Sozialisierung von Schuld beipflichteten.)

Das Thema „Schuld" gleicht bekanntlich einer schier unendlichen, insgesamt nicht sehr erfreulichen, aber lehrreichen Geschichte menschlicher Einsichten und Täuschungen. Für einen Anstoß zum Nachdenken, ja für den Sturz des hohlen, mit Rationalisierungen und Projektionen vollen Schuldpfeilers des immer noch, ja des teilweise mehr denn je geltenden Strafsystems sollten diese pfeilspitzen Zitate ausreichen.

II. Freier Wille und
III. Verantwortung

Wir nennen nur noch die Stichworte der Überschriften. Bauers Aufsätze und die vieler anderer, Nietzsche einschließlich, bilden erneut eine Fundgrube. Viel wichtiger: sie enthalten triftige Einsichten, die im methodischen Verfahren, sprich der Art, wie sie gewonnen worden sind, und substantiell, das heißt in ihrem inhaltlichen Argument stimmen. Diese Stimmigkeit gilt, gerade weil dieselbe nie hundertprozentig aufgeht. Ambivalenzen und Problemverhalten, wo ein Nicht-weiter-Wissen gilt, sind gerade bei einem Verfahren, das sich an dem, was Menschen umständegemäß vermögen und treiben, ausrichtet – in möglicher Wirklichkeit und in wirklicher Möglichkeit – unvermeidlich. Und die Umstände sind jeweils von erster, das heißt nicht von exklusiver Bedeutung.

Bleibt man wirklichkeits- und möglichkeitsgesinnt auf der Spur von „Schuld und Strafe" (die Übersetzung von Dostojewskis packendem Roman als „Schuld und Sühne" ist in jedem Fall deutsche Projektion), dann werden „der strafend unterstellte „freie Wille" und eine abstrakt individualisierte „Verantwortung" zu interessierten Fiktionen. Diese erlauben dann eine abstrakte Moral, eine unverbindliche, aber herrschaftlich brauchbare Metaphysik, statt eine verbindliche Physik der Sitten, die uns zur Verantwortung geradezu zwingt, zu begründen. Aus einer Politik, die darauf zielte, die Bedingungen inneren friedlichen Umgangs in immer erneuter Anstrengung so gut wie möglich zu schaffen und Bürgerinnen und Bürger demokratisch darin einzubeziehen, wird eine Politik, die sich den Schlick von Schuld- und Sühnegedanken in uns allen zunutze macht. Indem sie ihn schlammsudelnd, und schlammgierig aufrührt und aufrührt. Und dabei, wie nicht anders möglich, selbst zum Schlick wird.

IV. Menschenrechte

Auch bei ihnen können wir uns nach all dem Gesagten kurz fassen. Wir fassen Menschen*rechte* im Sinne von Bedingungen, die notwendig sind, damit Menschen sich einigermaßen ihren Möglichkeiten gemäß selbstbewusst und handlungsfähig entwickeln und benehmen können. Dazu gehört, dass sie als „soziale" und „politische" Wesen in gesellschaftlichen Kontexten leben können, die ihrem Selbstbewusstsein und Handeln dienen. Wie umgekehrt, dass sie die Chance haben, mit anderen gewaltfrei und in gegenseitiger Hilfe zu verkehren. Im Kontext eines solchen Menschenrechtsverständnisses bildet die Integrität des Menschen oder, mit dem schönen deutschen Ausdruck dafür benannt, die Unversehrtheit körperlich, jedoch auch psychisch und intellektuell, einen, wenn nicht den normativen Höhe- und Bezugspunkt. Sobald man Integrität sagt (vgl. Art. 2 GG: dort nicht zureichend normiert), weiß man, dass diese dauernd prekär und riskant ist. Das gilt für alle Menschenrechte. Sie verstehen sich nie von selbst. Das ist eine der Täuschungen ihrer juristischen Formulierung im Modus des Indikativs. À la „Die Würde des Menschen ist unantastbar." Als verstünde sich zum einen von selbst, was „Würde" ist. Und als bestünde dieselbe als schlichte Gegebenheit schon immer und könne allenfalls böswillig angetastet werden. Weil die Menschenrechte nicht „festgemauert in der Erden" stehen und evident sind, wie die liebenswerten, wenngleich einseitigen Formulierer der Virginia Bill of Rights meinten, gehört zu jedem Menschenrecht als Konnexrecht dazu, dass jeder Mensch mitbestimmen muss, was er oder sie unter ihrer oder seiner Unversehrheit versteht. Sprich: die radikaldemokratische Qualität ist notwendiger Teil aller Menschenrechte, kein äußerlicher Zusatz. Schließlich kommt hinzu, dass menschenrechtliche Normen als Indikatoren für notwendige Befindlichkeiten à la Unversehrtheit normnotwendig die dazugehörigen soziopolitisch ökonomischen Institutionen und entsprechend dazugehörige demokratische Prozeduren verlangen. Es ist jeweils genau herauszufinden und darzulegen, wie die Unversehrtheit in den Institutionen, in denen Menschen regelmäßig verkehren, die ihr Leben bedingen und bestimmen, gewährleistet wird bzw. wie gegebenen Mängeln abgeholfen werden kann.

Erst in solcher Differenzierung und „Materialisierung" werden Menschenrechte zu praktikablen Bezugs- und Urteilsnormen, zu menschengeschaffenen, von allen Menschen verstandenen Gebrauchsgegenständen.

Betrachtet man in dieser Perspektive das Haftsystem in all den angedeuteten, indes nicht im einzelnen geschilderten institutionell verfahrensförmigen Eigenarten, dann wird sofort deutlich, dass das Haftsystem mit den Kernartikeln der Menschenrechte, der Unversehrtheit und der in ihr gründenden Würde, nicht vereinbar ist. An dieser Einsicht führt kein Weg vorbei. Es sei denn, man wedele Slalom mit spitzkehrigen Kurven hangaufwärts. Das ist bis jetzt noch keinem Skistar gelungen (es mag allerdings Juristen dieser Akrobatik geben). Bei dieser Einsicht kann es freilich nicht sein Bewenden haben. Selbst wenn die praktische Folgen heischenden Menschenrechtlerinnen und Menschenrechtler, ironisch gesagt, das Komitee für Grundrechte und Demokratie, die (All)Macht hätten, kurzfristig eine Involution aller Gefängnisse zu veranlassen und Beethovens begeisternden Fidelio-Schluss brd-, wenn nicht globalweit zu intonieren. Zwei Probleme bleiben in jedem Fall. Auch für sie gilt anders Goethes Beobachtung im 2. Teil des Faust. „Es bleibt ein Erdenrest zu tragen peinlich, und wär er aus Asbest, er ist nicht reinlich." Zum einen, dass es Gewalttaten, Raub und andere menschlichen Verhaltensweisen gibt, die keine Gesellschaft, auch um der Abweichenden willen, dulden kann. Zum anderen, und eng damit verknüpft: nicht nur müssen weitere Opfer aufs peinlichste vermieden werden. Darüber hinaus und davor ist es erforderlich, denjenigen zu helfen, die zum Opfer solcher Taten geworden sind (und/oder ihren Angehörigen). Gerade auch um ihrer verletzten oder zerstörten Integrität willen. Das ist eine Daueraufgabe.

Gilt jedoch die menschenrechtlich nicht diskutable Einsicht: das System der Freiheitsstrafen in Haftanstalten ist menschenrechtswidrig, dann sind neue und andere Wege zu suchen, mit den beiden genannten dringlichen Problemen menschenrechtsgemäß fertig zu werden. Das ist ja das Faszinierende und Schwierige an den Menschenrechten. Sie gelten pannormativ, sprich für alle Menschen, für Täter und Opfer und alles, was dazwischen siedelt, die meisten von uns gleichermaßen. Kurzum: menschenrechtlich steht die Alternative zum Freiheitsstrafensystem auf der Tagesordnung.

C. Sisyphos rollt auch hier den marmornen Stein hoch. Schweißperlig schaut er schon zur Spitze des Bergs. Wenigstens argumentativ ist es ihm gelungen, das habituell tief eingesessene Haftsystem als absurd zu beweisen. Selbst die Minderheit der Leute, die sich darum kümmern, ist größer, ist stärker, ist munterer geworden. Doch nun tritt ein, was der treffliche Übersetzer J. H. Voss homergleich beobachtete: „und holla mit Holtergepolter entfleucht ihm der tückische Marmor". Als nähme nicht die „Güte", sondern „die Bosheit" „wieder einmal zu" und also die Stabilität des Haftsystems.

Wenige abschließende Feststellungen, Behauptungen und Postulate:

Zum ersten: die Abschaffung des Haftsystems im Sinne der mauer-, draht- und technikumwehrten Gefängnisse, in denen Menschen mit diversen Freiheitsstrafen gehalten werden, wie in einem von Wenigen besuchten menschlichen Zoo, ist menschenrechtlich notwendig. Also gilt die „alte" abolitionistische Forderung. Abschaffen!

Zum zweiten: allerdings darf diese „Entkarzerierung" nicht voraussetzungs- und folgenlos vor sich gehen (s. zu etlichen, den Zeitumständen geschuldeten, aber darüber hinaus wichtigen Argumenten vor allem in Richtung psychiatrische Anstalten Andrew T. Scull 1980). Vonnöten sind Übergangszeiten und Übergangseinrichtungen. Eine bloße Öffnung käme allemal einer unverantwortlichen Pseudoliberalisierung oder nur einer Liberalisierung in ökonomischer Absicht gleich. Vonnöten ist außerdem eine Latte unterschiedlicher Einrichtungen und institutionell vorgesehener Tätigkeiten. Als da sind: Einrichtungen des Täter-Opfer-Ausgleichs (deren Gefahren, die u.a. in sublimierter, sprich weiter verinnerlichter Bestrafung bestehen können, sind wahrzunehmen und tunlichst zu vermeiden); Einrichtungen der Opferhilfe und des Opferschutzes; Einrichtungen, in denen Menschen beobachtet und notfalls auch mit möglichst weiten Spielräumen kontrolliert werden können, die erwiesenermaßen und immer erneut skrupulös mit ihnen zusammen überprüft einschließlich zureichender Außenkontrolle, ein eigenbestimmtes Leben nicht oder noch nicht führen können, ohne andere physisch zu gefährden. (Ein praktikabler Begriff der Gefährdung ist sehr genau zu bedenken. Der berühmte psychiatrische Fall Schreber ist dafür ein Dauerfanal. Entsprechend ist ein einmal gefasster Gefährdungsbegriff periodisch allgemein und fallspezifisch zu überprüfen.)

Zum dritten: eine Beschränkung auf das Gefängnis„wesen" und seine „Logik" ist nicht tunlich. So sehr sich manche darauf konzentrieren mögen. Das gesamte Strafsystem, angefangen vom Strafbegriff, dem Strafrecht, weiter zur Strafverfolgung u.a.m., ist zur Disposition zu stellen. Die Freiheitsstrafe wüchse sonst, angenommen, es wäre unwahrscheinlicher Weise gelungen, sie kurzfristig abzuschaffen, wieder nach, den beiden Drachenhäuptern der von Herakles bekämpften Riesenschlange gleich. In diesem Sinne wird es ohne beträchtliche gesellschaftliche Änderungen nicht zu einschneidenden Gefängnisreformen kommen. Allenfalls zum einmal etwas reformerischen, einmal weniger reformerisch zurückschlagenden „Kreisel" (s. Papendorf und Schumann 1993, S. 13).

Zum vierten: man wird menschenrechtlich engagiert nicht darauf warten können, dass die Abschaffung der Knäste eintritt. Gleichwohl muss man sie dauernd konzipieren, sich argumentativ daran ausrichten und überzeugungskräftig dafür werben. Man wird sich ähnlich wie im Umkreis der Asylverfahren verhalten müssen. Die nicht aufzugebende Kritik an der Beseitigung, wie vor 1993 schon an der Aushöhlung des Grundrechts auf Asyl wird nicht davon abhalten dürfen, im Gegenteil müssen entsprechend Engagierte dahin drängen, in einzelnen Asylfällen nach Möglichkeit zu helfen. Obwohl sie sich, um so helfen zu können, auf das geltende, menschenrechtlich unmögliche Recht und die Institutionen samt deren Vertreter, die sie betreiben, „opportunistisch", „anpasserisch" einlassen müssen. Ähnliches gilt in Sachen menschenrechtswidriges Gefängnissystem. Demjenigen unter uns, der seit über einem Jahrzehnt als „Freiwilliger sozialer Helfer" in einer Berliner Haftanstalt wirkt, fällt jeder Besuch wahrhaftig schwer. Dennoch sind solche und andere, gänzlich immanent verbleibende Hilfen unseres Erachtens geboten. Die Spannung aber bleibt. Zwischen menschenrechtsrichtiger abolitionistischer Forderung und Einzelfallhilfe. Man darf sie nicht leugnen. Man muss sie jedoch, von sich selber und anderen mitdenkend, mitfühlend kontrollieren lassen. Darum ist kritische Diskussion so wichtig. Dann kann man die Spannung ohne falsche Reduktion aushalten. Und das ist geboten.

PS.: Noch einige Übergangsworte zum Schwerpunkt und seinen Beiträgen allgemein. Die einzelnen Beiträge selbst und die dankenswert Beitragenden müssen, aber sie können auch für sich selber sprechen.

Leider klafft zwischen dem Schwerpunktsanspruch und dem, was dann im Jahrbuch nachlesbar aus diesem Anspruch geworden ist, wie bei uns jedenfalls meist üblich, eine erhebliche Kluft. Wir haben zu spät damit begonnen, Autorinnen und Autoren einzuwerben. Etliche, an die wir gedacht haben und die wichtige Beiträge hätten leisten können, konnten dies aus diversen Gründen nicht tun.

Das, was jetzt herausgekommen ist, sind, je für sich genommen, wichtige Beiträge. Angefangen mit den Facetten des Haftalltags bis hin zu analytisch ausholenderen Beiträgen zu einzelnen Aspekten des Haftsystems. Um diese mit einem allgemeineren Hintergrund zu versehen, haben wir versucht, die Einleitung ein Stück allgemeiner und argumentativer zu halten.

Noch zwei Hinweise sind wichtig. Zum einen, dass wir die Beiträge in einen Schwerpunkt zur Haft allgemein und einen Unterschwerpunkt zur lebenslangen Freiheitsstrafe unterteilt haben. Bei letzterer schlägt unser menschenrechtliches Herz besonders laut. Hierzu haben wir uns auch erlaubt (s. die gesonderte Einleitung) auf frühere Komiteedokumente zurückzugreifen, in der Annahme, diese seien auch unseren geneigten Leserinnen und Lesern nicht mehr präsent. Zum anderen wollen wir auch und gerade für diese Einleitung unsere Autorenschuld bei vielen derjenigen offen einräumen, die sich zeitweise oder immer noch, über die nachdrücklich hervorgehobenen Fritz Bauer und Thomas Mathiesen hinaus, im engeren oder weiteren Umkreis des Komitees, Fördernde oder nicht, bewegt haben oder glücklicherweise noch bewegen. Nennen wollen wir an dieser Stelle nur und zuallererst Helga Einsele, die mit zwei nicht eigens für dieses Heft verfassten Beiträgen vertreten ist. Wer könnte besser die Tradition von Fritz Bauer und anderen repräsentieren als sie, über 90-jährig nun, die ehemalige Leiterin des Frauengefängnisses in Frankfurt-Preungesheim. Sie war, solange er lebte, eng mit Fritz Bauer verbunden. Hervorheben wollen wir außerdem Arno Pilgrim aus Wien, der mit einem kleinen Nachdruck aus einer Komiteebroschüre von 1990 vertreten ist, und Johannes Feest, der zweimal mit einem Nachdruck von 1990 in Sachen lebenslange Freiheitsstrafe und mit einer Begründung einer Klage vor dem Bundesverfassungsgericht auftaucht. Von den „Bremern" (Strafvollzugsarchiv) kann man, gerade, was praktische, argumentativ wohlbegründete Hilfe angeht, nur lernen. Da wir schon bei „den" Bremern sind, wollen wir Karl F.

Schumann nicht vergessen, von dem wir kriminologisch viel gelernt haben. Er ist in der Literaturliste mit der von ihm mitherausgegebenen und miteingeleiteten Festschrift für Thomas Mathiesen vertreten. Genug der namentlichen Hervorhebungen. Sie sollen andere, nicht erwähnte, nicht in den Schatten stellen, sondern nur darauf hinweisen, dass wir in all dem, was wir geschrieben haben, auf den Schultern anderer stehen. Einige dieser Schultern, auf denen wir stehen, wollten wir mit dem Namen der ganzen Person versehen. Hinweisen wollen wir nachdrücklich noch auf die komiteeliche Arbeitsgruppe Haftbedingungen. Sie wird federführend von Martin Singe vom Komitee-Sekretariat organisiert. Es ist aufs dringlichste zu wünschen, dass solche, die diese Einleitung und die Beiträge des Schwerpunkts lesen, daran in der einen oder anderen Weise mitwirken. Ein Anruf und der Wille, mitzumachen, genügen.

Kleinste Literaturliste

Bauer, Fritz, 1998: Die Humanität der Rechtsordnung. Ausgewählte Schriften, herausgegeben und eingeleitet von Joachim Perels und Irmtrud Wojak, Frankfurt/New York.
Cremer-Schäfer, Helga/Steinert, Heinz, 1998: Straflust und Repression. Zur Kritik der populistischen Kriminologie, Münster.
Mathiesen, Thomas, 1989: Gefängnislogik. Über alte und neue Rechtfertigungsversuche, Bielefeld.
Nix, Christoph, 1993: Über das Scheitern deutscher Abolitionisten, in: Papendorf/Schumann, S. 51-64.
Papendorf, Knut/Schumann, Karl F. (Hrsg.), 1993: Kein schärfer Schwert, denn das für Freiheit streitet! Eine Festschrift für Thomas Mathiesen, Bielefeld.
Rusche, Georg/Kirchheimer, Otto, 1974: Sozialstruktur und Strafvollzug, Frankfurt/M.
Scull, Andrew T., 1980: Die Anstalten öffnen? Decarceration der Irren und Häftlinge, Frankfurt/New York.

Anhang:

USA oder die angewandte Aufklärung: ein kurzer Gegenwartsblick auf das Gefängnissystem

Vor Jahrzehnten hat Ralf Dahrendorf ein Buch über die USA mit dem Titel „Angewandte Aufklärung" geschrieben. Der Titel war und ist nicht falsch. Seine Ausführungen waren – oder wären heute, entsprechend in die Gegenwart fortgeschrieben – allerdings zu wenig von dem berührt, was Max Horkheimer und Theodor W. Adorno 1947 in der „Dialektik der Aufklärung" als treibenden Widerspruch herausgearbeitet haben. Diese „Dialektik" spüren Horkheimer und Adorno weit über den zeitgeschichtlichen Kontext hinaus bereits in der griechischen Sage des Odysseus auf und bringen, mit Goyas berühmter Zeichnung gesprochen, den „Albtraum der Vernunft" an den Tag. Oder mit Walter Benjamins siebter geschichtsphilosophischen These zu reden: „Es ist niemals ein Dokument der Kultur, ohne zugleich ein solches der Barbarei zu sein."

Es folgen Zitate aus zwei ungleichen Quellen: der Wochenzeitschrift „The Economist" vom 10.8.2002 (unter den Überschriften „Too many convicts", S. 15 und „Prison and beyond. A stigma that never fades", S. 37-39) und ein historisch-analytischer Aufsatz von Loic Wacquant in der New Left Review 13 vom Jan./Febr. 2002 (unter dem Titel: „From Slavery to Mass Incarceration. Rethinking the ‚race question' in the US", S. 41-60). Sie dienen dazu, an einem vergleichsweise extremen Fall, der Expansion und den Zuständen der Gefängnisse in den USA, auf die davon quantitativ, teilweise auch qualitativ abweichenden und doch im Kern in Kontinuität stehenden Probleme und Gefahren in anderen, zum Beispiel den europäischen Ländern und schließlich der BRD aufmerksam zu machen. Um eine solche zugespitzte Problematisierung und die damit verbundenen Anregungen für Leserinnen und Leser geht es uns. Schon lange vor dem 11.9. waren die Inneren Sicherheiten in allen herrschaftlichen Lesarten präsent.

Die Ausländerfeindlichkeit wurde westlich allgemein zur intensivierten, ökonomisch sozialpolitisch verstärkten „Mode". Sie wurde gesetzes-, polizei-, gefängnis- und verhaltenshärter. Zu den warnenden Schriften an den gesellschaftlichen Wänden gehört in diesem dynamischen Kontext nicht zuletzt die Straf-, die Strafverfolgungs- und die Inhaftierungspolitik samt ihrem populistisch herrschaftsinteressiert herausgepaukten Gezeter. Unsere Absicht ist also fern einer wohlfeilen und ihrerseits vorurteilsdurchwirkten pauschalen Amerikakritik – als gäbe es „die" USA und seien die „Hegemonisierten", also „die" Bundesdeutschen bis hin zu uns, nicht gleicherweise an den Eigenarten weltweiter Hegemonie schuldig. Von USA-„Feindlichkeit", eine Torheit, gar nicht zu reden. Dass wir das US-amerikanische Gefängnissystem kritisieren wie das vergleichsweise kleinere und noch etwas „resozialisierend" gedämpfte deutsche, versteht sich freilich von selbst. Gerade ob unserer menschenrechtlichen Sympathie mit denjenigen, denen es überall, so in den USA, gegenwärtig am schlechtesten geht.

Selbstredend liegen über die Gefängniszustände in den USA mehr als die beiden zitierten ungleichen Quellen vor. Selbstredend können Zitate nicht die eigene Beschreibung, Analyse und Bewertung ersetzen. Indes, wie gesagt, wir wollen nur ein bitteres Sektfrühstück aus zwei eingeholten Berichtsflaschen bieten. Als Denkhandlungs-, als am Handeln orientierter Denkanstoß.

Zahlen. „Heute ist ein besonderer Tag für 1.600 amerikanische Männer und Frauen: sie werden aus den Einzel- und Bundesstaatsgefängnissen entlassen. Morgen wird es erneut für andere 1.600 Menschen ein besonderer Tag sein. So am Tag danach. Etwa 600.000 Inhaftierte werden dieses Jahr die Gefängnistüren nach außen durchschreiten – das ist mehr als die Einwohnerzahl von Washington D.C. Da Amerika seine Gefängnisrate in den letzten 30 Jahren vervierfacht hat, sind gegenwärtig 700 Menschen von 100.000 hinter Schloss und Riegel, im Verhältnis fünf Mal mehr als in Großbritannien, das in Westeuropa am härtesten verurteilt. Jetzt muss sich das Land, das Menschen weltweit am aggressivsten in Gefängnisse sperrt, dem eisernen Gesetz der Inhaftierung stellen: dass diejenigen, die ins Gefängnis hineingehen, fast immer wieder herauskommen." (Economist, S. 15) 54 Milliarden Dollar werden in den USA jährlich für das Gefängnissystem ausgegeben. (Economist, S. 39)

Wer hineinkommt. „Der typische Gefängnisinsasse ist sozial in fast jeder Hinsicht benachteiligt. Mehr als andere Amerikaner dürfte er arm und schlecht ausgebildet sein, Arbeit hatte er selten, er ist wahrscheinlich eher ein ‚Junkie', mental gestört (‚mentally ill') und gehört einer Minderheitengruppe an. Eine Studie von Inhaftierten in Kalifornien hat herausgefunden, dass etwa die Hälfte praktisch Analphabeten waren. Das Gefängnis könn-

ALABAMA
Center for Health Statistics

ALABAMA
CERTIFICATE OF DEATH

92-039145

101

Cornelius	SINGLETON	November 20, 1992	Escambia

Atmore 36502

Holman Unit, Holman 37

No   Black   Male

36   yrs   April 14, 1956   None

Never Married

Alabama   Alabama   Mobile   Mobile   36601

Yes   1475 Cedar Crescent Dr.   Mrs. Grace Singleton Bolden 1475 Cedar Crescent Drive-Mobile, AL

Never Worked   Disabled

Unknown   Grace   Singleton

Burial   NOV. 2?, 1992 Whispering Pines   Prichard, Alabama

701 Dr.M.L.King Avenue-Mobile,AL   Nov.20,1992

March 27, 1993

12:20 AM   Nov20,1992 12:20AM   Joe M. Petty, Coroner

P. O. Box 987, Atmore, Alabama   36504

Mar 31 1993

MEDICAL CERTIFICATION

Electrocution By Judicial Order

Minutes

Homicide

This is a legal record and must be filed within five (5) days after death

te solche sozialen Nachteile beheben, tut es aber gewöhnlich nicht. Auf diese Weise wird der typische Gefängnisinsasse mit all den Problemen entlassen, die er ins Gefängnis mit sich schleppte. Dazu kommt nun sein Merkzeichen als Ex-Häftling. Dadurch wird es noch schwerer für ihn, eine Arbeit oder einen Platz zum Leben zu finden." (Economist, S. 37 f.)

Was passiert, wenn Häftlinge herauskommen. Zuerst ihr Zustand. „Sie kommen mit ihrem eigenen Problemgepäck zurück", sagt Jeffrey Fagan, Professor für Recht und Öffentliche Gesundheit an der Columbia-Universität. „In den meisten Fällen werden sie auch gefährlich krank entlassen. 1977 kam ein Viertel der Leute in den USA mit HIV oder Aids gerade aus dem Gefängnis. Die Zahlen für Hepatitis C und Tuberkulose sind sogar noch höher. Als Ende der 1980er Jahre New York eine TB erlebte, die nicht behandelbar war, konnten 80 Prozent der Fälle in Gefängnisse zurückverfolgt werden." (Economist, S. 38)

Dann die ihnen gewährte Lebenshilfe. „Selbstverständlich werden die meisten unter gewissen Bedingungen entlassen. Gewöhnlich werden sie eine Zeit lang unter Aufsicht bestimmten Auflagen genügen müssen (zum Beispiel, keine Drogen zu nehmen). Gegenwärtig ist der jeweils zuständige Beamte jedoch für fünfzig Prozent mehr Exgefangene zuständig als in den 70er Jahren. Methoden breiter Überwachung, etwa Drogentests, ersetzen Hilfen und Kontrollen, die von Personen ausgeübt werden." (Economist, S. 38)

Was Wunder, der Schrei nach Inhaftierung korrespondiert nicht mit der Sorge für die Inhaftierten, vor allem für die Ex-Gefangenen. „Dem nachhaltigen Interesse, Leute hinter Schloss und Riegel zu bringen, entspricht ein vollständiger Mangel an Interesse, was mit diesen geschieht, wenn sie wieder herauskommen. Und das tun sie, meist schneller als man denkt. Durchschnittlich wird zu 28 Monaten verurteilt. Zwei Fünftel der Inhaftierten kommt in den nächsten 12 Monaten wieder heraus." (Economist, S. 37)

Wer einmal aus dem Blechnapf fraß, wie zu Falladas Zeiten, kehrt deswegen oft wieder zurück. „Ende August wird Mike, ein 31jähriger Mann aus Lateinamerika, der im Südteil Chicagos lebt, wieder ein freier Mann sein. Das war sein zweiter langer Gefängnisaufenthalt wegen Diebstahls von Drogen und Autos. Er war schon ein Duzend mal im Gefängnis und wieder draußen. Er wird in dasselbe Milieu entlassen, in dem er zuvor so viele Schwierigkeiten hatte. Er wird versuchen, mit seinen wiedervereinigten fünf Kindern zusammen zu leben, die ihm fünf verschiedene Mütter geboren haben. ,Mich schreckt nichts, wenn ich entlassen werde', sagt Mike ,nur der Gedanke, dass ich zurückkomme'." (Economist, S. 37)

Vom Artikel Loic Wacquants, im Gefängnisthema, wie man akademisch zu formulieren pflegt, bestens ausgewiesen (vgl. auch seinen Aufsatz

„Bequeme Feinde", der in „Neue Kriminalpolitik" 12 (Heft 3) 2000, S. 4-7 erschienen ist), dokumentieren wir große Teile des Schlusses seines eingangs erwähnten Artikels (S. 54-60). Er ist das erst recht analytisch ansetzende und weiter treibende Pendant zum Economist-Überblick. Müssen wir hinzufügen, dass an die Stelle der Schwarzen, der notorischen „Unterklasse" in den USA sozusagen, mühelos andere Minderheiten treten können und dies gerade auch in westeuropäischen Gesellschaften in wieder zunehmendem Maße tun (vgl. dazu Andrew Hacker, Two Nations, 1995, und Albert Scharenberg, Schwarzer Nationalismus in den USA, 1998).

„In der Zeit einer rassistisch gezielten ‚law and order'-Politik und ihrer sozialen Entsprechung, einer rassistisch akzentuierten Masseninhaftierung, ist das leitende öffentliche Bild des Kriminellen nicht das ‚eines Monstrums, eines Wesens, das sich von dem unseren innerlich unterscheidet', sondern das eines *schwarzen* Monsters. Junge afroamerikanische Männer vom ‚Stadtinnern' werden als eine explosive Mischung von moralischer Degeneration und Wüstling angesehen. Die Art, wie Schwarzsein und Verbrechen in der allgemeinen Vorstellung und der Regierungspolitik zusammengeworfen werden – die andere Seite der Gleichung ist das Zusammenwerfen von Schwarzsein und Sozialhilfe –, reaktiviert ‚Rasse', indem sie dem antischwarzen Vorurteil die Form öffentlicher Schmähung von Kriminellen und Häftlingen gibt. Wie der Essayist John Edgar Wideman festgestellt hat: ‚Es gilt als ehrsam, Kriminelle zu teeren und zu federn, sich dafür einzusetzen, sie einzusperren und den Schlüssel wegzuwerfen. Das scheint nicht rassistisch gegen Verbrechen zu sein, obwohl der Typ des Kriminellen in den Medien und in der öffentlichen Vorstellung fast immer die Züge von Willie Horton trägt. Allmählich sind städtisch und Ghetto Stichworte für schreckliche Orte geworden, in denen nur Schwarze wohnen. Gefängnisse werden zunehmend in ähnlich segregiertem Sinne eingeordnet.'

In der Tat, ‚wenn man ein Farbiger eines bestimmten wirtschaftlichen Milieus ist, wird man, sobald man Teil des Strafsystems wird, zum Schwarzen gemacht, wie umgekehrt die Zeit hinter Gittern zugleich die Rassenzugehörigkeit markiert'.

Am Scheideweg eines deregulierten Arbeitsmarkts mit geringem Lohn nimmt ein aufpolierter ‚Wohlfahrts-Arbeitszwang'-Apparat (‚welfareworkfare'), der Gelegenheitsarbeit fördern soll, im Rahmen einer postkeynesianischen Steuerung von Rasse und Arbeit eine zentrale Rolle ein. Die Kennzeichen des Ghettos und des überbordenden Gefängnissystems sind in den USA zu einer großen, eigendynamischen Maschine symbolischer Produktion geworden. Sie ist *die* Institution, die Schwarzsein kenntlich macht und erzwingt, so wie es die Sklaverei während der ersten drei Jahrhunderte amerikanischer Geschichte getan hat. So wie Hörigkeit den ‚sozialen Tod' der importierten afrikanischen Gefangenen und ihrer Nachkommen auf amerikanischem Boden bewirkte, so bereitet die Masseninhaftierung den zivilen Tod derjenigen, die sie umschlingt, indem sie sie aus den normalen sozialen Zusammenhängen hinausdrängt. Heutige Gefängnisinsassen sind das Objekt einer dreifachen Ausschlussbewegung:

(1) Die Inhaftierten haben keinen Zugang zum kulturellen Kapital: Universitätsabschlüsse sind die Voraussetzung dafür, Zugang zum halbgeschützten Sektor des Arbeitsmarktes zu erhalten. Inhaftierte werden dadurch von höherer Ausbildung abgehalten, dass sie keine finanzielle Unterstützung erhalten können. Dieser Ausschluss begann 1988 mit Drogenkriminellen, wurde 1992 fortgesetzt mit Leuten, die zum Tode oder zu lebenslanger Freiheitsstrafe, ohne die Möglichkeit wieder auf freien Fuß zu kommen, verurteilt worden waren, und gilt schließlich seit 1994 für alle Inhaftierten in einzel- und bundesstaatlichen Gefängnissen. Dieser Ausschluss wurde vom Kongress allein deswegen beschlossen, um die symbolische Grenze zwischen Kriminellen und gesetzestreuen Bürgern deutlich zu markieren. Und dies, obwohl alle Erfahrungen eindeutig zeigen, dass Ausbildungsprogramme in Gefängnissen die Rückfallquote drastisch senken und helfen, die Ordnung in den Gefängnissen aufrecht zu erhalten.

(2) Gefängnisinsassen werden systematisch von allen Maßnahmen sozialer Umverteilung und öffentlicher Hilfe just in einer Zeit ausgeschlossen, da die Unsicherheit, Arbeit zu erhalten, den Zugang zu solchen Programmen für Leute in den unteren Regionen des sozialen Raums dringlicher denn je macht. Gesetze versagen Sozialhilfe, Zahlungen für ehemalige Soldaten und Lebensmittelkarten (‚food stamps‘) für alle Personen, die mehr als 60 Tage inhaftiert sind. Das Gesetz über ‚Work Opportunity and Personal Responsibility‘ von 1996 untersagt es, den meisten ehemaligen Inhaftierten Medicaid zu geben, sie zu öffentlich gefördertem Wohnen und ähnlichen Unterstützungsleistungen zuzulassen. Im Frühjahr 1998 denunzierte Präsident Clinton den unerträglichen ‚Betrug und Missbrauch‘, der gegenüber ‚Arbeiterfamilien‘, die sich an die Regeln hielten, dadurch begangen würde, dass manche Inhaftierte (und deren Familien) immer noch öffentliche Gelder erhielten, weil die bürokratische Umsetzung der oben genannten Verbote zu nachlässig geschehe. Und er verkündete stolz, bundesstaatliche, einzelstaatliche und lokale Instanzen arbeiteten in bisher nicht gekannter Weise zusammen und gebrauchten innovative Anreiz-Programme und technisch avancierte Mittel, um auch die letzten Inhaftierten auszusondern, die noch öffentliche Mittel erhielten. Diese innovativen Mittel schließen Handgelder an die lokalen Behörden ein, die sogleich entsprechende Informationen über ihre Inhaftierten an die übergeordnete Sozialverwaltung übermittelten.

(3) Inhaftierte werden mit Hilfe des Wahlverbots für Kriminelle in einem Ausmaß und in einer Härte von politischer Teilnahme ausgeschlossen, die

176

in anderen Ländern unvorstellbar ist. Nur vier Staaten der USA verneinen das Wahlrecht für Inhaftierte nicht; 39 Staaten verbieten Häftlingen, die bedingt frei gelassen sind, ihre politischen Rechte wahrzunehmen, 32 Staaten tun dies sogar bei Leuten, die schon unter Auflagen aus der Haft entlassen worden sind. In 14 Staaten dürfen ehemalige Häftlinge nicht wählen, selbst wenn sie nicht mehr beaufsichtigt werden, 10 Staaten geben ihnen ihr Wahlrecht nie mehr zurück. Im Resultat besagt dies, dass nahezu 4 Millionen Amerikaner zeitweise oder auf Dauer nicht wählen dürfen. Diese Zahl schließt 1,47 Millionen Leute ein, die nicht mehr inhaftiert sind, und 1,39 Millionen, die ihre Strafe ganz abgesessen haben. Gerade ein Vierteljahrhundert seitdem das allgemeine Wahlrecht zugestanden worden ist, ist ein schwarzer Mann bundesweit politisch gefängnisentmündigt. Sieben Staaten verneinen das Wahlrecht einem Viertel ihrer schwarzen Bürger dauerhaft. (vgl. auf S. 59 die dort abgedruckte Radio-Rede Clintons vom 25.4.1998, ein bedrückendes und zugleich politisch symptomatisches Dokument – WDN/RR)

Durch diesen dreifachen Ausschluss tragen das Gefängnis und, allgemeiner, das Strafrechtssystem zu der gegenwärtigen Rekonstruktion der vorgestellten Gemeinschaft der Amerikaner bei, die mit polaren Gegensätzen arbeitet: zwischen lobenswerten ‚Arbeiterfamilien‘, unausgesprochen weiß, vorstädtisch und mit gutem Verdienst, und der ekelhaften ‚Unterklasse' von Kriminellen, Faulenzern und Schmarotzern, einer doppelköpfigen antisozialen Hydra, die auf der weiblichen Seite durch eine von Sozialhilfe lebende, im Teenager-Alter befindliche Mutter und auf der männlichen Seite durch einen gefährlichen Straßengangster personifiziert wird. Definitionsgemäß sind diese Menschen dunkelhäutig, städtisch und verdienen keine Zuwendung. Die zuerst Genannten werden als lebendige Verkörperung der wahren amerikanischen Werte gepriesen, als da sind: Selbstkontrolle, Enthaltsamkeit und ein Leben für die Arbeit. Die Zweitgenannten dagegen, die ekelhafte Verkörperung ihres gemeinen Daseins, stellen die ‚dunkle Seite' des ‚American dream' von Wohlstand und Chancengleichheit für alle dar, die ihrerseits aus einer Moralität, verankert in ehelicher Treue und Arbeitsamkeit, entstehen. Und diese Grenze zwischen beiden Gruppen wird mehr und mehr materiell und symbolisch durch das Gefängnis markiert.

Auf beiden Seiten dieser Grenzlinie bestehen unvergleichliche gesellschaftliche Zustände. Moses Finley hat vor dem Hintergrund seiner glänzenden Analysen des antiken Griechenland einsichtig unterschieden zwischen ‚Gesellschaften mit Sklaven' und ‚echten Sklavengesellschaften'. In den zuerst genannten Gesellschaften ist Sklaverei eine der verschiedenen Arten der Arbeitskontrolle. Die Unterscheidung zwischen Sklaven und Freien ist weder undurchlässig, noch ist sie essentiell für die gesamte gesellschaftliche Ordnung. Im zweiten Fall bildet die Sklavenarbeit den Mittelpunkt der ökonomischen Produktion wie der Klassenstruktur. Das Verhältnis Herr-Sklave ist das Muster, nach dem alle gesellschaftlichen Beziehungen ausgerichtet sind, so dass Kultur, Gesellschaft und Menschen überall davon durchdrungen sind. Betrachtet man die enorme Überrepräsentation von Schwarzen in Gefängnissen und die zunehmende Entsprechung eines Überghettos (hyperghetto) mit dem Gefängnissystem, Phänomene, die daraus folgen, dass Amerika die Masseninhaftierung als eine Art perverse Sozialpolitik betreibt, um die Armen zu disziplinieren und die Ehrlosen abzukapseln, dann leben die Afroamerikaner, die der Unterklasse angehören, nicht wie ihre weißen Mitbürger in einer Gesellschaft, die Gefängnisse besitzt, sondern in der ersten echten Gefängnisgesellschaft in der Geschichte." (Wir haben vergleichsweise frei, aber, versteht sich, ohne jede inhaltliche Akzentverschiebung übersetzt. – WDN/RR)

Sonja Vack

Innenansichten
aus dem Knastalltag

Die Beschäftigung mit der Situation im Strafvollzug ist seit Gründung des Komitees eine in der Satzung festgelegte Aufgabe, die sich aus unserem Menschenrechtsverständnis ergibt. Aus diesem Arbeitsschwerpunkt ist die „Institution" Gefangenenbeauftragte(r) entstanden, nachdem die Aktivitäten und Publikationen des Komitees zum Thema Strafvollzug vermehrt Briefe von Gefangenen nach sich zogen, in denen einzelne Probleme des jeweiligen Briefeschreibers geschildert und nach Unterstützung oder Hilfe durch das Komitee gefragt wurde. Um dann nicht immer sagen zu müssen: „Wir machen zwar Kampagnen oder veröffentlichen Erklärungen zu kriminalpolitischen Themen, aber über politische Verlautbarungen hinaus befassen wir uns nicht mit dem konkreten Strafvollzug", ist seit Jahren der/die Gefangenenbeauftragte des Komitees damit befasst, all diese individuellen Briefe zu beantworten.

Im Verlauf von fast 20 Jahren ist dabei unter anderem ein Sammelsurium von immer wieder neuen Einblicken in die Knastwirklichkeit und den Knastalltag entstanden. Einen Alltag in einer totalen, alle Lebensbereiche kontrollierenden Institution, der gekennzeichnet ist durch vollkommene Reglementierung, wie sie für uns Menschen „draußen" kaum vorstellbar ist. Aspekte dieses Alltags möchte ich in diesem Beitrag an zwei konkreten Beispielen darstellen.

Herr E. stellt einen Antrag …
Oder: Das Leben im Vollzug soll den allgemeinen Lebensverhältnissen soweit als möglich angeglichen werden

Stellen Sie sich z.B. vor, Sie erfahren von einem Buch, das Sie interessiert, und Sie beschließen, dieses lesen zu wollen. Und vielleicht nicht nur eines, sondern fünf. Eine höchst alltägliche Angelegenheit. Sie gehen in eine Buchhandlung, kaufen die Bücher und lesen.

Verspürt ein Gefangener denselben Wunsch, dann muss er einen entsprechenden Antrag stellen. Damit setzt er einen ganz anderen Ablauf in Gang. Wie Herr E., der schreibt:

„Am 23.3. habe ich beim Oberlehrer die Paketmarken für fünf Bücher beantragt, leider wurde mein Antrag am 9.4. abgelehnt, ohne Begründung,

179

obwohl der diensthabende Beamte meinen Haftraum in Augenschein genommen hat, um der Gefahr der Unübersichtlichkeit des Haftraumes vorzubeugen. Wie auf meinem Antrag vermerkt, wird die Übersichtlichkeit des Haftraumes durch die Bücher nicht gefährdet."

Was also tun? Mike E. schreibt an die Strafvollstreckungskammer beim zuständigen Landgericht: „Ich beantrage hiermit die gerichtliche Entscheidung durch die Strafvollstreckungskammer und stelle folgenden Antrag: Die JVA wird verpflichtet, mir die Zusendung und den Besitz von 5 Büchern zu genehmigen und die dazu erforderlichen Paketmarken auszuhändigen. Es handelt sich um folgende Titel

● Verdammte Stille von P. und S. Vighand
● Das Lazarus-Kind von R. Mawson
● Die Musik der Wale von W. Lamb
● Die Versuchung in der Wüste von J. Crace
● Der Pferdeflüsterer von N. Evans.

Da die Bücher bei zwei verschiedenen Verlagen bestellt werden, benötige ich dazu zwei Paketmarken, einmal für ein Buch und einmal für vier Bücher. Begründung: Es besteht Rechtsanspruch auf die Zusendung bzw. den Besitz der Bücher und deren Genehmigung nach § 70 StVollzG …"

Vom Gericht wird nunmehr eine Stellungnahme der Anstalt eingeholt. Diese lautet: „Der Antrag auf gerichtliche Entscheidung ist zulässig, in der Sache jedoch unbegründet. Bei den vom Antragsteller beantragten Büchern handelt es sich um unterhaltende Literatur. Nachdem gleichzeitig die Beschaffung von Fachbüchern beantragt und genehmigt wurde, blieb zunächst abzuwarten, ob die Übersichtlichkeit des Haftraumes weiterhin gewahrt bleibt. Bei Unterhaltungsliteratur wird hierbei ein höherer Maßstab angelegt als bei Fachliteratur. Dies geschieht insbesondere im Hinblick auf die Möglichkeit, aus der anstaltseigenen Gefangenenbücherei Unterhaltungsliteratur ausleihen zu können. Desweiteren konnte die Frage der Finanzierung der Bücherbestellung durch den Antragsteller nicht befriedigend dargelegt werden. Der Antrag des Inhaftierten wurde daher zunächst abgelehnt. Ein neuer Antrag, nach Eingang der Fachbücher, wurde nicht gestellt."

Hierauf Herr E.: „Der Antrag ist zulässig und begründet. Die Rechtsprechung unterscheidet nicht zwischen Sach- und Literaturbüchern, desweiteren wird auch der Bezug der Literatur nicht durch eine Bibliothek begrenzt. Die zumutbare Anzahl an Büchern im Haftraum hat der Gesetzgeber auf 20 Stück festgelegt. Da ich bereits drei Bücher besitze, drei Fachbücher und fünf Romane bestellt habe, ergibt das 11 Bücher, also weit unter der zulässigen Menge. Auch mein zweiter Antrag nach Eingang der Fachbücher wurde abgelehnt."

G Freiheit / 1979

Und nochmals die Anstalt: „Als dem Antragsteller am 9.4. die von der hiesigen Justizvollzugsanstalt getroffene Entscheidung eröffnet wurde, stellte er sofort einen neuen Antrag gleichen Inhalts. Der zweite Antrag wurde als Beschwerde beim zuständigen Sachbearbeiter bewertet und in einem Gespräch mit dem Gefangenen aufgearbeitet. In diesem Gespräch am 27.4. betrachtete der Antragsteller die Bücherpaketmarken vorerst als erledigt, da er in nächster Zeit in ein anderes Haus verlegt werden sollte. (…) Der nächste gleichlautende Antrag wurde sodann am 3.5. im Haus D gestellt. Dieser Antrag wurde auf Grund der großen Anzahl der schon vorhandenen Bücher abgelehnt …"

Und wieder Herr E.: „Es ist nicht richtig, dass ich je in einem Gespräch mit einem Bediensteten der JVA geäußert hätte, dass die Angelegenheit der Bücherpaketmarken erledigt sei. Somit sind die Ausführungen der JVA wie alle vorherigen ohne jeglichen Sinn, die Rechtsgrundlage ist eindeutig, es würde genügen, sich die Rechtslage anzusehen, um sich derartige Ausführungen zu ersparen. Da ich davon ausgehen muß, dass die Rechtslage hier nicht bekannt ist, möchte ich folgendes vorbringen: § 70 (1) StVollzG: ‚Der Gefangene darf in angemessenem Umfange Bücher und andere Gegenstände zur Fortbildung oder zur Freizeitbeschäftigung besitzen.' Die Grenze des angemessenen Umfangs des Besitzes ist wegen der dann eintretenden Unübersichtlichkeit des Haftraumes bei 20 Büchern, 5 Aktenordnern und 5 Schnellheftern angenommen worden (OLG Koblenz, NStZ 189,426) … Um bei den Tatsachen zu bleiben und nicht in unbestimmte Begriffe wie ‚große Anzahl der vorhandenen Bücher' zu flüchten, möchte ich feststellen, dass die genaue Menge der vorhandenen Bücher 9 beträgt …"

Ob Herr E. inzwischen die fünf Bücher bekommen hat, ist nicht bekannt. Da er ein vielseitig interessierter Mensch ist, hat er jedoch auch das Netzwerk Cuba e.V. in Bonn angeschrieben und um Informationen über dessen Arbeit nachgefragt. Als eine Briefsendung mit einer Informationsbroschüre ankam, wurde ihm diese nicht ausgehändigt. Was also tun?

Herr E. schreibt an die Strafvollstreckungskammer: „Ich beantrage hiermit die gerichtliche Entscheidung durch die Strafvollstreckungskammer und stelle folgende Anträge: Die JVA wird verpflichtet, mir die verweigerte Sendung des Netzwerk Cuba e.V. Bonn auszuhändigen. Die Staatskasse trägt die Kosten des Verfahrens."

Wieder wird eine Stellungnahme der Anstalt eingeholt. Diese teilt mit: „Der Antrag ist in der Hauptsache erledigt. Der Antragsteller erhielt Informationsmaterial über Cuba zugesandt, ohne hierfür eine Genehmigung erhalten zu haben. Die Sendung wurde sodann als unerlaubte Zusendung zur Habe des Inhaftierten verfügt. In einem ausführlichen Gespräch mit dem hiesigen Anstaltslehrer hat nun der Inhaftierte erstmals sein besonderes Interesse an gesellschaftlichen Informationen über Cuba dargelegt, so dass ihm die Sendung ausnahmsweise nachträglich zur Aushändigung genehmigt werden konnte. Bei dieser Gelegenheit wurde er nochmals darauf aufmerksam gemacht, dass derartige Zusendungen nicht dem normalen Schriftverkehr zum Gedankenaustausch zuzurechnen sind, sondern dem Paketverkehr. Derartige Zusendungen hat er in Zukunft vorher zu beantragen."

Nun könnte man meinen, diese Angelegenheit habe sich aber schnell geklärt. Drei Wochen nach der Stellungnahme und sieben Wochen nach dem Antrag schreibt Herr E. der Strafvollstreckungskammer: „Falsch ist die Behauptung, die Sache wäre erledigt. Bis heute wurde mir die Zusendung nicht ausgehändigt ..."

Das kann die Anstalt natürlich nicht so stehen lassen: „Wie bereits in unserer Stellungnahme vom 12.5. erwähnt, wurde dem Antragsteller im Rahmen eines ausführlichen Gespräches, in welchem er erstmals nachvollziehbare Gründe darlegte, mündlich die Genehmigung zur nachträglichen Aushändigung erteilt. Diese Genehmigung wurde am 15.06. schriftlich fixiert. Die Unterlagen wurden dem Gefangenen am 16.06. ausgehändigt. Zum Zeitpunkt der hiesigen Stellungnahme vom 12.05. lag die Genehmigung, wenn auch nur in mündlicher Form, also bereits vor. Lediglich die Aushändigung war noch nicht erfolgt. Dies war dem Gefangenen zum Zeitpunkt seiner Erwiderung vom 29.5. auch bekannt. Er hätte sich also jederzeit an die hiesige JVA wenden können, um den Zeitpunkt der Aushändigung zu erfahren, welcher im übrigen ohnehin weit vor der dreimonatigen Frist für die Zulässigkeit eines Vornahmeantrages lag ..."

Im März stellte Herr E. außerdem den Antrag auf Genehmigung einer klassischen Gitarre zusammen mit einem elektronischen Stimmgerät. Die Gitarre wurde genehmigt, die Aushändigung eines Stimmgerätes jedoch verweigert. Wieder versucht Herr E. es mit einem Antrag auf gerichtliche Überprüfung durch die Strafvollstreckungskammer. Das Ergebnis, ein Beschluß der Strafvollstreckungskammer: „Der Antrag des Strafgefangenen ... wird zurückgewiesen. (...) Das elektronische Stimmgerät ist zum Musizieren selbst nicht erforderlich und dient deshalb nicht unmittelbar der Freizeitbeschäftigung bzw. der Fortbildung auf dem Gebiet des ‚Gitarrespielens'. Weiterhin war zu berücksichtigen, daß dem Antragsteller bereits mehrere Bücher, was der Strafvollstreckungskammer aus einem anderen Antrag gemäß § 109 StVollzG bekannt ist, sowie die Gitarre selbst genehmigt wurden. Es liegt nahe, daß, wie von der Vollzugsanstalt dargestellt, der ‚angemessene Umfang' überschritten wird, zumal ein elektronisches Stimmgerät – wie das Gericht aus eigener Erfahrung weiß – batteriebetrieben ist und das Batteriefach hervorragende Versteckmöglichkeiten bietet. Insoweit wäre die Genehmigung mit einem erheblichen Verwaltungs- und

Kontrollaufwand des Gerätes verbunden. Im übrigen bedarf es zum Stimmen einer Gitarre auch überhaupt nicht eines elektronischen Stimmgerätes, da es auch akustische, z.b. oral zu bedienende Stimmgeräte gibt, die keinerlei Versteckmöglichkeiten bieten ..."

Und so weiter und so fort ...

Herr E. beantragt die Aushändigung einer Zusendung mit Informationsmaterial über die neueste Datenübertragungstechnik und PC-Technologien, da er von Beruf PC-System-Techniker ist.

Herr E. beantragt zwei weitere Bücher.

Herr E. beantragt eine Paketmarke für die Zusendung einer Leselampe.

Herr E. beantragt die Aushändigung eines Kalenders ...

Zum jetzigen Zeitpunkt ist es ihm unter Einsatz seiner gesamten Energien und großer Mengen Papier gelungen, eine Informationsbroschüre über Cuba und eine klassische Gitarre zu erhalten.

Wie heißt es doch im Strafvollzugsgesetz?

„§ 3 (1) Das Leben im Vollzug soll den allgemeinen Lebensverhältnissen soweit als möglich angeglichen werden."

„An das Komitee für Grundrechte und Demokratie:

Muß mich nochmal bei Ihnen melden. Ich bekam von Ihnen die Adresse von der Buchfernleihe (für Gefangene) in Dortmund. Ich habe diese angeschrieben, und die waren sofort einverstanden, mir Bücher zu schicken, ich sollte mir nur die Genehmigung von der Anstaltsleitung holen. Ich schrieb einen Bittsteller an die Abteilung Sicherheit und Ordnung – und eine Woche später wurde ich persönlich gerufen. Sie wollen sich Bücher schicken lassen, fragte er. Ich sagte ja. Was für Bücher wollen Sie denn? Ich sagte: Musik-Bücher, Comics, Biographien, alles mögliche. Wir haben doch auch eine Bücherei, sagte er. Weiß ich – ich bekomme ja auch jede Woche drei Bücher von dort. Ja, was wollen Sie denn für Bücher. Ich sagte, Bücher, die man hier nicht hat – oder die man nicht bekommt, weil sie meistens weg sind! Denn wenn man hier mal eins bekommt, das man wirklich will, ist das schon ein großer Glücksfall. Die Buchfernleihe hat über 30.000 Bücher und noch mehr.

Die haben wir hier auch. Wir haben auch einen Bücherkatalog. Ich sagte: hab ich gesehen! Sagen Sie mir, was Sie für Bücher haben wollen, schreiben Sie mir die auf. Ich muß nachdenken, sagte ich, ich brauche mehr zu lesen, ich bin den ganzen Tag auf Zelle. Er fragte, warum ich nicht arbeiten gehe. Ich sagte, ich habe oft genug mich schon gemeldet, schriftlich, zuletzt sogar ihm persönlich einen Brief geschrieben. Habe ihm geschrieben, daß ich zwei Berufe gelernt habe und noch ein paar Lehrgänge mitgemacht, aber hier bekommt man noch nicht mal Antwort. Und so muß ich mir eben was zu lesen besorgen.

Der ganze „Aufwand" über die Hauskammer, Bücher, die kommen und wieder zurückgeschickt werden müssen, meinte er. Wenn die zurückgeschickt werden, das müssen doch sie bezahlen (Ich wollte ihm nicht sagen, daß dies im Notfall auch von der Buchfernleihe übernommen wird). Also habe ich gemerkt, daß man hier in der JVA nicht daran interessiert ist, daß die Leute sich von draußen Bücher schicken lassen, das ist denen zu viel Arbeit.

Als er fragte, ob ich nicht verzichten möchte, sagte ich, ja, das muß ich denen dann mitteilen, daß das hier in der JVA nicht gefragt ist. Er sagte, das wäre Quatsch, also, was wollen Sie für Bücher. Ich sagte, ich will keine mehr, ich verzichte! Das ist mir zu jeck! Er machte sich Notizen.

Ich befürchte nun, daß die mir hier eine Arbeit geben, und wenn es die allerletzte ist, bloß damit sie ihre Ruhe vor mir haben. Vielen Dank für Ihre Hilfe, aber das ganze Spiel drumherum, davon bin ich schon bedient. Ich habe auch wieder den Fehler gemacht, daß ich wieder klein beigegeben habe, ich hätte darauf bestehen sollen ... So, das wärs auch schon, ich wollte Ihnen nur mitteilen, daß Ihr Rat gut war, nur die Anstalt war nicht begeistert davon ..."

Die Würde des Gefangenen und die Überbelegung der Gefängnisse

Immer wieder liest und hört man es in den Medien, die deutschen Gefängnisse seien überbelegt. Auch die Briefe von Gefangenen beklagen es häufig. Die Doppelbelegung von Einzelhafträumen ist die Regel, auch drei, vier, in einem Fall sogar acht Gefangene werden in einer Zelle untergebracht.

Das Strafvollzugsgesetz hat auch hierzu eine Regelung getroffen: „§ 18 (1) Gefangene werden während der Ruhezeit allein in ihren Hafträumen untergebracht. Eine gemeinsame Unterbringung ist zulässig, sofern ein Gefangener hilfsbedürftig ist oder eine Gefahr für Leben oder Gesundheit eines Gefangenen besteht.
(2) (...) Im geschlossenen Vollzug ist eine gemeinschaftliche Unterbringung zur Ruhezeit außer in den Fällen des Absatzes 1 nur vorübergehend und aus zwingenden Gründen zulässig."

Herr K. befindet sich seit Januar 2000 für eine Sozialtherapie in einer Sozialtherapeutischen Anstalt. Er ist mit einem, gelegentlich auch mit zwei Mitgefangenen in einem Haftraum untergebracht. Trotz ständiger Anfragen, Anträge etc., ihn allein in einer Einzelzelle unterzubringen, wie es das Gesetz vorsieht und wie es auch sein dringender Wunsch nach etwas Rückzugsmöglichkeit ist, tut sich jedoch nichts. Herr K. ist Nichtraucher, muss die Zelle jedoch mit einem Raucher teilen. Er möchte gerne in Ruhe lesen, der Mitgefangene lässt den ganzen Tag „die Glotze" laufen ... Es gibt eine Warteliste, aber keine freien Plätze.

Am 2. April stellt Herr K. einen Antrag auf gerichtliche Entscheidung bei der Strafvollstreckungskammer. Er begehrt seine sofortige Unterbringung in einer Einmannzelle. Vier Monate später entscheidet das Gericht, die gemeinsame Unterbringung des Antragstellers in einem Haftraum mit einem weiteren Gefangenen während der Ruhezeit sei unzulässig. Herr K. sei während der Ruhezeiten in einem Einzelhaftraum unterzubringen.

Zur Begründung führt das Gericht aus: „Die Belegung der dem Antragsteller zugewiesenen Einzelzelle mit einem weiteren Gefangenen ist zu Unrecht erfolgt. Sie widerspricht § 18 Abs. 1 S. 1 StVollzG. Danach sind Gefangene während der Ruhezeit allein in ihren Haträumen unterzubringen, sofern nicht einer der in Abs. 1 S. 2 dieser Bestimmung vorgesehenen Ausnahmefälle vorliegt. Darüber hinaus ist eine gemeinschaftliche Unterbringung im geschlossenen Vollzug zur Ruhezeit nur vorübergehend und aus zwingendem Grund zulässig, § 18 Abs. 2 StVollzG.

Sinn und Zweck dieser Regelung ist, daß in der Art des Strafvollzuges keine über den Freiheitsentzug hinausgehende Übelszufügung liegen soll. Auch um dem Resozialisierungsgebot (§ 2 StVollzG) zu genügen, ist grundsätzlich die getrennte Unterbringung der Gefangenen bei Nacht geboten. Gerade dies dient dazu, die Lebensweise des Gefangenen in der Anstalt den sonstigen Lebensverhältnissen möglichst anzunähern. Die Einzelunterbringung bei Nacht dient in besonderem Maße dem Schutz der Persönlichkeits- und Intimsphäre des Gefangenen. § 18 StVollzG begründet daher grundsätzlich einen Anspruch des Gefangenen auf Einzelunterbringung. Die Voraussetzungen für einen Ausnahmefall liegen nicht vor. (...)

Sinn und Zweck der Vorschrift ist, eine Reaktionsmöglichkeit für vorübergehende Notlagen zu schaffen, wie z.B. bei Überbelegung durch plötzlich notwendig gewordene Schließung einer anderen Anstalt oder einem Ausfall der Heizung in einem Teil der Anstalt. Eine allgemeine chronische Überbelegung, bei der im Hinblick auf eine fehlende zeitliche Eingrenzung oder aber eine mehrjährige Anordnung einer Ausnahme weiterer Gefangener, die im Ergebnis zu einer Überbelegung der Anstalt von ca. 30 % führt, unterfällt jedoch nicht dem auf einer Notlage basierenden Ausnahmefall. (...) Die Schwierigkeiten bei der Unterbringung der Gefangenen, mit denen es die Vollzugsbehörden im Hinblick auf die Anzahl der Strafgefangenen und eine zur Zeit nur beschränkte Zahl vorhandener Hafträume zu tun haben, bieten den Gerichten keine Möglichkeit, von den eindeutigen gesetzlichen Bestimmungen abzuweichen."

Soweit so gut, dies sind deutliche Worte. Der Beschluss der Strafvollstreckungskammer vom 27.7. wurde rechtskräftig. Auf die Einzelunterbringung wartete Herr K. jedoch vergeblich. Wieder zwei Monate später legt er Klage beim Staatsgerichtshof des Landes Hessen ein und fordert die Umsetzung des Beschlusses der Strafvollstreckungskammer. Daraufhin wird er umgehend in eine andere JVA verlegt, übrigens wieder in eine Doppelzelle. Auch seine Therapie wird abrupt beendet. Die Sozialtherapeutische Anstalt teilt mit: „Da kein Einzelhaftraum für Ihre Unterbringung aufgrund fehlender Kapazitäten zur Verfügung stand, musste in Verhinderung einer rechtswidrigen Unterbringung die Verlegung in die JVA ... erfolgen."

So hat man sich unter Beibehaltung der rechtswidrigen Doppelbelegung des Problems und des Gefangenen entledigt.

An das Landgericht
– Strafvollstreckungskammer –
Betreff: Antrag auf gerichtliche Entscheidung

Sehr geehrter Herr Richter,

unter Bezugnahme auf o.g. Antrag möchte ich noch nachstehenden Sachverhalt als Bekräftigung meiner Klage in das Verfahren einbringen. Vorab möchte ich das Gericht bitten, den nachstehenden Sachverhalt nicht als Mißachtung des Gerichtes zu sehen. Vielmehr glaube ich, dass diese Sachverhaltsschilderung auf sehr, sehr traurige Weise den tatsächlichen Sachverhalt hinsichtlich der räumlichen Enge meines Haftraumes aufzeigt.

Laut Bericht der Frankfurter Zeitung vom 7.7.99 hat das Bundesverfassungsgericht die „Verordnung zum Schutz von Legehennen bei Käfighaltung" für nichtig erklärt. „Belange des ethisch begründeten Tierschutzes" seien u.a. verletzt.

Laut Beschluß der EU solle jede Legehenne mindestens 550 Quadratzentimeter Platz haben. Wenn man nun den mir zur Verfügung stehenden Platz in Relation mit der v.g. Verordnung setzen würde, käme folgende Rechnung dabei heraus:

Durchschnittsgewicht eines Huhnes ca. 1,5 kg. Mein Körpergewicht beträgt bei einer Größe von 196 cm 118,5 kg. Somit gleich 79 „Hühnereinheiten". Damit verbundener Platzanspruch laut EU-Verordnung = 79 x 550 qcm = 4,345 qm.

Die Zelle, in der ich untergebracht bin, hat eine gesamte Grundfläche von 7,25 qm. Wobei noch zu berücksichtigen wäre, daß diese Grundfläche nur zu einem Bruchteil überhaupt zu nutzen ist, da ja die Fläche für die Betten, Tische, Stühle und Schränke noch abzuziehen wäre. Somit ergibt sich folgende Ist-Situation: Die mir und meinem Mitgefangenen zur Verfügung stehende Grundfläche beträgt brutto 7,25 qm : 2 = 3,625 qm pro Person.

Dies würde bei einer „Hühnereinheitenumrechung" wie folgt bedeuten: 3,625 qm : 79 Einheiten = 458,86 qcm pro Einheit.

Laut Urteil des Bundesverfassungsgerichtes wäre die Batterie-Legehennenhaltung in der von mir bewohnten Zelle also eindeutig verfassungswidrig.

Seien Sie bitte versichert, daß vorgenannter Sachverhalt von mir zur Unterstützung meines Antrages nur deshalb herangezogen wird, weil man so sehr plastisch und eindringlich die tatsächlichen Platzverhältnisse vor Augen geführt bekommt.

Zum Abschluß erlaube ich mir nun einen Satz, der ironisch gemeint ist, der in keinster Weise die Würde des Gerichtes verkennt, noch angreifen will: Wäre ich ein Huhn, so würde sich der Rechtsstreit erledigt haben, da ja das Bundesverfassungsgericht die Ungesetzlichkeit meiner Unterbringung festgestellt hat.

Die Frage sei erlaubt: Ist ein Gefangener nicht mindestens so schützenswert wie ein Legehuhn in Batteriehaltung. Für Ihr Verständnis dieser Form der Antragstellung darf ich mich recht herzlich bei Ihnen bedanken und verbleibe

Hochachtungsvoll D.

„Sie sind meine letzte Rettung ..." – Aber was können wir tun?

Gerade am Beispiel der Überbelegung der Justizvollzugsanstalten zeigt sich sehr deutlich, welche Schwierigkeiten auftauchen, wenn Gefangene für ein generelles Problem vom Komitee Hilfe in ihrem Einzelfall suchen und erwarten. Wie viele Briefe beginnen mit Sätzen wie: „Ich wende mich hilfesuchend an Sie, weil ich alle Möglichkeiten schon ausgeschöpft habe und am Ende meiner Kraft bin. Ein Mitgefangener hat mir gesagt, ich könne mich vertrauensvoll an Sie wenden, und von Ihnen kann ich sicherlich Hilfe bekommen."

Fast alle Vollzugsanstalten klagen über eine teilweise drastische Überbelegung aufgrund eines deutlichen Anstiegs der Anzahl inhaftierter Menschen. Die Zahl der Inhaftierten ist zwischen 1994 und Dezember 2001 um mehr als ein Drittel gestiegen, die Platzverhältnisse in den Gefängnissen haben sich hingegen kaum geändert. Wie es zum Anwachsen der Gefangenenzahlen kam und dass diese nicht oder nur wenig auf ein rasantes Anwachsen von Kriminalität zurückzuführen ist, soll nicht Thema dieses Artikels sein.

Klar ist jedoch, dass Situationen wie die von Herrn K., die durch die allgemeine Überbelegung entstehen, durch ein wie auch immer geartetes Eingreifen des Komitees für Grundrechte und Demokratie sich nicht grundlegend ändern lassen. Es ist für uns wichtig, dass sich Gefangene an uns wenden und uns schildern, wie sich Überbelegung bei ihnen individuell auswirkt, was sie zu tun versuchen, um ihre eigene Situation erträglicher zu gestalten und wie Vollzugsanstalten reagieren. Wir möchten das auch aufgreifen, z.B. wie hier durch Darstellung in einem Artikel. Das Problem Überbelegung und deren negative Folgen zu lösen, ist aber nur durch politisch exekutiv staatlichen Entscheidungen und deren Umsetzung im Strafvollzug möglich. Die Gerichte können noch so sehr richtigerweise beschließen, dass die Mehrfachbelegung von Einzelzellen unzulässig ist, solange unterzubringende Gefangene und vorhandener Platz nicht übereinstimmen, gleicht die Durchführung solcher Gerichtsbeschlüsse der Quadratur des Kreises. Lösungsmöglichkeiten gibt es genau zwei: Weniger Menschen in Haft nehmen oder mehr Gefängnisse bauen. Dass das Komitee für Grundrechte und Demokratie die erste Alternative unterstützt, ist bekannt. Und dass sich in dieser Richtung zur Zeit nichts, aber auch gar nichts bewegt, ist auch bekannt. Über die Einzelfallhilfe ist ein solches Problem jedenfalls nicht zu lösen.

aus: „die tageszeitung" vom 4.04.2002

Menschenwürde prüfbar

Karlsruhe verhilft zwei Strafgefangenen zu Rechtsschutz, die sich gegen die Zellen-Doppelbelegung wehrten. Strafgefangene können sich künftig effektiver gegen die Doppelbelegung von Zellen wehren. In zwei Verfahren erklärte gestern das Bundesverfassungsgericht in Karlsruhe, dass Verstöße gegen die Menschenwürde auch rückwirkend gerichtlich untersucht werden müssen.

Aus Mangel an Haftraum werden in Deutschland viele Häftlinge auch gegen ihren Willen zu zweit in einer Zelle untergebracht. In den konkreten Fällen handelte es sich um Räume mit nur knapp acht Quadratmetern Grundfläche und integrierter Toilette. Im einen Fall dauerte die Doppelbelegung drei Monate, im anderen nur fünf Tage, wobei die Häftlinge aber nur eine Stunde täglich die kleine Zelle verlassen durften.

Klagen der Gefangenen wurden von den Fachgerichten als ‚unzulässig' abgelehnt. Nachdem die Doppelbelegung beendet war, bestehe kein Rechtsschutzinteresse mehr, hieß es zur Begründung. Die Gefangenen legten jedoch Wert auf die Feststellung, dass ihre Unterbringung gegen die Menschenwürde verstoßen hatte. Eine solche Feststellung könnte auch Grundlage für Schadensersatzansprüche sein. Karlsruhe sah nun das Recht der Gefangenen auf ‚effektiven Rechtsschutz' verletzt. Wenn es um die Verletzung von Grundrechten gehe, dürfe eine nachträgliche gerichtliche Überprüfung nicht ausgeschlossen werden. Dem Recht auf Achtung der Menschenwürde komme im Grundgesetz sogar ‚ein Höchstwert' zu.

Auf der anderen Seite erleben wir auch immer wieder, dass schon ein bloßer Rat für einen Gefangenen im Einzelfall wichtig sein und ihn anspornen kann, seine Angelegenheiten weiter zu betreiben. So wie es den Gefangenen gibt, der uns zu der Information über die Buchfernleihe für Gefangene schrieb: „Ihr Rat war gut, nur die Anstalt war nicht begeistert davon …" (siehe Kasten), so gibt es auch Gefangene, die nicht aufgeben und dann tatsächlich Bücher von der Buchfernleihe für Gefangene beziehen.

So bitter es für jemanden wie Herrn E. (und dieser ist keinesfalls ein Einzelfall) ist, dass er sich alles mühsam erkämpfen muss und auch gelegentlich daran scheitert, halten wir es für wichtig, Gefangene darauf hinzuweisen, dass es im Strafvollzugsgesetz auch Regelungen und Rechte gibt, für deren Einhaltung und Ausweitung immer wieder neu gekämpft werden muss. Das müssen die jeweils betroffenen Gefangenen selbst tun. Wir können sie dabei nur mit gelegentlichem Rat und einem offenen Ohr unterstützen.

Gleichzeitig wollen wir es uns jedoch nicht nehmen lassen, auch die größeren Zusammenhänge zu sehen, bei denen es nicht darum geht, dass der Gefangene XY ein Buch mehr oder weniger lesen kann, sondern darum, dass nach unserem Menschenrechtsverständnis Strafrecht und Strafvollzug nicht die richtigen Varianten im Umgang mit Konflikten, abweichendem Verhalten und dem, was man Kriminalität nennt, sind.

Johannes Feest

Kommunikation mit Gefangenen: eine Verfassungsbeschwerde

Einleitung

Zum besseren Verständnis der im Folgenden abgedruckten Verfassungs-beschwerde müssen ein paar Worte zum historischen und juristischen Kontext vorausgeschickt werden.

Seit 1983 existiert an der Universität Bremen eine Institution namens „Strafvollzugsarchiv". Zu seinen Aufgaben gehört, neben dem Archivieren von einschlägiger Literatur und Rechtsprechung, die Beantwortung von Briefen von Gefangenen. Meist enthalten diese Fragen zu Rechtsproblemen des Vollzugsalltags. Da sich bestimmte Fragen häufig wiederholen, hat es sich als zweckmäßig erwiesen, kurze Infos zu diesen Fragen herzustellen. Diese „Merkblätter" oder „Infos" des Strafvollzugsarchivs werden regelmäßig auch den Gefangenenzeitungen zum Abdruck angeboten. Durch solche Veröffentlichungen soll erreicht werden, daß die Gefangenen wenigstens ein Minimum an juristischer Information erreicht. Denn die Lehrbücher und Kommentare zum Strafvollzugsgesetz sind teuer, in den Büchereien der Gefängnisse meist nicht vorhanden, und sie sind ohnehin nur für besonders beschlagene Gefangene verständlich.

Bei der Herstellung unserer Merkblätter griffen wir in den ersten Jahren auch auf Texte zurück, die im „Ratgeber für Gefangene mit medizinischen und juristischen Hinweisen" erschienen waren. Dieser Ratgeber war im Umfeld des Frankfurter Gefangenenrates entstanden und 1980 erstmals erschienen. Das juristische Kapitel des Buches, mit Merkblättern und Musterbegründungen, wurde von Rechtsreferendaren erarbeitet. Einer davon ist heute Strafrechtsprofessor. Das Buch erlebte vier Auflagen, war aber seit 1981 in fast allen Anstalten verboten. Diese Verbote wurden von der Rechtsprechung durchwegs mit der Standardbegründung bestätigt, das Buch würde bei den Gefangenen „aggressives Verhalten erzeugen oder verstärken" (OLG Hamburg, 7.5.1981); es sei geeignet, „bei Gefangenen eine haßvolle und aggressive Oppositionshaltung gegenüber dem Vollzug und den Bediensteten hervorzurufen" (OLG Hamm, 9.2.1988). Argumente gegen die Ratgeber-Rechtsprechung sind zwar vorgebracht worden (vgl. Feest/Lesting in: NStZ 1988, 332f) letztlich aber ohne Wirkung geblieben.

Die Erarbeitung der Merkblätter des Strafvollzugsarchivs, ebenso wie die Überarbeitung der Merkblätter des Gefangenenratgeber, erfolgte durch mich, meine Mitarbeiter und durch Studenten höherer Scmester. Einer der Verfasser ist heute Staatsanwalt, ein anderer Anstaltsleiter, eine Verfasserin ist Rechtsanwältin und gehört heute zum Autorenkreis eines der Kommentare zum Strafvollzugsgesetz. Bei der Versendung dieser Merkblätter gab es kaum Schwierigkeiten. Einzelne Anhaltungen wurden bald wieder aufgehoben. Die einzige Ausnahme von dieser Regel war die JVA Kaisheim. Hier wurde ein Merkblatt über „Isolierende Maßnahmen" 1987 nicht ausgehändigt und diese Verfügung vom LG Augsburg bestätigt. Das Gericht war der Meinung, die von uns verwendeten Argumentationsmuster seien „einseitig ausgewählt" und ließen bei Gefangenen die oftmals falsche Hoffnung entstehen, „sie werden mit ihrem solchermaßen erhobenen Rechtsmittel Erfolg haben". Dieses Manko werde auch nicht dadurch ausgeglichen, daß in dem Merkblatt darauf hingewiesen werde, „die eine oder andere dort vertretene Auffassung sei strittig". Wir ließen das auf sich beruhen, um eine erwartbare negative Entscheidung des zuständigen OLG zu vermeiden (vgl. hierzu und zum folgenden Feest/Wegner, Musterprozesse um „Musterbegründungen", in: Festschrift für Thomas Mathiesen, Bielefeld 1993, 195-214).

Im Jahre 1987 gingen wir dazu über, als Lehrmaterial für Studierende, die Merkblätter zu einem „Merkheft des Strafvollzugsarchivs der Universität Bremen für Strafgefangene und Untersuchungsgefangene" zusammenzufassen und in der Uni-Druckerei in kleiner Auflage drucken zu lassen. Auf Wunsch wurde es auch an Gefangene versandt. Probleme gab es damit nur in der JVA Zweibrücken, wo das Heft unter Hinweis auf die Ratgeber-Rechtsprechung angehalten wurde. Tatsächlich hatten wir ein Kapitel „Rechtsmittel in Untersuchungshaft" direkt aus dem Ratgeber nachgedruckt. Die Anhalteverfügung wurde später jedoch vom OLG Zweibrücken nur für diesen Teil bestätigt, im übrigen aber aufgehoben: „Auch bei zusammenfassender Würdigung von Inhalt, Stil und Darstellungsweise sind die aufgezeigten vereinzelten Beanstandungen des Textes nicht geeignet, eine das Vollzugsziel gefährdende, destruktive Oppositionshaltung bei Strafgefangenen zu erzeugen ... Nicht zu beanstanden ist auch die Darstellung und Auswahl der für die ‚Musterbegründungen' angeführten Meinungen und Gerichtsentscheidungen ... Es erscheint zudem nicht bereits tendenziös, wenn dem sein Recht suchenden Gefangenen Entscheidungen an die Hand gegeben werden ..., die nicht der herrschenden Rechtsmeinung entsprechen" (OLG Zweibrücken, 31.8.1988).

Vor diesem juristisch soliden Hintergrund entschloß sich die Deutsche AIDS-Hilfe (DAH) im Jahre 1990, einen eigenen „Ratgeber für Menschen mit HIV/AIDS in Haft" herauszubringen. Die Broschüre mit dem Titel „Positiv, was nun?" bestand aus Infos sowohl zu medizinischen wie zu rechtlichen Fragen. Bei den letzteren griff man auf die Merkblätter des Strafvollzugsarchivs zurück. Daraus entwickelte sich eine fruchtbare Zusammenarbeit, die bis heute andauert. Die Broschüre wurde in großer Auflage hergestellt und kostenlos an Gefangene abgegeben. Auch hier gab es nur in einer einzigen Anstalt Schwierigkeiten. Eine Anhalteverfügung der JVA Geldern/NRW wurde allerdings zunächst vom LG Kleve (1991) aufgehoben: der Inhalt sei nicht zu beanstanden. Der Leiter der JVA ließ dies nicht auf sich sitzen und das OLG Hamm gab ihm schließlich Recht. Die Deutsche AIDS-Hilfe erwog eine Verfassungsbeschwerde, entschied sich jedoch letztlich dagegen. Statt dessen ersetzten wir drei vom OLG Hamm monierte Reizworte („Knast", „Zwangsarbeit", „Lauscherbeamter") durch neutralere Begriffe.

Neuauflagen der DAH-Broschüre erschienen wiederum in hohen Auflagen in den Jahren 1993, 1995, 1997 und 2000. Alle Probleme schienen der Vergangenheit anzugehören. Bis im Frühjahr 2001 die Broschüre doch wieder gestoppt wurde. Der betroffene Gefangene, ein Lebenslänglicher, erhielt zunächst nur die mündliche Auskunft, die Schrift gefährde Sicherheit und Ordnung der Anstalt und stelle eine Fortsetzung des verbotenen Ratgeber dar. Seine Bemühungen um gerichtlichen Rechtsschutz blieben beim LG Regensburg und beim OLG Nürnberg vergeblich. Auch das Bundesverfassungsgericht nahm seine Verfassungsbeschwerde mangels ausreichender Begründung nicht an. Da die Broschüre von mir an den Gefangenen verschickt worden war, konnte auch ich Verletzung eigener Rechte behaupten. Die im Folgenden abgedruckte Verfassungsbeschwerde faßt die dabei gemachten Erfahrungen zusammen.

Über die Jahrzehnte hat es, gerade in Bayern, solche Eingriffe in die Informationsfreiheit der Gefangenen gegeben. War es 1975 das justizsoziologische Buch meines Kollegen Rüdiger Lautmann (Justiz – die Stille Gewalt), die der Zensur zum Opfer fiel, so war 1998 das Komitee für Grundrechte selbst betroffen. Ein Sammelband des Komitees (Lebenslänglich. Texte von zu lebenslanger Haft Verurteilten, Köln 1998) wurde an einen in der JVA Straubing sitzenden Autor nicht ausgehändigt. Auch diese Entscheidung wurde von den zuständigen Gerichten bestätigt. Die Entscheidung des Bundesverfassungsgerichts wird daher, wie immer sie auch ausfällt, Signalwirkung haben. Sieht das hohe Gericht keine Verletzung der Informations- und Kommunikationsfreiheit, dann werden sich manche Vollzugsverwaltungen ermuntert sehen, ihren bisherigen Kurs fortzusetzen, wahrscheinlich sogar auszudehnen.

Verfassungsbeschwerde

des Prof. Dr. Johannes Feest

wegen:
OLG Nürnberg, Beschluß vom 26.11.2001, Ws 1346/01, zugestellt am 28. 11. 2001
LG Regensburg/Straubing, Beschluß vom 16.10.2001, StVK 60/01 (1)
Verfügung des zuständigen Abteilungsleiters der JVA Straubing vom 29.01.2001

Ich erhebe Verfassungsbeschwerde gegen die vorgenannte letztinstanzliche Entscheidung. Diese Entscheidung verletzt mein Grundrecht aus Art. 5 GG, meine Meinung ungehindert zu verbreiten. Würde dieser grundrechtswidrigen Praxis einzelner Anstalten und ihrer Tolerierung durch die örtlich zuständigen Fachgerichte kein Einhalt geboten, wäre eine Rechtsberatung von Gefangenen, wie ich sie seit Inkrafttreten des Strafvollzugsgesetzes kostenlos betreibe, wesentlich erschwert, wenn nicht faktisch unmöglich gemacht.

Begründung

A. Sachverhalt

1. Am 19.1.2001 erhielt ich einen Brief des Strafgefangenen Peter Wündrich aus der JVA Straubing, in welchem dieser mich um Übersendung des „Merkheftes über Musterbegründungen und Standardanträge im Strafvollzug, sowie allgemeine Informationen über das Strafvollzugsarchiv" bat.

Der Brief war an die Universität Bremen, Fachbereich 6, adressiert gewesen, aber automatisch an mich weitergeleitet worden, weil er sich auf das von mir 1983 eingerichtete „Strafvollzugsarchiv an der Universität Bremen" bezog. Diese Institution erhält und beantwortet monatlich ca. 50 Briefe aus (vor allem deutschen) Gefängnissen. Da diese Briefe zumeist Fragen zu Problemen des Strafvollzugsrechts enthalten, habe ich (gemeinsam mit Studierenden und Mitarbeitern) schon frühzeitig mit der Herstellung standardisierter Informationsblätter zu besonders häufig gestellten Fragen begonnen. Diese „Infos des Strafvollzugsarchivs" werden von mir sämtlichen deutschen Gefangenenzeitungen zum Abdruck überlassen und von diesen auch regelmäßig nachgedruckt. Eine Sammlung dieser Infos wurde erstmals im Jahre 1987 unter dem Titel „Merkheft des Strafvollzugsarchivs" im Eigenverlag der Universität Bremen gedruckt (und ebenfalls bundesweit verschickt). Seit 1989 hat sich die Deutsche AIDS-Hilfe

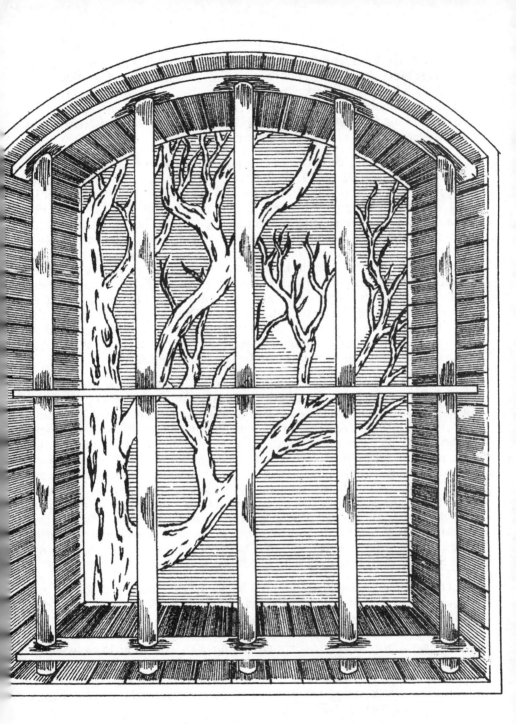

...i have a dream...

bereit erklärt, diese Infos im Rahmen einer Broschüre abzudrucken, die zunächst unter dem Titel „Positiv, was nun?" erschien. Die 5. Auflage dieser Broschüre ist im Februar 2000 unter dem veränderten Titel „positiv in Haft. Ein Ratgeber für Menschen mit HIV/AIDS" erschienen. Auf den Seiten 62-119 sind alphabetisch die Merkblätter des Strafvollzugsarchivs, auf den Seiten 120-128 einige Musteranträge abgedruckt.

Die Herrn Wündrich daraufhin übersandte Broschüre „positiv in Haft" wurde am 19.1.2001 durch Verfügung des zuständigen Abteilungsleiters angehalten. Der betroffene Gefangene hat mir den Text der ihm übermittelten Anhalteverfügung auszugsweise mitgeteilt. Einzelne Passagen des dem Gefangenen handschriftlich mitgeteilten Textes waren allerdings für diesen unlesbar. Nachdem meine Versuche, von der Anstaltsleitung eine Begründung für das Anhalten der von mir übersandten Broschüre zu erhalten, erfolglos blieben, beantragte ich am 11.05.2001 bei der zuständigen Strafvollstreckungskammer des LG Regensburg mit Sitz in Straubing die Anhalteverfügung aufzuheben und die Anstalt zu verpflichten, dem Gefangenen die Broschüre auszuhändigen. Ich machte dabei geltend, daß die Maßnahme rechtswidrig gewesen sei und mich in meinen Rechten aus Art. 5 Abs. 1 Satz 1 GG (Meinungsfreiheit) und aus § 28 StVollzG (unbeschränkte Kommunikation mit dem Gefangenen) verletze.

2. Der betroffene Gefangene hatte seinerseits am 17.06.2001 Antrag auf gerichtliche Entscheidung gestellt und beantragt, die Anhaltung der Broschüre aufzuheben. Dieser Antrag wurde vom LG Regensburg/Straubing am 10.08.2001 (StVK 65/95 (8)) als unbegründet verworfen. Das Gericht führte dabei aus, ihm sei bekannt, daß die Anhaltung einer früheren Auflage der Broschüre durch die JVA in der Literatur kritisiert worden wäre („„nach Calliess/Müller-Dietz zu § 70 Nr. 4 StVollzG ist sie zu Unrecht wegen vollzugsfeindlicher Tendenzen angehalten worden, wobei hier auch andere Fundstellen, die sich ablehnend mit der Anhaltung auseinandergesetzt haben, angeführt werden"). Das Gericht habe sich jedoch selbst einen Eindruck von der Broschüre gemacht und dabei eine Stelle gefunden, die „als gefährlich einzustufen" sei. Dabei handelt es sich um eine Passage auf Seite 98 der Broschüre, wo es heißt:

„Obwohl das Strafvollzugsgesetz Gefangene nirgends ausdrücklich zur Rückkehr in die Anstalt verpflichtet, wird meistens angenommen, daß Flucht, Entweichung oder Nichtrückkehr vom Urlaub einen Disziplinartatbestand darstellen. Du kannst dagegen wie folgt argumentieren, auch wenn dies gegenwärtig wenig Aussicht auf Erfolg hat: ‚Ich darf nicht gezwungen werden, an meiner eigenen Einsperrung mitzuwirken. Meine Flucht (Entweichung, Nichtrückkehr usw.) verstößt auch nicht gegen § 82 StVollzG, weil diese Bestimmung nur die Sicherheit oder Ordnung im räumlichen Bereich der Anstalt gewährleisten soll.'"

Das LG Regensburg führt dazu aus: „Solche Ratschläge, selbst wenn sie juristisch richtig sind, beinhalten die konkrete Gefahr, daß bei den Gefangenen der Eindruck entsteht, bestimmte Handlungsweisen seien nicht nur straflos, sondern auch richtig." Darüber hinaus werde in der Broschüre immer wieder der Eindruck erweckt, daß die Anstalt letztendlich der Feind des Gefangenen sei und daß man alles versuchen müsse, um sich gegen die Anstalt durchzusetzen. Darin liege eine konkrete Gefahr, daß im Gefangenen eine „vollstreckungsfeindliche Haltung" entstehe, die ihn daran hindere „entsprechend des Vollzugsziels mit der Anstalt ein Einvernehmen zu finden, um während der Inhaftierung wirklich eine Resozialisierung zu erleben". Sicher sei die Broschüre „nicht als extrem gefährlich einzustufen", sie dürfte „bei vernünftigen Gefangenen auch nicht wirklich eine Gefahr bedeuten". Allerdings sei zu berücksichtigen, daß in der JVA Straubing „insgesamt die Tendenz zu vollzugsfeindlichem Verhalten deutlich höher" sei als in anderen Justizvollzugsanstalten. Es habe hier auch schon Meuterei und Aufstand gegeben. Deshalb sei hier die „Gefahr durch aufwiegelnde Broschüren wesentlich höher einzustufen" als in anderen Gefängnissen, wo Gefangene wegen leichterer Straftaten kürzere Strafen verbüßten. Aus diesem Grunde sehe sich das Gericht auch nicht „an die ablehnende Haltung der Literatur gebunden".

Eine Rechtsbeschwerde des Gefangenen gegen diese Entscheidung wurde vom OLG Nürnberg am 11.09.2001 (Ws 1027/01) als unzulässig verworfen, da die besonderen Zulässigkeitsvoraussetzungen des § 116 Abs. 1 StVollzG nicht vorlägen. Dies habe der Senat „aufgrund der ausreichenden tatsächlichen Feststellungen und der rechtlichen Erwägungen im angefochtenen Beschluß und des Rechtsbeschwerdevorbringens überprüfen können (vgl. Calliess/Müller-Dietz, StVollzG, 8. Aufl., § 70 Nr. 34 m.w.N.)". Dazu ist anzumerken, daß dieser Verweis völlig unverständlich ist. Denn in der angegebenen Kommentarstelle steht nichts zu § 116 StVollzG. Statt dessen wird aber einer früheren Auflage der Broschüre bescheinigt, sie sei „zu Unrecht wegen vollzugsfeindlicher Tendenzen angehalten worden".

Eine Verfassungsbeschwerde des Gefangenen wurde von der 3. Kammer des Bundesverfassungsgerichts am 08.11.2001 (2 BvR 1721/01) nicht zu Entscheidung angenommen. Die Unzulässigkeit wird damit begründet, der Beschwerdeführer setze sich nicht hinreichend mit dem Inhalt der angegriffenen Entscheidungen auseinander.

3. In dem von mir angestrengten Verfahren vor der Strafvollstreckungskammer machte die JVA Straubing zunächst lediglich geltend, mein Antrag sei unzulässig. Nachdem dies von mir detailliert widerlegt worden war, wies die StVK mich auf die abweisende Entscheidung im Parallelverfahren hin und regte an, den Antrag zurückzunehmen. Erst auf mein Drängen traf

die Strafvollstreckungskammer schließlich auch in meinem Fall eine Entscheidung. Am 16.10.2001 entschied sie, daß mein Antrag vom 11.05.2001 unbegründet sei. In dem kurzen Beschluß wird auf die Gründe des Beschlusses der StVK im Parallelverfahren des Strafgefangenen verwiesen, deren Inhalt in der neuen Entscheidung nur kurz resümiert wird. So seien die Ausführungen der Broschüre zur Flucht als Disziplinartatbestand „als gefährlich einzustufen". Selbst „wenn sie juristisch richtig sind" würden derartige Ratschläge die konkrete Gefahr beeinhalten, daß bei dem Gefangenen der Eindruck entstehe, bestimmte Handlungsweisen seien nicht nur straflos, sondern auch richtig. Darüber hinaus werde in der Broschüre immer wieder der Eindruck erweckt, daß die Anstalt „letztendlich der Feind des Gefangenen" sei und daß dieser alles versuchen müsse, um sich gegen die Anstalt durchzusetzen. Daraus folge die „konkrete Gefahr", daß im Gefangenen eine vollstreckungsfeindliche Haltung entstehe, die ihn daran hindere, „entsprechend dem Vollzugsziel mit der Anstalt ein Einvernehmen zu finden, um während der Inhaftierung wirklich eine Resozialisierung zu erleben". Zwar sei die Broschüre „insgesamt nicht als extrem gefährlich einzustufen", bei vernünftigen Gefangenen dürfte sie „nicht wirklich eine Gefahr bedeuten". Es dürfe jedoch nicht übersehen werden, daß es sich bei der Justizvollzugsanstalt Straubing um eine Haftanstalt handle, in der eine überdurchschnittlich hohe Zahl extrem gefährlicher Gefangener inhaftiert sei und in der „insgesamt die Tendenz zu vollzugsfeindlichem Verhalten deutlich höher" sei als in anderen Justizvollzugsanstalten.

4. Gegen diese Entscheidung wurde in meinem Namen durch Herrn Rechtsanwalt Erich Joester (Bremen) am 16.10.2001 fristgemäß Rechtsbeschwerde eingelegt. Darin heißt es:

„I. Die Rechtsbeschwerde ist geboten, um die Nachprüfung zur Fortbildung des Rechts und zur Sicherung einer einheitlichen Rechtsprechung zu ermöglichen (§ 116 Abs. 1 StVollzG). Ersteres betrifft vor allem die Frage, ob die alte, pauschale Rechtsprechung zum ‚Ratgeber für Gefangene' im Hinblick auf die Gefährdung des Vollzugszieles noch aufrechterhalten werden kann oder ob eine persönlichkeitsbezogene Prognose im Hinblick auf den betreffenden Gefangenen verlangt werden muß (vgl. Boetticher in: AK StVollzG § 70 Rz. 12 m.w.H.).

Die Sicherung einer einheitlichen Rechtsprechung erscheint insbesondere deshalb erforderlich, weil das OLG Zweibrücken schon vor Jahren die Meinung vertreten hat, daß von den rechtlichen Infos des Strafvollzugsarchivs keine generelle Gefahr für Sicherheit und Ordnung der Anstalten ausgeht (ZfStrVo 1989, 117). Sollte das OLG Nürnberg hiervon abweichen wollen, hätte es die Frage dem Bundesgerichtshof nach § 121 Abs. 2 GVG vorzulegen.

II. Die Rechtsbeschwerde ist auch begründet, da die Entscheidung der Strafvollstreckungskammer elementare Fehler aufweist:

Sie spricht sich für ein Verbot von juristischen Meinungen aus, ‚auch wenn diese richtig sind', was den Kern der Informationsfreiheit berührt und jede vernünftige Rechtsberatung unmöglich macht.

Sie spricht von einer ‚konkreten Gefahr', wenn sie die bloß abstrakte Möglichkeit meint, daß einzelne Gefangene von der ‚insgesamt nicht als extrem gefährlich einzustufenden Broschüre' aufgewiegelt werden könnten.

Sie weist einerseits darauf hin, daß es sich bei der JVA Straubing ‚nicht um ein normales Gefängnis handelt' (was hier nicht bestritten werden soll), vergißt aber zu erwähnen, daß es viele ähnliche Anstalten gibt, in denen man ohne derartige Verbote auskommt.

Sie prüft mit keinem Wort die Möglichkeit, ob eine eventuell wirklich vorhandene konkrete Gefahr durch mildere Mittel (Verbot der Weitergabe, Schwärzen, Entfernen von Seiten etc.) ausgeräumt werden kann.

Alles in allem verkennt die Strafvollstreckungskammer die Bedeutung, welche dem Grundrecht der Informationsfreiheit (Art. 5 GG) gerade auch im Strafvollzug zukommt, und die daraus erwachsende Notwendigkeit, die einschränkenden Formulierungen des Gesetzes (hier §§ 31 Abs. 1 Nr. 1 bzw. 70 Abs. 2 Nr. 2 StVollzG) verfassungskonform auszulegen."

Diese Rechtsbeschwerde wurde vom OLG Nürnberg durch Beschluß vom 26.11.2001 (Ws 1346/01) verworfen. Das OLG bezieht sich auch hier (wiederum unverständlicherweise) auf „Calliess/Müller-Dietz, StVollzG, 8. Aufl., § 70 Rn. 4 m.w.N.". Es geht mit keinem Wort auf die in der Rechtsbeschwerde gerügten Punkte ein, insbesondere nicht auf die Frage der von mir betonten Notwendigkeit einer verfassungskonformen Auslegung der einschlägigen Normen des Strafvollzugsgesetzes. Ebenso wenig macht es Auführungen zu der Frage, ob nicht eine Verpflichtung der Anstalt aus dem Verhältnismäßigkeitsgrundsatz herzuleiten ist, eine eventuelle konkrete Gefahr durch mildere Mittel auszuräumen. Lediglich ergänzend bemerkt der Senat, daß seiner Meinung nach keine Vorlagepflicht des Senats nach § 121 Abs. 2 GVG bestehe.

B. Rechtliche Würdigung

Durch diese Entscheidungen bin ich in meinem Grundrecht aus Art. 5 GG verletzt. Der Rechtsweg ist durch den Antrag auf gerichtliche Entscheidung bei der Strafvollstreckungskammer (nach § 109 StVollzG) und durch die Rechtsbeschwerde (nach § 116 StVollzG) ausgeschöpft.

1. Art. 5 Abs. 1 Satz 1 GG gibt mir unter anderem das Recht, meine Meinung zu Rechtsfragen zu verbreiten. Dieses Recht findet selbstverständlich seine Grenze in den Vorschriften der allgemeinen Gesetze, den gesetzlichen Bestimmungen zum Schutze der Jugend und in dem Recht der persönlichen Ehre (Art. 5 Abs. 2 GG).

2. Dieses Grundrecht umfaßt auch den Meinungsaustausch mit Strafgefangenen. Denn auch diese sind Träger von Grundrechten, die nur durch Gesetz oder aufgrund eines Gesetzes eingeschränkt werden können (BVerfGE 33, 1 ff, 11). In den hier einschlägigen §§ 31 Abs. 1 Nr. 1 bzw. 70 Abs. 2 Nr. 2 StVollzG hat der Gesetzgeber Einschränkungen für den Fall vorgesehen, daß „das Ziel des Vollzuges oder die Sicherheit oder Ordnung der Anstalt gefährdet würde". Würde man allerdings die Auslegung dieser Begriffe völlig ins Belieben der Vollzugsanstalten stellen, dann wäre das Grundrecht der Meinungsfreiheit der Gefangenen und ihrer Kommunikationspartner in seinem Kern betroffen.

3. Zum Meinungsaustausch gehört selbstverständlich auch der Austausch kontroverser Meinungen. Kontroversen sind gerade im Rechtsleben und daher auch im juristischen Schrifttum nicht selten. Bei der Auslegung von Normen wird es dabei zumeist gar keine richtigen oder falschen Meinungen geben (allenfalls mehr oder weniger „vertretbare"). Das einzige von der Strafvollstreckungskammer beim LG Regensburg angeführte Beispiel betrifft eine in der Kommentarliteratur vertretene Meinung (Albrecht Brühl in AK StVollzG, 3. Aufl., § 102 Rz. 8f), die dort auch als „umstritten" gekennzeichnet wird. Wir haben sie in der Broschüre daher nur unter Vorbehalt („gegenwärtig wenig Aussicht auf Erfolg") weitergegeben. Man mag diese Meinung sogar für falsch halten (wie Joachim Walter, der die Kommentierung dieser Vorschrift in der 4. Auflage des erwähnten Kommentars übernommen hat). Es muß aber sehr erstaunen, wenn die Strafvollstreckungskammer juristische Meinungen, „selbst wenn sie richtig sind", im Gefängnis unter einen Zensurvorbehalt stellen möchte. Wenn dies zulässig wäre: wo bliebe dann der Anspruch, auch den Gefangenen differenzierten rechtlichen Rat zukommen zu lassen?

4. Es ist davon auszugehen, daß juristische Fachbücher, Kommentare, Rechtswörterbücher, aber eben auch Rechtsratgeber für Gefangene kein abstraktgenerelles Gefährdungspotential aufweisen (Bötticher AK StVollzG, 4. Auf., § 70 Rz. 16). Die ältere Rechtsprechung, nicht zuletzt des OLG Nürnberg, ist insoweit überholt. Nach ihr war (in den 70er Jahren), in heute kaum nachvollziehbarer Weise, sowohl das Buch „Ich lerne Karate", als auch das justiz-soziologische Werk des Kollegen Rüdiger Lautmann „Justiz – die stille Gewalt" in der JVA Straubing verboten worden (OLG Nürnberg, Vollzugsdienst 3/1975, 11). Im vorliegenden Fall sind

die bayerischen Gerichte offenbar von dieser Begründung abgerückt und stellen durchwegs auf eine „konkrete Gefahr" der Infos ab.

5. Allerdings ist eine solche konkrete Gefahr im vorliegenden Fall nirgends dargetan worden. Denn es werden keinerlei Anhaltspunkte dafür genannt, daß der von der Anhaltung unmittelbar betroffene Gefangene Eigenschaften aufweist, welche die Broschüre in seinen Händen zu einer konkreten Gefahr werden lassen könnten. Eine solche konkrete Gefährdung wäre jedoch mindestens im Zusammenhang mit Beschränkungen zu fordern, die vom Vollzugsziel und seiner Gefährdung abgeleitet werden. Ob von einem Gegenstand in der Hand eines bestimmten Gefangenen eine Gefährdung des Vollzugsziels ausgeht, setzt nämlich eine persönlichkeitsbezogene Prognose voraus (OLG Celle v. 4.5.1988 – Ws 117/88 StrVollz; Bötticher in AK StVollzG § 70 Rz. 12 m.w.N.). Von einer solchen Prognose fehlt im vorliegenden Fall jegliche Spur.

6. Statt dessen wird in den hier angegriffenen Gerichtsentscheidungen darauf abgestellt, daß es sich bei der JVA Straubing „nicht um ein normales Gefängnis" handle, vielmehr um eine Anstalt mit besonders langen Strafen und besonders schwierigen Gefangenen, in der es schon Meuterei und Aufstand gegeben habe. Der Beweis wird jedoch weder erbracht, noch auch nur versucht, daß rechtliche Informationen in solchen Anstalten die

Ursache für Meutereien und Aufstände gewesen sind. Das Gegenteil erscheint wahrscheinlicher. Seit dem Inkrafttreten des Strafvollzugsgesetzes haben zahlreiche Gefangene ihre Hoffnung auf den Rechtsweg gesetzt. Die Infos des Strafvollzugsarchivs sind über die Gefangenenzeitungen und über den Versand der DAH-Broschüren in allen deutschen Anstalten (einschließlich der JVA Straubing) tausendfach vorhanden. Dies hat möglicherweise zu einer verstärkten Beschwerdetätigkeit beigetragen, was die Anstalten nicht immer freut. Aber es gibt keinerlei Anhaltspunkte dafür, daß hierdurch eine Gefahr für die Sicherheit oder Ordnung der Anstalten geschaffen wurde.

7. Nähme man dennoch an, daß von bestimmten juristischen Meinungsäußerungen eine Gefahr für die Sicherheit bzw. Ordnung der Anstalt ausgehen könnte, dann müßte unter Verhältnismäßigkeitsgesichtspunkten geprüft werden, ob die Gefahr durch mildere Mittel ausgeschlossen werden kann. Als solches käme zum Beispiel das Schwärzen einzelner Textstellen oder das Entfernen einzelner Seiten infrage. Dies wäre im vorliegenden Fall zwar (nach meinem Dafürhalten) nicht angebracht, da die Broschüre seit langem in ähnlich „schwierige Anstalten" wie die JVA Straubing verschickt worden ist, ohne daß es zu irgendwelchen Unzuträglichkeiten gekommen wäre. Aber es ist mir unverständlich, daß weder die Anstalt noch die angerufenen Gerichte diese Möglichkeit wenigstens erörtert haben, obwohl sie darauf in meinen Schriftsätzen wiederholt hingewiesen wurden.

8. Bleibt der generelle Vorwurf der JVA Straubing und der ihr zugeordneten Gerichte, in der Broschüre werde der Eindruck erweckt, daß die Anstalt letztendlich der Feind des Gefangenen sei und daß diese alles versuchen müßten sich gegen die Anstalt durchzusetzen. Dieser Vorwurf ist, stellenweise mit mehr Recht, dem „Ratgeber für Gefangene mit medizinischen und juristischen Hinweisen" gemacht worden, der Ende der 70er Jahre von einem anonymen Autorenkollektiv herausgegeben und ziemlich schnell bundesweit verboten wurde (vgl. dazu Johannes Feest, Über den Umgang der Justiz mit Kritik. Am Beispiel von juristischen Ratgebern für Gefangene, Kritische Justiz 1991, 252-264). Damals hieß es, das Buch sei geeignet, „eine haßvolle und aggressive Oppositionshaltung vor allem gegen die Bediensteten der JVA ... zu begründen" (LG Regensburg, Beschluß vom 23.1.1986 – StVK 197/83 (2b)). An diese Rechtsprechung schließen die hier angegriffenen Entscheidungen implizit an. Sie übersehen dabei (geflissentlich?), daß wir den Gefangenen ausdrücklich davon abraten, exzessiv den Rechtsweg zu beschreiten. Statt dessen raten wir ihnen (im Vorwort zu den rechtlichen Infos, auf S. 62 der Broschüre), zunächst andere Möglichkeiten auszuschöpfen: Gespräche mit dem Anstaltsleiter, Kontakte mit dem Anstaltsbeirat etc.

Klaus Grapentin

Die Computergenehmigung

(Erlebnisse eines Inhaftierten bis zur Genehmigung und zum Betreiben eines PC's auf der Zelle in der JVA Tegel)

Der Schreiber dieser Zeilen ist 80% MdA schwerbehindert. Augenleiden durch beidseitige Netzhautablösung (rechts blind, links mit Kontaktlinse Minus 18 Dioptrien), dazu starkes Gelenkrheuma in den Händen.

Bereits vor 2 ½ Jahren hatte der Schreiber einen PC, der kaputt ging. Als das Gerät von ihm abgegeben wurde, stellte der Technische Kontrolldienst fest, dass Teile aus dem PC ausgewechselt oder verschwunden waren. Da ich diese Teile nicht hatte und auch nicht wußte, was da geschehen war, konnte ich dazu auch nichts sagen. Deshalb wurde mir die Computergenehmigung entzogen. Im Nachhinein habe ich dann festgestellt, dass ein Kollege hier ohne mein Wissen die guten Teile ausgebaut und in seinen Computer eingebaut hatte.

Aber das ist Schnee von gestern. Seit diesem Tag versuchte ich, wieder eine Genehmigung zu erhalten, um einen Computer zu bekommen. Denn es ist ja niemandem ein Schaden entstanden. Auch die Anstaltsleitung gab das zu. Anträge, gerichtliche Entscheidungen, Bitten usw. brachten keinen Erfolg. Der Tenor, ich sollte mit der Hand schreiben, auch wenn von ärztlicher Seite her bestätigt wurde, dass ich mit dem Gelenkrheuma keinen Stift halten kann.

Auch legte man mir nahe, auf Grund meiner stark eingeschränkten Sehfähigkeit eine Lupe anzuschaffen, um so besser sehen und schreiben zu können.

Es begann nun ein Untersuchungsmarathon, da die Anstaltsleitung ganz genau wissen wollte, was an gesundheitlichen Schäden vorlag. Das ganze zog sich von einer Stellungnahme und einem Gutachten zu anderen über zwei Jahre hinweg.

Der zuständige Sozialarbeiter und die Teilanstaltsleitung kamen auf immer abwegigere Begründungen für ihre Ablehnungen. Das allerletzte war der Vorschlag des Sozialarbeiters, ich sollte mir eine Bildschirmschreibmaschine anschaffen, Kostenpunkt ca. 1380,– DM (690 Euro) bei einem monatlichen Taschengeld von ca. 26 Euro. Da es so eine Schreibmaschine schon seit Jahren nicht mehr auf dem Markt gibt, nahm sich der Sozialarbeiter die Zeit, um einen ganzen Tag nach so einer Maschine zu suchen, und fand auch bei einer Bürofirma eine, die seit Jahren im Keller stand und nicht zu verkaufen war. Der absolute Hammer war dann, dass der Sozialarbeiter vorschlug, Herr Prof. Narr als mein Vollzugshelfer mit einem Professorengehalt solle doch dieses Schreibgerät kaufen, da die Anstalt kein Geld hätte. Damit schien der Höhepunkt erreicht zu sein, der nicht nur an Frechheit grenzte, sondern auch in Schikane ausgeartet war.

Mit Hilfe des Herrn Prof. Narr, der viele Gespräche mit Verantwortlichen führte und auch schriftlich vieles tat, genehmigte dann der Teilanstaltsleiter am 06.12.2001 erneut einen Computer. Nur: Ich hatte immer noch keinen PC auf der Zelle, da ich erst die neue Dienstverordnung abwarten müsste, die regelt, dass nicht die Anstaltsleitung über eine Computergenehmigung verfügt, sondern die jeweilige Teilanstaltsleitung.

Nunmehr bemühte ich mich um einen PC. Ich hatte bei einem Bekannten einen gebrauchten stehen. Als ich ihn anrief, teilte er mir mit, dass dieser bei einem Wasserrohrbruch in seinem Keller zu Schaden gekommen und entsorgt worden sei. Herr Prof. Narr hat sich dann bereit erklärt, mir zu helfen und mir einen PC zu besorgen. Allerdings gingen da schon die Schwierigkeiten los. Solange keine Einbringungsgenehmigung vorlag, durfte der PC auch nicht in der Anstalt abgegeben werden. Wochenlang zog sich diese Einbringungsgemehmigung hin, niemand wusste genau, woran das lag, bzw. niemand wollte es wissen.

Im April 2002 war es dann endlich soweit, die Firma Isotronic brachte den PC in das Haus 38. Dort blieb der PC zunächst stehen, weil sich keiner für die technische Kontrolle zuständig fühlte.

Es wurde dann intern festgestellt, dass Monitor, Maus, Tastatur vom TKD (Technischer Kontrolldienst) kontrolliert und verplombt wurden, der Rechner aber von der Abteilung GIT. Dort stellte man fest, dass der Rechner zwei Soundkarten hat und Audioausgänge. Das ist aus welchen Gründen auch immer verboten. Ich musste deshalb einen Antrag stellen, dass die Firma Isotronic den Rechner wieder abholt und die Soundkarten ausbaut und den Rechner dann wiederbringt. Dem hier zuständigen VDL, Herrn Furon, kam dieses Verfahren nun aber doch zu blöd vor. Deshalb bat er einen Beamten, der auch zuständig ist für den PC in der Zelle, die Soundkarte und die Lautsprecher mit meinem Einverständnis auszubauen und die Ausgänge für Audio zu versiegeln und zu verplomben. Dies stieß aber auf Schwierigkeiten. Herr Bankmann baute zwar die Soundkarte und die Lautsprecher aus, musste das Gerät aber wieder zur Abteilung GIT bringen, damit diese den Rechner erneut prüft und verplombt. Dort blieb das Gerät wieder liegen, weil die GIT zwar kontrollieren aber nicht verplomben darf. Dann wurde es dem Herrn VDL zu bunt, und er beauftragte meinen

Stationsbeamten, bei der GIT den Rechner zu holen und beim TKD Monitor, Rechner, Tastatur und Maus verplomben zu lassen und alles zusammen auf die Hauskammer zu bringen. Dies geschah auch. Am nächsten Tag ging dann Herr Bankmann mit auf die Kammer. Dort wurde mir alles ausgehändigt, einschließlich eines Druckers und alle meine Software. Dies war an einem Freitag.

Ich schloss alles an. Herr Bankmann kontrollierte nochmal alles und formatierte mir die Festplatte und kontrollierte auch das Bios.

Meine Freude war groß, denn endlich hatte ich es geschafft.

Am Montag darauf kommt der Sozialarbeiter auf meine Zelle und sagt, ich müsse den PC wieder auf die Kammer bringen, denn es läge noch keine Genehmigung vor, dass ich einen PC auf der Zelle haben dürfe, es liege nur eine Einbringungsgenehmigung vor. Außerdem müssten alle Einzelteile genau notiert werden, Hersteller, Betriebsnummer, usw.

Ich war einem Nervenzusammenbruch nahe und schrie den Sozi an, dass ich langsam die Schnauze voll hätte mit dem ganzen Hin und Her, er, der Sozi, möge Herrn Prof. Narr anrufen, damit er das Gerät wieder abhole, denn irgendwo bin ich langsam am Ende mit den Schikanen. Der Rechner müsste dann nämlich erneut zu GIT und TKD, die Plomben entfernen, alle Teile ausbauen, aufschreiben nach Hersteller und Seriennummer. Das hätte bei der Tegeler Langsamkeit Wochen gedauert. Denn das größte Hindernis für die Computergenehmigung all die Jahre war mein zuständiger Sozialarbeiter. War es mein verbaler Ausbruch, ich weiß es nicht, jedenfalls konnte ich den PC auf der Zelle behalten. Man einigte sich, dass Herr Bankmann eine Software von zu Hause mitbringt, die alle Teile, die ein Rechner hat, aufzeigt und dann schriftlich festhält. Dennoch wollte der Sozi trotz dieser Vereinbarung, dass ich den Rechner wieder rausgebe. Wer da das Machtwort gesprochen hat, weiß ich nicht. Der Rechner blieb auf meiner Zelle.

Einige Tage später kam Herr Bankmann und schrieb alles auf, was seine Software aufzeigte. Dennoch hatte ich immer noch keine schriftliche Genehmigung, einen PC auf der Zelle zu haben. Der Sozi meinte, dass diese Duldung nicht rechtens sei und dass es so nicht ginge.

Dann gab der Monitor seinen Geist auf. Auch der Drucker, ein ca. 12 Jahre altes Gerät. Die Firma Isotronic gab sich kulant und gab mir für 75 Euro einen neuen Monitor, den ich mit meinem Taschengeld von drei Monaten bezahlt habe. Den neuen Drucker hat ein Kollege hier gekauft, dem ich derzeit noch 14 Euro im Monat abbezahlen muss.

Auch meinem Vollzugshelfer, Herrn Prof. Narr, schulde ich noch eine immense Summe für den Rechner, auch wenn er meint, ich solle mir da noch Jahre Zeit lassen. Nach einem Monat endlich, bekam ich dann auch die offizielle Genehmigung, dass ich einen PC auf der Zelle haben darf. Diese Verfügung lege ich diesem Schreiben bei.

P.S. Wer das liest, hat vielleicht Lust an einem Briefkontakt (Seidelstraße 39, 13507 Berlin)

„Bald kriegst du ein schönes, neues Zuhause!"

Justizvollzugsanstalt Tegel

 Berlin

Justizvollzugsanstalt Tegel, Seidelstr. 39, 13507 Berlin

Herrn
Klaus Grapentin

- zurzeit Teilanstalt V
  Station 4 -

Bearbeiter:	Telefon: 4383-/Telefax: 4383-120	Datum	Geschäftsz. (bei Antwort bitte angeben)
Herr Leszczynski ☎ 585		10.05.2002	GL V-3/4-451 E-629/95-5

Sehr geehrter Herr Grapentin,

nach gründlicher Prüfung Ihres Antrages auf Bewilligung eines Personalcomputers erteile ich Ihnen gem. § 70 StVollzG die Genehmigung zur Einbringung eines solchen Personalcomputers, mit einem Diskettenlaufwerk und CD-Rom-Laufwerk nebst Monitor (15 Zoll), Tastatur, Maus und Grafikkarte. Die genaue Bezeichnung der Software und Hardwarekomponenten ist in der Anlage, die Bestandteil des Bescheides ist, enthalten.

Darüber hinaus genehmige ich Ihnen die Installation und Nutzung des in Ihrem Besitz bei Ihrer Habe befindlichen Druckers HP 550 C.

Entscheidungsgründe:

In der JVA Tegel können Personalcomputer unter den strengen Voraussetzungen des § 70 Abs. 1 und 2 StVollzG konkretisiert durch die Hausverfügung Nr. 2/2002 vom 24.01.2002 genehmigt werden.

Bezüglich der Aushändigung eines Personalcomputers ist dabei besonders zu berücksichtigen, dass das Gerät im Hinblick auf Inhalt und Nutzung nur schwer zu kontrollieren ist und das Gehäuse selbst zahlreiche Versteckmöglichkeiten für unerlaubte Gegenstände bietet.

In Abweichung von der genannten Hausverfügung, die die Nutzung eines Personalcomputers nur für Ausbildungszwecke vorsieht, erteile ich Ihnen die Genehmigung aufgrund Ihres schlechten Gesundheitszustandes. Nach Aussagen der zuständigen Ärztin ist Ihr Sehvermögen beachtlich und irreversibel geschädigt. Ein Personalcomputer wird Ihnen die schriftliche Kommunikation mit Ihrem sozialen Umfeld wesentlich erleichtern bzw. erst möglich machen. Bei meiner Entscheidung habe ich auch berücksichtigt, dass Sie sich als Insassenvertreter Ihrer Station und Mitglied der Gesamtinsassenvertretung der Anstalt engagieren und im Rahmen dieser Tätigkeit auch die Möglichkeit zur Verfassung von Texten benötigen.

Die Genehmigung erteile ich, obwohl Sie an Ihrem im Oktober 1996 genehmigten Personalcomputer technische Manipulationen vorgenommen hatten, die den Widerruf der damaligen Genehmigung im Juni 1999 zur Folge hatte.

Aktuell schätze ich die Missbrauchsgefahr jedoch als vertretbar gering ein, weil ich einerseits davon ausgehe, dass der Widerruf eine ausreichende Warnung darstellt und andererseits hier wahrgenommen wird, dass Sie durch Ihr Engagement wieder zu einer konstruktiven Kooperation mit der Anstalt zurückgefunden haben.

Ich mache Sie darauf aufmerksam, dass die Genehmigung bei Verstößen gegen die Bestimmungen des Strafvollzugsgesetzes oder die Bestimmungen der Hausordnung der Teilanstalt V jederzeit widerrufen werden kann. Das Ihnen überlassene Gerät wird regelmäßig auf etwaige Manipulationen überprüft werden. Sie sind verpflichtet, jederzeit die Kontrolle Ihres Personalcomputers einschließlich der Datenbestände innerhalb und außerhalb Ihres Haftraumes inklusive der Bereitstellung der Originalsoftware/Bedienungsanleitung zu ermöglichen. Die Haftung der Anstalt für Datenverluste, die im Rahmen der Kontrollen entstehen können, ist ausgeschlossen. Es ist Ihnen ausschließlich nur die Benutzung lizenzierter Software genehmigt. Der Datenaustausch mit anderen Gefangenen sowie die Weitergabe und Entgegennahme von Hart- bzw. Software wird untersagt.

Jede weitere Installation von Software (auch Programme von PC-Zeitschriften) ist ohne vorherige Genehmigung untersagt. Bei Zuwiderhandlung kann die erteilte Genehmigung jederzeit widerrufen werden.

Die mit dem Personalcomputer verbundenen Aufwendungen (z. B. Software) gehen zu Ihren Lasten und können ausschließlich durch den Versandt bzw. Fachhandel bezogen werden. Eventuell auftretende Reparaturen und Wartungsarbeiten am Gerät und Zubehör sind grundsätzlich durch Fachfirmen außerhalb der Justizvollzugsanstalt vorzunehmen.

Diese Genehmigung erlischt bei Ihrer Verlegung aus der Teilanstalt V, auch innerhalb der JVA Tegel.

Auf die beigefügte Rechtsbehelfsbelehrung weise ich hin.

Im Auftrag
Adam

Beglaubigt

Helga Einsele

Um unserer selbst und der Fehlsamen willen*⁾

Ich hoffe, Sie verstehen, dass ich nicht mehr eine große umfassende inhaltsreiche Rede zu halten in der Lage bin, sondern ich möchte ein paar Worte noch sagen zu dem, was uns hier im Wesentlichen gemeinsam bewegt hat. Die Sorgen um die Welt, die teilen wir alle in gleicher Weise. Ich denke auch die Hoffnungen, die bei mir noch einmal besonders aufgeflackert sind, als ich hörte, dass Politik und Soziales doch wieder ein bisschen mehr Stellenwert gewinnen könnten in dem rein Wirtschaftlichen. Vor allen Dingen aber möchte ich denen danken, die dieses Zusammensein heute hier möglich gemacht haben. Ich weiß, dass in all solchen Dingen auch viel Arbeit steckt, und diese Arbeit dient ja einem doppelten guten Sinne. Auf der einen Seite natürlich auch der Person, aber ich meine vor allen Dingen doch einer Sache, die wir gemeinsam haben und die wir zum Teil gemeinsam beschickt haben, wenn auch auf verschiedenen Ebenen. Und was war nun die gemeinsame Sache? Sie wurde schon freundlich und liebevoll von zwei Seiten angesprochen. Ich denke, es ist vor allen Dingen der Ausgang von allem gewesen, der schwere Schock, den meine Generation – aber auch noch die nachfolgenden – erlitten haben durch den letzten großen schweren europäischen Krieg und durch das Wüten des Faschismus in Europa in der Form des deutschen Nationalsozialismus. Der hat vor allen Dingen die humane Kultur, die sich so langsam hier hatte entwickeln wollen, zugrunde gerichtet. Wir hatten gemeint, dass dieser Kontinent reif gewesen wäre für eine humane Kultur. Gott sei Dank hat es damals Menschen gegeben, die all die Gedanken über diese Zeit hinweg gerettet haben und die in der Lage waren, sie zusammenzufassen in einer Verfassung, die Werte, die damals mit Füßen getreten wurden, die aber doch unsterblich sind, mit einer gewissen Dauer zu versehen. Nicht alles hat gehalten, was man damals hineingeschrieben hat. Aber ich denke, das holen wir nach, das tun wir später.

*⁾ Helga Einsele hat die Rede, die wir im Folgenden abdrucken, anlässlich einer Feier zu ihrem 90sten Geburtstag im Frankfurter Römer am 9. Juni 2000 gehalten. Der Text der Rede war nicht für den Druck bestimmt. Ich habe ihn, der Erlaubnis Helga Einseles gewiss, so zart irgend möglich redigiert. Wenige Begrüßungsworte am Beginn und Dankesworte am Ende habe ich gestrichen. Ihre berufserfahrene – Helga Einsele war jahrzehntelang Leiterin des Frauengefängnisses in Frankfurt-Preungesheim – und lebenserfahrene, unverzagt und stetig, gerade praktische Humanität ist es, die uns am wichtigsten und schweren Strafe-Bestrafung-Opfer- und Täter-Thema am besten leiten. Helga Einsele nennt sie selten „Täter" (oder: „Täterin"), als wäre der Mensch rundum und lebenslang davon erfüllt, sondern „Fehlsame". Wolf-Dieter Narr

Es sind zwei Werte, die auch für unsere Arbeit besonders bedeutsam waren. Das war das absolute Primat der Menschenwürde, des Artikels 1 GG, für alle, die auf diesem Boden leben. Und zum Zweiten ist es das demokratische Miteinander, in dem wir versuchen wollen – wir haben es ja immer noch nicht wirklich geschafft, aber wir sind auf dem Wege dazu – ein soziales System zu schaffen, das Raum haben sollte für alle: für Arme, Schwache, Kranke und auch Fehlsame. Die Fehlsamen vergisst man immer am ehesten und vielleicht auch manchmal ganz gerne. Die haben ja Schuld an ihrem Elend und infolgedessen sollen sie damit fertig werden. Gerade über sie hat der Mann, den wir ja hier im letzten Jahr in Frankfurt so eindrucksvoll gefeiert haben als, wie ich meine mit Recht, den größten Sohn dieser Stadt, besonders eindrucksvolle Worte gefunden. Im Wilhelm Meister schreibt er, welchen Weg die Menschheit machen musste, bis sie dahin gelangte, gegen Schuldige gelind, gegen Verbrecher schonend und gegen Unmenschliche menschlich zu sein. Diesen Werten fühlte sich auch die Frau verpflichtet, die, unsichtbar, heute nicht mehr lebt, hier heute unter uns ist. Sie wurde in Ihrer Einladung erwähnt. Und sie hat diese Dinge vor allem für die Frauen ausgerichtet, die ihr Hauptanliegen waren. Denen ist es damals ja noch sehr viel schlechter gegangen, als es ihnen heute geht.**)
Sie haben recht, Frau Oberbürgermeisterin, wenn Sie sagen, dass die heutigen Frauen das Kämpfen ein bisschen aufgegeben haben. Sie glauben, dass sie sich ausruhen könnten. Sie werden merken, dass man sich nie ausruhen kann. Ich finde diese Frauen alle sehr nett und sehr liebevoll und sehr hilfsbereit, aber sie kämpfen eben einfach noch nicht so sehr. Wir hatten ja die Fehlsamen zum zentralen Anliegen unserer gemeinsamen Arbeit gemacht. Ihnen gegenüber sollte es, wollte es uns vor allen Dingen um den Aufbau bzw. Wiederaufbau ihrer Person gehen und nicht um vergeltende Strafen, die fast immer nur nachteilig ausgehen können, wenn sie nicht mit einem hilfreichen Miteinander verbunden sind. Die Zahl der Fehlsamen, die jede hilfreiche und notwendig langatmige Bereitschaft, sie zu unterstützen, abweist, ist ja viel kleiner als eine wachsende Kriminalitätsliteratur, die vom Horror-Kick leben muss, uns glauben machen will. Diesen, denen man helfen kann, wenden wir uns vor allen Dingen mit großer Geduld zu. Die Zahl derer, die diesen abweichenden Weg begreiflicherweise eingeschlagen hat, die wird in dieser Literatur unterschätzt und nicht gesehen. Es wird vergessen, aus was für Lebensläufen und Lebensbedingungen die meisten kommen, denen dann das Los der Kriminalität beschieden ist. Sie kommen aus katastrophalen persönlichen Lebensentwicklungen, als Einzelne, aber auch als Gruppen, wenn es sich um gesellschaftliche Krisen, vor allem kriegerische Krisen handelt. Es wird auch solche geben, an die man in keiner Weise herankommen kann, vielleicht nicht mehr, vielleicht überhaupt nicht, weil sie von vornherein so angelegt

---

**) Ich konnte den Namen dieser Frau leider nicht ermitteln. WDN

sind. Auch dann meine ich, müssen wir es zunächst versuchen. Diese von vornherein auszugrenzen, dazu reicht unser diagnostisches und prognostisches Wissen nicht aus. Die Gesellschaft hat, wenn sie wirklich ernsthaft geschädigt wird, ein Recht, das zu verweigern, das zu verhindern und dabei auch repressive Maßnahmen zu ergreifen. Aber vergessen wir eines nicht: auch jede konstruktiv gemeinte Maßnahme begegnet im Allgemeinen starkem Widerstand. Es ist ja das Ansinnen des modernen Menschen, dass er sein Leben selbst gestalten möchte. Deshalb wird jeder, in dessen Leben man einzugreifen versucht, auch wenn es zum Besten gedacht ist, sich dagegen wehren. Ich glaube, um das Strafen selbst müssen wir uns nie Gedanken machen. Das liegt in all unseren Maßnahmen drin. Im Anschluss an das Jahrhundert, wo Menschen vergaßen, Menschen zu sein, auf Unmenschlichkeit heruntersanken, ja, auf oder sogar unter das Niveau dressierter Kampfhunde gingen, wurde in Deutschland und dann schließlich auch fast in ganz Europa die Todesstrafe abgeschafft. Ohne Wenn und Aber. Ohne jede Einschränkung.

Wenn allgemein Barbarei aufkommt, dann ist vor allen Dingen die Politik zuständig. Im Rahmen des Rechts, des Völkerrechts wünschte man sich, dass die Politik lernen könnte, stärker präventiv zu arbeiten. Meist wird nur versucht, wenn das Kind im Brunnen liegt, es wieder herauszuziehen. Ein durch globale Entwicklung verschärftes Problem unserer Zeit stellt die organisierte Kriminalität dar. Mehr als die übliche Kriminalität wird sie getrieben von einem grenzenlosen Streben nach Gewinn. Darin wird, wie ich meine, auch ein kompensatorisches Bedürfnis deutlich. Ein solches wächst vor allen Dingen in den zerfallenden Gesellschaften. Mit diesem Phänomen fertig zu werden, die Methoden dafür zu entwickeln im Zusammenwirken zwischen Politik und Justiz, das wird die Aufgabe unserer Zeit sein. Sie ist noch nicht gelöst.

In all diesen Fragen gleich oder doch ähnlich gedacht zu haben, denke ich, hat uns in diesem Kreis zusammengebracht und erhält unsere Zusammengehörigkeit. Im Detail konnten wir dann tapfer miteinander streiten, wie das nun im einzelnen vor sich gehen müsse. Begrenzen wir einen Augenblick das Thema auf die klassische Kriminalität, mit der wir es im Wesentlichen zu tun hatten. Da wird, so meine ich, von Jugendlichen mehr verstanden und sogar gelegentlich akzeptiert, dass geprügelte Kinder weiter prügeln. Wir überschätzen dabei den Unterschied zwischen Jugendlichen und Erwachsenen. Die Erwachsenen kommen aus den gleichen heillosen sozialen Lebensbedingungen wie diese Jugendlichen. Nur haben diese Bedingungen viel stärker und länger auf sie einwirken können. Die Erwachsenen wurden noch verformt durch falsche Maßnahmen und sind infolgedessen sehr viel schwieriger wieder zu korrigieren. Meistens sind sie Opfer gewesen, bevor sie schließlich Täter wurden.

Am Anfang, als wir 1945 nach dem Krieg anfingen, diese Arbeit zu tun, verfügten wir über horrend wenig Wissen über all diese Zusammenhänge. Wir hatten in Deutschland eine positive Entwicklung der Kriminalwissenschaften und der Kriminologie und des Rechts gehabt, und zwar nicht erst in der Weimarer Republik, sondern schon vorher. Diese Entwicklung wurde dann jäh unterbrochen durch den Einbruch des Nationalsozialismus. Es wurde verfemt. Es wurde verboten. Wir durften nicht mehr so handeln. Das Recht wurde verballhornt und der Umgang mit fehlsamen Menschen auch. Das Wissen ist dann zum Teil ausgewandert und kam dann nach dem Kriege quasi als Befehl zu uns zurück. Wir konnten dann versuchen, es weiterzuentwickeln. Am Anfang aber standen wir ziemlich hilflos da, angewiesen auf Vorstellungen und sehr geringe Erfahrungen. Eine Erfahrung ist mir dabei besonders wichtig gewesen und auch heute noch wichtig. Deshalb will ich sie kurz erwähnen, weil ich glaube, dass sie unser ganzes Leben ein bisschen prägen sollte. Eine glücklich verbrachte und wohl umsorgte Kindheit schafft offensichtlich im Menschen einen Fundus an Kraft und Bereitschaft. Es ist relativ einfach von diesem Fundus an diejenigen weiterzugeben, die einen solchen nicht entwickeln konnten. Das kann ohne Neid geschehen. Er braucht nicht die schrecklichen Sprüche des Stammtischs, die man immer wieder hört: „Man muss also offensichtlich erst was ausgefressen haben, bevor man hier anständig behandelt wird." All diese Dinge gehen an glücklichen Menschen vorbei. Sie können auf diese Überlegenheitsgefühle verzichten. Ich meine, dass im Vordergrund vor allen Dingen das Wissen stehen muss, dass man reicher ist als die anderen und dass man deshalb abgeben kann. Nie gemeint ist hier materieller Reichtum. Der hat die Neigung, an Menschen festzukleben, auch weil der Reiche sich schlecht vorstellen kann, wie der Arme wirklich leben muss. Auf der anderen Seite geht es auch um den Gewinn neuen Reichtums. Auch der wird meistens beträchtlich überschätzt. Das nach innen gewandte Glück scheint ein guter Ratgeber für den Umgang mit Freiheit und mit Armut zu sein. Es kann auf Widerstand gelassen reagieren, der dann entsteht, wenn man in ein fehlsames, fremdes Leben eingreift. Dieser Widerstand ist vorhanden. Man muß ihn bekämpfen können. Man kann es gelassen tun, wenn man sich selbst reich gefühlt hat.

Und, bitte halten Sie mich nicht für überholt, hoffnungslos überholt und unflexibel, wenn für mich die Erfahrung des vorigen Jahrhunderts eine so eminente Bedeutung bekommen hat, dass dieses den ganzen Lebensentwurf bestimmt hat. Danach wurde noch etwas anderes deutlich, dass in Menschen Kräfte vorhanden sind, die gegen diese Unmenschlichkeit stark sein können. Dabei taucht vor mir das Bild der Taucherente auf. Ich habe ja viel am Wasser gelebt. Dieses kleine possierliche Tierchen, das so schnell über das Wasser dahinpaddelt, mit dem Köpfchen nickt und mit einemmal kopfüber unter Wasser schießt, so dass man fürchtet, es nie wieder zu sehen. Irgendwo taucht es dann wieder auf und paddelt, Köpfchen nickend, schnell über die Wasserfläche weiter. Lassen Sie mich noch einmal sehr herzlich dafür danken, dass Sie heute hierher gekommen sind und dass Sie alle diese schönen Sachen gesagt haben. Ich denke uns als eine Gruppe, die trotz der manchmal schmerzhaften Umbrüche, die wir bei uns und anderswo erleben müssen, dagegen halten will und die trotzdem festhalten will am großen Primat der Humanität. Mit diesem Primat der Humanität sollten wir leben, und diese sollte von unserem Kontinent ausstrahlen auf solche, die noch ein bisschen hinter uns sind. Vergessen wir nicht, dass das Bundesverfassungsgericht noch im Jahre 1998 – wie bereits mehrfach vorher – entschieden hat, dass Einsperren und Inhaftnahme mit dem Grundgesetz in Einklang sind, wenn am Ziel der Resozialisierung festgehalten wird. Die Methode der Resozialisierung aber zu entwickeln, das war und ist unsere Aufgabe. Sie ist uns wahrlich nicht leichtgefallen und sie wird auch in der Zukunft bestimmt nicht leichter sein. Viele Dinge sind noch sehr viel schwieriger geworden. Die Methoden zu entwickeln, ist also unsere Sache. Vergessen wir nicht die Tauchente, die wiederkommt und die das Prinzip Hoffnung verkörpert.

Martin Singe

Unschuldig hinter Gittern?

Sehr selten erfährt man in der Bundesrepublik in den Medien etwas über verurteilte Straftäter, bei denen sich im Nachhinein deren Unschuld herausstellte. An diesen wenigen veröffentlichten Einzelfällen wird deutlich, wie voreilig manchmal Gerichtsurteile gefällt werden – auch solche mit hohen bzw. sehr hohen Haftstrafen. Angesichts solcher Fehlurteile kann man sich dann nur noch empören angesichts der lächerlichen Entschädigung, die der Staat für diese Justizopfer vorsieht. Mit rund 15 Euro pro Hafttag müssen sich die Opfer zufrieden geben. Und damit sollen sich die Betroffenen dann nach diversen Knastjahren eine neue Existenz aufbauen? Besonders schlimm sind Fehlurteile, in denen nicht nur auf eine lange Zeitstrafe erkannt wird, sondern lebenslänglich verhängt wird. Noch extremer sind die Folgen von Fehlurteilen in Staaten, in denen die Todesstrafe immer noch nicht abgeschafft ist, z.B. in den USA. Hier mußten in letzter Zeit etliche Todesurteile aufgehoben werden. Bei einigen Fällen haben bürgerrechtliche Initiativen Gegenbeweise erbringen können, in anderen gab es Geständnisse der eigentlichen Täter, in wieder anderen Fällen konnte mittels neuer Technologien – wie die Gen-Übereinstimmungsprüfung – die Unschuld von Verurteilten nachgewiesen werden. In den USA haben diese in letzter Zeit mehrfach bekannt gewordenen Urteilsrevisionen in der öffentlichen Debatte teilweise dazu geführt, die Todesstrafe prinzipiell neu zu überdenken. In einigen US-Bundesstaaten geht man inzwischen deutlich restriktiver mit der Todesstrafe um bzw. haben die Justizbehörden die Überprüfung vieler Todesurteile verlangt.

Das Komitee für Grundrechte und Demokratie erhält im Rahmen seiner Gefangenenarbeit immer wieder Briefe von Verurteilten, die von sich sagen, daß sie nicht die Täter der ihnen zur Last gelegten Straftat waren. Eine Überprüfung solcher Aussagen übersteigt in der Regel unsere Möglichkeiten. Direkte anwaltliche Hilfe ist in diesen Situationen geboten. Selten können wir solche Vorgänge dokumentieren, um Öffentlichkeit zu gewinnen oder JournalistInnen zu motivieren, einen Fall aufzugreifen und publik zu machen. Besonderes Augenmerk richten wir auf diejenigen Menschen, die zu lebenslanger Freiheitsstrafe verurteilt wurden, obwohl sie sich selbst als unschuldig bezeichnen.

Ein Hauptproblem bei der gerichtlichen Verhandlung schwerer Straftaten besteht darin, daß bereits nach einer einzigen Tatsacheninstanz verurteilt wird. In einer Revision wird nur die formale Richtigkeit der Anwendung der Rechtsnormen geprüft, nicht aber die Frage nach der korrekten Ermittlung der Tatsachen neu gestellt. Wiederaufnahmeverfahren aber, die die Verbrechensumstände neu ermitteln und beurteilen müssen, kommen sehr schwer in Gang. Sie sind meist aussichtslos. Nach der ersten und einzigen Tatsacheninstanz ist dann in der Regel kaum noch etwas zu machen. Der juristisch vorgezeichnete Weg – Revision/Verfassungsbeschwerde/ Wiederaufnahmeverfahren – ist im bundesdeutschen Justizdschungel ein schier aussichtsloses Unterfangen: systematisch blocken die Gerichte ab.

I. Verweigerung eines Wiederaufnahmeantrages

Ein zu lebenslanger Haft Verurteilter, Herr X., dem, nachdem er eine lebenslange Haftstrafe wegen eines Mordes verbüßt hatte, sofort ein neuer Mord angelastet wurde, kämpft seit Jahren um sein Recht. Er berichtet immer wieder von Zellenverwüstungen, die seinen Widerstand brechen sollen und ihm das Ordnen seiner Dokumente und Akten extrem erschweren. Er selbst wertet die Art des Strafvollzuges als Folter. Da der Betroffene in der JVA Straubing einsitzt, erscheint uns der Bericht glaubwürdig. Die JVA Straubing ist eine der schlimmsten Anstalten der Bunderepublik, bzw. Bayerns. Sie ist die einzige Anstalt, die sich geweigert hat, das Komitee-Buch zur lebenslangen Freiheitsstrafe an Gefangene auszuhändigen, da die VerfasserInnen (alles zu lebenslanger Haft Verurteilte) angeblich „durchweg eine vollzugsfeindliche Einstellung" offenbarten.

Der Anwalt von Herrn X. ist „felsenfest" von dessen Unschuld in Hinblick auf das Herrn X neu zur Last gelegte Verbrechen überzeugt. Für das Wiederaufnahmeverfahren wurden fast zehn neue Zeugen benannt, denen nach der Verurteilung des Betroffenen vom eigentlichen Täter die Tat gestanden wurde. Alle wären bereit gewesen, dies vor Gericht auszusagen. Doch das Gericht lehnte ein Wiederaufnahmeverfahren mit der lapidaren Begründung ab, daß es sich um unglaubwürdige bzw. ungeeignete Gefälligkeitszeugen handele – ohne einen einzigen der Zeugen auch nur anzuhören! Auch eine nach der Ablehnung des Wiederaufnahmeverfahrens eingelegte Verfassungsbeschwerde wurde ohne inhaltliche Befassung zurückgewiesen.

Der mutmaßliche Täter des Mordes ist inzwischen tot. Er wurde bei einer von ihm eröffneten Schießerei seitens der Polizei aus Notwehr erschossen. Herr X. sitzt für diesen ihm unterstellten zweiten Mord nun schon seit Oktober 1982 im Gefängnis. Wegen der „Schwere der Schuld" hat das OLG Nürnberg eine Mindestverbüßungsdauer von 30 Jahren festgesetzt. Zuvor hatte die Strafvollstreckungskammer Regensburg/Straubing 40 Jahre als Mindestverbüßungsdauer für diese Tat festgelegt. Alle Anträge auf Bewährungsaussetzung der Freiheitsstrafe wurden verworfen.

II. Wie Richter ein grundrechtlich gebotenes rechtsstaatlich faires Verfahren umgehen

1. Veruteilung zu lebenslanger Freiheitsstrafe wegen Mordes

In diesem Beitrag soll es hauptsächlich um einen anderen zu lebenslanger Freiheitsstrafe Verurteilten gehen, mit dem wir in intensivem Kontakt stehen. Am 23. September 1999 erhält das Komitee einen Brief von der Frau des Verurteilten sowie der im gleichen Haus in Bonn wohnenden Nachbarfamilie. Sie bitten um Hilfe für den Ehemann bzw. Nachbarn, der bereits seit dem 23.4.1998 inhaftiert ist und am 19.5.1999 zu lebenslanger Haftstrafe verurteilt wurde. Sie halten Herrn A. für unschuldig. Der Wohnungs-Nachbar, Professor an der Universität Bonn, war selbst einige Tage beim Prozeß (sieben Verhandlungstage) anwesend. Er schildert die Prozeßführung als sehr dubios. Warum auch ich den Betreffenden für unschuldig halte, bzw. stärkste Zweifel an der Richtigkeit des Urteils habe, soll nachfolgend dargestellt werden. Jedenfalls steht fest, daß dem Verurteilten die Tat nicht zweifelsfrei nachgewiesen werden konnte.

Der 1952 geborene Herr A. ist seit 1991 als Asylbewerber anerkannt. Er lebt mit seiner Frau und drei Kindern (zur Tatzeit 3, 9 und 13 Jahre alt) seit Jahren in Bonn. Er ist bislang strafrechtlich nicht in Erscheinung getreten. Am 24.3.1998 wird in einer Bonner Tiefgarage Herr B. mit mehreren Messerstichen ermordet. Herr A. hatte mit Herrn B. – beide aus dem Iran stammend – seit Jahren ein sowohl persönliches als auch geschäftliches Verhältnis. Das hat er jedoch etwa Ende 1996 aufgelöst, da ihm einige der Geschäfte des Herrn B. als „zu windig" erschienen. Er wollte eine unabhängige eigene Existenz aufbauen. Herr B. verdächtigte in Aussagen gegenüber Bekannten Herrn A. wegen angeblicher Unterschlagungen, ohne allerdings Beweise dafür zu nennen. Jedenfalls war seitdem das Vertrauensverhältnis zwischen beiden gestört. Ein von Herrn B. an Herrn A. verpachtetes Modegeschäft mußte dieser aus finanziellen Gründen aufgeben. Herr B. hatte wegen eines Pachtzinsrückstandes von 10.000 DM eine Zivilklage gegen Herrn A. eingereicht. Herr A war erheblich verschuldet.

Das Urteil nimmt folgenden Tathergang an: Am Tattag, dem 23.4.1998, verschaffte sich der Angeklagte A. Zugang zur Tiefgarage der Wohnanlage des Opfers. Dort „wartete er auf sein Opfer, das er für seine finanziell ausweglose Lage verantwortlich machte, um es zu töten". Herr B. ging nach 13.00 Uhr in die Tiefgarage. Als er seinen Mantel auf die Rücksitzbank seines PKWs legte, bemerkte er, daß das Dreiecksfenster an der hinteren rechten Autotür eingeschlagen war. Er verschloß daraufhin sein Fahrzeug wieder und ging zum Treppenaufgang zurück. „Nunmehr griff ihn der Angeklagte ... mit einem Messer an, um ihn zu töten." Daß der Angeklagte die Scheibe zuvor zwecks Ablenkung des Opfers eingeschlagen habe, hält das Urteil für wahrscheinlich, jedoch nicht für sicher. Eine Zeugin, die das Opfer kurz zuvor zum Auto hatte gehen sehen, hörte nun die Schreie des Opfers und dessen Ruf „Überfall, Polizei!". Die Zeugin holte aus dem Haus Hilfe. Dieser weitere hinzugerufene Zeuge benachrichtige um 13.28 Uhr die Feuerwehr. Danach begab sich der Zeuge zum Opfer, das einen Namen stammelte, den dieser jedoch nicht verstehen konnte. Er forderte einen Landsmann des Opfers auf, der zufällig in die Tiefgarage einfuhr, mit diesem zu sprechen. Dieser gibt an, daß das Opfer den Namen des Angeklagten sowie dessen Adresse genannt habe. Am 1.5.1998 verstarb das Opfer an den Folgen der fünf Stichverletzungen in der Uniklinik, ohne sein Bewußtsein noch einmal wiedererlangt zu haben.

Der Angeklagte sei laut Urteil nach der Tat sofort nach Hause geflüchtet. Seine Wohnung liegt ca. 9 km vom Tatort entfernt (mit dem PKW laut Urteil in 15 Minuten erreichbar; mit öffentlichen Verkehrsmitteln wäre ein Erreichen der Wohnung zwischen Tatzeit und dem Zeitpunkt des Eintreffens des Angeklagten in seiner Wohnung unmöglich).

Das Urteil registriert nebenbei, daß beim Opfer keinerlei Abwehrverletzungen zu erkennen waren, was angesichts der Körperverhältnisse beider Männer zueinander befremdend wirkt: Das Opfer war 1,83 groß und 100 kg schwer, der Angeklagte ist 1,62 groß und 73 kg schwer.

Ein Polizeibeamter, der zu der vom Interpreten des Opfers genannten Anschrift entsandt wurde, registrierte um 14.02 Uhr das Eintreffen des Angeklagten. Der Beamte sah den Täter zu Fuß ankommen; etwaiges Parken eines Autos im Umkreis des Hauses hatte er nicht wahrgenommen. Das Urteil rekonstruiert dann weiter: „Der Angeklagte, der das Tatwerkzeug und möglicherweise auch Kleidung, die bei der Tat verschmutzt worden war, zuvor bereits beseitigt hatte, nahm nunmehr Etiketten aus Schlüsselanhängern, die von dem Opfer beschriftet worden waren, zerriß sie und warf sie in die Toilette." Damit habe der Angeklagte vermeiden wollen, „daß eine Verbindung zwischen ihm und der Tat hergestellt werden könnte". Gegen 15.05 Uhr wurde der Angeklagte festgenommen. Er hielt sich allein mit seiner jüngsten, damals dreijährigen Tochter in der Wohnung auf. Die Wohnung wurde durchsucht, dabei wurden die besagten Papierschnipsel der Schlüsselanhänger beschlagnahmt. Das Urteil: „Sonstige Spuren, die Hinweise auf eine Täterschaft des Angeklagten geben könnten, wurden weder in der Wohnung noch in dem vor dem Haus geparkten Mercedes Benz des Angeklagten ... gefunden."

Bei der Spurensicherung am Tatort wurde eine etwa 50 m lange Bluttropfspur festgestellt. „Verwertbare, dem Angeklagten zuzuordnende Fingerabdrücke oder sonstige Spuren wurden in der Tiefgarage und an den in ihr abgestellten Fahrzeugen nicht gefunden. Außen am PKW des Herrn … (B) wurden neben zwei Fingerspuren des Opfers zwei weitere Fingerspuren gesichert, deren Zuordnung nicht möglich war."

Bereits bei der Vernehmung am Tattag hat der Angeklagte die Begehung der Tat bestritten. Er habe sich vormittags in die Bonner Innenstadt begeben, habe fälschlich angenommen, einen Termin bei seiner Anwältin zu haben (dieser war für den nächsten Tag vorgesehen), und sei dann durch die Stadt geschlendert. Befragt nach seinem Verhältnis zu dem Opfer, habe er gesagt – so das Urteil –, dieser „habe ihn immer kaputtmachen wollen". Beim Angeklagten wurden keinerlei Verletzungen noch sonstige tatrelevante Spuren an der Kleidung festgestellt.

Die Verurteilung stützt sich nahezu ausschließlich darauf, daß der Name des Angeklagten durch das Opfer, genauer gesagt durch dessen Interpreten, genannt worden ist. Hinzu kommt die Vernichtung der Schlüsselanhänger in der Wohnung des Angeklagten.

Das Urteil führt weiterhin aus, daß der Angeklagte mehrfach in der Nähe der Wohnanlage des Opfers gesichtet worden sei:

Ein Zeuge habe ihn drei Wochen vor der Tat in der Nähe der Wohnanlage gesehen. Eine Zeugin habe ihn zwei Tage vor der Tat an einer Ecke in Bonn gesehen, die laut Urteil nur wenige hundert Meter vom Tatort entfernt liegt. (Diese Ecke liegt etwa in der Mitte zwischen dem Tatort und der Bonner Innenstadt; es besteht kein Bezugspunkt zum Tatort.) Des weiteren habe der Angeklagte einen Tag vor der Tat an der ARAL-Tankstelle in der Nähe des Tatortes getankt. Schließlich habe das Opfer am 26.3.98 einer Zeugin berichtet, daß er den Angeklagten in der Nähe der Wohnanlage gesehen habe.

Die Verteidigung des Angeklagten hat in der Verhandlung vor allem auf die Zeitspanne zwischen der Tat und dem Eintreffen des Angeklagten in seiner Wohnung verwiesen. Die Tatzeit lag laut Urteil zwischen 13.18 Uhr und 13.24 Uhr, mutmaßlich um 13.21 Uhr. Der Polizeibeamte sah den Angeklagten um 14.02 Uhr vor seiner 9 km vom Tatort entfernten Wohnung eintreffen. Das Urteil unterstellt, dass der Angeklagte vor Eintreffen des Polizeibeamten an seiner Wohnung um 13.55 Uhr das Auto dort abgestellt habe (ein Einparken war von dem Beamten nicht gesehen worden) und dann zu Fuß zu seiner Wohnung gegangen sei. Demnach blieben zwischen Tatzeit und Eintreffen mit dem Auto an der Wohnung etwa 30 Minuten. Hierzu führt das Urteil aus: „Geht man zugunsten des Angeklagten von dem spätesten Tatzeitpunkt 13.24 Uhr aus, war es ihm bei einer Fahrzeit von 15 Minuten und einem Fußweg vom Tatort zu seinem PKW von –

unterstellt – fünf Minuten möglich, um 13.44 Uhr und damit elf Minuten vor dem Eintreffen des Zeugen P., der nach seiner Bekundung keine PKW-Bewegungen im Bereich vor dem Haus wahrgenommen hat, an seiner Wohnung zu sein und den PKW abzustellen."

„Nach der Beweisaufnahme steht auch nicht fest, daß der PKW im tatrelevanten Zeitraum (12.45 Uhr bis 13.50 Uhr) abgeparkt vor dem Haus ... stand. ... Selbst wenn man davon ausgeht, daß der Zeuge J. sich – wie er unter Eid bekundet hat – daran erinnern kann, daß der PKW des Angeklagten nicht nur bei seiner Mittagspause um 14.00 Uhr vor dem Haus geparkt war, sondern auch – in derselben Parklücke – bereits am Morgen des Tattages während seiner 15-minütigen Frühstückspause gegen 10 Uhr und zudem zwischen 12 Uhr und spätestens 12.30 Uhr, so schließt das nicht aus, daß der Angeklagte nach 12.30 Uhr mit dem PKW zum Tatort gefahren ist, die Tat begangen hat und anschließend sein Auto wieder in der gleichen Parklücke vor dem Haus abgestellt hat. Zudem hat die Kammer Bedenken, der Aussage des Zeugen in vollem Umfang zu folgen."

Daß der Angeklagte zu Fuß kommend von dem wartenden Polizeibeamten wahrgenommen wurde, erklärt das Urteil damit, daß dieser seinen Wagen vor Eintreffen des Beamten abgestellt habe und dann noch „die Tatwaffe in der Nähe seiner Wohnung entsorgt oder sonstige Dinge erledigt hat".

Zu guter Letzt erwägt das Urteil auch noch eine mögliche Taxifahrt des Angeklagten nach der Tat, obwohl eine entsprechende Anfrage bei der Taxizentrale keine Bestätigung über eine solche Fahrt zu dieser Zeit erbrachte. Deshalb unterstellt das Urteil eine mögliche „Schwarz"fahrt eines Taxis, die also vom Fahrer nicht an die Zentrale gemeldet worden sei. Der Antrag der Verteidigung auf Vernehmung der Taxifahrer, die am Tattag um die Mittagszeit am nächstgelegenen Taxi-Stand warteten, wurde abgelehnt. Statt dessen spekuliert das Urteil noch weiter: Der Angeklagte hätte sich ja auch von einem Dritten ein Fahrzeug für die Tatbegehung geliehen haben können.

Hinsichtlich der eingeschlagenen Scheibe am PKW des Opfers hatte die Verteidigung darauf verwiesen, daß sich vermutlich ein Einbrecher am PKW des Opfers zu schaffen gemacht hatte. Das Opfer hätte diesen Täter wohl noch in der Tiefgarage gestellt, der daraufhin auf das Opfer eingestochen habe. (In dieser Tiefgarage hatte es seinerzeit mehrfach Autoaufbrüche und Diebstähle gegeben.) Das Urteil widerspricht dieser Argumentation mit der Mutmaßung: „Wahrscheinlich ist vielmehr, daß es der Angeklagte war, der zuvor die Scheibe des PKW eingeschlagen hat, um Herrn ... (B) zu irritieren und ihn am sofortigen Einsteigen und Wegfahren zu hindern. Positiv feststellen vermochte die Kammer dies jedoch nicht."

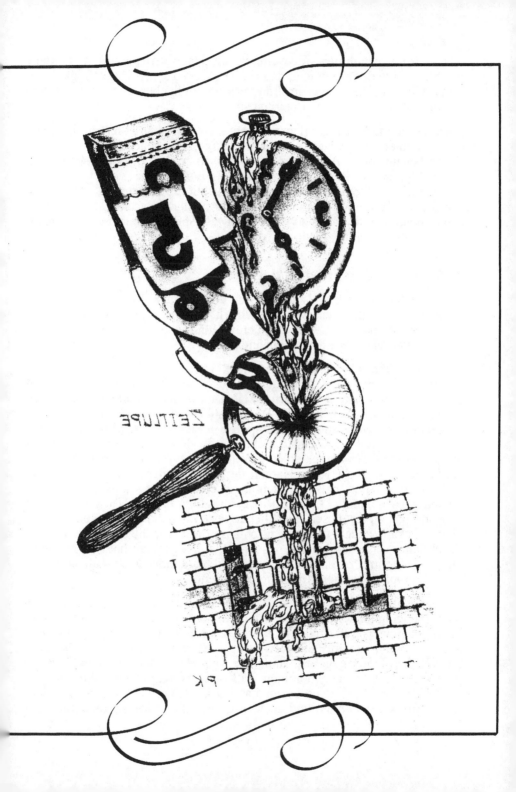

ZEITLUPE

Das Urteil resümmiert des weiteren, die Hauptverhandlung habe keine Anhaltspunkte dafür erbracht, daß Herr B. wegen seiner Zugehörigkeit zur Bahai-Gemeinschaft, einer im Iran verfolgten Glaubensgemeinschaft, von einem Unbekannten getötet worden sei.

Schließlich faßt das Urteil zusammen: „Die Kammer ist ferner überzeugt davon, daß der Angeklagte sich in der Tiefgarage versteckt hat und er sein Opfer bewußt unter Ausnutzung von dessen Arg- und Wehrlosigkeit mit einem Messer attackiert hat, ohne daß es zuvor zu einer verbalen Auseinandersetzung gekommen ist." Damit konstatiert das Urteil die Merkmale Vorsatz und Heimtücke – andernfalls hätte auch auf Totschlag erkannt werden können (Strafmaß bis zu fünf Jahren). Ursprünglich lautete die Anklage auch auf Totschlag, nicht auf Mord.

2. Zu den Widersprüchen des Urteils

Angesichts dieses Urteils stellen sich viele Fragen. Diverse festgestellte Sachverhalte sind in sich widersprüchlich. Notwendige Ermittlungen sind nicht erfolgt, nachdem von vornherein für die ermittelnde Polizei und Staatsanwaltschaft ein Täter feststand.

Die Nennung des Namens des Angeklagten durch den Interpreten des Opfers direkt nach der Tat war das schwerwiegendste Indiz in diesem Prozeß. Andererseits stellt das Urteil selbst an anderer Stelle fest: „Seinem Geschäftspartner, dem Zeugen J., gegenüber erwähnte Herr ... (B), der Angeklagte mache ihm Kopfschmerzen; bei einer Fahrt Mitte April 1998 nannte er im PKW des Zeugen mehrfach für den Zeugen zusammenhanglos den Namen des Angeklagten." Wenn das Opfer in anderen Kontexten „zusammenhanglos"(!) den Namen des Angeklagten nannte, ist es dann nicht auch möglich, daß er diesen angesichts der Tat – aber eben zusammenhanglos – nannte? Genauso ist es möglich, daß der Täter vermummt war und das Opfer diesen fälschlicherweise als den Angeklagten identifizierte. Es kann zudem nicht ausgeschlossen werden, daß das Opfer bewußt fälschlicherweise den Namen des Angeklagten genannt hat. Die Verteidigung machte im Prozeß die Wahrscheinlichkeit einer hochgradigen Fixierung des Opfers auf den Angeklagten geltend.

Das zweite, im Urteil am nächstschwersten gewertete Indiz, die vernichteten Papieranhänger der Schlüsselbunde von Geschäften des Opfers, entbehrt der Beweiskraft. In der Wohnung des Angeklagten hat es hinreichend andere Dokumente über die geschäftliche Zusammenarbeit des Angeklagten mit dem Opfer gegeben. Hätte der Angeklagte den Mord an Herrn B. geplant gehabt und angenommen, daß diese Schnipsel vernichtet werden müßten, um die Tat zu verdecken, hätte er lange vor der Tat diese Vernichtung vornehmen können und auch in gründlicherer Weise als durch Hineinwerfen in die häusliche Kloschüssel. Zudem hätte die geschäftliche Zusammenarbeit des Angeklagten mit dem Opfer von einer Vielzahl von Zeugen dem Gericht bestätigt werden können. Es ging ja hierbei um kein Geheimnis. Die Zivilklage des Opfers war bekannt.

Die beiden Hauptindizien dieses Prozesses sind mithin nicht geeignet, die Mordtat des Angeklagten zu verifizieren

Auch die Argumentation des Urteils hinsichtlich der eingeworfenen Scheibe im Mercedes des Opfers ist widersinnig. Einerseits behauptet das Urteil, der Täter habe sein Opfer unter Ausnutzung von dessen Arglosigkeit getötet. Andererseits ist das Einschlagen einer Scheibe am Auto des Opfers – wäre der Mord das Ziel des Täters gewesen – geradezu darauf angelegt, das Opfer Argwohn schöpfen zu lassen. Um das Opfer arglos zu lassen, wäre es viel plausibler, wenn der Täter keinerlei Beschädigung am Auto vorgenommen und die Tat noch vor dem Öffnen des Autos durch das Opfer begangen hätte. Das Opfer hätte, nachdem es den Schaden am Fenster des Autos beim Hineinlegen des Mantels festgestellt hatte, genausogut in das Auto steigen und erst mal wegfahren können, etwa direkt zur Polizei zur Aufnahme eines mutmaßlich versuchten Einbruchs/Diebstahls. Zur Ausführung der Tat hätte der Täter in diesem Fall keinerlei Chance mehr gehabt. Ein vorgeplanter Mord ist unter solchen Umständen kaum denkbar. Was hätte den Täter motivieren sollen, erst die Scheibe einzuschlagen und dann noch so lange zu warten, bis das Opfer zumindest die Chance hatte, in sein Auto einzusteigen und wegzufahren? Laut Urteil wurde die Tat in etwa 20 m Entfernung vom PKW des Opfers verübt (Beginn der Bluttropfspur). In dieser Hinsicht ist die Argumentation der Verteidigung wesentlich plausibler. Daß es sich nämlich um einen versuchten Einbruch in das Auto oder einen versuchten Diebstahl desselben gehandelt habe, das Opfer dann den Täter in der Tiefgarage stellte und daraufhin von diesem niedergestochen wurde, um die eigene Täterschaft zu verdecken.

Weiterhin ist das Urteil, was die Tatzeiten und die zeitlichen Möglichkeiten des Angeklagten angeht, extrem spekulativ. Daß sein eigenes Auto an seinem Wohnort mehrfach an diesem Vormittag gesehen wurde, wird heruntergespielt. Die dem Angeklagten für die Tat zur Verfügung stehende Zeit wird auf den Zeitraum zwischen 12.45 Uhr und 13.50 Uhr eingeschränkt. Innerhalb einer Stunde soll der Täter von zu Hause zum Tatort gefahren sein, sich in der Tiefgarage versteckt und die Tat begangen, sämtliche Spuren beseitigt haben und wieder zurückgefahren sein? Dabei kalkuliert das Gericht eine extrem kurze Fahrzeit ein (jeweils 15 Minuten für 9 km Stadtverkehr). Zudem müßte der Angeklagte unter diesen Umständen auch noch genau gewußt haben, daß das Opfer sich kurz nach 13.00 Uhr in die Tiefgarage zu seinem Auto begeben wird. Da diese Konstruktionen offenbar auch dem Gericht nicht allzu plausibel erscheinen, werden hilfs-weise im Urteil noch das Ausleihen eines Autos bzw. eine „schwarz" durchgeführte Taxifahrt als Möglichkeiten in Erwägung gezogen.

Die mangelhaften Ermittlungen nötigen zu vielen weiteren Fragen: Warum wurden nicht – angesichts der spekulierten Ausleihe eines Autos – alle Autos in der Umgebung der Wohnung des Angeklagten untersucht? Warum wurde der Antrag der Verteidigung auf Vernehmung der in Frage kommenden Taxifahrer zurückgewiesen? Warum wurden die Videoauf-nahmen aus der U-Bahn-Anlage nach Bad Godesberg nicht ausgewertet, mit der der Angeklagte nach seiner Aussage aus der Innenstadt nach Hause gefahren sei? Warum wurde nicht in der Umgebung des Tatortes und der Wohnung des Angeklagten nach Tatwerkzeugen, blutverschmutzter Klei-dung und weiteren Spuren gefahndet? Warum wurden die angeblich unzu-rechenbaren fremden Fingerspuren am Auto nicht zu späteren Zeitpunkten mit entsprechenden polizeilichen Zentraldateien abgeglichen? Warum wur-den nicht alle in Frage kommenden Taxi-Wagen auf DNA- bzw. sonstige Spuren hin untersucht?

Im Ergebnis bleibt festzuhalten, daß sich das Urteil auf zwei wacklige Indizien stützt. Auch das Motiv für die Tat bleibt letztlich im Dunkeln. Wegen der Schulden, die der Angeklagte beim Opfer hatte, soll er auf die-sen wütend gewesen sein. Aber ein vorsätzlich geplanter Mord ist in kei-ner Weise dazu geeignet, das vorhandene Schuldenproblem zu lösen.

Es gibt kein hinreichend plausibles Motiv, keine Tatzeugen, keine Tat-waffe, keine Tatspuren beim Angeklagten oder in dessen Umfeld (so wie die Tat rekonstruiert wurde, hätte es mit höchster Wahrscheinlichkeit DNA- oder Mikrospuren beim Täter geben müssen). Angesichts der Tatsa-che, daß dem Gericht ein Nachweis der Tat durch den Angeklagten nicht gelungen ist, hätte der Grundsatz „In dubio pro reo" Anwendung finden müssen.

Aus Sicht des Verurteilten verlief sein Tagesablauf am Tattag vormittags wie folgt: Gegen 8.00 Uhr fuhr er mit der U-Bahn in die Innenstadt, besuchte die Wohngeldstelle im Stadthaus und besorgte dann Formulare für einen Taxischein, den er erwerben wollte. Um 11.00 Uhr wollte er einen Termin bei seiner Anwältin am Marktplatz wahrnehmen. Da er noch Zeit hatte, ging er durch einige Geschäfte, allerdings ohne etwas zu kaufen. Erst beim Anwaltsbüro angekommen, bemerkte er, daß er sich mit dem Termin um einen Tag vertan hatte. Daraufhin ging er noch in den „Kaufhof". Etwa zwischen 12.00 Uhr und 13.00 Uhr suchte er das Geschäft des Bruders des Opfers auf, mit dem er sich über geschäftliche Dinge unterhielt. Dieser und eine weitere Verkäuferin des Ladens wurden allerdings nicht als Zeugen geladen. Der Angeklagte und sein Anwalt mutmaßten, daß diese aus Soli-darität mit dem Opfer falsch aussagen und den Angeklagten be- statt entlasten könnten, indem sie den Besuchstermin hätten leugnen können. Anschließend versuchte er noch einmal, bei dem Anwaltsbüro vorbeizuschauen, das aber nicht besetzt war. Gegen 13.30 Uhr nahm er eine U-Bahn zurück nach Hause. Er mußte um 14.00 Uhr zu Hause sein. Da seine Frau mit den beiden älteren Kindern zum Nachmittagsunterricht in die Schule gehen wollte, sollte er sich ab 14.00 Uhr um das jüngste Kind kümmern.

Die Verfassungsbeschwerde gegen das Urteil

Der Anwalt des Verurteilten legte form- und fristgerecht Revision gegen das Urteil ein und begründete diese mit einem Verteidigerschriftsatz vom 30.7.1999. Der Bundesgerichtshof hat am 22.12.1999 diese Revision als unbegründet zurückgewiesen. Damit wurde das Urteil rechtskräftig. Gegen die Zurückweisung der Revision legte der Anwalt am 25.1.2000 Verfassungsbeschwerde ein. Gerügt werden die Verletzungen des Grundsatzes auf ein faires rechtsstaatliches Verfahren (Art. 20 Abs. 3 GG) sowie des Grundrechtes auf den gesetzlichen Richter (Art. 101 Abs 1 GG). Letztere Verletzung betrifft Unregelmäßigkeiten bei der Besetzung der Kammer des Landgerichts, die die Verurteilung ausgesprochen hat. Dazu werden hier keine weiteren Ausführungen gemacht.

Zum fairen rechtsstaatlichen Verfahren hat das Bundesverfassungsgericht in einer Grundsatzentscheidung u.a. ausgeführt: „Als zentrales Anliegen des Strafprozesses erweist sich ... die Ermittlung des wahren Sachverhaltes, ohne den das materielle Schuldprinzip nicht verwirklicht werden kann. Der Anspruch des Angeklagten auf ein faires Verfahren kann deshalb auch durch verfahrensrechtliche Gestaltungen berührt werden, die der Ermittlung der Wahrheit und somit einem gerechten Urteil entgegenstehen." Die Verletzung des fairen Verfahrens bezieht sich vor allem auf die Zurückweisung eines Beweisantrages der Verteidigung, ein neurophysiologisches Gutachten einzuholen, dem gemäß das Opfer zum Tatzeitpunkt derart auf den Angeklagten fixiert war, daß dieser ohne Zusammenhang mit der Tat den Namen des Angeklagten genannt haben könnte. Obwohl eine vernommene Sachverständige die unter Beweis gestellte Möglichkeit ausdrücklich hervorgehoben hatte, ist diesem Beweisantritt nicht nachgegangen worden. Die Sachverständige hatte ausgeführt, es sei nicht auszuschließen, daß das Opfer den Angeklagten zu Unrecht als Täter bezeichnet habe. Ob sich eine mögliche Fixierung des Opfers auf den Angeklagten nach den Messerstichverletzungen fortsetzen könnte, könne nicht sie, sondern nur ein Neurophysiologe beurteilen. In der Beschwerde wird daher zusammenfassend konstatiert, daß Herr A. „unter Mißachtung der von der Rechtsprechung aufgestellten Beweiswürdigungsgrundsätze verurteilt worden" sei. Des weiteren lasse sich anhand der unbegründeten Zurückweisung der Revision nicht erkennen, daß sich der BGH mit der Revisionsbegründung auseinandergesetzt habe: „Es ist danach davon auszugehen, daß wesentlicher Sach- und Rechtsvortrag des Beschwerdeführers im Strafverfahren unberücksichtigt gelassen wurde und sich dies nicht durch Gründe des formellen oder materiellen Rechts rechtfertigen läßt ..."

Bereits in der Entgegnung auf den Antrag des Generalbundesanwaltes, die Revision zu verwerfen, hatte der Anwalt ausgeführt: „Die für eine Verurteilung erforderliche Überzeugungsbildung des Tatrichters erfordert den positiven Beweis der Täterschaft; dies gilt auch in Bezug auf die Feststellungen von Mordmerkmalen." Das Urteil entferne sich mit dem Schluß von der Möglichkeit einer Tatbegehung auf die Tatsache der Tatbegehung so weit von einer festen Tatsachengrundlage, daß letztlich nur von bloßen Vermutungen die Rede sein könne, die nicht mehr als einen Verdacht begründen: „Dies gilt insbesondere in Bezug auf die Feststellung des Mordmerkmals der Heimtücke." Wäre auf Totschlag erkannt worden, hätte das Strafmaß bei fünf Jahren gelegen. Erst das konstruierte Mordmerkmal „Heimtücke" hat das Lebenslänglich-Urteil möglich gemacht.

Das Bundesverfassungsgericht hat die Verfassungsbeschwerde nicht zur Entscheidung angenommen. Die Möglichkeit, einen Wiederaufnahmeantrag einzureichen, wird noch geprüft. Angesichts fehlender neuer Zeugen oder Beweise gestaltet sich ein solcher Antrag jedoch als sehr schwierig. Mit einer Zurückweisung wäre aller Voraussicht nach zu rechnen.

Der Betroffene sitzt nun seit fast fünf Jahren hinter Gittern. Seine Situation ist katastrophal. Er leidet ständig an Kopfschmerzen, nimmt kontinuierlich Psychopharmaka. Er wird von verschiedenen Seiten als suizidgefährdet eingestuft. In den ersten Jahren hatte er im Gefängnis keinerlei Arbeit zugesprochen bekommen, weil er die Tat leugne. Generell sind Menschen im Knast, die ihre Tat nicht zugeben (können), hochgradig benachteiligt. Sie werden diskriminiert bis hin zur Frage des Entlassungszeitpunktes, da sie wegen mangelnder Schuldeinsicht nicht an ihrer Resozialisierung mitwirken würden. Die Frau des Verurteilten ist mit der Kindererziehung völlig auf sich gestellt und muß zum Unterhalt ganztägig arbeiten gehen.

III. Resümee

Ein Resümee zu ziehen, fällt schwer. Es bleiben vor allem große Ratlosigkeit und Hilflosigkeit angesichts der zwei hier dargestellten Fälle von zu lebenslanger Haft Verurteilten. Ein dritter Fall könnte geschildert werden, mit dem unser Komitee auch befaßt ist. Das würde jedoch den Umfang dieses Aufsatzes sprengen, der sich im wesentlichen auf einen Fall konzentrieren wollte.

Zum ersten ist festzuhalten, daß die richterliche Praxis hinsichtlich der Annahme von Wiederaufnahmeanträgen gemäß § 359 der Strafprozeßordnung extrem restriktiv gehandhabt wird. Böse Zungen führen hierzu das Krähen-Motiv an. „Der Spiegel" berichtete in seiner Ausgabe 25/2000 mit dem Untertitel „Seit 17 Jahren büßt ein Mann für einen Mord, den er vermutlich nicht begangen hat" über einen Mordfall, nach dem ein 26jähriger Mann zu lebenslanger Freiheitsstrafe verurteilt wurde. Der Anwalt des Verurteilten ist von dessen Unschuld überzeugt und hat zwei Wiederaufnahmeanträge gestellt. Jedesmal wurden diese Anträge mit dem Hinweis abgelehnt, daß die neuen Tatsachen und Beweise nicht ausreichend seien. „Der Spiegel" zitiert den Anwalt: „‚Faktisch' – so Neuhaus – ‚ist das Wiederaufnahmerecht in Deutschland tot.' Zwar habe der Gesetzgeber bereits 1974 eine umfassende Reform des Wiederaufnahmerechts für notwendig gehalten, doch bislang hat sich nichts getan. De facto stelle das Wiederaufnahmerecht die Umkehr der Beweislast dar ...". Zum Schluß des Spiegel-Artikels heißt es: Der Verurteilte „sitzt, trotz bester Führung, weiter in Haft, bekommt keinen Ausgang, keine Lockerungen. Solange er leugne, heißt es, bestehe Wiederholungsgefahr. Ihm fehle die Einsicht in die Tat."

Dringlich wäre also eine den tatsächlichen Problemen bei der gerichtlichen Sachverhaltsermittlung angemessene Praxis des Wiederaufnahmerechts. Hierzu könnte eine unabhängige Expertenkommission gegründet werden, die sich mit zweifelhaften Verurteilungen gründlich befaßt und die entsprechenden Konsequenzen zieht, bzw. dem Gesetzgeber sowie den Justizministerien neue und angemessene Verfahrensweisen vorschlägt. Eine solche Kommission müßte der Menschenrechtskommission des Bundestages zugeordnet und mit unabhängigen ExpertInnen besetzt werden. Generell ist auch, wie am Anfang dieses Artikels angedeutet, zu fragen, ob bei Strafprozessen, in denen es um Verurteilungen zu mehrjährigen Haftstrafen geht, nicht generell die Anrufung einer zweiten Tatsacheninstanz eingeführt werden sollte.

Wenn man an die eingangs erwähnten Beispiele aus den USA denkt, wäre es auch möglich, eine oder mehrere (z.B. auf Länderebene angesiedelte) kompetente Kommissionen einzusetzen, die eine Vorprüfung von seriös angezweifelten Fällen von Verurteilungen zu langjährigen Freiheitsstrafen vornehmen könnten. An solchen Gremien sollten z.B. VertreterInnen von Menschenrechtsgruppen, Gefangenenvertretungen und Gefangeneninitiativen, GefängnisseelsorgerInnen, erfahrene unabhängige JuristInnen, SozialwissenschaftlerInnen und PsychologInnen, evtl. auch (ehemalige) RichterInnen und StaatsanwältInnen, JournalistInnen, KriminologInnen etc. beteiligt werden. Würde dann eine solche Kommission die Annahme eines Wiederaufnahmeantrages vorschlagen, sollten die Gerichte verpflichtet sein, dem Vorschlag zu folgen. Eine andere Frage betrifft bei

Wiederaufnahmeverfahren schlicht und einfach auch die finanziellen Voraussetzungen. Verurteilte sind in der Regel mittellos. Anwälte weigern sich unter solchen Bedingungen meistens, die mit horrender Arbeit verbundene Stellung eines Wiederaufnahmeantrages vorzunehmen. Auch Organisationen wie unser Komitee können bei solchen Problemen nicht die notwendigen Gelder zur Verfügung stellen.

Jenseits der Frage, ob man das herrschende Strafsystem bzw. Freiheitsentzug als Strafform überhaupt für menschenrechtlich angemessen hält, muß auf jeden Fall gewährleistet sein, daß insbesondere Verurteilungen zu langjährigen Haftstrafen bei erheblichen Zweifeln angemessen überprüft werden können. Indizienurteile sind hier in der Regel grundrechtsgemäß nicht zulässig. Dies ist um so wichtiger, je tiefer und andauernder die Eingriffe in die Freiheitsrechte von Verurteilten reichen.

Unabhängig von diesen grundsätzlichen das Strafverfahren betreffenden Überlegungen müßten die Justizvollzugsanstalten bzw. die Strafvollstreckungskammern angewiesen werden, in Fällen von „Tatleugnungen" hinsichtlich der Haftbedingungen und des Vollstreckungsplanes keine generellen Diskriminierungen der Betroffenen vorzunehmen. Grundsätzlich muß immer angenommen werden, daß ein Urteil auch falsch sein kann. Pauschal allen Gefangenen, die „keine Einsicht in ihre Schuld" zeigen – weil sie die Begehung der Tat abstreiten – mangelnde Mitwirkung an der Resozialisierung zu unterstellen und dementsprechend vollzugslockernde Maßnahmen etc. zu unterlassen bzw. ewig aufzuschieben, ist, gemäß menschlichem Erkenntnisvermögen, aber vor allem psychologisch und grundrechtlich falsch.

Sicherungsverwahrung:
Menschenrechtswidrige vorbeugende Freiheitsstrafe

Das Stichwort der „nachträglichen Sicherungsverwahrung"
beherrscht seit Anfang 2001 Schlagzeilen und Diskussionen
vor allem im Zusammenhang des staatlichen
Umgangs mit Sexualstraftätern. Das Land
Baden-Württemberg hatte schon im Februar 2001
die nachträgliche Sicherungsverwahrung in
einem landesrechtlichen Sonderweg
(Straftäterunterbringungsgesetz) geregelt.
Im Bundestag wurde am 7. Juni 2002 das Gesetz
zur Einführung der vorbehaltenen Sicherungsverwahrung
verabschiedet. Diese Regelung sieht vor, dass
das erkennende Gericht eine spätere Entscheidung
über die Anordnung der Sicherungsverwahrung
im Urteil vorbehalten kann. Nur, wenn ein solcher
Vorbehalt im Urteil aufgenommen ist, kann später
die nachträgliche Sicherungsverwahrung angeordnet
werden. Ohne einen solchen Vorbehalt ist eine
nachträgliche Anordnung nicht möglich.
Da dies einem Teil der Länder nach wie vor nicht
weit genug geht, hat z.B. Thüringen ebenfalls im Juni 2002
ein Landesstraftäterunterbringungsgesetz verabschiedet.
Auch der Bundesrat hat einen neuen Gesetzentwurf
eingebracht, mit dem nach wie vor versucht wird,
die nachträgliche Anordnung von Sicherungsverwahrung
generell möglich zu machen.
Das Bremer Institut für Kriminalpolitik hat im
April 2002 ein Memorandum zur Sicherungsverwahrung
veröffentlicht („Kriminalpolitik statt Sicherheitswahn").
Darin werden die im Strafgesetzbuch geregelte als auch
die beabsichtigte nachträgliche Sicherungsverwahrung
aus grundrechtlicher Sicht kritisiert. Wir dokumentieren
das Memorandum im Wortlaut.

Die Jahrbuch-Redaktion

Bremer Institut für Kriminalpolitik

Kriminalpolitik statt Sicherheitswahn – Memorandum wider die nachträgliche (auch die vorbehaltene) Sicherungsverwahrung –

Die Sicherungsverwahrung (gemäß § 66 Strafgesetzbuch [StGB]), 1933 als Maßregel der Sicherung und Besserung in das deutsche Strafrecht eingeführt, gilt seither und weithin als allerletzte ‚Notmaßnahme der Kriminalpolitik‘, als ‚fragwürdigste aller strafrechtlichen Sanktionen‘ – genau genommen handelt es sich um den schärfsten Eingriff sicherheitsstaatlicher Kontrollinstanzen in die Freiheitsrechte von Bürgerinnen und Bürgern. Weil sie den Verurteilten über seine Tatschuld hinaus doppelt sanktioniert, sieht sich die Sicherungsverwahrung – jenseits strafrechtstheoretischer und -dogmatischer sowie kriminologischer Einwände – seit langem erheblichen verfassungsrechtlichen und rechtsstaatlichen Bedenken ausgesetzt; auch aus diesem Grund ist in der Vergangenheit wiederholt ihre Abschaffung gefordert worden, zumal sie ohnehin kaum noch Anwendung fand. Stattdessen wurde 1998 der Anwendungsbereich des § 66 StGB in einer medial aufgeheizten Vorwahlkampfphase durch eine große sicherheitspolitische Koalition erheblich ausgeweitet und die Sicherungsverwahrung in ihren Auswirkungen deutlich verschärft: Seitdem kann gegen einen Beschuldigten bereits aus Anlass nur einer schweren Straftat neben einer langjährigen Freiheitsstrafe zusätzlich die unbefristete Sicherungsverwahrung angeordnet werden – Voraussetzung ist allerdings (noch) eine durch tatsächliche und gutachterliche Erkenntnisse belegte Gefährlichkeitsprognose.

In der Vorwahlkampfphase 2001/02 formiert sich nun abermals eine große sicherheitspolitische Koalition, für die kein geringerer als der Bundeskanzler selbst die Devise ausgab: „Wegschließen, und zwar für immer!"

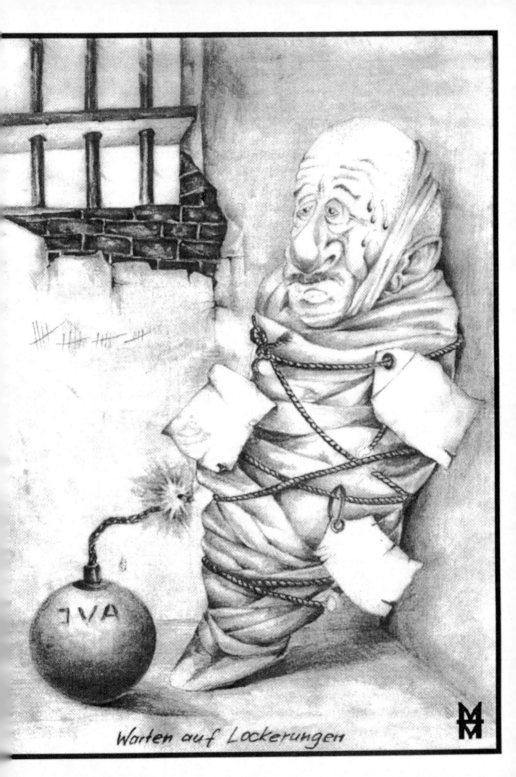

Warten auf Lockerungen

(Frankfurter Rundschau vom 10.7.2001). Bundestag und Bundesrat liegen unterschiedliche Gesetzentwürfe vor, die im Ergebnis alle darauf hinauslaufen, die Anordnung der Sicherungsverwahrung auch noch nachträglich zu ermöglichen: Danach könnte dem bereits rechtskräftig Verurteilten und langfristig Inhaftierten noch kurz vor Ende seiner Haftzeit eine besondere Gefährlichkeit attestiert und die Fortdauer des Freiheitsentzugs auf unbestimmte Zeit – eventuell sogar lebenslang – angeordnet werden.

Dieser zunächst in einigen Bundesländern (allen voran Baden-Württemberg und Bayern) und von der CDU im Bundestag eingeschlagene Weg wird nunmehr durch die rot-grüne Bundesregierung – im Gleichschritt mit einer hessischen Initiative im Bundesrat – fortgesetzt: Im Rahmen einer sog. ‚Vorbehalts‘-Lösung soll das Gericht die Sicherungsverwahrung auch dann anordnen können, wenn die erforderliche Gefährlichkeitsprognose (noch) nicht möglich ist – über den Vollzug der Sicherungsverwahrung soll dann (ähnlich wie in den anderen Entwürfen) nachträglich entschieden werden (Gesetzentwurf vom 13.3.2002, BT-Drs.14/8586). Es deutet vieles darauf hin, dass es bereits in absehbarer Zeit zur Verabschiedung einer so oder ähnlich gearteten Gesetzesänderung kommen wird, mit der das scharfe Schwert der Sicherungsverwahrung abermals zugespitzt wird.

Gegen diese Vorhaben sind kriminalwissenschaftlich, verfassungsrechtlich und rechtspolitisch erhebliche Einwände geltend zu machen; die geplanten Maßnahmen erweisen sich bei näherer Betrachtung als weder geeignet noch erforderlich, die vermeintlichen Probleme zu lösen, und erst recht nicht als angemessen:

● Zur Begründung der Notwendigkeit dieser Gesetzgebungsvorhaben wird auf tatsächliche oder konstruierte Einzelfälle verwiesen, um eine vermeintliche Sicherheitslücke zu offenbaren, die empirisch gar nicht belegt ist: Es müsste sich dabei um Gefangene handeln, die nach voller Verbüßung einer längeren Freiheitsstrafe der Führungsaufsicht unterliegen (§ 68f StGB), während dieser Zeit aber bereits kurz nach der Entlassung erneut schwerwiegende Delikte begehen; und es müsste um solche Gefangene gehen, bei denen eine PsychKG-Unterbringung [gemäß den Landesgesetzen über Hilfen für psychisch Kranke und Schutzmaßnahmen] nicht in Betracht kommt, da sie weder ‚krank‘ noch ‚therapiefähig‘ sein sollen … Einzelfälle wird es immer geben – lückenlose Sicherheit kann es im Rechtsstaat aber nie geben. Führungsaufsicht und Bewährungshilfe endlich mit den Ressourcen auszustatten, die eine erfolgreiche Wiedereingliederung realisierbar machen, wäre ein hilfreicher Vorschlag gewesen …

● Bisherige Versuche des Gesetzgebers und der Rechtsprechung, die Anwendung der Sicherungsverwahrung ansatzweise rechtsstaatlich einzugrenzen, werden konterkariert, wenn die Gerichte zukünftig bei der Anordnung auf eine Gefährlichkeitsprognose verzichten können: Dass die Gefährlichkeit „nicht mit hinreichender Sicherheit feststellbar ist", dürfte für viele Fälle zutreffen, in denen die übrigen formalen Voraussetzungen des § 66 Abs. 3 StGB vorliegen. Wirksame Barrieren gegen extensive Tendenzen sind nicht erkennbar. Entgegen der Begründung der Bundesregierung, es gehe um eine „außerordentlich geringe Anzahl betroffener Personen", droht vielmehr eine massive Ausweitung des Anwendungsbereichs der Sicherungsverwahrung, die sich erst im Rahmen späterer vollstreckungsgerichtlicher Entscheidungen korrigieren lässt. Es ist zu befürchten, dass die Hoffnung der Autoren des Gesetzentwurfs, mit der Ausgestaltung der Vorbehaltsanordnung als Ermessensentscheidung „einem denkbaren ‚net-Widening-Effekt'" vorzubeugen, enttäuscht wird, zumal keine weiteren Voraussetzungen benannt werden sollen.

● Die im System der Sicherungsmaßregeln ohnehin bestehenden Probleme mit dem aus der verfassungsrechtlich begründeten Unschuldsvermutung abgeleiteten Prinzip in dubio pro reo werden um eines erweitert: Der Grundsatz, dass eine Sanktion nicht verhängt werden darf, wenn sich deren gesetzliche Voraussetzungen nicht „mit hinreichender Sicherheit" feststellen lassen, wird (ähnlich wie bei § 27 Jugendgerichtsgesetz [JGG], auf den die Begründung ausdrücklich Bezug nimmt) unterlaufen, wenn zukünftig ‚im Zweifel' der Vorbehalt einer Sicherungsverwahrung angeordnet wird, anstatt auf die Anordnung ‚in dubio pro reo' zu verzichten. Den Sicherungsverwahrungs-Vorbehalt bereits dann anzuordnen, wenn die Gefährlichkeit „nicht ausgeschlossen werden" kann, würde die Unschuldsvermutung endgültig auf den Kopf stellen.

● Die Anordnung der Sicherungsverwahrung auf Vorbehalt kommt einer nachträglichen Anordnung gleich, da über deren Vollstreckung erst sechs Monate vor dem Beschluss über die Strafrestaussetzung entschieden wird. Sie entfaltet außerdem bedenkliche Nebenwirkungen auf den Strafvollzug: Die Betroffenen werden in der Regel vom offenen Vollzug ebenso ausgeschlossen bleiben wie von Außenbeschäftigung, Freigang und Ausgang, von Urlaub ganz zu schweigen, so dass bereits der Freiheitsentzug zur ‚sicheren Verwahrung' wird, bevor die Sicherungsverwahrung überhaupt verhängt worden ist. Damit wird aber nicht nur eine vorzeitige Haftentlassung so gut wie unrealistisch, sondern dem Gefangenen auch die Möglichkeit verbaut, die latent negative Gefährlichkeitsprognose im Rahmen von Vollzugslockerungen zu widerlegen. Es droht ein ‚absurdes System', in dem sich die Prophezeiung zukünftiger Gefährlichkeit von selbst erfüllt ... mit dem verfassungsrechtlich abgeleiteten, verfassungsgerichtlich konkretisierten und gesetzlich verankerten Vollzugsziel der ‚Resozialisierung' (§ 2 S. 1 Strafvollzugsgesetz [StVollzG]) lässt sich das jedenfalls nicht in Einklang bringen. Vielmehr steht zu befürchten, dass die angesichts des Sicherungsverwahrungs-Vorbehalts zu erwartenden zusätzlichen Restriktionen im Vollzug zu einer emotionalen Aufheizung und damit auch zu einem gesteigerten aggressiven Verhalten führen können. Wird dieses wiederum der erforderlichen Gefährlichkeitsprognose zugrunde gelegt, entsteht ein verfassungsrechtlich problematischer Teufelskreis und die Gefahr einer zusätzlichen Sanktionierung, die von den Betroffenen als Doppelbestrafung empfunden werden muss.

● Der Begründung zufolge soll der Gefangene – trotz der geschilderten problematischen Rahmenbedingungen – durch die Drohung mit der Sicherungsverwahrung einen Anreiz erhalten, konstruktiv an der Erreichung des Vollzugszieles mitzuwirken und insbesondere in der Behandlung mitzuarbeiten. Jenseits des Problems, dass es ausreichende und geeignete Behandlungsangebote im Strafvollzug – gerade auch für die fragliche Tätergruppe – gar nicht gibt, ist der hierin begründete ‚Therapiezwang‘ (Umkehrschluss: Wer nicht mitarbeitet, gilt als gefährlich) nicht nur menschenrechtswidrig, sondern läuft auch Gefahr, das vorgebliche Ziel – Reduzierung von Gefahren für die Allgemeinheit – zu verfehlen, möglicherweise sogar zu konterkarieren: Vorbildliche ‚Mitwirkung‘ im Vollzug und ‚Mitarbeit‘ in der dortigen ‚Behandlung‘ sind bekanntlich keine verlässlichen Prädiktoren für Ungefährlichkeit nach Entlassung in Freiheit – die forensische Psychiatrie und Psychologie lehren uns, dass durchaus das Gegenteil der Fall sein kann. Scheinanpassung infolge von Hoffnungslosigkeit und Prisonisierung fördert Scheinprognosen und produziert damit letztlich Scheinsicherheit.

● Die vorliegenden Gesetzentwürfe tragen einmal mehr dazu bei, die Grenzen zwischen Strafrecht und Polizeirecht zu verwischen und beide Komplexe in einem umfassenden Sicherheitsrecht aufzulösen. Dies geht – einmal mehr – zu Lasten der Rechte der davon Betroffenen, von den legislativen Kompetenzkonflikten ganz zu schweigen … Der kriminalitätspolitische Sicherheitsdiskurs, der Einzelfälle populistisch in hektische Kontrollpolitik ummünzt, lenkt nicht nur von realen Gefahren ab, er mündet auch nahezu zwangsläufig in eine sicherheitspolitische Eskalationsspirale, an deren Ende der soziale und liberale Rechtsstaat längst auf der Strecke geblieben ist.

Eine ‚Kriminalpolitik‘, die Menschen als „Bestien" (Innenminister Schäuble, Baden-Württemberg) oder „Zeitbomben" (Justizminister Wagner, Hessen) etikettiert, hat ihren Namen nicht verdient, denn sie durchtrennt das die zivilisierte Gesellschaft zusammenhaltende Band der Menschenwürde und missbraucht das Strafrecht für eine Politik des ‚Unschädlichmachens‘.

Bremen, den 11. April 2002

Dr. Kai Bammann
Prof. Dr. Lorenz Böllinger
Prof. Dr. Johannes Feest
Dr. Eduard Matt
Dr. Helmut Pollähne
Prof. Dr. Karl F. Schumann
Prof. Dr. Peter Thoss
Prof. Dr. Edda Weßlau

Oliver Brüchert

Gestörte Ordnung und ihre Wiederherstellung

Gute Geschichten über Straftaten

Kriminalität wird in den Medien skandalisiert, dramatisiert und verzerrt dargestellt. Diese Form der Berichterstattung ist dazu angetan, den Rezipienten Angst einzujagen. Sie wird maßgeblich für den Anstieg der Kriminalitätsfurcht in den 1990er Jahren verantwortlich gemacht (vgl. Rcuband 1999, 2000; mit der Interpretation des Rückgangs tun sich Vertreter dieser Lesart schon ein wenig schwerer). Medien als Verstärkerkreislauf von übertriebener Kriminalitätswahrnehmung und daraus folgender Repression – das ist eine zutreffende Beschreibung, die man nicht noch einmal durchexerzieren muss. Es handelt sich um eine bekannte, allerseits geteilte „Wahrheit".

Es ist jedoch, wie ich zeigen möchte, nur die halbe „Wahrheit". Indem die Kriminologie nicht müde wird, zu betonen, dass das mediale Bild der Kriminalität dem „wirklichen" Kriminalitätsgeschehen nicht entspricht, indem die Medientheorien darauf beharren, dass Nachrichten keinesfalls Realität abbilden, sondern vielmehr eine eigene Realität konstruieren, indem Soziologen und Philosophen herausarbeiten, wie die Menschen dennoch auf der Grundlage dieses verzerrten Bildes von „Wirklichkeit" handeln (Thomas-Theorem) und wie wirkungsmächtig für unsere soziale „Realität" derlei Konstruktionen sind, unterstellen sie immer wieder, dass der wesentliche Vorgang bei der Erstellung von Nachrichten die Selektion von Informationen sei. Sie alle lesen Nachrichten zumindest als Aussagen über eine Wirklichkeit und unterstellen eine entsprechende Rezeptionshaltung. Diese Informations-Fiktion führt zu einer Medienkritik, die sich in moralischen Forderungen erschöpft, die Medien sollten sich ihrer Verantwortung bewusst werden und die „Wirklichkeit" doch bitte weniger verzerrt darstellen (oder, wenn man die Möglichkeit eines adäquaten Abbildes der „wirklichen Wirklichkeit" bestreitet, zumindest anders auswählen). Das ist wenig hilfreich, die Frage zu beantworten, warum Medien so und nicht anders über Kriminalität berichten.

Auch der übliche Hinweis auf die so erhofften Quoten und Auflagen vermag nicht zu erklären, warum eine auf Gewaltstraftaten fixierte, gefährliche Kriminelle konstruierende Berichterstattung dafür so wirksam zu sein scheint. Wollen sich Leser und Zuschauer einfach gerne zu Tode fürchten? Geben ihnen die Journalisten einfach das, was sie am liebsten wollen? Ausgehend von einer Theorie der Kulturindustrie (Adorno/Horkheimer 1969), der zufolge die Produktionsbedingungen von Kultur nicht nur immer perfekter einer Verwertungslogik unterworfen werden (was sich durchaus noch als „Diktatur der Einschaltquote" operationalisieren ließe), sondern diese Verwertungslogik auch Effekte für die Eigenschaft der industriell erzeugten Kulturgüter hat – eine Tendenz zur immer schnelleren Produktion von immer gleichen Waren, die diesen Warencharakter nicht mehr verbergen, sondern dreist herausstellen – drängt sich eine andere Charakterisierung der Nachrichten-Waren auf: Statt mit (schlechten) Informationen, haben wir es mit Unterhaltung zu tun – mit schlechter Unterhaltung. Jack Lule (2001) hat – nicht als erster, aber am dezidiertesten – darauf hingewiesen, dass die Produktion von Nachrichten in erster Linie den Gesetzmäßigkeiten guter, zeitloser Geschichten (*Eternal Stories*) gehorche. Es könnte erhellend sein, Kriminalitätsnachrichten statt unter der Informations-Fiktion einmal unter der Annahme zu lesen (und zu analysieren), welche „guten Geschichten" darin stecken.

Das Kriminalitätsgeschehen in den Tageszeitungen besteht größtenteils aus kurzen Meldungen, die auch deshalb ein aufschlussreiches Material für eine Untersuchung abgeben, weil sie auf den ersten Blick so wenig geeignet erscheinen, ausdrucksstarke *Eternal Stories* hervorzubringen. Sie sind hochgradig standardisiert, geben den Autoren wenig Ausdrucksmöglichkeiten und werden meist direkt von den Agenturen übernommen. Vor allem sind sie viel zu kurz und liefern zu wenig Rohstoff für tiefgreifende sozialwissenschaftliche Analysemethoden. Wenn überhaupt, werden sie lediglich in breit angelegten, quantitativen Auswertungen berücksichtigt (vgl. z.B. Dössel/Gölling/Waltos 1998; Brosius/Esser 1995). Kurze Meldungen sind von den Texten, die Sozial- oder Medienwissenschaftler produzieren und lesen, sehr weit entfernt und werden von ihnen nicht ernst genommen. In der jüngsten Debatte um „Qualitätsjournalismus" (vgl. etwa das *Zeit*-Dossier vom 27. Juni 2002), der sich eben dadurch auszeichnen soll, dass die Redaktionen selber recherchieren, wird auch deutlich, dass Agenturjournalismus innerhalb der Branche einen schlechten Ruf hat. Im folgenden stelle ich einige Beispiele aus verschiedenen (im Rahmen einer größeren Untersuchung erhobenen) Tageszeitungen vom selben Stichtag (22.10.1998) vor.

Alltagsmoral

Das Paradebeispiel für skandalisierende Berichterstattung über Kriminalität stellt regelmäßig die *Bild*zeitung dar. Abgesehen von der Politik geht es bunt durch verschiedene Lebensbereiche vom Sport über kleine Gaunereien bis zu Mord und Todesstrafe und neben lokalen und regionalen Ereignissen sind auch drei Meldungen aus dem Ausland vorhanden. Der Nachricht vom Tod des „Frauenmörders Honka" auf Seite 1 folgen auf Seite 3 zwei Meldungen aus Frankfurt, von einem Kreditkartenbetrüger und einer „Massenschlägerei" am Hauptbahnhof. Im Lokal- und Regionalteil gibt es fünf Meldungen mit den Titeln „Toter an Bundesstraße: Kehle durchgeschnitten", „Tonnenweise Alu geklaut", „Dreistes Einbrecher-Duo", „Autodiebe entkamen zu Fuß" und „Razzia im Bordell". „Telefonsex auf Hotelkosten" findet in Spremberg/Brandenburg statt, im Sportteil ist eine Meldung über englische Hooligans platziert, die in Rom zu einer Bewährungsstrafe verurteilt wurden, und unter den Auslandsnachrichten schließlich zwei Meldungen über einen „Gangsterboss" in Hongkong, auf den der „Genickschuss" wartet, und einen in Spanien gefassten „Serien-Mörder".

> „Rotlicht-Verlockung
> Allgäuer (38) zeigte den Diebstahl seiner Kreditkarten an. Rechnungen über 6.500 Mark wurden in Bars im Bahnhofsviertel mit den Karten bezahlt. Polizei vermutete: Diebstahl nur vorgetäuscht. Mann gestand: ‚Bin auf Geschäftsreise dem Rotlicht-Milieu erlegen'." (S. 3)

Schon die Überschrift markiert den für die *Bild*zeitung typischen Boulevardstil. Statt das konkrete Ereignis und die strafrechtlich relevante Seite (Kreditkartenbetrug) zu benennen, wird ein sozialer Kontext („Rotlicht-Verlockung") eröffnet. Um wen es geht, ob die Akteure der „Verlockung" erlagen und welche Konsequenzen das möglicherweise hatte, kann man dem nicht entnehmen. Es könnte genauso gut um die Eröffnung eines neuen (besonders „verlockenden") Bordells gehen oder um die jüngsten Fehltritte eines Fußballprofis. (1)

Die Attributierung des Mannes als „Allgäuer" mit Altersangabe folgt einem in der *Bild*zeitung sehr konsequent durchgehaltenen Grundsatz, alle Personen nach Kategorien zu bezeichnen. (2) Die räumliche Zuordnung nach Herkunftsland oder Wohnort ist nicht nur eine Verlegenheitslösung (z.B. wenn kein anderes Attribut bekannt ist), sondern erzeugt eine höchst folgenreiche und bedeutsame soziale Verdinglichung (3). Zu einem „Allgäuer" assoziieren wir eher einen Naturburschen vom Lande, und das erzeugt einen Kontrast zur Großstadt Frankfurt und ihren sündigen Verlockungen. Als nächstes fällt der sprachliche Telegrammstil mit den extrem kurzen Sätzen auf, bei denen sogar auf Artikel und Personalpronomen verzichtet wird. Das vermittelt den Eindruck, dass die Texte schnell „zur Sache kommen" und man sich auf die wesentlichen Informationen beschränkt. Es unterstellt auch, dass die Leser eine kurze Aufmerksamkeitsspanne haben und lange Sätze als anstrengend empfinden. Die Handlung wird kurz und ohne Ausschmückungen chronologisch nacherzählt.

Abgesehen vom Schlusssatz könnte man sich allenfalls noch die Nennung des Betrages, um den es geht, wegdenken, ohne dass die Geschichte vollends unverstehbar würde. Da 6.500 Mark kein ganz kleiner Betrag sind, hat ihre Erwähnung in dieser Geschichte wahrscheinlich eine etwas weiterreichende Bedeutung. Sie könnten darauf hinweisen, wie schnell man im Rotlichtviertel auch größere Beträge durchbringt, oder aber, dass wir das Geständnis des Mannes, den „Verlockungen" erlegen zu sein, nicht ganz abnehmen, da er offensichtlich ein Gewohnheitstäter war.

Insofern ist auch die Überschrift nicht so irreführend, wie man zuerst denken könnte. Sie greift vor auf den letzten Satz, der als direkte Rede des Betroffenen wiedergegeben wird, als seine Version des Geschehens, direkt aus seinem Munde. Wir können die Meldung durchaus als kleine Warnung an die männlichen Leser verstehen, diesen „Verlockungen" zu widerstehen, oder wenn sie ihnen „erliegen", sich dabei finanziell nicht zu übernehmen. Der Betrag klingt nicht so hoch, dass wir rein finanzielle Gründe für den anschließenden Betrug vermuten können. Er gibt an, „auf Geschäftsreise" gewesen zu sein, also vermutlich kein ganz armer Mensch. Wahrscheinlicher erscheint, dass es dem Mann darum ging, die Ausflüge ins „Rotlicht-Milieu" seinem privaten Umfeld gegenüber zu verbergen, mindestens aber den Umstand, wieviel Geld er dort gelassen hat. Die Formulierung, „erlegen" zu sein, liefert eine gute Vorlage für die Entschuldigung (bei der Ehefrau oder dem Vorgesetzten). Man(n) hat es nicht gesucht, es ist einem widerfahren. Der Fehltritt kann gerechtfertigt werden, solange man dazu steht und ihn nicht durch einen Betrug zu verdecken versucht. Die Moralisierung und der implizite Sanktionswunsch beziehen sich weniger auf die Straftaten (vorgetäuschter Diebstahl, Kreditkarten- und Versicherungsbetrug), sondern auf den fragwürdigen Charakter eines Mannes, der heimlichen Vergnügungen nachgeht (4).

Derartige Geschichten über Alltagsmoral beschränken sich nicht auf die *Bild*zeitung. Um zu prüfen, inwiefern sich die Art der Darstellung unterscheidet, bietet sich ein Vergleich der Meldungen zum gleichen Ereignis in den anderen Zeitungen an. Auch die *Frankfurter Rundschau* (FR) und die *Frankfurter Neue Presse* (FNP) berichten am Stichtag mit Kurzmeldungen im Lokalteil von diesem Fall (auf die Wiedergabe der kompletten Meldungen wird hier aus Platzgründen verzichtet). Auch wenn sich die *FR*-Version stilistisch deutlich von der Meldung in der *Bild*zeitung abhebt – lange, vollständige Sätze; die Kennzeichnung des Betroffenen als „Allgäuer" fehlt – ähnelt die Geschichte im Aufbau und in dem, was mitgeteilt wird, weitgehend der *Bild*-Story. Die Formulierung, den „Verlockungen des Frankfurter Rotlichtmilieus erlegen zu sein", taucht zwar auch in diesem Text auf, wird aber weder durch die Überschrift noch durch wörtliche Rede betont. Statt dessen deutet sich in der Überschrift („‚Bestohlener' machte eine flotte Sause") schon an, dass der „Bestohlene" ein Betrüger ist. Durch diese andere Akzentuierung verändern sich auch die moralischen Implikationen. Die Vermutung liegt jetzt wesentlich näher, dass der Mann doch einfach das Geld „sparen" und sich auf Kosten der Versicherungen „eine schöne Zeit" machen wollte. „Den Verlockungen erlegen zu sein", klingt in diesem Kontext wie eine Schutzbehauptung gegenüber der Polizei. Der Skandal besteht demnach darin, sich zu vergnügen und hinterher die Rechnung nicht begleichen zu wollen. Die *FNP* akzentuiert die Ereignisse noch stärker in dieser Richtung. Gleich in der Überschrift wird der Mann als „Betrüger" gekennzeichnet, der „nach Monaten entlarvt" wurde. Die Meldung ist aus der Perspektive der ermittelnden Polizei geschrieben, als Erfolgsmeldung, wie die „Frankfurter Kripo nicht locker (ließ)" und den Mann so schließlich überführte. Weder von „Verlockungen" ist die Rede, noch von einer „schönen Zeit", sondern von „Rechnungen", die in „einschlägigen Etablissements" mit den Kreditkarten beglichen wurden. Im ersten Satz wird den angeblichen „Ganoven" der „38 Jahre alte Geschäftsmann aus Bayern" gegenübergestellt. Diese Kennzeichnung weist darauf hin, dass er nicht in das klassische Täterbild der Polizei passt und möglicherweise gehofft hat, schon aufgrund seines sozialen Status nicht verdächtigt zu werden. Die Geschichte kann als Warnung gelesen werden, sich nicht zu sehr darauf zu verlassen, dass man die Polizei allein mit sozialer Reputation täuschen kann. Man kann es auch so lesen, dass der Mann seine Reputation verspielt hat: „Wer ins Bordell geht, betrügt auch mit Kreditkarten".

Die drei Meldungen sind ein gutes Beispiel, wie derselbe Sachverhalt bei weitgehender Übereinstimmung in den geschilderten „Fakten" in wenigen Zeilen zu drei sehr verschiedenen Stories verarbeitet wird. Während die *Bild*zeitung den Aspekt einer durchaus nicht eindeutig geklärten Alltagsmoral deutlich herausstellt, befinden wir uns bei dem *FNP*-Beitrag fest auf dem Boden des Strafrechts, für dessen effektive Durchsetzung die Geschichte als Vorbild dient. Freilich ist auch darin eine „Moral" enthalten: Verbrechen lohnt sich nicht, auch nicht für die oberen Schichten. Die zugrundeliegende Norm „Du sollst nicht betrügen" wird aber nicht ernsthaft in Frage gestellt, es wird lediglich noch einmal bestätigt, wovon der implizite Leser ohnehin überzeugt ist. Eine „flotte Sause" zu machen oder „Verlockungen" zu erliegen, wird hingegen nicht eindeutig negativ konnotiert. Aber es wird vor möglichen Konsequenzen gewarnt und vorgeführt, dass man sich hinterher nicht so leicht aus der Affäre ziehen kann, wie dieser Mann gehofft haben mag.

Warum Mord und Totschlag so aufregend sind

In allen Untersuchungen zur Kriminalberichterstattung in den Medien wird immer wieder festgestellt, dass besonders schwere Delikte viel häufiger berichtet werden, als die vor allem in Diebstählen bestehende Alltagskriminalität, die den weitaus größeren Anteil am „tatsächlichen" Kriminalitätsgeschehen insgesamt hat. Die Erklärungen, wie es dazu kommt, sind ebenso einfach wie plausibel: Schwere Kriminalität ist gerade deshalb interessant, weil sie nicht alltäglich ist, weil die meisten Leser damit *keine* eigene Erfahrung haben, nicht einmal als unbeteiligte Beobachter. Im folgenden Abschnitt geht es darum, genauer zu verstehen, wie die Geschichten über Mord und Totschlag funktionieren, in welche Haltung sie die Leser bringen.

Zwei der drei Meldungen aus der *Welt* am Stichtag gehören in diese Kategorie: „Frauenmörder Honka in Klinik gestorben" und „Vater tötet seine Söhne und sich selbst". Da die zweite Nachricht in keiner anderen untersuchten Zeitung als Meldung präsent ist, bietet sich die erste für die vergleichende Interpretation an:

„Frauenmörder Honka in Klinik gestorben
dpa Hamburg – Der Hamburger Frauenmörder Fritz Honka ist tot. Der 63jährige Mann, der zwischen 1970 und 1975 vier Prostituierte grausam ermordete und ihre Leichen zerstückelte, starb am Montag im Krankenhaus Ochsenzoll in Hamburg, bestätigte der Landesbetrieb Krankenhäuser (LBK) gestern einen Bericht der „Bild"-Zeitung. Honka war seit seiner Verurteilung zu 15 Jahren Freiheitsstrafe 1976 in psychiatrischer Behandlung. Die Todesursache wurde nicht genannt.
Die Morde Honkas waren im Juli 1975 durch einen Zufall entdeckt worden: Bei Löscharbeiten in einem Wohnhaus im Hamburger Stadtteil Altona fand die Feuerwehr auf dem Dachboden von Honkas Wohnung die Leichen von vier Frauen. Einige Leichenteile waren in einem blauen Müllsack verpackt, andere bereits mumifiziert. Im Prozess gestand der damalige Wachmann alle Morde. Wegen „verminderter Zurechnungsfähigkeit" wurde Fritz Honka nach seiner Verurteilung im Jahr 1976 in ein psychiatrisches Krankenhaus eingewiesen." (Aus aller Welt, S. 12)

Auffällig ist, dass es sich hier im Kern um eine 20 Jahre alte Geschichte handelt. Der Aktualitätsbezug dieser Meldung besteht lediglich im Tod Honkas, doch die Darstellung bezieht sich hauptsächlich auf die Geschehnisse rund um seine Festnahme und Verurteilung in den Jahren 1975/76. Es ist auch der erste Beitrag, der von den Rechtsfolgen einer Straftat handelt. Mit „verminderter Zurechnungsfähigkeit" wird ein juristischer Terminus verwendet und durch Anführungszeichen markiert. Ein besonderes Stilmittel ist auch die Verwendung des Adjektivs „grausam" im zweiten Satz. Damit wird schon in der Einleitung eine emotionale Haltung hergestellt.

Der Tod eines Menschen als Aufhänger für eine Meldung in der Tageszeitung ist an sich kein ungewöhnlicher Vorgang, sondern bei prominenten

Personen, wie z.B. Politikern, Schriftstellern, Filmstars, erfolgreichen Unternehmern, üblich. Bei deren Todesnachricht werden üblicherweise noch einmal die besonderen Leistungen und Verdienste des Verstorbenen erwähnt und mit biographischen Angaben verknüpft. Eine Meldung in dieser Form weist darauf hin, dass der „Frauenmörder Honka" als bekannte Person des öffentlichen Interesses behandelt wird, der durch seine außergewöhnlichen Taten berühmt wurde. Das macht auch darauf aufmerksam, dass Berühmtheit wenig mit Sympathie zu tun haben muß. Im Unterschied zu anderen prominenten Kriminellen, denen mitunter auch positive Eigenschaften wie Intelligenz oder Raffinesse zugeschrieben werden (z.B. beim „Kaufhaus-Erpresser Dagobert" oder beim „Posträuber Biggs"), wird Fritz Honka lediglich psychische Krankheit attestiert. Seine „Leistung" besteht der Meldung zufolge darin, gleich vier Morde begangen zu haben, und in der besonderen Grausamkeit seines Vorgehens, die Leichen hinterher „zerstückelt" zu haben. Prominenz besteht technisch betrachtet allein darin, bereits häufiger in den Medien „aufgetreten" zu sein, egal auf welchem Weg einem das gelungen ist. Wie in anderen Lebensbereichen werden auch bei Serienmorden Rekorde groß geschrieben. Eine weitere Pointe stellt der Hinweis auf Honkas früheren Beruf „Wachmann" dar: Von einem Wachmann erwartet man sich Schutz, keine Bedrohung. Die bildhafte Sprache und weitere Details, wie die zufällige Aufdeckung der Morde oder die Erwähnung des „blauen Müllsack(s)" tragen zu einer guten Story bei. Auch wenn der Täter dies wohl eher hätte vermeiden wollen, haben ihn diese ungewöhnlichen Umstände, die sich auch nach mehr als 20 Jahren noch gut erzählen lassen, berühmt gemacht. Die Kennzeichnung der Opfer als „Prostituierte" weist einerseits noch einmal auf eine psychische/sexuelle Störung als vermuteten Hintergrund der Taten hin, lässt aber auch annehmen, dass es sich um dem Täter fremde Personen gehandelt hat und keine persönlichen Motive (gegenüber den Opfern) hinter den Morden standen. Dieses (relativ) willkürliche Vorgehen betont noch einmal die Gefährlichkeit Honkas. In der Mitteilung, dass Honka sich als Opfer „Prostituierte" suchte, klingt auch ein Stück Alltagsmoral an: „Prostitution ist gefährlich".

Im Unterschied zu Nachrichten vom Tod anderer Prominenter kann man (auch wenn es nicht explizit mitgeteilt wird) unterstellen, dass diese Meldung nicht als Aufforderung zur Trauer und nachträglichen Verehrung verstanden wird. Eher noch könnte man erleichtert reagieren („ein gefährlicher Serienmörder weniger") – doch auch das legt der Beitrag nicht ausdrücklich nahe. Demgegenüber finden wir mehrere Anhaltspunkte, dass man Honka als „armen Hund" bemitleiden könnte: Er war über 60 Jahre alt, seine Taten lagen sehr lange zurück (und er ist offenbar nicht „rückfällig" geworden), er befand sich seitdem anscheinend durchgängig in psychiatrischer Behandlung (ob er die Klinik jemals verlassen hat, erfahren wir nicht). In diesem Zusammenhang bekommt auch der Satz „Eine genaue Todesursache wurde nicht genannt" eine neue Bedeutung: Darin klingt der Vorwurf der Nachlässigkeit gegenüber dem Krankenhaus an. Zuvor gibt es schon einen Hinweis, dass die Krankenhausverwaltung erst durch einen Bericht der *Bild*zeitung dazu veranlasst wurde, den Tod Honkas öffentlich zu bestätigen. Offenbar sollte das Ereignis der Öffentlichkeit vorenthalten werden. Dagegen wird implizit noch einmal das öffentliche Interesse an dieser Nachricht unterstrichen.

Neben der *Welt* brachten am selben Tag auch die *Frankfurter Neue Presse* und *Bild* jeweils eine Meldung zum Tod Honkas:

FNP: „Frauenmörder Honka starb mit 63 Jahren
Hamburg. In einem psychiatrischen Krankenhaus in Hamburg ist der vierfache Frauenmörder Fritz Honka an Altersschwäche gestorben. Er war 63 Jahre alt. Honka hatte zwischen 1970 und 1975 vier Prostituierte erwürgt, die Leichen zerstückelt und in Verschlägen seiner Wohnung versteckt. Bei einem Brand hatten Feuerwehrleute 1975 Leichenteile entdeckt. Honka war 1976 zu 15 Jahren Unterbringung in der psychiatrischen Klinik verurteilt worden, aber auch nach seiner Freilassung weiter in Behandlung. (dpa)" (Blick in die Welt, S. 22)

Bild: „Frauenmörder Honka: Sein jämmerliches Ende im Irrenhaus Der gefährlichste Frauenmörder der deutschen Nachkriegsgeschichte, Fritz Honka (63, Foto) starb jämmerlich in einer Hamburger psychiatrischen Klinik (BILD berichtete). Der Nachtwächter hatte zuletzt in Freiheit gelebt, unter falschem Namen – Seite 12" (S. 1).

Beide Meldungen enthalten Angaben über die Todesumstände („Altersschwäche", „jämmerliches Ende") und die Freilassung Honkas, die in der *Welt* nicht erwähnt wurden. Die *FNP*-Geschichte wirkt dadurch weniger spektakulär: Honka war nicht nur ein alter Mann, den man offenbar frei herumlaufen lassen konnte, er starb auch eines natürlichen Todes. „Altersschwäche" ist zwar keine besonders präzise Angabe zur Todesursache – man kann auch spekulieren, dass man, um mit 63 Jahren an „Altersschwäche" zu sterben, einen ziemlich ungesunden Lebenswandel gehabt haben muss, oder dass der langjährige Aufenthalt in der geschlossenen Psychiatrie die Lebenserwartung deutlich senkt – aber es gibt hier keinen Grund zu vermuten, das Krankenhaus wolle irgendetwas verbergen. In der *Bild* wurde hingegen versucht, möglichst viel aus dem Thema herauszuholen. Die zitierte Meldung steht prominent auf Seite 1 und verweist sowohl auf den Bericht am Vortag, wie auch auf einen längeren Beitrag auf Seite 12 in dieser Ausgabe. Die Meldung ist mit einem Foto Honkas und einer Schlagzeile (weiß auf schwarz) hervorgehoben. Sie ist in emotionaler Sprache verfasst und es wird gleich zu Beginn darauf abgestellt, dass

Honkas Taten rekordverdächtig sind: „Der gefährlichste Frauenmörder ...". Im Unterschied zu den anderen Zeitungen gibt es keinen Hinweis darauf, wie lang die Taten bereits zurückliegen, aber wir erfahren, dass er „unter falschem Namen" in Freiheit gelebt haben soll – möglicherweise gab es bis zu dieser erlösenden Nachricht Anlass, sich vor ihm zu fürchten. Die Darstellung in der *Bild* hat somit auch den deutlichsten Bezug zur Diskussion über den Umgang mit Sexualstraftätern: Es wird eher nahegelegt, dass man sich sicherer fühlen dürfte, wenn Täter vom Schlage Honkas nicht frei herumlaufen. Allerdings ist die Gefahr in diesem Fall ja jetzt gebannt und die Formulierung „Sein jämmerliches Ende im Irrenhaus" in der Schlagzeile ist nicht dazu angetan, den Lesern Angst einzujagen. Im Gegenteil dürfen die Leser sich aufgrund des nicht sehr rühmlichen Endes des ehemals gefürchteten Mannes nun über ihn erhoben fühlen und wohl auch sagen: „recht geschieht es ihm". „Irrenhaus" ist ein Begriff, der aus dem politisch korrekten Sprachgebrauch unserer Zeit weitgehend verschwunden ist. Wenn er in diesem Zusammenhang eingesetzt wird, wirkt er umso mehr stigmatisierend.

In den verschiedenen Varianten wird deutlich, dass diese Nachricht über die unterschiedlichen moralischen Implikationen hinaus vor allem aus zwei Gründen interessant ist: Erstens weil der Tod von Prominenten für die Zeitungen an sich schon ein Ereignis darstellt, über das sie berichten müssen (zu müssen meinen), zweitens weil sich daraus eine Gelegenheit ergibt eine gute Geschichte, die seinerzeit ohne Zweifel ausführlich dokumentiert wurde, noch einmal zu erzählen.

Oft ergibt sich die gute Story nicht aus einer Meldung alleine. Es gibt eine übergeordnete Dramaturgie, eine den Lesern vertraute feststehende Abfolge der Ereignisse, die sich grob so skizzieren lässt: Ursprünglich haben wir es mit einer erschreckenden Tat zu tun, die uns hilflos, fassungslos macht. Den ersten Schreck können wir überwinden, indem wir den Ermittlungen folgen (eine angefügte Telefonnummer suggeriert sogar, wir könnten uns aktiv beteiligen), die im gelungenen Fall mit der Verhaftung des Täters enden. Prozess und Urteil dienen dann vor allem der Bestätigung, dass die Gefahr gebannt ist und rücken auch die moralische Ordnung wieder zurecht. Die Ereignisse folgen nicht immer diesem Muster. Es dient als normative Vorlage, deren Nichteinhaltung skandalisiert werden kann, z.B. wenn der vermeintliche Mörder wegen Mangels an Beweisen freigesprochen wird. Im Unterschied zu Ereignissen, die als einzigartig aus dem sonstigen Geschehen herausragen (wie z.B. die Anschläge auf das WTC und das Pentagon am 11.9.2001), können wir bei den alltäglichen kurzen Meldungen über Mord und Totschlag die durch schreckliche Ereignisse hervorgerufene Verunsicherung kontrollieren, weil parallel immer berichtet wird, wie Sicherheit und Ordnung stets wiederhergestellt werden.

Nachrichten über Mord und Totschlag mögen aufregender sein als Nachrichten über kleine Ladendiebstähle. Wie am Beispiel des „Frauenmörders Honka" herausgearbeitet, bieten sie mitunter die Basis für gute, zeitlose Geschichten. Durch die permanente Präsenz der „ganzen" Geschichte in einer Vielzahl von Meldungen, werden die Schreckensnachrichten wieder zu alltäglichen und gut zu bewältigenden Ereignissen. Insofern tragen sie eher zur Bestätigung einer „guten", funktionierenden Ordnung bei, als irrationale Kriminalitätsfurcht zu schüren.

Erbauliche Geschichten

Bei der eingehenderen Beschäftigung mit den kurzen Meldungen über Kriminalität fällt auf, dass ein ziemlich großer Anteil eher dazu angetan ist, die Leser zu belustigen als sie zu beängstigen.

Viele der kurzen Geschichten handeln von kuriosen Situationen und Handlungsabläufen. Ein Beispiel aus dem Hessen-Teil der *Bild*:

> „Autodiebe entkamen zu Fuß
> Freigericht – In Linsengericht will eine Streife drei Männer in einem gestohlenen VW Golf stoppen – Anwohner hatten die Polizei alarmiert. Doch der Fahrer gibt Gas, rast Richtung Freigericht. Am Ortseingang schleudert der Pkw in den Graben, die Männer können unerkannt in die Nacht flüchten." (Nachrichten aus Hessen, S. 7)

Der Witz der Geschichte steckt vor allem in der Überschrift. Autodiebe, die zu Fuß die Flucht ergreifen, das klingt ziemlich dämlich. Nachdem diese Kuriosität im Text erläutert wird, bleibt vor allem Schadenfreude über den gescheiterten Autodiebstahl. Weitere Straflust, z.B. in Form einer Täterbeschreibung oder eines Fahndungsaufrufs, wird nicht artikuliert. Die Lektion, bei der Flucht das Diebesgut zu verlieren (übrigens ein häufiges Geschehnis), reicht aus. In den meisten Fällen sind es die Täter, die verspottet werden. Sie bilden ein legitimes Ziel, wohingegen Opfer zu verspotten (die nicht gleichzeitig auch „Täter" sind), eine Tabuverletzung darstellen würde. So wird die normative Ordnung noch einmal bestätigt.

Bei Nachrichten aus dem Ausland geht es oft um Exotismus. Eine Meldung aus der *Frankfurter Rundschau*:

> „Rußland
> Schlammdiebe legen Kurbetrieb lahm
> Moskau, 21. Oktober (ap). Wie schlecht steht es um Rußland? So schlecht, daß Diebe jetzt sogar schon Schlamm stehlen. Mit Traktor und Schaufeln haben Diebe in Wolgograd (dem früheren Stalingrad) acht Tonnen Heilschlamm gestohlen, wie die russische Nachrichtenagentur Itar-Tass am Mittwoch berichtete. Kurdirektorin Swetlana

Gnutowa erklärte, nach dem Diebstahl des Schlamms, der einen Wert von etwa 19.000 Rubel (rund 1.800 Mark) hatte, werde nun vermutlich der Kurbetrieb für die rund 200 Patienten in ihrer Einrichtung eingestellt werden müssen." (Aus aller Welt, S. 46)

Wieder sind die im Text geschilderten Ereignisse nicht ganz so komisch, wie die Überschrift nahelegt. Es ist nicht leicht zu beurteilen, ob viele Leser hier schon darauf schließen, dass es sich um „Heilschlamm" handeln muss. Die Aufmerksamkeit wird jedenfalls durch die ungewöhnliche Wortschöpfung „Schlammdiebe" erreicht. Man könnte vermuten, dass die Kurgäste durch die seltsamen Diebstähle in heller Aufregung waren und den Behandlungen fernblieben. Der Begriff Heilschlamm fällt erst im dritten Satz. In den ersten beiden Sätzen wird die Pointe der Überschrift noch einmal ausgeweitet, als Indiz für die schlechte wirtschaftliche Lage in Russland. Sich darüber zu amüsieren, dass es den Menschen in Russland schlecht (und „uns" im Vergleich viel besser) geht, gehört sich eigentlich nicht. Der Schaden für den Kurbetrieb scheint trotz der aus westeuropäischer Sicht geringen Summe von 1.800 Mark erheblich. Als kurios-exotische Geschichte über „Schlammdiebe" verpackt, wird das Ungehörige möglich. Wer möchte, kann die Geschichte noch stärker nationalistisch aufladen: Wolgograd, früher Stalingrad, als Ort einer „deutschen Niederlage" im zweiten Weltkrieg.

Ebenfalls viel Potential für eine gute Meldung haben Ereignisse mit vielen Beteiligten, die außer Kontrolle geraten. Für Schadenfreude gut geeignet sind Meldungen über die Verfehlungen berühmter oder reicher Menschen. Nicht wenige Kriminalitätsmeldungen finden sich im Sportteil.

Obwohl das Genre der Kurzmeldung nur wenig Raum für Dramatisierung und erzählerische Raffinesse bietet, ergeben sich durch geringste Variationen sehr unterschiedliche Wahrnehmungen der geschilderten Ereignisse. Kurznachrichten sind alles andere als ein neutrales oder technisches Beiwerk. Gerade im Zusammenspiel der zahlreichen Meldungen entstehen starke Bilder und sagenhafte Geschichten. Anhand dieses Materials lassen sich bereits Regeln über den Umgang der Medien mit dem Kriminalitätsthema herausarbeiten. Nachrichten über Straftaten können einen Anlass bieten, die schon vorausgesetzte politische und moralische Weltsicht der Leser noch einmal zu bestätigen. Auch wenn die große Anzahl der vermischten Meldungen über schwere Straftaten in der *Bild* und den Regionalteilen der anderen Zeitungen zu einem allgemeinen Gefühl der Verunsicherung beitragen kann, wird die gestörte Ordnung immer wieder neu hergestellt und durch erbauliche Geschichten untermauert.

Solche Nachrichten haben nur sehr bedingt praktische Relevanz für die Lebensumstände der Rezipienten. Würde man sich vor den unzähligen Straftaten, die täglich berichtet werden, wirklich fürchten, könnte man als

Leser nur den Schluss ziehen, sich in seiner Wohnung zu verbarrikadieren und alle sozialen Kontakte einzustellen. Der praktische Nutzen der guten Stories dürfte eher in ihrer Verwendbarkeit in der Alltagskommunikation liegen. Sie haben, wie gezeigt wurde, einen hohen Unterhaltungswert und enthalten nicht selten auch komische Elemente. Insbesondere bei Meldungen mit stärkerem lokalen Bezug werden Neugier und Schaulust ebenso bedient, wie Tratsch und Klatsch unter den Anwohnern. Ist die Distanz zum Geschehen größer, kann Exotismus eine Rolle spielen.

Straftäter als Schurken und Gauner

Die These, dass die skandalisierende Berichterstattung über Kriminalität dazu angetan ist, die herrschende „Ordnung" zu bestätigen, gilt nicht alleine für das Genre der kurzen Meldungen. Da hier nicht genug Raum ist, es über die gesamte Bandbreite der Kriminalitätsberichterstattung auszuführen, bietet sich die Beschäftigung mit einem Extrembeispiel an: Der aus kriminologischer Perspektive unwahrscheinlichste Fall des Umgangs mit Straftätern in den Medien wäre, ein positives Bild vom Täter zu zeichnen. Würde durch solche Geschichten doch möglicherweise die moralische Ordnung subversiv untergraben. Gibt es Kriminalitätsnachrichten über „Schurken und Gauner" – möglicherweise in unterschiedlicher Ausprägung vom „Helden" mit Vorbildfunktion bis zum kleinen „Schurken", dessen Lebenswandel nicht zur Nachahmung empfohlen wird, für den wir aber Sympathie und Verständnis aufbringen? In Literatur und Film sind solche Figuren gut etabliert: Robin Hood als „Rächer der Armen", mit deutlichen Anklängen an den nationalen Befreiungskampf gegen die normannischen Herrscher und der Kritik eines korrupten Klerus, der sich um die Belange des einfachen Volkes nicht mehr kümmert; Schillers „Räuber" und Kleists „Michael Kohlhaas" als ambivalente Helden, die aber ebenfalls gegen Ungerechtigkeit und Doppelmoral kämpfen; Newman und Redford in „Der Clou", die den mächtigen und skrupellosen Gangsterboss ausnehmen; kürzlich auch das Remake von „Ocean's 11", in dem die liebenswerten Ganoven ebenfalls einen viel größeren Schurken berauben und denen der Zuschauer die kriminellen Erlöse (die sie hier im Unterschied zur älteren Vorlage nicht wieder verlieren) von Herzen gönnt.

Eine gründliche Recherche hat ergeben, dass diese Figur des ehrbaren Gauners in den Nachrichtenmedien so nicht vorkommt, jedenfalls nicht in Reinform. Es gibt zwar (wie oben gezeigt) prominente Verbrecher, es wurde aber auch gezeigt, dass Prominenz keinesfalls eine Sympathiebekundung enthalten muss. Unter den prominenten Straftätern finden wir immerhin ein paar, denen *auch* Sympathien entgegengebracht werden. Der „Kaufhauserpresser ‚Dagobert'" z.B., weil es ihm gelungen ist, die Polizei mit seinen technischen Tricks immer wieder zum Narren zu machen, oder den „Posträuber Biggs", der als kranker, wieder verarmter alter Mann nach England ausgeliefert werden sollte. Subkulturell auch der „Großdealer" Howard Marks alias „Mr. Nice", der zeitweise einen guten Teil des Weltmarktes für Haschisch kontrolliert haben soll und nun als Vortragsreisender und Buchautor herumreist.

In der Berichterstattung zu „Dagobert" Arno Funke – das gilt für alle Medien, die ich dazu finden konnte – steht die Geschichte mit den immer wieder misslungenen Geldübergaben, die seinerzeit große öffentliche Aufmerksamkeit erregten, im Zentrum des Interesses. Es ist durchaus Schadenfreude angesichts der Pannen der Polizei erlaubt. Dass er dann schließlich gefasst und verurteilt wurde, erregt allerdings auch keinen Widerspruch. Eine Forderung: „lasst Funke frei" erscheint abwegig. Immerhin führen die meisten Berichte Gründe für ein eher mildes Urteil an, insbesondere den Hinweis, dass Funke stets darauf bedacht gewesen sei, dass keine Menschen zu Schaden kommen. An der Notwendigkeit, sein Verhalten strafrechtlich zu sanktionieren, wird jedoch nicht gezweifelt. Die Juristen tun ihre Arbeit, und zu der gehört eben auch, mildernde Umstände zu berücksichtigen. Funke ist kein Freiheitskämpfer und kein Justizopfer.

Verehrt wird Funke vielmehr als „genialer Tüftler", nach der Haftentlassung gar als richtiger Intellektueller und als jemand, der seine „kriminelle Karriere" hinter sich gelassen hat. In einem *Zeit*-Interview („Zeit Leben" 34/2000) ist auch zu erfahren, dass Funke zwar viele Pläne hat, die sein Leben nach der Haft als positive Zukunftsperspektive erscheinen lassen, dass er aber auch davon ausgeht, seine Schulden nie wieder los zu werden. Gerade indem er seine Straftaten bereut, nicht davon profitiert und die Zeit, in der er als Erpresser aktiv war, negativ zeichnet, kann er den biographischen Bruch durch die Verhaftung als positive Wendung darstellen. Auf die Frage „Sind Sie froh, dass es mit der Karstadt-Erpressung nicht geklappt hat?" antwortet er:

„Das ist eine sehr schwierige Frage. Jetzt, in meiner neuen Beziehung, bin ich froh, dass es sich so entwickelt hat. Wenn ich das Geld bekommen hätte, hätte ich kein Buch geschrieben, hätte vielleicht vor mich hin gelebt. Vielleicht hat der Knast mir tatsächlich geholfen, zu mir zu finden und meine intellektuellen Fähigkeiten zu trainieren (…)"

Der Intellektuelle Funke eröffnet auch die Möglichkeit für bruchlose Solidarität. So wirbt die *taz* mit verschiedenen Prominenten (von Franka Potente über Harald Schmidt und Rudolf Augstein bis Gregor Gysi) für Abonnements, unter ihnen auch der „Autor und Ex-Erpresser", wie er in einem Kurzportrait vorgestellt wird. Dort wird noch einmal darauf verwiesen, dass Funke „akribisch" darauf geachtet habe, niemanden zu verletzen. „Nur die Polizei bekam etwas ab: viel Häme". Es wird auf mehreren Ebenen betont, dass Funke seine Karriere als Erpresser hinter sich gelassen hat: Aus dem Gefängnis wurde er „wegen guter Führung vorzeitig entlassen", arbeitet jetzt als „freier Autor und Karikaturist. Gelegentlich schreibt er für die *taz*." Am Ende steht ein Zitat Funkes: „Was würde ich in Zukunft machen, wenn es keine *taz* gäbe? Was ist, wenn mich eines Tages doch noch ein Bekannter, ein Nachbar oder meine Freundin mit einem Boulevardblatt erwischt? Mein Ruf wäre dahin." Funke hat einen guten Ruf zu verteidigen – einen Ruf als gebildete Person, die sich nicht mit einem Boulevardblatt „erwischen" lassen darf. Die zweite Ebene, welche schlechten Erfahrungen Funke mit dem Boulevard gemacht hat, wird nicht explizit. Auch die *Bild*zeitung hat das mediale Bild eines trickreichen Erpressers, der die Polizei lächerlich macht, bedient und geht mit dem Entlassenen Funke versöhnlich um. Sie konzentriert sich dabei auf das Privatleben und die möglicherweise bevorstehende Heirat (vgl. *Bild* vom 13.8.2000). Es ist wohl dieses Stochern in der Privatsphäre, was Funke stört, vor dem er sich als Prominenter schützen muss. Damit das Ganze als Werbung für die *taz* funktioniert, wird vorausgesetzt, dass die potentiellen Leser es gutheißen, einem ehemaligen Kriminellen, der jetzt jedoch einen Ruf als (die Implikation ist wohl auch: kritischer oder liberaler) Intellektueller zu verteidigen hat, offen gegenüberzutreten. Ein gehobenes Modell von Resozialisierung: Wer für die *taz* schreibt, braucht nicht nur keine Kaufhäuser mehr zu erpressen, er darf sogar öffentlich anderen erklären, wie man es im Leben richtig macht. Auch ein sehr exklusives Modell der Resozialisierung, das nur sehr wenigen Straftätern zur Verfügung stehen dürfte.

Gute Schurken müssen nicht unbedingt prominent sein. In vielen Kriminalitätsgeschichten dürfen wir mit den kleinen Ganoven zumindest die Schadenfreude teilen oder uns über die kuriose Geschichte amüsieren, die sie erzeugt haben. Der *Spiegel* bringt auffällig häufig solche Geschichten. Im Beitrag „Klau am Bau" (38/1997: 84) wird zwar skandalisiert, dass durch Diebstähle auf Baustellen jährlich Millionenschäden entstünden und die Kriminalität in diesem Bereich zunehme. Dennoch bietet er eine unterhaltsame Erzählung, wie „eine Diebesbande auf einer Hochhausbaustelle in Brandenburg einen kompletten Kran von 30 Meter Höhe demontiert, in aller Ruhe auf einen Laster geladen und abtransportiert" hat. Geschildert wird die Perspektive der Anwohner, die sich „über die fleißigen Wochenendmonteure" gewundert haben. Wie bei solchen Geschichten häufig, kommen auch die Polizeibeamten nicht gut weg, es wird geschildert, wie sie nichts Böses ahnend, einen „geklauten Sattelschlepper samt 20-Tonnen-Bagger freundlich aus der Baustelle" winken „und Diebe und Diebesgut unkontrolliert davonfahren" lassen. Trotz eindeutiger Forderungen nach besserer Kontrolle und effektiven Sanktionen, haben die Ganoven die Lacher auf ihrer Seite.

Eine andere *Spiegel*-Geschichte (unter der Überschrift „Go, captain, go", 43/1998: 212/214) handelt von „Piraten" vor der Küste Nigerias, die ein Schiff entführen und erfolgreich ein Lösegeld von der Firma Mobil Oil erpressen, für die das Schiff unterwegs ist. Hauptfigur ist der deutsche Kapitän des Schiffes. Der 60-jährige Dammalack wird als erfahrener „Seebär" geschildert, „von 1,86 und über 118 Kilogramm Kampfgewicht". Ein Foto des Zigarre rauchenden Kapitäns bringt diese imposante Statur gut zur Geltung. Eingangs wird geschildert, wie das Schiff einem vermeintlichen Notruf folgend, in eine Falle gelockt wird. Die Einheimischen entern die „Wilhaditurm" mit Kanus und Macheten: „Ihr Anführer hält dem Kapitän ein Messer in die Seite und schreit ihn an: ‚Dieses Schiff steht jetzt unter dem Kommando der Dorfbevölkerung von Sengana'. Piraten!". Der Text ist leicht als Abenteuergeschichte zu identifizieren, mit „Seebären" und „Piraten", wie in zahlreichen Filmen und Romanen. Der besondere Reiz besteht nun darin, dass diese Geschichte nicht fiktiv ist und dass sie Ende des 20. Jahrhunderts spielt. Der Konflikt wird auch nicht kriegerisch gelöst, die Piraten werden nicht besiegt, sondern kommen sogar erfolgreich mit einem Lösegeld davon. Schon im Untertitel wird erwähnt, dass Kapitän Dammalack sich „gewisser Sympathien für die Piraten nicht erwehren" könne. Er hält die Eindringlinge während der Verhandlungen mit der Ölfirma bei Laune und versorgt sie sogar mit Medikamenten. Gleichzeitig wird mehrfach betont, wie gefährlich die Situation gewesen sei: „Wenn das Geld nicht bis 16 Uhr am folgenden Tag eingetroffen ist, wollen die Kidnapper den Kapitän und seine Besatzung umbringen und das Schiff versenken. Bei allem, was man über nigerianische Piraten weiß, muss man diese Drohung ernst nehmen."

In die Abenteuergeschichte ist eine zweite Ebene eingeflochten. Die soziale Situation der Menschen im Nigerdelta: „Sieben Millionen Menschen fühlen sich vom nigerianischen Staat verraten, der aus der Ölförderung jährlich über zehn Milliarden Dollar kassiert und keinen Cent davon übrig hat für Straßen, Wasserleitungen und Schulen in der Region, aus der der ganze Reichtum kommt. Was die Regierung ihnen vorenthält, das fordern die Menschen jetzt von den Ölkonzernen. Dabei mischt sich gerechter Zorn mit krimineller Energie." Kapitän Dammalack ist kein Repräsentant der Ölkonzerne oder des nigerianischen Staates. Er erscheint als gerechter Patriarch, der mit den Aufständischen sympathisiert, weil er ihre Motive verstehen kann. Im Vergleich zur korrupten afrikanischen Regierung und den rücksichtslosen Wirtschaftsinteressen der postkolonialen westlichen Konzerne verkörpert er einen „guten" Kolonialherren, der sich um die Einheimischen aus einer Position der Überlegenheit heraus sorgt und kümmert. Die „Piraten" bleiben die unzivilisierten Wilden, die der patriarchal-kolonialen Führung bedürfen, „sie tragen Fetischbänder und Amulette, die sie gegen Schuss- und Stichverletzungen schützen sol-

len". Was passiert, wenn man die „Wilden" alleine lässt, wird am Ende des Beitrags noch einmal hervorgehoben. Der Dorfchef muss schnell zurück: „Ein Nachbardorf hat von dem Geldsegen für Sengana erfahren und rüstet jetzt zu einem Überfall."

Diese moderne Piratengeschichte zeigt prototypisch, wie die Sympathie für Straftäter, deren Handeln sich aufgrund sozialer Ungerechtigkeit rechtfertigen ließe, häufig kanalisiert wird. Man darf sich mit den Ausgebeuteten und Unterdrückten empören, indem man sich selbst in die Rolle des Ordnungsstifters phantasiert (hier durch Identifikation mit dem patriarchalen Helden Kapitän Dammalack). Diese Position der Überlegenheit ermöglicht es, sich der guten Sache anzunehmen, ohne sich auf die Seite der Gesetzesbrecher zu schlagen. So bleiben auch Geschichten über moralisch gerechtfertigte „Schurken und Gauner" in der Regel Ordnungsgeschichten.

Fazit

Wenn Nachrichten über Kriminalität vor allem unter dem Aspekt der Unterhaltung verfasst und gelesen werden, geht die etablierte Medienkritik zu dieser Frage am Thema vorbei. Es geht dann nicht um Fragen eines „getreuen" versus „sensationsheischend verzerrten" Abbildes einer wie auch immer gearteten Wirklichkeit, sondern um die Frage der impliziten Normierungen und Moralisierungen. Wenn Kriminalitätsmeldungen „Ordnung" eher bestätigen, als sie zu untergraben, geht es darum herauszufinden, welche „Ordnung" in den einzelnen Geschichten angesprochen ist, welche gesellschaftlichen und politischen Implikationen darin stecken. Es wurde deutlich, dass diese „Ordnung" sich keinesfalls in strafrechtlicher Kontrolle erschöpft, sondern vor allem die Ebene der Alltagsmoral betrifft und davon handelt, wie man sein Leben zu führen habe und wovor man sich besser in Acht nehmen soll. Diese Bedeutungen werden selten explizit gemacht und daher bei oberflächlichen, quantifizierenden Untersuchungen leicht übersehen. Sie ergeben sich, indem man die „guten Geschichten" herausarbeitet, aus denen die Nachrichten sich speisen und die sie mitkonstruieren. Diese Herangehensweise würde auch die Medienkritik (oder die Auseinandersetzung mit „Kriminalität in den Medien") davor bewahren, selber in eine moralische Haltung zu verfallen bzw. den Journalisten schlicht Versagen auf diesem Terrain vorzuwerfen.

Literatur:

Adorno, Theodor W./Max Horkheimer (1969[1947]): Dialektik der Aufklärung. Philosophische Fragmente. Frankfurt.
Brosius, Hans-Bernd/Frank Esser (1995): Eskalation durch Berichterstattung? Opladen.
Dölling, Dieter/Karl Heinz Gössel/Stanislav Heinz Waltos (1998): Kriminalberichterstattung in der Tagespresse. Rechtliche und kriminologische Probleme. Heidelberg.
Jäger, Margret et al. (1998): Von deutschen Einzeltätern und ausländischen Banden. Medien und Straftaten. Duisburg.
Koch, Ralf (1996): „Medien mögen's weiß" – Rassismus im Nachrichtengeschäft. München.
Lule, Jack (2001): Daily News, Eternal Stories. The Mythological Role of Journalism. Guilford Press, New York – London.
Reuband, Karl-Heinz (1999): „Von der Kriminalitätshysterie zur Normalität?". Neue Kriminalpolitik 4/1999, S. 16ff.
Reuband, Karl-Heinz (2000): „Kriminalität als Thema ostdeutscher Massenmedien vor und nach der Wende. Eine Analyse Dresdner Tageszeitungen 1988-1994". Kriminologisches Journal 1/2000, S. 43ff.
Stehr, Johannes (1998): Sagenhafter Alltag. Über die private Aneignung herrschender Moral. Campus, Frankfurt.

Anmerkungen

1) Die Empörung über Fehltritte von Spitzensportlern ist ein verbreitetes Thema, neben Bordellbesuchen auch übermäßiger Alkoholgenuss, Verwicklung in Schlägereien und zu schnelles Fahren.
2) In den Kriminalitätsmeldungen dieser Ausgabe haben wir z.B.: Frauenmörder (63), vier Schläger (29–37), Inder oder Pakistani (20–30), Mieterin (48), zwei Einbrecher, Autodiebe, ein Paar (26/30) aus ex-Jugoslawien, Hotelgast (22), vier englische Hooligans, Gangsterboss Cheung Tze-keung (43), Serienkiller (35).
3) Vgl. die Studien über die rassistische Etikettierung von „Ausländern" in den deutschen Medien: Jäger et al. 1998 und Koch 1996.
4) Dieses Beispiel weist einige Parallelen zu den modernen „Sagen und Alltagsmythen" auf, die Johannes Stehr (1998) als eine Variante des „öffentlichen Moralisierens" untersucht hat. Es ist eine klassische „Gefahren-Geschichte" (Rotlicht-Milieu), bei der die Übertretung herrschender Moral bestraft wird.

Schwerpunkt im Schwerpunkt:

Die Lebenslange Freiheitsstrafe

Im Rahmen des Strafsystems, mit dem sich das Komitee von Anfang an beschäftigt hat, spielt die Lebenslange Freiheitsstrafe eine Sonderrolle. Sie stellt die extreme Strafe im Rahmen des bundesdeutschen Systems dar, nachdem seit der Verabschiedung des Grundgesetzes die Todesstrafe abgeschafft ist. Hoffentlich definitiv. Ein für allemal und für alle Zeiten. Sie ist das innere Pendant des nach außen noch nicht erreichten Pazifismus. Der Tod als ein Meister in Deutschland hatte sich auch dieser Strafe in der Kapuze des Hakenkreuzes 12 Jahre lang in unsäglichem Umfang, mit unsäglicher Begründung bedient. Art. 102 GG lautet schmucklos, aber klar und eindeutig, wie es allen Regelungen des Strafsystems besonders ziemt: „Die Todesstrafe ist abgeschafft."

Die Lebenslange Freiheitsstrafe ist seither an ihre Stelle getreten. Und seither, also seit 1949 tut die herrschende Meinung der Juristen, der Politiker und auch der Bürgerinnen und Bürger so, vom Bundesverfassungsgericht windig und mit einem faulen Kompromiss bestätigt, als sei diese Lebenslange Freiheitsstrafe grundrechtens, sprich mit der Verfassung des Grundgesetzes und ihrem Grund- und Menschenrechtskatalog zu vereinbaren – von dem periodisch wiederkehrenden Verlangen der Vorurteilsbelasteten nicht zu reden, die Todesstrafe müsse wieder her.

Weil dem so ist, weil wir vom Komitee zugleich fest davon überzeugt sind und andere immer erneut davon überzeugen wollen, dass auch die Lebenslange Freiheitsstrafe fundamental gegen die Menschenrechte verstößt – wobei empirische Gründe, die ihre kostenreiche Unsinnigkeit belegen, hinzukommen –, haben wir uns früh, in der ersten Phase kulminierend in einer qualitativ trefflichen Tagung 1989, speziell gegen die Lebenslange Freiheitsstrafe gewandt. Wir haben sie mit Hilfe der dem Komitee zum größeren Teil nicht angehörenden Teilnehmenden mit Gegenargumenten so überbespickt, dass alle, die lesen und hören und testen können, was gegen sie spricht, davon überzeugt sein müssten. Das seinerzeit vorbesprochene und entschiedene im Frühjahr 1990 vom Komiteevorstand verabschiedete Manifest wider die lebenslängliche Freiheitsstrafe ist argumentativ ebenso weithin vergessen wie leider, was die facta bruta weiterhin bestehender Lebenslanger Freiheitsstrafen angeht, jugendfrisch geblieben. Wir drucken es im 1. Dokument dieses Schwerpunkts im

Schwerpunkt noch einmal zur tätigen Erinnerung in der aktualisierten Fassung ab, wie es 1994 nach der zweiten öffentlichen Anhörung zur lebenslangen und zeitigen Freiheitsstrafe veröffentlicht wurde. (Sowohl die Dokumentation der ersten Anhörung mit dem Titel „Lebenslange Freiheitsstrafe: Ihr geltendes Konzept, ihre Praxis, ihre Begründung" als auch die der zweiten „Staatliches Gewaltmonopol, bürgerliche Sicherheit, lebenslange und zeitige Freiheitsstrafe" sind noch verfügbar und können über das Sekretariat angefordert werden.)

Aus Anlass dieses Jahrbuchs und seines Schwerpunkts hat die Jahrbuchredaktion an Klaus Vack, den seinerzeitigen Initiator und Organisator einige Fragen gestellt. Diese und seine Antworten finden sich im 2. Teil. Die drei nachfolgenden kurzen Abschnitte sind teilweise der aufgezeichneten Diskussion der Tagung 1989 entnommen (das betrifft die ersten beiden Beiträge von Helga Einsele und Johannes Feest), teilweise, so der 3. Kurzbeitrag, handelt es sich um einen die 89er Tagung summierenden Artikel des österreichischen Kriminologen Arno Pilgrim. Alle drei Beiträge finden sich im Band der 89er Tagung, der durch das Manifest ergänzt 1990 in der ersten Auflage als Publikation des Komitees erschienen ist. Helga Einseles Diskussionsbeitrag – s. auch die Dokumentation ihrer Rede anlässlich einer Feier aus Anlass ihres 90sten Geburtstages im Frankfürter Römer im Jahre 2000 – diskutiert knapp das auch bei den sonstigen „Langstrafern" nur einigermaßen angemessen gelöste psychologische Gutachten- und Prognose-Problem. Johannes Feest diskutiert phantasievoll einen Vorschlag zur spezifischen Täter-Opfer-Problematik in Fällen von Mord (im Sinne des § 211 StGB) und von Totschlag, der den Opfern und ihren Angehörigen anders denn lebenslang freiheitsstrafend gerechter werden will. Die Lebenslange Freiheitsstrafe kommt den Opfern und ihren Angehörigen, die beim Strafverfahren ohnehin in der Regel eher missachtet werden, nur dem harten Schein nach entgegen. Arno Pilgrims Artikel, der leider aus Zeitgründen keinen Originalbeitrag zur Gesamtproblematik der Haft beisteuern konnte, fasst einige wichtige Merkmale und Argumente der seinerzeitigen Tagung trefflich zusammen.

P.S.: In diesem Zusammenhang möchten wir die Leserinnen und Leser unseres Jahrbuches auf eine besondere Veröffentlichung zur Lebenslangen Freiheitsstrafe aufmerksam machen. Hartmut-Michael Weber, Kriminologe in Fulda und seit Jahren Mitglied der Komitee-Projektgruppe „Wider die lebenslange Freiheitsstrafe/Haftbedingungen", hat 1999 die wohl umfassendste Analyse zu den rechtlichen Grundlagen und der Praxis der lebenslangen Freiheitsstrafe veröffentlicht. Die politisch-justiziellen Schlussfolgerungen dieser Studie werden insbesondere auch durch die Auswertung umfassender empirischer Daten zu Verhängung, Vollstreckung und Vollzug der extremen Strafform „Lebenslänglich" untermauert: *Hartmut-Michael Weber, Die Abschaffung der lebenslangen Freiheitsstrafe. Für eine Durchsetzung des Verfassungsanspruchs. 474 Seiten, Baden-Baden 1999 (Nomos).*

Das Manifest
„Wider die lebenslange Freiheitsstrafe"

Die Abschaffung der lebenslangen Freiheits- strafe und die Zurück- drängung der zeitigen Freiheitsstrafen – Auf dem Wege zu gewaltfreien Konfliktlösungen

„Man tötet nicht mehr unmittelbar den Körper, sondern man tötet – langsam aber sicher – den Geist, die Seele, den Willen, die Liebe, die Freude und die Moral. Und die unsichtbaren Waffen dafür sind Unterdrückung, Streß, Demütigung, Deprivation, Hospitalisation, Desozialisierung, Entmutigung und Hoffnungslosigkeit. Und diese Waffen sind wirksam nicht dann und wann, sondern dauernd und unablässig, jeden Tag, jede Stunde, jede Sekunde – und dies Tag für Tag, Woche für Woche, Jahr für Jahr bis hin zum Tode, nunmehr auch dem körperlichen Tod, ohne jede Hoffnung auf Besserung. Der Gefangene lebt, doch es ist nur noch ein Leben zur Strafe. Der Gefangene lebt, doch nur noch, um sein Leben lang als Strafobjekt, als Objekt der Übelzufügung zu dienen." (Günther Adler)

Vorrede

Im Grundgesetz der Bundesrepublik Deutschland ist 1949 ein menschenrechtlicher Durchbruch gelungen. Der Artikel 102 GG lautet lapidar: Die Todesstrafe ist abgeschafft.

An die Stelle der Todesstrafe ist die lebenslange Freiheitsstrafe getreten. Dieselbe muß zwingend verhängt werden, wenn der Tatbestand des § 211 StGB (Strafgesetzbuch) gemäß erkennendem Gericht gegeben ist. Dort heißt es im ersten Absatz: Der Mörder wird mit lebenslanger Freiheitsstrafe bestraft.

Das ist ein Widerspruch. Der menschenrechtliche Gewinn, den die Abschaffung der Todesstrafe bedeutete, wird durch einen „unscheinbaren" Ersatz in erheblichem Umfang zunichte gemacht. Die lebenslange Freiheitsstrafe erlaubt der bundesrepublikanischen Gesellschaft, ihrem Staat und ihren rechtsfindenden Instanzen, an der absoluten Strafe festzuhalten. Das ist inhuman. Ein Mensch mit dem Anspruch auf die Unverletzlichkeit seiner Würde und seiner Integrität, ein Bürger oder eine Bürgerin wie Du und ich, wird ein Leben lang bestraft. Ihm wird die Freiheit, das höchste Gut des Menschen, die Lebensluft, die ihn erst menschlich werden läßt, abspenstig gemacht. Das ist eine Strafe, die zu verhängen keiner menschlichen Instanz ansteht. Kein Vergehen berechtigt dazu, einen Menschen bei lebendigem Leibe zu begraben.

Gesellschaft, Gerichte, Staat, wir alle suchen verschiedene Ausflüchte, um mit dieser menschenrechtswidrigen, mit dieser menschenfeindlichen Strafe fahrlässig und unachtsam zu leben. So über das Strafen überhaupt nachgedacht wird, beruhigt sich das schlafende Gewissen mit Ausreden:

● Die lebenslange Freiheitsstrafe dauere doch meist „nur" 15 Jahre.

● Die lebenslange Freiheitsstrafe sei erforderlich, um Täter von neuen Untaten abzuschrecken.

● Im Namen der Opfer und ihrer Angehörigen seien lebenslange Freiheitsstrafen vonnöten.

● Die lebenslange Freiheitsstrafe diene doch „nur" einem etwas in die Länge gezogenen Prozeß der gesellschaftlichen Wiedereingliederung.

Mit diesen und anderen Beschwichtigungsformeln belügen wir uns und andere. Die lebenslange Freiheitsstrafe ist menschenrechtswidrig. Ohne Wenn und Aber. Sie nützt nichts und niemandem. Sie schadet nur. Sie schadet vor allem einer demokratischen Gesellschaft jenseits von Gewalt und Strafe. Sie befördert also genau die Untaten, zu deren Vermeidung sie angeblich beitragen soll. Sie schadet uns allen – von den zu lebenslänglich Verurteilten ganz zu schweigen.

Wer in der Bundesrepublik Deutschland vom demokratischen Rechtsstaat redet, muß auch von der lebenslangen Freiheitsstrafe sprechen. Sonst sollte er oder sie schweigen. Er oder sie muß sich dagegen wenden. Der demokratische Rechtsstaat der Bundesrepublik fault von seinem Kern her, solange Strafen wie die lebenslange Freiheitsstrafe an erster Stelle als Ausdruck seines Rechts verstanden, praktiziert und legitimiert werden. Die lebenslange Freiheitsstrafe ist gesetzliches Unrecht schlimmsten Maßes.

1. Konzept und Praxis der lebenslangen Freiheitsstrafe

Die von verschiedenen Seiten immer wieder vorgetragenen schwerwiegenden menschenrechtlichen Bedenken und Einwände haben dazu geführt, daß sich das Bundesverfassungsgericht in den letzten Jahren mehrfach mit der lebenslangen Freiheitsstrafe befaßte. In seiner Entscheidung von 1977 hat das Bundesverfassungsgericht behauptet, die lebenslange Freiheitsstrafe sei mit dem Grundgesetz vereinbar. Allerdings traf das Verfassungsgericht diese Feststellung, indem es voraussetzte, daß der „moderne" Strafvollzug irreparablen Persönlichkeitsschäden bei den Gefangenen entgegenwirke. Den zu lebenslanger Freiheitsstrafe Verurteilten, so das Gericht, müsse eine grundsätzliche Chance verbleiben, wieder der Freiheit teilhaftig zu werden. Diese Bedingungen sollten durch den im Strafvollzugsgesetz festgeschriebenen Resozialisierungsauftrag und den 1982 eingeführten § 57 a Strafgesetzbuch (StGB) erfüllt werden. § 57 a bestimmt, daß bei Vorliegen einer günstigen Prognose und der Einwilligung des Gefangenen eine bedingte Entlassung von Lebenslänglichen nach frühestens 15 Jahren Haft erfolgt. Es sei denn, daß „die besondere Schwere der Schuld des Verurteilten die weitere Vollstreckung gebietet".

In der Praxis findet eine „automatische" Entlassung nach 15 Jahren verbüßter Haft nicht statt: Aufgrund prognostizierter Gefährlichkeit oder einer als besonders schwer eingestuften Schuld kann die lebenslange Freiheitsstrafe nach wie vor jahrzehntelang bis zum Tod der Gefangenen vollstreckt werden. Etwa jeder sechste „Lebenslängliche" wird „tot entlassen". Die durchschnittliche Verbüßungsdauer beträgt mehr als 20 Jahre. Es gibt Fälle, in denen mehr als 30, sogar mehr als 40 Jahre verbüßt werden. Fortschritte gegenüber den früheren Verbüßungszeiten im Begnadigungsverfahren gibt es nicht.

Die Einführung des § 57 a StGB hat die Zahl der Verurteilungen erhöht. Auch wird restriktiver entlassen. Ein Vergleich der Verurteilungsquoten vor und nach Inkrafttreten des § 57 a StGB belegt diese Verschlimmerungen. So lag im Zeitraum zwischen 1982 und 1989 die durchschnittliche Verurteilungsquote um 24 % höher als zwischen 1977 und 1981, obwohl die Zahl der polizeilich erfaßten Tatverdächtigen, denen ein vollendetes Tötungsdelikt vorgeworfen wurde, um 8 % sank. Am 31. März 1991 saßen 1177 zu lebenslanger Freiheitsstrafe Verurteilte in bundesdeutschen Gefängnissen ein (alte Bundesländer). Offenbar ist mit der Einführung der gesetzlichen Aussetzung des Rests der Strafe auch die Hemmschwelle der Strafgerichte gesunken, zu lebenslanger Strafe zu verurteilen. Seitdem das Verfassungsgericht 1983 die Verbüßung bis zum Tode wegen besonderer Schwere der Schuld in Einzelfällen für verfassungsrechtlich unbedenklich erklärte, um die lebenslange Strafe nicht zu „entwerten", bürgerte sich bei den Vollstreckungsgerichten eine wesentlich restriktivere Entlassungspraxis ein. So gab es vor dieser Entscheidung des Verfassungsgerichts 61, nach ihr nur noch 37 Aussetzungen des Rests der Strafe im Jahresdurchschnitt.

1992 hat das Verfassungsgericht entschieden, daß die Strafvollstreckungsgerichte die der Schuldschwere angemessene Verbüßungsdauer festzulegen hätten. Dennoch sind nach wie vor Verbüßungen bis zum Tode möglich. So setzte im Dezember 1993 ein bundesdeutsches Strafvollstreckungsgericht für einen 1960 verurteilten „Lebenslänglichen", der wegen einer schweren Nierenerkrankung eine Lebenserwartung von höchstens fünf Jahren hatte, die schuldangemessene Verbüßungsdauer auf 50 Jahre fest. Das ist bis jetzt die höchste Verbüßungsdauer.

Gemeinsam ist fast allen zu lebenslanger Haft Verurteilten, daß sie auf der Grundlage des § 211 StGB verurteilt wurden. Dieser Paragraph stellt ein Relikt der nationalsozialistischen Gesetzgebung dar, die damals noch die Todesstrafe androhte, um den Täter „auszumerzen". Der § 211 StGB lautet:

(1) Der Mörder wird mit lebenslanger Freiheitsstrafe bestraft.

(2) Mörder ist, wer aus Mordlust, zur Befriedigung des Geschlechtstriebs, aus Habgier oder sonst aus niedrigen Beweggründen, heimtückisch oder grausam oder mit gemeingefährlichen Mitteln oder um eine andere Straftat zu ermöglichen oder zu verdecken, einen Menschen tötet.

Der § 211 StGB fällt aus der Systematik des Strafrechts heraus: Zum einen wird den Gerichten kein Spielraum bei der Strafzumessung gelassen. Wird eines der Merkmale, die „den Mörder" definieren, als gegeben angesehen, ist eine Verurteilung zu lebenslanger Freiheitsstrafe obligatorisch. Zum anderen werden keine objektiven Tatbestandsmerkmale definiert, wie dies strafrechtlich sonst üblich ist. Vielmehr wird die Täterpersönlichkeit mit Merkmalen etikettiert. Die vom Gericht erkannte „mörderische" Gesinnung ist ausschlaggebend dafür, ob eine Tat als Mord mit lebenslanger Strafe oder als Totschlag mit einer Strafe von 5 bis 15 Jahren geahndet wird. Die in § 211 StGB vorgegebene Logik führt zur Konstruktion einer „Mörderpersönlichkeit". Mit ihr werden die Beschuldigten im Strafverfahren identifiziert und als Personen moralisch ausgelöscht. Die angeklagte, der Tat überführte Person wird als „Unmensch" stigmatisiert. Dieses Stigma wird in den Medien verbreitet. Die Täter werden von nun an nicht mehr als Menschen behandelt, die einen oder gar mehrere Menschen getötet haben. Sie tragen das Kains-Mal des Mörders, das als ihr Wesen gerichtlich festgelegt worden ist. Ihr ganzer Daseinsinhalt scheint nur noch auf Töten ausgerichtet. Während der Haft haben sie ständig zu beweisen, daß sie nicht die „Monster" sind, zu denen sie durch die Verurteilung abgestempelt wurden.

Gemeinsam leiden alle zu lebenslanger Haft Verurteilten unter der Ungewißheit, wann und ob sie jemals entlassen werden. Ihre Lebensplanung
wird für mindestens 15 Jahre dem Ermessen von Vollzugsbeamten und
Strafvollstreckungsrichtern unterworfen. Ein fester, rechts- und verhaltens-
sicherer Vollzugsplan, der darauf angelegt wäre, die Inhaftierten später in
der Gesellschaft zurechtkommen zu lassen, kann schon aufgrund der Dauer
der Strafe nicht zustande kommen. Lang andauernde Haft macht es nötig,
Überlebensstrategien zu erlernen, die den Bedingungen der totalen Institution Gefängnis angemessen sind. Die Hoffnung auf ein „Leben in sozialer
Verantwortung" verdämmert in ungreifbarer Ferne. Daraus erklärt sich
auch der Schock, den zu lebenslanger Freiheitsstrafe Verurteilte nach den
ersten Wochen und Monaten in Haft erleiden. Sie erkennen, daß sie keine
Perspektive mehr haben.

2. Die Argumente des Bundesverfassungsgerichts

Das Verfassungsgericht argumentiert widersprüchlich. In seiner Entscheidung zur lebenslangen Freiheitsstrafe von 1977 interpretierte es die
Gutachten, die den Haftschäden bei Langzeitgefangenen galten, zum
Nachteil der Gefangenen. Dennoch stellte das Gericht fest, daß die lebenslange Vollstreckung der lebenslangen Freiheitsstrafe die Menschenwürde
verletzen und die Persönlichkeit deformieren könne.

In den für die Entscheidung von 1977 eingeholten Gutachten konnte eine
abschreckende Wirkung der lebenslangen Freiheitsstrafe auf potentielle
Täter nicht festgestellt werden. Das Bundesverfassungsgericht mußte einräumen, daß sich „verbrechensmindernde Wirkungen aus einer bestimmten
Strafandrohung in der Praxis überhaupt nicht meßbar nachweisen lassen".

Das Verfassungsgericht hält seit 1977 dennoch die Verbüßung der
lebenslangen Strafe bis zum Tode wegen „fortdauernder Gefährlichkeit"
für verfassungsrechtlich vertretbar. Es ignoriert dabei, daß die einschlägige Rückfallquote (bei den wegen Mordes oder Totschlags Verurteilten
unter 1,5 %) zu den niedrigsten bekannten Rückfallquoten gehört. Eine
lebenslange Einsperrung aus Sicherheitsgründen ist nicht zu rechtfertigen.

Das höchste Gericht kam trotz dieses eindeutigen Befundes zu dem
Ergebnis, daß die lebenslange Freiheitsstrafe mit dem verfassungsrechtlichen Gebot des sinn- und maßvollen Strafens vereinbar sei. Es unterstellte, „daß die Androhung und Verhängung der lebenslangen Freiheitsstrafe
für den Rang von Bedeutung ist, den das allgemeine Rechtsbewußtsein
dem menschlichen Leben beimißt". Selbst wenn man indes eine solche
umstrittene und nicht belegbare Wirkung des Strafrechts annähme, wäre es
ausreichend, vorsätzliche Tötungsdelikte mit der gesetzlichen Höchststra-
fe zu ahnden. Das Verfassungsgericht gibt keinen Grund dafür an, warum

dies die lebenslange Freiheitsstrafe sein muß. Es widerspricht sich vielmehr selbst. An anderer Stelle führt es aus, daß „um des Bestandes der Rechtsordnung willen der Täter nicht zum bloßen Objekt der Verbrechensbekämpfung unter Verletzung seines verfassungsrechtlich geschützten Wert- und Achtungsanspruchs" gemacht werden dürfe.

In seiner Entscheidung von 1992 setzte sich das Bundesverfassungsgericht mit dem Problem auseinander, daß nicht die Schwurgerichte die Schwere der Schuld festlegen durften. Erst viele Jahre nach der Verurteilung nahmen die für die Verbüßung zuständigen Strafvollstreckungsgerichte eine Schuldgewichtung vor. Sie legten entsprechende Verbüßungsdauern fest. Das Bundesverfassungsgericht kam zu der Entscheidung, daß das zu lebenslanger Freiheitsstrafe verurteilende Gericht die Schuld gewichten und damit eine Vorgabe für die voraussichtliche Vollstreckungsdauer machen müsse – ohne diese allerdings in Jahren zu bemessen. Wie lange ein zu lebenslanger Haft Verurteilter seine Schuld abbüßen muß, wird weiterhin erst nach vielen Jahren vom zuständigen Vollstreckungsgericht festgelegt.

Mit der Entscheidung von 1992 hat das Bundesverfassungsgericht zwar definitiv festgestellt, daß auch bei als Mord gewerteten Tötungsdelikten die Schuld „gemessen" und in eine zeitige Freiheitsstrafe umgewandelt werden kann. Es hat aber den Schwurgerichten verweigert, in eigener Zuständigkeit und wie bei allen anderen Tatbeständen üblich, eine zeitige Strafe auszusprechen. Bei der Verurteilung wegen Mordes bleibt die lebenslange Freiheitsstrafe obligatorisch.

Trotz verfassungsrechtlicher Bedenken ermöglicht das Bundesverfassungsgericht weiter die Vollstreckung der lebenslangen Freiheitsstrafe bis zum Tode, wenn dies aufgrund der besonderen Schwere der Schuld oder aufgrund einer ungünstigen Gefährlichkeitsprognose geboten erscheint. Andererseits schwächte das Verfassungsgericht seine Auffassung ab, die lebenslange Strafe sei mit der Menschenwürde vereinbar. Es bemerkte schon 1977, was „der Würde des Menschen entspricht", könne „nur auf dem jetzigen Stand der Erkenntnis beruhen und keinen Anspruch auf zeitlose Gültigkeit erheben". Der Stand der Erkenntnis ist heute freilich ein anderer, als ihn das Verfassungsgericht noch zugrunde legt.

Die lebenslange Freiheitsstrafe ist begründetermaßen nur noch ein Fossil aus der Frühzeit des bürgerlichen Staates. So erstaunt es auch nicht, daß der Vizepräsident des Bundesverfassungsgerichts, Mahrenholz, sich im Januar 1994 dafür ausgesprochen hat, die lebenslange Freiheitsstrafe zugunsten einer Freiheitsstrafe von 15 Jahren abzuschaffen. Er begründete diesen Vorschlag damit, daß eine zeitlich begrenzte Freiheitsstrafe ehrlicher, humaner und angesichts des aufwendigen Entlassungsverfahrens bei zu lebenslanger Freiheitsstrafe Verurteilten auch sehr viel kostengünstiger sei.

3. Die lebenslange Freiheitsstrafe verstößt gegen Grund- und Menschenrechte

Das Grundgesetz garantiert die Unantastbarkeit der Würde des Menschen, das Recht auf die freie Entfaltung der Persönlichkeit und die körperliche Unversehrtheit. Das Recht auf Achtung der Menschenwürde ist unantastbar. Soweit Einschränkungen der übrigen Grundrechte vorgenommen werden, dürfen diese nur aufgrund von Gesetzen erfolgen. Der Wesensgehalt der Grundrechte darf auf keinen Fall angetastet werden. Ausdrücklich verboten sind die körperliche und seelische Mißhandlung von Gefangenen sowie die mehrfache Bestrafung für dieselbe Tat.

Mit der Würde des Menschen ist es deshalb nicht vereinbar, Menschen nach dem „Mörder"paragraphen 211 StGB zu verurteilen. Er entbehrt aller Kriterien, die von einer strafrechtlichen Norm zu fordern sind: Klarheit, Eindeutigkeit, Angemessenheit, grundrechtliche Konformität. Er stellt keine objektiven Kriterien bereit, die den Unrechtsgehalt der Tat erfassen ließen. Er gibt stattdessen menschenverachtende, weit auslegbare Interpretationen von Gesinnungen und Motiven vor, die Mord und Totschlag nur willkürlich voneinander abgrenzen lassen. Wer aufgrund des § 211 StGB wegen Mordes verurteilt wird, wird zur abnormen Mörderpersönlichkeit abgestempelt.

Der Mensch ist physisch und psychisch darauf angewiesen, in einer vielfältigen Wirklichkeit zu leben. Nur im ständigen Austausch mit anderen Personen, nur wenn er frei ist, so oder anders zu handeln, kann er sich erfahren, bestätigen, in Frage stellen und entwickeln. Die zeitige, aber erst recht die lebenslange Gefängnisstrafe greift in Grundrechte tief ein, ja schneidet sie ab. Das Gefängnis ist eine künstliche soziale Welt. Diese „Welt" besteht aus Zellen und Sicherheitsvorkehrungen. Das Gefängnis reduziert den alltäglichen Umgang auf die Zwangsgemeinschaft der Gefangenen und das mit der Strafvollstreckung und Überwachung beauftragte Personal. Die totale Institution Haftanstalt ist asozial. Sie ist darauf angelegt, „normale" psychische Bedürfnisse und „normales" Verhalten zu zerstören. In dieser Institution können keine Erfahrungen mit den Anforderungen eines eigenverantwortlichen Lebens nach der Entlassung gemacht werden. Die Gefangenen können zu den im Strafvollzug beschäftigten Bediensteten, Sozialarbeitern oder Psychologen kaum Vertrauen gewinnen. Denn sie unterstehen ihrer Kontrolle. Sie sind ihren Entscheidungen ausgeliefert. Sie müssen damit rechnen, daß alles, was sie ihnen anvertrauen, gegen sie verwendet werden kann, z.B. in Stellungnahmen und Gutachten, die die Entscheidung über den Termin ihrer Entlassung beeinflussen.

Das Zusammensein mit Angehörigen wird auf wenige Stunden Besuch im Monat reduziert. Es unterliegt verschiedenen Formen von Überwachung. Die Gefangenen leiden wie ihre Lebenspartner/innen unter dem Entzug von Intimität und Zärtlichkeit. Die Angehörigen von Gefangenen fallen meistens materieller Not und sozialer Diskriminierung anheim oder sind von ihnen bedroht. Sie sind mitbestraft. Sie leiden unter der Abwesenheit und dem Eingesperrtsein der ihnen nahestehenden Gefangenen. Unter diesen Belastungen zerbrechen viele Ehen und Freundschaften. Damit wird für viele Langzeitgefangene die letzte Verbindung zur Außenwelt zerstört. Das Strafvollzugsgesetz regelt mit einer Fülle von weit auslegbaren Kann-Bestimmungen, wie mit den existentiellen Bedürfnissen der Gefangenen verfahren wird. Aufgrund des steilen Machtgefälles zwischen den Gefangenen und den Bediensteten wird unvermeidlich willkürlich entschieden. Die mögliche (Nicht-)Gewährung von längeren Besuchen, von Ausgang und Urlaub aus der Haftanstalt wird dazu mißbraucht, die Gefangenen zusätzlich zu disziplinieren. Die Ungewißheit des Entlassungszeitpunktes (nach der Hälfte, Zweidritteln oder voller Verbüßung der Strafe, bei den Lebenslänglichen nach 15 Jahren, später oder nie) und ihre außergewöhnliche Abhängigkeit vom Wohlwollen der Vollzugsbehörde setzt die Gefangenen einem zusätzlichen Anpassungsdruck aus.

„Behandlung" im Strafvollzug erschöpft sich darin, die Gefangenen der Anstaltsordnung und der Zwangsarbeit zu unterwerfen. Die geringe Bezahlung der Zwangsarbeit (etwa DM 120,-- im Monat) entwertet die Arbeit und die Person des Gefangenen zusätzlich. Reformen können zwar die Situation der Gefangenen im einzelnen verbessern, aber die durch die Haft verursachten Schädigungen nicht verhindern. Den grundsätzlich desozialisierenden Charakter des Gefängnisses kann keine Reform aufheben. Alles geschönte Reden von „Behandlung" oder „Resozialisierung" erscheint zynisch in Anbetracht dessen, daß zwangsbehandelt, desozialisiert und Schaden zugefügt wird.

Lang dauernde Gefängnisstrafen widersprechen dem Recht auf körperliche Unversehrtheit und der freien Entfaltung der Persönlichkeit. Der Mensch, ummauert, wird zum Gefängnismenschen. Das Gefängnis beschädigt, ja vernichtet psychische, soziale und wirtschaftliche Existenz. Der vom Bundesverfassungsgericht so hoch angesetzte Wert des menschlichen Lebens erschöpft sich für Langzeitgefangene oft genug darin, ihre physische Existenz zu erhalten. Selbst diese wird erheblich geschädigt.

Die Entlassung der zu lebenslanger Haft Verurteilten hängt zusätzlich von Gutachten über ihre mögliche Gefährlichkeit ab. Die Unzuverlässigkeit solcher Gefährlichkeitsprognosen ist wissenschaftlich erwiesen. Kein noch so kompetenter Experte kann, und verfügte er über die besten Methoden, sein eigenes Verhalten und das anderer Menschen, ohne die künftigen Umstände zu kennen, „gesichert" prognostizieren. Die Gutachter, die dies tun oder zu tun angehalten werden, täuschen sich und andere. „Gefährlich-

keit" kann einer Person nicht als Eigenschaft ihrer „Natur" zugeschrieben werden. Konkrete Situationen tragen ganz wesentlich dazu bei, ob in der Sozialisation angelegte Möglichkeiten aktualisiert oder verhindert werden. Der einzelne allein trägt dafür nicht die Verantwortung. Daher wäre es notwendig, daß ehemalige Täter lernen, solche Situationen rechtzeitig zu erkennen und ihnen aus dem Weg zu gehen, oder fähig werden, auf Konfliktsituationen zu reagieren, ohne „auszurasten". Auf dem Altar der Gefährlichkeitsprognose werden also eindeutig Menschenrechte und Menschenwürde, Freiheits- und Persönlichkeitsrechte geopfert. Wissenschaft wird mißbraucht und gerät zur Pseudowissenschaft. Wenn außerdem die Kriterien der Sachverständigen zur Beurteilung der Gefährlichkeit dieselben sind wie die, die das erkennende Gericht seiner Schuld- und Strafzumessung zugrunde gelegt hat, dann verstoßen die Gefährlichkeitsgutachten gegen das im Grundgesetz verankerte Verbot der Mehrfachbestrafung.

Die Beschränkungen und Beschädigungen, die der Strafvollzug den Insassen und ihren Angehörigen zumutet, begründen nicht allein das menschenrechtliche Verdikt über die lebenslange Freiheitsstrafe. Es ist zu prüfen, ob das verfassungsrechtliche Gebot des sinn- und maßvollen Strafens überhaupt mit der Freiheitsstrafe vereinbar ist. Ist die Androhung und Vollstreckung von Freiheitsstrafen erforderlich, um die Opfer von Straftaten zu rehabilitieren? Ist sie erforderlich zum Schutz der Gesellschaft vor Gewaltverbrechen?

4. Freiheitsstrafe, erst recht die lebenslange Strafe nützt den Opfern nicht

Für die Opfer, ihre Angehörigen und Hinterbliebenen kommt das Strafrecht immer zu spät. Die Gewalttat ist geschehen und nicht wieder rückgängig zu machen. Langjährige Erfahrungen aus der Arbeit in der Opferhilfe und Befragungen von Opfern und/oder ihren Angehörigen haben ergeben, daß diese vor allen Dingen das Bedürfnis nach körperlicher, seelischer und materieller Rehabilitation haben. Sie wollen in ihrem Leid angenommen und dabei unterstützt werden, über dasselbe hinwegzukommen. Die Vereinsamung im Leiden stellt keine geringe Gefahr dar. Den Opfern und/oder ihren Angehörigen liegt nicht in erster Linie daran, den Täter zu bestrafen, sondern daran, daß er zur Verantwortung gezogen wird. Und es ist ihnen wichtig, daß sich eine solche Tat nicht wiederholt.

Diesen Bedürfnissen wird das Strafverfahren nicht gerecht. Der Strafprozeß ist kein Ort für den Ausdruck von Leid, Schmerz und Verlust. Die primären Bedürfnisse der Opfer, das Leid zu bewältigen und die durch die Tat erfahrene Ohnmacht wieder zu überwinden, werden für die staatlichen Strafzwecke ausgebeutet. Um den menschenrechtlichen Interessen der Opfer und/oder deren Angehörigen gerecht zu werden, muß unabhängig vom Strafverfahren angesetzt werden. Bislang wird im Strafverfahren die traumatische Tat wiederholt. Opfer und ihre Angehörigen werden zum zweiten Male Opfer. Der Strafprozeß sieht für die Opfer und ihre Angehörigen nur die Rollen als Zeugen und Nebenkläger vor. Die polizeiliche Vernehmung verstärkt das Leid. Dem Opfer als Zeugen schlägt aufgrund der Unschuldsvermutung für den Täter zusätzlich Mißtrauen entgegen. Der Beschuldigte hat sich zudem nicht gegenüber dem Opfer und seinen Angehörigen zu verantworten, sondern gegenüber der Staatsgewalt. In dieser Situation macht er in der Regel von seinem Recht Gebrauch, sich zu verteidigen, sich auf jede erdenkliche Art und Weise zu entschuldigen, indem er z.B. die Tat leugnet, dem Opfer die Schuld gibt oder sich auf seine Unzurechnungsfähigkeit beruft. Solche Verteidigungsstrategien verhindern, daß ein Beschuldigter die Verantwortung für seine Tat übernimmt und Möglichkeiten gefunden werden, wie er den Geschädigten Genugtuung leisten könnte. Als einzige Genugtuung bietet das Strafverfahren den Schuldspruch. Wird zu einer hohen Freiheitsstrafe verurteilt, ist diese Genugtuung teuer erkauft: Der Verurteilte sitzt selbst dann noch lange Zeit hinter Gittern, wenn für das Opfer und seine Angehörigen das Bedürfnis nach einer strafrechtlich gewährleisteten Sühne längst erschöpft ist.

5. Lebenslange Freiheitsstrafe hat keine präventive Wirkung

Einen Schutz der Bürger/innen vor Straftaten erhofft man sich dadurch, daß die Freiheitsstrafen abschreckend wirken. Verurteilte Täter sollen von weiteren Gesetzesbrüchen abgehalten werden. Potentielle Täter sollen von vornherein abgeschreckt werden. Die Androhung und tatsächliche Vollstreckung von Freiheitsstrafen sollen das Vertrauen in die Rechtsordnung stärken. Die Geltung ihrer Normen soll bekräftigt werden. Strafen sollen also die „Rechtstreue" der Bevölkerung positiv beeinflussen.

Ein Mensch, der einer Straftat für schuldig befunden und verurteilt worden ist, kann selbstverständlich durch Inhaftierung daran gehindert werden, außerhalb der Strafanstalt neue Taten zu begehen. Der Preis eines solchen Sicherheitsverschlusses eines Menschen ist jedoch unerträglich hoch. Es wird unterstellt, wer einmal straffällig geworden sei, werde erneut straffällig werden. Nimmt man diese Annahme ernst, dann dürfte einer, der einmal straffällig geworden ist, nie wieder auf freien Fuß gesetzt werden, es sei denn, man nähme an, die Strafanstalt tilge „das Böse im Menschen" und hinterlasse nur noch einen „guten" Menschen. Diese Annahme ist jedoch ebenso haltlos wie die Annahme eines „geborenen" Verbrechers.

An der Äußerung des Anstaltsleiters eines hochgesicherten Gefängnisses läßt sich das Problem der Voraussage konkretisieren. Er meinte, nur ca. 5 % „seiner" Gefangenen seien gefährlich. Man wisse nur nicht, um wen es sich bei diesen 5 % handele. 95 % der Gefangenen dieser Anstalt bräuchten also eine solche Inhaftierung wegen angeblicher „Gefährlichkeit" nicht.

Auch Prävention, um Rückfälle zu verhindern, kann das Gefängnis nicht leisten. Vielmehr produziert es das Gegenteil von dem, was es vorgibt. Denn es beschneidet gewaltsam die Menschenwürde, die Freiheits- und die Persönlichkeitsrechte. Es macht abhängig, hilflos und führt zur Selbstverachtung. Manche Gefangene haben sich noch einen Rest an Selbstachtung bewahrt und versuchen, auf legalem Wege die erlittenen Demütigungen wettzumachen. Rechtsbeschwerden bleiben aber wegen der vielen „Gummibestimmungen" des Strafvollzugsgesetzes meist ohne Erfolg. Nicht selten lernt der Gefangene gerade hier, daß Machtmißbrauch obsiegt, wenn die Gefängnisbehörden Gerichtsentscheidungen zugunsten des Gefangenen mißachten. Summa summarum: Durch die Gefängnisstrafe werden eher neue Risiken geschaffen. Der durch lange Inhaftierung Geschädigte wird möglicherweise nach seiner Entlassung die ihm zugefügte Gewalt in die Gesellschaft zurücktragen.

Eine abschreckende Wirkung auf andere potentielle Täter durch lange Freiheitsstrafen, vor allem durch die lebenslange Strafe, ist nicht nachweisbar. Untersuchungen ergaben, daß sowohl eine zu erwartende Freiheitsstrafe als auch deren Höhe in den meisten Fällen nicht abschrecken. Bei langen und sehr langen Freiheitsstrafen wird überhaupt nicht mehr nach der Strafschwere differenziert. Dagegen werden Entdeckungsrisiko, Strafgewißheit und vor allem informelle Sanktionen aus dem Verwandten- und Freundeskreis als Faktoren genannt, die abschrecken. Aber selbst diesen Faktoren billigt die einschlägige Forschung nur eine sehr schwache Wirksamkeit zu.

Gerade Tötungsdelikte entstehen in der Regel aus Konfliktsituationen heraus, in denen eine rationale Abwägung möglicher strafrechtlicher Folgen keine Rolle spielt. Der vielfach behauptete positive Effekt der Freiheitsstrafe auf die Rechtstreue der Bevölkerung läßt sich empirisch nicht bestätigen. Neuere Analysen der Wirkungen des Strafrechtssystems kommen übereinstimmend zu dem Ergebnis: Was immer man mit den Delinquenten tut, hat keinen Einfluß auf Art und Umfang der Kriminalität in der Gesamtgesellschaft.

6. Die tieferen, im Bürger und vor allem im Staat sitzenden Gründe der Freiheitsstrafe

Angesichts der schweren Eingriffe in die Grundrechte, die durch den Vollzug von Freiheitsstrafen vorgenommen werden, ist zu fragen, warum die verantwortlichen Gesetzgeber und Gesetzanwender sich auf Vorurteile und Alltagsvorstellungen über die Wirkung von Strafen berufen, widersprechende Erfahrungen und Forschungsergebnisse aber ignorieren. Welche tieferen Gründe gibt es, am System der Freiheitsstrafen wie an einem Dogma festzuhalten?

Polizei und Strafgerichtsbarkeit sind Einrichtungen des staatlichen Gewaltmonopols, die die Bürger/innen vor Gefahren durch gesetzeswidrige Verhaltensweisen schützen sollen. Tatsächlich wird aber nur ein geringer Bruchteil aller kriminalisierbaren Handlungen erfaßt. Davon wird nur ein wiederum sehr geringer Bruchteil strafrechtlich geahndet. Das heißt, die Bürger/innen, die tatsächlich mit gesetzeswidrigen Verhaltensweisen konfrontiert werden, versprechen sich in den seltensten Fällen etwas davon, die Instanzen des staatlichen Gewaltmonopols einzuschalten. Gleichzeitig setzen die Bürger/innen ihre ganze Hoffnung auf Strafgesetzgebung und Strafverfolgung, wenn es um ihren Schutz vor Gewaltkriminalität geht. Die Ideologie vom Nutzen staatlichen Strafens wird von den politischen Autoritäten propagiert und durch die Kriminalitätsdarstellung in den Medien immer wieder bestätigt. Kriminalität wird in der Berichterstattung nur als individuelles Problem vermittelt; Möglichkeiten, sie in ihrem sozialen Zusammenhang zu begreifen, werden nicht geboten. Durch die überproportional häufige und oft reißerische Darstellung von Gewaltdelikten wird Kriminalitätsangst erzeugt und gesteigert. Im gleichen Zuge wird als „Heilmittel" propagiert, Kontrollmaßnahmen gegen „Abweichende" anzuwenden.

Mit der Verurteilung der gefaßten Täter wird die Funktionstüchtigkeit des staatlichen Gewaltmonopols exemplarisch demonstriert und legitimiert. Der damit verbundene Ausbau staatlicher Kontrollmacht bedroht die Freiheitsrechte der Bürger/innen, ohne sie vor Gewalt schützen zu können.

Strafurteil und Strafvollzug lassen sich unter diesem Blickwinkel vor allem als rituelle Opferhandlungen verstehen. Die Verurteilten werden dazu benutzt, das staatliche Gewaltmonopol aufzuwerten. Dabei signalisiert die extreme Strafandrohung der lebenslangen Freiheitsstrafe, daß der Staat letztlich ein absolutes Verfügungsrecht über seine Bürger/innen hat. Die Abstempelung als „Mörder" erlaubt es, auf diesen alle erdenklich negativen Eigenschaften zu projizieren und ihn zu dämonisieren. Die Allgemeinheit profitiert dabei von der Illusion eigener Vortrefflichkeit.

Die breite Akzeptanz strafrechtlicher Gewalt verweist auf ein hohes Ausmaß von Angst und Bedrohungsgefühlen in der Bevölkerung, aber auch auf tieferliegende Bedürfnisse der Bürger/innen, die durch die Strafjustiz und ihre Darstellung in den Medien befriedigt werden. Für die Strafe heischenden Bürger/innen gilt die vorbewußte Devise: „Fürchte deinen Nächsten wie dich selbst!" Dieses geheime Motto erklärt den genannten Vorgang der Projektion, die Suche nach dem Sündenbock. Der staatliche Strafanspruch und das Strafurteil aber sind hervorragend geeignet, zum einen von anderen gesellschaftlichen Problemen und deren selbstverschuldeter Nichtlösung abzulenken. Zum anderen lassen sie sich trefflich dazu gebrauchen, die „Massen" zu mobilisieren, ohne die ihr angehörenden Bürger/innen ernst zu nehmen.

7. Auf dem Weg zu gewaltfreien Konfliktlösungen – Eine Zusammenfassung aus menschenrechtlich-demokratischer Sicht

Zum ersten: Kein stichhaltiges Argument spricht dafür, die lebenslange Freiheitsstrafe beizubehalten. Alle Gründe sprechen gegen sie. Vor allem zeigt die Erfahrung, wie sich die lebenslange Freiheitsstrafe auswirkt: Sie zerstört die Lebenschancen der Täter. Sie bleibt ohne Nutzen für die Opfer und ihre Angehörigen. Sie schützt die Gesellschaft nicht. Sie schreckt andere Täter nicht ab. Sie fußt auf der falschen Annahme, schlimme Taten entsprächen dem Wesen der Täter und seien nicht auf gesellschaftliche Fehler zurückzuführen. Alle wissenschaftlichen Untersuchungen, die methodisch sauber verfahren, belegen, daß die lebenslange Freiheitsstrafe nur Kosten aller Art erzeugt und keinen Nutzen erbringt. Die Versuche, den Umgang mit Personen, die zu lebenslanger Freiheitsstrafe verurteilt worden sind, wissenschaftlich zu fundieren, sind alle gescheitert und zum Scheitern verurteilt. Kein ernstzunehmender Wissenschaftler kann das zukünftige Verhalten einer Person beurteilen. Auch nicht der eigenen. Belegt ist allein, daß ein extrem geringer Prozentsatz von Menschen, die andere umgebracht haben, rückfällig wird – und dies meist aus Gründen, die von der lebenslangen Freiheitsstrafe mitbewirkt werden. Dieser Prozentsatz ist geringer als der Anteil derjenigen, die mitten aus der „normalen" Gesellschaft heraus andere gewalttätig bedrohen. Es bleibt festzuhalten: Nichts spricht für, alles spricht gegen die lebenslange Freiheitsstrafe.

Zum zweiten: Der „Mörder"-Paragraph 211 StGB, aufgrund dessen in aller Regel zu lebenslanger Freiheitsstrafe verurteilt wird, widerspricht in Herkunft, Form und Inhalt allen Anforderungen eines demokratischen Rechtsstaats. Er ist verfassungswidrig. Die anders lautenden Karlsruher Urteile sind insofern verfassungssystematisch unzureichend, ja falsch.

Der Paragraph 211 StGB besitzt eine nationalsozialistische Entstehungsurkunde als Führerbefehl (der seinerzeit als „Recht" erkannt worden ist). Die Form des tiefbraunen Paragraphen entspricht seinem Entstehungsinteresse. Diese Form ist form-, sprich kriterienlos. Sie verlegt den „Tatbestand" in die vom Gericht auszulotende „Gesinnung" des Täters. Deshalb ermöglicht sie eine „unbegrenzte Auslegung". Zugleich wird entgegen dem Eckpfeilerartikel des Grundgesetzes, „Die Würde des Menschen ist unantastbar" (Art. 1 GG), die Würde schon des aufgrund von § 211 StGB angeklagten Menschen wesenhaft und dauerhaft verletzt, ja aufgehoben. Der Inhalt des § 211 StGB ist nicht nur verfassungswidrig. Er widerspricht jedem selbst vordemokratischen Begriff des Rechtsstaats. Dieser Inhalt ist keine klare Feststellung darüber, daß dann, wenn bestimmte, präzise beschriebene Taten begangen werden, entsprechende Straffolgen zu gewärtigen sind. Der Inhalt des § 211 StGB ist vielmehr eine Gallertmasse, die aller mißbräuchlichen Interpretation Tür und Tor öffnet.

Zum dritten: Es geht um die Minimierung von Gewalt zwischen Menschen – diese Aufgabe rechtfertigt staatliche Gewalt in menschenrechtlich-demokratischer Hinsicht allein. Nur dann ist das staatliche Monopol physischer Gewaltsamkeit legitim. Nehmen staatliche Institutionen gewaltenteilig als Legislative, Exekutive und Judikative diese Aufgabe ernst, dann kommt es entscheidend darauf an, daß staatliche Gewalt so dosiert und so behutsam wie irgend möglich eingesetzt wird. Nur dann verstärkt staatliche Gewalt nicht in einer Gesellschaft vorhandene Aggressionen. Nur dann trägt sie dazu bei, Aggressionen abzubauen und den friedlichen Austrag von Konflikten zu befördern.

Unter dieser Perspektive kann zwar der demokratische Staat auf Strafansprüche nicht gänzlich verzichten. Strafen sind jedoch nur als äußerstes Mittel angezeigt. Insbesondere Freiheitsstrafen sind quantitativ und qualitativ auf ein immer erneut begründungspflichtiges Minimum zu beschränken. Für dieses staatliche Verhalten sprechen nicht nur menschenrechtlich-normative Gründe. Dafür spricht vor allem die eindeutige, wissenschaftlich belegbare Erfahrung über die Mittel und Wege, die Gewalt zwischen Menschen einer Gesellschaft befördern oder verringern.

Das heißt aber: Nicht derjenige demokratische Staat ist der stärkste, der die härtesten Strafen ausspricht und vollzieht. Im Gegenteil. Er ist am schwächsten. Am stärksten ist der Staat, der Umstände zu schaffen vermag, die gewaltförmige Konflikte abbauen lassen. Dort aber, wo Strafe nicht zu vermeiden ist, ist sie auf ein Minimum zu beschränken.

Zum vierten: Grund-, menschenrechtlich und demokratisch sind folgende Konsequenzen nicht abzuweisen:

● Der § 211 StGB ist ersatzlos zu streichen.
● Die lebenslange Freiheitsstrafe ist ersatzlos aufzuheben. Entsprechend ist Art. 102 GG zu ergänzen.
● Das Gefüge der Freiheitsstrafen ist insgesamt neu zu bedenken. Die „resozialisierende" Wirkung von Freiheitsstrafen ist prinzipiell fragwürdig. Freiheitsstrafen, die länger als 10 Jahre vollstreckt werden, bieten dem Betroffenen kaum noch eine Perspektive, sie beschädigen seine Persönlichkeit, seine sozialen Fähigkeiten und Beziehungen sowie seine ökonomischen Ressourcen in unerträglicher Weise. Deshalb sind Freiheitsstrafen, deren Dauer 10 Jahre überschreitet, unhaltbar.
● Die Formen der Strafe sind qualitativ zu verändern. Auch dort, wo die Freiheitsstrafen begründet belassen werden, muß das Ziel der Wiedereingliederung in die Gesellschaft im Mittelpunkt des Vollzuges stehen. Zugleich kommt es darauf an, Formen der sofortigen und unbürokratischen Opferhilfe und des Täter-Opfer-Ausgleichs zu befördern.

Damit solche dringenden Änderungen möglich werden, ist es vonnöten und demokratisch geboten, eine breite öffentliche Diskussion über den Sinn und die Grenzen des Strafens in Gang zu setzen. Die Ängste der Bürger/innen sind ernstzunehmen. Gerade darum aber ist es erforderlich, sie nicht mit falschen Strafkeulen wider andere Menschen ersatzzubefriedigen.

In jedem Fall bleibt festzuhalten: Die lebenslange Freiheitsstrafe ist mit den Grund- und Menschenrechten nicht vereinbar.

Klaus Vack

Der harte Stein Lebenslange Freiheitsstrafe

Vorrede der Redaktion

Die Jahrbuchredaktion hat anlässlich des diesjährigen Schwerpunktthemas drei Fragen an Klaus Vack gerichtet, der als Sekretär des Komitees lange Koordinator der Arbeitsgruppe Lebenslange Freiheitsstrafe und Mitglied der Jahrbuchredaktion gewesen ist. Dieser Beitrag hat nicht die Form einer gleichrangigen Hin- und Her-Unterhaltung. Klaus soll vielmehr mit durchaus länglichen Ausführungen zu drei wichtigen, aufeinander bezogenen Fragen „aus der Reserve gelockt werden". Uns kommt es auf die Klärung der drei Fragen primär an (und wir nehmen an und hoffen, auch unseren Lesenden). Die Fragen ergaben sich für uns unter anderem aus der aktuellen Lektüre der ersten großen Komiteebroschüre von 1990 „Wider die lebenslange Freiheitsstrafe", die hauptsächlich eine gleichnamige Tagung vom Herbst 1989 wiedergibt. Wir setzen den prinzipiellen Widerspruch gegen die Lebenslange Freiheitsstrafe voraus. Andere Aspekte, wie zum Beispiel die mitentscheidende Frage, wie den Opfern und den Angehörigen der Opfer genügt werden könne, haben wir u.a. an anderer Stelle behandelt (siehe die kleine komiteeliche Schrift „Strafrechtliche Gewalt überwinden! – Indem Opfern geholfen, Konflikte ausgeglichen und Schäden, soweit möglich, behoben werden", Köln 1998).

Die Jahrbuchredaktion

Frage: Das Komitee für Grundrechte und Demokratie hat 1989 ein wichtiges Symposion: „Wider die lebenslange Freiheitsstrafe" in der Begegnungsstätte Kloster Höchst im Odenwald organisiert. Dieses, selbst unter den üblichen reputierlichen Kriterien – die wir ansonsten nicht teilen –, hochrangig besetzte Symposion – eine gegenwärtig amtierende Ministerin, ein Verfassungsrichter, diverse Strafrechtslehrer, Kriminologen und last but not least fünf zu lebenslanger Freiheitsstrafe Verurteilte, die sei-nerzeit noch alle inhaftiert waren – war sich einig in der eindeutigen Ablehnung der Lebenslangen Freiheitsstrafe. Unbeschadet mancher sonstiger Differenzen.

In der Vorbemerkung einer 1990 veröffentlichten Broschüre (Komitee für Grundrechte und Demokratie, Wider die lebenslange Freiheitsstrafe – Erfahrungen, Analysen, Konsequenzen aus menschenrechtlicher Sicht, Sensbachtal, 2. Aufl. 1992), die von den Beiträgen und Diskussionen der in Höchst Teilnehmenden „lebte", heißt es einleitend: dass diese Tagung „der weitgehend verstummten Diskussion um die Lebenslange Freiheitsstrafe neue Impulse" gegeben habe.

Betrachtet man die Situation im Jahre 2002, also ein Dutzend Jahre später, kann davon nicht mehr die Rede sein. Im Gegenteil. Eine Diskussion über den Sinn, vielmehr den humanen Unsinn der LL (= der Lebenslangen Freiheitsstrafe) gibt es nicht mehr. Die Abolitionisten des Systems der Freiheitsstrafen im allgemeinen und der Lebenslangen Freiheitsstrafe im besonderen – das gilt nicht in gleicher Weise für den Sonderfall der Todesstrafe in den USA –, immer schon minderheitlich, sind in der BRD nahezu gänzlich verstummt. In den USA zeitigt hingegen der Kampf gegen die Todesstrafe in einigen Bundesstaaten auf höchstgerichtlicher Ebene Wirkungen. Was heute bis tief in wahrhaft liberale Nischen und ihre schon randständigen Angehörigen hinein vorherrscht, weist mehr denn je in Richtung Strafen und noch einmal Strafen. Und damit Freiheit entziehendes Gefängnis und noch einmal Gefängnis. Das Menetekel USA mit seiner Fülle von Gefängnisneubauten und seinem Bestrafungswahn zeigt auch in anderen westlich „zivilisierten" Ländern seine kräftigen Spuren – von vielen außerwestlichen nicht zu reden.

Muß da einer wie Du, der die seinerzeitige Tagung initiiert, organisiert und das Komitee-Engagement gegen die Lebenslange Freiheitsstrafe überzeugend zugespitzt hat, nicht resignieren? Hat es noch einen anderen Sinn als den des den Kopf an die Betonwand schlagenden Trotzdem-Humors, sich heute unverändert gegen die Lebenslange Freiheitsstrafe zu wenden?

Antwort: Zunächst, die brutalen Fakten, die den Hintergrund Eurer Frage bilden, kann ich und darf ich selbstredend nicht leugnen. Eine politische Position wie die meine, wie die unsere, die das herrschende Strafsystem nicht akzeptiert, beginge einen folgenreichen Fehler, wenn sie das, was ist, irgendwie wegrationalisierend nicht zur Kenntnis nähme. Das ist das eine.

Es wäre jedoch noch schlimmer, so man die Menschenrechte ernst nimmt, zweierlei zu tun oder zu verkennen. Falsch wäre es, menschenrechtliche Forderungen zu verwässern, die aus den Erfahrungen der Menschen dazuhin über ihre normative Stimmigkeit hinaus erwiesen werden können. Anders gesagt: menchenrechtlich kann deutlich und klar gezeigt werden – und das haben wir unter anderem im Verlaufe unseres Klostersymposions 1989 in Höchst getan –, dass die Lebenslange Freiheitsstrafe

Hafttageabstreichungsblatt 2002

12 mo. 52 wo. 365 tg. 525600 std. 1.892.100.000 min. 113529.600.000 sek.

Januar

Sa		5	12	19	26
		6	13	20	27
Mo		7	14	21	28
Di		8	15	22	29
Mi	2	9	16	23	30
Do	3	10	17	24	31
Fr	4	11	18	25	

Februar

Sa		2	9	16	23
		3	10	17	24
Mo		4	11	18	25
Di		5	12	19	26
Mi		6	13	20	27
Do		7	14	21	28
Fr	1	8	15	22	1

März

Sa		2	9	16	23	30
		3	10	17	24	
Mo		4	11	18	25	
Di		5	12	19	26	
Mi		6	13	20	27	
Do		7	14	21	28	
Fr		8	15	22		

April

Sa		6	13	20	27
		7	14	21	28
Mo		8	15	22	29
Di	2	9	16	23	30
Mi	3	10	17	24	
Do	4	11	18	25	
Fr	5	12	19	26	

Mai

Sa		4	11	18	25
		5	12		26
Mo		6	13		27
Di		7	14	21	28
Mi	1	8	15	22	29
Do	2		16	23	
Fr	3	10	17	24	31

Juni

Sa	1	8	15	22	29
	2	9	16	23	30
Mo	3	10	17	24	
Di	4	11	18	25	
Mi	5	12	19	26	
Do	6	13	20	27	
Fr	7	14	21	28	

Juli

Sa		6	13	20	27
		7	14	21	28
Mo	1	8	15	22	29
Di	2	9	16	23	30
Mi	3	10	17	24	31
Do	4	11	18	25	1
Fr	5	12	19	26	2

August

Sa	3	10	17	24	31
	4	11	18	25	
Mo	5	12	19	26	
Di	6	13	20	27	
Mi	7	14	21	28	
Do	8	15	22	29	
Fr	9	16	23	30	

September

Sa		7	14	21	28
		1	8	15	22	29
Mo	2	9	16	23	30
Di	3	10	17	24	
Mi	4	11	18	25	
Do	5	12	19	26	
Fr	6	13	20	27	

Oktober

Sa		5	12	19	26
		6	13	20	27
Mo		7	14	21	28
Di	1	8	15	22	29
Mi	2	9	16	23	30
Do		10	17	24	31
Fr	4	11	18	25	

November

Sa	2	9	16	23	30
	3	10	17	24	
Mo	4	11	18	25	
Di	5	12	19	26	
Mi	6	13	20	27	
Do	7	14	21	28	
Fr	8	15	22	29	

Dezember

Sa		7	14	21	28
		1	8	15	22	29
Mo	2	9	16	23	30
Di	3	10	17		31
Mi	4	11	18		
Do	5	12	19		
Fr	6	13	20	27	

Menschen entwürdigt (übrigens auch die Wärter und die sonst damit unmittelbar zu tun haben), ihre Integrität verletzt und auch ansonsten keine positiven, sogenannte resozialisierenden Effekte bewirkt. Deshalb müssen Leute wie wir unverändert und ohne Abstriche gegen die Lebenslange Freiheitsstrafe eintreten. Ob wir damit nun aktuell von herrschafts- und straftauben Ohren gehört werden oder nicht.

Es kommt eine weitere Erfahrung hinzu. Ich würde lügen, räumte ich nicht ein, dass nicht selten resignative Stimmungen und nicht nur Stimmungen meine politische Seele wie mit einem dunklen Tuch überziehen, wenn ich mich konkret mit der Situation eines zu Lebenslänglich Verurteilten befasse. Wem ginge es nicht ähnlich, wenn er oder sie nicht gerade das will, was ohnehin geschieht, wenn er nicht eigene Phantasie und Vorstellung gerade auch für einen selbst im Anderen empfände? Und wenn man dann erkennt, dass die besten Argumente nichts zählen? Dass das, was herrscht, sich jede, aber auch jede menschliche Dummheit erlauben kann. Wenn seine Vertreter nur gute, medial gewitzte Vorurteilsmanager sein müssen. – Dann ist das schon sehr hart.

Zuweilen bin ich selbst in Gefahr, bitter zu werden. Ich rappele mich aber wieder auf. Dann merke ich, dass menschenrechtlich engagierte Leute wie Stehaufpersonen agieren müssen. Das können sie gerade aufgrund ihres menschenrechtlichen Bleigewichts. Dann kann ich weitermachen, selbst wenn ich weiß, dass die Botschaft eines meiner Brecht'schen Lieblingsgedichte nicht aufgeht. „Dass das weiche Wasser in Bewegung mit der Zeit den harten Stein besiegt. Du verstehst, das Harte unterliegt", erklärt der „Knabe, der den Ochsen führte" dem fragenden Zöllner als die Weisheit des Lao-tse. Also ist Brecht gemäß Lao-tses 100-Sprüche-Buch Tao-teking entstanden. Nämlich bei der Flucht des Lao-tse von einem fragenden Zöllner „abverlangt". „Darum sei dem Zöllner auch gedankt", so schließt das Gedicht voll des menschlichen Humors, „er hat es ihm abverlangt".

Frage: Wenn die Faktizität dummer Herrschaft aber so ist, wie sie ist, und aktuell wenig dafür spricht, dass sie morgen oder übermorgen verändernd „attackiert" werden könnte, wäre es dann menschenrechtlich konsequent nicht angemessener, sich auf ungleich wichtigere Politikprobleme zu konzentrieren, statt just auf die Lebenslange Freiheitsstrafe, die trotz allem insgesamt nur wenige betrifft?

Antwort: Ohne Frage gibt es eine Fülle anderer Probleme. Wie Krieg und Frieden. Wie Hunger und Tod. Wie Ausbeutung und Vergewaltigung. Man muss jedoch beachten: Menschenrechte dürfen prinzipiell nicht quantifiziert werden. Wir sind zwar in widersprüchlicher Weise oft dazu gezwungen. Das ist eine Spannung in den Menschenrechten. Indem wir etwa auf die Zahl der von den nationalsozialistisch Deutschen systematisch ermordeten Juden, der Sinti und Roma, der Homosexuellen, der sogenannten Fremdarbeiter und anderer diskriminierter Herkünfte mehr hinweisen. Oder indem wir die Zahl von Kriegstoten summieren, von Gewalttaten, von Unfällen aller Art. So unvermeidlich solches Quantifizieren ist, so ungeheuerlich aber müsste es uns menschenrechtlich dabei zugleich zu Mute sein. Es geht nicht an, die Menschenrechte derart zu quantifizieren. Dass man die Kriegstoten, die beispielsweise im Kosovo-Krieg bewusst und gewollt billigend als „Kollateralschäden" in Kauf genommen worden sind, auf die eine menschenrechtliche Waagschale legt und die angeblich oder tatsächlich größere Zahl der vom Miloševiç-Regime gewaltsam vertriebenen und zum Teil zugrunde gerichteten kosovarischen Flüchtlinge albanischer Herkunft auf die andere Waagschale. Und dass man dann menschenrechtlich zugunsten der Waagschale optiert, die quantitativ schwerer nach unten zieht. Kurzum: dass man den Menschen mordenden Krieg, angeblich menschenrechtlich geboten, gutheißt und – ungeheuerlich – als Ausdruck der Menschenrechte legitimiert. Obwohl man in konkret vorstellbaren Entscheidungsfällen in arge Gewissensnöte kommen kann, geht ein solcher Menschen wie Kraut und Rüben abwägender Gewichtungsvorgang nicht an. Die Menschenrechte leben von der Annahme, dass jeder einzelne Mensch gleich viel zählt.

Darüber hinaus leben die Menschenrechte von der Annahme, dass jeder Mensch besonders ist und seine Besonderheit nie mehr wiederhergestellt werden kann. Wenn diese beiden Prämissen fallen gelassen werden, werden Menschenrechte, wie dies herrschaftsfaktisch geschieht, je nach Fall und Interesse beliebig instrumentalisierbar.

Betrachtet man „nur" die Zahl der zu Lebenslänglich Verurteilten, dann verkennt man die Bedeutung der extremen Freiheitsstrafe. Darüber hinaus übersehen die meisten auch unter uns das aus dem eigenen Blick- und Interessenwinkel gerückte System der Gefängnisse. Die Lebenslange Freiheitsstrafe stellt nicht nur das Extrem aller Freiheitsstrafen dar, sozusagen den staatlichen Strafextremismus. Die LL bildet geradezu den legitimatorischen Schlussstein des Systems der Freiheitsstrafen insgesamt. Nähme man diesen Stein heraus, bröckelte, jedenfalls unter dem Gesichtswinkel der Legitimation betrachtet, das gesamte Freiheitsstrafenblockgebäude. Wie wäre dann noch die Skala der abgestuften Freiheitsstrafen begründbar? Sie wäre ohne Ende. Wie ließen sich die Behauptungen des Bundesverfassungsgerichts in seiner unseligen Entscheidung von 1983 aufrecht erhalten, die LL verstoße unter bestimmten Gesichtspunkten nicht gegen die Würde des Menschen, die laut Art. 1 Satz 1 GG „unantastbar" sein soll? Vielmehr wird die Würde geradezu systematisch in allen Etappen der Lebenslangen Freiheitsstrafe mit Füßen getreten. Angefangen vom § 211 StGB, dem sogenannten Mörderparagraphen, bis zum Strafvollzug und den unsäglichen Schwierigkeiten, erst nach 10, 15 und zumeist mehr Jahren allmählich ein Licht am Ende des Tunnels zu sehen.

Die 1983 schon fahrlässige Entscheidung des Bundesverfassungsgerichts bis hin zur gerichtlichen Knetformel von der „Schwere der Schuld" müsste längst revidiert werden: sprich die LL verstößt gegen die tragenden Grund- und Menschenrechte der Verfassung. Wie ließe sich noch behaupten, die anderen sogenannt zeitigen Freiheitsstrafen diverser Länge berührten die Würde des Menschen nicht oder nur weniger? Außerdem: die anderen „zeitigen Freiheitsstrafen", vor allem die der „Langstrafer", dienten der „Resozialisierung"? Das ist eine der höchst fragwürdigen Basisannahmen des Strafvollzugsgesetzes von 1977. Nein: würde endlich eingestanden, daß die LL grund- und menschenrechtlich nicht gehalten werden darf, dann wäre das ganze unsinnige System der Freiheitsstrafe nicht mehr zu rechtfertigen. Dann würde das Gefängnis als „absurdes System" offenkundig.

Damit meine ich: die LL ist nicht nur an sich selber nicht zu akzeptieren. Sie hat in sich zu einem guten Teil das Strafsystem insgesamt „aufgehoben". Würde sie abgeschafft, käme das Strafsystem ins Wanken. Was wäre das staatliche Gewaltmonopol ohne sein mehr denn je beanspruchtes System der Strafen und der darauf gründenden Strafverfolgung?

Ein weiterer Aspekt kommt hinzu, den ich nicht verschweigen will. Menschenrechtlich engagierte Gruppen wie das Komitee sind leider „marginal". Das heißt Menschenrechtsgruppen sind gehalten, das ist ihr Lebenselexier, unablässig Menschenrechtsverletzungen diverser Art aufzudecken und zu skandalisieren. Angesichts der Fülle der täglichen Menschenrechte verletzenden Geschehnisse besteht die zusätzliche Gefahr, „nur" auf die Ereignisse zu reagieren, die irgendwie spektakulär sind. Darum sind die menschenrechtlich engagierten Gruppen meines Erachtens – und so haben wir's im Komitee immer wieder erneut betrieben – daran gehalten, sich um die Probleme der an den Rand gedrängten Gruppen ganz besonders zu kümmern. Als da sind die Schwierigkeiten, die den Wagenburglern, den Obdachlosen, der Mehrheit der Ausländerinnen, den Asylsuchenden in Sonderheit und nicht zuletzt eben den Lebenslänglichen gemacht werden.

Frage: Wir wollen auf einen eher taktisch zu nennenden Aspekt zurückkommen. Du hast gesagt, man dürfe bei grundsätzlichen Fragen keine Kompromisse eingehen. Die Forderung der ersatzlosen Abschaffung der Lebenslangen Freiheitsstrafe sei eine solche grundsätzliche Angelegenheit. Hier gehe es nicht an, unter der Voraussetzung, dass die Lebenslange Strafe auf absehbare Zeit faktisch nicht angreifbar sei, für diese im Vollzug mildernde Reformen zu verlangen. Dürfen wir, so wie die politisch herrschaftlichen Dinge nun einmal stehen, so kompromisslos „hart" bleiben? Vergeben wir uns dabei nicht der Chancen von kleinen Verbesserungen, die für diejenigen, die lebenslang inhaftiert sind, eine erhebliche Differenz, vielleicht sogar eine Differenz ums Ganze ausmachen können?

Antwort: Auch hier ist Unterscheidung geboten. Hier kommt es auf die notwendige Kombination an. Lässt man den Reformspatzen fliegen, nur weil man die nötige Veränderungstaube nicht fassen kann? Das wäre in aller Regel falsch. Nun aus dem Bild herausgesprungen: mir scheint es selbstverständlich, dass wir beispielsweise Verbesserungen der Pflegeversicherung verlangen oder uns gegen die repressiv geplante Vermischung von Arbeitslosengeld und Arbeitslosenhilfe mit Sozialhilfe wenden. Indes: es dürfte in keiner unserer Stellungnahmen die Kritik am bürokratisch entmündigenden Sozialstaat fehlen. Das heißt: unsere grundsätzliche Kritik, vor allem unsere andere auch „positive" Orientierung auf eine demokratische, Gleichheit und Freiheit und vor allem Mitbestimmung und Selbstbewusstsein anzielende Sozialpolitik müss(t)e in allen unseren Äußerungen durchgehend kund werden.

Das, was ich jetzt bewusst an einem anderen Beispielsbereich illustriert habe, gilt gleicher Weise für das Gefängnis und die Haftbedingungen. Ohne Zweifel wären Vollzugserleichterungen lange vor dem Ablauf der ersten gerade hoffnungslosen 10 Jahre bei den zu Lebenslänglich Inhaftierten, so wie die Haftdinge nun einmal stehen, ein wichtiger Schritt. Oder für die Inhaftierten von allem Anfang an überschaubare und dann auch strikt eingehaltene Zeitpläne. Oder eine Veränderung des repressiven Einsatzes psychologischer und psychotherapeutischer Gutachten. Oder ein Ende aller kleinlichen Schikanen. Etwa wird einem Inhaftierten spät im 16. Jahr seiner Inhaftierung der Ausgang erlaubt, aus dem beantragten Ausgang am Samstag den xten bis 21 Uhr machen die zuständigen Beamten jedoch eine Bewilligung bis 18 Uhr. Oder es bedarf eines enormen Aufwands, einen anders woher bezahlten PC zu erhalten, obwohl der Inhaftierte anders nicht mehr schreiben kann. Oder … Oder … Außerhalb des Knasts kann man sich gar nicht vorstellen, was man sich alles bewilligen lassen muss, damit man in der Lage ist, hinter Mauern und Schlössern mit Schließern alltäglich zu (über-)leben.

Indes erneut: viele dieser oder anderer Reformen dürf(t)en von uns je und je nur verlangt und angemahnt werden, wenn wir immer erneut unseren wohl menschenrechtlich begründeten Refrain „singen": „… im übrigen aber sind wir davon überzeugt und fordern wir, dass die Lebenslange Freiheitsstrafe ersatzlos abgeschafft werden muss!" Eine Trennung – Reformschritte hier und prinzipielle Einwände oder Alternativen dort – führte in die Irre. Sonst missrieten die Reformen bestenfalls zu Anpassungsschritten. Sonst entschwänden alle grundsätzlicher angelegten Alternativen im Spiralnebel.

Kurz und gut. Es gibt zuweilen keinen Kompromiss zwischen kurz-, mittel- und langfristigen Reformen, die alle auf einmal thematisiert werden müssen. Zuweilen gibt es nur das, was richtig ist. Ein Drittes existiert dann nicht. Beispielsfall Krieg. Es geht nicht an, sich pazifistisch grundsätzlich gegen Kriege „an sich" zu wenden und zugleich ab und an dafür einzutreten, so in Bosnien, dem Kosovo oder Afghanistan den Frieden „ausnahmsweise" kriegerisch zu vertreten, sei's mit, sei's ohne Absegnung der UNO. Und dabei noch sich und anderen in die Tasche zu lügen: es handele sich nur um eine strikt und sanft gewaltsam ausgerichtete „humanitäre Aktion".

Solche Kompromisse gibt es nicht. Das gilt nicht zuletzt auch für das Straf- und das Strafvollzugssystem.

Diskussionsbeiträge (Komitee-Symposium 1989)

Helga Einsele

Zur Problematik von Prognosestellungen im Strafvollzug

Nur gegenwärtige soziale Gefährlichkeit sollte ein Grund dafür sein, einen Menschen mit einer Freiheitsstrafe zu belegen beziehungsweise eine bestehende fortdauern zu lassen.

Solange das geltende Recht generell an der Freiheitsstrafe festhält, muß aber auf jeden Fall auf die lebenslange Freiheitsstrafe verzichtet werden. Das ist natürlich vor allen Dingen deshalb zu fordern, weil die lebenslange Strafe gegen fundamentale Menschenrechte verstößt und vor allem die Würde des Menschen mißachtet. Doch auch rechtsdogmatisch läßt sie sich meines Erachtens unter dem unser Strafrecht beherrschenden Schuldgesichtspunkt nicht halten. Der absolute Qualitätssprung zwischen der zeitigen und der lebenslangen Freiheitsstrafe kann angesichts des nur gleitenden Übergangs bei der angeblichen Schuldschwere nicht begründet werden. Würden aber Sicherheitsgesichtspunkte für die Aufrechterhaltung der lebenslangen Strafe herangezogen, so fiele das aus dem System des Schuldstrafrechts überhaupt heraus. Unter diesem Gesichtspunkt müssen Sicherheitsmaßnahmen vorgesehen werden und nicht Strafen. Dazu paßt allerdings die heutige Kodifizierung der Sicherheitsverwahrung nicht. Eine neue gesetzliche Formulierung wäre notwendig.

Auch aus Gründen der Prognoseproblematik dürfen jedoch Sicherheitsgesichtspunkte bei Verurteilung und Strafanspruch keine Rolle spielen. Eine so frühzeitige Prognosestellung wäre absurd. Prognosen können allenfalls zu dem Zeitpunkt versucht werden, in dem die rechtliche Möglichkeit einer Entlassung ins Auge gefaßt werden kann. Selbst dann sind sie ein Vabanque-Spiel und bedürfen äußerster Vorsicht und ständiger, regelmäßiger Überprüfungen und Erprobungen.

Objektive, schlüssige Kriterien für Kriminalprognosen konnten bisher bis auf vage, unverbindliche Gemeinplätze meines Wissens nicht gefunden werden. Das hat vor allem auch damit zu tun, daß normalerweise für die „Bewährung" nach einer Entlassung die äußeren Lebensbedingungen, in die Straffällige entlassen werden, entscheidender sind als die „Persönlichkeitsentwicklung" während der Haft.

Das haben Strafvollzugspraktiker, die ja bei den zahlreichen Anträgen auf vorzeitige Entlassungen nahezu pausenlos zu Prognosestellungen aufgerufen sind, vielfach erfahren. Dieser Tatsache trägt die Entwicklung des Rechts Rechnung, wenn sie sich – allerdings noch zu zaghaft – in Richtung auf automatische Entlassung nach $^2/_3$ beziehungsweise $^1/_2$ der Strafzeit zubewegt.

Hochbedeutsam jedoch bleiben Prognosen bei der Beendigung der noch geltenden Freiheitsstrafe. Deshalb dürfen sie jedoch nicht überschätzt werden. Sie sind eine gefährliche Falle für Fehlentscheidungen.

Auch meine Hoffnung, Aussagen, die sich auf langjähriges Zusammenleben in der Vollzugsgemeinschaft stützen, könnten eine zuverlässigere Entscheidungshilfe sein als kurzangelegte, von außen kommende Begutachtungen, begegnet zunehmend meinen eigenen Bedenken. Denn: wo gibt es „Vollzugsgemeinschaften", und wo spielen nicht Parteilichkeiten während des Zusammenlebens möglicherweise eine verhängnisvolle Rolle? Es muß also wohl bei der Zweigleisigkeit bei den Beurteilungen bleiben. Weshalb die von außen kommende Begutachtung schweren Mängeln unterliegen kann, ja fast muß, habe ich in meiner Stellungnahme zur lebenslangen Freiheitsstrafe vor dem Bundesverfassungsgericht dargestellt. Aus Raummangel kann das hier nicht wiederholt werden.

Da aber die „Wahrheit konkret" ist, seien hier zwei Beispiele verfehlter Prognosen aus der selbsterlebten und ehrlich bemühten Praxis wiedergegeben:

Fall 1: Dieses war unter schätzungsweise 40 Tötungsdelikten der einzige Fall, bei dem wir glaubten, nur eine negative Prognose verantworten zu können. Es handelte sich um eine relativ junge Frau, die in einem psychiatrischen Krankenhaus eine Mitpatientin ermordet hatte, um auf ihre Situation aufmerksam zu machen. Obwohl die Tat in einem psychiatrischen Krankenhaus begangen worden war, wurde lediglich Minderung der Schuldfähigkeit angenommen und, im Anschluß an das Gutachten, angeordnet, daß in diesem Falle eine sozialpädagogische und nicht eine psychiatrische Behandlung stattzufinden habe. Auf diese Weise konnte diese Frau dem psychiatrischen Krankenhaus erspart bleiben. Sechs Jahre lang – ich habe das berechnet – kostete diese „sozialpädagogische Behandlung" ein Zehntel meiner Arbeitszeit. Die meisten Mitarbeiterinnen hatten, besonders zu Anfang, Angst vor der Frau, die sich pausenlos in verbal geäußerten Vorstellungen erging, ihre Betreuerinnen körperlich schwer zu verletzen. Z.B. Augenausstechen mit einem Kugelschreiber bei der Anstaltsleiterin, Beseitigung der Schwangerschaft durch einen unvermuteten Tritt bei der Anstaltsärztin u.ä. Schließlich hatten wir den Umgang mit ihr auf wenige Mitarbeiterinnen konzentriert. Dabei war sie nicht ohne „Humor": So verkleidete sie sich in der Zelle, die sie kaum je verließ, als Hitler, veranlaßte mich mit tückischem Blick, „etwas" unter ihrem Tisch hervorzuholen; es war eine Rasierklinge. Bei einem gerichtlichen Termin in der Anstalt griff sie Richter, Beisitzer und Gutachter mit einem Gemisch von Vogelfutter und Mehl an. Am Ende dieser Strafzeit glaubten wir, bei unserer Prognose an der vorgesehenen Einweisung in ein psychiatrisches Krankenhaus festhalten zu müssen. Nach einem Jahr wurde sie dort entlassen. An diesem Tag kam für mich von ihr ein Blumenstrauß und kurze Zeit später ein deprimierter Anruf anläßlich der Ermordung eines hessischen Anstaltsleiters in der Anstalt: „Genau so etwas habe ich doch auch gemacht. Es tut mir leid um ihn." Und dann nahmen wir zu zweien eine Einladung zum Kaffee bei ihr an und stellten fest, daß sie, eingeschränkt und bedrückt, doch gefahrlos für ihre Umgebung in einer kleinen Sozialwohnung lebte. Dort ist sie nach wenigen Jahren gestorben.

Fall 2 ist gegensätzlicher Art: Eine ebenfalls relativ junge Frau mit den Straftaten Mord und Mordversuch (durch eine Handlung). Vor ihrer Entlassung hatten wir ehrliche Angst, allerdings kaum vor einem einschlägigen Rückfall. Doch wir konnten uns nicht vorstellen, daß diese Frau nach längerer Haft ihr Leben gesundheitlich und sozialpsychologisch bewältigen könnte. Extrem umtriebig und erlebnishungrig stürzte sie von einer Beziehung in die andere, verriet – wie vor ihrer Straftat – Partner und Partnerinnen, wie es schien, skrupellos. Von allen, die damals mit einer lebenslangen Strafe bei uns waren, war sie die einzige, vor deren Zukunft wir schwere Sorgen hatten. Während der Haft fand sie dann einen Mann, mit dem zusammen sie die Entlassung gesammelt und vernünftig während des relativ langen Freiganges vorbereitete. Eine in der Anstalt erhaltene Ausbildung als Köchin verschaffte ihr ökonomische Unabhängigkeit. So wurde sie schließlich doch mit positiver Prognose, wenn auch nicht ohne Besorgnis, entlassen. Heute ist sie von den unter gleichen Aspekten entlassenen Frauen diejenige, die offenbar am kräftigsten und nach eigenem Bewußtsein glücklichsten mit ihrem Leben fertig wird. Auch das Zerbrechen der ersten Bindung überstand sie ungefährdet. Inzwischen hat sie eine neue Ehe gefunden und versorgt zuverlässig Mann und Kinder. Optimismus in bezug auf ihre Zukunft teilen heute alle, die sie kannten und die sie jetzt – wie auch ich – noch treffen.

Wichtiger als alles andere für die Entlassung aus der lebenslangen Strafe sind Entlassungsvorbereitungen und beratende Nachsorge.

(Aus: Komitee für Grundrechte und Demokratie, Wider die lebenslange Freiheitsstrafe – Erfahrungen, Analysen, Konsequenzen aus menschenrechtlicher Sicht, Sensbachtal, 2. Aufl. 1992, S. 133-136)

Johannes Feest

Zur Symbolik der lebenslangen Freiheitsstrafe für die Opfer bzw. Hinterbliebenen

Es ist gesagt worden, daß die lebenslange Freiheitsstrafe (ebenso wie früher die Todesstrafe) im Gegensatz zu den anderen bei uns üblichen Freiheits- und Geldstrafen „nicht rechnet". Diese absoluten Strafen legitimieren sich aus der Symbolik des Auge um Auge, Zahn um Zahn. In der Kritik der idealistischen Straftheorien haben wir gelernt, daraus den Schluß zu ziehen, daß solche Strafen überhaupt nicht legitimierbar sind, weil sie keinen rationalen Zweck verfolgen. Ich frage mich aber in zunehmendem Maße, ob das richtig ist. Warum soll es nicht legitim sein, den Opfern beziehungsweise Hinterbliebenen eine angemessene Symbolik zu bieten? Warum soll es nicht legitim sein, wenn irreparabel Geschädigte eine Möglichkeit suchen, Schmerz, Trauer und ohnmächtige Wut zum Ausdruck zu bringen? Nils Christie schreibt: „Verlust kann zu Leid und Trauer führen. Aber auch zu Wut und Strafe … Ich bin der Auffassung, daß sich desto weniger hiergegen einwenden läßt, je mehr der – mittels Strafe ausgedrückten – Wut eine Form gegeben wird, die Ähnlichkeit mit Trauer hat" (Grenzen des Leids; Bielefeld 1986, S. 101). Ich bin nicht sicher, ob wir dies im Rahmen unseres Strafverfahrens jemals schaffen können. Aber warum sollten wir, ehe wir etwas Besseres gefunden haben, den realen und virtuellen Opfern schwerer Straftaten die Symbolik einer nicht rechnenden Strafe nehmen? Die übliche Antwort darauf ist bekannt: weil dadurch nur neues, sinnloses Leid nun auch noch staatlich verordnet wird. Aber könnte nicht die Symbolik erhalten und gleichzeitig die reale Übelszufügung reduziert werden? Aufgabe des Staates kann und darf es nicht sein, die wütende Reaktion auf den akuten Schmerz bürokratisch bis zum bitteren Ende zu vollstrecken. Es wäre aber doch möglich, die Strafvollstreckung stärker von der Strafzumessung abzukoppeln, wie dies ohnehin in zunehmendem Maße auch in anderen Bereichen geschieht. Alle Argumente zur Abschaffung der lebenslangen Freiheitsstrafe würden dann zu um so überzeugenderen Argumenten gegen ihre buchstäbliche Vollstreckung.

(Aus: Komitee für Grundrechte und Demokratie, Wider die lebenslange Freiheitsstrafe – Erfahrungen, Analysen, Konsequenzen aus menschenrechtlicher Sicht, Sensbachtal, 2. Aufl. 1992, S. 136/137)

Arno Pilgram

Die lebenslange Strafe ist ein unkalkulierbares Risiko

Das „Komitee für Grundrechte und Demokratie", eine Menschenrechtsvereinigung in der Bundesrepublik Deutschland und Westberlin, hat kürzlich ein Symposion wider die lebenslange Freiheitsstrafe veranstaltet, um u.a. eine Petition an den Deutschen Bundestag zur Abschaffung dieser Extremstrafe vorzubereiten. An dieser Tagung nahmen neben Rechts- und Sozialwissenschaftlern sowie verschiedensten Vollzugspraktikern fünf lebenslang Gefangene, vier Männer und eine Frau, teil. Sie haben – obwohl meist noch unabsehbar lange Strafzeiten vor sich – dafür Hafturlaub erhalten, ein in Österreich undenkbarer Vorgang. Es war möglich und bewegend, mit ihnen mehrere Tage an einem Tisch zu sitzen, die Rolle der lebenslangen Strafe im Strafrechtssystem, die kriminologische Bewertung dieser Rolle und die Verfassungskonformität des Instituts „Lebenslang" zu diskutieren und vor allem auch die persönliche Geschichte dieser Gefangenen zu hören. Sie haben ihren Einsatz bei und unabhängig von dieser Tagung – für ein menschliches Recht als den unmittelbaren Versuch der Wiedergutmachung ihrer Schuld an der Gesellschaft verstanden.

Diese Gefangenen haben sich in ihrem Auftreten als jene Persönlichkeiten erwiesen, auf die sich das deutsche Bundesverfassungsgericht offenbar berufen zu können glaubte, als es 1977 nach breiter Expertenanhörung schließlich doch die Vereinbarkeit lebenslangen Freiheitsentzugs mit den Menschenrechten feststellte: Vorschriftsgemäßer Vollzug der lebenslangen Freiheitsstrafe führe – so die wörtliche höchstgerichtliche Argumentation für die Beibehaltung von „Lebenslang" damals – „nicht zwangsläufig zu irreparablen Schäden psychischer und physischer Art, welche die Würde des Menschen verletzen". Solche Gefangenen sind es, die mit ihrer persönlichen Widerstandskraft dieses Urteil erlauben und so die Verfassungskonformität der lebenslangen Strafe de facto in die Zukunft retten. Sie haben im Verlauf der angesprochenen Tagung aber nicht nur ihre eigene Kraft und Persönlichkeit bezeugt, sondern auch das vergessene Leiden von Schicksalsgenossen – namentlich aufgezählt –, die völlig zerbrochen und nach oft 30 und mehr Strafjahren nur noch vollzugsendgelagert oder auch im Vollzug verstorben sind. Oft nur kleine Unterschiede in der Vollzugslaufbahn, ein paar weniger hilfreiche Mitgefangene, unverständigere Beamte, weniger glückliche Beziehungen nach draußen, ein Schuß mehr Willkür im Anstaltsregime – und das Resultat der lebenslangen Strafe ist ein menschliches Wrack. Es gibt keinen Gefangenen oder auch Vollzugspraktiker, der nicht auch totale Zusammenbrüche, psychische und physische (Selbst-)Vernichtung lebenslang Gefangener kennt.

Alle lebenslang Gefangenen, auch jene fünf Personen, mit denen das „Komitee für Grundrechte und Demokratie" gemeinsam tagte, und viele weitere Lebenslange, die sich als freie und gleichwertige Menschen vorzustellen ihren Angehörigen und Bezugspersonen keine Mühe macht, haben ein strenges Verfahren durchlaufen. Es hat sie herausgefiltert als besondere Rechtsbrecher, als die verabscheuungswürdigsten und gefährlichsten unter ihnen, denen nur noch durch endgültigen Ausschluß aus der Gesellschaft zu begegnen ist. Es waren Gutachter, (Staats-)Anwälte, Richter, sogar das Geschworenenvolk am Werk, um nach den Regeln der Kunst ein Urteil zu fällen. Manchmal hätte zweifellos mehr Mühe aufgewendet werden können. Es darf aber nicht nur auf die Nachlässigkeit von Beteiligten zurückgeführt werden, daß die Urteile Lebenslang in Anbetracht mancher der konkreten Individuen, die diese Sanktion trifft, nach einiger Zeit als unverhältnismäßige Überreaktionen, ja als furchtbare Irrtümer erscheinen. Dies hängt mit den Grenzen der Vorhersehbarkeit menschlicher Entwicklung zusammen. Auch ein mit „Lebenslang", also maximal bestrafter Mord durch einen Menschen sagt nichts Endgültiges über ihn aus.

Bekannt und fast schon ein Gemeinplatz ist, daß lebenslang Gefangene eine minimale Rückfallrate aufweisen und daß der Anteil von Tötungsdelikten durch einschlägig Vorverurteilte und gar durch entlassene Lebenslange absolut verschwindend ist. Sicherung der Gesellschaft vor Gewalt durch lebenslange Strafen, gerade das rationalistische unter den Argumenten für „Lebenslang", nährt nur Sicherungsillusionen. Aber ich möchte hier in keine der ausgetretenen kriminologischen und kriminalpolitischen Argumentationen über die spezial- und generalpräventive Leistungsbilanz der lebenslangen Strafe verfallen. Der nachweislich geringe Rückfall nach lebenslangem Freiheitsentzug spricht nicht wirklich für Sozialisierung, sagt er doch wenig über das Schicksal und die Verfassung der Personen, die ihn erlitten haben. Die Evidenz für die kriminalpräventive Relevanz der Angst vor der lebenslangen Strafe fehlt zwar. Doch selbst wenn sie vorläge, ist die Vermittlung von Rechtsbewußtsein im Wege drakonischer Sanktionen problematisch. Vermittelt wird durch „Lebenslang", daß es rechtens ist, legitimiert durch das schwere Verbrechen eines Menschen, diesen zur Geisel kriminalpolitischer Absichten des Staates, zum bloßen Demonstrationsobjekt von Abschreckung zu machen. Vermittelt wird ein autoritäres Rechtsbewußtsein, daß in erster Linie der Bürger dem Staat und dessen Herrschaft und nicht, daß dieser auch dem letzten Menschen Achtung und Rechte schulde.

Auch das deutsche Bundesverfassungsgericht bekam seinerzeit im schon angesprochenen Verfahren von den beigezogenen Experten nicht die gewünschte Bestätigung, die lebenslange Strafe würde die Strafzwecke der Spezialprävention und Generalprävention (d.h. Kriminalitätsvorbeugung beim Täter wie in der Allgemeinheit) empirisch nachweislich erfüllen –

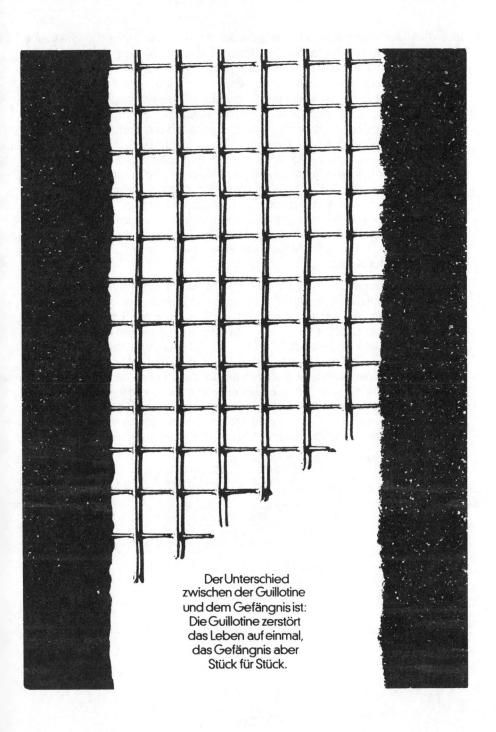

Der Unterschied
zwischen der Guillotine
und dem Gefängnis ist:
Die Guillotine zerstört
das Leben auf einmal,
das Gefängnis aber
Stück für Stück.

und dies gar besser als zeitliche Strafen. Es flüchtete sich in agnostische Aussagen bezüglich realer Strafwirkungen, doch befand es auf normativer Ebene die Strafzwecke der Wiedereingliederung des Straftäters, der Sicherung vor ihm, der Abschreckung und der Normbekräftigung als in sich vereinbar und mit den Grundrechten in Einklang. Es reichte die bescheidene konsensuelle Aussage der beigezogenen Fachgutachter, ein modernisierter Behandlungsvollzug tilge nicht, verringere jedoch das Haftschadensrisiko, um dem Verfassungsgericht die lebenslange Strafe (mit der Aussicht auf bedingte Entlassung sowie Gewähr auf Vollzug nach neuesten Erkenntnissen) vertretbar erscheinen zu lassen. Ein bekannt unbekanntes „Restrisiko" der Persönlichkeitszerstörung – als solches ebenso unerforscht wie die Realkonstruktion des sogenannten „Behandlungsvollzugs" – wurde somit in Kauf genommen. Mit diesem Urteil des deutschen Bundesverfassungsgerichts, das hoffentlich nicht das letzte in der Sache bleibt, wurde die Garantie der Grund- und Menschenrechte auch für Gefangene letztlich dem Zufall überlassen.

Das Risiko der staatlichen Strafe für Verbrechen scheint zwar kalkuliert, seit mit der Abschaffung der Todesstrafe der Justizmord ausgeschlossen worden ist. Ein Justizirrtum kann sich seither nicht mehr tödlich auswirken. Weder ist er damit aber unmöglich oder folgenlos geworden, noch ist der Irrtum im strikten Sinn das Problem. Es ist vielmehr das Spektrum des Rechtmäßigen selbst, welches angesichts der unkalkulierbaren Risiken von Strafurteilen – insbesondere solcher von der Art „Lebenslang" – unerträglich ist. Diese Gefahren für die Gefangenen wie für die politische und Rechtskultur gehören zu den Risiken jenes Typs, die sich prinzipiell durch keinen noch so großen Nutzen rechtfertigen lassen, um so weniger, als der Nutzen der lebenslangen Strafe bisher nur Behauptung und Hoffnungsschimmer ist.

(Aus: Komitee für Grundrechte und Demokratie, Wider die lebenslange Freiheitsstrafe – Erfahrungen, Analysen, Konsequenzen aus menschenrechtlicher Sicht, Sensbachtal, 2. Aufl. 1992, S. 139-142; der Bericht wurde zuerst veröffentlicht in der österreichischen Zeitschrift „Der Standard", Januar 1990)

Tobias Schwarz

Acht Monate Abschiebehaft in Berlin

Mitte November besuchte ich Pascal zum ersten Mal. Ich bin überrascht, wie jung er wirkt. Er hatte telefonisch neben seinem Namen und der Haftbuchnummer das Geburtsjahr 1975 durchgegeben, also hatte ich nicht mit einem unbeholfenen Jungen gerechnet. Doch nun habe ich Schwierigkeiten, mich mit ihm zu verständigen. Ich weiß nicht genau, ob er mich versteht, und das liegt nicht nur an dem engen Gitternetz unter der gläsernen Trennscheibe. Aber ich nehme deutlich seine Freude war, besucht zu werden. Also gebe ich mir Mühe, ihm genau zu erklären, weshalb ich gekommen bin und welche Hilfe ich ihm anbieten kann. Solche Gespräche werden wir in den kommenden 8 Monaten regelmäßig führen.

Pascal ist einer von etwa 5.000 Abschiebehäftlingen, die in Berlin im Laufe eines Jahres für Wochen oder Monate eingesperrt werden, um der Ausländerverwaltung die Prozedur der Abschiebung zu erleichtern. Wirklich abgeschoben wird nur ein Teil von ihnen. Viele sitzen Monate lang hinter Gittern und warten auf eine unbestimmte Zukunft.

In Berlin steht die Abschiebehaft unter der Obhut des Innensenats. Es handelt sich also um ein Polizeigewahrsam. 1995 wurde eine ehemalige Haftanstalt der DDR im Bezirk Köpenick am Rande der Stadt umgebaut. Dieses Gelände umfasst zwei langgestreckte Zellengebäude mit etwa 350 Plätzen, einen Verwaltungstrakt, in dem die Besuche abgewickelt werden und in dem sich die Büros der Haftleitung und der Ausländerbehörde befinden, ein Büro des Bundesamtes für die Anerkennung ausländischer Flüchtlinge, eine Außenstelle des Amtsgerichts, Parkplätze und betonierte Höfe für den Freigang. Alles verschwindet hinter einer hohen Mauer – die Arbeitsabläufe sind optimiert, die Abschottung ist perfekt. (1)

Hier wurden im Jahr 2000 insgesamt mehr als 7.000 Menschen eingesperrt, 2001 waren es über 5.000, zu jeder Zeit etwa 50 Frauen und 250 Männer. Inhaftiert werden Personen zwischen 16 und 65 Jahren. Schwangere werden 6 Wochen vor und 6 Wochen nach der Entbindung im Krankenhaus „untergebracht".

Freunde und Angehörige der Gefangenen werden jeden Tag von morgens bis abends durch ein großes Gittertor eingelassen und können sich vor der Glasscheibe in den Besucherzellen niederlassen. Dorthin werden die

Abschiebehäftlinge von den Polizeibediensteten gebracht, und man lässt ihnen eine Stunde Zeit für persönliche Gespräche. Was die BesucherInnen mitbringen – meist Lebensmittel, manchmal auch etwas zum Anziehen –, überreichen sie vorher dem Bewachungspersonal. Im Eingangsbereich hängt ein Zettel: Gepäck für den Flug nur bis max. 20 kg!

Auch ich gehöre regelmäßig zu den Wartenden im kleinen Vorraum des Besuchertraktes. Ich bekomme Häftlinge vermittelt, die sich bei der „Initiative gegen Abschiebehaft" melden, ihren Namen und die Sprache, die sie sprechen, telefonisch durchgeben und um einen Besuch bitten. Als Pascals Nachricht auf unserem Anrufbeantworter war, hatte er erst zwei Wochen Haft hinter und den Asylantrag noch vor sich. Es gab also noch Hoffnung.

Die Häftlinge leben in Zellen zu zwei bis acht Personen. Sie sitzen auf den Betten und spielen Karten oder liegen im Bett und dösen. Die Zellen sind mit einbetonierten Tischen und Bänken, einer kombinierten Toiletten/Waschanlage sowie Doppelstock-Betten ausgerüstet. In Gängen unterschiedlicher Länge sind zwischen acht und zwölf Zellen angeordnet. Diese Trakte sind untereinander getrennt. Innerhalb eines Korridors können sich die Häftlinge jedoch zwischen den Zellen bewegen. Die Fenster sind außen vergittert und zusätzlich mit raumhohen Innengittern ausgestattet. In jeder Zelle läuft ein Fernseher.

Die rigorose Einschränkung der Bewegungs- und Entscheidungsfreiheit prägt den Alltag in der Haft. Bei den verschiedensten Bedürfnissen, etwa, wenn sie heißes Wasser für den Tee möchten oder die Fenster öffnen lassen wollen, müssen sich die Häftlinge an die Polizisten wenden, welche diese „Serviceleistungen" allerdings unter Umständen verweigern. Für die Häftlinge gibt es keine Arbeits- oder Beschäftigungsmöglichkeiten. Ihr Haftalltag besteht aus Herumsitzen und Warten.

So schildert mir Pascal, so schilderten mir schon viele vor ihm den Alltag in der Haft. Zu tun gibt es nichts. Einmal am Tag eine Stunde Hofgang – da ist mein Besuch eine gefragte Abwechslung. Pascal bekommt sonst keinen Besuch, denn er kennt in Berlin niemanden. Er hat sich aus Nigeria auf den Weg gemacht, dann einige Jahre in Ghana gelebt, nun wurde er kurz nach der Ankunft in Europa von der Polizei geschnappt – ohne Papiere, ohne Orientierung. Wenigstens diese versuche ich ihm nach und nach zu verschaffen, versuche ihm auf Englisch deutlich zu machen, wo er sich befindet und warum er hier ist.

Rechtliche Voraussetzungen einer Inhaftierung

Ein Jurist würde sagen: Durch die Abschiebehaft wird der Zugriff staatlicher Organe auf diejenigen Personen gesichert, die gegen ihren Willen abgeschoben werden sollen. Unter „Abschiebung" versteht man die „Durchsetzung der Ausreisepflicht" einer Person durch die Ausländerbehörde. Als „ausreisepflichtig" gilt, wer sich unberechtigt in der Bundesrepublik Deutschland aufhält. Wenn die Ausländerbehörde befürchtet, dass der „Ausländer" (im Gesetz immer männlich) seiner Verpflichtung zur Ausreise nicht nachkommt, darf er nach § 49 Ausländergesetz (AuslG) abgeschoben werden. Die Anordnung der Abschiebehaft erfolgt auf Antrag der Ausländerbehörde.

Abschiebehaft ist keine Strafhaft. Sie ist eine Verwaltungsmaßnahme, die allein der Durchsetzung der Ausreisepflicht dient. Das heißt, allein die Anwesenheit einer Person, deren Aufenthalt im Bundesgebiet „nicht rechtmäßig" ist, ermöglicht es den Behörden, diese gegebenenfalls monatelang inhaftieren zu lassen.

Die „Sicherungshaft" (§ 57 Abs. 2 + 3 AuslG; ab 01. Januar 2003 nach § 62 des neuen Zuwanderungsgesetzes, in das die Vorschriften des § 57 AuslG übernommen wurden) betrifft die allermeisten Abschiebehäftlinge in Berlin. Sie darf nur verhängt werden, wenn die in § 57 Abs. 2 AuslG genannten Gründe vorliegen. Dazu zählen die vorliegende Ausreisepflicht, ein bereits erfolgtes „Untertauchen" oder der bereits erfolgte Versuch, sich „der Abschiebung zu entziehen". Das Betrifft also alle „Fälle", in denen die Behörden bereits ein- oder mehrmals versuchten, Flüchtlinge abzuschieben, aber damit gescheitert sind. Häufig dient aber auch § 57 Abs. 2 Nr. 5 AuslG zur Anordnung der Sicherungshaft, wenn der „begründete Verdacht" besteht, die Person wolle sich der Abschiebung entziehen. Dieser „begründete Verdacht" wird durch pauschale Feststellungen untermauert: Es liege kein fester Wohnsitz vor oder es bestünde offensichtlich nicht die Absicht, freiwillig auszureisen. In diesen „Fällen" hat es einen Abschiebeversuch zuvor nicht gegeben.

Die „Sicherungshaft" ist an die Bedingung geknüpft, dass eine Abschiebung innerhalb der nächsten 3 Monate möglich ist. In der Praxis ordnen die Berliner HaftrichterInnen die Abschiebungshaft regelmäßig für die Dauer von bis zu 3 Monaten an und verlängern sie, wenn nötig, wiederholt um weitere 6-12 Wochen. Die Haft kann problemlos auf insgesamt 6 Monate verlängert werden.

Um weitere 12 Monate kann sich die Haft in „Fällen" verlängern, „in denen der Ausländer seine Abschiebung verhindert" (§ 57 Abs. 3 AuslG). Häufig wird den Häftlingen zur Last gelegt, ihrer Mitwirkungspflicht nicht nachgekommen zu sein, z.B. wenn sie bei der Beschaffung eines neuen Passes oder Passersatzpapieres die Unterschrift oder Angaben verweigern.

Tatsächlich wird die Haft auch angeordnet, wenn klar ist, dass die Botschaften der jeweiligen Länder für die notwendigen Schritte viele Monate

Zeit brauchen werden. So können Menschen für das „Vergehen", sich in Deutschland ohne gültige Aufenthaltspapiere aufgehalten zu haben, im Extremfall bis zu 18 Monaten in Abschiebehaft verbringen.

Alltag in der Haft

Bewacht werden die Abschiebehäftlinge von Polizisten. Allerdings handelt es sich nicht um Beamte, sondern um Polizeibedienstete. Knapp 300 Stellen sind im „Gefangenenbewachungsdienst" vorgesehen, um etwa dieselbe Anzahl Häftlinge zu bewachen. Diese Angestellten lassen sich „Meister" nennen, die (englischsprachigen) Afrikaner höre ich sie „master" rufen.

„Wir nennen sie ‚Meister'. ‚Meister, Meister heiß Wasser!' Weißt du, das ist die Sprache, die du da drinnen lernst. Es dauert Wochen, um es zu lernen: ‚Heißwasser!, Licht an, Licht aus, Fenster auf, Fenster an, Meister, Fernbedienung, Fernsehbedienung [um die Lautstärke einzustellen, T.S.], sie sagen nicht ‚Fernbedienung', sie sagen ‚Fernsehbedienung', weißt du, hahaha. Und: ‚andere Seite', wenn du auf die andere Seite [des Stockwerks, T.S.] rüber gehen willst. Und: ‚Meister, Umschlag!', Umschlag, für einen Brief. Und einmal am Tag kommt einer, der heißt ‚Eihhnkauuuuf!'. Er verkauft also all die kleinen Sachen, wie Zigaretten, Tabak, aber das ist nur für die privilegierten Leute gedacht, die Geld von draußen bekommen. Aber wir bekommen auch Sozialgeld, denn wir werden sogar bezahlt! 28 Mark nach zwei Wochen, da wirst du echt reich!", (2) erzählt mir George, den ich ausführlich erst nach seiner Entlassung befragen konnte. Für jede Kleinigkeit müssen sie um Hilfe bitten. Und wenn sie nicht „Meister" sagten, würden einige Polizisten nicht kommen, höre ich immer wieder.

Ein anderer Häftling wurde aus der Abschiebe- in die Strafhaft verlegt, um eine zweiwöchige Reststrafe wegen Ladendiebstahls zu verbüßen. Er war unglaublich erstaunt, dass es auch nette Deutsche gibt, wie er sagte, weil sich die Justizvollzugsbeamten in der Strafhaft korrekt benommen hatten.

Ein dritter Gesprächspartner kann sehr gut Deutsch. Er übernimmt Vermittlerfunktionen, übersetzt Schriftstücke (er spricht Serbokroatisch und Russisch), schreibt Beschwerden. In seiner Heimat, im ehemaligen Jugoslawien, war er Polizist. So floh er Anfang der 1990er Jahre vor dem Einsatz im Krieg und bekam hier in Deutschland – wie die meisten Bürgerkriegsflüchtlinge – kein dauerhaftes Aufenthaltsrecht. Seit mehreren Monaten wartet er darauf, entlassen zu werden, denn die jugoslawische Botschaft stellt ihm keine Papiere aus. Über seine Bewacher schimpft auch er: *„Ich habe in meiner Karriere schon viele Leute hinter Gitter gebracht, aber so wie die hier habe ich mich nie aufgeführt."* Besonders die Willkür

macht ihm zu schaffen, mit der die Polizeibediensteten ihren Willen durchsetzen, etwa indem sie den Hofgang einfach beenden, wenn sie Feierabend machen möchten.

Sehr gute Deutschkenntnisse sind bei den inhaftierten Flüchtlingen verständlicherweise selten. Allerdings werden auch ehemalige Strafhäftlinge, nachdem sie ihre Strafe bereits verbüßt haben und ausgewiesen werden sollen, in die Abschiebehaft überführt. Diese Menschen sind zu Recht erbost: viele Monate hätte die Ausländerbehörde Zeit gehabt, ihre Abschiebung vorzubereiten, und nun wird sie erst am Tag der Entlassung aktiv, was den Betroffenen neben der Doppelbestrafung durch die sich anschließende Ausweisung (was etwa bei Drogendelikten immer der Fall ist) nun auch noch einige Wochen „Vorbereitungshaft" einbringt. Sie kennen das Gefängnisregime aus eigener Erfahrung. Trotzdem schüttelt Herr Pavlic bei einem Besuch den Kopf über die Bedingungen in der Abschiebehaft: *„Also so wie die hier mit den Leuten umgehen, das gibt's in keinem anderen Knast ... "*

Vier Seelsorger und Seelsorgerinnen sowie drei SozialarbeiterInnen sind für die Betreuung der Häftlinge zuständig. Außerdem ist zu Tagesarbeitszeiten eine Polizeiärztin vor Ort, rund um die Uhr einige Sanitäter. Die Qualität der Behandlung lässt allerdings zu wünschen übrig: Wer über Schmerzen klagt, erhält Schmerztabletten. Grundsätzlich werden Medikamente ohne Beipackzettel, ohne jede Information abgegeben. Darüber hinaus ist es sehr schwer, einen unabhängigen Arzt, der das Vertrauen des jeweiligen Häftlings genießt, in die Haftanstalt zu holen. Wenn Häftlinge schwer erkrankt sind, kommen sie u.U. in das Krankenhaus Köpenick, in die Praxis des Polizeiärztlichen Dienstes nach Spandau oder in das Haftkrankenhaus Moabit. Wer im Hungerstreik ist, wird täglich gewogen – immerhin.

Festnahme und Haftbeschluss

Wenn die Polizei eine Person ohne gültige Aufenthaltspapiere aufgreift, kommt die Person in Polizeigewahrsam. Geld und Besitz wird den Gefangenen bei der Verhaftung weggenommen. Das Geld wird mit den Haftkosten verrechnet, die über 50 Euro pro Tag betragen. Oft klagen Häftlinge, dass sie bei der Verhaftung keinen persönlichen Besitz mehr mitnehmen konnten, so dass sie bei der Abschiebung oder der Entlassung nur das besitzen, was sie bei der Verhaftung am Leibe hatten.

Jede Person, die von der Polizei oder dem Bundesgrenzschutz festgenommen wurde, muss bis 24 Uhr des Folgetages einem Haftrichter vorgeführt werden. Die Ausländerbehörde (in Berlin das Landeseinwohneramt) nennt daraufhin Gründe für eine Inhaftierung und der Richter/die Richterin ist verpflichtet, diese gewissenhaft zu prüfen. Jetzt kann Haft für maximal sechs Monate angeordnet werden, je nach dem Antrag der Ausländerbehörde. In Berlin wurden anfangs sechs Wochen, später auch gleich drei Monate stattgegeben. Mittlerweile gehen manche Richter auch über diese drei Monate hinaus und ordnen bis zu sechs Monate Haft auf einmal an.

Die Abschiebehaft wird von den lokalen Amtsgerichten angeordnet, die ansonsten nichts mit Ausländer- oder Asylrecht zu tun haben. Die Aufgabe der HaftrichterInnen ist es, zu prüfen, ob die Abschiebehaft zulässig ist. Dabei übernehmen sie in der Regel die Argumentation der Ausländerbehörde. Die angeordnete Inhaftnahme wird in den meisten Fällen in standardisierter Form begründet. Die Betroffenen können dazu Stellung nehmen, wobei ein Dolmetscher zumindest eine minimale Verständigung gewährleistet. Häufig sind Rechtsanwälte aus zeitlichen Gründen jedoch nicht in der Lage, an kurzfristig anberaumten Verhandlungsterminen teilzunehmen. Gegen die Haftanordnung kann „sofortige Beschwerde" eingereicht werden; dann prüft das Landgericht die Entscheidung des Amtsgerichts. Allerdings wird die bestehende Beschwerdefrist von 14 Tagen oft gar nicht wahrgenommen, weil kein Anwalt vorhanden oder den Häftlingen die Rechtslage nicht bekannt ist. Denn um anwaltliche Unterstützung muss sich jeder Häftling selbst kümmern, und ihre Anwälte müssen die Häftlinge selbst finanzieren. So stellt auch die kostenlose Rechtsberatung, die von engagierten AnwältInnen einmal in der Woche in der Abschiebehaft angeboten wird, nur den sprichwörtlichen Tropfen auf den heißen Stein dar. Wer sich nicht auf Deutsch, Englisch oder Französisch verständigen kann, bleibt weitgehend ohne Hilfe, isoliert und orientierungslos. Denn wer kennt schon ehrenamtliche HelferInnen, die Mongolisch, Farsi oder Urdu sprechen? Und was heißt „einstweiliger Rechtsschutz" auf Russisch?

Endstation Abschiebehaft?

Bundesweit werden „nur" zwischen 60 und 80% aller Abschiebehäftlinge tatsächlich auch abgeschoben. Diese Zahl beruht auf Schätzungen, da offizielle Angaben unvollständig sind. Entsprechend schwer ist es demnach auch festzustellen, wie viele der Freigelassenen eine Duldung erhalten und wie viele einfach in die „Illegalität" entlassen werden (3). In Berlin werden vermutlich nicht einmal 50% aller Inhaftierten abgeschoben.

Die Gefangenen werden entlassen, wenn kein neuer Haftantrag durch die Ausländerbehörde gestellt wurde. Wird einem erneuten Antrag bei der Anhörung nicht stattgegeben, da der Richter oder die Richterin annimmt, dass die Abschiebung nicht in absehbarer Zeit erfolgen kann und/oder die Haftdauer „unverhältnismäßig" wird, erfolgt ebenfalls eine Entlassung. Darüber hinaus können auch die Haftgründe entfallen – etwa durch Heirat mit einer/m Deutschen. In solchen Fällen kann eine erneute Anhörung jederzeit beantragt werden. Schließlich ist es denkbar, dass ein Abschiebehäftling nach einem Hungerstreik oder durch eine schwere Krankheit haftunfähig ist und von der Haftleitung freigelassen wird.

Da auch Personen inhaftiert werden, bei denen von vornherein feststeht, dass die geplante Abschiebung kaum möglich sein wird – zum Beispiel aufgrund von Passlosigkeit, mangelnder Kooperation der Botschaften oder bürokratischen Wirrnissen im Heimatland – kommt es regelmäßig zu Entlassungen nach einer Haft von drei bis 12 Monaten. Offenbar versucht die Ausländerbehörde, trotz fehlenden Erfolges bei der Passbeschaffung bestimmten Personengruppen ein abschreckendes Beispiel zu geben, indem sie diese Personen festhält, ohne sie tatsächlich abschieben zu können. Allein der „illegale Aufenthalt" wird auf diesem Wege „bestraft".

Gleichzeitig dient die Haft auch als „Beugehaft", um die Betroffenen dazu zu bewegen, sich doch noch für ihre eigene Abschiebung einzusetzen oder „freiwillig" auszureisen. Dazu wird die Haft immer weiter ausgedehnt. Den betroffenen Häftlingen wird vorgehalten, die lange Haftdauer selbst zu verantworten.

Der Asylantrag Pascals, auf den ich zu Beginn meiner Besuche noch einige Hoffnung setzte, wurde schnell als „offensichtlich unbegründet" abgelehnt. Ich konnte ihm also nicht wirklich helfen. Im dritten Monat seiner Inhaftierung wird Pascal der nigerianischen Botschaft „vorgeführt", wie die Behörden das nennen. Allerdings führt das nicht zu einer Bestätigung seiner tatsächlichen Staatsangehörigkeit. Denn zu diesen Botschaftsanhörungen werden – und wurden auch im Falle Pascals – stets Gruppen von Ausreisepflichtigen zwangsweise vorgeführt, die aus ganz unterschiedlichen Staaten stammen können. Bei der Vorführung entschied der nigerianische Botschaftsmitarbeiter bei ihm als fünfte Person in Folge negativ.

Die Vorstellung bei der Botschaft Ghanas etwa sechs Wochen später endet mit einer Erklärung des Botschaftspersonals, er könne aus Ghana stammen, aber er sei möglicherweise auch nigerianischer Staatsbürger. Vor der Ausstellung eines Reisedokuments würden Sachbeweise für seine Herkunft benötigt.

Nun behauptet die Ausländerbehörde, er würde seine wahre Identität nicht offenlegen. Die Vorbehalte gegenüber Pascal, so zeigt sich bei der richterlichen Anhörung, gründen darauf, dass er in drei Situationen nicht klargestellt hat, aus welchem Land er wirklich kommt. Bei seinem Aufgriff notierten die Polizeibeamten „Liberia" als Herkunftsland. Nun wirft man ihm vor, er hätte es nicht korrigiert. Vielleicht sollte die Dame von der Ausländerbehörde selbst einmal in den „Bereich polizeilicher Maßnahmen" geraten? Dann bat er einen Mithäftling während der ersten Wochen seiner

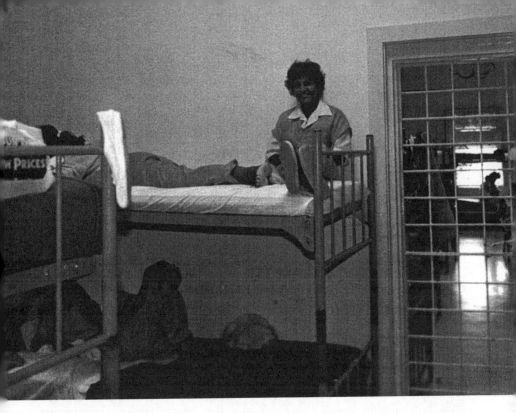

Inhaftierung, einen Brief an das Bundesamt für ihn zu Papier zu bringen (er selber kann nur seinen Namen schreiben), in dem er um Asyl bittet, und in dem sich ebenfalls statt „Nig-" „Lib-eria" einschlich. Bei einer der ersten Anhörungen vor der Haftrichterin bemerkte er schließlich nicht, dass in den Papieren, die ihm vorgelegt wurden, unter seinem Namen und Geburtsdatum auch „Liberia" vermerkt war. Damit hatte er diese Staatsangehörigkeit damals bestätigt. Dieser Argumentation schließt sich die Richterin des Amtsgerichtes implizit an, als sie nach sechs Monaten die Haft erneut verlängert.

Unkenntnis der Rechte, Ungewissheit des Ausgangs

Viele Abschiebehäftlinge werden irgendwo von der Polizei aufgegriffen und haben bei der Inhaftnahme keine Ahnung, was mit ihnen passieren wird. Die meisten verfügen nicht über ausreichende Sprachkenntnisse, um sich über ihre Situation informieren zu können. Die verantwortlichen Behörden wiederum – in erster Linie die Ausländerbehörde, die eine Inhaftierung zu verantworten hat, aber auch die Leitung der Abschiebehaftanstalt oder das Amtsgericht – geben sich wenig Mühe, die Flüchtlinge aufzuklären und sie über ihre Rechte zu unterrichten.

In der Abschiebehaft angekommen, wissen einige der Betroffenen weder, wo sie sich befinden, noch wie lange sie festgehalten werden können, oder was ihnen vorgeworfen wird. In vielen Fällen ist ihnen die Inhaftierung unerklärlich. Meist erklären sie sich die Haft fälschlicherweise damit, dass sie eine Straftat begangen hätten. Sie kommen nicht auf den Gedanken, daß der „illegale Aufenthalt" der Grund für die Abschiebehaft ist!

Da die Inhaftierung im Abschiebegewahrsam sich insofern von einer Strafhaft unterscheidet, als Dauer und Ende der Haft – also die allernächste Zukunft der Abschiebehäftlinge – in der Regel unvorhersehbar sind, ist der psychische Druck, unter dem die Häftlinge stehen, enorm. Nicht umsonst gehört zu den grundlegenden und international anerkannten Prinzipien des rechtsstaatlichen Umgangs mit Inhaftierten (formuliert etwa im „Body of Principles" der Vereinten Nationen), dass diese über Charakter und voraussichtliche Dauer der Haft informiert werden. Dazu kommt, dass in der Berliner Abschiebehaft keinerlei Beschäftigungsmöglichkeiten für die Häftlinge angeboten werden, so dass diese den ganzen Tag damit verbringen, zu warten: mit zweifelhaften Aussichten auf eine Entlassung oder auf den ungewissen Termin ihrer Abschiebung.

In der Abschiebehaft sieht kaum eine/r der Gefangenen für sich noch wirkliche Handlungsmöglichkeiten – tatsächlich gibt es nur die „Wahl" zwischen Abschiebung und Fortdauer der unerträglichen Inhaftierung. Ihre Situation wird für sie unkontrollierbar. Sie sind der Behördenwillkür ausgeliefert. In vielen Fällen haben sie keinerlei soziale Unterstützung außerhalb des Gefängnisses. Dazu kommt, dass viele Menschen in der Abschiebehaft anfangs unter Schock stehen. Die allermeisten von ihnen waren vorher nie im Gefängnis. Nicht wenige haben Angst vor der Abschiebung in ihr Herkunftsland.

Das hilflose Warten auf eine bedrohliche, vielleicht lebensgefährliche Zukunft wird für sie zur Qual. Der Freiheitsentzug, die Rechtlosigkeit, die Behandlung durch die Beamten, die Ungewissheit führen bei vielen nach einigen Wochen zu einer extremen Anspannung mit gravierenden Folgen: Kopfschmerzen, Konzentrationsschwierigkeiten, Schwindelgefühle, Alpträume, Schlaflosigkeit, Appetitlosigkeit, Schweißausbrüche, Apathie, Stressgefühle, Angstzustände, Wut, Trauer, Hilflosigkeit und Verzweiflung. Depressive Stimmungen, Suizidgedanken und Selbsttötungsversuche, Selbstverletzungen und Hungerstreiks sind in der Berliner Abschiebehaft an der Tagesordnung. Der Innensenat weiß, wie verzweifelt diese Menschen sind: „Im ersten Halbjahr 2000 wurden 228 Nahrungsaufnahmeverweigerungen für einen Zeitraum von durchschnittlich 14 Tagen erfasst." (4)

Das Abschiebesystem

Die genaue Zahl der Abschiebehäftlinge, die bundesweit in Justizvollzugsanstalten oder in eigens eingerichteten Abschiebehaftanstalten festgehalten werden, kann nur schwer ermittelt werden, da keine bundesweite Gesamtstatistik geführt wird. So sind nur Momentaufnahmen möglich: Im März 2000 befanden sich bundesweit 1.960 Gefangene in Abschiebehaft (5). Eine grobe Schätzung geht davon aus, dass etwa fünf bis zehn Prozent aller Häftlinge für mehr als zwei Monate in Abschiebehaft gehalten werden.

Warum schiebt niemand diesem unmenschlichen Verwaltungshandeln einen Riegel vor? Hatten nicht SPD und Grüne schon 1998 in ihrem Koalitionsvertrag die Abschiebehaft ausdrücklich zur Disposition gestellt? (6) Die Tatsache, dass an diesen „Sondermaßnahmen" festgehalten wird, macht das politische Kalkül deutlich, das hinter der Abschiebehaft steckt.

Zum einen geht es um Abschreckung. Diese Tatsache lässt sich auch mit der in diesem Zusammenhang immer wieder geäußerten Behauptung, die Verwaltung richte sich strikt nach den Gesetzen, nicht verhehlen. Denn bestimmte Paragraphen – ja ganze Gesetze, wie etwa das Asylbewerberleistungsgesetz – sind explizit zur Abschreckung potentieller MigrantInnen erlassen.

Zum anderen sollen Abschiebungen erleichtert und mehr Abschiebungen vollzogen werden. Sei es durch das Zwangsmittel der „Pass-Beschaffungshaft", sei es durch eine „Pass-Erzwingungshaft". Das ist zwar nicht gesetzlich sanktioniert, dennoch wird so verfahren. Das sogenannte Zuwanderungsgesetz schließt diese Lücken und formuliert die Mitwirkungspflicht bei der Passbeschaffung ausdrücklich (§ 48 Abs. 3 ZuwG). Außerdem institutionalisiert es den Einsatz spezieller Druckmittel zur Passbeschaffung (die sogenannte Ausreiseeinrichtung, § 61 Abs. 2). Damit werden bestehende Praktiken, gegen die AnwältInnen jetzt noch juristisch vorgehen könnten, aus der rechtlichen Grauzone herausgeholt und legalisiert. Andere Vorgehensweisen, wie die Inhaftierung aufgrund der dehnbaren Gesetzesformel „begründeter Verdacht" aus dem Ausländergesetz, bleiben weiterhin verfügbar.

Die mit besonderen Kompetenzen ausgestatteten Ausländerbehörden operieren damit in einem rechtlichen Grenzgebiet, das Helmut Dietrich „diskretionäre Gewalt" (7) nennt. Denn sie setzten Zwangsmittel ein, die gegenüber eigenen Staatsbürgern überhaupt nicht (mehr) zulässig seien. Die Ausländerpolizei (so wird die Ausländerbehörde von den Abschiebehäftlingen unisono genannt) bekommt durch den Gesetzgeber zur Zeit eher mehr als weniger derartige Druckmittel an die Hand. Sie soll ihre Aufgaben entschiedener umsetzen können. Wolf-Dieter Narr und andere PolizeiforscherInnen nennen das „Vorwärtsverrechtlichung": immer neue und immer weitergehende Befugnisse zum Einsatz staatlicher Zwangsmittel zu erfinden und einzusetzen. An einer der schwächsten Bevölkerungsgruppen, den MigrantInnen, wird, wie so oft schon, eine Politik des starken Staates vorexerziert.

Doch zurück zum Schicksal Pascals, der bereits seit über einem halben Jahr auf seine Abschiebung wartet und nun befürchten muss, in ein Land geschickt zu werden, in dem er noch nie war. Er sei selbst schuld an der langen Haftdauer, wird ihm stets vorgehalten. So wird es Sommer. Die Ausländerbehörde lässt erneut Photos von ihm machen, weil er zur Botschaft Liberias gebracht werden soll. Die Vorführung findet nicht statt. Im Juli 2002 wird er dort schließlich vorgeführt, wenige Tage später entlassen. Nachdem ich ihn fast 8 Monate lang regelmäßig in der Haft besucht habe, höre ich eines Tages seine Stimme auf meinem Anrufbeantworter: I'm free – ich bin raus!

(Für alle Namen wurden Pseudonyme gewählt, alle Angaben zur Staatsangehörigkeit verfremdet.)

Die „Initiative" besucht Menschen, die in der Abschiebehaft festgehalten werden.

Kontakt: Initiative gegen Abschiebehaft c/o KSG, Klopstockstr. 31, 10557 Berlin. Tel.: 030/41 700 915 (AB), eMail: Initiative.gegenAbschiebehaft@berlin.de, http://www.berlinet.de/ari/ini

Anmerkungen

1) Zuvor waren die Häftlinge auf verschiedene JVAs und Polizeibehörden verteilt worden. Bis Ende 2000 war auch ein Polizeigewahrsam in der Kruppstraße in Berlin-Moabit noch als Abschiebegefängnis in Betrieb.
2) Ich übersetze aus dem Englischen.
3) Diese Personen erhalten dann eine „Grenzübertrittsbescheinigung" in Verbindung mit der erneuten Aufforderung, auszureisen. Der Grund ihrer Entlassung ist jedoch zumeist, dass sie nicht abgeschoben wurden und werden, da keine Reisedokumente beschafft werden können. Ihnen stünde also sofort eine „Duldung" zu.
4) Antwort der Senatsverwaltung für Inneres auf die Kleine Anfrage 923 vom 18. Juli 2000.
5) vgl. BMI/BMJ, Erster Periodischer Sicherheitsbericht, Berlin 2001, S. 412, unter Bezugnahme auf die Monatsstatistik des BMJ.
6) Dort heißt es: „Die Dauer der Abschiebungshaft und des Flughafenverfahrens werden im Lichte des Verhältnismäßigkeitsgrundsatzes überprüft."
7) Diese stamme aus dem Zeitalter des Kolonialismus. Vgl. Helmut Dietrich, Kolonialbeamte der Europäischen Union, in: Jungle World 21, 23.05.2001.

Sigrid Becker-Wirth

„Die Mauer muss weg"

Ein Bericht über den Abschiebekomplex im rheinland-pfälzischen Ingelheim

Schon von weitem weisen hohe Betonwände darauf hin, dass man sich einem Gefängnis nähert. Es gibt hier nichts als diese Mauern. Wir befinden uns am Rande des Gewerbegebiets des Städtchens Ingelheim, ca. 15 km von Mainz entfernt. Plötzlich steht man vor einer uneinnehmbaren Festung aus Beton. Seit über einem Jahr gibt es diesen Abschiebekomplex bestehend aus der *Landesunterkunft für Ausreisepflichtige (LufA)*, einer *Notunterkunft für Asylbewerber* und dem *Abschiebegefängnis*. Das Neue an diesem Komplex ist die Konzentrierung der Abschiebemaschinerie auf einen Ort, das „Modellprojekt LufA" und ein Abschiebegefängnis in Form eines hochmodernen Sicherheitsgefängnisses.

Dieser Knast ist zur Zeit das mit der besten und neuesten Sicherheitstechnik ausgerüstete Gefängnis in Deutschland. Es soll gar nicht Gefängnis genannt werden. Offiziell heißt es „Gewahrsamseinrichtung für Ausreisepflichtige". Warum dann diese Sicherheit? Sind die Inhaftierten so gefährlich? Ein offizieller Vertreter der Verwaltung soll auf diese Fragen geantwortet haben: „Die Menschen hier haben nichts mehr zu verlieren, deshalb sind sie die gefährlichsten." Haben sie wirklich nichts mehr zu verlieren? Bedeutet die Abschiebung in ihr Herkunftsland eine solche Gefahr, wie es in dieser Aussage anerkannt wird? Warum ermöglicht man den Betroffenen dann nicht einen gesicherten Aufenthalt in Deutschland, statt sichere Abschiebeknäste zu bauen?

Die Kosten für den Bau dieser in Ingelheim in Beton gegossenen Unmenschlichkeit beliefen sich auf ca. 27 Millionen DM. Im April 2001 wurde der Komplex in Betrieb genommen mit Platz für die Aufnahme von 150 Männern. Bundesweit werden pro Jahr 18-20.000 Menschen in Abschiebehaft genommen. Dabei handelt es sich um eine präventive Maßnahme zur Sicherung der Abschiebung. Im Ingelheimer Knast sind Menschen aus allen Kontinenten eingesperrt: Kurden aus der Türkei, Inder, Algerier, Menschen aus den Ländern der ehemaligen Sowjetunion, einzelne Palästinenser aus Jordanien oder dem Libanon, Schwarzafrikaner, Latinos, Chinesen … Auch psychisch und physisch Kranke sind unter ihnen. Die Bedingungen entsprechen weitgehend denen des Strafvollzugs.

Sie sind eher noch strenger. Doch die in Ingelheim oder anderswo in Abschiebeknästen inhaftierten Menschen sind keiner Straftat überführt worden. Einzelne, die straffällig geworden sind, haben ihre Strafen bereits in Justizvollzugsanstalten abgesessen, bevor sie in das Abschiebegefängnis gebracht wurden. Das „Verbrechen" der hier Eingesperrten besteht darin, keinen gültigen Aufenthaltsstatus für Deutschland, keine Papiere zu besitzen.

Ohne Papiere in Deutschland

Wer sind die Menschen ohne Papiere, die „sans papiers", die hinter den Mauern des Hochsicherheitstraktes im Abschiebekomplex verschwinden?

● „Illegal" Eingereiste aus sehr armen Ländern, oft aus Osteuropa, die versuchen mit „Schwarzarbeit" etwas Geld zu verdienen, um die Familien in den Heimatländern über Wasser zu halten. „Glück ist, wenn man als Mann einfach für seine Familie sorgen kann", so ein Ukrainer.

● Abgelehnte Asylbewerber, die der Aufforderung nach Ausreise nicht nachgekommen sind. Es gibt viele Gründe, warum der Bitte um Asyl nicht stattgegeben wird. Oft können die Betroffenen in den Augen der Entscheider ihre Fluchtgründe nicht glaubhaft machen. Ein Kurde aus der Türkei sagt: „Wenn dein Nachbar gesagt hat, du stehst auf der schwarzen Liste, reicht das nicht. Du musst diese Liste schon vorweisen können oder noch frische Folterspuren haben, damit dir geglaubt wird." Oder die jungen Algerier, die keine andere Möglichkeit sahen, sich dem Wehrdienst zu entziehen.

● Menschen, die ihre bereits errungene Aufenthaltserlaubnis für Deutschland wieder verloren haben: Studenten nach durchgefallener Prüfung; Männer, die vor Ablauf der Zweijahresfrist von einer deutschen Frau geschieden werden; oft schon lange hier lebende Ausländer, die mit dem Gesetz in Konflikt kamen.

● Alle Menschen, die über einen sicheren Drittstaat eingereist sind, werden automatisch zurückgeschoben.

● Menschen, die nach Deutschland gekommen sind, um Asyl zu suchen, werden auf dem Weg zur „Asylantragsstellung" ohne Papiere festgenommen. Oder Männer, die ihre deutsche Freundin heiraten wollen, dies aber ohne Papiere nicht können. Keine Papiere, keine Heirat, Abschiebehaft! Ein junger Russe wurde beispielsweise festgenommen, während seine Freundin schwanger war und seine Unterstützung doppelt gebraucht hätte. Sie gebar das Kind, während er in Haft saß.

Ausländergesetz § 57

(1) Ein Ausländer ist zur Vorbereitung der Ausweisung auf richterliche Anordnung in Haft zu nehmen, wenn über die Ausweisung nicht sofort entschieden werden kann und die Abschiebung ohne die Inhaftnahme wesentlich erschwert oder vereitelt würde (Vorbereitungshaft).

Die Dauer der Vorbereitungshaft soll sechs Wochen nicht überschreiten. Im Falle der Ausweisung bedarf es für die Fortdauer der Haft bis zum Ablauf der angeordneten Haftdauer keiner erneuten richterlichen Anordnung.

(2) Ein Ausländer ist zur Sicherung der Abschiebung auf richterliche Anordnung in Haft (Sicherungshaft) zu nehmen, wenn

1. der Ausländer auf Grund einer unerlaubten Einreise vollziehbar ausreisepflichtig ist,

2. die Ausreisefrist abgelaufen ist und der Ausländer seinen Aufenthaltsort gewechselt hat, ohne der Ausländerbehörde eine Anschrift anzugeben, unter der er erreichbar ist,

3. er aus von ihm zu vertretenden Gründen zu einem für die Abschiebung angekündigten Termin nicht an dem von der Ausländerbehörde angegebenen Ort angetroffen wurde,

4. er sich in sonstiger Weise der Abschiebung entzogen hat oder

5. der begründete Verdacht besteht, dass er sich der Abschiebung entziehen will.

Der Ausländer kann für die Dauer von längstens zwei Wochen in Sicherungshaft genommen werden, wenn die Ausreisefrist abgelaufen ist und feststeht, dass die Abschiebung durchgeführt werden kann.

Von der Anordnung der Sicherungshaft nach Satz 1 Nr. 1 kann ausnahmsweise abgesehen werden, wenn der Ausländer glaubhaft macht, dass er sich der Abschiebung nicht entziehen will.

Die Sicherungshaft ist unzulässig, wenn feststeht, dass aus Gründen, die der Ausländer nicht zu vertreten hat, die Abschiebung nicht innerhalb der nächsten drei Monate durchgeführt werden kann.

(3) Die Sicherungshaft kann bis zu sechs Monaten angeordnet werden. Sie kann in Fällen, in denen der Ausländer seine Abschiebung verhindert, um höchstens zwölf Monate verlängert werden.

Eine Vorbereitungshaft ist auf die Gesamtdauer der Sicherungshaft anzurechnen.

Situation in der Abschiebehaft

Zu zweit oder in Ausnahmefällen auch alleine, sind die Männer in einer ca. 14 Quadratmeter großen, kargen Zelle untergebracht. In jeder Zelle befinden sich ein Doppelstockbett, ein Spind, ein Regal, ein Tisch, zwei Stühle, ein Mülleimer, der umgedreht auch als dritter Stuhl Dienst tut, und ein Fernseher. Die Toilette mit Waschbecken ist durch eine Tür abgetrennt. Die einzelnen Zellen sind durch eine Metalltür verschlossen, mit einem Guckschlitz für die Bewacher.

In dieser Zelle sind die Abschiebehäftlinge den ganzen Tag über eingesperrt. Nein, nicht den ganzen Tag, das wäre übertrieben. Täglich haben sie das Recht, sich zum Duschen bringen zu lassen, und auf einen einstündigen Hofgang, abzüglich der Zeit für Holen und Wegbringen. Einmal wöchentlich dürfen sie den Gottesdienst besuchen und, falls die Geräte nicht gerade defekt sind, in einem Fitnessraum von der Größe einer Zelle an einem Gerät zu maximal drei Personen etwas Sport treiben. Für den schon erwähnten Hofgang wurden auf dem Außengelände zwei kleine Plätze mit einem hohen Stahlgitter umzäunt. Dies erinnert eher an einen Käfig, denn an eine Freizeitanlage. Bäume oder Blumen sucht man hier vergeblich, dafür hat man freien Ausblick auf die das ganze Gefängnis umgebende Betonmauer. In diesem Käfig dürfen die Männer dann täglich für den einstündigen Freigang unter der Kontrolle von Wächtern mit Hundestaffel im Kreis laufen. Manchmal spielen sie auch Fußball. Dabei müssen sie aber aufpassen, dass der Ball nicht den scharfkantigen Zaun berührt, denn dann geht er kaputt. Am Nachmittag können die Verwahrten darum bitten, zu jemand anderem in die Zelle geschlossen zu werden. Maximal drei Personen pro Zelle sind erlaubt. Von Kirchen und Menschenrechtsgruppen wird gefordert, was sonst im Strafvollzug normal ist, am Nachmittag die Zellentüren für einige Stunden zu öffnen. Bisher konnte diese Erleichterung nur als Versuchsprojekt für einen Flur erreicht werden. So sind die meisten Inhaftierten bis auf Ausnahmen täglich 22 bis 23 Stunden in einer geschlossenen Zelle eingesperrt.

Neben den Mitgefangenen sehen die inhaftierten Männer die Wachen der privaten Sicherheitsfirma, ab und zu einen Landesbediensteten und manchmal MitarbeiterInnen des vom Land angestellten Sozialdienstes. Jeweils an einem Nachmittag in der Woche besuchen Ehrenamtliche von „amnesty international" und der „Humanitären Hilfe" die Gefangenen. An diesem Nachmittag können sie mit bis zu fünf Männern Beratungsgespräche führen. Viele erleben es als große Hilfe, dass es ebenfalls einmal pro Woche eine von den Kirchen finanzierte Rechtsanwaltsberatung gibt. So mancher Häftling ist wieder freigekommen, weil entsprechende Rechtsmittel eingelegt werden konnten.

Schließlich gibt es die Katholische und die Evangelische Seelsorge mit jeweils einer halben Stelle. Sehr viele Inhaftierte wünschen, unabhängig von ihrer Religion, den Kontakt zu den SeelsorgerInnen:

● um einmal mit einem Menschen, der von außen kommt, reden zu können;

● einem sagen zu können: „Bete für mich, jetzt kann mir nur noch Gott helfen!";

● jemanden zu haben, der oder die nochmal und nochmal bei Behördenschreiben und Gerichtsbeschlüssen übersetzen hilft und die oft unverständliche Rechtslage erklärt;

● ab und zu Tabak oder eine Telefonkarte zu bekommen, damit die Kommunikation zur Außenwelt nicht ganz abbricht;

● einen zu haben, der zuhört, Mut zuspricht, manchmal auch einfach einen Witz macht;

● noch einen Menschen zu haben, der die Angst mit aushält ... bis zum Schluss, wenn die Abschiebung immer näher kommt.

Jeden Samstag besteht die Möglichkeit zur Teilnahme am Gottesdienst im Sakralraum. Aus Sicherheitsgründen ist die Teilnehmerzahl auf zehn begrenzt, so dass die SeelsorgerInnen mehrere Gottesdienste nacheinander feiern, da viele Gefangene an diesem kirchlichen Angebot teilnehmen möchten. Es ermöglicht ihnen, aus der Monotonie der Haftsituation „auszubrechen", eine kleine Gemeinschaft im gemeinsamen Singen und Beten zu erleben und kleinste Hoffnungszeichen gegen die Verzweiflung zu setzen, indem beispielsweise eine Kerze für die Abgeschobenen zu Beginn eines jeden Gottesdienstes angezündet wird.

Endstation Ingelheim

Gemeinschaftsräume, Werkstätten oder Fortbildungsangebote sucht man in dieser Einrichtung vergeblich. Dies hier ist ja keine Straf-, sondern eine „Sicherungshaft". Für die „Sicherungshaft" ist eine „Resozialisierung" mit den entsprechenden Angeboten wie z.b. Arbeits- oder Ausbildungsmöglichkeiten nicht vorgesehen. Sie bekommen drei Mahlzeiten täglich, etwas zu trinken, Seife, saubere Kleidung. Zur Unterhaltung steht in jeder Zelle ein Fernseher. Da diese kärgliche Ausstattung den Staat schon Geld kostet, werden den Menschen bei ihrer Festnahme alle Wertgegenstände, wie z.B. Handys und ihr Bargeld abgenommen. Nach dem Ausländerrecht werden Abschiebehäftlingen die Haft- und die Flugkosten für die Abschiebung in Rechnung gestellt. Wenn alle Formalitäten geregelt sind, werden sie oftmals ohne einen Euro in der Tasche ausgeflogen. So ist es ihnen unmöglich, in dem Land, in das sie abgeschoben werden, zu telefonieren oder einen Bus vom Flughafen zu dem oft viele hundert Kilometer entfernt liegenden „Heimatort" zu finanzieren. Vor der Abschiebung müssen sie mehrmals Durchsuchungen mit intensiver Kontrolle aller Körperpartien über sich ergehen lassen. Kurz vor Abflug bleibt noch die Möglichkeit, über den „Kirchlichen Flughafensozialdienst für Passagiere" den Abzuschiebenden ein kleines Reisegeld zu übergeben. Dies ist für die Betroffenen oft eine große Erleichterung. Hier klappt die Zusammenarbeit zwischen den SeelsorgerInnen in der „Gewahrsamseinrichtung" und dem Kirchlichen Dienst am Flughafen gut. Letztere müssen das Geld für die einzelnen Flüchtlinge direkt am Flugzeug übergeben. Vorher würde es beschlagnahmt werden.

So lassen sich zwei Männer, die gerade die Nachricht von der für den kommenden Tag angesetzten Abschiebung erhalten haben, zum Seelsorger bringen. Wie versteinert, zu fast keinem Satz mehr fähig, stehen sie da. Ein Bild der lähmenden Hilflosigkeit. Alle Hoffnungen auf ein menschenwürdiges Leben in Sicherheit sind geplatzt wie eine Seifenblase. Das Einzige, was noch für sie getan werden kann, sind ein Telefonat und ein Fax an den kirchlichen Flughafensozialdienst nach Frankfurt.

Immer wieder werden auch sogenannte kalte Abschiebungen vorgenommen. Wenn befürchtet wird, der Häftling könnte „Schwierigkeiten" machen, erfährt er erst fünf Minuten vorher oder mit Eintreffen der Polizei, dass es „losgeht". Dann kann es auch zu spät sein, noch ein Reisegeld zu organisieren.

Dass die Menschen in der Abschiebehaft vor schweren existentiellen Problemen stehen, ergibt sich aus der Situation ihrer Verhaftung. Plötzlich werden sie aus ihren Lebenszusammenhängen gerissen. Viele werden geradezu von der Straße weg – z.B. bei Razzien auf Baustellen – inhaftiert, ohne noch Freunden oder Familienangehörigen Bescheid geben zu können. Viele können zunächst nicht nachvollziehen, warum sie inhaftiert werden. „Ich habe doch nichts getan." – „Ich habe hier gearbeitet." – „Die können mich nicht einfach einsperren." – „Was habe ich getan, dass ich so behandelt werde?"

Für die Menschen ist die Haft eine zutiefst beschämende Erfahrung. „Was soll meine Freundin von mir denken?"... „Meine Mutter hat morgen Geburtstag. Aber sie darf es nie erfahren, dass ich im Gefängnis sitze. Ich verstehe das alles nicht …"

Die Gefangenen wissen meist nicht, wie lange die Haft dauert und wie sie enden wird. Der Freiheitsentzug, die fast vollständige Isolierung und die Angst vor einer möglichen Abschiebung lassen die psychische Belastung unerträglich ansteigen. An keiner Stelle des Gefängnisses ist ein Sichtkontakt zur Außenwelt möglich, dafür ist alles kameraüberwacht.

Immer fällt der Blick auf die hohe Mauer und den ebenso hohen Zaun, der mit Natodraht umwickelt ist.

Einige der Gefangenen gewöhnen sich an diese unerträgliche Situation auf irgend eine Weise und versuchen sich zu arrangieren. Andere werden apathisch. Wieder andere rebellieren gegen diese Zustände und gehen von Woche zu Woche mehr kaputt. So beispielsweise ein junger Palästinenser, der eine deutsche Freundin hat und die Behandlung in der Haft einfach nicht aushalten konnte. Von Woche zu Woche wurde er blasser, verzweifelter und verwahrloster. Schließlich wollte er mit einem Suizidversuch der hoffnungslosen Situation entkommen. Er wurde gefunden und in eine Psychiatrische Klinik eingewiesen.

Immer wieder entschließen sich Einzelne, in den Hungerstreik zu treten: Ein junger Georgier beispielsweise bekam nach sechs Monaten Haft eine weitere Verlängerung für drei Monate verhängt, da die für die Abschiebung notwendigen Papiere bis dahin nicht beschafft werden konnten. Er hungert seit vier Wochen, ist mittlerweile körperlich so geschwächt, dass er nur noch liegt. Der Acetongeruch aus seinem Mund ist auch bei einem Meter Entfernung gut wahrnehmbar. Aceton, das innere Organe irreversibel schädigen kann, bildet der Körper bei längerem Nahrungsentzug. Wird er bis zum Eintreten der Bewusstlosigkeit in seiner Zelle bleiben? Er will nur eines: endlich freigelassen werden!

Bundesdeutsche Flüchtlingspolitik und ihre tödlichen Folgen

Im Zeitraum vom 1. Januar 1993 bis zum 31. Dezember 2000 töteten sich 92 Flüchtlinge angesichts ihrer drohenden Abschiebung oder starben bei dem Versuch, vor der Abschiebung zu fliehen; davon allein 45 Menschen in Abschiebehaft.

Mindestens 310 Flüchtlinge haben sich in diesem Zeitraum aus Verzweiflung und Angst vor der Abschiebung oder aus Protest gegen die drohende Abschiebung (Risiko-Hungerstreiks) selbst verletzt oder unternahmen Suizidversuche. Davon befanden sich 214 in Abschiebehaft.

5 Flüchtlinge starben während der Abschiebung; 13 Flüchtlinge kamen nach ihrer Abschiebung in ihrem Herkunftsland zu Tode; 276 Flüchtlinge wurden im Herkunftsland von Polizei oder Militär misshandelt und gefoltert. 46 Flüchtlinge verschwanden nach der Abschiebung spurlos.

Quelle: Bundesdeutsche Flüchtlingspolitik und ihre tödlichen Folgen,
Hrsg. Antirassistische Initiative Berlin

Gastarbeiterlager

40

Za posehoce je
policiski čas od 21 po1čaca.
U slučaju ako se neko ne
pridržava ovoga bice od
strane policije kažnjen.

Viele sagen auch: „Hierhin will ich nie mehr zurückkommen." Die Abschreckungspolitik wirkt also. Aber sie klappt nicht immer. Je nachdem, was Einzelne in ihrem Herkunftsland erwarten und befürchten, kommt es auch vor, dass sie so große Angst vor der Abschiebung haben, dass sie sagen: „Lieber möchte ich hier sterben". Dann greifen sie zu den schon angeführten äußersten Mitteln oder sie wehren sich bei der Abschiebung mit allen ihnen zur Verfügung stehenden Möglichkeiten.

Die Abschiebung bedeutet das Ende eines hart erkämpften Lebensentwurfes, das Ende der Hoffnung, an einem sicheren Ort angekommen zu sein, an dem man irgendwann ein normales Leben führen kann. Und das Ende aller in Deutschland aufgebauten Beziehungen ...

Das Ausreisezentrum: Abschiebehaft light

Die direkt neben dieser „Gewahrsamseinrichtung" untergebrachten Menschen, hier auch Familien mit Kindern, sind in einer vergleichbaren Situation. Auch sie wurden aus ihrem sozialen Umfeld herausgerissen. Sie mussten ihre Wohnung aufgeben und verloren die Arbeit. Sie sind in der „Landesunterkunft für Ausreisepflichtige" (LufA) untergebracht, auch wohlklingend „Ausreisezentrum" genannt. „Ausreisezentrum", dieser Begriff weckt Assoziationen an die Touristikbranche. Aber mit Touristik hat das, was hier praktiziert wird, nicht das Entfernteste zu tun. Auf dem Gelände stehen mehrere, von einem Zaun umgebene durchnummerierte Häuser, die an Baracken erinnern, und in denen die hier eingewiesenen Menschen unter ärmlichsten Bedingungen leben müssen. „Ausreisezentren" sind nichts anderes als Unterbringungslager für abgelehnte Asylbewerber. Außer in Ingelheim sind noch weitere „Ausreisezentren" in Niedersachsen (Braunschweig und Oldenburg) in Betrieb und in andern Bundesländern geplant. Die niedersächsische Nomenklatur lässt erahnen, worum es hier geht: „Projekt X – Modellprojekt zur Beschaffung von Heimreisedokumenten für Ausländer mit ungeklärter Staatsangehörigkeit". In diesen Lagern landen Menschen, die aufgrund fehlender Papiere nicht abgeschoben werden können. Ihnen wird unterstellt, falsche Angaben gemacht zu haben, die Herkunft zu verschleiern und bei der Passbeschaffung nicht genügend mitzuhelfen.

In den Verfahrensregeln des Innenministeriums Rheinland-Pfalz vom 3. September 1999 heißt es: „Durch die Einrichtung für ausreisepflichtige ausländische Personen soll eine Alternative zur Abschiebungshaft geschaffen werden, in der durch die Kombination von psychosozialer Betreuung und ausländerrechtlicher Beratung die Bereitschaft geschaffen werden soll, bei der Passbeschaffung mitzuwirken und letztlich die freiwillige Ausreise zu fördern." Die Bedingungen in der LufA sind

weniger repressiv als im Abschiebegefängnis. Die in Ingelheim unter-gebrachten Menschen haben die Alternative jedoch ständig vor Augen. Sie dürfen sich frei bewegen und bekommen im Lager täglich drei Mahl-zeiten. Sonst verfügen sie über keine Mittel. Im Klartext: sie haben keinen Pfennig Geld. Einen Anspruch auf ein Taschengeld haben sie nach dem Asylbewerberleistungsgesetz nämlich nicht. Sie unterliegen einer regelmäßigen Meldepflicht und können stets von den Sicherheits-diensten kontrolliert werden. Regelmäßig müssen sie sich Beratungs-gesprächen unterziehen, in denen ihnen deutlich gemacht werden soll, dass sie keine Lebensperspektive in Deutschland haben. Die Dauer der Zwangsunterbringung ist unbefristet. Sie soll mit der freiwilligen Aus-reise enden. Eine bleierne Schwere liegt über dieser Einrichtung. Die Menschen leiden unter Orientierungs- und Hoffnungslosigkeit, nicht wenige werden krank. Der rheinland-pfälzische Arbeitskreis Asyl kommt zu dem Ergebnis, dass von 174 in den vergangenen zwei Jahren einge-wiesenen Personen 92 in die Illegalität verschwunden und nur fünf bisher „freiwillig" ausgereist sind.

Warum wurde das „Modellprojekt Ingelheim" nicht längst geschlossen? Warum werden weitere „Ausreisezentren" beispielsweise in Bayern und Sachsen-Anhalt geplant? Weil die Illegalisierung von Flüchtlingen mittels „Ausreisezentren" billigend in Kauf genommen und gefördert werden kann? Weil das deutsche Recht schon längst zu menschlichem Unrecht mutiert ist.

In der Region und an allen anderen Orten, an denen sich Abschiebeknäste und / oder Ausreisezentren befinden, arbeiten Menschenrechtsgruppen in diesen entwürdigenden Zuständen und gegen diese. In Ingelheim werden in regelmäßigen Abständen Mahngottesdienste vor den Mauern gefeiert und wird zu Demonstrationen aufgerufen. Die letzte große Kundgebung war am 29. Juni 2002. Fünfhundert Menschen demonstrierten unter dem Motto „Keine Festung Europa – Abschiebeknäste und Ausreisezentren abschaffen!". Sie ließen Luftballons mit dem Satz „Die Mauer muss weg!" aufsteigen. Auch wenn die Flüchtlinge im Knast die Demonstranten nicht sehen konnten, sie sahen die Luftballons und hörten den Protest gegen das europäische Festungsdenken, das in dem Ingelheimer Abschiebekomplex unübersehbar zum Ausdruck kommt. „Menschenrechte brauchen keine Mauern, sondern die Bekämpfung der Fluchtursachen" stellte ein Redner auf der Kundgebung klar. In einem bundesweit an alle Haushalte verteilten Werbebrief für das neue „Zuwanderungsgesetz" erklärte die Bundesregierung in den letzten Augusttagen, dass die in Stein und Stacheldraht gefassten Abschiebeeinrichtungen *im deutschen Interesse* lägen, um den Aufenthalt jener unerwünschten Ausländer effektiver und schneller beenden zu können.

Für alle, die sich weiter informieren oder engagieren möchten, hier noch zwei Adressen mit weiteren Links:

http://www.abschiebehaft.de
http://www.ausreisezentren.cjb.net

Dokumente

Dokumente
1. Juli 2001 - 30. Juni 2002

In diesem dokumentarischen Anhang werden – wie bereits in den früheren Jahrbüchern des Komitees – Erklärungen, Stellungnahmen, Aufrufe, Eingaben etc. abgedruckt. Dabei kann bei weitem nicht alles aus den Komitee-Aktivitäten im Zeitraum von Juli 2001 bis Juni 2002 seinen Niederschlag finden. So entsteht die Merkwürdigkeit, daß diese Dokumente mancher/manchem geneigten LeserIn viel zu üppig ausgewählt erscheinen mögen und dennoch nur einen Teil dessen sichtbar werden lassen, was wir in dem angegebenen Zeitraum unternommen und gleichsam kritisch anzustoßen versucht haben. Zu berücksichtigen ist, dass neben der Tag-zu-Tag-Arbeit, die selbstverständlich weiterlief, einige Themen sich wie ein roter Faden durch unser Tun zogen und fast unsere ganze Kraft forderten: die terroristischen Attentate des 11. Septembers und ihre nachhaltigen Folgen – der damit legitimierte Krieg in Afghanistan und die US-militärische Aufrüstung in Zentralasien, die Kriegsermächtigung der Bundesregierung und die deutsche Kriegsbeteiligung, die eiligst „durchgepaukten" Gesetze zur „inneren Sicherheit"–, die falschzüngige Zuwanderungsdebatte, der Schutz des Demonstrationsrechtes und die Gefangenenhilfe. In dieser Zeit gewaltiger politischer Umbrüche und Suchbewegungen ist es besonders schwer, in der Tageshektik den langen menschenrechtlichen Atem zu halten, und trotz der weltumspannenden Probleme dürfen auch die „kleinen" Gefährdungen und Gefahren sowie Menschenrechtsverletzungen nicht ausgeblendet werden.

Mazedonien: UNO und OSZE statt NATO!

Am 3. Juli 2001 veröffentlichten das Netzwerk Friedenskooperative, der Versöhnungsbund sowie das Grundrechte-Komitee einen Offenen Brief an alle Bundestagsabgeordneten angesichts des bevorstehenden Bundeswehreinsatzes in Mazedonien. Der Brief verweist auf die Ungeeignetheit der NATO, in diesem Konfliktgebiet schlichtend zu wirken. Die „Frankfurter Rundschau" wies in einem Artikel am 5. Juli 2002 auf diesen Appell aus der Friedensbewegung hin und zitierte den Offenen Brief auszugsweise.

Köln/Bonn/Minden, 3. Juli 2001

Offener Brief an alle Bundestagsabgeordneten

Betrifft: Einsatz der Bundeswehr in Mazedonien

Sehr geehrte Frau Abgeordnete, sehr geehrter Herr Abgeordneter,

wir fordern Sie auf, im Bundestag gegen jede Ermächtigungsvorlage der Bundesregierung für einen möglichen Einsatz der Bundeswehr in Mazedonien zu stimmen.

In Mazedonien drohen die bisherigen Kämpfe, sich zu einem Bürgerkrieg auszuweiten. Die NATO und mit ihr die Bundeswehr sollen nach dem Willen von Bundeskanzler und Außenminister eingreifen können. Angeblich geht es nur um das Einsammeln von Waffen der Guerilla innerhalb von 30 Tagen auf der Grundlage einer Vereinbarung zwischen der Regierung Mazedoniens und den albanischen UCK-Freischärlern. Eine solche Vereinbarung ist jedoch nicht in Sicht. Die UCK-Seite strebt eine dauerhafte Stationierung von NATO-Truppen an, während Mazedoniens Regierung die Entwaffnung der Guerilla und dann einen schnellen Abzug der NATO wünscht. Währenddessen wachsen die Feindseligkeiten auf beiden Seiten. Zu

befürchten ist, dass sich der Konflikt nicht beherrschen läßt und aus dem Einsammeln von Waffen ein Kampf mit Waffen wird, der zu einem weiteren NATO-Protektorat auf dem Balkan mit unabsehbaren Konsequenzen und Kosten führen kann.

Als Konfliktschlichter ist die NATO nicht geeignet. Sie ist in Mazedonien nicht vertrauenswürdig, da sie die kosovo-albanische UCK unterstützte, sie nicht wirksam entwaffnete und trotz KFOR-Präsenz deren grenzüberschreitende Aktionen nach Serbien und Mazedonien nicht verhinderte. Sie ist aber auch nicht sehr vertrauenswürdig, da sie einerseits mit dem Krieg gegen Jugoslawien das Land enorm belastete, es jedoch niemals angemessen entschädigte. Die gegenwärtige desolate Situation in Mazedonien ist mit dieser Tatsache eng verbunden. Darüber hinaus ist mehr als fraglich, ob die EU-Staaten und die USA innerhalb der NATO überhaupt die gleichen Ziele verfolgen. Jüngst wurde bekannt, dass sich unter den aus Aracinovo abziehenden UCK-Rebellen 17 frühere US-Offiziere als Instrukteure befanden und die Ausrüstung, einschließlich modernster Nachtsichtgeräte der dritten Generation, zu einem erheblichen Teil aus amerikanischen Beständen stammen. Das muß doch der Bundesregierung bekannt sein. Sollen die, die das Öl ins Feuer gießen, nun als Friedensstifter wirken?

Für die Konfliktschlichtung in Mazedonien muß vor allem eine politische Lösung gefunden werden. Hierfür sind die Vereinten Nationen zuständig – bei Erfolg auch für das Einsammeln von Gewehren. Der Weltsicherheitsrat muß der UNO und ihrer Regionalorganisation in Europa, der Organisation für Sicherheit und Zusammenarbeit, OSZE, sogleich einen entsprechenden Auftrag erteilen und die dafür erforderlichen Mittel zur Verfügung stellen. So würde auch Rußland in die Verantwortung für eine friedliche Lösung des Konflikts eingebunden. Ferner würde einer weiteren Militarisierung von Außenpolitik vorgebeugt werden. Kriegsfördernde Vorratsbeschlüsse wie im Oktober 1998 sollte sich ein selbstbewusstes und verantwortliches Parlament nicht mehr leisten.

Wir bitten Sie, sich als Mitglied des Deutschen Bundestags gegen eine deutsche militärische Beteiligung in Mazedonien und für eine Einbeziehung der UNO in die Konfliktvermittlung auszusprechen und mit diesem Ziel deutsche Außenpolitik in die Pflicht zu nehmen.

Prof. Dr. Andreas Buro, friedenspolitischer Sprecher des Komitees für Grundrechte und Demokratie

Manfred Stenner, Sprecher der AG out-of-area im Netzwerk Friedenskooperative

Clemens Ronnefeldt, Referent für Friedensfragen beim Int. Versöhnungsbund, dt. Zweig

Zur Zuwanderungsdebatte

Am 6. Juli 2001 veröffentlichte das Komitee eine Pressemitteilung, mit der zum Bericht der Einwanderungskommission Position bezogen wird. Deutsche Wirtschaftsinteressen sind als alleiniges Kriterium für Zuwanderungsbefürwortung übrig geblieben. Wer der deutschen Wirtschaft nützt, darf kommen; wer mutmaßlich schadet, bleibt draußen vor der Tür.

„Zuwanderung gestalten –
Integration fördern":
Nackte deutsche Wirtschaftsinteressen,
Ausschluß der Überflüssigen, eingekleidet in
einen Expertenbericht

Argumente und Empfehlungen der von der Bundesregierung geschaffenen Einwanderungskommission unter Leitung von Rita Süssmuth zielen auf eine Modernisierung der Migrationssteuerung und Migrationskontrolle. Das neualte Koordinatensystem lautet: Deutsche Wirtschaftsinteressen und effiziente Aussonderung der Unbrauchbaren. Der Bericht dieser Kommission zeigt, daß er primär drei Täuschungsabsichten dient:

Zum einen der Absicht, die Diskussion um den regierungsamtlichen Umgang mit Ausländerinnen und Ausländern in Deutschland in der Gesellschaft zu blockieren, bis denn

der Bericht einer regierungsoffiziellen Kommission vorlag. Diese Kommission war ihrerseits möglichst auf die Bildung eines Konsenses von oben angelegt. Entsprechend wurde sie mit Vertretern der führenden Parteien, diverser Interessengruppen und sogenannter Forschungsinstitute sowie Wissenschaftlern bestückt. Auf diese Weise wurde ein Suchverfahren vorgetäuscht, obgleich das Ergebnis längst vorher festlag.

Zum zweiten dienen der Kommissionsbericht und seine fettgedruckten Empfehlungen der Absicht, die Diskussion im Rahmen eines herrschaftlich vorgegebenen Konsenses zu halten und allseits akzeptable, ja neuförmige Lösungen der gegebenen Probleme vorzutäuschen. Schon einleitend wird in dem Bericht behauptet, die Kommission habe ein „umfassendes Zuwanderungsmodell entwickelt". Wer wollte diesen herrschaftlich lösungsgesättigten Konsensbericht noch in Frage stellen?

Zum dritten geben die hochgemuten, pflichtgedrückten und verantwortungsschweren Autorinnen und Autoren des Berichts vor, alle im Bericht behandelten Probleme höchst „humanitär", höchst „miteinander" lebend (vgl. die einschlägigen Kapitelüberschriften) integrativ, umfassend und strategisch zu behandeln. Von den zu qualifizierenden jungen Ausländerinnen und Ausländern, die

„der" deutsche Arbeitsmarkt morgen brauchen wird, bis hin zu den Ausländern, die unerwünscht in die Bundesrepublik trotz aller inhumanen Hindernisse fliehen, die ohne Papiere in der BRD leben, also rechtlich „eigentlich" nicht sind.

Liest man den Bericht sorgfältig durch, trennt man humanitäre Spreu von hartem Interessenweizen, dann liegt das magere Interessenbündel bloß. Da ist nichts, aber auch gar nichts von einem „Paradigmenwechsel", zu deutsch von einem neuen Politikmuster zu entdecken. Da ist nichts, aber auch gar nichts von einer vertieften, gar langfristig angelegten Problemwahrnehmung zu spüren.

I. Die vorbehaltlose Orientierung an den Interessen deutscher Wirtschaft

So hat es die Süssmuth-Kommission vermieden, ein Einwanderungsmodell zu entwerfen, das sich zuerst an den Bedürfnissen und Problemen derjenigen orientiert, die auf der legitimen Suche nach besseren Lebens- und Überlebensbedingungen sind; das die dringenden Herausforderungen weltweiter Flüchtlings- und Wanderungsbewegungen politisch, am Menschen und seinen sozialen Bedingungen ausgerichtet aufgreift. Welche Lösungsansätze bietet denn der Bericht für die Millionen, die im Zuge der kapitalistisch dominierten und soziale Ungleichheit vertiefenden Globalisierung entwurzelt werden? Statt dessen eine vorrangig an deutschen Wirtschaftsinteressen orientierte „neue Zuwanderungspolitik". Bereits der Vorsilbenwechsel von der Ein- zur Zuwanderung, christdemokratisch initiiert, signalisiert die allein eigennützigen Motive dieses Zuwanderungsmodells.

II. Ein Abwehr- und Ausschlußkonzept

Die Süssmuth-Kommission fordert aus den von ihr vorgetragenen weltwirtschaftlichen, demographischen, bevölkerungs- und sozialpolitischen Gründen einen „Paradigmenwechsel in der Ausländerbeschäftigung vom Anwerbestopp zur gesteuerten arbeitsmarktorientierten Zuwanderung". Sie schlägt ein

neues System der Arbeitsimmigration und internationaler Arbeitskräftemobilisierung mit zeitlich befristetem beziehungsweise dauerhaftem Aufenthalt in Deutschland vor. Damit die deutsche Wirtschaft ihre Position auf den Weltmärkten verteidigen und ausbauen könne, zumal in den Wachstumsbranchen, sei eine Zuwanderung vonnöten, die die dynamische Entwicklung des Standorts Deutschland unterstütze. Die Süssmuth-Kommission singt das Hohelied der deutschen Wirtschaft. Deren Interessen im globalen Konkurrenzkampf, nämlich Arbeitskräfte und Wissensproduzenten profitabel anzueignen und zu verwerten, werden schamlos zum Allgemein-, zum alleinigen öffentlichen Interesse deklariert. Selbstredend zum Wohlleben aller Bürgerinnen und Bürger. Demnach wird die Weltmarktware Arbeitskraft bedarfsentsprechend und nutzversprechend sortiert: vom Wissenschaftler über den High-Tech-Proletarier bis zum Saisonarbeiter. Kommen kann, wer der Standortgemeinschaft heute oder morgen nützt. Wer jedoch in keiner der neuen standortnützlichen Zuwanderungsklassen punktesammelnd Platz findet, ist überflüssig und somit unerwünscht. Die volkswirtschaftlich unbrauchbaren Zuwanderer müssen möglichst rasch aus Deutschland ausgewiesen werden. Die wohl überwiegende Mehrheit der weltweiten Migrantinnen und Migranten entspricht zwar nicht den Qualifizierungs- und Leistungsanforderungen der deutschen Wirtschaft, was kümmert's die Süssmuth-Experten. Die richtigen Zuwanderer sollen eben erst mobilisiert werden. Die anderen wandern weiter, freiwillig oder erzwungen, ins weltweite Irgendwohin.

III. Eine effiziente, Menschen opfernde Abschiebepraxis

Die Süssmuth-Kommission trennt den Bereich „Flucht und Asyl" von dem der erwünschten Arbeitsmigration formal und vermengt und verrechnet diesen quotierend nicht. Sie konstatiert jedoch, daß über die humanitäre Einwanderung, sprich über Asyl- und anderweitige Schutzgewährung, über die Aufnahme von Bürgerkriegsflüchtlingen, über Familiennachzug und den Zuzug von Aussiedlern, die ja teils völker- und grundrechtlich verpflichtend sind (Genfer Flüchtlingskonvention, Europäische Menschenrechtskonvention), Zuwanderung in erheblichem Ausmaße erfolge. Diese könne daher Handlungsspielräume in der arbeitsmarktorientierten Zuwanderung einengen. Darum wird – und dies ist die öffentlich kaum wahrgenommene Kehrseite des euphorisch begrüßten Zuwanderungskonzepts – einem repressiven Abschieberegime mit Abschiebe- und Rückführungszentren (gegenwärtig in der rheinland-pfälzischen Erprobungsphase) und einem NGO-gestützten effektiven „Rückkehrmanagement" das Wort geredet. Eine Verfestigung des Aufenthalts durch Hinauszögern der Verfahren müsse unterbunden werden. Konsequenter Abschieben heißt die Devise. Zu Tausenden werden ausreisepflichtige Ausländer in deutschen Großstädten ausgemacht, deren Identität nicht festgestellt werden kann und die darum nicht abgeschoben werden können. Diese ungewollte Zuwanderung schränke die wohlfahrtsfördernde Zuwanderung aus demographischen und wirtschaftlichen Gründen ein. Die gegenwärtigen Verfahrenspraxen und die Ausländergesetzgebung werden zu diesem Zweck systematisch nach Schwachstellen durchforstet, die eine wirksame „Rückführung" abgelehnter Asyl Suchender verhindern. Laut Süssmuths Expertenbericht seien die mißbräuchlich Asyl Suchenden sowieso überwiegend gering qualifiziert. Und von den Geringqualifizierten und Unproduktiven hat Deutschland schon genug! Darum: wer so ganz ohne Identitätspapiere dem Elend der Welt, Vertreibung, Verfolgung, Krieg oder Umweltkatastrophen entflieht und sich auf die legitime Suche nach Überlebensperspektiven, besseren Lebensbedingungen und Einkommensmöglichkeiten, nach Schutz und elementaren Rechten nach Deutschland begibt, mißbraucht offensichtlich das weltoffene und humanitär handelnde Deutschland. Was der Parteienstammtisch schon immer wußte, wird nun als historische Wende in der Ausländerpolitik gefeiert. Daß darüber hinaus in dem Zuwanderungsbericht die Situation der Illegalisierten, der rechtlosen „sans papiers" nur am Rande (Pflicht von Lehrern, illegale Schüler behördlich zu melden, und die Strafbarkeit, wenn illegale Flüchtlinge humanitär betreut werden) thematisiert wird, ist, menschenrechtlich gesehen, ein ungeheuerlicher Skandal. Gerade ihr rechtloser Status gehörte endlich, nähme man ihre Menschenrechte ernst, aufgehoben. Was soll alles Gerede von einer selbstlosen, am humanitären Handeln orientierten Zuwanderungspolitik, wenn ausgerechnet diese Zuwanderungsgruppe und ihre unerträglichen Lebensumstände im Süssmuth-Bericht gänzlich ausgeklammert werden?

IV. Neue Überwachungs- und Kontrollmaßnahmen

Um eine effiziente Abschiebepraxis zu ermöglichen wird ein ganzes Maßnahmenbündel neuer Kontroll- und Überwachungsmöglichkeiten empfohlen: Zusätzliche Datenerhebung bei der Visumserteilung, zu der die Flüchtlingsverwaltung Zugriff erhalten soll; Anfertigen von Paßkopien von Visaantragsstellern und die Abnahme von Fingerabdrücken in den Auslandsvertretungen, Aufbau zentraler Bilddateien „illegal" eingereister Ausländer. Überhaupt geht die Modernisierung des Migrationsregimes mit einer schwindelerregenden Datenerfassungswut einher. Die Kehrseite der neuen Freizügigkeit für die erwünschten Arbeitsmigranten ist eben der unerbittliche Kampf gegen die unberechtigt eingereisten oder sich unberechtigt in Deutschland aufhaltenden Ausländer. Ein derart konzipiertes, einseitig wirtschaftsorientiertes Zuwanderungsmodell definiert, ja schafft stigmatisierend geradezu erst jene neue Einwanderungsklasse, die der Unerwünschten, die der Überflüssigen, die mit allen Mitteln grund- und menschenrechtlich folgenreich von Deutschland ferngehalten werden sollen.

Nein: mit diesem Bericht ist nicht einmal den geradezu radikal einseitig und zukunftsblind vertretenen deutschen Interessen gedient. Das, was dieser Bericht vorschlägt, erlaubt, selbst wenn man den gegebenen Rahmen akzeptierte, keinerlei verbesserten politischen Umgang mit Ausländerinnen und Ausländern welcher gewünschten oder nicht gewünschten Art auch immer. Was bleibt ist nur ein neu zu schaffendes bürokratisches Monstrum; was bleibt sind tiefere Eingriffe in die Integrität von Asyl Suchenden, um sie besser informationell auszusteuern. Was bleibt ist eine bundesdeutsche Borniertheit am Beginn des 21. Jahrhunderts, die einen nicht nur aus den viel behandelten demographischen Gründen um die Zukunft dieser Bundesrepublik Deutschland angst und bang werden lassen kann. Und dies nicht nur, aber auch und an erster Stelle um der Grund- und der Menschenrechte willen.

Wolf-Dieter Narr / Dirk Vogelskamp

Die Nato mutiert zum Interventionsbündnis

In einem „Extra" berichtete die „Frankfurter Rundschau" am 20. Juni 2001 ausführlich über die anlässlich des 50jährigen Bestehens der Nato Ende April 1999 endgültig besiegelte neue Nato-Strategie. Gegen die diese Strategieänderung befürwortenden Beiträge wendet sich ein Leserbrief, den die „Frankfurter Rundschau" am 12. Juli 2001 im Wortlaut abdruckte.

Extra: Die Nato-Strategie

Im Rahmen der neuen Nato missbraucht die Bundeswehr alle ihre Soldaten

Zur Sache – Das Urteil von 1994 (FR vom 20. Juni 2001): Die Frankfurter Rundschau brachte in der Ausgabe vom 20.6.01 aus Anlass der Bundesverfassungsgerichtsanhörung zum Wandel der Nato ein „Extra: Die Nato-Strategie" heraus, das u.a. ein Interview mit Joschka Fischer und einen Artikel von Martin Winter enthielt. Den Aussagen Fischers als auch der Tendenz des Berichtes von Martin Winter muss aus meiner Sicht widersprochen werden. Beide tun so, als hätte sich die Nato seit ihrer Gründung einfach nur weiterentwickelt und neueren Bedrohungen angepasst. Das Gegenteil ist der Fall.

Die Nato ist von einem Verteidigungsbündnis zu einem Interventions- bzw. Angriffs-bündnis mutiert – und das vorbei am Parlament und ebenso vorbei an einer öffentlichen Diskussion. Der Angriffskrieg gegen Jugoslawien von März bis Juni 1999 war der klare Beleg für diese neue Nato, die sich selbst zum Krieg mandatierte und damit das Gewaltverbot der UN-Charta brach.

Die alte Nato war zur Verteidigung gegründet worden, zumindest ist dies im Nato-Vertrag so festgelegt (Art. 5 Nato-Vertrag). Als das Bundesverfassungsgericht die „out-of-area-Einsätze" der Bundeswehr im Nato-Kontext erstmalig absegnete, verwechselte es – vermutlich mutwillig; immerhin hat die Hälfte der Richter das Urteil abgelehnt – Systeme kollektiver Sicherheit mit kollektiven Verteidigungsbündnissen. Die Nato wurde in diesem Urteil zu einem System kollektiver Sicherheit geadelt. Art. 24 GG erlaubt den Beitritt der Bundesrepublik zu solchen Systemen. Daher – so seinerzeit das Bundesverfassungsgericht – müsse die Bundesrepublik auch alle Folgen tragen, also bei internationalen Militäreinsätzen der UNO mitmachen. Selbst dies war falsch, da die UNO-Charta nur eine Pflicht zur Beratung über eine Beteiligung vorsieht, jeder Staat aber nach eigenem Verfassungsrecht entscheiden kann.

Das Grundgesetz hat die Bundeswehrkompetenz in Art. 87 eindeutig auf territoriale Verteidigung festgelegt. Mit dem Nato-Vertrag gilt diese Pflicht auch für die kollektive Ver-

teidigung des gesamten Bündnisses im Falle eines Angriffes auf eines der Bündnismitglieder. Die neue Nato-Strategie, die während des Krieges gegen Jugoslawien am 24./25. April zum 50. Gründungstag der Nato beschlossen wurde, steht dem Grundgesetz und dem Gründungsvertrag der Nato diametral entgegen. Das neue Nato-Konzept spricht selbst ausdrücklich von einer „verwandelten (!) Nato" (Schlusskapitel). Und die darin beschriebenen Einsatzoptionen u.a. zur Sicherung von Rohstoffen und freiem Handel in aller Welt haben mit Verteidigung im territorialen Sinn nichts mehr zu tun. Eher geht es um unverhohlenen Imperialismus, dessen Durchsetzung notfalls militärisch abgesichert werden soll. Das neue Nato-Konzept hat noch nicht einmal eine Sprache für diese neuen vertragswidrigen – nur von den Regierungen abgesegneten – Militäreinsätze. Warum heißt es – wenn es um weltweite Interventionen geht – durchgehend in diesem Dokument „Nicht-Artikel-5-Einsätze"?

Eben weil es keinen Artikel im Nato-Vertrag gibt, der diese Einsätze rechtfertigen würde. Seit dem Ende des Kalten Krieges hat sich die Nato so einen neuen Sinn verschafft – vorbei an den Parlamenten der Mitgliedstaaten und erst recht vorbei an einer breiten öffentlich-demokratischen Diskussion. Im Rahmen dieser neuen Nato missbraucht die Bundeswehr alle ihre Soldaten, die ihren Eid bzw. ihr Gelöbnis auf die Verteidigung der Bundesrepublik Deutschland abgeleistet haben.

Soldaten sollten sich dieser Zumutung entziehen, indem sie den Kriegsdienst verweigern! Die Friedensbewegung sollte offensiver als bislang gegen diese neue Nato mit Aufklärung und kreativen Aktionen vorgehen!

Martin Singe, Bonn

Residenzpflicht für DemonstrantInnen

Am 19. Juli 2001 veröffentlichte die „junge welt" einen Gastkomentar von Elke Steven zur Ausweitung der Residenzpflicht für Bürgerinnen und Bürger, die sich an Demonstrationen beteiligen wollen: eine neue skandalöse Einschränkung bzw. tendenzielle Aufhebung der Grundrechte auf Versammlungs- und Meinungsfreiheit sowie des Rechts auf Freizügigkeit für die Betroffenen.

Verpolizeilichung

Mit immer weitergehenden polizeilichen Maßnahmen und Eingriffen in die individuellen Freiheitsrechte wie in die Rechte zur politischen Beteiligung wird dem Protest der Bürger und Bürgerinnen begegnet. Verbot von Demonstrationen, Erteilung von Auflagen, die in eine Versammlung und deren Rechte eingreifen, Zugangskontrollen zu Demonstrationen, Videoüberwachungen ganzer Versammlungen, Einkesselungen und Ingewahrsamnahmen sind inzwischen häufig zu beobachtende polizeiliche Vorgehensweisen gegen politisch unliebsamen Protest. Begründet werden solche Schritte im vorhinein mit nebulösen Gewaltvermutungen und -zuschreibungen. Der vom Bundesverfassungsgericht geforderte konkrete Nachweis einer unmittelbaren Gefährdung der öffentlichen Sicherheit oder Ordnung wird nicht geleistet. Demonstrationen wird mit massiver polizeilicher Präsenz begegnet, die selbst schon legitimationsbedürftige Gewalt darstellt. Kommt es tatsächlich zu Steinwürfen, zu Sachbeschädigungen und – äußerst selten nur – zu Gewalt gegen Personen, so sind diese Taten jedoch nie der Versammlung insgesamt zuzuschreiben. In den öffentlich-medialen Berichten, die geprägt sind von den polizeilichen Informationen, treten solche Differenzierungen jedoch fast immer in den Hintergrund. Die Gewalt bestimmt unberechtigterweise die öffentliche Aufmerksamkeit. Die Erfahrung zeigt, wie notwendig es ist, den offiziellen, polizeilich-informierten Berichten über den Verlauf von Demonstrationen entgegenzutreten. Denn diese geben den Hintergrund für die nächste Runde der Verpolizeilichung und Vorwärtsverrechtlichung.

Aktuell dienen die internationalen Proteste gegen Weltwirtschaftsgipfel und weltweite Ausbeutung als Anlaß zur massenweisen Einschränkung von Grundrechten. Mit Hausbesuchen, Ausreiseverboten und Meldeauflagen geht die Polizei bereits seit geraumer Zeit gegen vermutete Fußball-Hooligans vor. Diese Instrumente werden nun auch gegen politisch Unliebsame eingesetzt. Im Juni 2001 erhielt bereits ein Atomkraftgegner vom Ordnungsamt der Stadt Tübingen eine Meldeauflage. Nicht Anwendung von Gewalt wurde der Person vorgeworfen, sondern die vorausgegangene Ankettung an Bahngleise und die Teilnahme an einer Sitzblokkade. Dieser Tage erhalten Bürger Meldeauflagen und Reiseverbote. Wer verdächtigt wird, sich an den Protesten in Genua beteiligen zu wollen, muß sich täglich in seiner Heimatstadt bei der Polizei melden. Mitten in den Sommerferien wird Bürgern eines der grundlegendsten Menschenrechte, das der Freizügigkeit, genommen. Meinungsfreiheit, Versammlungsfreiheit, das Recht auf Assoziation, alle diese Rechte werden außer Kraft gesetzt, damit Politiker sich ungestört treffen können. Das Versagen der Politik ist hierbei an erster Stelle zu beklagen. Politik und Politiker, die diesen Namen verdienten, hätten zuerst und vor allem das Gespräch mit den Bürgern zu suchen, politische Entscheidungen zu erklären, Bedenken ernstzunehmen und den Dialog zu führen. Statt dessen verstecken sie sich hinter einer Polizei, deren Rechte ins demokratisch rechtsstaatlich Unerträgliche ausgedehnt werden.

Elke Steven,
Komitee für Grundrechte und Demokratie

Krieg oder Frieden in der Türkei –
das ist die Frage

Die „Frankfurter Rundschau" veröffentlichte am 21. Juli 2001 unter obigem Titel einen Gastbeitrag von Andreas Buro zur aktuellen Politik der Türkei im Umgang mit den kurdischen Bürgern und Bürgerinnen. Obwohl die PKK den Krieg einseitig beendet habe, verweigere Ankara eine auf zivile Konfliktlösung gerichtete Friedens- und Versöhnungspolitik. Druck von außen, vor allem vonseiten der EU-Länder, sei notwendig, um eine Veränderung der jetzigen Situation voranzutreiben.

Ankara verweigert eine Versöhnungspolitik mit den Kurden und von außen fehlen Initiativen.

Um den türkisch-kurdischen Konflikt ist es seit längerer Zeit still geworden, obwohl nach wie vor eine Lösung aussteht. Nachdem die kurdische Guerilla, PKK, den Krieg einseitig beendete und nach dem Beschluss von Helsinki, der Türkei den Weg in die EU zu ermöglichen, breitete sich Hoffnung auf eine friedliche, politische Lösung des Konflikts aus. Mittlerweile ist jedoch wieder der Frost der türkisch-nationalistischen Repression auf alle Friedenshoffnungen gefallen. Zugeständnisse an die Kurden werden fast keine gemacht.

Die Ursachen dieser Rückwärtsbewegung in der türkischen Politik liegen in dem innergesellschaftlichen Konflikt der türkischen Eliten. Ihr konservatives bis rechtsextremes Spektrum erkennt, welche großen Reformschritte für den EU-Beitritt erforderlich sind und dass diese ihre bisherigen Privilegien und politisch-undemokratischen Zugriffsmöglichkeiten erheblich einschränken könnten. Anscheinend hat auch das Militär seine eigentlich im Sinne des Kemalismus liegende Zuwendung zur EU eingeschränkt und konzentriert sich jetzt vor allem auf die Sicherung der eigenen, in einer parlamentarischen Demokratie nicht legitimierbaren Vorrangstellung im Staate. In einem solchen politischen Klima gibt es nur Härte, aber keine friedenspolitischen Zugeständnisse, wie sehr sie auch im nationalen Interesse liegen mögen.

Die Verweigerung jeder Friedens- und Versöhnungspolitik durch Ankara hat nun jüngst den Präsidialrat der PKK veranlasst, vor dem Ausbruch eines neuen Krieges zu warnen. „Die intensivierten Angriffe der Türkei strapazieren die Geduld unseres Volkes täglich stärker." Die mit politischen, zivilen Mitteln geführte Identitätskampagne im Rahmen der zweiten Friedensoffensive sei die letzte Chance für eine politisch-demokratische Lösung. „Wenn diese Chance von den entsprechenden Mächten nicht genutzt wird, ist ein neuer Krieg unausweichlich." (zit. nach Kurdistan-Rundbrief 14/01) Da die PKK heute nicht mehr die Mittel für einen „regulären Guerilla-Krieg" hat, lässt sich leicht vorstellen, wie ein neuer Krieg aussehen könnte, der dann möglicherweise die ganze Türkei erfassen würde. Keiner darf hinterher sagen, er habe dies nicht gewusst.

Die Kriegsgefahr wächst weiter, da Bagdad Truppen an der Grenze zu seiner kurdischen Nordprovinz konzentriert und der Iran ebenfalls Truppen an die Grenze beordert. Die Türkei operiert ohnehin, gegen internationales Recht verstoßend, immer wieder militärisch in Nord-Irak. Ankara erklärt, die Bildung eines kurdischen Staates im Norden des Iraks würde von der Türkei nicht hingenommen werden.

Angesichts dieser gefährlichen Situation sollte man seitens der EU-Staaten Schritte und Programme zur Unterstützung von Reformen und der Ermutigung der kurdischen Seite, an ihrer Friedenspolitik festzuhalten, erwarten. Doch auch hier Fehlanzeige, während gleichzeitig allgemein über die Notwendigkeit einer präventiven Politik schwadroniert wird. Die englische Regierung hat gerade jüngst beschlossen, die PKK, die einseitig den Krieg aufgegeben hat, zur Belohnung – man kann es nur zynisch sagen – als terroristische Vereinigung zu behandeln. Der Bundesinnenminister hält eisern an seinem Verbot fest und nutzt die Möglichkeiten zu polizeilichen Aktionen, statt friedenspolitischen Konzeptionen zu folgen. Die Brüsseler Kommission vermeidet es ängstlich, in ihrem Forderungskatalog die Kurden überhaupt nur zu erwähnen.

Das Nationale Programm Ankaras ist zumindest in den Teilen, die sich auf Demokratisierung, Frieden und auf die Kurden beziehen, unbestimmt. Man will überprüfen, doch was geändert werden soll und wann, bleibt offen. Das Wort Kurde oder kurdisch taucht nicht auf. Das Europäische Parlament hat eine Kurdenkonferenz vorgeschlagen, doch anscheinend greift niemand diesen Vorschlag auf, obwohl es dort nicht um Separatismus, sondern um die Beilegung eines Konflikts mit politischen, also gerade nicht mit militärischen Mitteln gehen soll. Wer kann es der kurdischen Seite verdenken, wenn sie sich erneut vom „Westen" verraten fühlt?

In dieses Grau-in-grau-Bild mischen sich nur dort hellere Elemente, wo die Reformkräfte sich verstärkt zu Worte melden. Da ist auf die großen Newroz-Feierlichkeiten der kurdischen Seite zu verweisen, in denen die Friedens- und Demokratiebereitschaft zusammen mit einer Zustimmung zu einem EU-Beitritt der Türkei zum Ausdruck gebracht wurden. Zu nennen ist die Stellungnahme des Industrieverbandes Tüsiad, der sich, wie schon früher, sehr konkret und fordernd zur Sache äußert und dafür Zustimmung von Gewerkschaften und Intellektuellen erhält. Arbeiten von Menschenrechts- und Nicht-Regierungsorganisationen sowie Intellektuellen-Gruppierungen kommen hinzu.

Die schwere Wirtschaftskrise scheint auch in manchen Teilen der Bevölkerung einen Wandel zu kritischerer Einstellung gegenüber der politischen Elite zu bewirken. Die Krise könnte somit auch eine Chance zur Überwindung von Reformwiderständen sein. Wenn doch nur mehr Unterstürzung von außen für die Reformkräfte käme! Verantwortliche präventive Politik ist jetzt gefragt und nicht erst, wenn gewalttätige Konflikte erneut eskalieren.

Andreas Buro

Andreas Buro ist emeritierter Politik-Professor und friedenspolitischer Sprecher des Komitees für Grundrechte und Demokratie.

Demonstrationsrecht wird ausgehebelt

Die Humanistische Union, die Internationale Liga für Menschenrechte und das Komitee für Grundrechte und Demokratie haben aus Anlass der Vorfälle im Kontext des G-8-Gipfeltreffens in Genua am 22. Juli 2001 eine Presseerklärung veröffentlicht. Insbesondere werden die pauschale Diffamierung von Demonstrierenden als Gewalttäter und die Beschränkung der Reisefreiheit für angeblich gewaltbereite Globalisierungsgegner kritisiert.

Freiheitsfeindliche Politik – Stellungnahme zum G-8-Gipfel in Genua und der EU-Konferenz in Göteborg

Am 20. Juli ist ein Teilnehmer an den Demonstrationen in Genua von der italienischen Polizei erschossen und dann von einem ihrer Panzerwagen überfahren worden. Er wurde zum Menschenopfer auf dem Altar der Sicherheit machtbalzender Gerne-Großpolitiker. Die italienische Polizei ließ es damit aber noch nicht genug sein: Bei einer überfallartigen Hausdurchsuchung verwüstete sie das Büro für Soziale Gerechtigkeit in Genua.

Zum Abschluss des G-8-Gipfels fragen die bundesdeutschen Bürgerrechtsorganisationen: Werden aus diesem Tod und werden aus den zahlreichen Verletzungen vieler Menschen, darunter auch PolizistInnen, seit Seattle irgendwelche menschenrechtlich angemessenen Konsequenzen gezogen? Es ginge darum, die Verfahren der europäischen und der Weltmächte transparent zu machen und nicht nur einseitige Interessen zu Wort kommen zu lassen.

Doch statt politisch – und damit demokratisch und menschenrechtlich – verantwortlich zu reagieren, schlagen auch die bundesdeutschen Spitzenpolitiker, der Kanzler und der Innenminister an erster Stelle, nur in die Kerbe von vorurteilshafter und physischer Gewalt; sie sorgen zugleich dafür, dass zentrale Grundrechte ausgehebelt werden:

– pauschal werden die Kritiker dieser Art nur den privilegierten kapitalistischen Interessen *primär* dienender Globalisierung als Toren, als „Globalisierungsgegner" verhöhnt;

– pauschal werden die Kritiker eines demokratisch menschenrechtlich strukturell defizitären Europas von vornherein als Gewalttäter diffamiert, sie werden informationell und physisch festgenommen;

– statt dafür zu sorgen, dass wenigstens *innerhalb* der EU-Länder, die sich gerade eine höchst unverbindliche Menschenrechtscharta verpasst haben, das Recht auf Freizügigkeit – der Anfang aller Freiheit – und das Recht auf Demonstration samt seines entsprechenden Schutzes geschaffen und strikt gewahrt werden, reagieren die Spitzenpolitiker unverantwortlich. Sie präsentieren sich populistisch als europäische Hau-Draufs. Und sie fangen schon innerstaatlich an, von den Ländervertretern unterstützt, die Grundrechte auf Freizügigkeit und Demonstration massiv zu unterwandern.

Es geht nicht an, dass die Bundesregierung und die Länderregierungen mit ihren Polizei-

en neuerdings beliebig ausgewählten Bürgerinnen und Bürgern gegenüber eine – auch Asylsuchenden gegenüber – menschenrechtlich unmögliche Residenzpflicht praktizieren. Bürgerinnen und Bürger, die aus irgendwelchen Gründen als „missliebig" aufgefallen sind, werden zur Polizei bestellt; sie werden am Ort festgehalten; sie dürfen nicht dorthin reisen, wohin sie wollen, und sich als politische Bürger grundrechtskonform verhalten. Das ist ein Skandal. Dagegen werden die bundesdeutschen Bürgerrechtsorganisationen ankämpfen.

Wäre es da nicht besser, die Spitzenpolitiker, deren Reisetätigkeit ihre auffälligste Praxis darstellt, blieben zuhause und brächten ihr Haus in Ordnung? Residenzpflicht. Wäre es stattdessen nicht angemessener, Bürgerinnen und Bürger in Europa und anderwärts kämen zusammen. Nur mit mehr gelebter Demokratie werden die europäischen und die weltweiten Probleme allein und besser zu lösen sein. Transparenz und nachvollziehbare Willensbildung und Entscheidungsfindung auf europäischer und globaler Ebene stehen als Nr. 1 auf der Tagesordnung.

Humanistische Union
Internationale Liga für Menschenrechte
Komitee für Grundrechte und Demokratie

323

Soldatenaufruf: Freispruch des Kammergerichts Berlin

Mit einem Freispruch des Berliner Kammergerichtes wurde im Juni 2001 das Ende der Prozessserie gegen die Unterzeichner des Fahnenfluchtaufrufes eingeleitet. Das Komitee veröffentlichte aus diesem Anlass eine Presseerklärung, die von mehreren Tageszeitungen aufgegriffen wurde. U.a. berichtete die „Frankfurter Rundschau" in ihrer Ausgabe vom 24. Juli 2001 über den Freispruch.

Jugoslawien-Krieg

Aufruf an Soldaten war nicht rechtswidrig

Frankfurt A.M., 23. Juli. Das Kammergericht Berlin hat den Hamburger Friedensforscher Volker Böge vom Vorwurf des öffentlichen Aufrufs zu Straftaten freigesprochen. Die rechtskräftige Entscheidung des 3. Strafsenats fiel bereits am 29. Juni und wurde jetzt durch das Komitee für Grundrechte und Demokratie, in dessen Vorstand Böge sitzt, bekannt gemacht. Das Kammergericht sei zu dem Ergebnis gelangt, dass dem Aufruf an die Soldaten der Bundeswehr, sich nicht „an dem rechtswidrigen Jugoslawien-Krieg" zu beteiligen, die Befehle zu verweigern und sich von der Truppe zu entfernen, der „tatbestandliche Charakter der Aufforderung" fehle. Den Aufruf zur „Fahnenflucht" im Kosovo-Krieg hatte Böge gemeinsam mit 27 weiteren Personen im April 1999 unterzeichnet und als Anzeige in der Berliner tageszeitung veröffentlicht.

In ihrer Urteilsbegründung erklärten die Richter, dass das im Grundgesetz verankerte Recht auf Meinungsfreiheit als Rechtsgut „extensiv" auszulegen sei. Angesichts der heutigen Reizüberflutungen aller Art müssten dabei „einprägsame, teilweise auch überpointierte Formulierungen" hingenommen werden.

Das Komitee für Grundrechte und Demokratie geht davon aus, dass von der Entscheidung des Berliner Gerichts eine „Signalwirkung" auf andere, noch ausstehende Verfahren in gleicher Sache ausgehen wird. In einer Serie von Prozessen wurden seit November 1999 in erster Instanz 33 Personen freigesprochen, sieben wurden zu Geldstrafen verurteilt. Vor dem Landgericht gab es bisher 13 Freisprüche und zwei Verurteilungen.

„Ferien vom Krieg" – mitten im Krieg!

In einer Pressemitteilung vom 1. August 2001 machte das Komitee erneut auf die diesjährigen Freizeiten für Flüchtlingskinder aufmerksam. Trotz der extrem angespannten Lage war es doch möglich, auch in Mazedonien wieder eine Freizeit für Kinder verschiedener Ethnien zu ermöglichen. Aus der Pressemitteilung zitierte u.a. die „Katholische Nachrichten-Agentur" in einer Meldung vom 3. August 2001.

Kinderfreizeiten in Mazedonien

Von Ende Juni bis Anfang September erholen sich auch diesen Sommer wieder mehr als 1500 Kinder aus allen Kriegsgebieten des ehemaligen Jugoslawien an vier Orten am Mittelmeer.

Glücklicherweise ist es auch in diesem Sommer gelungen, trotz der kriegerischen Lage vier Freizeiten mit Kindern aus allen Bevölkerungsgruppen in Mazedonien zu veranstalten. Als ich Ende Juli nach Ohrid kam, tanzten albanische, slawische, serbische, türkische und Roma-Kinder Arm in Arm im Kreis. Am nächsten Morgen glitten sie jauchzend über eine Rutsche in den Ohrid-See.

Die Koordinatorin dieser Freizeiten, Ellen Glissmann, hat in Zusammenarbeit mit der Kinderbotschaft in Skopje und Amica Gostivar die Kinder ausgewählt. Einige kommen aus einem Dorf im Kampfgebiet (Romanovce), dessen Bewohner sich nicht durch die nationalistische Propaganda beider Seiten auseinander bringen ließen. Als Symbol dafür kamen die albanischen, slawischen und türkischen Kinder gemeinsam nach Ohrid. Einige Kinder wurden vor ca. 6 Wochen aus Araschinovo von der UÇK vertrieben und wurden nun in Sichtweite ihrer Häuser in Schulen in Skopje untergebracht. Aus einigen Dörfern sind albanische und slawische Nachbarn zusammen geflüchtet. Die Kinderbotschaft in Skopje hat das Komitee für Grundrechte und Demokratie gebeten, für diese Flüchtlingskinder eine weitere gemeinsame Freizeit zu finanzieren.

Diese Beispiele zeigen, daß große Teile der Bevölkerung Mazedoniens weiterhin gemeinsam leben wollen. Die meisten Albaner lehnen die UÇK genauso entschieden ab wie die meisten slawischen Mazedonier die korrupte Regierung. Wütend sind alle Seiten über die „Internationale Gemeinschaft", die auf der einen Seite die Nachschubwege der UÇK aus dem Kosovo duldet und auf der anderen Seite die Habgier der Regierenden füttert. Obwohl keine Kriegsbegeisterung zu spüren ist, spitzt sich die politische Lage täglich zu.

Vor zwei Jahren noch gab es bei der ersten Freizeit in Mazedonien feindselige Auseinandersetzungen zwischen den Betreuerinnen beider Seiten, denen sich die Kinder jedoch durch gemeinsame Aktivitäten subversiv entzogen. Im letzten Sommer wurde die multiethnische Gruppe von anderen Urlaubern provoziert, was unter den Kindern zu einem Solidarisierungsprozeß führte. Um so erstaunlicher ist es, daß jetzt, wo die Krise zu militärischen Auseinandersetzungen eska-

liert ist, bei den Betreuerinnen und den Kindern keinerlei Feindseligkeiten zu beobachten oder zu spüren sind. Auch die Urlauber im Hotel und das Personal sind freundlich, neugierig, erfreut und erstaunt, daß so etwas in diesen Tagen in ihrem Land möglich ist.

Der drohende Krieg äußert sich nicht in wechselseitigen Anfeindungen, sondern eher in einer kollektiven Lähmung. Als Betreuer sind bei der Freizeit u.a. zwei junge Männer, einer davon Albaner. Gerade wurden die allgemeine Mobilmachung verfügt und Waffen an die Reservisten verteilt, beide fürchten nun ihre Einberufung. Sie wissen nicht, was sie dagegen tun können. In einem kleinen, öden Land von nicht einmal drei Millionen Einwohnern kann man sich nicht verstecken. Die Flucht ist unmöglich, denn die Festung Europa ist dicht. Es gibt kein Land, in das sie ohne Visum einreisen könnten.

Eine Betreuerin wurde bei den Nachrichten der letzten Tage panisch: Schießereien in den Dörfern bei Tetovo, Schüsse und Verletzte auf einem Privatwagen auf der Autobahn, Angriffe auf die amerikanische und deutsche Botschaft, Brandsätze im Wagenpark der OSZE, Schließung der Grenzen usw. Sie wollte die Freizeit abbrechen. Nach langen Diskussionen waren aber alle dafür, die „Ferien vom Krieg" fortzusetzen. Das überzeugendste Argument dafür war, daß seit der Eskalation der Krise in den letzten Tagen kaum noch Eltern anrufen und wenn doch, dann vorwiegend mit dem Tenor, die Kinder so lange wie möglich in Sicherheit zu lassen und ihnen gerade jetzt die unbeschwerte Ferienfreude zu gönnen. Ob einige der Kinder wegen der glühenden Sonne oder der latenten Anspannung über Kopf- und Bauchschmerzen klagen und ein Junge ohnmächtig wurde, ist nicht einfach zu beurteilen. Die jungen BetreuerInnen bemühen sich dann rührend um sie. Sie erhalten Pflege und intensive Zuwendung. Den Wunsch, nach Hause zu fahren, hat bisher noch keines der Kinder geäußert. Die meisten springen nach ein paar Stunden wieder ausgelassen herum. Da das Kampfgebiet durch Umwege weiträumig umfahren werden kann, werden wohl auch die noch anstehenden beiden Freizeiten im Ferienparadies am Ohrid-See stattfinden können.

Ellen Glissmann meint: „Wir haben noch eine lange Warteliste. Es gibt noch hunderte von Familien, die ihre Kinder gerne gemeinsam in Ferien schicken würden, auch als eine Art symbolischen Protestes gegen die Hetze. Selbst Zeitungen, die sonst eher die nationalistischen Vorurteile schüren, waren schon hier und haben über diese friedenspolitische Aktion berichtet, seitdem gibt es noch mehr Anfragen. Warum werden nicht solche Projekte in großem Stil gefördert? Wenn alle diese Eltern ihre Kinder gemeinsam in Ferien schickten, könnten die Väter nicht gleichzeitig aufeinander schießen. Das wäre die schönste und billigste Prävention."

Ohrid, den 31. Juli 2001

Helga Dieter

Abschiebebasis Frankfurt Airport

Alljährlich findet ein Grenzcamp statt, mit dem die Flüchtlingssituation an den bundesdeutschen Außengrenzen thematisiert und ins öffentliche Licht gerückt werden soll. Während die bisherigen Grenzcamps die Situation an der Ostgrenze mit Aktionen und Diskussionen in den Blick nahmen, wurde in diesem Jahr die Grenze Frankfurt Airport thematisiert. Neben vielen Aktionen und Demonstrationen fand u.a. auch ein Hearing in der Uni Frankfurt statt, an dem Dirk Vogelskamp für das Komitee teilnahm. Die „junge welt" berichtete hierüber in ihrer Ausgabe vom 4./5. August.

Flüchtlingsdiskussion unerwünscht

Frankfurt/M: Fraport kündigte geplantem Hearing des Grenzcamps die Räume

Auf einem Hearing am Freitag an der Frankfurter Uni, veranstaltet vom antirassistischen Grenzcamp, diskutierten Fachleute das Thema „Tod im Transit". Als Reaktion auf eine spontane Demonstration am Flughafen hatte die Fraport AG, Betreiberin des Rhein-Main-Flughafens, kurzfristig den Veranstaltern den Konferenzraum im „Frankfurt Airport Center" gekündigt. Für Regine Trenkle-Freund vom Aktionsbündnis Rhein-Main gegen Abschiebungen kein Beinbruch: „Unser Plan war es, eine Veranstaltung in der Höhle des Löwen durchzuführen. Die Kündigung ist eher ein Erfolg – wir sind der Fraport ein Dorn im Auge." Man werde auch weiterhin, so Trenkle-Freund zu Beginn des Hearings, mit Aktionen das Schweigen um die Abschiebungen durchbrechen. Schließlich zeige der öffentliche Druck durchaus Wirkung: Immerhin hätten die Lufthansa und die rumänische Fluggesellschaft Tarom angekündigt, keine Abschiebungen gegen den Willen von Flüchtlingen mehr durchzuführen.

Während des Hearings warf Claus Metz, Vertreter der Organisation „IPPNW – Ärzte in sozialer Verantwortung" Frankfurter Rechtsmedizinern vor, Verletzungen von Flüchtlingen und die Umstände des Todes des Flüchtlings Kola Bankole nicht ernsthaft zu überprüfen.

Zum sogenannten Flughafenverfahren merkte der Frankfurter Rechtsanwalt Helmut Becker an, dass dies ein Baustein der Abschottung sei. Die Bundesregierung habe diese Praxis in einer Antwort auf eine Bundestagsanfrage der PDS als „notwendig" bezeichnet. Begründung: Andernfalls käme es wieder zu einem Anstieg der Flüchtlingszahlen. Das Flughafenverfahren zeichne sich

326

dadurch aus, dass es nur einen verkürzten Rechtsschutz habe. Das häufig gesprochene Urteil „offensichtlich unbegründet" bedeute, dass viele Flüchtlinge keine Zeit hätten, dagegen vorzugehen. Ein „weiterer Hammer dieses Verfahrens" sei, dass auch traumatisierte Menschen, die während der Internierung gar nicht über die teils schrecklichen Umstände ihrer Flucht reden könnten, in dieses Verfahren gepresst würden. Sein Fazit: „Das Flughafenverfahren gehört abgeschafft."

Die Rechtsanwältin Susanne Rohfleisch, sie arbeitet in einer Abschiebehaftanstalt in Mannheim, berichtete danach von skandalösen Vorfällen im Umgang mit Flüchtlingen. Mindestens jeder zweite Flüchtling, mit dem sie zu tun habe, würde von Beleidigungen, Demütigungen und körperlichen Übergriffen seitens der BGS-Beamten berichten. „Wir müssen immer wieder feststellen, dass Flüchtlinge nach versuchten Abschiebungen verletzt zurückkehren." Dass die Flüchtlinge wie Kriminelle behandelt würden, zeige ihre Unterbringung. In Mannheim liege die Abschiebeanstalt auf dem Gelände der Justizvollzugsanstalt, es handele sich praktisch um einen „Knast im Knast. Und diese

Menschen sind fast rund um die Uhr eingesperrt. Die Häftlinge müssen außerdem ständig damit rechnen, dass sie abgeholt und abgeschoben werden." Obwohl es bei Abschiebeversuchen immer wieder zu Verletzungen komme, gingen die Flüchtlinge nur selten juristisch dagegen vor. Auf eine Anzeige wegen Körperverletzung folge immer eine Gegenanzeige des BGS. Außerdem gebe es bei diesen Vorfällen meist keine Zeugen, eine Anzeige wegen Körperverletzung sei so aussichtslos. „Ich habe nur dann Anzeige erstattet, wenn es klare Beweise gab. Also blutige Kleidung, entsprechende Atteste von Ärzten und natürlich das Einverständnis des verletzten Flüchtlings."

Dirk Vogelskamp vom Komitee für Grundrechte und Demokratie erklärte abschließend, dass beim Umgang mit Flüchtlingen und Migranten Benachteiligungen, Ausgrenzungen und auch Menschenrechtsverletzungen an der Tagesordnung seien. Es gebe auch hierzulande eine große Gruppe, die von elementaren Menschenrechten ausgeschlossen bliebe. „Menschen werden in Krieg und Folter zurückgeschickt."

Thomas Klein, Frankfurt/Main

Ferien vom Krieg

Brigitte Klaß, Mitglied im Vorstand des Komitees, berichtete in einem Leserbrief in der „Frankfurter Rundschau" vom 15. August 2001 über die Kinder-Ferienfreizeiten in Mazedonien, nachdem zuvor ein Artikel über die grausame Logik des Krieges veröffentlicht worden war. Ihr Fazit: Mit praktischer Friedensarbeit könne man sich der Kriegslogik und der Gewalteskalation entgegensetzen.

Praktische Friedensarbeit

Zu dem Beitrag Die grausame Logik des Krieges (FR vom 10. August 2001): Die hier

geschilderte gegenseitige Aufschaukelung von Gewalt widerspricht dem Willen von großen Teilen der Bevölkerung Mazedoniens, die weiterhin in Frieden miteinander leben wollen.

Ein Beispiel dafür sind die vom Komitee für Grundrechte und Demokratie auch in Mazedonien organisierten „Ferien vom Krieg", bei denen sich trotz der kriegerischen Lage albanische, slawische, serbische, türkische und Roma-Kinder am Ohrid-See treffen und gemeinsam erholen. Gab es in den letzten beiden Jahren noch feindselige Auseinandersetzungen zwischen den Betreuerinnen und Betreuern beider Seiten oder Anfeindungen durch andere Urlauber, so ist die Lage dieses Jahr erstaunlich freundlich und offen. Hotelpersonal und Urlauber sind erfreut und überrascht, dass so etwas in diesen Tagen in ihrem Land möglich ist. Es gibt noch Hunderte von Familien, die ihre Kinder gemeinsam in die Ferien schicken wollen ... Einige Kinder kommen aus einem Dorf im Kampfgebiet (Romanovec), dessen Bewohner sich nicht durch die nationalistische Propaganda auseinander bringen ließen. Als Symbol dafür kamen die albanischen, slawischen und türkischen Kinder gemeinsam nach Ohrid. Da das Kampfgebiet durch Umwege weiträumig umfahren werden kann, werden wohl auch die noch anstehenden beiden Freizeiten stattfinden können.

Diese Aktion stößt in Mazedonien auf großes Interesse, selbst Zeitungen, die sonst eher die nationalistischen Vorurteile schüren, waren am Ohrid-See und haben über die Freizeiten berichtet. Die „Ferien vom Krieg" sind damit ein wichtiges Stück praktischer Friedensarbeit, das sich der grausamen Logik des Krieges widersetzt.

Brigitte Klaß, Frankfurt am Main.

Der Castor rollt

Begleitet von Protesten rollte erneut ein Castortransport durch die Bundesrepublik, diesmal von Biblis zur Wiederaufbereitung nach La Hague, von wo aus er eines Tages wiederum nach Gorleben rollen wird. Die Tageszeitung „Neues Deutschland" berichtete am 30. August 2001 über die Proteste. Zugleich ging der Artikel sehr ausführlich auf die kurz zuvor erschienene Dokumentationsbroschüre des Komitees zum Castor-Transport vom März 2001 ein. Der Autor hebt als großen Verdienst der Broschüre hervor, dass nicht nur Aktionsauseinandersetzungen beschrieben, sondern vor allem auch die politischen Zusammenhänge zwischen Bürgerprotest, Polizeiaktionen und Regierungshandeln untersucht wurden.

Erneut Castortransport ins französische La Hague

Zug mehrfach durch Blockaden der Kernkraftgegner gestoppt

Am Mittwoch ist wieder deutscher Atommüll in die französische Wiederaufbereitungsanlage La Hague transportiert worden. Der Zug wurde durch Blockadeaktionen von Kernkraftgegnern mehrfach gestoppt.

Der Waggon mit den zwölf abgebrannten Brennelementen, die am Mittwochmorgen das südhessische Atomkraftwerk Biblis verlassen hatten, fuhr durch Rheinland-Pfalz und das Saarland ins französische La Hague. Der Behälter mit rund sechseinhalb Tonnen Atommüll war an einen regulären Güterzug angekoppelt worden.

Der Transport wurde von Protesten der Kernkraftgegner begleitet. Am Mannheimer Hauptbahnhof gelang es vier Aktivisten, den Zug kurzzeitig aufzuhalten. Im saarländischen Homburg blockierten etwa 30 Atomkraftgegner für eine halbe Stunde die Gleise. Den Angaben der südwestdeutschen Anti-Atom-Initiativen zufolge waren dabei zwei Aktivisten verletzt worden. Auch an der Grenze musste die Polizei etwa 30 Demonstranten von den Gleisen drängen. Mindestens 16 Demonstranten wurden vorübergehend festgenommen. Bereits am Dienstag hatte Greenpeace mit einer Gleisblockade gegen den Transport protestiert.

Studie zum Castorprotest vom März veröffentlicht

Inzwischen hat das Grundrechtekomitee unter dem Titel „Castor-Transport im März 2001 – Die Kontinuität undemokratischer Politik und systematischen Missbrauchs der Polizei" die Ergebnisse seiner Demonstrationsbeobachtung von den umfangreichen Protesten gegen den Castortransport im Frühjahr veröffentlicht. Die Studie setzt sich mit den Aktionen der Kernkraftgegner gegen den Atomtransport von hochradioaktivem Müll ins niedersächsische Gorleben und den Reaktionen der Polizei zwischen dem 24. und 29. März 2001 auseinander.

Alle Beobachtungen, resümieren die 32 Beobachter und Beobachterinnen des Komitees, unter ihnen die Politologen Wolf-Dieter Narr und Peter Grottian, weisen auf einen „gewaltigen Frieden" hin. Von den Demonstranten ging „keine personal adressierte Gewalt aus", von der Polizei hingegen jede Menge. Ausschnitte aus den Demonstrationsbeobachtungen oder die zum Teil minutiöse Dokumentation des polizeilichen Vorgehens vermitteln ein Bild von Kontrolle und Übergriffen. Menschen wurden bei eisiger Kälte 50 Kilometer entfernt vom Camp der Castor-Gegner ausgesetzt, Festgenommene mit dem Gesicht in den Gleisschotter gepresst, Frauen gewürgt, öffentliche Bewegungen von Privatpersonen untersagt.

Jenseits der direkten Folgen der Polizeigewalt aber wiegt der politische Schaden für demokratische Beteiligung und Mitbestimmung besonders schwer. So kommt der Bericht zu dem Schluss, dass der „regional konzentrierte ‚Atomstaat'" in den sechs Tagen von Gorleben „fast alles Bürgerliche" unter Kontrolle bzw. „im polizeilichen Griff" hatte. Die Bezirksregierung Lüneburg untersagte, zwar formal korrekt, aber eben doch in unzulässiger Weise, Demonstrationen in einem weiträumigen Korridor durch eine Allgemeinverfügung. Ohne den für solche Verbotsverfügungen unabdingbaren Nachweis einer unmittelbaren Gefahr wurden alle unangemeldeten öffentlichen Versammlungen verboten.

Solche Formen der Demokratieeinschränkung auf der juristischen Ebene wirken sich, so der Bericht, auch auf das Vorgehen der Polizei aus. Nicht zuletzt, weil durch solche Verfügungen den Beamten die Möglichkeit gegeben wird, ohne sorgfältige Einzelfallprüfung oder Abwägung von Grundrechten gegen Versammlungen vorzugehen. Die Folge: Gewalttätige Aktionen der Polizei, die, auch das verschweigt der Bericht nicht, auf zum Teil katastrophale Weise untergebracht worden war.

Doch die Broschüre, und das ist ihr größter Vorteil, belässt es nicht bei der Kritik polizeilicher und behördlicher Maßnahmen. Vielmehr geht es den Autoren um die politischen Zusammenhänge von Bürgerprotest, Regierungshandeln und Polizeiaktionen im Wendländischen, um die generelle Unverhältnismäßigkeit der gewaltsamen Durchsetzung der Castor-Transporte. Fazit: Um einen prinzipiell undemokratischen Atomkompromiss durchzusetzen, an dem die Bevölkerung nicht beteiligt ist, sondern der aufwendig gegen sie durchgesetzt werden muss, wurde Politik durch Polizei ersetzt.

Die Broschüre kann für 5 Euro beim Komitee für Grundrechte und Demokratie, Aquinostr. 7-11, 50670 Köln bzw. grundrechtekomitee@t-online.de bestellt werden.

Tom Strohschneider

Friedensbewegung zum 11. September

Die „Frankfurter Rundschau" veröffentlichte am 14. September 2001 eine Erklärung der Friedensbewegung zu den Terrorangriffen vom 11. September. Die u.a. vom Komitee unterzeichnete Erklärung hebt hervor, dass die Solidarität mit den Opfern nicht bedeuten muss, den militärischen Plänen der USA bedingungs- und besinnungslos Folge zu leisten. Weltweit seien die Stärkung von Recht und Gerechtigkeit notwendig, nicht jedoch militärische Rachefeldzüge, die die Gewaltspirale eskalieren lassen.

Erklärung von Friedensorganisationen zu den Terrorangriffen in den USA und die Reaktionen darauf:

Die Welt droht nach dem 11. September 2001 kälter und kriegerischer zu werden. Mit dem Entsetzen und Mitgefühl für die Opfer und deren Angehörige verbindet sich auch die Furcht, dass die US-Administration nach dieser beispiellos brutalen Terroraktion in der Logik der Gewaltspirale zurückschlägt und neue Eskalationen folgen. Nachzudenken ist auch über die politischen Bedingungen, die es möglich gemacht haben, dass ein Teil der Menschen in einigen Völkern „den Westen" und insbesondere die USA so hasst, dass eine Gruppe von Terroristen anscheinend meint, sich bei ihrem Massenmord auf diese Unterdrückten beziehen zu können.

Wir sind mit den Menschen in den USA in ihrem Schock und Leiden uneingeschränkt solidarisch. Das kann aber nicht heißen, mit allen Entscheidungen der US-Regierung im „monumentalen Kampf", den „das Gute gegen das Böse" nach Präsident Bush jetzt zu führen hat, einverstanden zu sein und sich per Nato-Bündnisfall vielleicht an militärischen Racheaktionen zu beteiligen oder sie zu unterstützen.

Militärschläge nützen weder den Opfern des Terrors noch sind sie ein geeignetes Mittel zur Verhinderung oder Eindämmung des Terrorismus.

Wir befürchten weiter: Mit den auf dem Verdacht gegen die Gruppe von Osama bin Laden oder andere islamische Fundamentalisten beruhenden Thesen von einer „Kriegserklärung gegen die zivilisierte Welt" (Bundeskanzler Schröder) könnte die bereits schon länger von christlich-abendländischen Fundamentalisten proklamierte Ansicht vom „Kampf der Kulturen" in den westlichen Gesellschaften gefährlichen Zulauf gewinnen.

Die Trennung in eine „zivilisierte" und eine „unzivilisierte Welt" vertieft die Gräben. Es gibt keine Religion, die solche Terrorakte rechtfertigen würde.

Jetzt kommt es darauf an, in unseren Gesellschaften keine Feindschaft gegen „den Islam" generell zuzulassen, sondern vielmehr Brücken zu bauen.

Gegenüber blankem Terror gibt es keinen hundertprozentigen Schutz. Eine Politik, die den Terrorismus wirksam bekämpfen und eindämmen will, muss ihm den sozialen, politischen und ideologischen Nährboden entziehen, in dem er gedeiht. Ein Klima des Hasses und der Intoleranz und eine Politik, die Gewalt mit Gegengewalt und Gegengewalt mit neuer Gewalt beantwortet, bereitet auch den Boden für neue Terrorakte. Dem Terrorismus durch zivile Maßnahmen und durch die Stärkung des Rechts und der Gerechtigkeit den Boden zu entziehen ist langfristig das bessere Mittel als der Gedanke an Rache und militärische Vergeltung. Trotz aller Wut und Trauer appellieren wir an die US-Regierung und deren Verbündete, besonnen und nicht mit militärischer Gegengewalt zu reagieren. Dies kann unser Beitrag dafür sein, dass ein weiteres Drehen an der Gewaltspirale verhindert werden kann.

Abrüstungsinitiative Bremer Kirchengemeinden; AG Zivile Konfliktbearbeitung im Netzwerk Friedenskooperative; Bonner

Friedensbüro; Bremer Friedensforum; BUKO-Kampagne „Stoppt den Rüstungsexport"; Bund für Soziale Verteidigung (BSV); Bundesausschuss Friedensratschlag; Frauennetzwerk für Frieden e.V.; Gewaltfreie Aktion Atomwaffen abschaffen; Kampagne gegen Wehrpflicht, Zwangsdienste und Militär; Komitee für Grundrechte und Demokratie; Ohne Rüstung Leben (ORL); Versöhnungsbund – Deutscher Zweig (Minden).

(Von den Unterzeichner-Gruppen haben wir hier nur eine Auswahl veröffentlicht. In der FR-Dokumentation sind etwa dreimal so viele Gruppen aufgelistet – mit Stand vom 13. September 2001; Jahrbuch-Red.)

11. September 2001: Warnung vor militärischen Kurzschlußreaktionen

Am 17. September 2001 veröffentlichte der Geschäftsführende Vorstand des Komitees eine Presseerklärung aus Anlass der Terroranschläge von New York und Washington. Das Komitee fordert eine genaue Analyse der Ursachen für die Terrorakte. Der Bundesregierung wird vorgeworfen, die kriegsgerichtete Dynamik der US-Regierungspolitik mit Nato-Bündnisbeschlüssen auf Vorrat blind zu unterstützen statt den grundgesetzlichen und völkerrechtlichen Pflichten zu entsprechen. Die „Frankfurter Rundschau" zitierte die Komitee-Erklärung auszugsweise in einem Artikel vom 18. September 2001 unter der Überschrift „NGOs warnen vor voreiligem Militärschlag".

Der 11. September –
Die Folgerungen dürfen nicht
den Regierenden in den USA und in den
anderen Nato-Staaten überlassen werden

Die terroristischen Akte am 11.9.2001 gegen
das World Trade Center in New York und
gegen das Pentagon in Washington D.C. sind
schlimm an sich selber. Tausende von
Menschen kamen jämmerlich um, wurden
verletzt, erlebten Schocks, wurden traumatisiert. Terror ist in jeder Hinsicht zu
verurteilen, denn er zeichnet sich immer
dadurch aus, daß die gebrauchten Mittel
nicht bedacht werden, daß Menschenleben
für irgendwelche abstrakten Ziele geopfert
werden. Und hier sind die Opfer an
Menschenleben unerhört.

Die terroristischen Akte am 11. 9. 2001 in
New York und Washington D.C. können in
ihren Folgen und vor allem den Folgerungen,
die daraus gezogen werden, noch schlimmer
wirken. Dies ist kaum vorstellbar und dennoch vorzustellen. Deshalb melden wir uns,
in dem wir uns mit unseren Bedenken den
Besorgnissen anderer zugesellen.

1. Gerade weil es ausschlaggebend wichtig
ist, die näheren und weiteren Hintergründe
der Aktion vom 11. September herauszufinden, gerade darum sind alle Kurzschlußreak-
tionen unzulässig und ihrerseits überaus
gefährlich.

2. Menschenrechtlich demokratisch angemessene Reaktionen bestehen in ursachenge-
nauer Analyse dessen, was in diesem Terror-
akt zum Ausdruck kommt, in der die
Menschen- und Bürgerrechte aller achtenden
Fahndung nach den Tätern und in menschenrechtlich legitimierbaren Strafen mit Augenmaß. Auch staatlich formell legitimierte
Gegengewalt, dazuhin pauschalen Umfangs,
ist nicht zu rechtfertigen.

3. Darum kehren wir uns gegen die ihrerseits
vorurteilshaften Vorverurteilungen. Vor
allem wenden wir uns ohne Wenn und Aber
gegen die von Nato-Staaten unterstützte
Säbelrasselei und die kriegsträchtigen Mobilisierungen der US-Regierung. Regierungen,

wie die Regierung der USA, werden mit solchen riskanten militärischen Antworten, die
möglicherweise bald in ihren Folgen unent-
schuldbare schlimmere Taten ihrerseits unab-
sehbarer Konsequenzen nach sich ziehen,
werden dem, was der 11. September bedeutet, sie werden den Toten an erster Stelle
nicht gerecht. Im Gegenteil: sie funktionieren
diesen 11. 9. und, schrecklich dies zu sagen,
seine Toten, die terroristisch Ermordeten,
um.

4. Gleicherweise kurzsichtig und kritisie-
renswert ist es, wie die Bundesregierung und
führende Politiker der BRD auf den 11. September reagieren. Sie versäumen es, ihre
grundgesetzlichen und völkerrechtlichen
Pflichten auch und gerade gegenüber dem
(über-) mächtigen Bündnispartner wahrzunehmen. Vielmehr unterstützen sie die
kriegsgerichtete Dynamik augenmaßlos
unverantwortlicher amerikanischer Politiker
mit Natobündnisbeschlüssen auf Vorrat (der
mögliche Kriegsfall wird schon beschlossen,
bevor überhaupt der Kriegsgegner über pauschale Verdächte hinaus ausgemacht ist). Das
widerspricht sogar Nato-Recht, vom Völkerrecht und vom erneut ausgehebelten Grundgesetz und übergangenen Bundestag nicht zu
reden. Hinzu kommt, daß auch die bundesdeutsche Regierung und andere verantwor-
tungslose Politiker die Gelegenheit nutzen,
um in Sachen Innerer Sicherheit auf deutscher und europäischer Ebene und um in
Sachen Ausländer- und Asylpolitik weitere
restriktiv präventive Tatsachen scheinrechts-
staatlich zu schaffen.

5. Es ist noch zu früh für eine einigermaßen
zureichende Analyse dessen, was am 11. 9.
2001 passierte und was diese hochtechnolo-
gische Zerstörung hoch entwickelter Technologie in terroristischer Absicht bedeutet. Nur
so viel kann heute schon in Richtung bald
folgender tiefer lotender und urteilsgenauerer
Analyse gesagt werden:

zum ersten: gemäß einem vom dritten Bun-
despräsidenten der Bundesrepublik, Gustav
Heinemann, nach dem Attentat auf Rudi
Dutschke und anderen Gewaltereignissen

Ostern 1968 gebrauchten Bild weisen drei Finger der Hand, deren ausgestreckter Zeigefinger sich auf den anderen als Täter, als „Bösen" reckt, auf den Zeigenden selber. Dieses Bild trifft auch in diesem Fall zu. Susan Sonntag und andere haben darauf zurecht sogleich aufmerksam gemacht. Durch diese Feststellung wird die schlimme Tat nicht relativiert oder entschuldigt. Jedoch werden die Folgerungen, die man aus dieser Tat zieht, dadurch beeinflußt. Man entdeckt, daß die Verhältnisse und Aktionen, an denen man selbst mitwirkt, mit zu den Ursachen gehören, die zu terroristischen Verletzungen, die zur Ermordung von Tausenden von Menschen beigetragen haben;

zum zweiten: die Lebensverhältnisse dieser in vielen Hinsichten zusammenhängenden Welt sind durch geradezu radikale Ungleichheiten und deren dauernde Bestätigung, ja Vermehrung ausgezeichnet. Und „der Westen", die USA an der Spitze, die BRD bald darunter, sind es, die nicht nur auf der Sonnenseite des Habens und des auch militärisch armierten Herrschens stehen. Diese nördlichen und vor allem westlichen Staaten sorgen durch ihre Politik und Ökonomie dauernd dafür, daß die Ungleichheiten bestehen bleiben. Es ist die globale Konkurrenz, die auch neualte Ungleichheiten in den kapitalistisch herrschaftlich führenden Ländern schafft. Die meisten derjenigen, die am Wohlstand und der mit ihm gekoppelten Macht in dieser Welt nicht oder nur wenig teilnehmen, ja die hungers krepieren, wehren sich nicht. Sie vegetieren oder sterben dahin. Doch das Elend der Welt, an sich selber gewaltsam, sorgt dauernd für gewalttätige Auseinandersetzungen. Diese finden zumeist unter den Armen und den Ärmsten der Armen selbst statt. Viele menschenunwürdig tödliche Zustände in afrikanischen Ländern sind dafür ein dauerndes, nur in den Bildern und Orten wechselndes Menetekel. Darüber hinaus stauen Ungleichheiten in Wohlstand, in Verfügungsmacht und Selbstbestimmung Aggressionen nach gesellschaftsinnen, jedoch auch nach außen zu anderen Gesellschaften hin. Bis sie ab und an explodieren. Terroristisch oder auch kriegerisch oder in neuen Zwischenformen;

zum dritten: verbunden mit diesem Tod und Aggressionen schaffenden Schwungrad ungleicher und einseitiger, Ungleichheit und Einseitigkeit verschlimmernder Konkurrenz sind die globalen Unübersichtlichkeiten der Macht- und Herrschaftsausübung – Unübersichtlichkeiten, Verantwortbarkeits- und Kontrollmängel, die für einen Großteil auch der herrschenden, davon jedoch profitierenden Politik und ihre Gesellschaften in verschiedenem Ausmaß gelten. Mit anderen Worten, es fehlt weltweit an transparenten Verfahren; es fehlt an Möglichkeiten, sich zu artikulieren und in relevanter Weise mitzuwirken oder auch nur nicht gänzlich irrelevant zu opponieren. Manche Aspekte dieser systematischen Misere gegenwärtiger weltweiter Politik und ihrer nur interessenklaren, ansonsten weithin blinden Institutionen à la IWF, Weltbank, WTO und andere mehr, nicht zu vergessen die elitär privilegierten G-7er Gipfel, sind neuerdings durch die demonstrativen Äußerungen von Kritikern der Globalisierung von Seattle bis Genua auf dem Tisch der Öffentlichkeit präsentiert worden. Bis jetzt mit keinen erkenntlichen Folgen außer den üblichen Versuchen symbolischer Kooptation und der Kooptation mit Hilfe von Symbolen.

Das sind nur wenige Aspekte der gegenwärtigen weltweiten Misere. Sie reichen für eine Bedeutungsanalyse des 11. September nicht aus. Hier jedoch muß unter anderem angesetzt, hier müssen westwärts einschneidende Folgen gezogen werden, will man den dauernd steigenden Pegel weltweiter, je und je lokal zum Ausdruck kommender Gewalt gründlich senken.

6. Hier liegt das Rhodos, wo die Regierung der USA, wo die Regierungen der anderen Natostaaten einschließlich ihrer dominanten Interessengruppen und einschließlich von uns allen „springen", sprich nicht Geringes leisten müssen. Nicht in der Gewaltanwort, die neue Gewalt zeugt, auf eine gewalttätige Herausforderung.

Wir wenden uns erneut gegen alles kopflos unverantwortliche kriegerische Mobilisieren. Wir werden dagegen mit allen menschenrechtlichen Mitteln ankämpfen. Und wir ersuchen alle Bürgerinnen und Bürger, darunter auch alle Funktionäre von Sicherheits-einrichtungen, an erster Stelle alle Soldatinnen und Soldaten, an den schrecklichen Kriegsspielen, ihren Voraussetzungen und ihren Ausführungen nicht mitzuwirken. Das eindeutige Nein hier schließt das große Ja zu politischen Aktivitäten ein, die Gewaltverhältnisse zu minimieren und den Menschenrechten eine Gasse zu öffnen versprechen.

Wolf-Dieter Narr, Roland Roth

Komitee-Jahrestagung 2001

Vom 21.-23. September fand die Jahrestagung des Komitees in Arnoldshain statt. Die Folgen der kapitalistischen Globalisierung und die Möglichkeiten politischer Alternativen auf menschenrechtlicher Grundlage waren die Hauptthemen der Konferenz. Angesichts der Anschläge vom 11. September nahm diese Problematik auch breiten Raum ein.

Die Tageszeitung „Neues Deutschland" berichtete am 24. September über die Diskussionen, die während der Komitee-Tagung geführt wurden.

Kein fatales Fügen in die Logik des Terrors

Komitee für Grundrechte und Demokratie diskutierte über Globalisierung und die Folgen des 11. September

Die Terrorakte vom 11. September dürfen nicht mit militärischer Gewalt beantwortet werden; Strafverfolgung muss mit dem Bemühen um Deeskalation und der Suche nach Strategien ziviler Konfliktlösung einhergehen – das war bestimmende Meinung auf der Jahrestagung des Komitees für Grundrechte und Demokratie am Wochenende.

Wie ließe sich eine vorrangig politische, menschenrechtsgemäße, also auf die Lebensinteressen aller ausgerichtete Ökonomie organisieren? Dieser Frage sollte auf der in Kooperation mit der Evangelischen Akademie Arnoldshain im Taunus organisierten Tagung der Bürgerrechtsorganisation nachgegangen werden – theoretisch wie praktisch. Das taten die Teilnehmer dann auch, trotz der Terrorakte vom 11. September, aber mit den Bildern der entführten, als Bomben missbrauchten Passagierflugzeuge und vor allem den (vor)schnellen Bewertungen dieses – da waren sich alle einig – durch nichts zu rechtfertigenden massenmörderischen Gewaltakts im Hinterkopf.

Radikale Ungleichheiten

Der Begriff der Menschenrechte sei seit dem 11. September unbrauchbar geworden, behauptete dieser Tage ein Autor der „Frankfurter Allgemeinen Zeitung". Pfarrer Dr. Hermann Düringer, Direktor der Evangelischen Akademie, widersprach dem, ließ aber nicht unerwähnt, dass nun Politik zur Durchsetzung von Menschenrechten vor noch größeren Schwierigkeiten steht. Nachdrücklich warnte er vor einem „fatalen Sich-Fügen in die Logik von Terrorismus": Dessen Bekämpfung mit militärischen Mitteln dürfe nicht hingenommen werden. Prof. Wolf-Dieter Narr wandte sich gegen Einschätzungen, der 11. September sei eine „absolute Zäsur", ein noch nie da gewesenes Ereignis. Besorgt verwies Narr auf die Blankoschecks, die in dieser Situation die Parlamente der Exekutive ausstellen, und fragte, was man tun könne, falls der von der NATO auf Vorrat beschlossene Bündnisfall eintritt.

Gemeinsam mit Prof. Roland Roth, gleichfalls Vorstand des Komitees für Grundrechte, hatte Narr in einer ersten Erklärung u.a. darauf verwiesen, dass „die Lebensverhältnisse dieser in vielen Hinsichten zusammenhängenden Welt ... durch geradezu radikale Ungleichheiten und deren dauernde Bestätigung, ja Vermehrung" ausgezeichnet sind. Diese „globale Verwahrlosung des globalen Kapitalismus heute" war auch Thema des Eröffnungsvortrags von Prof. Maria Mies vom Kölner „Netzwerk gegen Konzernherrschaft und neoliberale Politik". Die Terrorakte von New York und Washington schufen „eine andere, aber auch die gleiche Situation" wie jene, die sie in ihrem 1998 erschienenen Buch über das geplante „Multilaterale Abkommen über Investitionen" beschrieb. Sein Titel heißt „Die Lizenz zum Plündern". „Von dort ist es nur ein Schritt bis zur Lizenz zum Töten", sagte Maria Mies und betonte: „Die haben wir jetzt." Schon das weltweite Freihandelssystem sei ein „neoliberales Kriegssystem". Der größere Teil der Menschheit müsse mit zwei Dollar pro Tag oder weniger auskommen. Nun werde von den westlichen Ländern die „totale Barbarei" angekündigt.

Dass die jüngsten Terrorakte „keine Tat von Verrückten oder Teufeln", sondern „eingebettet in die gesellschaftliche Entwicklung" sind, unterstrich auch der Friedens- und Konfliktforscher Prof. Andreas Buro. Wenn man heute nach den Ursachen der Anschläge frage, werde unterstellt, man wolle sie rechtfertigen. Doch gerade eine Analyse des Kontextes sei Voraussetzung, um eine Eskalation zu vermeiden und um Strategien zur Verhinderung weiterer Anschläge zu entwickeln.

„Bedauerlich, aber seinen Preis wert"

Die Attentate in den USA seien „Ausfluss des Prinzips, Konflikte mit Gewalt auszutragen", sagte Buro. „Auch Krieg ist Terror", der Begriff dürfe nicht auf eine Form reduziert werden. Derzeit werde er aber ideologisch gebraucht: Der eigene Terror durch militärische Gewalt soll abgegrenzt werden. Ausdrücklich lehnt der Friedensforscher die

Behauptung ab, es handele sich bei den jüngsten Terrorakten um eine nie da gewesene Qualität. Vielmehr gebe es allen Grund zu sagen, dass sie sich einbetten in einen Terror, der heute weit verbreitet ist, z.b. in Algerien und in der Türkei. Auch die terroristische Reaktion der USA auf die Attentate auf US-Botschaften gehöre dazu.

In der Debatte wurde auch auf Hiroshima und Nagasaki verwiesen. „Was sich geändert hat, ist die persönliche Betroffenheit in der westlichen Welt", brachte eine Teilnehmerin den Unterschied auf den Punkt. „Wir, die Unverletzlichen, die Überlegenen sind getroffen worden." In Ruanda, wo binnen weniger Wochen 1,5 Millionen Menschen ermordet wurden, habe man „Terror ganz anderer Dimension" erlebt. Buro verwies darauf, dass „moderne" Kriege nur 10 Prozent militärische Opfer haben, 90 Prozent seien Zivilisten. Im Irak seien 500 000 Kin-

der getötet worden. Als man die frühere US-Außenministerin Madeleine Albright darauf hingewiesen habe, antwortete sie, das sei „bedauerlich, aber seinen Preis wert".

Buro schlug den Bogen zur Globalisierung als „Festschreibung des westlichen Weges": Alles andere gelte als unzivilisiert. Dies werde sicher von islamisch-arabischer Seite auch so gesehen. Die USA seien bereit, sich mit militärischen Mitteln als globale Ordnungsmacht über internationales Recht hinwegzusetzen. „Schurkenstaaten" würden jetzt zu „Terrorstaaten" umfunktioniert. Von einem weltweiten Netz des Terrorismus zu reden, sei ein Generalverdacht, alle könnten Terroristen sein. Dies habe auch innenpolitische Konsequenzen. Jeder könne verdächtigt werden, Sympathisant von Terroristen zu sein.

Aus Arnoldshain berichtet Claus Dümde

DNA-Identitätsfeststellungen bei Gefangenen

Das Komitee hat sich seit 1998 mit der Ausweitung des DNA-Identitätsfeststellungsgesetzes auseinandergesetzt, gemäß dem bei Gefangenen oder Strafentlassenen, bei denen vermutet wird, dass sie künftig erneut schwere Straftaten begehen könnten, DNA-Speichelproben angeordnet werden können. Insbesondere wehrte sich das Komitee in verschiedener Weise gegen die regelmäßige Umgehung des gesetzlich vorgeschriebenen Richtervorbehalts. Die Gefangenenzeitung „Kassiber" brachte in ihrer Ausgabe 2/2001 im Herbst 2001 einen Artikel, in dem auf das Komitee und seine Aktivitäten Bezug genommen wird.

Doch noch Hoffnung?

Bundesverfassungsgerichtsurteile zum DNA-Identitätsfeststellungsgesetz werden missach-

tet. Grundrechte-Komitee mahnt die Justizministerien der Länder

Dass Gesetze Auslegungssache sind und Recht noch lange nicht gleich Recht ist, wurde wieder mal offensichtlich, als sich vor ca. zwei Jahren Tausende von Gefangenen mit Beschlüssen konfrontiert sahen, die sie zur Abgabe einer Speichelprobe verpflichteten. Die daraufhin ermittelten Gen-Daten wurden dann in eine bundesweite Datenbank aufgenommen, auf die in künftigen Verfahren jederzeit zu Vergleichszwecken zurückgegriffen werden kann. Doch nicht der Einsatz einer Datenbank zur Genanalyse erhitzte die Gemüter, sondern vielmehr der Tenor der Begründung, der die Betroffenen zur Abgabe ihres Speichels zwang.

Trotz Beschwerden und Einsprüchen gelang es jedoch den Wenigsten, sich gegen den Beschluss zur Wehr zu setzen, und so mussten diejenigen, die in den Justizvollzugsan-

336

stalten der Länder aufgrund ihrer ganz persönlichen Auslegung der Gesetze schmoren, feststellen, dass der Gesetzgeber selbst offensichtlich zu einer freien und individuellen Auslegung derselben berechtigt ist.

So fand sich eine Reihe von Insassen, deren juristische Einwände erfolglos geblieben waren, letztendlich vor die Entscheidung gestellt, ihren Speichel „freiwillig", also nur unter der Androhung von körperlichem Zwang oder unter dessen tatsächlicher Anwendung abzugeben.

Als Begründung für den zu dieser Maßnahme zwingenden Beschluss führte man in 90 Prozent aller Fälle an, dass „(…) auch in Zukunft zu erwarten ist, dass weitere Strafverfahren gegen ihn (…)" (den Betroffenen) zu führen sind. Diese Pauschalbegründung führt jedoch nicht nur den Strafvollzug an sich ad absurdum, sondern ist laut Bundesverfassungsgericht in dieser Form auch nicht haltbar. Dieses hat nämlich in zwei Entscheidungen (vom 14.12.00 und 15.3.01) dargelegt, dass die Voraussetzung für DNA-Identitätsfeststellungen bei ehemals Verurteilten oder Gefangenen, zum Zwecke der Ermittlung in künftigen Verfahren, die Erstellung einer nachvollziehbaren und auf das Individuum bezogenen Prognose ist.

„Die Maßnahme müsse auf bestimmte Fälle beschränkt" bleiben und in den Entscheidungsgründen müssen „die bedeutsamen Umstände abgewogen" werden. Weiterhin verlangen die Bundesverfassungsrichter, „(…) dass sie (die Maßnahme) im Hinblick auf die Prognose der Gefahr der Wiederholung auf schlüssigen, verwertbaren (…) und in der Entscheidung nachvollziehbar dokumentierten Tatsachen beruht und auf dieser Grundlage die richterliche Annahme der Wahrscheinlichkeit künftiger Straftaten von erheblicher Bedeutung belegt (…)". Dass ein Rückfall nicht auszuschließen sei, reiche für die Anordnung der Begründung nicht aus, „es bedarf vielmehr positiver, auf den Einzelfall bezogener Gründe für die Annahme einer Wiederholungsgefahr".

Dass aber eine derart umfassende Einzelfallprüfung gar nicht stattgefunden haben kann, belegt schon die Zahl der mittlerweile in die Gen-Datenbank aufgenommenen Fälle. Als nämlich das DNA-Identitätsfeststellungsgesetz dem Parlament vorgelegt wurde, hieß es, dass „(…) es sich aus rechtlichen und praktischen Gründen nicht um eine Routinemaßnahme (…)" handeln werde und man mit ca. 10.000 Fällen pro Jahr rechne.

Bis zum heutigen Tage sind allerdings fast 100.000 Fälle in den Computern des BKA gespeichert, eine Zahl, die wohl unmöglich zustande gekommen wäre, hätte man sich an die Richtlinien des Gesetzgebers gehalten.

Deshalb hat das Komitee für Grundrechte und Demokratie e.V. kürzlich in einem Offenen Brief an die Justizminister der Länder gefordert, dass die vom Bundesverfassungsgericht aufgestellten Kriterien zur DNA-Identitätsfeststellung auch eingehalten werden.

Aufgrund der Aktualität dieses Schreibens liegt uns noch keine Antwort darauf vor, wir werden jedoch über den weiteren Verlauf informieren.

So besteht folglich doch noch Hoffnung, dass Betroffene, die sich gegen eine entsprechende Anordnung wehren oder solche, die sich um eine Löschung der Daten auf dem Rechtsweg bemühen, Erfolg haben werden.

GhostWriter

Petition gegen den Krieg

Am 8. Oktober 2001 veröffentlichte das Komitee eine Pressemitteilung zur Petition „Krieg darf nicht die Antwort auf Terror sein". Anlässlich der Groß-demonstrationen gegen die geplanten „Anti-Terror-Kriege" am 13. Oktober 2001 in Berlin und Stuttgart begann das Komitee mit einer bundesweiten Unterschriftensammlung. Bis Anfang 2002 hatten über 7.500 Personen die Petition unterzeichnet. Eine er-schreckend nichtssagende Antwort des Petitionsausschusses erfolgte erst am 17. Juni 2002. Diese Antwort sowie eine Entgegnung des Komitees können im Komitee-Sekretariat in Köln angefordert werden.

mit angemessenen menschenrechtlich be-gründeten Maßnahmen zu reagieren!

Ganz und gar ohne Augenmaß und Not ist es, wenn Bundesregierung, Bundestag und Lan-desregierungen grundrechtswidrig Polizei und Geheimdienste mit mehr Kompetenzen versehen und ausbauen, ja das Militär innen-politisch einsetzen wollen. Durch solche Schritte werden nicht ein Mehr an Lebens-Sicherheit herbeigeführt, vielmehr das siche-re Ende bürgerlicher Freiheit und Integrität.

Martin Singe

Petition an den Deutschen Bundestag
„Krieg darf nicht die Antwort auf Terror sein"

Das Komitee für Grundrechte und Demokra-tie unterstützt die geplanten Demonstratio-nen der Friedensbewegung in Berlin und Stuttgart am 13.10.2001. Darüber hinaus hat das Komitee eine Petition verfaßt, mit der der Bundestag aufgefordert wird, die bedin-gungslose – auch militärische – Solidarität mit den USA aufzukündigen. Im Wortlaut der Petition heißt es u.a.:

Ich protestiere dagegen, daß der Deutsche Bundestag am 19.9.2001 zur Unterstützung des US-Vorgehens „die Bereitstellung ge-eigneter militärischer Fähigkeiten" beschlos-sen hat.

Ich fordere den Deutschen Bundestag auf, erneut über die Konsequenzen der Terroran-schläge zu beraten. Krieg, Rache und Vergel-tung sind keine angemessene Antwort auf das Geschehene! Der Beschluß, militärische Mit-tel der Bundeswehr für Kriege gegen soge-nannte Schurkenstaaten zur Verfügung zu stellen, muß rückgängig gemacht werden! Statt dessen soll der Bundestag auf die USA und die anderen NATO-Staaten einwirken,

GlobalisierungskritikerInnen müssen zu Hause bleiben

Die Zeitschrift „Forum Wissenschaft" veröffentlichte in ihrer Ausgabe 4/2001 einen Artikel von Elke Steven zu den jüngsten Beschneidungen des Demonstrationsrechts. Im Vorwort der Zeitschrift heißt es: „Die Geschichte der Unterdrückung linker Bewegungen ist lang. Mit den Ereignissen in Genua ist ein neues Kapitel hinzugekommen. ‚Genua' bedeutet eine neue Qualität des staatlichen Umgangs mit den Widersprüchen neoliberaler Globalisierung. Seit sich KritikerInnen nicht länger an den herrschenden Politikformen und -inhalten orientieren und mit symbolischen Angriffen auf G7/G8-Gipfel, IWF oder WTO die Legitimation dieser Institutionen einigermaßen erfolgreich infrage stellen, ist Schluss mit lustig. Elke Steven zeigt auf, wie hierzulande Grundrechte sukzessive über Bord geworfen werden."

Deutschland ist kein Ausreiseland
Vom staatlichen Umgang
mit „GlobalisierungsgegnerInnen"

Mit Entsetzen mußte man die Berichte über den politischen und polizeilichen Umgang mit den Protesten gegen den G7/G8-Gipfel in Genua verfolgen. Nach und nach erst wurde das ganze Ausmaß des undemokratischen, rechtsstaatswidrigen und die Menschenrechte mißachtenden Umgangs mit Kritikern der globalen, die Macht der wenigen und die eigenen Wirtschaftsinteressen absichernden Politik der größten und mächtigsten Staaten enthüllt. Der Protest gegen diese Weltwirtschaftspolitik ist alt, älter auch als die Bezugnahme auf Seattle deutlich macht. Auch wenn die Quantität und Internationalität des Protestes seitdem eine andere Dimension erreicht hat.

Hausbesuche, Ausreiseverbote, Meldeauflagen

Bundesdeutsch wurden Grundrechte schon ausgehebelt, bevor es überhaupt zu den Protesten in Genua kommen konnte. Die Versammlungsfreiheit (Art. 8 Grundgesetz), die Freizügigkeit (Art. 11 GG), die Allgemeine Handlungsfreiheit und die daraus abgeleitete informationelle Selbstbestimmung (Art. 2 GG) wurden systematisch mißachtet. Anläßlich des EU-Gipfels in Göteborg wurde bereits damit experimentiert, anläßlich des G7/G8-Gipfels in Genua wurde das Vorgehen gegen Bürger und Bürgerinnen, die der Polizei als kritisch aufgefallen sind, ausgedehnt.

Mit Hausbesuchen, Ausreiseverboten und Meldeauflagen geht die Polizei seit der Änderung des Paßgesetzes im Jahr 2000 gegen vermutete Fußball-Hooligans vor. Aus Anlaß des Anschlags auf die Polizeibeamten Nivel wurde in § 10 des Paßgesetzes die Möglichkeit geschaffen, „einem Deutschen die Ausreise in das Ausland zu untersagen, wenn Tatsachen die Annahme rechtfertigen, er gefährde erhebliche Belange der Bundesrepublik Deutschland. Explizit war dieses Gesetzt eigens für diese Gruppe der Hooligans geändert worden. Klammheimlich wurde das Gesetz nun auf neue Gruppen ausgedehnt. Grundlage für dieses Vorgehen ist die Errichtung neuer Dateien „Gewalttäter Rechts" und „Gewalttäter Links" beim Bundeskriminalamt, die am 24. November 2000 beschlossen wurde.

Im Juni 2001 erhielten die ersten Bürger polizeiliche Meldeauflagen, weil ein Castor-Transport durch die Bundesrepublik Deutschland rollen sollte. Sie sollten sich mehrmals täglich auf der nächsten Polizeistation melden, um glaubhaft zu machen, daß sie sich nicht an den Protesten beteiligten. Als Begründung für die Meldeauflage diente die Feststellung, daß die Person sich bereits einmal an einem Gleisbett festgekettet habe und ein anderes Mal an einer Sitzblockade teilgenommen habe. Strafbefehle oder Bußgeldbescheide, gar gerichtliche Verurteilungen lagen nicht vor. Entsprechend ging es schnell weiter. Ausreiseverbote und Meldeauflagen erhielten für die Zeit der Gipfel in Genua und die dort erwarteten Proteste eine ganze Menge Bundesbürger. Die Zahl ist bisher unbekannt. Manche erfuhren erst an der Grenze, daß für sie die in der EU garantierte Freizügigkeit aufgehoben sei: Ausreiseverbot. Freizügigkeit nur noch für Waren, nicht für Menschen. Es häufen sich die Berichte derer, denen der Staat Gewalttätigkeit unterstellt. Für die unterstellten gefährlichen, die Belange der Bundesrepublik erheblich gefährdenden Straftaten liegen in den meisten Fällen keinerlei Belege vor. Die einen sind nie von einem Gericht verurteilt worden, von der Polizei angestrengte Verfahren sind eingestellt worden, andere haben niedrige Bußgelder wegen Sitzblockaden etc. auferlegt bekommen. Philipp T. (Frankfurter Rundschau, 28.8.01) ist der Polizei 1996 drei mal aufgefallen, alle Verfahren wurden eingestellt, ihm wurde mitgeteilt, daß seine Daten am 1. Mai 2001 gelöscht wurden. Die Ausreise Richtung Italien wurde ihm an der Grenze verweigert, denn seine Anwesenheit in Italien drohe, „erhebliche Belange der Bundesrepublik Deutschland" zu gefährden. Seine Daten – die laut Mitteilung an seinen Rechtsanwalt gelöscht worden waren – befanden sich in einer Datei „Landfriedensbruch".

Mit dem von den Innenministern beschlossenen Aufbau der Dateien hat das BKA im Januar 2001 begonnen. Der Parlamentarische Staatssekretär Fritz Rudolf Köper (SPD) teilte der Abgeordneten Ulla Jelpke (BTDrS 14 / 5376) im Februar mit, Aufnahme in die Datei fänden Beschuldigte und Verurteilte aus Ermittlungsverfahren, aber auch Personen, gegen die Personalienfeststellungen, Platzverweise oder Ingewahrsamnahmen angeordnet wurden. Selbstverständlich ist die Annahme Voraussetzung, daß künftig Straftaten von erheblicher Bedeutung begangen werden. Der Willkür aber sind Tür und Tor geöffnet. Die Daten sollen fünf Jahre gespeichert werden, eine Löschung – etwa

wegen Freispruch oder Verfahrenseinstellung – ist nicht vorgesehen. (Vgl. Burkhard Hirsch: Fast wie in der guten, alten DDR, in: Die Zeit, 13.9.01) In der „Errichtungsanordnung" zur Datei heißt es, sie sei für „Verdächtige" angelegt, bei denen „die Persönlichkeit oder sonstige Erkenntnisse Grund zu der Annahme geben, daß Strafverfahren gegen sie zu führen sind." (Zitiert nach: Der Spiegel, 35/2001)

So kann man leicht in diese Datei geraten. Der Sinn der sich häufenden Einkesselungen von Demonstrierenden mit Personalienfeststellungen enthüllt sich hier. Der Verdacht, daß jemand, der bereits einmal in der Bundesrepublik z.B. gegen NPD-Demonstrationen oder gegen die Expo demonstriert hat, in Genua demonstrieren wollte, liegt nahe, und so reichte tatsächlich dieser Verdacht – und nicht der, gewalttätig werden zu wollen – zur Einschränkung der Grundrechte aus. Meinungsfreiheit, Versammlungsfreiheit, Freizügigkeit, Recht auf Assoziation, Recht auf informationelle Selbstbestimmung, all diese Rechte gelten angesichts einer globalen Wirtschaftsmachtpolitik nichts. Und nicht nur das deutsche Grundgesetz wurde hier außer Kraft gesetzt. Das Recht zur Ausreise wird auch durch die Allgemeine Erklärung der Menschenrechte und den Internationalen Pakt über bürgerliche und politische Rechte garantiert. Der Vertrag zur Gründung der Europäischen Gemeinschaft garantiert die Freizügigkeit. Die im Dezember 2000 feierlich verkündete Charta der Grundrechte der Europäischen Union garantiert ebenfalls Freizügigkeit und Aufenthaltsfreiheit (Art. 45), den Schutz personenbezogener Daten (Art. 8), Versammlungs- und Vereinigungsfreiheit (Art. 12) und viele weitere Grundrechte.

In Italien wurden deutsche Bürger auch deshalb in den Gefängnissen festgehalten, weil die deutschen Behörden Dateien über „Gewalttäter" weitergegeben hatten. Auch diese Daten verunglimpften unbescholtene Bürger. Der Jurastudent Moritz von Unger berichtet, nach vier Tagen Gefängnis hätte

die Haftrichterin ihm vorgehalten, im März 1997 sei gegen ihn wegen unerlaubten Waffenbesitzes ermittelt worden. Er beteuerte jedoch, noch nie eine Waffe in der Hand gehabt zu haben. „Lediglich ein Verfahren wegen Verdachts auf Widerstand gegen Vollstreckungsbeamte habe es 1997 gegeben, das umgehend eingestellt worden sei." (Der Spiegel, 35/2001) Er hatte „Glück", die Haftrichterin glaubte ihm und entließ ihn. Die Innen- und Justizminister der EU überlegen jedoch, nicht zuletzt auf Anregung des deutschen Innenministers, den Datenaustausch noch zu verstärken und eine gemeinsame Datei „Polit-Hooligans" anzulegen. Auf der Ad-hoc-Tagung am 4. Juli 2001 lehnten sie dies noch ab. Geprüft werden soll jedoch, ob bei der Überarbeitung der Europol-Konvention eine solche Zuständigkeit eingeführt werden soll. „Angesichts der Tatsache, daß die Europol-Konvention eine Speicherung von Daten schon weit unterhalb der Ebene des konkreten Verdachts erlaubt, wäre die vom

Bundesinnenminister geforderte Datei der ‚Polit-Hooligans' spätestens dann perfekt." (Olaf Griebenow, Heiner Busch: Nach Göteborg und Genua. In: Bürgerrechte und Polizei, Cilip 69, Nr. 2/2001, S. 63-69)

„Chilenische Verhältnisse"

Die Berichte über die Eskalationspraxis der italienischen Polizei konnte man nur noch schockiert verfolgen. Angefangen von der generellen Verunglimpfung des Protestes als gewaltbereit, über die Festnahme einiger deutscher Frauen, die – haltlos – in die Nähe von Terroristinnen gerückt wurden bis hin zur bekannten Stilisierung des Schwarzen Blocks als gemeingefährliche Chaotengruppe und der Zusammenarbeit der Polizei mit italienischen Neofaschisten. Glaubhafte Berichte bezeugen, daß gegen diejenigen, die außerhalb der Innenstadt Genuas Krawall machten, polizeilich nicht vorgegangen wurde. Eher noch wurden solche Gruppen in die friedliche Demonstration hineingetrieben. So schafft man Eskalation und die Möglichkeit, mit Gewalt gegen friedlich Demonstrierende vorzugehen. Viele der Gefangenen – noch immer sitzen Mitte September einige wenige in italienischen Gefängnissen – sind jedoch erst nach Abschluß der Demonstrationen festgenommen worden. Die Stürmung der Schule, in der viele übernachteten, offenbarte unfaßbaren Haß und Gewalt auf Seiten der Polizei. Die Berichte der Überfallenen und anderer Gefangener über ihre Erfahrungen mit der Polizeigewalt und in der Haft sind schier unglaublich für einen demokratischen Rechtsstaat. Nicht umsonst wurde von „chilenischen Verhältnissen" gesprochen. Vielfach werden Praktiken von Gewalt und Demütigung beschrieben, die auch zur Erzwingung von Unterschriften unter dubiose Dokumente eingesetzt wurden. In einigen Medien konnten die Gefangenen inzwischen selbst berichten. Es ist zu hoffen, daß sie noch vielfältige Möglichkeiten nutzen können, über die Vorgänge aufzuklären.

Viele der aus der Haft Entlassenen und Abgeschobenen erhielten gleichzeitig für fünf Jahre Einreiseverbote nach Italien. So sieht die Freizügigkeit in der EU aus, die nach ständiger Rechtsprechung des EuGH nur eingeschränkt werden darf, wenn besonders schwerwiegende Gründe der öffentlichen Sicherheit und Ordnung für eine Gefährdung sprechen. Verurteilungen wegen mittelschwerer oder schwerer Delinquenz reichen hierzu nicht aus.

Um einen Toten – Carlo Guiliani – ist zu trauern. Es ist zu hoffen, daß die Umstände seines Todes gründlich aufgeklärt werden – wenn auch zu befürchten ist, daß die Hintergründe, die den polizeilichen Todesschuß möglich machten, nicht vollständig aufgeklärt werden. Zu recht erinnert WRI (War Resisters' International) jedoch auch daran, daß dieser erste Tote er im reichen Westen überhaupt wahrgenommen wurde, nicht der erste im Zusammenhang der Proteste gegen die Armut verursachende und die Welt ausbeutende Wirtschaft ist. Mindestens vier

Anti-Globalisierungs-DemonstrantInnen wurden während einer Demonstration in Port Moresby in Papua-Neu Guinea am 25./26. Juni erschossen.

Militarisierung geht einher mit der Globalisierung und dient der Absicherung der bestehenden Verhältnisse. Geschaffen werden die Fluchtursachen, die zur immer weiteren Abschottung und zu immer rigideren Grenzkontrollen führen. Die Toten sind ungezählt.

Welche Konsequenzen sind aus diesen Erfahrungen zu ziehen? Jedenfalls völlig andere als die, die Politiker daraus zu ziehen gewillt sind. Der Ruf nach noch größerer Kontrolle, nach Aufbau von noch weitergehenden Überwachungsmöglichkeiten, nach intensiverer Zusammenarbeit der Polizeibehörden, der Verlegung von Konferenzen in undemokratische Staaten oder an unzugängliche Orte – damit belegen die Politiker ihre zutiefst undemokratische Haltung. Radikale Demokratisierung, Kontrolle des Staates und seiner Organe durch den Bürger und die Bürgerin, Entmilitarisierung sind die Wege, die beschritten werden müssen. „Nur mit mehr gelebter Demokratie werden die europäischen und die weltweiten Probleme allein und besser zu lösen sein. Transparenz und nachvollziehbare Willensbildung und Entscheidungsfindung auf europäischer und globaler Ebene stehen als Nr. 1 auf der Tagesordnung." So schließt eine Presseerklärung der Humanistischen Union, der Internationalen Liga für Menschenrechte und des Komitees für Grundrechte und Demokratie vom 22. Juli 2001 zu den Vorgängen in Genua.

Elke Steven

Castor: Mit Hunden und Pferden gegen friedlich Demonstrierende

Zwischen dem 10. und 14. November 2001 beobachtete das Komitee erneut einen Castortransport nach Gorleben. Mit Demonstrationsverboten, massenhaften Ingewahrsamnahmen und dem Einsatz von Hunden und Pferden wurde der Transport gegen den friedlichen Protest engagierter Bürgerinnen und Bürger polizeilich durchgesetzt. Bereits in einer Presseerklärung vor dem Transport – am 6. November 2001 – drückte das Komitee seine Besorgnis über die bevorstehende Beschädigung von Bürgerrechten aus. Ein erstes Resümee nach dem Transport veröffentlichte das Komitee am 14. November 2001. Letztere Erklärung wurde auszugsweise u.a. in der „Elbe-Jeetzel-Zeitung" am 16. November 2001 sowie in der Zeitung „Neues Deutschland" am 17. November 2001 zitiert.

Presseerklärung vom 6. November 2001

Der nächste „Castor" soll rollen – Bürgerrechte geraten unter die Räder

Sicherheit wird in diesen Tagen groß geschrieben. Gemeint aber ist nur die Sicherheit und Stärke des Staates, die Sicherheit der Bürger und Bürgerinnen bleibt dabei auf der Strecke. Koste es was es wolle, hält diese Bundesregierung an einem zweiten Transporttermin in diesem Jahr für hochradioaktiven Müll aus der sogenannten Wiederaufarbeitung in das „Zwischenlager" in Gorleben fest.

Oft waren zwei Transporttermine in einem Jahr angekündigt worden. Immer wieder haben Regierungen den zweiten Termin auch angesichts des massiven Protestes und einer Überlastung der Polizei zurückgenommen. Jetzt aber gilt es Härte und Durchhaltevermögen zu beweisen. Zusätzliche Sicherheits-fragen – u.a. angesichts der anstehenden Transporte des Euros quer durch die Bundesrepublik Deutschland – dürfen an den Planungen nichts verändern.

Intensiviert wird nur die Vorrat-Kriminalisierung derjenigen, die gegen die Nutzung der Atomenergie ihren Protest aufrecht erhalten. Liest man die Allgemeinverfügung, mit der wieder einmal jedweder Protest vollmundig grundrechtswidrig verboten wird, so wird eines deutlich: die Verbote richten sich nicht gegen einzelne Eskalationen und einzelne Straftaten. Sie richten sich gegen die Protestbewegung insgesamt.

– Ab Montag, dem 12. November 2001, sind entlang der Transportstrecke alle Protestaktionen verboten. Ab Samstag, dem 10. November, bereits alle nicht angemeldeten Demonstrationen. Ein solches zeitlich und räumlich ausgedehntes Verbot widerspricht dem Grundrecht auf Versammlungsfreiheit, das gerade auch dort ausgeübt werden können muß, wo der Anlaß des Protestes sichtbar wird. Auch angemeldete Demonstrationen außerhalb dieses zeitlichen und räumlichen Verbotsrahmens stoßen auf bezirksregierungsamtliche Ablehnung. Wer anmeldet, soll gleichzeitig eine Garantie dafür übernehmen, daß keine Störungen irgendwelcher Art stattfinden. Weder einzelne Störungen aus der Versammlung noch solche nach deren offiziellem Abschluß. Damit wird Art. 8 Grundgesetz, Versammlungsfreiheit, aufgehoben.

– Eine Abwägung von Grundrechten findet in dieser Allgemeinverfügung nicht statt. Zu schützen hat die Polizei danach einzig das Eigentumsrecht der Betreiberfirma, das zu einer völkerrechtlichen Verpflichtung umdefiniert wird. Die Fragen nach Grundrechten der Bürger und Bürgerinnen, nach dem Recht auf Meinungsfreiheit, Versammlungsfreiheit, nach bürgerlichen Freiheitsrechten sind gänzlich an den Rand gedrängt – ganz den aktuellen Rufen nach Innerer Sicherheit durch Abbau von Freiheitsrechten entsprechend.

– Zur Gefahrenprognose müssen vor allem all die friedlichen und symbolischen Protestaktionen der Vergangenheit herhalten. Sitzblockaden, von denen nie Menschen verletzende Taten ausgingen, werden zu Gewaltaktionen umgedeutet. Die Proteste der Bauern und Bäuerinnen mit ihren Traktoren, Blockadeaktionen auf der Straße – weitab von den Castor-Transportwegen –, kleine Sandsäcke auf einer Straße, lange bevor der Castor diesen Bereich erreichte – alle Formen harmlosen Protestes der wendländischen Bürger und Bürgerinnen müssen zur Begründung des Verbotes herhalten. Dieses aber kriminalisiert vor allem die Gruppen, die den grundrechtlich verbürgten Protest tragen.

– Mit einem weiteren Trick werden auch diejenigen zu Gewalttätern gemacht, die an einer angemeldeten und friedlich verlaufenen Demonstration teilgenommen haben. Wenn nach Abschluß einer „ordentlichen" Versammlung Blockadeaktionen stattfinden, wie die der Trecker im Jahr 1997 in Splietau, dann soll auch diese Aktion den Anmeldern zugerechnet werden. Gemäß der selbst gewalttätigen Logik dieser Bezirksregierung werden all diese Ereignisse selbstverständlich gleich Gewaltereignisse.

– Die Allgemeinverfügung richtet sich gegen jeden Protest an sich. Die gewichtigen Indizien für ein „notwendiges" Verbot sind: die Bevölkerung ist von der Bundesregierung enttäuscht; in den regionalen Zeitungen finden sich Hinweise auf Veranstaltungen zum Thema „Protest gegen Atommülltransporte"; es zeichnen sich verstärkte Bemühungen ab, Demonstranten zu mobilisieren; die Bürgerinitiative hat bundesweit zur Bildung von Bündnissen angeregt.

Solche Verbotsverfügungen schaffen die kriminellen Handlungen, die man braucht, um das eigene Fabrikat vertreten zu können. Man konstruiert antidemokratisch ein Bild, das nur noch Freund und Feind, gut und böse

kennt und jede Kritik diffamiert. Protest wird nicht deshalb überflüssig, weil die Atomwirtschaft Sicherheitsbestimmungen einfach übergeht oder weil angesichts der Terroranschläge vom 11. September nun auch andere als die bisherigen Atomkraftgegner die Gefahren sehen, die in den Atomkraftwerken schlummern. Ruhe ist eben nicht erste Bürgerpflicht, sondern kritisches Denken und Handeln.

Aus all diesen Gründen wird das Komitee für Grundrechte und Demokratie auch diesmal die Proteste gegen den Castor-Transport im Wendland beobachtend begleiten. In dieser Rolle nehmen wir nicht zur Sache Stellung, sondern beobachten das demonstrative Geschehen. Wir ergreifen Partei für die unverkürzten Freiheitsrechte der Bürger und Bürgerinnen, für das Recht auf Meinungsfreiheit und das Recht auf Assoziation.

Köln, 6. November 2001

Prof. Dr. Wolf-Dieter Narr, Dr. Elke Steven

Presseerklärung vom 14. November 2001

Die Politik hat rundum versagt – Bürger und Bürgerinnen haben gezeigt, daß sie ihr Grundrecht auf Versammlungsfreiheit trotz aller Abschreckung wahrnehmen.

Nach den Demonstrationsbeobachtungen des Komitees für Grundrechte und Demokratie anläßlich des Castor-Transportes in das Zwischenlager in Gorleben läßt sich aufgrund einer vorläufigen und bruchstückhaften Zusammenfassung der Eindrücke feststellen:

– Eindeutig versagt hat eine Politik, die statt auf Konfliktlösung auf Kriminalisierung und Einschränkung aller Grundrechte der Bürger und Bürgerinnen setzt. Diese haben sich jedoch weder einschüchtern noch provozieren lassen und sich in diesen Tagen vor und während des Castortransportes gewaltfrei ihr Recht auf Versammlungsfreiheit genommen.

– Noch weit über das schon demokratischrechtsstaatlich illegitime Demonstrationsver-

bot per Allgemeinverfügung hinaus, wurden Versammlungen und Camps kurzfristig verboten. Das Grundrecht auf Versammlungsfreiheit (Art. 8 GG) wurde damit ausgehebelt.

– Durch die kurzfristig ausgesprochenen Verbote von langfristig angemeldeten Versammlungen und Camps wurde der Rechtsweg faktisch ausgeschlossen.

– Die Polizei akzeptierte teilweise Versammlungen und räumte meist verhältnismäßig.

– Zur Abschreckung vor den verbotenen Versammlungsorten wurden jedoch menschenrechtswidrig Tiere gegen Menschen eingesetzt. Mit Pferden wurde auf sitzende Menschen zugeritten. Vor allem ist der gezielte Einsatz von Hunden ohne Maulkorb, das Aufhetzen von Hunden gegen Menschen völlig unverhältnismäßig. Etliche Bißwunden mußten behandelt werden.

– Zur Abschreckung vor Versammlungen und zur Einschüchterung wurden in noch

unvorstellbarem Ausmaß rechtswidrige Aufenthaltsverbote ausgesprochen. Formulare für solche Aufenthaltsverbote in Regionen des Wendlandes waren schematisch vorbereitet worden. Sie dienten zu pauschalen Verdächtigungen und dem rechtlich haltlosen Aussprechen von Betretungsverboten. Damit wurden vor jedem Verdacht vorbeugend Daten gesammelt und weitere polizeiliche Eingriffsmöglichkeiten geschaffen.

– Der Umgang mit den Hunderten von willkürlich in Gewahrsam Genommenen widerspricht einem demokratischen Rechtsstaat. Stundenlang saßen die Festgenommenen trotz Kälte in Bussen. Eine sofortige rechtliche Überprüfung war überhaupt nicht möglich. Die rechtliche Vertretung durch RechtsanwältInnen wurde durch die bürokratische und unzureichende Aufnahme der Daten bewenn nicht verhindert. Auch zwei Demonstrationsbeobachter erfuhren über viele Stunden diese Behandlung.

– Unseren Respekt und unsere größte Hochachtung haben die Bürger und Bürgerinnen, die erneut und immer wieder ihren Protest zum Ausdruck gebracht haben. Keinerlei Gewalt ging von ihnen aus. Über Stunden und Tage gingen sie immer wieder auf die Straße, harrten in Kälte und Regen aus und brachten zum Ausdruck, daß alle Staatsgewalt ihren Protest nicht unterdrücken kann.

Dannenberg, den 14. November 2001

Dr. Volker Böge, Dr. Elke Steven

Proteste gegen die Kriegsentscheidung des Bundestages

Am 16. November 2001 sollte der Deutsche Bundestag über eine Beteiligung am Krieg gegen Afghanistan entscheiden. Im Vorfeld dieser Bundestagssitzung kam massiver Protest von den Gruppen der Friedensbewegung. In Berlin beteiligten sich mehrere tausend Menschen an Demonstrationen gegen die bevorstehende Entscheidung. Das Komitee veröffentlichte am 13. November 2001 eine Anzeige in der „Frankfurter Rundschau" mit nachstehendem Wortlaut. Am 14. November berichtete die „Frankfurter Rundschau" in einem eigenen Artikel über die Protestaktionen der Friedensbewegung.

– Anzeige –

Komitee für Grundrechte und Demokratie

Krieg darf nicht die Antwort auf Terror sein

Aufforderung
an die Mitglieder des
Deutschen Bundestages,
an die Soldaten der Bundeswehr,
an die Bürgerinnen und Bürger!

Die deutsche Bundesregierung drängt darauf, zum Einsatz der Bundeswehr im Afghanistan-Krieg ermächtigt zu werden. Die Bundesrepublik würde damit eine Kriegsführung unterstützen, die in einem geschundenen Land die restlichen Lebensgrundlagen zerstört; die dem Terrorismus weiteren Auftrieb gibt; die auch der Bevölkerung der Vereinigten Staaten nicht hilft. Die Kriegspolitik der Regierung der USA nimmt keine Rücksicht auf die Rechte der Menschen, sie setzt eine Machtpolitik fort, die den Terrorismus erzeugt, den sie bekämpft. Sicherheit wird so nicht hergestelllt, sondern anhaltend gefährdet.

Deshalb appellieren wir

an die Abgeordneten des Bundestages:

● Sagen Sie Nein zum Einsatz der Bundeswehr im Afghanistan Krieg!

● Geben Sie der Bundesregierung keine Vollmacht zur Kriegsführung!

an die Soldaten der Bundeswehr:

● Verhalten Sie sich grundgesetztreu!

● Verweigern Sie sich einem Einsatz, der nicht der Verteidigung dient!

an alle Bürgerinnen und Bürger:

● Setzen Sie wirksame Zeichen des Widerstands gegen eine Kriegspolitik, die keinen Frieden bringen kann, sondern nur neue Gefahren heraufbeschwört!

● Nutzen Sie die Möglichkeiten gewaltfreier Aktionen, Demonstrationen, symbolischer Arbeitsniederlegungen!

● Wehren Sie sich gegen die Zumutungen eines machtzynischen Kanzlers und einer informellen großen Kriegskoalition der Parteien!

Sagen Sie NEIN! Damit sagen Sie ja zu den Menschenrechten, der Demokratie und einer alternativen Friedenspolitik, die dem Terrorismus seinen Boden entziehen kann!

PETITION GEGEN DEN KRIEG

Das Komitee für Grundrechte und Demokratie lehnt Krieg als Antwort auf die Terrorangriffe vom 11.9. entschieden ab. Wir übergeben heute dem Deutschen Bundestag eine Petition mit über 3.500 Unterschriften, die sich gegen die Bereitstellung militärischer Mittel der Bundeswehr wendet. Zugleich richtet sich die Petition gegen die innenpolitisch maßlose Aufrüstung, die im Schatten der Terrorangriffe durchgepeitscht werden soll. Zu den über 3.500 UnterzeichnerInnen der Petition gehören u.a. Inge und Walter Jens, Horst-Eberhard Richter, Gudrun Pausewang, Marianne Gronemeyer, Gerhard Zwerenz, Arno Klönne, Heinrich Hannover, Hanne und Klaus Vack, Hanne Birckenbach, Ekkehart Krippendorff, Andreas Buro, Roland Roth, Wolf-Dieter Narr, Hubertus Janssen, Volker Böge, Theo Christiansen, Mohssen Massarat, Jürgen Miksch, Dieter Bricke, Gregor Böckermann, Herbert Leuninger. Unter den UnterzeichnerInnen finden sich weiterhin viele GewerkschafterInnen, HochschulprofessorInnen, ÄrztInnen, RechtsanwältInnen, MultiplikatorInnen aus verschiedenen Bildungsbereichen, Mitglieder aus Friedensbewegung und Friedensforschung sowie christlicher und muslimischer Gruppen und Verbände.

Die Petition kann weiterhin unterzeichnet werden. Wir schicken Ihnen den Text der Petition, der mit dem Wortlaut dieser Anzeige nicht identisch ist, auf Anforderung gerne zusammen mit unserer BürgerInnen-Information zur Problematik des Krieges gegen Afghanistan zu.

Komitee für Grundrechte und Demokratie
Aquinostr. 7-11
50670 Köln
Telefon: 0221-97269-20; Fax -31

Für unsere Arbeit gegen den Krieg, auch zur Finanzierung dieser Anzeige, bitten wir um Spenden!
Komitee für Grundrechte und Demokratie

Konto 8024618, BLZ 50863513 (Volksbank Odenwald)

Presserechtlich verantwortlich:
Martin Singe, Bonn

Frankfurter Rundschau, 14. November 2001:

Friedensbewegung fordert Protest

Initiativen wollen Bundestag am Tag der Debatte blockieren

„Mit allen friedlichen Mitteln" protestieren Gruppen der Friedensbewegung gegen einen Bundeswehr-Einsatz im Afghanistan-Krieg. Sie wenden sich an zweifelnde Abgeordnete und wollen am Tag der Abstimmung das Parlament blockieren.

BERLIN, 13. November. Der Krieg gegen Afghanistan ist nach Einschätzung der Friedensbewegung bereits das „gefährliche militärische Abenteuer", vor dem auch Bundeskanzler Gerhard Schröder (SPD) gewarnt hat. Durch Krieg werde neuer Terrorismus geschaffen, betonten die Ärzte-Friedensorganisation IPPNW, die Globalisierungskritiker von Attac und andere Gruppierungen am Dienstag in Berlin. Erforderlich sei, den „Nähr- und Resonanzboden für den Terror" auszutrocknen, fügte Lena Bröckl von Attac hinzu. Sie forderte „milliardenschwere Sofortprogramme zur Bekämpfung von Armut, Hunger und Kindersterblichkeit". Jürgen Schneider als Vertreter der Naturwissenschaftler-Initiative verlangte, den Waffenhandel genauso intensiv zu bekämpfen wie den Drogenhandel. Die Meldungen über eine Vertreibung des Taliban-Regimes aus Kabul änderten nichts an den Einschätzungen der Friedensbewegung. Zu befürchten seien nach den Erfolgen der Nordallianz „neue Metzeleien", sagte Schneider. Die IPPNW warnte vor einer „atomaren Eskalation des Afghanistan-Kriegs". Womöglich sei die Terrorgruppe Al Quaeda in der Lage, „eine primitive Atombombe von der Größe der Hiroshima-Bombe" zu bauen. Auf der anderen Seite werde seit den Anschlägen vom 11. September im US-Verteidigungsministerium immer

wieder der Einsatz von Atomwaffen diskutiert, behauptete die Ärzte-Organisation.

Wolf-Dieter Narr vom Komitee für Grundrechte und Demokratie nannte die Politik der
Bundesregierung, die Bundeswehr für eine
Beteiligung an dem Krieg bereitzustellen,
„schlechterdings unverantwortlich". Am Tag
der Debatte im Bundestag wollen die Gruppierungen eine „gewaltfreie Belagerung des
Bundestages" versuchen.

Das Komitee für Grundrechte legte in Berlin
mehr als 3000 Unterschriften von Unterstüt-
zern einer Petition an den Bundestag vor. Der
Beschluss, militärische Mittel der Bundeswehr „für Kriege gegen so genannte Schurkenstaaten zur Verfügung zu stellen, muss
rückgängig gemacht werden", heißt es darin.

Mit persönlichen Briefen wandten sich Friedensorganisationen an zweifelnde Abgeordnete. Diese würden derzeit bedrängt, dem
Einsatz zuzustimmen – „aus sachfremden
Gründen wie dem Erhalt der Bündnisfähig-
keit Deutschlands oder um den Kanzler nicht
zu beschädigen", beklagten die Gruppen.

Pitt von Bebenburg

Menschenrechtstag 2001

*Aus Anlass des 53. Tages der Verkün-
dung der Menschenrechte durch die
Vereinten Nationen – am 10. Dezember 1949 – hat das Komitee für
Grundrechte und Demokratie in der
„Frankfurter Rundschau" am 5.
Dezember 2001 eine Anzeige veröffentlicht. Kritisiert wird die Politik
der Bundesregierung, die anlässlich
des 11. Septembers repressive innenpolitische Gesetze verabschiedet hat,
die zuallererst die Migranten und
Migrantinnen treffen. Deshalb wird
u.a. auch zur Demonstration am
Frankfurter Flughafen gegen die
Abschiebepolitik der Bundesrepublik
aufgerufen.*

Aufruf zum 53. Jahrestag
der Menschenrechte

Menschenrechte zwischen Terror
und Gegenterror

Wer kollektive Gewalt mit kollektiver
Gewalt beantwortet, hält die Gewaltspirale
am Laufen. Staaten, die verfassungsgemäß
Menschenrechte und Demokratie vertreten,
müssen daran gehen, neue Gewalttaten zu
verhindern. Das heißt vor allem auch die

Ursachen kollektiver Gewalt zu beseitigen,
für deren Zunahme sie mit verantwortlich
sind. Diese allgemeine Feststellung, die in
Zeiten des globalen, aber radikal ungleichen
weltweiten Zusammenhangs noch eindeutiger durchschlägt als zuvor, gilt auch für den
11. September und die menschenrechtlich
eindeutig falschen Konsequenzen, die die
USA, die NATO-Staaten und mit an ihrer
Spitze die Bundesrepublik Deutschland offiziell gezogen haben. Sie tun dies, indem sie
zugleich mit einem gesetzlich, sicherheits-
dienstlich aufgeherrschten Konsenszwang
alle abweichenden Meinungen und Verhaltensweisen zu diffamieren und inkriminieren
versuchen. Das ist das Gegenteil praktizierter
Demokratie, die heute, mehr denn je, vonnöten ist.

Menschenrechte unter Bomben begraben

Schon vor den Bombenangriffen der westlichen Kriegsallianz begann die Flüchtlingska-
tastrophe in Afghanistan. Billigend wurde in
Kauf genommen, daß der Krieg die nach langen Dürre- und Kriegsjahren ausgezehrte
Bevölkerung in noch größeres Elend stürzen
werde und daß zahllose Zivilisten getötet
werden. Die erdnußbuttersüßen Carepakete,
die es in den Bombenpausen regnet und
medienwirksam als Nachweis humanitärer

348

Fürsorge inszeniert werden, nutzen den Opfern nichts. Die meisten Flüchtlinge stranden erschöpft vor den geschlossenen und bewachten Grenzen der Nachbarländer. In umzäunten Auffanglagern werden diejenigen eingehegt, denen dennoch der Grenzübertritt gelang, um sie vor allem an einer möglichen Weiterwanderung in die westlichen Wohlstandsfestungen zu hindern.

Menschenrechte im Schatten militarisierter Innenpolitik

Die Attentate des 11. September wurden flugs zum Vorwand genommen, um repressive Gesetzesvorlagen aus den Schubladen zu ziehen, die vorher nicht durchsetzbar gewesen wären. Diese zielen zunächst vorrangig auf Migrantinnen und Migranten. Nun steht jede Muslima und jeder Muslim unter dem vorurteilsschürenden Generalverdacht, „terrorheckender Schläfer" zu sein. Die geplante Aufweichung von Datenschutzbestimmungen, die breit angelegte Überwachung öffentlicher Räume, die informationelle Zusammenarbeit verschiedener Behörden und all die weiteren sicherheitsaktionistischen Maßnahmen greifen in die Bürgerrechte aller Bürgerinnen und Bürger ein.

Menschenrechte bei uns in der Bundesrepublik Deutschland schützen – den Opfern einen Namen geben

Menschen, denen es gelingt, vor Gewaltverhältnissen in ihren Herkunftsländern in die Bundesrepublik Deutschland zu fliehen, landen häufig schon bei der Einreise im Gefängnis. Ihr verfassungsmäßiges Recht, daß ihre Flucht- und Asylgründe rechtsstaatlich überprüft werden, wurde besonders im Flughafenverfahren durch Sondergesetze, allein um deren rasche Ausweisung zu ermöglichen, verstümmelt. Bei Abschiebungen am Frankfurter Flughafen starben in den vergangenen Jahren drei Menschen.

Wir kämpfen gegen die inhumane Abschiebepraxis der Bundesrepublik Deutschland, gerade weil wir die Menschenrechte ernst nehmen. Um diesem Protest einen konkreten Ausdruck zu verleihen, fordert seit über zwei

Jahren das Rhein-Main-Bündnis gegen Abschiebungen von der Fraport AG, eine Gedenktafel im Flughafen anbringen zu können, um den Opfern deutscher Abschiebepolitik einen Namen zu geben. Damit kehren wir uns zugleich gegen die restriktiv-repressive Flüchtlings- und Asylpolitik in der Bundesrepublik insgesamt. Sie ist selbst Ausdruck von Gewalt.

Über 500 Bürgerinnen und Bürger unterstützen bislang diesen Aufruf und die Forderung, im Frankfurter Flughafen die Gedenktafel für die Opfer bundesdeutscher Abschiebepolitik anzubringen,

● damit die Opfer nicht namenlos bleiben,

● um damit die unverkürzten Menschenrechte aller Flüchtlinge einzuklagen,

● um gegen Ausgrenzung und Diskriminierung der Flüchtlinge zu protestieren,

● um gegen den Krieg in Afghanistan zu protestieren, der nur neues Flüchtlingselend produziert.

Demonstration am 8.12.2001 um 12.00 Uhr am Frankfurter Flughafen (Terminal 1, Halle A)

Informationen über unsere Arbeit erhalten Sie:

Komitee für Grundrechte und Demokratie
Aquinostr. 7-11; 50670 Köln
Telefon: 0221-972 69-20 und -30;
Telefax: 0221-972 69-31

Für diese Anzeige und die Arbeit des Komitees für Grundrechte und Demokratie bitten wir um Spenden: **Volksbank Odenwald, BLZ 508 635 13, Kontonummer 8 024 618**

v.i.S.d.P.: Helga Dieter und Brigitte Klaß, Frankfurt/M.

Menschenrechte in der Bundesrepublik Deutschland schützen

In der Dürener Kreiszeitung „Sonntags-Tipp" vom 9. Dezember 2001 wurde ein Kommentar von Dirk Vogelskamp veröffentlicht. Der Kommentar beleuchtet aus Anlass des Menschenrechtstages die herrschende Asyl- und die geplante Zuwanderungspolitik der Bundesrepublik Deutschland sowie ihre menschenrechtlich fatalen Folgen.

Flüchtlinge gestorben

Ob die in der Verfassung anerkannten Menschenrechte unverkürzt und uneingeschränkt tatsächlich für alle hier lebenden Menschen gelten, läßt sich beispielhaft am Umgang der Gesellschaft mit Flüchtlingen überprüfen.

In welcher Form auch immer sich aktuell die Bundesregierung und die von großen Koalitionen regierten Bundesländer über ein vor allem wirtschaftsorientiertes „Zuwanderungsgesetz" im Bundesrat einigen werden, es wird, darin stimmen übrigens alle Parteien überein, mit weitgehenden rechtlichen Verschärfungen gegenüber Flüchtlingen und Asylsuchenden einhergehen. Insbesondere Abschiebungen sollen künftig erleichtert werden. Damit aber werden vorhersehbar noch mehr Menschen in existentielle Nöte gestürzt.

Die restriktiv-repressive Flüchtlings- und Asylpolitik in der Bundesrepublik bedeutet bereits heute: Flüchtlinge, denen es gelingt, vor den unterschiedlichsten Gewaltverhältnissen in ihren Herkunftsländern in die Bundesrepublik Deutschland zu fliehen, landen häufig schon bei der Einreise am Flughafen in einem Internierungslager. Ihr verfassungsmäßiges Recht, daß ihre Flucht- und Asylgründe rechtsstaatlich überprüft werden, wurde besonders im sogenannten Flughafenverfahren durch Sondergesetze beschnitten, allein, um deren rasche Ausweisung zu ermöglichen. Bei Abschiebungen am Frankfurter Flughafen starben in den vergangenen Jahren drei Menschen: Kola Bankole wurde, an Händen und Füßen gefesselt, am 30. August 1994 von Bundesgrenzschützern mit Knebel und Beruhigungsmitteln zu Tode „ruhiggestellt"; Aamir Ageeb, ebenfalls an Händen und Füßen gefesselt und mit übergestülptem Motorradhelm, wurde am 28. Mai 1999 von Bundesgrenzschützern erstickt; Naimah Hadjar nahm sich am 238. Tag ihrer Abschiebehaft im Internierungslager am Frankfurter Flughafen aus Furcht vor der Abschiebung am 6. Mai letzten Jahres das Leben. Namen, die für viele Flüchtlingsschicksale stehen.

Das Komitee für Grundrechte kämpft gegen die inhumane Abschiebepraxis der Bundesrepublik Deutschland, gerade weil es die Menschenrechte ernst nimmt. Eine Politik, die die Praxis höchst gewaltsamer Abschiebungen und Lagersysteme fortsetzt, ist mit den Menschenrechten unvereinbar.

Am 10. Dezember jährt sich die Proklamation der allgemeinen Menschenrechte zum 53. Mal – für Flüchtlinge in der Bundesrepublik Deutschland nicht unbedingt ein Grund zum Feiern.

Dirk Vogelskamp
Komitee für Grundrechte und Demokratie

Wider die Interventionsrechtfertigungen deutscher Weltinnenpolitiker

Die „Frankfurter Rundschau" initiierte mit einem Artikel von Ludger Volmer, Staatsminister im Auswärtigen Amt, („Was bleibt vom Pazifismus") in der Ausgabe vom 7. Januar 2002 eine Debatte über den Pazifismus in Zeiten militärischer Interventionen und globaler Kriegseinsätze. Das Komitee für Grundrechte und Demokratie hat sich an dieser Debatte intensiv beteiligt. Es hat kritisch gegen den zeitgeistig opportunen „Pazifismus mit kriegerischen Mitteln" argumentiert, um einer politischen Verunsicherung in der Friedensbewegung entgegenzuwirken, die der von Volmer theoretisch begründete Wechsel von der pazifistischen zu einer militärisch gestützten und interventionistischen Außenpolitik der GRÜNEN hinterlassen könnte. Es hat auf diese ideologische Offensive der Befürworter eines Kriegseinsatzes in vielfältiger Weise publizistisch reagiert.

Wir dokumentieren an dieser Stelle die Veröffentlichungen des Komitees sehr ausführlich: Erstens eine Erwiderung von Wolf-Dieter Narr, veröffentlicht am 24. Januar 2002 in der Frankfurter Rundschau, zweitens einen offenen Brief an die bundesdeutsche Friedensbewegung vom 27. Januar 2002, der in verschiedenen Zeitschriften nachgedruckt wurde, drittens ein Interview mit Andreas Buro aus „Neues Deutschland" vom 29. Januar 2002, und einen offenen Brief des Komitees an den Staatsminister im Auswärtigen Amt, der im Februar in großer Auflage als vierseitiges Faltblatt verbreitet und gekürzt in der „Frankfurter Rundschau" vom 11. März 2002 abgedruckt wurde.

Ebenfalls im März erschien eine kleine, vom Komitee für Grundrechte und Demokratie herausgegebene Broschüre mit dem Titel „Pazifismus mit kriegerischen Mitteln? Argumente gegen Staatsminister Volmers Belli-Pazifismus", die über die bereits hier dokumentierten weitere Artikel enthält, in denen sich aus menschenrechtlich pazifistischer Perspektive der volmerschen Umdefinition des Pazifismus argumentativ widersetzt wird.

Absacken der Politik ins gewalttätig Bodenlose

Eine fundamentale Abrechnung von Wolf-Dieter Narr

I. Pazifismus als menschenrechtlicher Realismus

Leuten, die sich pazifistisch orientieren, demgemäß urteilen und handeln, geht es gewöhnlich dem Büchner'schen Woyzeck gleich. Diesen charakterisiert sein vorgesetzter Hauptmann. Er sei ein „guter Mensch", indes „ganz abscheulich dumm". Pazifisten sind, im Vokabular „realpolitisch" gescheiter, also am Hauptmann orientierter Intellektueller gesprochen, „Gutmenschen" ohne Wirklichkeitssinn.

Ludger Volmer wertet sachter, im Ergebnis ähnlich desaströs ab. Ihm scheinen die Pazifisten, die er in einer blumigen Variantenfülle präsentiert, dort jedenfalls, wo sie Krieg in jeder Form ablehnen – was doch wohl erst die Bezeichnung „pazifistisch" verdient –, blind für die gegenwärtig gestellten Probleme. Dass man stattdessen pazifistische Moral mit kriegerischem Handeln in nicht weiter bestimmten Notfällen vereinbaren könne, ist des Herrn Staatsministers großes, perverse Sachverhalte harmonisierendes Ziel.

Im Gegensatz zu Volmer jedoch, der die heute – und gestern schon und morgen noch mehr – gestellten Probleme über die neue mythische Chiffre „11. September" hinaus nicht einmal antupft, behaupte ich, dass unter menschenrechtlich seriöser Perspektive allein eine Politik den Problemen unserer Zeit verantwortlich entspricht, die das Mittel kollektiver Gewalt, also des Kriegs in diversen Lesarten, nicht benutzt. Ich greife einige der miteinander gekoppelten Probleme pointiert heraus.

Das überragende Problem stellt der weltweit wild und hemmungslos gewordene Kapitalismus dar. Dieser bewirkt zusammen mit der ihm eng verbundenen wissenschaftlich technologischen Entwicklung den sich dynamisch fortsetzenden Zustand der Globalisierung. Getrieben von Millionen und Abermillionen von Interessen hat der seit Jahrhunderten zuerst im Westen und Norden, dann ost- und südwärts expandierende, unersättlich wachsende Kapitalismus einen unerhörten Boom von Produktivität und Produkten entfesselt. Das Stichwort unserer Zeit lautet nicht zufällig: Innovation. Zugleich bedeutet diese entfesselte Logik der weiteren Entfesselung jedoch einen gleichfalls unerhörten Raubbau an natürlichen Umständen, vor allem jedoch die Vernutzung und Zerstörung („Dissoziation") sozialer Institutionen und Verhaltensweisen. Nicht nur Pflanzen- und Tierarten, „Menschentypen", um einen Begriff Max Webers in seinem Sinne aufzugreifen, werden marginalisiert und in ihren Lebensbedingungen zerstört wie quer zur Geschichte der moderne Indianer und vormoderne Stammeskulturen samt ihren Angehörigen.

Bis heute werden zur Durchsetzung all dessen, was allzu unqualifiziert euphemistisch „Modernisierung" oder „Transformation" oder eben Kapitalismus und, als ob harmonisch vereint, liberale Demokratie genannt wird, eine Fülle mehr oder minder sublimer Gewaltmittel eingesetzt. Notfalls Kriege. Heute ist jeder aufmerksam sensiblen Beobachterin das Menetekel erkenntlich: Der Menschheit, die weltweit den Menschenrechten gemäß leben könnte – das ist das große Versprechen europäisch-angelsächsischer Aufklärung –, schwinden, neutechnologisch vollends ausgehöhlt, die nötigen

sozioökonomischen und politischen Bedingungen. Vielmehr: Diese werden nie geschaffen. „Der flexible Mensch" (Richard Sennett), möglicherweise entsprechend humangenetisch befähigt, ist Trumpf. Rundum einsatz- und anpassungsfähig, mit vernachlässigbaren, notfalls sicherheitspolitisch zu kasernierenden kognitiv-psychischen „Innereien".

Der globale Kapitalismus gründet nicht nur auf innergesellschaftlicher und zwischengesellschaftlicher Ungleichheit. Sein konkurrierendes, arbeitsteilig produzierendes und konsumierendes, sein auf dem Wachstum von Profit-Reichtum-Macht ausgerichtetes „Wesen" produziert neue, auf der vorhandenen in der Regel aufgesetzte soziale Ungleichheit fort und fort. Ungleichheit, massenhafte Unterversorgungen aller Art – von der Ernährung über die Gesundheit bis zur Bildung und Beteiligung –, verstößt nicht allein systematisch wider die Menschenrechte, die mehr sind als bürgerlich privilegierte Farbtupfer. Ungleichheit staut Aggressionen. Sie bildet Reservoirs aller Arten von Gewalt. Wer immer, herrschaftsinteressiert, dieses Reservoir für sich nutzen mag.

Damit jedoch nicht genug der im weltweiten Wirkungszusammenhang nicht zuletzt (neo-) liberal vom siegreichen „Westen" her historisch und gegenwärtig gebildeten Probleme. Wenigstens ein zentrales Problem ist noch zu erwähnen. Der Mangel angemessener soziopolitischer Organisationen.

Obwohl die kapitalistische Vergesellschaftung – bald mit der politisch staatlichen verbunden – sich im Westen über Jahrhunderte entwickelt hat und die neuere Globalisierung lange erkenntlich gewesen ist, haben es selbst die europäisch angelsächsischen Gesellschaften versäumt, problemangemessene, allein den quantitativen Dimensionen gewachsene Institutionen und Prozeduren („Organisationsformen") zu erfinden, die sie nicht zu abhängigen Größen der dominanten kapitalistischen Vergesellschaftungsform als spezifischem Entgesellschaftungsprozess machen.

Bis heute tut die bei weitem überwiegende, in diesem Sinne liberale Mehrheit so, als reiche „Marktvertrauen" prinzipiell aus. Als müssten dazu hin nur ein wenig Rechtsgarantie aller (ökonomischen) Verträge und durch das staatliche Gewaltmonopol zu gewährleistende Sicherheit der gegebenen und konkurrierend wachsenden Privilegienordnung hinzukommen. Dann werde alles inmitten einer grenzenlosen kapitalistischen Welt eitel Wonne.

Diese kapitalistisch quietistischen Annahmen sind im Kern unrichtig. Das belegen nicht nur die ungeheuren Kosten inmitten der durchkapitalisierten Welt und mehr noch der Welt, die gegenwärtig bis hin zu den Ländern Zentralasiens, angefangen mit Afghanistan, durchkapitalisiert wird. Das belegt auch das lemminghaft unverantwortliche Verhalten der scheinmächtigen global players und der scheinmachtvollen Staatsleute.

Das ist die Oberfläche einiger Hauptprobleme. Von diesen Problemen hat Volmer nicht gesprochen. Sein analytischer Spaten blieb im Kellerraum des Außenamts. Niemand, der einigermaßen durchblickt, vermag eindeutige oder gar auf Dauer angelegte „Lösungen" vorzuschlagen. Die zweiteilenden Etiketten „böse" oder „gut", fast immer herrschaftlich verblödende Kennzeichnungen, helfen am wenigsten. Auch und gerade angesichts des innig ambivalenten globalen Kapitalismus nicht.

Nur dreierlei ist eindeutig und klar:

(a) So wie die westlichen Staatsleute den 11. September 2001 interpretieren, demonstriert dies nur, dass sie die terroristisch zum Ausdruck gekommenen Probleme nicht begriffen haben, nicht begreifen wollen. Angetan mit ihren alten, privilegierten Interessenspelzen betreiben sie vielmehr herrschaftlich routinisierte und das heißt selbstredend in Gewalt, Öl, Gas und Drogen ersäufte Pseudopolitik. Sie suchen nun, vom weltpolitischen Gernegroß Schröder besonders auffällig repräsentiert, die ganze Welt noch stärker militärisch, westlich privilegierten Interessen gemäß, zu besetzen und zu durchdringen. Als ob damit die ohnehin schon lange überbordende Gewalt nicht weiter überbordete, dann auch den Westen nicht mehr schützend. Wenn nicht heute, dann morgen.

(b) Die extrem verkürzt angeritzten Probleme lassen sich in keinem Fall mit Gewalt lösen. Gewalt, auch solche überlegene und damit fürs erste fast risikolose Gewalt, wie sie westlich, US-geführt zu militärisch-tödlichem Gebote steht, ist nichts anderes als kontraproduktiv. „Nicht nur" kommen Menschen um – ein „nicht nur", das menschenrechtlich nicht gilt, es sei denn man funktionalisiere Menschenrechte nach eigenem Interessensgout – werden Lebensmöglichkeiten von Menschen zerstört; wird in Gewalt „sozialisiert"; und werden Aggressionen habitualisiert. Vielmehr verdummt, menschenrechtlich demokratisch qualifiziert, die Politik der militärisch (und kapitalistisch) Gewaltigen. Sie verlangt dauernde Hochrüstung. Und sie produziert nachahmende Hochrüstung weltweit. Sicherheit wächst nicht; sie sackt ins gewalttätig Bodenlose.

(c) Die Konzentration auf militärische Gewalt fordert enorme Opfer auch in westlichen Gesellschaften, auch in Nicht-Kriegszeiten. Demokratisierung, Grund- und Menschenrechte werden durch „Sicherheitspakete" abgebaut.

II. Volmers Problem- und Normvernebelung

Ludger Volmer will sich und andere weiter als Pazifisten bezeichnen können. Darum tut er ein Doppeltes: Er bestimmt mit Zusatz „politisch" das um, was Pazifismus heißen muss, wie unterschiedlich man ihn im Einzelnen begründen mag. Dass Krieg sein Mittel der Politik ist, weil Politik im Krieg aufhört. Schon im Prozess des dauernden Hochrüstens wird Politik zur Fortsetzung des Krieges mit anderen Mitteln. Das zum einen. Zum anderen unterstellt er, dass Pazifismus heute, also eine Politik, die nicht mit kollektiver Gewalt im Hinter- und eventuell im Vordergrund arbeitet, sich gegenwärtigen Problemen nicht stelle. Genau umgekehrt verhält es sich (siehe oben). Verantwortungsethisch, so man Max Webers viel missbrauchte Unterscheidung erneut aufnehmen will, verantwortungsethisch, sage ich geradezu apodiktisch, sprich: Die Folgen für die Menschen und für das zukünftige Leben der nach uns kommenden Menschen bedenkend verhält sich heute politisch nur die- oder derjenige, die praktizierend wissen, dass das Mittel kollektiver Gewalt nur negative Effekte erzeugt. Allenfalls kurzschlüssig mag das militärisch anscheinshaft erzeugte „Ende des Schreckens" dem moralischen Ruhebedürfnis entsprechen.

III. Was heißt politisch wirksam?

Pazifistischer Protest bleibe folgenlos, so drängt Volmer. Nur ein militärisch ergänzter Bellipazifismus sei realpolitisch. Das zuletzt Gesagte mag angesichts der bestehenden Herrschaftsstrukturen zutreffen. Realpolitik bedeutet in antimenschenrechtlicher deutscher Tradition, Politik kurzsichtig „mit Blut und Eisen" zu betreiben oder zu unterstützen, wenn's den eigenen Macht- und Wohlstandsinteressen dient. Darum führt der „lange Weg nach Westen" zu unkritischer Identifikation mit immergrüner westlicher Expansionspolitik, der eine Welt des 21. Jahrhunderts voller Kriege und Gewalt verheißt, dem Gegenteil der Volmerisch schöngeredeten „Weltinnenpolitik". Letztere müsste man gegenüber den eigenen Interessen kritisch, reformriskant und reformverantwortlich gestalten und sich nicht nur gewaltig dem Gewalthegemon der Welt unterwerfen.

Das aber verlangte wahre Politik, die nicht nachäffen, die vielmehr im Sinne von Menschenrechten gestalten will. Sie müsste unter anderem die Verhältnisse umkehren und die Abermilliarden statt für Rüstung für Friedensförderung und zivile Bearbeitung von Konflikten einsetzen. Das verlangte eine Politik, die anstrengend den Möglichkeitssinn beförderte und Frieden durch den allmählichen Abbau von Gewalt nach und nach möglich machte. Indem sie Aggressionen individuell und kollektiv nicht leugnete, jedoch deren massive Ursachen abbauen hälfe und Formen des Konfliktumgangs

fände, die politisch den Problemen angemessen wären.

(„Frankfurter Rundschau" vom 24.1.2002)

* * *

Offener Brief an die rot, grün und naturfarbene Friedensbewegung

Betr.: Ludger Volmers Erfindung des Bellipazifismus als Aufgabe der Friedensbewegung

Vgl.: „Frankfurter Rundschau", Dokumentation, 7.1.2002

Ihr vielfarbigen Freundinnen und Freunde,

der heutige Staatsminister im Auswärtigen Amt (AA), Ludger Volmer, warf in Zeiten des Bellizisten-Pazifisten Streites während des Bosnien-Krieges 1995 seinem Parteifreund Fischer vor, Grundüberzeugungen über Bord zu werfen und mit der Befürwortung militärischen Eingreifens „ein Interventionist" zu sein. (taz 12.8.95) Heute ist aus dem einstigen Kritiker ein Verfechter von Militärinterventionen geworden. Trotzdem möchte er sich weiter als Pazifist verstehen – eben als Bellipazifist. Er schreibt: „Pazifismus heute kann militärische Gewalt als Ultima Ratio, als letztes Mittel, nicht leugnen, kämpft aber für die Prima Ratio, die zivilen Mittel der Krisenprävention." (FR 7.1.2002). Hat also Helmut Kohl doch recht gehabt, als er die Bundeswehr als die größte Friedensbewegung Deutschlands bezeichnete? Konsequenterweise sollte nun aus dem AA der Aufruf folgen: „Friedensbewegte, tretet ein in die Bundeswehr" und ab in den anti-terroristischen Terrorkrieg!

Nachdem Volmer den Religionsgemeinschaften die Leviten gelesen hat: „Doch sie wissen, dass Ethik nicht in eine einzige Handlungsmoral zu übersetzen ist. Das tun nur religiöse Fundamentalisten. Wer keinen Gottesstaat will, lässt der Politik die Freiheit der Entscheidung" (ebd.), wendet er sich dem „politischen Pazifismus" zu. Dieser habe auf verschiedene historische Situationen Antworten gegeben, die heute nicht mehr nützten. Nun aber sei eine neue Situation gegeben: „Massenvernichtungswaffen in den Händen von Terroristen – das ist die neue Gefahr ...". Sonderbar und etwas weltfern fügt der Minister hinzu: „Die Parole ‚Kampf dem Atomtod' wird Al Qaeda wenig beeindruckt haben."

Volmer verbittet sich auch, die militärische Bekämpfung des ‚Terrorismus' zu kritisieren: „Doch es ist verblüffend, welche Verdrängungsleistungen manche Pazifisten aufbringen, um das bisherige Weltbild gegen neue Erkenntnisse abzuschotten ... Man lehnt sich zurück und kritisiert die Strategie, prangert die an, die beim Kampf gegen den Terror auch Unschuldige treffen. Unversehens werden antiimperialistische Muster neu aufgelegt – Opfer zu Tätern erklärt." An dieser Stelle mag manchem die Frage auftauchen, ob hier nicht Kritiker des Bombardements unter den Verdacht gestellt werden, heimliche Sympathisanten der Terroristen zu sein? Und aus der fernen Zeit des Kalten Krieges hört man das Echo: Geht doch nach drüben!

Nachdem dann der Minister dem politischen Pazifismus die Aufgabe zugeteilt hat, sich für das Primat der Politik und die Unterordnung militärischer Schritte unter politische Strategien einzusetzen, kommt er zu der verblüffend optimistischen Feststellung: „Noch nie waren die Aussichten so groß, dass sich die internationale Staatengemeinschaft auf Methoden zur Krisenprävention und zivilen Konfliktbearbeitung verständigt." Und weiter: „In der Weltinnenpolitik treffen sich die Gedanken der etablierten Außenpolitik und eines neuen politischen Pazifismus. Sollen die alten Pazifisten ausgerechnet jetzt aus der Politik aussteigen, nur weil militärische Mittel nicht ganz verzichtbar sind?" (ebd.)

Die Botschaft des grünen Ministers ist eindeutig, Pazifisten sollen die rot-grüne Aufrüstungs-politik im Rahmen der EU und der Nato sowie die deutsche Beteiligung an militärischen Interventionen mittragen, sollen erkennen, dass die früheren pazifistischen Grundlagen der grünen Partei nicht zerstört, sondern in einer neuen Form, militärisch

modernisiert, erhalten geblieben sind. Doch ehe sich jemand für den kurzen Marsch in den Bellipazifismus entscheidet, sollte er zumindest die folgenden Fragen bedenken.

● Ist der Einsatz militärischer (nicht polizeilicher!) Mittel mit dem grundsätzlichen Ziel von Pazifismus vereinbar, die kriegerische Bearbeitung von Konflikten zu Gunsten ziviler Formen der Konfliktbearbeitung zu überwinden? Die Bereitschaft zu militärischen Interventionen erfordert permanente Aufrüstung. Denn nur wer überlegen ist, kann intervenieren.

● Steht nicht hinter dem Gedanken des Bellipazifismus die Vorstellung, es gäbe gutes Militär und gute Staaten, die für eine gerechte Sache humanitär intervenierten? Denkt man weiter, gelangt man zu der Figur des ‚Gerechten Krieges', einer Figur, die ideologisch die ungerechten Kriege stets legitimieren sollte. Sind etwa die USA, die Führungsmacht der Anti-terroristischen Allianz, eine solche gute und gerechte Macht?

● Sind die ‚Kollateralschäden' an Unbeteiligten (in Afghanistan übersteigt mittlerweile die Zahl der Bombentoten die der Toten von Manhattan) und die Zerstörung der afghanischen Infrastruktur, die viele weitere Menschen im harten Winter das Leben kosten dürfte, menschenrechtlich vertretbar? Bei wieviel Kollateral-Toten endet die ‚humanitäre' oder „antiterroristische" Intervention und wird selbst zum Terror? Werden in Afghanistan nicht vielmehr Bedürfnisse nach Rache und Vergeltung bedient, als eine Weltinnenpolitik angestoßen?

● Die EU rüstet mit aktiver Beteiligung von Rot-Grün für weltweite Militärinterventionen auf. Demgegenüber sind die Aufwendungen für Prävention und zivile Konfliktbearbeitung lächerlich gering. Kofi Annan bringt es auf den Punkt: „Die Welt gibt heute Milliarden für die Vorbereitung von Krieg aus, sollten wir nicht wenigstens ein oder zwei Milliarden für die Vorbereitung des Friedens einsetzen?" Wie glaubwürdig ist angesichts dieses Missverhältnisses das Bekenntnis zur „prima ratio" zivile Konfliktbearbeitung? Zumal von der rot-grünen Bundesregierung bereits zweimal innerhalb einer Legislaturperiode zur „ultima ratio" Krieg gegriffen wurde? Waren die Kriege gegen Jugoslawien und Afghanistan tatsächlich Ausnahmefälle oder nicht doch Präzedenzfälle?

● Die neue Situation, die bellipazifistische Antworten erfordere, sei u.a. dadurch gekennzeichnet, dass sich Massenvernichtungsmittel in den Händen von ‚Terroristen' befänden, wie Volmer unbewiesen behauptet. Nun sind Massenvernichtungsmittel, also Terrorwaffen, haushoch überwiegend in den Händen der Staaten der Anti-Terrorallianz, die nebenbei wesentlich für die Verbreitung solcher Waffen per Rüstungsexport in der ganzen Welt gesorgt haben. Deutschland ist bei den Rüstungsexporten in der Weltspitzengruppe dabei. In der Allianz befinden sich Staaten, die nachweislich Staatsterrorismus betreiben, der in seinen Folgen weit über die verbrecherischen Anschläge auf World-Trade-Center und Pentagon hinaus geht. Hat das AA dies noch nicht erkannt, oder sollen im Rahmen der Formierung des Bellipazifismus etwa der russische Terrorkrieg in Tschetschenien oder die Menschenrechte verachtende und friedensfeindliche Behandlung der Kurden im Südosten und Osten der Türkei als anti-terroristische zivile Strategie weltinnenpolitisch neu interpretiert werden?

● Wie kann man sich Volmers aufdämmernde neue Weltinnenpolitik vorstellen, wenn die USA sich weder an internationales Recht halten und noch nicht einmal mit ihren Verbündeten ihre Politik abstimmen? Wenn sie den ABM-Vertrag, ein wichtiges Element der internationalen Rüstungskontrollpolitik, einseitig kündigen, um das Wettrüsten durch ein neues Raketenabwehrsystem, das alle anderen fürchten, voran zu treiben, einen Weltstrafgerichtshof und Verträge für die Kontrolle von Massenvernichtungsmitteln blockieren usw.? Gleichzeitig werden den Vereinten Nationen Aufräum- und Ausputzerfunktionen nach Militärinterventionen zugewiesen. Den Zivilen Diensten geht es nicht besser. Die NATO, Volmer beschwört

die Bündnissolidarität, will sogar ausdrücklich in ihrer ‚Neuen Strategie' notfalls auch gegen internationales Recht und die Verpflichtungen gegenüber den UN bei wichtigen eigenen Interessen militärisch vorgehen. Versteht Rot-Grün das und die entdemokratisierenden ‚Sicherheitspakete' unter Weltinnenpolitik? Na, danke!

● Eine letzte kurze Frage: Bellipazifismus Volmer'scher Machart hat sicher etwas mit dem Versuch zu tun, eine scheinbar pazifistische Legitimation für die rot-grüne militärische ‚Realpolitik' zu finden und so die Anhänger der grünen Partei bei der Fahne zu halten. Doch hat er auch etwas mit der Realität von Menschen überall auf der Welt, deren Menschenrechte zutiefst und in vielfältiger Weise missachtet und verletzt werden, und dem Streben nach Überwindung von Krieg zu tun? Geht es nicht eher darum, Deutschland machtpolitisch neu zu positionieren, nämlich als „normale" militärische Großmacht?

Bitte, verbreitet diesen offenen Brief, diskutiert ihn, und wenn Ihr mögt, schreibt uns Eure Sicht!

Freundlich grüßend für das Komitee für Grundrechte und Demokratie:

Köln, den 28. Januar 2002

Volker Böge und Theo Christiansen (Geschäftsführender Vorstand)

Andreas Buro (Friedenspolitischer Sprecher)

* * *

Friedensbewegung: Ist der Pazifismus ein Auslaufmodell?

Andreas Buro zum theoretischen Schwenk der Grünen und zur Berechtigung der „herkömmlichen Friedenspolitik"

Im Dilemma zwischen einstigem Pazifismus und heutiger Verantwortung für Militäreinsätze suchen die Grünen nach neuen theoretischen Begründungen. Einer der Vordenker ist hier der Staatsminister im Auswärtigen Amt, Ludger Volmer. Er hat den Begriff des „politischen Pazifismus" geprägt, der als Ultima ratio auch Militärgewalt erlaubt. In einem Grundsatzbeitrag für die „Frankfurter Rundschau" (7. Januar) begründete er diesen erneut. ND befragte Prof. Andreas Buro, emeritierter Professor für Internationale Politik an der Universität Frankfurt/Main und friedenspolitischer Sprecher des Komitees für Grundrechte und Demokratie.

ND: Ludger Volmer wirft den „ethischen" Pazifisten eine Verdrängung von Realitäten vor. Zu Recht?

Andreas Buro: Es ist ein beliebter Vorwurf gegenüber Pazifisten, sie als weltferne Idealisten zu bezeichnen, deren Verhalten zwar ehrenwert, aber nicht realitätstüchtig sei. Die gängige militärgestützte Außenpolitik wird dem gegenüber als Realpolitik dargestellt. Diese hat sich allerdings im nun vergangenen Jahrhundert in zwei Weltkriegen und vielen Einzelkriegen mit unerhörten Opfern und Zerstörungen verheerend ausgewirkt. Dagegen setzen Pazifisten auf eine präventive und deeskalierende Politik der Konfliktbearbeitung mit zivilen Mitteln und nicht auf Kriegsvorbereitung und Krieg. Hierfür haben sie immer wieder Vorschläge gemacht. Eine solche Politik ist viel realitätstüchtiger als die sogenannte Realpolitik, die sich auf militärische Gewaltmittel stützt und die nun leider auch von der rot-grünen Regierung in traditioneller Weise betrieben wird.

ND: In der von Volmer postulierten Weltinnenpolitik trifft die etablierte Außenpolitik auf jenen neuen politischen Pazifismus – lässt dieser noch Platz für eine Ablehnung militärischer Lösungen?

Andreas Buro: Ludger Volmer dreht seiner grünen Basis eine Mogelpackung an. Er spricht von dem Militäreinsatz als „letztem Mittel". Davor sollten pazifistische Strategien der Prävention erprobt werden. Doch wo wird denn eine ernst zu nehmende und hartnäckige präventive Konfliktbearbeitung vor dem militärischen Drohen und Zuschlagen betrieben? Und wieviele Mittel werden denn für die präventive zivile Konfliktbearbeitung im Vergleich zu den militärisch-gewaltträch-

tigen „letzten Mitteln" eingesetzt? Sind es mehr als ein bis zwei Prozent? Wo Gewalt das letzte Mittel sein soll, geht es um die Durchsetzung der eigenen Interessen. Verhandlungen werden zu legitimatorischen Veranstaltungen, um der anderen Seite die Schuld öffentlich in die Schuhe schieben zu können. Die Scheinverhandlungen in Rambouillet/Paris als Auftakt für den NATO-Krieg gegen Jugoslawien waren ein Musterbeispiel hierfür. Volmer versucht, Pazifismus der Militärpolitik ein- und unterzuordnen und ihn so ideologisch zu vereinnahmen. Ich glaube nicht, dass sich die Friedensbewegung für so dumm verkaufen lässt.

ND: Was halten Sie von Volmers Unterscheidungen des Pazifismus in einen politischen, einen gesinnungsethischen, einen Nachkriegs- und Nuklearpazifismus?

Andreas Buro: Pazifistische Analysen, Strategien und Aktivitäten können politisch, gesinnungsethisch, religiös und noch in manch anderer Weise motiviert sein. Das pazifistische Anliegen ist das gleiche, nämlich Konflikte ohne Kriege mit ihren schrecklichen Folgen zu bearbeiten, zu deeskalieren, nach Kompromissen oder Lösungen zu suchen und Dialog sowie Versöhnung zu erreichen. Etwas ganz anderes ist es, untersuchen, auf welche historische Konfliktsituationen sich pazifistische Strategien beziehen: etwa auf die nukleare Abschreckung im Ost-West-Konflikt oder den Umgang mit den verbrecherischen Anschlägen vom 11. September. Daraus kann man jedoch nicht immer neue verwirrende Pazifismen schneidern. Dabei übersehe ich nicht, dass die Friedensbewegung sich immer neuen Situationen zu stellen und neue Antworten zu geben hat – allerdings keine militärischen.

ND: Zu Afghanistan heißt es nun: Befürchtungen einer Eskalation haben sich nicht bewahrheitet, die militärischen Maßnahmen waren ein Erfolg. Hat die Friedensbewegung zu schwarz gemalt?

Andreas Buro: Die Attentate zielten vor allem darauf, terroristische Resonanz an möglichst vielen Orten der Welt zu erzeugen. In der Friedensbewegung stand deshalb die Frage im Vordergrund, wie im deeskalierenden Sinne gewirkt werden und wie man die Ursachen von Empörung überwinden könne. Auch trieb die Sorge um, die militärische Reaktion der USA und ihrer Gehilfen würde viele menschliche Opfer kosten, sie würde dem Rache- und Vergeltungsdenken Auftrieb geben, zur Entdemokratisierung in den westlichen Ländern beitragen und weitere Aufrüstung und Militarisierung der Außenpolitik befördern. Diese Befürchtungen waren, wie die Entwicklung bis jetzt zeigt, sehr berechtigt. Im übrigen ist der „Krieg gegen den Terrorismus" anscheinend noch lange nicht beendet. Man soll den Tag nicht vor dem Abend loben.

ND: Noch im August 1995 warf Volmer seinem Parteifreund Joschka Fischer vor, ein Interventionist zu sein. Damals ging es um Bosnien. Ist die Zustimmung zu Militärinterventionen zwangsläufige Folge von Regierungsverantwortung?

Andreas Buro: Volmers Meinungsumschwung zeigt, welche Wende von den Grünen vollzogen werden musste, um als Partner der Sozialdemokratie an der Macht bleiben zu können. Die Grünen mussten eigentlich wissen – und zumindest Fischer wusste es auch –, worauf sie sich einließen. Nämlich ihre pazifistischen Grundsätze opfern zu müssen. Die Sozialdemokratie, in der antimilitaristische Traditionen stärker waren als pazifistische, hatte in ihrer Mehrheit diesen Schwenk schon seit Wehners Politik der Orientierung auf eine Große Koalition ab dem Bad Godesberger Programm 1959 begonnen.

ND: Ist Volmers Frage „Was bleibt vom Pazifismus?" also eine rein rhetorische an die grüne Wahlklientel?

Andreas Buro: Ja. Es ist der Versuch, der grünen Basis weiszumachen, dass die militärgestützte Außenpolitik Berlins, die qualitative Aufrüstung der EU mit einer Interventionsarmee, die künftig unabhängig von den USA Angriffe auf ferne Länder

ermöglichen soll, dass die Ideologie von der angeblich humanitären Intervention und der Bombenkrieg gegen den Terrorismus letztlich pazifistische Projekte seien.

ND: Bleibt der Friedensbewegung nichts als der alte Weg in die außerparlamentarische Bewegung?

Andreas Buro: Die Grünen kommen zwar aus den sozialen Bewegungen, sie haben sich jedoch mit der Parteibildung in eine ganz andere Rolle begeben. Wie damals gilt heute: Wenn in der offiziellen Politik überhaupt Veränderungen erreicht werden könnten, dann nur durch starke soziale Bewegungen. Daran wird sich voraussichtlich nichts ändern.

Fragen: Thomas Klein („Neues Deutschland" vom 29.01.02)

* * *

Offener Brief
Herrn Ludger Volmer
Staatsminister im Auswärtigen Amt

Belli-Pazifismus? Ohne uns!

Ludger Volmer – grüner Staatssekretär im Auswärtigen Amt – will der Friedensbewegung ein bisschen Bellizismus verordnen. Einem solchen Belli-Pazifismus muß jedoch entschieden widersprochen werden. Volmers Text war auf der Dokumentationsseite der Frankfurter Rundschau vom 7.1.2002 veröffentlicht. Wir richten unsere Gegen-Argumentation in Form eines Offenen Briefes an Ludger Volmer. Da uns Ludger Volmer aus früheren Zeiten als Mitstreiter der Friedensbewegung noch gut bekannt ist, haben wir diese Veröffentlichung im persönlichen Stil des Briefes belassen.

Lieber Ludger Volmer,

im folgenden möchten wir zu Deinem Artikel in der FR vom 7.1.2002 (Was bleibt vom Pazifismus) Stellung nehmen. Du legst in diesem Text recht ausführlich Deine Sicht der jüngeren Geschichte des Pazifismus in Deutschland dar, wobei das zu dem Zweck geschieht, die aktuelle und für die Zukunft geplante Außen-, Sicherheits- und Militärpolitik der rot-grünen Regierung zu erläutern und gegenüber einer politischen Strömung in der Gesellschaft zu rechtfertigen, die Du „politischen Pazifismus" nennst.

Die von Dir mit einigem Aufwand betriebene Differenzierung diverser Typen (eine flüchtige Zählung ergibt ein knappes Dutzend) von „Pazifismus" zielt – bewußt oder unbewußt – am Problem vorbei. Geht es doch vielmehr sehr viel konkreter um die militärischen Einsätze deutscher Streitkräfte in jüngster Vergangenheit, um deren politische Bewertung und politische Einordnung. Du hältst sie für politisch – und auch moralisch – gerechtfertigt, ja geboten und meinst, dass auch künftig solche Einsätze notwendig sein werden und dass sich „Pazifisten" bitte dieser Notwendigkeit nicht verschließen mögen. Genau diese Argumentation gilt es, auf ihre Plausibilität zu überprüfen. Um das Ergebnis vorwegzunehmen: Deine Argumente reichen nicht hin; ein von Dir so apostrophierter „politischer Pazifismus" hat alle Gründe für sich, die Einsätze, um die es geht, abzulehnen und für die Zukunft gegen Einsätze, die mit ähnlichen Argumentationen begründet werden, einzutreten.

Keine Alternative zum Krieg?

Eine Deiner zentralen Argumentationsfiguren ist das Postulat der Alternativlosigkeit: Sowohl zum Krieg gegen Jugoslawien als auch zum Krieg gegen Afghanistan habe es keine Alternative gegeben. Ein weiteres Mal spielst Du im Kontext dieser Argumentation – wie bei rot-grün mittlerweile üblich – die beiden Elemente des Postulats „Nie wieder Krieg, Nie wieder Auschwitz" gegeneinander aus. Du schreibst: „Wer den Antimilitarismus retten wollte, musste das faschistische und völkermörderische Treiben gegen die Kosovo-Albaner hinnehmen. Wer ethnische Säuberungen als Konsequenz aus der faschistischen Vergangenheit verhindern wollte, musste Ja sagen zu einem bedingten Militäreinsatz". Damit schreibst Du KriegsgegnerInnen einerseits, KriegsbefürworterInnen anderseits je spezifische Motive zu, die sie so nicht hatten.

Mit Blick auf die Kriegsgegner ist es unangemessen, ihnen zu unterstellen, sie wollten mit ihrer Kriegsgegnerschaft den „Antimilitarismus" – also eine abstrakte politische Idee, einen leblosen „-ismus" – „retten"; denen sei es mithin nur um Prinzipienreiterei gegangen – bei Hinnahme von „Faschismus" und „Völkermord". Nein. Den KriegsgegnerInnen ging es zuallererst um die Rettung von Menschenleben und um eine politische Lösung der Konflikte; und weil sie befürchteten, dass der Einsatz von Militär – wie alle historische Erfahrung zeigt – eher Menschenleben kostet und keine politische Lösungen bewirkt, stellten sie sich gegen diesen Krieg, zumal die politischen Handlungsräume zur Bearbeitung des Konflikts noch lange nicht ausgeschöpft waren, eine völkerrechts- und verfassungsmäßige Legitimation des Krieges nicht gegeben war und mit ihm aus ihrer Sicht ganz andere als die vorgeblichen „humanitären" Beweggründe und Ziele verbunden waren.

Den Kriegsbefürwortern anderseits gestehst Du zu, dass sie „faschistisches und völkermörderisches Treiben" nicht hinnehmen und „ethnische Säuberungen als Konsequenz aus der faschistischen Vergangenheit verhindern wollten". Statt konkreter Analyse der Situation lieferst Du damit Reizworte und instrumentalisiert die deutsche Nazi-Vergangenheit zur Legitimation der Kriegsbeteiligung. Das ist ebenfalls unangemessen. Bei allem Schrecklichen, was seinerzeit im Kosovo passiert ist: um „Faschismus" (und zwar einen – wie Du selbst mit Hinweis auf die „faschistische Vergangenheit" suggerierst – dem nazi-deutschen Faschismus „ebenbürtigen") hat es sich ebenso wenig gehandelt wie um „Völkermord". Diese starken Vokabeln dienen in diesem Kontext dazu, den Einsatz allerschwerster Geschütze – also Krieg – zu rechtfertigen (und als Nebeneffekt wird der deutsche Faschismus verharmlost). Nur ein „bedingter Militäreinsatz" habe Abhilfe schaffen können. Ganz abgesehen davon, dass das Wörtchen „bedingt" dazu herhalten muss, einen ausgewachsenen Krieg, der Tausenden von ZivilistInnen das Leben gekostet

360

hat, der die zivile Infrastruktur eines Landes zertrümmert hat, der umfassende bleibende Umweltzerstörungen verursacht hat und in dem zahlreiche Bestimmungen des humanitären Kriegsvölkerrechts eklatant missachtet worden sind, kleinzureden, hat dieser Militäreinsatz weder die selbst postulierten Ziele erreicht noch stellte er die einzig mögliche Handlungsoption dar: Gerade in Gefolge des Nato-Bombenkrieges kam es zu Massenvertreibungen, und nach Einstellung der Kampfhandlungen mussten Serben, Roma und Juden aus dem Kosovo fliehen: Heute sind die dem Konflikt zu Grunde liegenden Probleme immer noch weit von einer politischen Lösung entfernt. Alternative politische Optionen wurden nicht verfolgt, und zwar weil den maßgeblichen Handlungsträgern in der Nato der politische Wille dazu fehlte.

Jedenfalls gibt der Nato-Krieg gegen Jugoslawien nichts her für Dein zentrales Argument, dass ein auf der Höhe der Zeit befindlicher „politischer Pazifismus" „nicht ganz" – wie Du, abermals verniedlichend, schreibst – auf „militärische Mittel" verzichten kann. Mit dem „nicht ganz" willst Du ja offensichtlich suggerieren, dass der Einsatz militärischer Mittel nur im aller-alleräußersten Ausnahmefall, als „ultima ratio" in Frage komme. Misslich für Dich nur, dass mit dem Krieg gegen Afghanistan nun schon wieder zur „ultima ratio" gegriffen wurde. Zweimal „ultima ratio" innerhalb einer Legislaturperiode ist ein bisschen viel, oder? Zumal neben die Legitimation von Krieg als „humanitärer Intervention" nach dem Modell Jugoslawien/Kosovo nun die Legitimation von Krieg als „Kampf gegen den Terrorismus" nach dem Modell Afghanistan/Al Qaida tritt. Zwei Ausnahmefälle – oder nicht doch eher Präzedenzfälle, die Schlimmes für die Zukunft ahnen lassen?

Afghanistan: Ein emanzipativer Befreiungskrieg?

Deine Argumentation für den Krieg gegen Afghanistan ist ebensowenig stimmig wie im Falle Jugoslawien – und im Hinblick auf die Auseinandersetzung mit den Kriegsgegne-

rInnen ebenso unredlich. Zunächst behauptest Du, der Krieg gegen Afghanistan diene der Befreiung, der Emanzipation und der Verteidigung gegen neue terroristische Angriffe. Jedoch: die Befreiung des afghanischen Volkes von der Taliban-Herrschaft und die Emanzipation der afghanischen Frauen von besonders krassen und abstoßenden Formen patriarchaler Herrschaft waren nicht die primären Motive und Ziele der US-geführten „Allianz gegen den Terror". Die Unterdrückung des afghanischen Volkes und die Knechtung der afghanischen Frauen währen schon geraume Zeit, ohne dass man sich zum militärischen Eingreifen bemüßigt gesehen hätte. (Nur nebenbei sei angemerkt, dass die Unterdrücker, die Taliban, die Aufrichtung ihrer Herrschaft nicht zuletzt der tatkräftigen Unterstützung von US-Institutionen wie der CIA verdanken und dass sie vor nicht allzu langer Zeit als Staatsgäste in den USA gern gesehen wurden – Zusammenhänge, die Du geflissentlich verschweigst; ebenso wie Du salopp behauptest, „Rohstoffinteressen" seien „nicht bestimmend" für das Vorgehen der Anti-Terror-Allianz, obgleich ebenfalls allgemein bekannt ist, dass Erdöl und Erdgas und entsprechende Pipelines zur politisch-strategischen Bedeutung der Region ganz erheblich beitragen). Befreiung und Emanzipation sind bestenfalls Nebeneffekte des Krieges – und ob es dazu kommt, ist weiterhin fraglich: „Unsere" Bündnispartner aus der Nordallianz, die mittlerweile die Macht in Afghanistan übernommen haben, sind bisher eher als Taliban-ebenbürtige Schlächter und Menschenrechtsverletzer denn als Vorkämpfer von Frauenemanzipation und Demokratie in Erscheinung getreten. Ob Frieden, Menschenrechte und Demokratie unter den veränderten politischen Bedingungen in Afghanistan tatsächlich eine Zukunft haben, ist noch lange nicht ausgemacht. Ausgemacht ist aber allemal, dass auch dieser Krieg wieder Tausende von ZivilistInnen zu Opfern der US-Bombenangriffe gemacht hat und ein ohnehin schwer zerstörtes Land noch weiter zerstört hat. Und ausgemacht ist, dass künftig noch viele Kinder auch nach dem Ende der Bombardements Opfer nicht detonierter US-Streubomben werden können. Sind diese Opfer unter Frauen und Kindern den „Kampf gegen den Terror" wert? – Die erklärten Ziele des Krieges waren die Zerschlagung terroristischer Netzwerke wie Al-Qaida und die Ergreifung (oder – folgt man US-Präsident Bush – auch Ermordung) der Hauptverantwortlichen für die terroristischen Anschläge von New York und Washington, nicht die Emanzipation der afghanischen Frauen. Und zur Erreichung dieser Ziele (die bisher nicht erreicht wurden) ist Krieg ein völkerrechtlich illegitimes Mittel.

Zum ersten ist es außerhalb jeder Verhältnismäßigkeit, für die Ergreifung von Verbrechern – und seien ihre Verbrechen auch so schwer wie die Angriffe auf das World Trade Center – den Tod von tausenden unschuldigen Menschen bewußt in Kauf zu nehmen. Die afghanischen Frauen und Kinder tragen genauso viel Verantwortung (nämlich gar keine) für die Terrorangriffe wie die Frauen und Kinder aus Hamburg-Harburg, wo einige der mutmaßlichen Terroristen sich auf die Anschläge vorbereitet haben sollen. Wird hier – menschenrechtlich völlig inakzeptabel – nicht mit zweierlei Maß gemessen? Afghanen sind weniger wert als New Yorker oder Hamburger – so die implizite Botschaft der US-Bombenangriffe auf Afghanistan.

Zum zweiten gilt auch hier ebensowenig wie im Falle Kosovo/Jugoslawien das Argument, es gebe keine Alternative zum Krieg. Die Wahrheit ist, dass die US-Administration von Anfang an (also keineswegs als „ultima ratio") auf Krieg gesetzt hat. Möglichkeiten, auf politischem Wege die Taliban zu entmachten und Al-Qaida auszuschalten, hätte es durchaus gegeben – auch wenn das vielleicht etwas länger gedauert hätte –, doch der politische Wille hierfür war nicht da. Abgesehen davon: Die Alternative zum Krieg ist in diesem Falle, wo es um Schwerverbrechen und Verbrecher geht, die Verbrechensbekämpfung mit polizeilichen Mitteln und die Strafverfolgung der Täter, die vor ein ordentliches Gericht zu stellen und von einem solchen zu bestrafen sind. Genau so wurde – mit Erfolg – im Zusammenhang mit

dem ersten terroristischen Anschlag auf das World Trade Center 1993 verfahren. Statt dessen beantwortet herrschende Politik Terror mit Gegenterror, übt sich in Selbstjustiz und macht unbeteiligte Dritte zu Opfern von Vergeltungsmaßnahmen, folgt einer (einmal mehr völkerrechtswidrigen) militärischen Logik, die unweigerlich in eine Eskalationsdynamik hinein führt, die neue Terroristen nahezu zwangsläufig produziert und damit nicht besserem Schutz der Bevölkerung und der Verhinderung neuer Straftaten dient, sondern eher das Gegenteil bewirken wird. Langfristig schließlich bekämpft man Terrorismus nur wirksam, indem man seine Ursachen bearbeitet und ihm damit die Rekrutierungsbasis entzieht.

Pazifisten im Lehnstuhl?

Angesichts der katastrophalen Ergebnisse der Terrorismusbekämpfung mit militärischen Mitteln ist Deine Abkanzelung der Haltung der „Pazifisten", gemeint sind wieder die Gegner dieses Krieges, völlig „daneben". Diese wollten die Anschläge „nicht als bewaffneten Angriff begreifen", würden sich zurücklehnen und jene anprangern, die beim Kampf gegen den Terror auch Unschuldige treffen, schließlich gar „Opfer zu Tätern" erklären. So geht es nicht. Im Einzelnen:

Die Zurückweisung der Kennzeichnung der Attentate als „bewaffneter Angriff" steht im Kontext einer völkerrechtlichen Argumentation: die Erklärung des NATO-Bündnisfalles ist nur bei Vorliegen eines „bewaffneten Angriffs" möglich. Dieser Argumentationskontext soll aus völkerrechtlicher Sicht in Frage gestellt werden – die Schwere des Verbrechens wird damit keineswegs geleugnet. (Überdies kommst Du mit Deiner Argumentation jetzt womöglich in arge Schwierigkeiten, wenn Du das Verhalten Deiner US-Freunde gegenüber den gefangenen Taliban und Al Qaida-Kämpfern legitimieren musst, werden diese von den USA doch gerade nicht als Kriegsgefangene anerkannt – was sich logisch aus der Argumentation „bewaffneter Angriff"/„Verteidigungskrieg" ergäbe –, sondern als illegitime/gesetzlose Kämpfer).

Die KriegsgegnerInnen lehnen sich auch nicht zurück, sondern zeigen die Untauglichkeit kriegerischer Mittel für den Kampf gegen den Terrorismus auf, verweisen auf Alternativen, versuchen die Ursachen dieser Art von Terrorismus aufzudecken und entwickeln antimilitaristischen Widerstand gegen diesen Krieg – auch und gerade, weil beim Kampf gegen den Terror à la Afghanistan-Krieg viel zu viele Unschuldige getroffen werden.

Mit der Erklärung von „Opfern zu Tätern" hat das nicht das geringste zu tun. Die „Opfer" sind die Toten von New York und Washington und ihre Angehörigen. Das sind aber keineswegs die „Täter" im Afghanistan-Krieg; „Täter" sind hier die US-Regierung und die verbündeten Regierungen sowie deren militärische Apparate, die mit ihrem kriegerischen Rachefeldzug gerade jene Werte der „westlichen Zivilisation" mit Füßen treten, die doch angeblich gegen die terroristische Bedrohung verteidigt werden sollen.

Deutsches Großmachtstreben – oder:
Von Realpolitikern und Weltbildbewahrern

Der pauschale Vorwurf, „die Realitäten (zu) verdrängen, um ein Weltbild zu retten", trifft nicht. Dass es um unterschiedliche Einschätzungen der „Realitäten" und sich daraus ableitende unterschiedliche politische Handlungsoptionen geht und nicht – wie Du versuchst zu suggerieren – um den Gegensatz zwischen wirklichkeitsverdrängenden Weltbildbewahrern und Realpolitikern, wird vollends deutlich bei Deiner Beschreibung deutscher Politik und der auf sie einwirkenden Sachzwänge. Du tust so, als wenn alle Welt von „den Deutschen" auch militärische Beiträge „zur Lösung regionaler und globaler Konflikte" erwartet und dass „wir" uns dem nicht länger entziehen könnten. Wie war das gleich im Falle Afghanistan konkret? Hat da nicht Dein Chef Schröder den USA einen deutschen „militärischen Beitrag" wie sauer Bier angeboten, und wurde dieses Angebot nicht nur missmutig akzeptiert? Allgemeiner: Was hier als Antwort auf das Drängen der „Anderen" ausgegeben wird, liegt doch voll und ganz auf der Linie deutscher Regierungspolitik zumindest des letzten Jahrzehnts, nämlich: Deutschland wieder zur „Normalität" einer Macht zurückzuführen, die endlich wieder eine ihrem ökonomischen Gewicht entsprechende (weltmacht)politische Rolle auszufüllen in der Lage ist, wozu es nun einmal auch der Abstützung auf entsprechende militärische Mittel bedarf. Die nachkriegsbedingte Sondersituation, die Deutschland militärische Beschränkungen auferlegte, soll überwunden werden, damit man in der machtpolitischen Konkurrenz künftig auch wieder die „militärische Karte" spielen kann. Diese Machtpolitik wird umgesetzt via Integration in EU und Schulterschluss in der NATO. Die deutsche Bevölkerung wird daran gewöhnt, dass Krieg wieder ein Mittel der Politik wird. Mit Schrecken ist festzustellen, dass das Thema gesellschaftlich in der Tat bereits „durch" zu sein scheint: Krieg wird weitgehend bereits wieder als Element „normaler", „ordentlicher", „richtiger" Politik akzeptiert; ein dritter Krieg unter Rot-Grün noch vor den nächsten Wahlen kann nicht ausgeschlossen werden.

Die von Dir bemühten hehren Begriffe der „Selbsteinbindung" und „Selbstbeschränkung", die angeblich zwei Leitlinien deutscher Außenpolitik seien, zielten im Kontext der grünen Oppositionspolitik der 80er Jahre gerade darauf, einer solchen Machtpolitik die Mittel zu versagen. Was aber ist an der Beteiligung an zwei Kriegen in einer Legislaturperiode „Selbstbeschränkung", was am Streben nach einer Führungsrolle in EU, NATO, UNO „Selbsteinbindung"? Bei der deutschen Beteiligung an den jüngsten Kriegen ging es nicht so sehr um „humanitäre" oder „antiterroristische" Interventionen, sondern darum, deutsche Politik auch über das Mittel Militär wieder in die „erste Liga" der Mächte voranzubringen („mitschießen um mitbestimmen zu können" trifft die Sache doch weit besser – wobei Mitbestimmung angesichts des rabiaten US-Unilateralismus eine trügerische Hoffnung ist). Auch das „Sonderweg"-Argument sticht nicht: Schließlich ist die Alternative zum Mitmachen ja nicht ein nationalistisch-machtgestützter Alleingang, sondern genau das Gegenteil: Verzicht auf Machtpolitik und die sie abstützenden militärischen Mittel, nicht „Sonderweg" also, sondern gutes Beispiel, das auf Andere ausstrahlen kann und zum friedenspolitischen Mitmachen animiert.

Nur ganz am Rande: ebenso verfehlt wie Deine Beschreibung deutscher Politik ist auch jene der weltpolitischen Lage: Da ist von einer Annäherung von USA, Russland und China die Rede, davon, dass die USA vom Unilateralismus abgehen „und wieder mit dem Multilateralismus" „liebäugeln" würden, dass sich daraus ungeahnte Chancen für eine Weltordnungspolitik und Weltinnenpolitik ergeben würden. Man fragt sich: Verdrängst Du die „Realitäten, um ein Weltbild zu retten"? Trotz allen „Koalitions"geredes: In der Allianz gegen den Terror bestimmen allein die USA als einzig weltweit handlungsfähige Hegemonialmacht ganz und gar unilateral, wo es lang geht. Russland und China nutzen die Gelegenheit, mit eigener innerer Opposition (Tschetschenien, Tibet, Uiguren, ...) unter dem Deckmantel der „Terrorismusbekämpfung" abzurechnen – eine menschenrechtlich-friedenspolitisch „feine" Gesellschaft!

Realpolitische Lippenbekenntnisse zu ziviler Konfliktbearbeitung

Fehlen darf bei Dir schließlich auch nicht das (Lippen-)Bekenntnis zu ziviler Konfliktbearbeitung und zur Krisenprävention, die es zu stärken gelte. Was zählt dieses Bekenntnis angesichts von zwei Kriegen, der Umrüstung der Bundeswehr zur Interventionsarmee, ungebremster Rüstungsexporte und einer umfassenden ideologischen Offensive (zu der auch Dein FR-Artikel zählt), die den „Pazifisten" den Einsatz militärischer Mittel schmackhaft machen soll? Makaber Dein Hinweis, die Bundesregierung habe ihre eigenen Mittel für zivile Konfliktbearbeitung und Krisenprävention „energisch ausgebaut". Wie sehen denn die

Relationen zwischen Militärhaushalt und Aufwendungen für Krisenprävention aus? Wenn man – so Deine Position – auf militärische Mittel „nicht ganz" verzichten kann, dann muss man für die Vorhaltung dieser Mittel sein, damit sie mit Aussicht auf Erfolg eingesetzt werden können. Permanente Aufrüstung ist die Konsequenz. Wenn man weltweit auch militärisch zur „Lösung" von Konflikten beitragen will, dann braucht man eben entsprechende Lufttransportkapazitäten, Aufklärungsmittel usw. Eine permanente Steigerung der Militärausgaben ist die Folge. Und das sollen „politische Pazifisten" künftig mittragen? Zu viel verlangt!

Antimilitarismus statt Ultima-Ratio-Bellizismus

Bitter dann, was Du dem „politischen Pazifismus" quasi als Rest-Aufgaben heute und künftig noch zubilligst, nachdem er militärische Gewalt und die Vorhaltung entsprechender Gewaltmittel gefälligst zu akzeptieren hat: Er möge doch bitte für den Primat der Politik sorgen, er möge für die zentrale Rolle der UN streiten, für „Auswärtige Kulturpolitik" und andere schöne Dinge mehr. Deine Quintessenz: „Pazifismus heute kann militärische Gewalt als Ultima Ratio, als letztes Mittel, nicht leugnen, kämpft aber für die Prima Ratio, die zivilen Mittel der Krisenprävention". Selbstverständlich kann man militärische Gewalt nicht leugnen, sie ist ja offensichtlich da; Du aber meinst und willst, dass man sie gutheißt – und das ist dann doch wieder zu viel verlangt. Deine prima-ultima-Dialektik mag zur Beruhigung Deines Gewissens taugen, tauglich für eine realitäts-tüchtige Strategie des „politischen Pazifismus" ist sie nicht. Man kann sich des Verdachts nicht ganz erwehren, dass es darum auch gar nicht geht, sondern dass damit eher parteipolitische Absichten verfolgt werden, nämlich womöglich noch Grünen-treue Friedensbewegte weiter an diese Partei zu binden und der eigenen grünen Basis den Abschied von einstmaligen friedenspolitischen Positionen schmackhaft oder doch zumindest erträglich zu machen.

Die Aufmunterung, die offensichtlich in der Schlussfrage Deines Textes stecken soll – „Sollen die alten Pazifisten ausgerechnet jetzt aus der Politik aussteigen, nur weil militärische Mittel nicht ganz verzichtbar sind?" – brauchen wir „alten Pazifisten" nicht. Wir haben keinesfalls vor, „aus der Politik aus(zu)steigen", sondern wir werden weiter für den Verzicht auf militärische Mittel streiten. Wir werden uns um die Ausgestaltung und Durchsetzung eines „politischen Pazifismus" engagieren. Da werden dann sicher auch die von Dir mit Recht angesprochenen Konzeptionen von Krisenprävention, Ziviler Konfliktbearbeitung, globaler Strukturpolitik, Weltinnen- und Weltordnungs-politik eine Rolle spielen – aber nicht als Wurmfortsatz einer von der Logik des „letzten" militärischen Mittels her strukturierten Politik.

In Erinnerung an gemeinsame vergangene antimilitaristische Bewegungszeiten –

für das Komitee für Grundrechte und Demokratie:

Köln, im Februar 2002

Volker Böge und Theo Christiansen (Geschäftsführender Vorstand)

Andreas Buro (Friedenspolitischer Sprecher)

Martin Singe (Sekretariat)

Biopolitische Weichenstellungen

Zwei Tage vor der entscheidenden Abstimmung im Deutschen Bundestag appellierte das Komitee für Grundrechte und Demokratie öffentlich an alle Bundestagsabgeordneten, sich nicht nur gegen die verbrauchende Forschung an menschlichen Embryonen auszusprechen, sondern auch gegen den Import embryonaler Stammzellen zu stimmen. Die „Frankfurter Rundschau" vom 29. Januar 2002 berichtete über diese Initiative des Komitees für Grundrechte und Demokratie. Der Deutsche Bundestag hat jedoch mehrheitlich eine Kompromisslinie beschlossen: Forschung an embryonalen Stammzellen, jedoch keine Produktion derselben im eigenen Land. Damit können embryonale Stammzellen importiert werden. Wir dokumentieren die Presseerklärung des Komitees für Grundrechte und Demokratie, die identisch ist mit dem offenen Brief an alle Bundestagsabgeordneten.

Stammzellenforschung –
Nur ein Nein ist aktuell menschenrechtlich und demokratisch vertretbar

Just am 30. Januar 2002 sollen und wollen die Mitglieder des Deutschen Bundestages darüber entscheiden, ob und in welcher Weise deutsche Forscher mit aus menschlichen Embryonen gewonnenen Stammzellen experimentieren dürfen.

Gerade weil diese Entscheidung nur einen kleinen, wenngleich wichtigen Aspekt im Umkreis der expandierenden Humangenetik betrifft, besitzt sie eine weit über die Frage, ob mit Hilfe menschlicher Embryonen an Stammzellen geforscht werde, hinausgehende prototypische Bedeutung. Nach einer längeren, allerdings mitnichten ausreichenden Diskussion über die Pro- und die Contra-Argumente, sieht es gegenwärtig so aus, als werde sich im Bundestag eine Mehrheit der Abgeordneten aus zum Teil unterschiedlichen Motiven zusammenfinden, die ein prinzipielles Nein gegen Forschung mit menschlichen Embryonen mit einem kleinen Ja aktueller Erlaubnis, schon vorhandene Embryonen aus dem Ausland einzuführen, verbindet. Am vorletzten Tag appellieren wir an die Abgeordneten, die möglicherweise zu dieser Mehrheit beitragen, klar und eindeutig anders, das heißt mit einem uneingeschränkten Nein zu entscheiden. Wir apostrophieren kurz wenige, unseres Erachtens durchschlagende Argumente in der Hoffnung, sie möchten der Mehrheit der Abgeordneten in ihrer individuellen und kollektiven Verantwortung für sich und die weitere Entwicklung der Humangenetik in der Bundesrepublik Deutschland, jedoch auch anderwärts, einleuchten.

1. Ein prinzipielles Nein gegen die Forschung mit menschlichen Embryonen würde durch ein kleines Ja aktueller Embryoneneinfuhr aus dem Ausland wie ein Damm durch einen kleinen Riss gebrochen. So sehr eine solche Nein-Ja-Kombination auf den ersten Blick einleuchtet, so sehr entspricht sie der Kontinuität der Täuschungen im Rahmen der humangenetischen Entwicklungen. Immer erneut werden riesige Berge von Neins aufgetürmt, ist vom nicht zu überschreitenden Rubikon die Rede. Sobald jedoch diese oder jene Forschung, dieser oder jener Eingriff, dieser oder jene human inhumane Konstruktion möglich sind, sobald wird aus dem Nein das aktuelle Ja.

2. Dass dem so ist, hat mit den enormen ökonomischen Interessen zu tun, für die der menschliche Körper und all das, was an ihm heute und morgen ersetzbar bzw. zusätzlich konstruierbar ist, eine riesige, eine riesiger werdende Anlage- und Profitsphäre darstellt. Nicht der „Standort Deutschland" ist in Gefahr, wenn ein klares und eindeutiges Nein gesprochen wird, wohl aber müssen sich jede und jeder Abgeordnete bewusst sein, dass das, was Gesundheit und Gesundheitsökonomie heißt, mit ihrer Entscheidung mit zur Disposition steht. Sie müssen späterhin auch ökonomisch andere und unseres Erachtens viel versprechende Akzente setzen.

3. Gegen die Forschungsfreiheit verstößt ein Nein gegen Stammzellenforschung aus menschlichen Embryonen nicht. Forschung, die dem Schutz und der Förderung menschlicher Integrität, die der verfassungsgründenden Ehrfurcht vor dem Leben gilt, wird dadurch nicht behindert. Sie wird im Gegenteil nachdrücklich gefördert. Just der 30.1.2002 sollte daran erinnern, dass es zu

allen Zeiten, angefangen vom Hippokratischen Eid, human normativ gezogene Grenzen von Forschung gegeben hat und geben musste, wenn letztere nur noch einer anmaßenden, in ihren Effekten inhumanen ökonomisch-szientifischen Logik folgt.

4. Die Möglichkeiten, die mit humangenetischer Forschung und Anwendung verbunden sind – beide lassen sich nicht mehr zureichend voneinander trennen –, sind im wörtlichen Sinne so ungeheuer, sie greifen individuell und kollektiv so tief in das ein, was seit der modernen Entwicklung der Menschenrechte jüdisch-christlich beeinflusst unter dem verstanden worden ist, was dem Menschen angemessen sei und nicht tue, dass die Zeit überfällig geworden ist, zwei Konsequenzen zu ziehen. Zum einen eine breite öffentliche Diskussion zu inszenieren und zu institutionalisieren. Hierfür ist ein Ethikbeirat weder legitimiert. Er ist außerdem bei weitem zu abgehoben und unvermeidlicherweise zu einseitig. Zum anderen ist es höchste Zeit zu einer Gesundheitsreform, die so auf die Beteiligung der Bürgerinnen und Bürger ausgerichtet ist, dass die Menschen nicht dort am wenigsten zu sagen haben, wo es um Tod, Leben und das einschneidende Ändern ihres und ihrer Kindeskinder Leben geht.

5. Am 30.1.2002 darf die Entscheidung verantwortlicher Weise, wenn das zusammen gesehen wird, was jede Abgeordnete und jeder Abgeordneter wissen kann, nur Nein heißen. Das nämlich meint Gewissen, wie es Art. 38 Abs. 1 Satz 2 GG verheißt und verlangt. Zusammensehendes, darum negative und positive Effekte von Entscheidungen grundrechtlich abwägendes Wissen. Ein anscheinend kleines Ja bedeutete einen Dammbruch, der später nicht mehr zu schließen wäre.

Berlin/Köln, den 28. Januar 2002

Wolf-Dieter Narr / Theo Christiansen / Elke Steven

Just-in-time Zuwanderung und der Ausschluß der Überflüssigen

Das Komitee für Grundrechte und Demokratie hat seit Beginn der aktuellen Einwanderungsdebatte im Mai 2000 immer wieder eingefordert, Migration und Asyl nicht primär und damit vorurteilsschürend als grenzschützerisches, polizeiliches sowie administratives Problem aufzufassen und diese auf ihre wirtschafts- und bevölkerungspolitischen Aspekte menschenrechtswidrig zu reduzieren. Das inzwischen verabschiedete Zuwanderungsgesetz sondert die unliebsamen, die wirtschaftlich „unbrauchbaren" Einwanderer aus; es diskriminiert und verfestigt Ausgrenzung und soziale Spaltung; es

betreibt die Fortsetzung tödlicher Festungspolitik. Um der Menschenrechte aller möglichen Einwanderinnen und Einwanderer und der aller Bürgerinnen und Bürger in diesem Land ist dieses abzulehnen. Das Komitee für Grundrechte und Demokratie hat dies mit zwei Erklärungen unterstrichen. Wir dokumentieren die Pressemitteilung vom 20. Februar 2002 und ein Interview mit Dirk Vogelskamp vom 22. März 2002 aus „junge Welt".

Gegen jedes Gesetz,
das Einwanderung und Asyl menschen- und grundrechtlich diskriminiert

Anläßlich der Weigerung der Union, an den fraktionsübergreifenden Zuwanderungsgesprächen teilzunehmen, fordert das Komitee für Grundrechte und Demokratie aus menschenrechtlicher Perspektive, auf die Verabschiedung des so genannten Zuwanderungsgesetzes in dieser Legislaturperiode zu verzichten – sei es in der Form des vorliegenden, allein deutschen Wirtschaftsinteressen gehorchenden Kompromisses der rot-grünen Regierungskoalition, sei es in Form eines verschärften, die Forderungen der Unionsparteien einbeziehenden Entwurfes.

Derzeit ist zu befürchten, daß der vorliegende Gesetzesentwurf zum Zuwanderungsgesetz durch Vereinbarungen mit den Unionsparteien in zahlreichen Punkten verschärft wird. Der populistische Sogeffekt des Bundestagswahlkampfes wird dazu beitragen, daß seitens der SPD eine Einigung um nahezu jeden Preis angestrebt werden wird. Die Unionsparteien werden versuchen, aus verbreiteten Ablehnungseinstellungen innerhalb der deutschen Bevölkerung wahlpolitischen Nutzen zu ziehen. Nach bekanntem Muster werden die aus Massenarbeitslosigkeit und sozialer Unsicherheit herrührenden Ängste und Sorgen der Bürgerinnen und Bürger vorurteils- und konkurrenzschürend gegen Einwanderung und Asyl instrumentalisiert.

Aus menschenrechtlicher Sicht gilt es eindeutig festzuhalten, daß bereits der vorliegende grün angehauchte Gesetzentwurf völlig inakzeptabel ist. Er steht in der Kontinuität der Flüchtlingsabwehr. Um so weniger wäre eine noch repressivere Fassung des ohnehin gescheiterten „Reformprojekts Einwanderungsgesellschaft" erträglich.

Schon der vorliegende Gesetzesentwurf der rot-grünen Regierung ist ein Skandal, der sich vor allem durch seine Unterlassungen auszeichnet. Insbesondere im Bereich der Flüchtlingspolitik – jedoch nicht nur dort – werden gesetzlich legitimierte, skandalöse und unwürdige Verfahrensweisen fortgeführt, die alltäglich konkrete Menschenrechtsverletzungen im staatlichen Auftrage, nunmehr eben in rot-grüner Verantwortung, bedeuten:

● Menschen werden weiterhin interniert (Abschiebungshaft), ohne ein Verbrechen begangen zu haben, außer dem, die falsche Staatsangehörigkeit zu besitzen.

● Die in der UN-Kinderrechtskonvention festgelegten Rechte von Flüchtlingskindern werden weiterhin massiv und bewußt verletzt.

● Flüchtlingen wird nach den Maßgaben des Asylbewerberleistungsgesetzes weiterhin eine geringere Menschenwürde beigemessen; sie werden in Heimen, von denen viele zutreffenderweise Lager genannt werden müssen, zwangskaserniert; sie werden durch die Versorgung mit Wertgutscheinen u.ä. stigmatisiert und diskriminiert; sie werden in ihrem Menschsein negiert, wenn ihnen sogar die Möglichkeit genommen wird, selbst zu bestimmen, wann sie was kochen, essen oder trinken möchten.

● Daß die rot-grüne Regierung in diesem Zusammenhang so genannten „Ausreiseeinrichtungen" eine rechtliche Grundlage gibt, stellt einen menschenrechtlichen Offenbarungseid dar. Die sprachliche Schönfärberei kann nicht darüber hinweg täuschen, daß sich bei diesen „Einrichtungen" um menschenrechts- und rechtsstaatswidrige „Lager" handelt, die keinen anderen Zweck verfolgen, als ihre Insassen durch eine möglichst inhumane Behandlung und stetig ausgeübten Druck aus dem Land zu ekeln.

● Die willkürlich diskriminierende Beschränkung der Bewegungsfreiheit von schutzsuchenden Menschen (Residenzpflicht) wird unter Rot-Grün beibehalten und ausgeweitet: eine Grundrechtsverletzung zum Zwecke der Abschreckung.

● Daß es auch weiterhin möglich und rechtens ist, in Deutschland geborene, aufgewachsene und sozialisierte Menschen ohne deutsche Staatsbürgerschaft bei individuellem Fehlverhalten mit der zusätzlichen Strafe der Verbannung in ein ihnen zumeist fremdes Land zu belegen, zeugt von einem mittelalterlich zu nennenden Menschenbild. Auch in dem geplanten angeblich „modernen" Einwanderungsrecht spuken immer noch die Geister des antiquierten „Blutrechts".

● Im Gegensatz zu vielen anderen Staaten Europas und der Welt weigert sich die rotgrüne Bundesregierung, eine humanitäre Regelung für langjährig ohne Papiere in Deutschland Lebende (sans papiers) zu finden, und zementiert damit den Status vieler rechtloser Menschen als moderne Sklaven.

● Im Gegensatz zu vielen anderen Staaten Europas und der Welt, weigert sich die rotgrüne Bundesregierung ebenfalls, eine humanitäre Bleiberechtsregelung für Flüchtlinge zu beschließen, die hier über viele Jahre hinweg in einem völlig ungesicherten Aufenthaltsstatus leben. Unabhängig von dem Grad ihrer bereits erfolgten „Integration" sollen sie sogar nach über 10 Jahren noch aus Deutschland herausgerissen und abgeschoben werden. Eine formalrechtliche Brutalität, die ihresgleichen sucht.

● Die Ersetzung der bisherigen (völlig ungenügenden) Duldungsregelung durch bloße „Bescheinigungen" ist für eine große Mehrheit der in Deutschland lebenden defacto-Flüchtlinge mit weiteren Verschlechterungen verbunden und wird noch mehr Menschen in den rechtlosen „Status" der „Illegalität" drängen.

Die wenigen tatsächlichen „Verbesserungen" des rot-grünen Gesetzentwurfs stellen bei näherer Betrachtung pure Selbstverständlichkeiten dar, die nicht mit den Unterlassungen und Verschlechterungen des Entwurfs aufgerechnet werden können:

● Daß Integrationsmaßnahmen nunmehr rechtlich vorgesehen sind (allerdings nicht grundsätzlich, sondern nur für ausgewählte Gruppen), verweist eher darauf, daß in der Vergangenheit die Integration (der Begriff ist hochgradig erläuterungsbedürftig) von Nicht-Deutschen eben nicht unterstützt, d.h. systematisch und bewußt behindert wurde (in der Erwartung, die Fremden würden wieder gehen).

● Daß geschlechtsspezifische und nichtstaatliche Verfolgungsgründe nunmehr bei der Prüfung der Flüchtlingseigenschaft im Sinne der Genfer Flüchtlingskonvention (GFK) berücksichtigt werden sollen, entspricht nicht nur dem „gesunden Menschenverstand" (wie nicht zuletzt das Beispiel Afghanistan zeigte), sondern auch der mehrheitlichen Staatenpraxis und den dringlichen Forderungen z.B. des UNHCR, des „Hüters" der GFK.

Es ist in diesem Zusammenhang unerheblich, auf welcher rechtlichen Grundlage sich die deutsche Wirtschaft zukünftig mit Arbeitskräften aus dem Ausland versorgen wird: ob auf dem Verordnungswege wie bisher (vgl. Arbeitserlaubnis-Verordnungen für IT-Fachkräfte bzw. für private Hauspflegekräfte) oder auf der Grundlage eines scheinmenschenrechtlichen Einwanderungsgesetzes. Arbeitsmigration im Interesse der Bundesrepublik Deutschland hat es immer gegeben. Die dennoch jahrzehntelang regierungsamtlich gepflegte und in ihren Folgen fatale Realitätsverweigerung, Deutschland sei kein Einwanderungsland, kann nicht länger aufrecht gehalten werden.

Jedes Gesetz hingegen, und das ist das Entscheidende, das Einwanderer und Asyl Suchende menschen- und grundrechtlich diskriminiert, ist abzulehnen.

Köln, den 20. Februar 2002

Theo Christiansen / Thomas Hohlfeld / Dirk Vogelskamp

* * *

Begrenzung heißt Migration nach Bedarf: Ist das Zuwanderungsgesetz ein Abwehrgesetz?

jW sprach mit Dirk Vogelskamp, hauptamtlicher Mitarbeiter beim Komitee für Grundrechte und Demokratie, das seit vielen Jahren Asyl- und Flüchtlingspolitik zu seinen Arbeitsschwerpunkten zählt.

jW: Heute wird der Entwurf des Zuwanderungsgesetzes im Bundesrat beraten. Das

Komitee für Grundrechte und Demokratie appelliert an die Politik, dem Gesetzentwurf die Zustimmung zu versagen. Warum?

Dirk Vogelskamp: Das Gesetz produziert den Schein, Einwanderung politisch zu gestalten. Tatsächlich werden wichtige Fragen, die sich im Zusammenhang mit weltweiter Migration stellen, ausgeklammert. Statt dessen orientiert sich das Gesetz ganz klar an den nationalen Wirtschaftsinteressen. Das heißt, es soll eine bedarfsgerechte, flexible Arbeitsmigration ermöglicht werden. Als gewollte Begleiterscheinungen gibt es eine Definition von brauchbaren und standortnützlichen Arbeitsmigranten und „unbrauchbaren Einwanderern", die das Land umgehend wieder zu verlassen haben.

jW: Eine Verbesserung der Situation für Migranten und Flüchtlinge hierzulande sehen Sie nicht?

Dirk Vogelskamp: In erster Linie ist es ein Abwehrgesetz gegen Flüchtlinge und Migranten. Zu befürchten ist, daß diese nur die eigenen Interessen berücksichtigende Politik eine größer werdende Gruppe neuer Entrechteter schafft, die polizeilicher Überwachung unterworfen sind. Gleichzeitig besteht die Gefahr, z.B. aufgrund eines generellen Arbeitsverbots, daß diese Menschen in den illegalen Arbeitsmarkt gedrängt werden.

jW: Das Gesetz ist also alles andere als ein Fortschritt?

Dirk Vogelskamp: Es wird doch allerorts sogar betont, daß der Entwurf ausdrücklich die „Zuwanderungsbegrenzung" zum Ziel hat, das klingt weniger brutal als Abwehrgesetz, meint es aber. Es wird konsequent die Praxis der gewaltsamen Abschiebungen, der Abschiebegefängnisse und Lagersysteme, die jetzt beschönigend in Orwell-Manier Ausreisezentren genannt werden, festgeschrieben und fortgesetzt. Die zur Abschiebung bestimmten Migranten sollen sozial ausgegrenzt werden, unter dem Etikett „strikt rechtsstaatlich".

jW: Die offizielle Begründung lautet ja, Zuwanderung, die jetzt ungezügelt stattfinde, solle gesteuert werden. Aus Ihrer Sicht ist es ein Gesetz, das in erster Linie den Wünschen der Wirtschaft entspricht.

Dirk Vogelskamp: Ja, sicher. Doch die andere Seite der Medaille ist eine Verfestigung der sozialen Apartheidsysteme, mit denen die Habenichtse der Welt von den Zitadellen des Reichtums ferngehalten werden. Notfalls militärisch. Die gewaltsame Aufrechterhaltung der weltweiten kapitalistischen Ungleichheitsordnung ist mit den Menschenrechten unvereinbar, ebenso wie das Zuwanderungsgesetz. Deshalb sind wir gegen den vorgelegten Entwurf: Das kleinere, vermeintlich hinnehmbare Übel ist Teil des großen.

„junge Welt" vom 22.03.2002, Interview: Thomas Klein

Angeregt? Bundespräsident Johannes Rau begnadigt RAF-Mitglied

Wir dokumentieren einen Artikel aus der „tageszeitung" vom 27. Februar 2002, in dem im Zusammenhang mit der Begnadigung von Adelheid Schulz durch den Bundespräsidenten auf die Begnadigungsinitiative des Komitees für Grundrechte und Demokratie vom Frühjahr 1999 hingewiesen wird (vgl. auch Jahrbuch 98/99, S. 404, Begnadigung der Aktivisten der „bleiernen Zeit"?)

Bundespräsident Rau erlässt Adelheid Schulz nach 16 Jahren Haft die Strafe. Zuletzt erhielt das frühere RAF-Mitglied wegen schlechten Gesundheitszustands Haftverschonung. Gnadengesuch für andere Gefangene.

Bundespräsident Johannes Rau hat das zu lebenslanger Haft verurteilte ehemalige Mitglied der Roten Armee Fraktion, Adelheid Schulz, begnadigt. Wie das Bundespräsidialamt gestern in Berlin erklärte, fiel die Entscheidung Raus bereits am 1. Februar.

Adelheid Schulz war am 10. November 1982 zusammen mit Brigitte Mohnhaupt an einem Erddepot der RAF nahe Frankfurt festgenommen worden. 1985 verurteilte das Oberlandesgericht Düsseldorf Schulz wegen Beteiligung an der Entführung und Ermordung des Arbeitgeberpräsidenten Hanns Martin Schleyer im Herbst 1977 und der Erschießung des Bankiers Jürgen Ponto wenige Wochen zuvor zu dreimal lebenslanger Haft. 1994 folgte vor dem OLG Stuttgart auf Basis von Kronzeugenaussagen der in der DDR festgenommenen RAF-Aussteiger erneut ein „Lebenslang"-Urteil. Mit Rücksicht auf ihren Gesundheitszustand war die Strafvollstreckung nach Verbüßung von rund 16 Jahren Haft im Oktober 1998 unterbrochen worden.

Von den verbliebenen Gefangenen der RAF kam zuletzt Rolf Heißler nach 18 Jahren Haft im Oktober vorigen Jahres auf Bewährung frei. In deutschen Gefängnissen sitzen noch fünf weitere ehemalige Mitglieder der inzwischen aufgelösten Guerilla: Rolf-Clemens Wagner, Eva Haule, Birgit Hogefeld, Brigitte Mohnhaupt und Christian Klar.

Für die fünf liegt seit Januar 1999 ein ungewöhnliches Gnadengesuch auf dem Schreibtisch des Bundespräsidenten. Das Gesuch stellten der Sprecher des linksliberalen Komitees für Grundrechte und Demokratie, Wolf-Dieter Narr, und der Limburger Pfarrer Hubertus Janssen. Ungewöhnlich auch, dass das Gesuch nicht auf dem Briefpapier des Komitees, sondern auf dem der Freien Universität Berlin, wo Narr Politikwissenschaft lehrt, geschrieben wurde. Weiter: Die Häftlinge erfuhren erst auf Umwegen von der Initiative. Die Initiatoren baten den damaligen Bundespräsidenten Roman Herzog, alle inhaftierten RAFler „kollektiv und zugleich jede Person individuell zu begnadigen". Kritiker monierten: Ein Verstoß gegen das individuelle Gnadenrecht. Das Bundespräsidialamt bestätigte seinerzeit den Eingang des Schreibens – und hüllt sich seither in Schweigen. Bewährte Praxis sei, hieß es gestern im Hause von Johannes Rau, solche „Sammel-Gnadengesuche allenfalls als Anregung für individuelle Gnadengesuche zu betrachten".

„taz" vom 27. Februar 2002, Wolfgang Gast

Unterschriften gegen den Krieg

Mit nachfolgend dokumentierter Pressemitteilung hat das Komitee für Grundrechte und Demokratie auf die über 7.500 Unterschriften unter der Petition, Krieg darf nicht die Antwort auf Terror sein, aufmerksam gemacht und die parlamentarische Mißachtung des Protestes von so vielen Bürgerinnen und Bürgern gerügt.

Über 7.500 Personen appellieren an den Petitionsausschuß des Bundestages: Krieg darf nicht die Antwort auf Terror sein

Bislang haben 7.529 Personen die Petition des Komitees für Grundrechte und Demokratie unterzeichnet, die sich gegen die kriegerische Beantwortung der terroristischen Angriffe auf das World Trade Center und das Pentagon richtet. Die Petition wendet sich gegen die von der Bundesregierung zugesagte uneingeschränkte Solidarität im sogenannten Anti-Terror-Krieg und gegen die vom Bundestag am 19.9.2001 zugesagte Bereitstellung „geeigneter militärischer Fähigkeiten". Die Petition wurde bereits Ende November persönlich dem Petitionsausschuß übergeben. Dennoch ist sie bis heute nicht behandelt worden.

Die Petition gewinnt zur Zeit neue Aktualität. Gerade erst hat die Bundesregierung – nach Veröffentlichungen von US-Presse-Offizieren – zugeben müssen, daß seit langem Spezialkräfte der Bundeswehr (KSK) am Krieg gegen Afghanistan beteiligt sind. Der Krieg, an dem sich die Bundesrepublik Deutschland beteiligt, ist menschenrechtswidrig; darüber hinaus in vielfacher Hinsicht völkerrechtswidrig. Nach gesicherten Informationen hat es bislang über 4.000 Ziviltote unter der afghanischen Bevölkerung gegeben. Die Genfer Konventionen spielen für die USA offensichtlich keine Rolle. Die Behandlung der Kriegsgefangenen und die vorsätzlich geplante Ermordung von vermeintlich beteiligten al-Qaida-Kämpfern beweisen dies; ebenso der jüngste Einsatz von neuartigen thermobarischen Bomben (vgl. u.a. „Süddeutsche Zeitung", 6.3.02), die Menschen in Höhlen vernichten und ersticken sollen - statt diese gefangenzunehmen und vor Gericht ihre Schuld zu prüfen. Der Name der Anfang März 2002 begonnenen „Operation Anakonda" est omen: Wer eine Würgeschlange zum Symbol des jetzigen Krieges macht, will Leben ersticken und auslöschen – das hat mit dem herkömmlichen Kriegsvölkerrecht

nichts mehr gemein. Lapidar heißt es dann: „Bei ihrer jüngsten Offensive haben die Verbündeten zwischen 200 und 300 feindliche Kämpfer getötet." (ARD-Videotext, 6.3.02)

Bereits im November 2001 hatte Rumsfeld deutlich gemacht, welche Rolle das internationale Kriegsvölkerrecht für die USA spielt: „Auf die Frage, was die Sondereinheiten (der USA) machten, wenn sie feindliche Kräfte aufspürten, antwortete der amerikanische Verteidigungsminister Rumsfeld: ‚Wenn es sich um Leute handelt, die man erschießen möchte, dann werden sie erschossen.'", (Zitat aus der „Frankurter Allgemeinen Zeitung" vom 16.11.2001)

Das Grundrechte-Komitee fordert die Bundesregierung erneut auf, die Beteiligung an diesem Krieg sofort zu beenden und zu zivilen Formen der Konfliktbearbeitung zurückzukehren.

Köln, den 7. März 2002

Martin Singe

P.S.: Die Petition kann weiterhin unterzeichnet werden. Der Wortlaut ist im Komitee-Sekretariat erhältlich.

„Neue" Angriffsfähigkeit

Wir dokumentieren die Erklärung des Komitees für Grundrechte und Demokratie zur neuen Nuklearstrategie der USA, in der es vor den katastrophalen Folgen der nuklearen Ersteinsatzszenarien der US-Militärs im internationalen Kontext warnt.

Die USA planen den Einsatz von Atomwaffen zu Angriffszwecken mit fatalen Folgen.
Die Bundesregierung muß hierauf entschieden reagieren.

Die Neuorientierung der US-Nuklearwaffenstrategie sieht eine drastische Erweiterung des Einsatzspektrums von Atomwaffen vor. Sie sollen künftig auch eingesetzt werden, erstens wenn konventionelle Waffen nicht zur Zerstörung begrenzter Ziele ausreichen, zweitens im Falle „überraschender militärischer Entwicklungen" und drittens als Antwort auf Angriffe mit atomaren, biologischen und chemischen Massenvernichtungsmitteln.

Zu diesem Zweck sollen u.a. Mini-Atomwaffen für einen nuklearen Ersteinsatz entwickelt und eingesetzt werden. Das Wort Mini-Nukes darf nicht täuschen. Es handelt sich um Waffen mit großer Sprengkraft und starker Neutronenstrahlung.

372

Die neue ‚Nuclear Posture Review' der USA hat katastrophale friedens- und sicherheitspolitische Folgen. Sie ist ein Ausdruck der „Arroganz der Macht", wie es seinerzeit Senator Fulbright in Hinblick auf die US-Vietnam-Politik formulierte.

● Die rüstungskontroll-politische Zusage der offiziellen Atom-Mächte, keine Atomwaffen gegen Nicht-Nuklearmächte einzusetzen, ist hinfällig. Das internationale System der Rüstungskontrollpolitik, insbesondere der Vertrag über die Weiterverbreitung von Atomwaffen, ist auf das Höchste gefährdet.

● Alle Staaten müssen sich als potentielles Ziel von Atomwaffen fühlen. Wer irgend kann, wird nun selbst atomar aufrüsten. Statt einer Friedensdividende nach dem Ende des Ost-West-Konflikts ist eine neue Aufrüstungsrunde zu erwarten. Sie ist bereits durch die enormen jüngsten Erhöhungen des US-Militärbudgets eingeläutet.

● Die Kündigung des ABM-Vertrages, der Aufbau eines Raketenschutzschildes und die nun de facto unbegrenzte Einsatzbereitschaft von Atomwaffen signalisieren, daß die einzige Globalmacht USA ihre Interessen vorwiegend und letztendlich mit militärischen Mitteln verfolgen und dabei nun auch einen Krieg führbar machen wollen. Eine Militarisierung der internationalen Politik noch weit über das bisher erreichte Maß wird die Folge sein. Die Vereinten Nationen und die Alliierten werden zu Hilfskräften zur Beseitigung von Kriegsschäden.

● Wie schon im Irak- und im Kosovo-Krieg folgt eine schwere Beschädigung des internationalen Rechts. Faustrecht der Starken tritt offensichtlich an dessen Stelle.

● Die riesigen Kosten für die Aufrüstung verschärfen weiter den Ressourcenmangel für die Bewältigung der drängenden Probleme im Bereich der Umwelt, der Sozialversorgung, der Entwicklungspolitik und der vorbeugenden, zivilen Konfliktbearbeitung, um Frieden zu sichern und Kriege und Gewalteskalationen zu vermeiden.

● Das Militärprogramm der USA ist geradezu ein Förderungsprogramm für den internationalen Attentats-Terrorismus. Nichts wird dadurch sicherer.

Wir fordern deshalb von der Bundesregierung, nach der Phase der „uneingeschränkten Solidarität" nun für unser Land verantwortlich zu handeln und

– sich deutlich und öffentlich von diesen Plänen der USA zu distanzieren;

– Stationierung, Lagerung und Transport von neuen Atomwaffen der USA, also auch der ‚Mini-Nukes', in und durch Deutschland zu verweigern. Die heute noch hier aus Zeiten des Kalten Krieges lagernden US-Atomwaffen sind endlich abzuziehen;

– innerhalb der NATO klarzustellen, daß sich die Bundesrepublik in keiner Weise, auch nicht als Hilfsmacht, der neuen US-amerikanischen Nuklearstrategie einordnen wird und

die EU-NATO-Staaten aufzufordern, sich ebenso zu verhalten. Die Ersteinsatz-Option der NATO-Strategie muß aufgegeben werden;

– die deutschen Truppen, die von der rot-grünen Regierung mit festem Blick auf Deutschlands militärische Rolle unter den Großen der Welt jetzt schon für den nächsten Krieg in Asien und Afrika stationiert sind, zurückzuholen

– und die Ressourcen Deutschlands nicht länger für weitere Aufrüstung, sondern für zivile, friedenspolitisch sinnvolle Projekte zu verwenden.

Es ist höchste Zeit, der weiteren Militarisierung der Weltpolitik eine friedenspolitische zivile Alternative entgegenzusetzen und mit ihrer Verwirklichung zu beginnen.

Köln, den 21. März 2002

Volker Böge / Theo Christiansen (Geschäftsführender Vorstand)

Andreas Buro (Friedenspolitischer Sprecher)

Stellt die aufrüttelnden moralischen Fragen in den Mittelpunkt!

Wir dokumentieren den Ostermarschaufruf von Andreas Buro (Wartet nicht auf bessere Zeiten!), der dessen tiefe persönliche Anteilnahme an den human zerstörerischen weltweiten Entwicklungen widerspiegelt. Andreas Buro, friedenspolitischer Sprecher des Komitees für Grundrechte und Demokratie, plädiert für ein verstärktes Aufgreifen der Ostermarschtradition, um gegen die aktuellen Kriegsentwicklungen zu protestieren und in der Gesellschaft zu mobilisieren.

Ostermarsch – dabei sein!
Wartet nicht auf bessere Zeiten!

Man könnte sich die Haare ausraufen. Die EU soll mit einer Interventionsarmee aufgerüstet werden. Deutsche KSK-Soldaten kämpfen für besinnungslose Solidarität in Afghanistan, Spürpanzer stehen in Kuwait und warten auf den Einsatzbefehl aus Washington für einen Krieg, den sehr viele Europäer für Wahnsinn halten, und der mit einem Genozid an arabischen und kurdischen Zivilisten verbunden sein würde. Unser oberster Feldherr in Washington plant einen Dauerkrieg über alle geographischen und moralischen Grenzen hinweg. Atomwaffen, verniedlichend Mini-Nukes genannt, sollen eingesetzt werden, wenn die ohnehin schon so furchtbaren konventionellen nicht mehr ausreichen. Und die EU-Völker, auch wir Deutschen, sollen mitmachen. Dies alles, als wäre das Elend in der Welt nicht hinreichend groß, als wären die dringend zu bewältigenden Aufgaben zur Stiftung von Frieden, zur Sicherung des Überlebens für die Hungernden und zur Sanierung unserer Umwelt nicht riesig und forderten nicht alle unsere Kräfte.

Ich brauche nicht weiter meine gewaltfreie Wut und Verzweiflung herauszuschreien. So kann es doch nicht weitergehen. Rot-Grün macht militärisch-außenpolitisch einfach alles weiter, was schwarz-gelb Kohl immer schon betrieben hat. Da wird Protest zur Pflicht, nein, zur Verpflichtung. Die Ostermärsche dieses Jahres sind eine gute Möglichkeit, den Protest laut werden zu lassen: Tut endlich viel für den Frieden, für zivile Konfliktbearbeitung, für Prävention, für Entwicklung! Nehmt doch die Menschenrechte ernst und nicht nur zur Verschleierung von Aufrüstung!

Geistige Provokation muß in unseren Parolen enthalten sein. Fragt doch: „Bei wieviel Kollateraltoten ist eine Intervention noch humanitär?" Schreit doch: „Barbaren werden wir durch barbarische Mittel (Streubomben)". Stellt die aufrüttelnden moralischen Fragen in den Mittelpunkt. „Demokratie und Freiheit durch Abbau von Bürgerrechten?" oder fordert provokativ: „Terroristen in die Anti-Terror-Allianz?!" Schließlich sind Moskau und Ankara mit von der Partie, die alle ihre alten Rechnungen auf diesem Ticket begleichen wollen. „Menschenopfer für die Globalisierung im westlichen Stil? Die toten Kinder und Zivilisten des Irak klagen an." Keine Frage, Saddam Hussein ist ein Verbrecher, nur der Westen läßt es die Völker büßen.

Euch werden noch weitere Slogans und Argumente einfallen – sicherlich. Vermeidet nur Klein-Klein und die ausgelatschten Sprüche. Den Menschen in unserem Lande wird vielleicht klar, dass ihr größter Feind nicht die Asylsuchenden und Sozialhilfeempfänger sind, sondern diejenigen, die das Geld der BürgerInnen für die Vorbereitung

von Kriegen sowie für die Aufrüstung ausgeben und damit gleichzeitig unsere Sicherheit auf's Spiel setzen.

Die Aktionsform der Ostermärsche der Atomwaffen- und Kriegsgegner mit ihrer langen Tradition seit den 60er Jahren ist tief in das Bewußtsein der Gesellschaft eingedrungen. Der Marsch dient den vielen Gruppierungen der Friedensbewegung als eine Aktionsform, um die zentralen, aktuellen Argumente in die Öffentlichkeit zu tragen. Er dient aber auch in Vorbereitung und Durchführung dazu, die Friedensbewegten zu informieren, erneut miteinander ins Gespräch zu bringen, zu mobilisieren und der Gesellschaft Augen und Ohren zu öffnen, damit eines Tages die Regierungen nicht mehr mit Militärinterventionen drohen und nicht mehr Bomben Menschen und ihre Lebensräume zermalmen.

Beim Ostermarsch muß man dabei sein! Wartet nicht auf bessere Zeiten!

Köln, 25.3.2002

Andreas Buro

Die „Fünf von Süschendorf" angeklagt

Das Komitee für Grundrechte und Demokratie beobachtete den Prozeß gegen die Robin-Wood-Aktivisten, die im März 2001 mit einer spektakulären Aktion den Castortransport um mehrere Stunden aufgehalten hatten. Wir dokumentieren die Ankündigung der Prozeßbeobachtung und einen Artikel aus „Jungle World" vom 30. April 2001.

Prozeßbeobachtung:
Robin-Wood-Aktivisten stehen vor Gericht – das Grundrecht auf Versammlungsfreiheit war jedoch ausgehebelt

Am Mittwoch, den 17.4.2002, beginnt vor dem Amtsgericht Lüneburg der Prozeß gegen die „Fünf von Süschendorf", die sich bei dem Transport von hochradioaktivem Müll nach Gorleben im März 2001 an die Schienen gekettet und den Zug über Stunden aufgehalten haben. Ingrid und Werner Lowin werden den Prozeß für das Komitee für Grundrechte und Demokratie beobachten.

Die staatsanwaltschaftlichen Vorwürfe der „Nötigung" und „Störung öffentlicher Betriebe" sind nicht haltbar, berücksichtigte man den Kontext dieser Aktion:

● Nach einer Aussetzung aller Transporte von hochradioaktivem Müll im Sommer 1998 war der Transport im März 2001 der erste in ein Zwischenlager. In repräsentativem Absolutismus war zuvor, fernab von allen Bürgern und Bürgerinnen und ihren Bedenken, ein sogenannter Energiekonsens entschieden worden. Ein „Konsens", an dem nur die abgehobene Exekutive und einseitig interessierte Energieunternehmen in herrschaftsvollem Korporatismus teilhatten. Die Bürger und Bürgerinnen waren nicht Teil des „Konsenses". Statt repräsentativ demokratisch getroffene Entscheidungen dort, wo sie Bürgerinnen und Bürger und die gemeinsame Zukunft derart angehen, wenigstens zu erläutern und mit diesen BürgerInnen zu dis-

kutieren, wurde die Polizei massenhaft, helmbewehrt, schlagstockstark, wasserwerfer- und hubschrauberarmiert vorgeschoben. Die Politik – die verantwortlichen Politiker – versagten rundum.

● In dieser Situation hätte aus politisch demokratischen und dem Grundrecht auf Demonstration geltenden Gründen alles Erdenkliche getan werden müssen, Demonstrationen in ihren Bedingungen als friedlichen Protest möglich zu machen. Das genaue Gegenteil wurde jedoch regierungsamtlich getan. Die ohnehin strukturell und aktuell in jeder Hinsicht benachteiligten Bürger und Bürgerinnen, die demonstrieren wollten, wurden vorweg mit zwei Allgemeinverfügungen überzogen. Zur allgemeinen Illegalisierung demonstrativen Verhaltens kamen pauschale Verdächtigungen.

● Das hervorstechendste Merkmal des Protestgeschehens war das gewaltige Ausmaß der kontrollierend und reglementierend in die Versammlungen der Bürger und Bürgerinnen unzulässig eingreifenden Polizei. Die Polizei war quasi allpräsent und behandelte jeden Bürger und jede Bürgerin als verdächtiges Objekt, das polizeilich zu kontrollieren ist.

Trotzdem fanden Bürger und Bürgerinnen Möglichkeiten, ihr Recht auf Versammlungsfreiheit, dieses „unentbehrliche und grundlegende Funktionselement eines demokratischen Gemeinwesens" (sog. Brokdorf-Urteil des Bundesverfassungsgerichts) wahrzunehmen. Sie betrieben somit aktiven Verfassungsschutz. So auch die „Fünf von Süschendorf" und die vielen, die sich rund um diese Aktion auf die Schienen setzten. Daß angesichts der regierungsamtlichen Einschränkungen von demokratischem Verfahren und von Grundrechten Demonstrierende das Grundrecht auf Demonstration, also Art. 8 GG ausgiebig wahrnahmen, ohne jeden Hauch von Gewalt, ergab sich aus eben diesen Einschränkungen geradezu notwendig.

376

Das Komitee hat während des Castor-Transportes das Geschehen zwischen Lüneburg und Gorleben beobachtend begleitet und ausführlich darüber berichtet. Der Bericht „Castor-Transport im März 2001 – Die Kontinuität undemokratischer Politik und systematischen Mißbrauchs der Polizei", Juli 2001 (für Medienvertreter kostenlos) kann beim Komitee für Grundrechte und Demokratie (Aquinostr. 7-11, 50670 Köln) bestellt werden.

Elke Steven

* * *

Beton soll leben

In Lüneburg hat der Prozess gegen Atomkraftgegner begonnen, die im vorigen Jahr einen Castortransport stoppten.

Diesmal blockierte sich die Bewegung selbst. Ein gutes Dutzend Atomkraftgegner wurde auf seinem Weg zum Prozess gegen vier Robin-Wood-Aktivisten vor zwei Wochen überraschend gestoppt. Eine sechs Meter lange Birke versperrte dem aus Dannenberg kommenden Zug bei Süschendorf den Weg. Castorgegner hatten offensichtlich den Baum gefällt und auf die Gleise gelegt. Der Zug musste umkehren, und den Atomkraftgegnern blieb nichts anderes übrig, als die Fahrt mit dem Bus fortzusetzen.

Auch vor dem Lüneburger Amtsgericht kam es zu turbulenten Szenen. Frei nach dem Motto: „Beton – es kommt darauf an, was man daraus macht", hatten Atomkraftgegner sechs Betonmischmaschinen mitgebracht, die sie zum Zweck der Demonstration in Gang setzen wollten. Und um den langwierigen Einlasskontrollen zu entgehen, kletterten einige Prozessbesucher kurzerhand durch das offene Fenster des Gerichtssaales. Der Einzug der Angeklagten wurde dann von einer Standing Ovation des Publikums begleitet.

Der Anlass des Prozesses ist die wohl spektakulärste Aktion gegen den Castortransport nach Gorleben im März 2001. Vier Aktivisten der Umweltschutzorganisation Robin

Wood, drei Männer und ein 16jähriges Mädchen, schlossen sich damals mit den Armen an einen Betonblock unter dem Gleisbett fest und hielten den Atommüllzug dadurch 16 Stunden auf. Erst mit einem speziellen Gesteinsbohrhammer des Technischen Hilfswerkes (THW) konnte der Betonklotz am nächsten Tag zerstört werden. Ein weiterer Aktivist hatte sich in der Nähe an die Gleise gekettet. Zum ersten Mal musste ein Castortransport den Rückwärtsgang einlegen. Erst einen Tag später konnte der Zug seine Fahrt fortsetzen. Die „Fünf von Süschendorf" wurden zu Helden der Bewegung.

Der 16jährigen soll im Mai der Prozess vor dem Jugendgericht in Dannenberg gemacht werden. Den vier angeklagten Männern wird von der Lüneburger Staatsanwaltschaft „Nötigung" und „Störung öffentlicher Betriebe" vorgeworfen. Die Anklagepunkte „Gefährlicher Eingriff in den Schienenverkehr" und „Sachbeschädigung" wurden bereits vorher fallen gelassen.

In ihren Erklärungen zum Prozessauftakt betonen die Angeklagten, dass die Kriminalisierung von Demonstrationen ihnen keine andere Wahl gelassen habe, als zu blockieren. „Der Staat trägt selbst die Verantwortung dafür, dass der Protest nur noch konspirativ vonstatten geht, jede offene Demonstration war ja verboten", erklärte Alexander Gerschner, einer der Angeklagten. Rechtsanwalt Wolfram Plener pflichtet ihm bei: „Wenn zu Castorzeiten im gesamten Wendlandkreis die Bürgerrechte ausgehebelt werden, bleibt nichts anderes übrig, als derart deutlich seinen Widerspruch zu bekunden."

Der Staatsanwalt hatte Schwierigkeiten darzulegen, wer der Genötigte gewesen sein soll. Der Lokführer des blockierten Zuges? Wohl kaum, denn er erklärte: „Ich habe erst durch die Einladung zum Gericht erfahren, dass ich genötigt wurde." Oder etwa die Deutsche Bahn AG als Auftragnehmer des Castortransportes? Oder gar die Atomspedition Nuclear Cargo Service als Auftraggeberin?

Ähnlich verhält es sich mit dem Anklagepunkt „Störung öffentlicher Betriebe". Den Angeklagten erscheint er schon deshalb unsinnig, weil die Bahnstrecke zwischen Lüneburg und Dannenberg während der Castortransporte gar nicht für den öffentlichen Verkehr freigegeben ist. Trotz dieser wackeligen Basis der Anklage weigert sich die Staatsanwaltschaft, einer Einstellung des Verfahrens, wie in vergleichbaren früheren Fällen, zuzustimmen. Sie strebt offensichtlich eine Grundsatzentscheidung dazu an, ob das Anketten an Schienen strafbar ist.

Den Angeklagten droht aber nicht nur eine strafrechtliche Verurteilung. Auch zivilrechtliche Ansprüche werden gegen sie geltend gemacht. Die Deutsche Bahn AG, der Bundesgrenzschutz (BGS) und das THW wollen insgesamt 19 300 Euro an Kosten für die Befreiungsaktion eintreiben. Das THW stellt u.a. Tee und Wolldecken in Rechnung, der BGS will sich sogar Gehörschutzkappen und Taschenlampen bezahlen lassen.

Bundesinnenminister Otto Schily (SPD) hatte nach den erfolgreichen Blockadeaktionen im Wendland im vorigen Jahr einen Erlass herausgegeben, nach dem „alle Kosten erstattungsfähig sind, die durch die unmittelbare Befreiungsmaßnahme entstanden sind". Für die Robin-Wood-Sprecherin Ute Bertrand geht es bei der Regressforderung „in Wahrheit nicht um eine Schadenswiedergutmachung, sondern um Einschüchterung".

Eingeschüchtert werden soll auch Robin Wood als Organisation. Die Innenminister mehrerer Länder forderten, Robin Wood und Greenpeace die Gemeinnützigkeit zu entziehen. Bisher blieb diese für die spendenabhängigen Organisationen lebensgefährliche Drohung ohne Konsequenzen. Bei einem negativen Ausgang des Lüneburger Prozesses könnte sich das ändern.

Gleichzeitig mit dem Prozessbeginn wurde zudem bekannt, dass das Bundeskriminalamt bereits seit Jahren Aktivitäten gegen Atomkraftwerke und Castortransporte in einer speziellen „Anti-Atomkraft- und Anti-Castor-

Datei" speichert. Nach der Anfrage eines Anti-AKW-Aktivisten stellte die Datenschutzbeauftragte der rheinland-pfälzischen Polizei, Monika Brauer, ihm seine Daten aus der entsprechenden Datei zur Verfügung. Dort fanden sich dann so strafrechtlich relevante „Daten" wie die Anmeldung eines Infostandes oder die Teilnahme an einer nicht verbotenen Demonstration.

Die Polizei rechtfertigt ihre Datensammlung damit, dass sie „zur vorbeugenden Bekämpfung von Straftaten" dazu befugt sei, personengebundene Daten zu verarbeiten. Für Ulla Jelpke, die innenpolitische Sprecherin der PDS, gibt es dafür keine Rechtsgrundlage: „Sie verstoßen damit gegen das Grundrecht auf informationelle Selbstbestimmung."

Schwere Verstöße gegen die Grundrechte auf Versammlungs- und Meinungsfreiheit konstatiert auch das Komitee für Grundrechte und Demokratie in seinem jüngsten Bericht über seine Demonstrationsbeobachtungen während des zweiten Castortransportes nach Gorleben im November 2001. In einer in der vorigen Woche übergebenen Petition fordert das Komitee den niedersächsischen Landtag auf, „für den uneingeschränkten Erhalt des Demonstrationsrechtes nach Artikel 8 des Grundgesetzes Sorge zu tragen". Das Komitee bestätigt die Einschätzung der fünf Süschendorfer. Wegen zeitlich und räumlich ausgedehnter Demonstrationsverbote, der Verbote der Camps, willkürlicher Aufenthaltsverbote und Platzverweise, sowie wegen der präventiven Festnahme großer Gruppen von Demonstranten sei die Wahrnehmung des Demonstrationsrechtes faktisch unmöglich geworden.

„Jungle World" vom 30. April 2002,
Thomas Binger

378

Für den uneingeschränkten Erhalt
des Grundrechts auf Versammlungsfreiheit

Seit 1981 beobachtet das Komitee für Grundrechte und Demokratie von Zeit zu Zeit das Geschehen im Umfeld von Demonstrationen und Protesten mit einer Gruppe von erfahrenen Demonstrationsbeobachterinnen und -beobachtern. Diese Demonstrationsbeobachtungen erfolgen aus dem Wissen um die fundamentale Bedeutung des Grundrechts auf Versammlungsfreiheit gerade für die bundesdeutsche repräsentative Demokratie. Die Demonstrationsbeobachtungen während des Castortransportes ins wendländische Gorleben vom November 2001 nahm das Komitee für Grundrechte und Demokratie zum Anlaß, den Petitionsausschuß des niedersächsischen Landtags aufzufordern, Sorge dafür zu tragen, daß zukünftig das Grundrecht auf Versammlungsfreiheit gewahrt bleibt. Wir dokumentieren die Pressemitteilung des Komitees sowie einen Bericht aus der „tageszeitung" vom 24. April 2002 und ein Interview mit Volker Böge, das die „junge Welt" am gleichen Tag veröffentlichte.

Übergabe einer Petition an den niedersächsischen Landtag:
Für den uneingeschränkten Erhalt des Demonstrationsrechts (Art. 8 Grundgesetz)

Immer wieder stellen Gerichte die Schutzwürdigkeit des grundrechtlich garantierten Versammlungsrechtes fest. Immer wieder wird dieses Grundrecht durch Politik und Polizei faktisch ausgehebelt. Das Komitee für Grundrechte und Demokratie nimmt die Erfahrungen bei den Demonstrationsbeobachtungen während des Castor-Transportes in das Zwischenlager in Gorleben im November 2001 zum Anlaß, den niedersächsischen Landtag aufzufordern, dafür „Sorge zu tragen, daß bei Demonstrationen im Land Niedersachsen das Grundrecht aus Art. 8 GG (Versammlungsfreiheit) in Verbindung mit Art. 5 GG (Meinungsfreiheit) in seiner vom Bundesverfassungsgericht herausgehobenen Bedeutung für ein demokratisches Gemeinwesen gewährt wird". Der grundrechtswidrigen Entwicklung der Verhinderung von und der Abschreckung vor Demonstrationen sei parlamentarisch ein Riegel vorzuschieben.

Insbesondere der Einsatz von Hunden und Pferden gegen Demonstrierende im November 2002, der zu erheblichen Körperverletzungen geführt hat, wird vom Grundrechtekomitee beklagt. „Ein solcher Einsatz stellt eine permanente und nicht ausreichend kontrollierbare Gefährdung des Grundrechts auf körperliche Unversehrtheit dar."

Die grundrechtswidrige Ver- oder Behinderung der Wahrnehmung des Demonstrationsrechts hatte vielfältige Ausprägungen: von dem langfristigen und räumlich ausgedehnten Demonstrationsverbot mit pauschalen Gewaltvermutungen, über Verbote von Camps bis hin zu scheinbar individuell zurechenbaren, tatsächlich aber willkürlichen Aufenthaltsverboten, die nur neue Eingriffsrechte für die Polizei schaffen. Geschildert werden in der Petition auch die Ingewahrsamnahmen großer Gruppen von Bürgern und Bürgerinnen, die sich außerhalb der Demonstrationsverbotszonen versammelt hatten. Über Stunden wurden sie ohne die Möglichkeit einer richterlichen Überprüfung und zum Teil unter menschenrechtswidrigen Bedingungen eingesperrt.

Die Erfahrungen während des Transportes im November werden kontrastiert mit Zitaten aus dem sogenannten Brokdorf-Urteil des Bundesverfassungsgerichts, mit dem Wortlaut des Niedersächsischen Gefahrenabwehrgesetzes, mit Gerichtsurteilen in früheren ähnlich gelagerten Verfahren. Zwei Gerichtsverfahren, die aus dem Castortransport im

März 2001 resultierten, führten zu Frei-sprüchen der Demonstrierenden und zu Ermittlungen gegen die anklagenden Polizei-beamten wegen kollektiven Meineids und Falschaussage.

Köln, den 22.April 2002, Elke Steven

* * *

Wendland ohne Demonstrationsrecht

Von chancenlosen Richtern bis zu bissigen Polizeihunden:
Komitee für Grundrechte und Demokratie zieht Bilanz des vergangenen Castor-Transports

Wenn die Castor-Behälter rollen, kennt die niedersächsische Polizei kein Grundrecht auf Demonstrations- oder Versammlungsfreiheit mehr. Diese Erfahrung haben die Beobachter des Kölner Komitees für Grundrechte und Demokratie im November beim letzten Transport von hochradioaktivem Müll in das Zwischenlager Gorleben gemacht. Seine Bewertung des Geschehens im Landkreis Lüchow-Dannenberg hat das Komitee dies-mal in einer Petition an den niedersächs-ischen Landtag zusammengefasst, die den bezeichnenden Titel „Für den uneinge-schränkten Erhalt des Demonstrationsrechts" trägt.

Zwischen Lüneburg und Dannenberg habe es im November „über einen langen Zeitraum hinweg eine grundrechtsfreie Zone gege-ben", sagte Komiteevorstand Volker Böge, als er gestern in Hannover die Petition der Grünen-Fraktionsvorsitzenden Rebecca Harms übergab. Gerichte hätten die Behaup-tungen, mit denen Verbote begründet wur-den, nicht mehr nachprüfen können. Oftmals völlig willkürlich wurden laut Böge insge-samt 460 Aufenthaltsverbote über Demon-stranten verhängt. Nach Beobachtungen des Komitees konnte schon ein Schlafsack oder Campinggeschirr im Auto ausreichen, um vom Ort des Geschehens verbannt zu wer-den. Die Aufenthaltsverbote wurden oft gar nicht begründet. Die Vermutung der Polizei, man habe einen potenziellen Demonstranten

vor sich, reichte für die Einschränkung des Grundrechts auf Freizügigkeit aus.

Als rechtswidrig erwiesen sich die meisten Ingewahrsamnahmen von Demonstranten. Während des Transports wurden insgesamt 780 Demonstranten, zum Teil nach Einkesse-lung, von der Polizei festgesetzt. Die vorge-schriebene richterliche Überprüfung fand nach Angaben des Komitees nur bei hundert Demonstranten statt, nur in vier Fällen stuf-ten die Richter dann die Ingewahrsamnah-men als rechtmäßig ein.

Das Komitee wertete auch die völlige Abrie-gelung der Stadt Dannenberg in der Nacht vor dem Straßentransport der Behälter als Grundrechtsverstoß. Wer nicht Einwohner war, wurde damals in die Stadt nicht mehr hineingelassen. Als unverhältnismäßig stuf-ten die Bürgerrechtler auch Einsätze mit Pferden und Hunden gegen gewaltfreie Castor-Gegner ein. Rund 50 Demonstranten seien beim letzten Transport von Polizeihun-den gebissen worden. Zum Teil hätten sich Tiere regelrecht in Gliedmaßen verbissen.

„taz" vom 24.4.2002, Jürgen Voges

* * *

Demonstrationen gegen Castortransporte:
Grundrechtsverstöße traurige Normalität?

jW sprach mit Volker Böge, geschäftsführen-der Vorstand beim Komitee für Grundrechte und Demokratie

jW: Sie haben dem niedersächsischen Land-tag gestern eine Petition übergeben, in der dieser aufgefordert wird, sich für das Grund-recht auf Versammlungsfreiheit einzusetzen. Warum diese Petition?

Volker Böge: Wir vom Komitee für Grund-rechte und Demokratie haben seit 1995 jeden Castortransport nach Gorleben und die Pro-testaktionen dagegen beobachtet. Unsere Beobachtungen haben wir dann stets in Berichten festgehalten. Dabei haben wir immer wieder Fälle von Einschränkungen des Demonstrations- und Versammlungs-rechts dokumentiert. Statt eines Berichts haben wir diesmal die Form der Petition gewählt, um auf die Vorgänge beim Transport im vergangenen November aufmerksam zu machen.

jW: Was wohl auch ein Anstoß sein soll, sich des Themas überhaupt mal richtig anzunehmen?

Volker Böge: Ja natürlich. Die Parlamentarier des niedersächsischen Landtags sollen sich gefälligst zu diesen skandalösen Grundrechtseinschränkungen positionieren; und die Öffentlichkeit soll sehen, wie mit elementaren Grundrechten umgesprungen wird.

jW: Welche Punkte sind Ihnen hier besonders wichtig?

Volker Böge: Besonders bedenklich stimmt, daß schon im Vorfeld des eigentlichen Demonstrations- und Protestgeschehens die Artikulationsmöglichkeiten immer drastischer eingeschränkt werden: Da werden grundrechtswidrig langfristige und räumlich ausgedehnte Demonstrationsverbote per Allgemeinverfügung erlassen. Da wird die Freizügigkeit in einer ganzen Region durch weitgehende „Betretungsverbote" außer Kraft gesetzt. Da werden massenweise Platzverweise ausgesprochen und in großem Umfang Daten gesammelt, gespeichert und weitergegeben, ohne Rücksicht auf das Recht informationeller Selbstbestimmung.

jW: Von welchen Politikern und Gruppen haben Sie für Ihr Vorhaben Unterstützung erfahren?

Volker Böge: Offizielle Stellungnahmen aus der Politik gibt es bis jetzt nicht. Unsere Beobachtungstätigkeit wird von den Akteuren der Proteste – der Bürgerinitiative oder der Anti-Atom-Initiative X-1000mal quer – aber positiv gesehen. Immerhin hat Rebecca Harms von den Grünen im niedersächsischen Landtag die Petition entgegengenommen. Das kann man als Aufgeschlossenheit unserem Anliegen gegenüber werten, zumal sich Frau Harms auch immer wieder für das Recht auf Protest gegen die Castortransporte eingesetzt hat. Ob das den Grünen insgesamt eine Herzensangelegenheit ist, weiß ich nicht.

jW: Wie bewerten Sie das polizeiliche Vorgehen während der Castortransporte im November letzten Jahres?

Volker Böge: Na ja, kraß war beim letzten Castor-Transport auf jeden Fall der Einsatz von Hunden ohne Maulkorb und von Pferden gegen Demonstranten. Hunde haben Menschen in Oberschenkel und Arme gebissen. Bemerkenswert war auch die „Ingewahrsamnahme" von rund 780 Personen im Verlauf der Proteste, die nach richterlicher Überprüfung – mit vier Ausnahmen – sofort wieder freigelassen werden mußten. Fakt ist: Hier wurden Grundrechte durch Polizei und Behörden mit Füßen getreten – und das ist leider eine traurige Normalität. Das darf so nicht hingenommen werden.

„junge Welt" vom 24.04.2002,
Fragen: Thomas Klein

Die Politik der „Inneren Sicherheit" schützt die Bürgerinnen und Bürger nicht

Das Komitee für Grundrechte und Demokratie hat die Entwicklung der Politik der „Inneren Sicherheit" hin zu einem Präventions- bzw. autoritären Sicherheitsstaat nach dem „11. September" mit zahlreichen kritischen Stellungnahmen – zumeist gemeinsam verfaßt mit anderen Bürgerrechtsgruppen – und vielen Einzelveröffentlichungen begleitet. Nachfolgend sind die beiden Pressemitteilungen abgedruckt, mit denen wir erstens auf die Bürger- und Bürgerinnen-Information (Freiheit stirbt mit Sicherheit) und auf die Dokumentation (Verpolizeilichung der Bundesrepublik Deutschland) hingewiesen haben.

Mit Sicherheit Verlust von Freiheit

Zu diesem Thema hat das Komitee für Grundrechte und Demokratie eine kleine Broschüre (DIN A 6; 24 Seiten) herausgegeben. „Mit Sicherheit Verlust von Freiheit – Einschränkungen bürgerlicher Freiheitsrechte durch die ‚Anti-Terror'-Sicherheitspakete" lautet der Titel der Bürger- und Bürgerinnen-Information, mit der das Komitee zur öffentlichen Auseinandersetzung mit einer Sicherheitspolitik auffordert, die bürgerliche Freiheitsrechte einschränkt und rassistische Vorurteile schürt.

Zwei Landgerichte stellten Anfang diesen Jahres fest, daß keine „gegenwärtige Gefahr" terroristischer Anschläge in der Bundesrepublik Deutschland bestehe. Die Rasterfahndungen verletzten die Grundrechte der klagenden Studierenden. Zwei erfreuliche Urteile angesichts einer Sicherheitshysterie, die nach dem 11. September 2001 mit den Anti-Terror-Gesetzen weitere gravierende Eingriffe in Grundrechte ermöglichte. Auf solche Gerichtsurteile reagiert die Politik

jedoch nur mit der Planung weiterer Gesetzesverschärfungen. Mit dem Terrorismusbekämpfungsgesetz wurden schon zuvor die Vorfeldbefugnisse der Geheimdienste und Polizeien ausgeweitet, Angst und Mißtrauen gegenüber Ausländern geschürt und Bürger generell unter Verdacht gestellt.

Das Grundrechtekomitee stellt fest: Die eiligst durchgebrachten Gesetze schaffen „keine Sicherheit vor neuen Anschlägen.(...) Ganz im Gegenteil: Die GesetzgeberInnen haben vor allem Angst und Verunsicherung in der Bevölkerung gefördert. Sie haben einen wesentlichen Teil von Sicherheit nämlich die Rechtssicherheit und die Sicherheit vor staatlich-repressiven Eingriffen – abgebaut."

Die Broschüre ist zu bestellen gegen Vorauszahlung (inklusive Porto) beim Komitee für Grundrechte und Demokratie, Aquinostr. 7–11, 50670 Köln; Einzelexemplar gegen Portokosten (Briefmarke: 0,56 Cent); 10 Exemplare 5 Euro; 25 Ex. 10 Euro; 50 Ex. 15 Euro; 100 Ex. 25 Euro

Köln, den 12. April 2002

Elke Steven

PS: Bitte weisen Sie in Ihrer Zeitung/Zeitschrift auf diese Veröffentlichung hin.

PPS: Gerne senden wir ein Besprechungsexemplar kostenlos zu.

* * *

Dokumentation erschienen:
Verpolizeilichung der Bundesrepublik Deutschland

Unter diesem Titel sind die Vorträge der vom Komitee für Grundrechte und Demokratie initiierten Tagung „Verpolizeilichung der Bundesrepublik Deutschland – Polizei und Bürgerrechte in den Städten" vom September 2000 jetzt herausgegeben worden. Die

Tagung befaßte sich in grund- und menschenrechtlicher Orientierung mit den Polizeien und ihren kommunalen Strategien.

Die Aufsätze untersuchen vor allem die demokratisch bürgerrechtlichen Auswirkungen der enormen Ausweitung der rechtlichen Befugnisse der Polizeien (z.b. verdeckte Ermittlung, großer Lauschangriff, Schleierfahndung, Aufenthaltsverbote) und deren technische Aufrüstung (z.b. Video- und Telekommunikationsüberwachung)

Die in dieser Dokumentation versammelten Beiträge, lange vor den Attentaten des „11. September" verfaßt, bringen eine Kontinuität zum Vorschein, die zwischen den präventiven Sicherheitskonzeptionen der vergangenen Jahre und den politischen und gesetzgeberischen Reaktionen auf die Attentate vom „11. September" besteht. Der Aufsatzband kann und will damit zu einem kritischen Verständnis der aktuellen polizeirechtlichen und sicherheitspolitischen Entwicklungen in der Bundesrepublik Deutschland anleiten, die von verschiedenen Autoren als Verpolizeilichung, als Präventions- und autoritärer Sicherheitsstaat oder als Übergang zum Überwachungsstaat begrifflich gefaßt worden sind.

Die Autoren bieten Analysen, Erklärungen und Denkanstöße, die die gravierenden Veränderungen im Bereich der „Inneren Sicherheit" und die zugrundeliegenden gesellschaftlichen Entstehungsbedingungen, sowie die ebenso gravierenden Folgen für alle Bürgerinnen und Bürger besser verstehen und politisch einordnen lassen.

Es schreiben Polizeidirektor Udo Behrendes, Prof. Dr. Wolfgang Hecker, Martin Herrnkind, Prof. Dr. Martin Kutscha, Prof. Dr. Wolf-Dieter Narr, Dr. Fredrik Roggan, Prof. Dr. Fritz Sack und Manfred Stenner.

Die Dokumentation ist zum Preis von 10 Euro über den Buchhandel oder das Sekretariat des Komitees zu beziehen:

Komitee für Grundrechte und Demokratie (Hrsg.), Verpolizeilichung der Bundesrepublik Deutschland, Köln 2002, ISBN: 3-88906-099-4

Wir möchten Sie bitten, auf die gerade erschienene Dokumentation hinzuweisen oder diese zu besprechen. Ein Rezensionsexemplar liegt bei oder kann angefordert werden.

Köln, den 13. Mai 2002

Mit freundlichen Grüßen

Dirk Vogelskamp

Repolitisierung und Demonstrationsbeobachtung der Berliner Mai-Proteste

Bereits Monate vor den 1. Mai-Demonstrationen – gewöhnlich von gewalttätigen Konfrontationen begleitet – hatte sich in Berlin ein politisches Personenbündnis unter dem Motto „Denk-Mai-Neu" gebildet, das die Demonstrationen und Veranstaltungen am 1. Mai repolitisieren wollte, „indem eine radikal menschenrechtlich orientierte ,Demokratie von unten' in ihren Möglichkeiten erneut *zum zentralen Thema der Auseinandersetzungen gemacht und nicht in Gewaltfixierung inhaltlich blockiert wird" (aus dem Gründungsaufruf). Zu diesem politischen Konzept gehörte gleichfalls die Forderung an den Berliner Senat, ein polizeifreies Kreuzberg politisch zu ermöglichen und zu verantworten. Für das Komitee für Grundrechte und Demokratie nahm Vorstandsmitglied Peter Grottian an dem Bündnis und den allseitigen Debatten und Gesprächen teil. Die Initiative stieß sowohl beim Berliner Senat als auch bei Teilen der autonomen Szene auf große Vorbehalte und geringe Bereitschaft, sich auf einen „anderen" 1. Mai einzulassen. Das Konzept der Initiative ließ sich nicht umsetzen. Das Komitee für Grundrechte und Demokratie organisierte daraufhin für die Mai-Demonstrationen und Proteste eine große Beobachtungsgruppe. Die Jahrbuch-Redaktion dokumentiert ein Interview mit Peter Grottian aus „junge Welt" vom 28. März 2002, den ersten, auf einer Pressekonferenz von Wolf-Dieter Narr und Elke Steven vorgelegten Bericht über die Demonstrationsbeobachtungen und aus der Fülle der Zeitungsberichte (es berichteten über die Demonstrationsbeobachtungen u.a. die „Süddeutsche Zeitung" und die „Stuttgarter Nachrichten") einen Artikel aus „junge Welt" vom 3. Mai 2002*

Mai-Randale der Berliner Polizei gesichert: Politisierungsinitiative schließlich gescheitert?

jW sprach mit Peter Grottian, Vertreter des Komitees für Grundrechte und Demokratie im Personenbündnis „Politischer 1. Mai 2002" in Berlin

jW: Sie haben sich an einer Initiative für einen politischen und polizeifreien 1. Mai in Kreuzberg beteiligt. Innensenator Ehrhart Körting hat die Forderung nach einer polizeifreien Zone für Kreuzberg abgelehnt. Ist Ihr Konzept damit gescheitert?

Peter Grottian: Das Ergebnis ist insofern etwas paradox, als wir mit der Polizei die polizeifreie Zone in Kreuzberg erfolgreich ausgehandelt haben. Um so erstaunlicher ist, daß der Senator sich auf diese Linie nicht einläßt. Meiner Meinung nach ist der Grund dafür, daß Teile der Polizeiführung das Konzept nicht tragen und er selbst aus der SPD Druck bekommen hat, damit er sich nicht auf

ein so demokratiebezogenes Experiment einläßt.

jW: Es gab auch innerhalb der Berliner Linken massive Auseinandersetzungen um das Konzept. Dem Bündnis wurde vorgeworfen, es habe nicht hinreichend genug versucht, sich mit Gruppen vor Ort zu koordinieren.

Peter Grottian: Ich glaube, daß die Kritik zum Teil richtig ist. Das Bündnis hat zwar eine Reihe von Versuchen unternommen, mit ganz unterschiedlichen politischen Initiativen und Gruppen ins Gespräch zu kommen, aber nicht nachhaltig genug. Man muß allerdings auch den einzelnen politischen Initiativen und Gruppen sagen, daß sie ab Mitte Dezember wußten, daß es uns gibt. Deren Versuche, mit uns ins Gespräch zu kommen, waren auch nicht übermäßig ausgeprägt.

jW: Was sagen Sie zu dem Vorwurf, das Bündnis habe eine „Befriedungsstrategie" betrieben?

Peter Grottian: Wir wollten durch die Entwicklung überzeugender Vorstellungen einen neuen Schub gesellschaftlicher Auseinandersetzungen provozieren. Insofern ist das Etikett „Befriedung" falsch.

jW: Das Bündnis will beim diesjährigen 1. Mai nun eine politische Veranstaltung, Demonstrationsbeobachtung und Aktivitäten gegen den Neonazi-Aufmarsch organisieren. Wie wird es insgesamt weitergehen? Wird es im nächsten Jahr eine ähnliche Initiative geben?

Peter Grottian: Ich bin dafür, es zu versuchen, und zwar mit etwas veränderter Strategie. Aber wir dürfen nicht so 1.-Mai-fixiert sein. Wir müssen jetzt dafür sorgen, daß dem Bush-Besuch und der Militarisierung mit einer machtvollen Demonstration begegnet wird. Ich glaube, daß die Linke in Berlin gerade in der Kriegsfrage ganz gute Chancen hat, wieder etwas näher zusammenzurücken, trotz aller Differenzen, die sie hat.

jW: Sind Sie enttäuscht oder meinen Sie, daß die Initiative positive Auswirkungen gehabt hat?

Peter Grottian: Ich glaube, daß wir eine Menge Diskussionen über das Politische des 1. Mai und über die unterschiedlichen Umgangsformen damit angestoßen haben und daß das auch Folgen haben wird. Ich meine, wenn man nicht nur 1.-Mai-fixiert ist, sondern als Ziel hat, einen politischen Selbstverständigungsprozeß der Linken wieder zu dynamisieren und inhaltliche Konzepte und Konfliktstrategien zu entwickeln, dann ist unser Ergebnis vorzeigbar.

„junge Welt" vom 28. März 2002

Interview: Daniel Behruzi

* * *

Nicht die polizeifreie Strategie, die erneut viel zu polizeivolle haben einen Großteil der Randale bewirkt

Fünfzig darauf entsprechend eingestellte Menschen haben die Demonstrationen rund um den 1. Mai, vor allem rund um Kreuzberg, beobachtet. Zu den Beobachtungsorten gehörten: Mauerpark/Bernauer Strasse im Prenzlauer Berg am Abend des 30. April; das Fest auf dem Oranienplatz und die Geschehnisse nach 22 Uhr; die Demonstration der NPD in Hohenschönhausen und die Gegendemonstration von 10.30 bis 13.00 Uhr; die beiden ineinander übergehenden Demonstrationen ab 13 Uhr/Oranienplatz, die sich um 16 Uhr am Görlitzer Bahnhof mit einer Demonstration vereinigte, die dort anhob; die Demonstration ab 18 Uhr/19.45 Uhr, die vom Rosa-Luxemburg-Platz zum Michaelkirchplatz führte.

Die Beobachtung wurde am 1. Mai um ca. 23 Uhr abgeschlossen. Sie geschieht, um das demokratisch zentrale Grundrecht auf Demonstration durch unverstellt-genaue Informationen zu schützen. Darin allein bestehen Perspektive und Urteilsmaßstab des Komitees.

Diese erste kurze Beobachtungssumme am Morgen des 2.5.2002 ist vorläufig. Sie wertet bei weitem noch nicht alle Erfahrungen von den Beobachterinnen und Beobachtern aus. Zwei weitere umfänglichere und informatio-nell noch besser fundierte Berichte samt einer Einschätzung des Demonstrationenver-laufs am 30.4. und am 1.5. werden demnächst folgen.

Erste Ergebnissumme der Beobachtungen

1. Die fünf Demonstrationen verliefen an sich selbst nicht einheitlich. Zwischen den Demonstrationsverläufen zeigen sich starke Unterschiede.

a) 30.4.: Fest am Oranienplatz. Dasselbe zeigte von 19 Uhr bis zu seinem Ende um 22 Uhr festgemäß keine besonderen Vorkommnisse. Nach 22 Uhr öffnete eine kleine Gruppe gewaltsam die durch einen Rolladen zusätzlich geschützte Tür des Plus-Marktes; ging raubend in ihm herum und setzte sich mit einigen zusätzlichen umstehenden Personen mit der herbeigeeilten Polizei heftig auseinander (Flaschenwürfe und dergleichen). Die Polizei ist auch mit Wasserwerfern angerückt, setzte dieselben jedoch nicht ein. Der Polizeieinsatz ist als angemessen zu bezeichnen. Niedriges, auf den Einbruch und Diebstahl beschränktes, dem Konflikt in den Mitteln entsprechendes Einsatzprofil.

b) 30.4.: Prenzlauer Berg. Dort gab es schon am frühen Morgen des 1.5. um ca. 1 Uhr heftige Auseinandersetzungen. Die uns bis jetzt vorliegenden Beobachtungen lassen eine eindeutige Bewertung, von wem Gewalt ausgegangen ist und ob die Polizei angemessen (re-)agierte, noch nicht zu.

c) 1.5.: 10.30 - 12.30 Uhr: NPD-Demonstration und Gegendemonstration in Hohenschönhausen. Beide Demonstrationen wurden von der Polizei getrennt gehalten. Sie blieben jedoch in Sicht- und Rufweite. Es gab eine Sitzblockade, einige Festnahmen; außerdem ist CS-Gas eingesetzt worden. Beteiligte der Gegendemonstration beklagten sich darüber, sie seien von der Polizei zu stark und unnötig abgedrängt worden. Insgesamt gilt jedoch: der polizeiliche Einsatz bewegte sich in annehmbaren Grenzen.

d) 1.5.: Kreuzberg ab 13 Uhr. Die beiden Demonstrationen ab 13 Uhr und, vereinigt, ab 16 Uhr verliefen friedlich und problemlos.

Teile der aufgelösten Demonstration gingen zum Mariannenplatz, zum Oranienplatz und zum Rosa-Luxemburg-Platz. Kurz nach 19 Uhr wurde erneut in den Plus-Markt eingebrochen. Nach kurzer Zeit fuhren Polizei-Kräfte in großer Zahl auf. Nach der Sicherung des Marktes und angesichts bleibender Polizeigruppen beruhigte sich die Lage rund um den Oranienplatz. Steinwürfe, Brandstiftungen u.ä. führten nach dem schon beendeten Fest auf dem Mariannenplatz gegen 20 Uhr zu gezielten Festnahmen und einer anschließenden Räumung des Platzes. Letztere fand vergleichsweise mit wenig zusätzlichem Gewalteinsatz statt.

e) 1.5.: Rosa-Luxemburg-Platz bis zum Michaelkirchplatz. 19.45 bis ca. 22 Uhr. Diese umfangreichste Demonstration verlief, von der Polizei am Rande massiv kanalisiert, friedlich. Unruhe kam auf, als die Demonstration von der Polizei, die sich unzureichend mit den Demonstrierenden verständigte, wegen der Auseinandersetzungen rund um den Mariannenplatz umdirigiert wurde. Am Michaelkirchplatz wurden um 21 Uhr und danach zunächst vereinzelt von Demonstrierenden Steine geworfen, die rund um den Platz stark präsente Polizei rückte in Gruppen gegen Demonstrierende vor; schließlich drohte durch Wasserwerfereinatz und Polizeiaktionen eine sich allerdings bald verlaufende Kesselschlacht. Zwischen Polizeigruppen und vom Michaelkirchplatz abgedrängten Demonstranten bzw. rund um den Mariannenplatz und den Oranienplatz kam es bis ca. 23 Uhr immer erneut zu kleinräumigen Auseinandersetzungen. Wasserwerfer speiten, Steine in beträchtlicher Zahl wurden geworfen, Müllcontainer brannten, etliche Autos wurden umgekippt und angezündet.

2. Die Demonstrationen verliefen weitgehend friedlich. Bei der Polizei war weithin die Absicht erkennbar, sowohl in Erscheinung wie in Aktion eher gewaltarm aufzutreten. Das demonstrative Geschehen kippte erst gegen Ende oder nach dem offiziellen Abschluss der Demonstrationen. Drei Hauptgründe sind hierfür zu nennen: zuerst der

„Rück"-fall der Polizei in leider üblich gewordene Muster massiver martialischer Erscheinung, systematischer Blockaden der Wege, konzeptloser Engführung der Demonstration und ihrer Auflösung, verfrühtem Wasserwerfereinsatz, vor allem anlässlich der Großdemonstration ab 19.45 Uhr vom Rosa-Luxemburg-Platz aus, genauer nach Ankunft dieser Demonstration am Michaelkirchplatz kurz vor 21 Uhr. Es hatte den Anschein, als habe die länderbunt zusammengewürfelte Polizei kein einigermaßen einheitliches, erfahren begründetes Konzept. Auch etliche Gruppen der nicht einheitlich zu sehenden Demonstrierenden fielen sozusagen in ihre herkömmlichen, die massiv umstehende Polizei bekämpfenden bzw. zum Abhauen aufrufenden Verhaltensweisen zurück. Daraus wie aus dem polizeilichen Verhalten wird der dritte Hauptgrund deutlich: dass an der „schlechten" Kreuzberger oder auch Außerkreuzberger Konvention unfriedlichen Umgangs miteinander von beiden Seiten so phantasielos festgehalten worden ist – und zwar schon lange vorweg im Vorfeld des 1. Mai –, dass dieser 1. Mai schließlich keine Chance rundum nicht repressiv behandelter, friedlich wahrgenommener Demonstration eröffnete.

2. Mai 2002

* * *

Kreuzberger Operettenkrieg

Demobeobachter kritisieren „rituellen Charakter" der Mai-Randale auf beiden Seiten

„Ein schattiger Untergrund, aber mit mehr Sonnenflecken", so die blumige Bilanz der Demonstrationen und Auseinandersetzungen am 1. Mai in Berlin von Wolf-Dieter Narr vom Komitee für Grundrechte und Demokratie. „Letztes Jahr hatte Innensenator Werthebach eindeutig die Strategie, Kreuzberg durch einen polizeilichen Overkill zu pazifizieren. Das war in diesem Jahr nicht erkennbar", so Narr am Donnerstag auf einer Pressekonferenz. Der „Schwarze Peter" befinde sich „auf beiden Seiten".

„Den Organisatoren der Demonstrationen wäre mehr politische Substanz zuzumuten", meinte Narr.

Auch die Veranstalter der „revolutionären Mai-Demonstration", die am frühen Abend mit etwa 10.000 Teilnehmern vom Rosa-Luxemburg-Platz nach Kreuzberg führte, lobten das polizeiliche „Deeskalationskonzept", das aber laut Mark Schlosser, Sprecher der Antifaschistischen Aktion Berlin (AAB), „spätestens beim Abschluß der Demonstration aufgegeben wurde". Im Verlauf dieser und zwei anderer „revolutionärer" Demonstrationen, die mit zusammen etwa 6.000 Teilnehmern bereits am Nachmittag in Kreuzberg stattfanden, hatte sich die Polizei auffallend zurückgehalten und ihre insgesamt 7.000 aufgebotenen Beamten samt schwerem Gerät wie Wasserwerfern und Räumpanzern am Rande postiert. Im Anschluß an die Abenddemonstration kam es in Kreuzberg dann dennoch, wie schon am Abend zuvor, zu gewalttätigen Auseinandersetzungen zwischen Jugendlichen und der Polizei. Ein Supermarkt wurde geplündert, Polizisten wurden mit Steinen beworfen, Autos wahllos demoliert und angezündet. Für Narr „ein Operettenkrieg mit rituellem Charakter auf beiden Seiten". Der Polizei warf Narr, der wie in den letzten beiden Jahren an einer „unabhängigen Beobachtung" der Demonstration teilgenommen hatte, vor, die durch Berlin-Mitte führende „revolutionäre" Demonstration am Michaelkirchplatz in einen Kessel geführt und so eine Auseinandersetzung provoziert zu haben. Als Grund der vorzeitigen Auflösung der Demonstration, die ursprünglich zum Kreuzberger Oranienplatz führen sollte, nannte die Polizei dortige „massive Störungen".

Elke Steven, Sekretärin des Komitees für Grundrechte und Demokratie, sagte, das zurückhaltende Vorgehen der Polizei sei ein „guter Ansatz, der allerdings noch konsequenter angewendet werden müßte". Am Rande des Aufmarsches der neofaschistischen NPD im Berliner Stadtteil Hohenschönhausen war es am Maifeiertag ebenfalls zu Auseinandersetzungen zwischen linken Gegendemonstranten und der Polizei gekommen. „Während den Neonazis wieder einmal ermöglicht wurde, unter dem Schutz der Polizei aufzumarschieren, ist die antifaschistische Gegendemonstration verboten worden", kritisierte AAB-Sprecherin Kathrin Wilke.

Kritik am zurückhaltenden Vorgehen der Polizei kam erwartungsgemäß von der CDU, den Polizeigewerkschaften und der Springerpresse. Es sei „der schlimmste 1. Mai seit langem" gewesen, hieß es in diesen Kreisen unisono. Innensenator Ehrhart Körting (SPD) erklärte dagegen am Donnerstag, das Konzept der „ausgestreckten Hand" sei größtenteils aufgegangen und „mitnichten gescheitert". Man werde an dem Konzept der Deeskalation auch in den nächsten Jahren festhalten. Es habe sich gezeigt, daß „Gewaltrandale mit Politik nichts zu tun" habe.

In Kreuzberg selber gab es wenig Verständnis für die Randaleorgie heimischer Kids und zugereister „Erlebnistouristen". „Ich könnte kotzen", so ein alteingesessener Anwohner. „Es kommen immer mehr Irre hierher, um zu saufen und Randale zu machen".

„junge Welt" vom 3. Mai 2002
Daniel Behruzi

387

Alternativen in einem scheinbar unlösbaren Konflikt aufzeigen

Während der eskalierende Israel-Palästina-Konflikt vornehmlich in Deutschland, aber auch andernorts, eine beschämende Welle antisemitischer Reaktionen von Blüm bis Möllemann hervorruft und der Kanzler geschichtsvergessen erwägt, deutsche Soldaten friedensstiftend in diesen Konflikt zu entsenden, sucht das Komitee für Grundrechte und Demokratie mit seinen geringen Mitteln nach nicht-kriegerischen, nach menschenfreundlichen und praktischen Möglichkeiten, in dem Menschenleben verschlingenden Konflikt exemplarisch Alternativen aufzuzeigen. Mit dem Versuch, Treffen zwischen israelischen und palästinensischen jungen Erwachsenen zu ermöglichen, ist das ein kleines Stück gelungen.

Vertrauen bildende Friedensarbeit im Israel-Palästina-Konflikt

Der Konflikt zwischen Palästina und Israel hat in den letzten Wochen fast die Form eines Krieges angenommen. Die Hass- und Gewaltspirale wird immer weiter in die Höhe getrieben. Die Situation erscheint zur Zeit nahezu aussichtslos. Der gegenwärtige Konflikt berührt uns sowohl im Hinblick auf die von NS-Deutschland betriebene Vernichtung der jüdischen Bevölkerung als auch hinsichtlich des aktuell sich verstärkenden Antisemitismus. Das Komitee für Grundrechte und Demokratie setzt sich deshalb mit seinen bescheidenen Mitteln für eine friedliche politische Lösung des Konflikts und die Überwindung von Gewalt ein.

Zwei Initiativen sind geplant:

So wie wir seit acht Jahren in den Ländern des ehemaligen Jugoslawiens für viele tausend Kinder unterschiedlicher ethnischer Herkunft „Ferien vom Krieg" organisiert und damit vielfältige Möglichkeiten zu konkreter

Versöhnung gestiftet haben, planen wir ein ähnliches Programm für junge Palästinenser und Israelis. Die Bedingungen dafür sind in Israel und Palästina zur Zeit schwieriger denn je. Wir erkunden jedoch intensiv, welche Formen von Kooperationen realisiert werden könnten. Das Komitee hat in Vorbereitung dieser Ferienfreizeiten bereits Kontakt mit israelischen und palästinensischen Friedens- und Menschenrechts-Organisationen aufgenommen. Wir rufen zur Übernahme von Patenschaften auf, um die Aktion „Ferien vom Krieg" finanzieren zu können (Hinweise zur Patenschaftsübernahme: siehe unten).

Daneben wollen wir dazu beitragen, Verlautbarungen der Friedensbewegungen in Israel und in Palästina/Westjordanland hier in Deutschland bekannter zu machen, um möglichst vielen Menschen und Organisationen die unverfälschten Aussagen derjenigen zur Kenntnis zu bringen, die sich in diesem Konflikt für ein Ende der Gewalt und für politische Lösungen einsetzen.

Unsere Tätigkeit basiert auf der Zuversicht, dass es auch für diesen Konflikt eine Lösung jenseits von Gewalt und Krieg gibt, wenn es gelingt, die friedenspolitisch und menschenrechtlich engagierten Kräfte in dieser Region zu stärken. Weder Terroranschläge noch militärische Eskalationen können langfristige politische Perspektiven für ein friedliches Nebeneinander von Israelis und Palästinensern schaffen. Ein politischer Lösungsweg, der auf der Anerkennung des Existenzrechtes Israels und eines palästinensischen Staates beruht, ist in vielen Verhandlungen, UN-Beschlüssen und zuletzt auch im Vorschlag der arabischen Staaten vorgezeichnet.

Unsere Unterstützung gilt deshalb den Menschen und Organisationen auf beiden Seiten in dieser Region, die sich dort in vielen Formen des Engagements, Protestes und zivilen Ungehorsams für eine Überwindung von Gewalt und für eine politische Lösung einsetzen. Damit wenden wir uns gleichzeitig gegen all diejenigen in unserem Lande, die diesen Konflikt antisemitisch wenden wollen oder die die palästinensische Seite pauschal als „Terroristen" im Sinne der „Achse des Bösen" des US-Präsidenten verteufeln.

In diesem Sinne fordern wir die Gruppierungen der deutschen Friedensbewegung auf, sich nicht für die Verschärfung und Polarisierung in dem Konflikt missbrauchen zu lassen, sondern sich für eine zivile und gewaltfreie Lösung einzusetzen und damit Solidarität mit den Friedensgruppen und menschenrechtlich Engagierten auf beiden Seiten zu üben.

Köln, den 8. Mai 2002

Helga Dieter / Theo Christiansen

P.S. Das Komitee hat eine Liste mit Adressen von israelisch/palästinensischen Friedensgruppen sowie über jüngere Aktivitäten der Friedensbewegung zusammengestellt, die auf Wunsch gerne zugeschickt wird.

Bush in Berlin:
Einige hundert freundlich winkende Menschen

Einige hundert freundlich winkende Menschen habe er wahrgenommen, antwortete der Präsident der USA, George W. Bush, auf die Frage eines französischen Journalisten zu den Protesten und Demonstrationen anläßlich seines Besuches in Berlin. Tatsächlich demonstrierten Zehntausende jenseits des großräumig abgesperrten Sicherheitsbezirkes gegen die US-amerikanische Kriegspolitik. Mit seiner von der Mehrzahl der Medien als „historisch" geadelten Rede im Deutschen Bundestag am 23. Mai 2002 setzt sich Andreas Buro kritisch auseinander. Wir dokumentieren seinen Artikel, der im „FriedensForum" Heft 3/2002 erschienen ist.

Die Botschaft des Präsidenten Bush

Eine leere Seite mit der Überschrift „Bushs historische Rede" veröffentlichte die taz, und Bettina Gaus schrieb dazu, Bush hätte wegen dieser Rede nicht nach Berlin zu kommen brauchen. Kommentatoren im Fernsehen hatten dagegen schnell das Wort von der „historischen Rede" im Munde, vielleicht auch nur, weil von einem so mächtigen Gast nur ,Historisches' zu erwarten sei. Sicher hat Bush keine rhetorisch brilliante Ansprache im Bundestag gehalten. Doch ist dies wirklich wichtig, denn große Rhetorik dient oft genug zur Verschleierung der Wirklichkeit? Wichtig ist jedoch, jenseits von diplomatischen Floskeln und brillianten Formulierungen, die Botschaft des Präsidenten, die an einem bedeutsamen politisch-symbolischen Ort überbracht wurde. Sie enthält, wenn auch oft verschlüsselt, Hinweise auf Sichtweisen, Ideologien und Absichten der Führungsriege der globalen Weltmacht USA.

Bush beschreibt zunächst die „neue Bedrohung" als totalitär. Er stellt sie – in einem Nebensatz „Andere töteten im Namen rassischer Reinheit oder eines Klassenkampfes" – in eine Reihe mit dem faschistischen zweiten Weltkrieg. Er verweist auf den Angriff auf Pearl Harbor, der zum Eintritt der USA in den Krieg führte, und nennt die Berliner Blockade als Symbol für den Beginn des Ost-West-Konflikts. Nun sei der „Terrorismus" die gleichwertige große Herausforderung. Die Bedrohung ist global. „Jene, die gegen die menschliche Freiheit sind ... werden sie auf jedem Kontinent angreifen" und: „Es kann keine dauerhafte Sicherheit geben in einer Welt, die der Gnade des Terrorismus ausgeliefert ist." Der Höhepunkt dann, dass die Zivilisation insgesamt bedroht sei. Selbstverständlich ist die westliche gemeint. Der Feind ist wie in den ersten beiden Bedrohungen geradezu teuflisch: „Wir stehen vor einer aggressiven Kraft, die Tod verherrlicht, auf Unschuldige zielt, Mittel für ihre Zwecke sucht, Mord in großem Maßstab zu verüben." Armut und Tod bringende Krankheiten drohen uns.

In einem ganz fundamentalistischen Sinne zeichnet der Präsident der USA ein geradezu manichäisches Weltbildnis, der Bösen und der Guten. „Die Terroristen sind durch ihren Hass definiert. Sie hassen Demokratien, Toleranz und die freie Meinungsäußerung. Sie hassen Frauen, sie hassen Juden, sie hassen Christen und sie hassen Muslime, die sich gegen sie wenden." Diese Terroristen haben bei Bush also keinen historischen Hintergrund. Sie sind nur schlicht Abbild des absolut Bösen, die sich in den Besitz von Massenvernichtungswaffen setzen wollen, wobei ihnen bestimmte Regime helfen. Dagegen skizziert Bush die Guten, die freilich alle diese Waffen schon entwickelt und zur Verfügung haben: „Wir bauen eine Welt der Gerechtigkeit ..." und mit unseren „Freunden werden wir das Haus der Freiheit bauen – für unsere Zeiten und für alle Zeiten."

Gegen diese absoluten Bedrohungen benötige man mehr denn je die NATO, dieses „erfolgreichste Bündnis der Geschichte". Sie brauche eine neue Strategie und neue Fähigkeiten und alle Mittel der modernen Verteidigung. Auch entfernt von Europa müsse sie handlungsfähig sein. Dies ist eine Forderung nach Militarisierung der internationalen Politik, und zwar nicht unter dem Rechte-Katalog der Vereinten Nationen, sondern unter dem existentiellen Kampf zwischen Gut und Böse, wo alles andere zurückzustehen hat. „Wenn Europa in Einheit zusammenwächst, dann wachsen Europa und Amerika in Sicherheit zusammen." Dies klingt wie eine Absage an eine eigenständige zivil ausgerichtete europäische Sicherheitspolitik.

Auch Regionalkonflikte wie auf dem Balkan und in Afghanistan sollen aufgegriffen werden. Genannt wird auch der israelisch-palästinensische Konflikt, allerdings ohne neue Perspektiven aufzuzeigen, obwohl die Hoffnung für eine dauerhafte Lösung fern sei. Doch schließlich hätten sich auch andere Völker nach langen Kämpfen wieder versöhnt. Nun, ja, da mag er Recht haben. Politik ist das allerdings nicht.

Nach der beschworenen Einheit des Kampfes gegen den „Terrorismus" mögen manche angesichts der Selbstherrlichkeit von US-Politik ein deutliches Wort zur Gemeinsamkeit der Entscheidungen erwartet haben. Doch Bush verspricht nur Beratung. Der NATO wird offensichtlich nur eine Funktion im Rahmen der US-Politik zugewiesen, und Bush denkt nicht daran, den Unilateralismus der USA in Frage zu stellen. Dies wird sogleich deutlich, wenn der Präsident sagt: „Wir sind über einen ABM-Vertrag (Vertrag zur Begrenzung der Raketenabwehr, der als ein sehr wichtiger Bestandteil des Rüstungskontrollsystem angesehen wird / A.B.) hinausgegangen, der uns daran hinderte unser Volk und unsere Freunde zu verteidigen." Viele der wichtigsten Bündnispartner hatten die USA vor diesem Schritt gewarnt, aber Washington will seine Schildkräfte verstärken, um so mit geringerem Risiko seine offensiven Schwertkräfte in der dritten Runde des Kampfes gegen das Böse einsetzen zu können – Beispiel für Unilateralismus. Bush kündigte auch die Unterzeichnung eines Raketenabrüstungsvertrags mit Moskau an, der eigentlich nur eine Absichtserklärung ist. Durch ihn sollen die überflüssigen Raketenarsenale abgebaut und z.T. eingemottet werden. Der Over-Kill bleibt jedoch erhalten. Die qualitative Aufrüstung vor allem des Westen geht weiter. Das Abkommen ist kein Schritt zur Entmilitarisierung der Politik.

„Jetzt umarmen wir uns in Freundschaft mit einem demokratischen neuen Russland." Dieser Satz wird später in Bildern fortgeführt, als Bush und Putin, der Vertreter des Staatsterrorismus gegenüber den Tschetschenen, sich umarmen. Im gemeinsamen ‚Haus der Freiheit' werden gerade die letzten oppositionellen Medien gleichgeschaltet, was mit Demokratie wenig zu tun hat. Doch diese feinen Unterschiede übersieht der Visionär Bush, was ihm in Richtung Kuba nie passieren würde. Eine neue russisch-amerikanische Partnerschaft würde geschmiedet, verkündet der Präsident. Doch was für eine Partnerschaft ist das? Russland muss die Kröte der NATO-Erweiterung schlucken, die sein Einflussgebiet weiter beschränkt und die Aufhebung des ABM-Vertrags durch die USA tolerieren. In dem neuen NATO-Russland-Rat kann es jederzeit bei wichtigen Entscheidungen ausgebootet werden. Gleichzeitig mit der großartigen Umarmung muss Moskau zusehen, wie die USA im Bereich der GUS-Staaten von Georgien bis Usbekistan militärisch Fuß fasst. Nein, was hier gefeiert wird, ist eher die Unterwerfung Russlands, das als Erbe der zweiten Globalmacht Sowjetunion nun Schritt für Schritt demontiert und zur Regionalmacht degradiert wird. Natürlich hat Bush nicht gesagt: Der Sieger bekommt alles. Aber das Mosaik seiner Aussagen lässt sich durchaus so deuten: Die EU-NATO-Staaten als Funktionsträger für die US-Globalpolitik und Russland als Rohstofflieferant besonders für Energie und als scheinbar gleichberechtigter Partner in der „Anti-Terror-Allianz" in dessen Einflussgebiete der Westen sich allianzmäßig einmischen kann.

Den Hinweis Bushs auf das Vaterwort von den USA und Deutschland als Partner in der Führung (Partner in leadership) kann man getrost als Eloge an die Gastgeber beiseite lassen und mit der Kürze des Besuchs in Deutschland relativierend messen. Interessanter ist, was Bush nicht sagte: Er verschwendete keinen Gedanken an die möglichen Ursachen des Attentats-Terrorismus. Könnte er nicht auch mit der westlichen und der US-Politik geschuldet sein? Wie soll denn der Aufbau einer „gerechten Welt" und des „Hauses der Freiheit" erfolgen, oder meint Bush einfach nur Globalisierung weiter wie bisher? Sieht er denn keine Bedrohungen durch die Zerstörung vieler Lebens-

räume und der Biosphäre, an denen das Verhalten der USA maßgeblich beteiligt ist? Hat er keine Vorstellung von ziviler Konfliktbearbeitung? Bundestagspräsident Thierse sprach von der Dringlichkeit einer Koalition für den Frieden. In diesem Zusammenhang ist an internationales Recht und an Institutionen wie die Vereinten Nationen zu denken. Bush denkt aber anscheinend nur an eine Pax americana, die zudem noch analytisch blind und gewalttätig ist.

Köln, den 4. Juni 2002

Andreas Buro

Friedenspolitischer Sprecher des Komitees für Grundrechte und Demokratie

Grundrechtereport 2002

Der Grundrechtereport zur Lage der Bürger- und Menschenrechte in Deutschland, herausgegeben von inzwischen sieben Bürgerrechtsorganisationen – darunter auch das Komitee für Grundrechte und Demokratie – erschien im Juni 2002 zum sechsten Mal. Schwerpunkt der sechsten Ausgabe des bürgerrechtlichen Verfassungsschutzberichtes bildet die Antiterrorgesetzgebung im Anschluß an die Attentate vom 11. September 2001. In vielen überregionalen Printmedien und Internetzeitungen wurde über die öffentliche Präsentation des aktuellen Grundrechtereports berichtet, an dem zahlreiche Aktive des Komitees mitgeschrieben haben. Wir dokumentieren den Bericht der „tageszeitung" vom 5. Juni 2002.

Mehr Überwachung
Der Grundrechte-Report 2002 beleuchtet die Folgen der Antiterrorgesetze – mit einem „dramatischen Befund"

Die Einschränkungen der Freiheitsrechte seit dem 11. September stehen im Mittelpunkt des „Grundrechte-Reports 2002", der gestern vorgestellt wurde. Dieser erscheint seit sechs Jahren im Rowohlt-Verlag und versteht sich als „alternativer Verfassungsschutzbericht". Herausgeber sind sieben Bürgerrechtsorganisationen, darunter die Humanistische Union.

Der ehemalige Richter am Bundesverfassungsgericht Jürgen Kühling diagnostizierte für das vergangene Jahr eine beschleunigte Erosion der Grundrechte: „Der Befund ist dramatisch." Der FDP-Politiker Burkhard Hirsch trug als einer von knapp vierzig Autoren zum Bericht bei. Hirsch zeigt auf, wie das Recht auf Reisefreiheit beschnitten wird: Ohne dass die Betroffenen davon wissen, sind in zwei Datenbanken rund 2.500 Personen erfasst, deren Ausreise aus Deutschland verhindert werden soll - darunter Fußball-hooligans, aber auch Globalisierungskritiker. Hirsch nennt diese Datenbank „klar verfassungswidrig". Für ihn drängt sich ein Vergleich mit der DDR geradezu auf.

Andere Autoren sehen Parallelen zum Apartheid-Regime in Südafrika – nämlich bei der Behandlung von Asylbewerbern, die immer noch der so genannten Residenzpflicht unterworfen sind. Nur mit einer Sondergenehmigung dürfen sie den Landkreis verlassen, dem sie zugeteilt wurden. Ansonsten drohen Bußen oder Gefängnisstrafen.

Außerdem werden im Grundrechte-Report die zunehmenden technischen Möglichkeiten der Überwachung kritisiert: Mit „Imsi-Catchern" werden in Deutschland Bewegungsprofile von Handybesitzern erstellt. Die kürzlichen Gesetzesänderungen erlauben die Speicherung biometrischer Daten, und seit längerem überwachen Videokameras öffentliche Räume. Einen konkreten Nutzen dieser Maßnahmen für die Terrorbekämpfung können nen die Herausgeber des Grundrechte-Reportes nicht erkennen. Jedoch einen enormen Schaden für die Bürger: „Die Überwacher von heute kommen auf den leisen Sohlen des Beschützers, der den Bruder wohlmeinend entmündigt", warnte Burkhard Hirsch.

„taz" vom 5. Juni 2002, Philipp Mäder

Ereigniskalender

Ereigniskalender vom 1. Juli 2001 - 30. Juni 2002

Der Ereigniskalender im Jahrbuch des Komitees für
Grundrechte und Demokratie spiegelt den Anspruch des
Jahrbuchs wider: Gedächtnis sein in einer Zeit, die auf
Zerstreuung und Vergessen programmiert ist, Seismograph
und Merkblatt für menschenrechtliche Gefährdungen.
Während der Monatskalender und das jeweilige
Schwerpunktthema im Jahrbuch zwangsläufig thematisch
erheblich auswählen müssen (selbstverständlich zugunsten
ausführlicher Darstellungen), versucht der Ereigniskalender
in chronologischer Folge der Daten und Ereignisse
gleichsam schlagwortartig so vielfältig wie möglich
festzuhalten, was für den jeweils beobachteten
Jahreszeitraum bedeutsam war. Dadurch gewinnt auch in
diesem Falle der Zeitraum 1. Juli 2001 bis 30. Juni 2002 im
Rückblick ein ihm von uns gegebenes menschenrechtliches
Profil. Der Ereigniskalender zeigt also am Beispiel eines
Jahres das ganze Ausmaß von Menschenrechtsverletzungen
und Unerträglichkeiten zu Beginn des neuen Jahrhunderts.
Er macht zugleich deutlich, daß nicht nachlassende Proteste,
gewaltfreier Widerstand und Ziviler Ungehorsam den
unverkürzten Menschenrechten immer erneut eine Gasse
schlagen. Dies wird u.a. deutlich, wenn wir nicht lediglich
den Ereigniskalender in diesem Jahrbuch lesen bzw.
überfliegen, sondern wenn wir uns den Zusammenhang der
Ereigniskalender seit Beginn der Komitee-Jahrbücher 1983
vor Augen führen. So gibt es nun einen ununterbrochenen
menschenrechtlichen Ereigniskalender von 19 Jahren. – Der
Ereigniskalender für dieses Jahrbuch 2001/2002 wurde von
Ingrid und Werner Lowin (Juli und August 2001)
und Armin Lauven zusammengestellt.

02.07.: Mehr als 700 in Bremen lebende Ausländer und Deutsche haben in einer halbseitigen Zeitungsannonce angekündigt, den **Bremer Flughafen** künftig zu **blockieren**, falls die Innenbehörde weiterhin so genante Schein-Libanesen in die Türkei abschiebt. ● Bei einem Aufzug von 130 Rechtsextremisten im westfälischen Meschede sind **15 Gegendemonstranten** festgenommen worden. Drei Demonstranten hatten mit Eiern geworfen und eine Polizistin getroffen. ● Der neue Bundeswehr-Kampfjet Eurofighter wird offenbar rund 2,6 Milliarden Mark teurer als geplant.

03.07.: Deutliche **Kritik** an schwerwiegenden **ausländerfeindlichen und antisemitischen Übergriffen** sowie an fortdauernden Diskriminierungen von Zuwanderern in Deutschland übt die „Europäische Kommission gegen Rassismus und Intoleranz". ● Erstmals in der deutschen Geschichte haben Frauen die Ausbildung zu Truppenoffizieren begonnen. Damit ist das Urteil des Europäischen Gerichtshofes vom Januar 2000 endgültig umgesetzt, wonach Frauen in Deutschland der Waffendienst in allen Laufbahnen ermöglicht werden muss. ● Der **Bundesausschuss Friedensratschlag** hat das geplante Eingreifen der Nato in Mazedonien und eine mögliche Beteiligung der Bundeswehr scharf kritisiert. Wie schon beim Kosovo-Krieg 1999 gebe es auch für die nun vorgesehene Operation keinen politischen Auftrag der UN. ● **Nach Balkan-Einsätzen** werden immer mehr Soldaten mit schweren **psychischen Erkrankungen** registriert, berichtet der Deutsche Bundeswehrverband. ● Nach dem ersten Fall von Vergewaltigung bei der Bundeswehr hat die Münchener Staatsanwaltschaft jetzt Anklage erhoben. Einem 22-jährigen Sanitätssoldaten werden Vergewaltigung und Körperverletzung einer 17-jährigen Bundeswehr-Bewerberin zur Last gelegt. ● Als embryonale Stammzellen deklarierte menschliche Zellen sind bereits von mindestens zwei Hochschulen nach Deutschland importiert worden.

04.07.: Gegen das geplante **Atommülllager** Gundremmingen liegen nach Abschluss der Einspruchsfrist jetzt insgesamt 64.000 Einsprüche vor. An keinem anderen der 16 deutschen Standorte habe es so viele Einwendungen gegeben, sagte der Sprecher des Bundesamtes für Strahlenschutz, Volker Schäfer. In den letzten Tagen sei durch die öffentliche Diskussion die Frage nach der Sicherheit der Behälter ins Interesse der Bevölkerung gerückt. ● Interner Bericht an das Bundesamt für Strahlenschutz

warnt vor Rissen auch im Zentralteil des atomaren **Endlagers Morsleben**. Bundesamt und Landesbehörde sehen „keine akute Einsturzgefahr". Greenpeace fordert Konzept zur Stilllegung der Grube. ● Die USA schließen die zukünftige **Wiederaufnahme von Atomwaffentests** nicht aus. Es könnte Umstände geben, „wo man darüber nachdenken müsste", das Moratorium zu beenden, sagte Vizeverteidigungsminister Wolfowitz, ohne konkrete Pläne zu benennen.

05.07.: Zwei Monate nach dem umstrittenen Polizeieinsatz am **1. Mai in Berlin-Kreuzberg** hat die Staatsanwaltschaft jetzt ein **Ermittlungsverfahren** gegen mehrere Polizeibeamte eingeleitet. Laut Justizsprecher Sascha Daue gibt es mehrere Anzeigen wegen Freiheitsberaubung. ● Die **Anklagen** gegen inhaftierte Demonstranten während des **EU-Gipfels in Göteborg** stehen auf wackligen Füßen. Zeugenaussagen deuten stattdessen immer wieder auf absurde Gewalttakte der schwedischen Polizei.

06.07.: Berlin ist nach Überzeugung der Bundestagsfraktionen von SPD und Grünen zur Drehscheibe des **internationalen Frauenhandels** geworden. Sie stellten einen gemeinsamen Antrag für eine bessere Vorbeugung und Bekämpfung des Geschäfts mit der „Ware Frau". ● Hat die Bundesregierung vor den **Nato-Luftangriffen 1999** Parlament und Öffentlichkeit vollständig und wahrheitsgemäß über die Lage im Kosovo informiert? Mit dieser Frage soll sich nach Ansicht mehrerer Friedensinitiativen ein parlamentarischer Untersuchungsausschuss befassen.

07.07.: Der Vorsitzende des Deutschen Richterbundes, Gert Mackenroth, hat das Verfahren zur Wahl der **obersten Bundesrichter** als „rechtlich fragwürdig und eines Rechtsstaats unwürdig" bezeichnet. Das Verfahren sei „wenig demokratisch und nicht transparent". ● Nicht mehr das **Atomkraftwerk Krümmel**, sondern ein Unfall in einem benachbarten **atomaren Forschungszentrum Geesthacht** soll jetzt für die Häufung von **Leukämie** bei Kindern in der niedersächsischen Gemeinde Elbmarsch verantwortlich sein. Dort soll sich ein Störfall am 12. September 1986 ereignet haben. An eben jenem Tag wurde am und im benachbarten AKW Krümmel eine radioaktive Kontamination festgestellt, die man anschließend mit dem Austuftan der Natur vorkommenden Gases Radon zu erklären versuchte.

09.07.: Bundeskanzler Schröder eröffnet die neue Dauerausstellung im repräsentativen Bonner **„Haus der Geschichte"**. Ihre Konzeption nimmt Abschied von der Kohl'schen Sinnstiftung dieses Instituts: jetzt sind neben Adenauers Mercedes auch Wasserwerfer und Pershingzäune museumsreif. ● Deutsche Polizisten sollen nach US-Vorbild möglicherweise auch mit **Elektroschockwaffen** ausgestattet werden. Der Arbeitskreis „Innere Sicherheit" der Innenministerkonferenz empfiehlt den Ländern, die Anschaffung der Waffen vom Typ „Taser M26" zu prüfen.

10.07.: Wegen der Beerdigung von Hannelore Kohl wird der für Anfang der Woche geplante **Atomtransport** aus Brunsbüttel und Stade vorerst **verschoben**. Es sei nicht möglich, für die Sicherheit beider Großereignisse zu sorgen, teilte ein Sprecher des Bundesgrenzschutzes in Hamburg mit. ● Eine schier unerschöpfliche **Geduld hat ein Bürger** aus dem Kreis Coesfeld bewiesen. Erst jetzt – genau 47 Jahre nach seinem ersten Antrag auf Kriegsgefangenenentschädigung – wandte er sich mit einem Erinnerungsschreiben erneut an die Kreisverwaltung. Seinen ersten Antrag vom 12. Juni 1954 hatte die Verwaltung des damaligen Kreises Münster mit Hinweis auf eine längere Bearbeitungszeit wegen der großen Zahl der Anträge nur kurz beantwortet.

11.07.: Polizei und Staatsanwaltschaft ermitteln in Frankfurt am Main in einer der bundesweit größten **Korruptionsaffären**. Mehr als 100 Mitarbeiter **städtischer Baubehörden** stehen im Verdacht, durch knapp 100 Verantwortliche aus über 65 Firmen jahrelang bestochen worden zu sein. ● Wegen eines Justizirrtums hat ein als Bankräuber verurteilter Mann fast fünf Jahre unschuldig im Gefängnis gesessen. Das stellte sich gestern in Nürnberg bei einem neuen Prozess um einen vor zehn Jahren verübten Bankraub heraus, bei dem der wahre Täter gestand.

12.07.: In den USA haben Wissenschaftler erstmals zugegeben, menschliche **Embryonen** allein zu **Forschungszwecken** erzeugt zu haben. Bisher waren für die Gewinnung menschlicher embryonaler Stammzellen offiziell nur Embryonen verwendet worden, die ursprünglich kinderlosen Paaren zu Nachwuchs verhelfen sollten, dann aber von ihren Eltern nicht mehr gebraucht wurden. ● Ein auf der stillgelegten **Wiederaufbereitungsanlage für Atommüll** in Karlsruhe beschäftigter Arbeiter ist mit hochgiftigem Plutonium kontaminiert worden. Wie das Plutonium in den Körper des mit dem Abbau der Anlage beschäftigten Arbeiters gelangte, sei völlig unklar, so ein WAK-Sprecher.

13.07.: Die **Love Parade** bleibt unpolitisch. Das Bundesverfassungsgericht lehnte gestern einen Eilantrag der Organisatoren auf Anerkennung **als politische Demonstration** ab. Auch der Antrag der Fuck Parade scheiterte. Trotzdem finden beide Umzüge wie geplant in Berlin statt. ● Nach neuen Untersuchungen in Bayern erkranken in der Umgebung von **AKWs** Kinder 20 Prozent häufiger an **Krebs** als in übrigen Regionen. Die Zahlen gäben Anlass, „das Krankheitsgeschehen um AKWs weiter intensiv zu beobachten", so das Bundesamt für Strahlenschutz.

14.07.: Wegen der Verseuchung mit hochgiftigem Plutonium sind in der Pfalz zwei Wohnungen gesperrt worden. Polizei und Behörden suchen nach der Strahlenquelle. ● Die umstrittene Reform des Betriebsverfassungsgesetzes kann in Kraft treten. Der Bundestag ließ die Neuregelung gestern passieren.

16.07.: In dramatischen Appellen an die USA haben Politiker aus dem In- und Ausland vor einem Scheitern des **Bonner Klimagipfels** gewarnt. Der Leiter des Umweltprogramms der UN, Klaus Töpfer, warnte vor einem drastischen Temperatur-Anstieg. ● Eine genehmigte Kundgebung rechtsgerichteter Gruppierungen in Neubrandenburg hat zu schweren Ausschreitungen geführt. 600 Polizeibeamte gingen mit Wasserwerfern und Knüppeln gegen rund 2.000 Teilnehmer eines Linksbündnisses vor, die versucht hatten, den Aufmarsch der 150 Neonazis zu blockieren.

17.07.: Bündnis90/Die Grünen haben den Entwurf ihres neuen Parteiprogramms vorgestellt, mit dem sie sich laut ihrem Vorsitzenden Fritz Kuhn als **„Partei der linken Mitte"** präsentieren wollen. Die Grünen hätten sich von der Protestpartei hin zu einer Reformpartei gewandelt, erklärte seine Amtskollegin Claudia Roth. ● Der mutmaßliche **Plutonium-Diebstahl** aus der Wiederaufbereitungsanlage Karlsruhe nährt die Befürchtung von Atomkritikern, dass die Sicherheitsstandards in deutschen Nuklearanlagen zu niedrig sind.

18.07.: **Schleierfahndung** in Bayern, **Meldepflicht** in Berlin und **Haftandrohungen** in Nordrhein-Westfalen: Während **Genua** vor dem **Gipfel der führenden Industrienationen** (G8) zur Festung wird, hält Polizei in Deutschland reisewillige Globalisierungskritiker auf. ● Gentechnisch verunreinigter Mais darf in Schleswig-Holstein nicht ausgebracht werden. Das Oberverwaltungsgericht Schleswig wies gestern einen Einspruch von acht Landwirten gegen ein Urteil der Vorinstanz zurück.

19.07.: Der Genfer Generalstaatsanwalt Bernard Bertossa hat der deutschen Justiz in der **Leuna-Affäre** „totale Funkstille" vorgeworfen. Alles, was er nach Deutschland geschickt habe, sei zwar rasch in den Medien gelandet, aber von der deutschen Justiz habe er nichts gehört. ● Das Oberverwaltungsgericht Berlin hat gestern die Beschwerden zweier Berliner gegen die „Ausreiseverbote" zum G-8-Gipfel in Genua abgewiesen. Beide müssen sich zwischen dem 15. und dem 22. Juli täglich bei der Polizei melden, auch wurde der Geltungsbereich ihrer Reisepässe zeitlich beschränkt. Das Gericht erklärte, dem öffentlichen Interesse an der Verhütung von Straftaten gebühre der Vorrang vor den Interessen der Betroffenen, von Meldeauflagen verschont zu bleiben.

20.07.: Das **Gelöbnis** von 530 Bundeswehr-Rekruten im Berliner Bendlerblock darf laut Gerichtsurteil nicht von Demonstrationen gestört werden. Das Berliner Verwaltungsgericht bestätigte die Verbote zweier Demonstrationen direkt am Bendlerblock. ● Die Korruptionsabteilung der Kölner Staatsanwaltschaft hat bei Bestechungsverfahren im vorigen Jahr rund 12 Millionen Mark Vermögen sichergestellt. Insgesamt hat das Ressort gegen 1.000 Beschuldigte ermittelt.

21.07.: Zum Beginn des G-8-Gipfels in Genua sind Polizei und gewalttätige Demonstranten hart aneinander geraten. **Ein Demonstrant wurde** am Nachmittag **getötet.** Die Polizei erklärte, er sei möglicherweise von einem Panzerwagen überrollt worden. Die Beamten setzten Tränengas und Wasserwerfer ein, Randalierer warfen Molotow-Cocktails und Steine. Zehntausende beteiligten sich an friedlichen Kundgebungen gegen den Gipfel. ● Nach dem Diebstahl von radioaktivem Material aus der Wiederaufbereitungsanlage Karlsruhe berichten jetzt Arbeiter von Fremdfirmen, dass sie auf dem Gelände nie kontrolliert wurden. Sie hätten „ohne weiteres immer etwas mitnehmen" können.

23.07.: Das **Gipfeltreffen in Genua** ist von schweren Krawallen überschattet worden. Bis gestern wurden **500 Verletzte** registriert, ein Demonstrant war am Freitag erschossen worden. In der Nacht zum Sonntag stürmte die italienische Polizei das Hauptquartier der Globalisierungsgegner und nahm mehr als 90 Menschen fest. ● Ein 28-jähriger Kurde verweigert in der Abschiebehaft Büren nach Angaben des Vereins „Hilfe für Menschen in Abschiebehaft" seit mehr als 50 Tagen die Nahrungsaufnahme. Er wolle mit seiner Aktion

gegen seine Abschiebung in die Türkei protestieren.

24.07.: Rot-Grün hegt für die Grundanliegen der Globalisierungskritiker zwar Sympathie, empfindet aber auch Unverständnis. „Warum demonstriert ihr, wo wir uns doch um alles kümmern?" ● Die italienische Polizei razzte die Büros des **unabhängigen Mediennetzwerks** „**Indymedia**". ● Nach dem zweiten innerhalb weniger Wochen bekannt gewordenen Fall von **Atomdiebstahl** hat das Bundesumweltministerium die bayerische Staatsregierung zu einer „umfassenden Aufklärung" aufgefordert.

25.07.: Auch nach dem G-8-Gipfel sind Globalisierungskritiker in Genua festgenommen worden. Gestern waren noch 68 Deutsche in Haft. Teilnehmer der Proteste berichteten, **Inhaftierte** würden **geschlagen** und **misshandelt.** Italiens Polizei warfen sie vor, Gewalttaten verübt und Randale des „schwarzen Blocks" geduldet zu haben. ● In seinem Gesetzentwurf ignoriert Innenminister Schily Vorschläge der Zuwanderungskommission. SPD-Experte: Schily will „strikt Nachfrage-orientierte Einwanderung". Trostpflaster für die Grünen: Aufenthaltserlaubnis für nichtstaatlich Verfolgte.

26.07.: Fünf Tage nach seinem Tod in Genua ist der Student **Carlo Giuliani** gestern beerdigt worden. Bereits am Abend zuvor gingen die Menschen in Rom und vielen anderen Städten Italiens auf die Straße. Der Zorn wächst, je mehr Details über die Misshandlungen durch die Polizei bekannt werden. ● Generalbundesanwalt **Kay Nehm** ist offenbar fest entschlossen, das international beschädigte Ansehen der deutschen Justizbehörden zu retten. Im Fall Leuna will er rasch über Ermittlungen entscheiden.

27.07.: Die Kritik am **Polizei-Einsatz beim G-8-Gipfel** in Genua hält an. Immer mehr Einzelheiten über das brutale Eingreifen der Polizei in einer Schule, in der Globalisierungsgegner übernachteten, werden bekannt. Das Verhalten von Sicherheits- und Justizorganen gerät zunehmend in die Kritik. ● Angesichts der kritischen Lage in Mazedonien ist Verteidigungsminister Rudolf Scharping den Debatten über einen Zeitplan für einen Bundeswehreinsatz mit Nachdruck entgegengetreten. In der SPD-Bundestagsfraktion wächst offensichtlich der Widerstand gegen die Einsatzpläne in Mazedonien.

28.07.: Nach Ansicht von Grünen und Kriegsdienstgegnern benachteiligen die **Pläne zur Neuausrichtung der Bundeswehr** Zivildienstleistende gegenüber Wehrdienstleistenden. Die Zivis müssten weiterhin einen Monat länger Dienst leisten – unter Umständen können daraus sogar vier Monate werden. ● Massenhafte **Umzüge von Inlineskatern** stehen nicht länger unter dem **Schutz des Grundgesetz-Artikels 8**, der die Demonstrationsfreiheit garantiert. In einer unanfechtbaren Entscheidung entschied das Oberverwaltungsgericht für das Land Nordrhein-Westfalen in Düsseldorf, dass bei diesen Veranstaltungen „ihrem Gesamtgepräge nach der Spaß- und Unterhaltungswert eindeutig im Vordergrund steht und die Meinungskundgabe lediglich beiläufiger Nebenakt" ist.

30.07.: Bei den Polizeieinsätzen am Rande des G-8-Gipfels in Genua sind Medienberichten zufolge mindestens **76 Globalisierungsgegner unrechtmäßig inhaftiert** worden. Die Bundesregierung verlangte unterdessen von Italien Auskunft über angebliche Einreiseverbote gegen deutsche Globalisierungsgegner, die von den italienischen Behörden ausgewiesen worden waren. ● Erstmals wird jetzt über eine **Schadensersatzklage** von **Kleinanlegern** verhandelt. Sie werfen der Softwarefirma Infomatec AG vor, mit Vorsatz falsch über das Unternehmen unterrichtet zu haben. Sollten die Aktionäre Erfolg haben, wird ihr Risiko künftig deutlich geringer sein.

31.07.: In den nächsten Tagen soll der größte **Atomtransport** in der Geschichte der Bundesrepublik auf Reisen gehen. Jeweils zwei bis drei Atommüllbehälter werden von Neckarwestheim, Brunsbüttel, Stade, Phillipsburg und Mülheim-Kärlich ins rheinland-pfälzische Wörth rollen. ● Die Gewerkschaft der Polizei Niedersachsen kündigte weitere Protestaktionen an. „Angesichts der zunehmenden Belastung sind wir personell am Ende der Fahnenstange", erklärte GdP-Sprecher Reiner Fischer. Er fordert tausend neue Stellen.

August 2001

01.08.: Experten empfehlen Deutschen mehr „antirassistische" Bildung. NRW-Zentrum für Zuwanderung beklagt mangelnde Aufmerksamkeit für Opfer fremdenfeindlicher Gewalt. ● Bei Aktionen des **Antirassistischen Grenzcamps** in Frankfurt a.M. ist es zu Auseinandersetzungen mit der Polizei gekommen. Gestern wurden mehrere Demonstranten in der S-Bahnstation Hauptwache, ein Fotograf der Deutschen Presse-Agentur sowie eine Journalistin von Associated Press in der Innenstadt vorläufig festgenommen. Einige Stunden zuvor hatten die Grenzencamper an der Börse eine Kundgebung abgehalten. Ziel dieser unangemeldeten Aktion war es, auf die aktuelle Einwanderungsdebatte, die am „nützlichen Ausländer" orientiert sei, und die Situation ehemaliger Zwangsarbeiter aufmerksam zu machen.

02.08.: Deutschland hat Italien zur Rücknahme des Einreiseverbots gegen 40 bis 50 deutsche Globalisierungsgegner aufgefordert. Italienische Staatsanwälte wiesen indessen mehrere Medienunternehmen an, Fotos und Fernsehaufnahmen der Straßenkämpfe während des G-8-Gipfels in Genua herauszugeben. Ein **Misstrauensantrag** gegen ● **Innenminister Claudio Scaljola** scheiterte. ● Eine deutsche Firma aus Franken steht im Verdacht, illegale Teile für eine indische Atomrakete exportiert zu haben. Die Würzburger Staatsanwaltschaft bestätigte gestern Berichte, wonach gegen die Firma ermittelt wird, weil sie **gegen** das **Außenwirtschaftsgesetz** verstoßen haben soll.

03.08.: Mit einer Flugblattkampagne und Schmierereien versuchen in Mecklenburg-Vorpommern unbekannte Täter, eine Wanderausstellung über das **Tagebuch der Anne Frank** zu torpedieren. Etwa 20 anonyme Plakate von Ausstellungsgegnern mit dem Slogan „Alles Lüge" wurden vom Bundesgrenzschutz bisher beschlagnahmt. ● Sachsen-Anhalt kann zum Schuljahresbeginn eine „Grundschule mit verlässlichen Öffnungszeiten" einführen. Eine „Bürgerbewegung ABC-Schützen" hatte hiergegen Front gemacht, scheiterte nun aber mit einem Eilantrag beim Bundesverfassungsgericht.

04.08.: Zwei Wochen **nach den Straßenkämpfen** von Polizei und Globalisierungskritikern in Genua zieht die Regierung Italiens erste personelle Konsequenzen: Drei **hohe Polizeiführer** werden in noch unbekannte andere Ämter **versetzt**. ● Unilever bezieht laut Greenpeace für seine „**Du darfst**"- **Produkte** Putenfleisch **aus** einer Tierhaltung bei Garrel in Niedersachsen, in der den Puten über das Trinkwasser Antibiotika verabreicht werden. 20 Greenpeace-Aktivisten protestierten gestern vor der **Putenmastfabrik**.

06.08.: Der Internationale Währungsfonds und die Weltbank müssen nach Ansicht von Entwicklungshilfeministerin **Heidemarie Wieczorek-Zeul** verpflichtet werden, **Kontrollen des internationalen Kapitalverkehrs** zuzulassen. Damit könnten Krisen in Entwicklungsländern bewältigt oder sogar vermieden werden. Gleichzeitig verteidigte sie die friedlichen Proteste von Globalisierungsgegnern beim G-8-Gipfel von Genua. Die Politik solle

„froh sein", dass die Demonstranten auf den „schwer wiegenden Demokratiemangel" in der Globalisierung aufmerksam gemacht hätten. Wer in diesem Prozess alles dem freien Spiel der Marktkräfte überlasse, „handelt massiv dem Demokratiegebot zuwider". ● Nach den blutigen Zusammenstößen beim G-8-Gipfel haben sich die Innenminister Italiens und Deutschlands, Claudio Scajola und Otto Schily, nach einem Treffen in Imperia an der italienischen Riviera für die Schaffung einer europäischen „Anti-Krawall-Polizei" ausgesprochen.

07.08.: Die Bundesregierung hat bestätigt, dass sie den Export von **Munitionszündern in die Türkei** genehmigt hat. Diese Entscheidung bedeute aber keine Änderung der Politik der Bundesregierung hinsichtlich Rüstungsexporten, sagte die Sprecherin des Wirtschaftsministeriums. ● Es ist mit der **Menschenwürde** nicht vereinbar, **einen alten Menschen** allein aus finanziellen Gründen gegen seinen Willen in einem **Pflegeheim** unterzubringen, wenn dieser mit ambulanter Pflege zu Hause ausreichend versorgt werden kann. Dies geht aus einem Beschluss der Verwaltungsgericht Braunschweig hervor.

08.08.: In Nordrhein-Westfalen soll der Rechtskundeunterricht künftig verstärkt zur Auseinandersetzung mit dem **Rechtsextremismus** genutzt werden. Im neuen Schuljahr wird der Rechtskunde-Unterricht um **zwei Doppelstunden** verlängert. ● Ein Arbeitgeber darf einer bei ihm beschäftigten Muslimin verbieten, ein Kopftuch zu tragen. Das geht aus einem Grundsatzurteil des hessischen Landesarbeitsgericht in Frankfurt hervor. Die Richter wiesen die Klage einer türkischen Verkäuferin gegen ein Kaufhaus in einer hessischen Kleinstadt zurück und erklärten die personenbedingt ausgesprochene Kündigung für zulässig.

09.08.: Risikogruppe Bundeswehrsoldaten: Nachdem sich ein im Kosovo stationierter Soldat das Leben genommen hat, fordern CDU und Grüne eine Verkürzung der Dauer von Auslandseinsätzen. Doch die **Bundeswehr** bestreitet einen Zusammenhang zwischen **Selbsttötungen** und Einsatzdauer. ● Trotz diskriminierender Gesetze und pogromartiger Angriffe auf Mitglieder der religiösen Minderheit der **Ahmadiyya-Bewegung** in Pakistan wollen die baden-württembergischen Asylbehörden eine sechsköpfige Ahmadiyya-Familie nach Pakistan abschieben. Ein erster Abschiebeversuch Ende Juni misslang wegen der Gegenwehr des 53-jährigen Familienvaters Yousaf Ismail, der seither in **Abschiebehaft** sitzt.

10.08.: Das Bundeskriminalamt baut seine **Sammlungen** von genetischen Mustern und Fingerabdrücken aus. Die Fingerabdruckblätter sollten um Prints der Handflächen erweitert werden, die rund ein Drittel der **Tatortspuren** ausmachten, so das BKA gestern. ● Der NRW-Innenminister Fritz Behrens will ein bundesweites **Korruptionsregister**. Zur wirksamen Verfolgung von Bestechung sei der Zugriff auf eine solche „schwarze Liste" unverzichtbar. NRW hat seit 1999 eine Korruptionsmeldestelle.

11.08.: Eine vietnamesische Familie aus Guben wird nach jahrzehntelangem Aufenthalt aus Deutschland ausgewiesen. Brandenburgs Ausländerbeauftragte Berger bestätigte entsprechende Medienberichte. „Es ist ein tragischer Fall." Die Familie sei voll integriert. ● Verteidigungsminister Rudolf Scharping hat das Festhalten an der **Wehrpflicht** als unabdingbare Voraussetzung für die Reform der Bundeswehr bezeichnet und Forderungen nach einer **Berufsarmee** energisch zurückgewiesen. Eine Berufsarmee würde Mehrkosten von mindestens 3,5 Milliarden Mark verursachen.

13.08.: Politiker aller Parteien haben am Wochenende des 13. Augusts gedacht, an dem das DDR-Regime vor 40 Jahren den Bau der **Berliner Mauer** veranlasste. Aktuell stand dabei die Auseinandersetzung mit der PDS im Mittelpunkt. ● Das Bundesinnenministerium hat Vorwürfe zurückgewiesen, die Polizeibehörden von Bund und Ländern überwachten die Besitzer von Handys mit illegalen Methoden. Die Verwendung der mobilen **Überwachungsanlage** „IMSI-Catcher" stehe im **Einklang mit der Strafprozessordnung**, sagte eine Sprecherin von Bundesinnenminister Otto Schily in Berlin.

14.08.: Hamburgs Polizei hat erstmals einem mutmaßlichen **Drogendealer** zwecks Beweisaufnahme ein **Brechmittel** verabreichen lassen. Da sich der Mann geweigert habe, das Brechmittel freiwillig zu nehmen, sei es ihm zwangsweise per Nasensonde zugeführt worden. Er habe den hochgewürgten Mageninhalt jedoch immer wieder hinunter geschluckt, so dass die Ärzte von einer weiteren Verabreichung der Substanz abgesehen hätten. Die Voraussetzungen für den Einsatz von Brechmitteln waren erst vor wenigen Wochen vom neuen Innensenator Olaf Scholz (SPD) geschaffen worden. ● Der **Bundesgerichtshof** in Karlsruhe kann erstmals in seiner mehr als fünfzigjährigen Geschichte auf einen deutlich gestiegenen Frauenanteil in den Spitzenpositionen des Gerichts verweisen.

Mit an Sicherheit grenzender Wahrscheinlichkeit wird das Bundeskabinett Ende dieses Monats die vierte Vorsitzende Richterin am höchsten Gericht für Zivil- und Strafsachen ernennen.

15.08.: Hunderte Unterschriften, massive Hilfsbereitschaft der Bürger, Rückendeckung durch die Landeskirche und jetzt auch noch eine gesprächsbereite Landesregierung: Das **Kirchenasyl** im brandenburgischen **Guben**, in das die vietnamesische Familie Nguyen am Wochenende floh, zeigt Wirkung. ● Auf Äckern von drei Brandenburger Landwirten ist bei **Routineuntersuchungen** nicht zugelassener **genveränderter Sommerraps entdeckt** worden. Es werde nun untersucht, wie die nicht zugelassenen Rapspflanzen an die Landwirte geliefert werden konnten.

16.08.: Deutschland schließt sich den Vorgaben der Vereinten Nationen für eine weitere internationale **Stärkung der Frauenrechte** an. Nach einem Beschluss der Bundesregierung können sich Frauen künftig vor dem UN-Frauenrechtsausschuss beschweren und ein Untersuchungsverfahren beantragen, wenn sie geschlechtsspezifisch diskriminiert werden. ● Gut drei Wochen nach den **Protesten beim G-8-Gipfel** in Genua sind zwei Deutsche aus der Haft entlassen worden. Außerdem kamen jetzt 17 Mitglieder einer Wiener Theatergruppe wieder auf freien Fuß. Nach Angaben des Berliner Außenministeriums sind noch 16 Deutsche in Haft.

17.08.: Wachsende gesellschaftliche Spannungen und soziale Konflikte fürchtet der Vorsitzende der Deutschen Gesellschaft für Demografie, **Herwig Birg**, wegen der sinkenden Geburtenrate in Europa. Die Bevölkerungsentwicklung befinde sich in einem Teufelskreis: „Wir werden in diesem Jahrhundert nie mehr so viele Kinder haben wie jetzt und haben schon zu wenig." ● Deutsche Behörden stehen im Verdacht, italienischen Kollegen im Zusammenhang mit den Protesten von Genua **unerlaubt Daten übermittelt** zu haben. Derweil brach bei den Grünen eine Debatte über die Haltung zu Globalisierungskritikern auf.

18.08.: Berlins Polizeipräsident **Hagen Saberschinsky** hat sich beim früheren DDR-Bürgerrechtler **Alexander Bauersfeld** für das Vorgehen der Polizei gegen ihn am 40. Gedenktag des Mauerbaus entschuldigt. ● Bundeskanzler Gerhard Schröder bemüht sich, die Zustimmung der CDU/CSU zum geplanten **Mazedonien-Einsatz** der Bundeswehr zu erhalten. Die Nato-Aktion mit deutscher Beteiligung ist nach Ansicht der Bundesregierung für die Konfliktvorbeugung auf dem Balkan unabdingbar. Den 500 deutschen Soldaten stehe „kein Spaziergang" bevor, aber auch kein Kampfeinsatz, hieß es aus der Regierung.

20.08.: **Globalisierungskritiker** sehen derzeit keine Übereinstimmungen mit den **Bündnisgrünen**, denen sie **marktliberale Positionen** vorwerfen. Der ehemalige Vorstandssprecher der Grünen, Ralf Fücks, warf der eigenen Partei „Verständnislosigkeit" gegenüber Protestbewegungen wie den Globalisierungskritikern vor. ● Ein **Vorauskommando** von Nato-Soldaten ist am Wochenende in Mazedonien eingetroffen, um eine Entwaffnung der albanischen Rebellen vorzubereiten.

21.08.: Die **Bundesarbeitsgemeinschaft Kritischer Polizistinnen und Polizisten** ist am Ende. Wegen erheblicher persönlicher Differenzen zwischen Vorstandsmitgliedern sowie finanzieller Schwierigkeiten nach einem verlorenen Zivilverfahren wird sich der Verein nach 15 Jahren demnächst auflösen. Der Vorstand der BAG empfiehlt den Mitgliedern, „umgehend" der Bürgerrechtsbewegung **Humanistische Union** beizutreten. ● Die **Atomkraft-Gegner**, die vor fünf Monaten mit einer spektakulären Aktion den Castor-Transport nach Gorleben 17 Stunden lang aufgehalten haben, müssen sich vor Gericht verantworten. Gegen die vier Männer, Aktivisten der Umweltorganisation Robin Wood, und eine 16-jährige Schülerin sei **Anklage wegen Nötigung** des Zugpersonals und Störung des öffentlichen Betriebs erhoben worden, teilte die Staatsanwaltschaft in Lüneburg mit. Die Blokkade-Aktion sei nicht als gefährlicher Eingriff in den Bahnverkehr gewertet worden.

22.08.: Hessens Sozialministerin Marlies Mosiek-Urbahn (CDU) ist „aus persönlichen Gründen" zurückgetreten. Sie will sich von ihrem Ehepartner trennen und könnte deshalb „einer **glaubwürdigen öffentlichen Darstellung** der werteorientierten familienpolitischen Zielsetzung dieser Landesregierung im Wege stehen", erklärte sie. ● Die an der Marburger Universität geplante Verleihung des Savigny-Preises an Ex-Bundeskanzler **Helmut Kohl** steht auf der Kippe: Der Dekan der Jura-Fakultät, Steffen Detterbeck, hat vor der getroffenen Auswahl des Preisträgers den Fachbereichsrat nicht gefragt. Scharfer Protest gegen eine Auszeichnung Kohls kommt aus der Studentenschaft.

23.08.: Die rechtsradikale **NPD** ist in Frankfurt wieder aktiv geworden. Mehrfach hat die

Neonazi-Partei in den vergangenen Wochen bei der Ordnungsbehörde Info-Stände angemeldet. Obwohl vom Bundesverfassungsgericht das Verbot droht, wollen die Nationaldemokraten bei der Bundestagswahl 2002 antreten. ● Die Zahl der politisch motivierten Straftaten ist in Sachsen-Anhalt im ersten Halbjahr 2001 dem Staatsschutz zufolge um 6,7 Prozent gestiegen.

24.08.: Zu bundesweiten Protesten gegen die Entsendung von Bundeswehrsoldaten nach Mazedonien hat der **Bundesausschuss Friedensratschlag** aufgerufen. Am kommenden Montag, kurz vor der entscheidenden Sitzung des Bundestages, sollten Friedensinitiativen gegen 17 Uhr landesweit auf die Straße gehen, heißt es in dem Aufruf. ● Selbst bei relativ umweltfreundlichen Drei-Liter-Autos verzichten die Hersteller auf den Einbau von Filtern, die als Krebs erregend geltende Stoffe auffangen. Die Sparsamkeit der Konzerne an dieser Stelle beklagt der Verkehrsclub Deutschland (VCD) als „skandalös".

25.08.: Die Deutsche Sektion der internationalen Juristenorganisation gegen Atomwaffen hat den geplanten **Kampfeinsatz der Nato in Mazedonien** ohne ein UN-Mandat als rechtswidrig kritisiert. Nach dem Kosovo-Einsatz mandatiere sich die Nato erneut selbst und schwäche damit die Vereinten Nationen. ● Rund hundert deutsche Hilfsorganisationen haben sich gegen einen Bundeswehr-Einsatz in Mazedonien unter Nato-Kommando ausgesprochen. Die Initiativen und Organisationen, die mit eigenen Projekten auf dem Balkan vertreten sind, kritisierten, dass die Bundesregierung kurzfristig 135 Millionen Mark für den Bundeswehr-Einsatz mobilisiert, während die entwicklungspolitischen Ausgaben weiter sinken.

27.08.: Der **elektronische Arzneimittelpass** soll als Pflichtdokument noch vor der Bundestagswahl 2002 kommen. Im Bundesgesundheitsministerium heißt es dazu, Patienten solle im Einzelfall eventuell zugestanden werden, sich von der Pass-Pflicht befreien zu lassen. Datenschützer warnten erneut vor der obligatorischen Chipkarte, auf der medizinische Diagnosen und Medikamente zentral gespeichert werden. ● Wenige Tage vor der Abstimmung im Bundestag über den Mazedonien-Einsatz der Bundeswehr schließt die Union eine Zustimmung nicht mehr aus. In der Führung von CDU/CSU wurde Unmut über das bisherige Verhalten von Partei- und Fraktionsspitze laut.

28.08.: Der Bundeswehr sind bisher mehr als 500 Fälle von Verstrahlung ehemaliger Soldaten der Nationalen Volksarmee der DDR gemel-

det worden. Die Bundesausführungsbehörde für Unfallversicherung in Wilhelmshaven will nun medizinische Gutachten in Auftrag geben. Auf dieser Grundlage würden Ansprüche auf Anerkennung der Schäden als Berufskrankheit geprüft. Seit Juli diesen Jahres hat sich die Zahl der Anträge möglicher Strahlenopfer verzehnfacht. ● Erstmals seit 1998 soll wieder ein **Transport mit deutschem Atommüll** durch das Saarland zur Wiederaufarbeitungsanlage ins nordfranzösische **La Hague** rollen. Nach Angaben des saarländischen Innenministeriums soll der Transport an einen regulären Güterzug gekoppelt werden. Kernkraftgegner wollen in Biblis gegen die Müllfuhre protestieren.

29.08.: Genuas früherer Polizeipräfekt, Francesco Colucci, hat das Vorgehen seiner Beamten beim G-8-Gipfel verteidigt. Er übernehme die Verantwortung für den Einsatz in einer Schule, bei dem dutzende Globalisierungskritiker verletzt wurden. Zur **Gewalt** sei es vor allem deshalb gekommen, **weil** die Beamten durch lange Dienstzeiten **überarbeitet** gewesen seien. Insgesamt hätten sich die Polizisten aber mehrheitlich „korrekt, mutig und aufopferungsvoll" verhalten. ● Im AKW Neckarwestheim ist bei Routinekontrollen ein falsch angeschlossenes Abwasserrohr entdeckt worden. Das Rohr für radioaktives Abwasser führe direkt in das normale Abwassersystem, es seien aber keine radioaktiven Stoffe nach außen gelangt, so die Betreiber.

30.08.: **Deutsche Soldaten** werden sich wie geplant am **Nato-Einsatz in Mazedonien** beteiligen. Der Bundestag stimmte der Mission mit breiter Mehrheit von 497 gegen 130 Stimmen zu. In den Reihen der rot-grünen Regierungskoalition wie bei CDU/CSU und der FDP gab es aber zahlreiche Neinstimmen. Die PDS-Abgeordneten lehnten den Einsatz alle ab. ● Mit dem Zuwanderungs-Entwurf von Innenminister Otto Schily droht laut Pro Asyl die „gravierendste Verschärfung des Ausländerrechts seit der Einschränkung des Asylrechts 1993". Der Verband warnte, vielen bisher Geduldeten drohe die **Unterbringung in „halb-offenen Internierungseinrichtungen".** Auch müssten Flüchtlinge damit rechnen, ihre Arbeitserlaubnis zu verlieren. ● Die Polizei hat 29 Bundeswehrsoldaten aufgegriffen, die in der Altstadt von Hannover rechtsradikale Lieder gesungen haben sollen. Zeugen riefen schließlich die Polizei. Die Soldaten wurden in ihre Kaserne zurückgebracht. Die Ermittlungen dauern an.

31.08.: Gegen Niedersachsens früheren Ministerpräsidenten **Gerhard Glogowski** (SPD) läuft ein Ermittlungsverfahren wegen des Verdachts auf Meineid. Die Staatsanwaltschaft Hannover wirft ihm vor, vor dem Untersuchungsausschuss unter Eid wissentlich nicht die Wahrheit gesagt zu haben.

September 2001

01.09.: Der **Aachener Friedenspreis** 2001 wird am **Antikriegstag** an den japanischen „Einzelkämpfer gegen Atomwaffen", **Kazuo Soda**, Überlebender des Atombombenabwurfs auf Nagasaki, für seinen Beitrag für Frieden und Völkerverständigung im Kampf gegen Atomwaffen und an die Flüchtlingsorganisation **pro asyl** verliehen. Die Wahl sei eine Antwort auf die diskriminierende Debatte über Flüchtlinge und Asylsuchende. ● **Bundesaußenminister Fischer** hat auf der **Anti-Rassismus-Konferenz der Vereinten Nationen** in Durban die **deutsche Schuld an Sklaverei und Kolonialimus** anerkannt: Schuld anzuerkennen, Verantwortung zu übernehmen und sich der historischen Verpflichtung zu stellen, könne den Opfern und ihren Nachkommen zumindest die ihnen geraubte Würde zurückgeben. ● In der Türkei sind bei landesweiten **Demonstrationen der Kurdenpartei Hadep** mindestens 700 Kurden festgenommen worden. ● Der **Neo-Nazi Aufmarsch vor dem Leipziger Völkerschlachtdenkmal** (ca. 1.200 Teilnehmer) ruft Proteste hervor. 20.000 **Gegendemonstranten** versammeln sich unter dem Motto „Leipzig Gesicht zeigen".

02.09.: SPD-Generalsekretär **Müntefering** droht den **SPD-Bundestagsabgeordneten**, die im Parlament gegen den **Einsatz der Bundeswehr in Mazedonien** gestimmt haben, damit, dass sie bei der Kandidatenaufstellung für die nächste Wahl nicht berücksichtigt würden.

03.09.: Der wegen angeblicher **Unterstützung der kurdischen Arbeiterpartei** zu 35 Tagessätzen verurteilte Bielefelder Ex-Polizeidolmetscher Fuat Akpinar tritt seine **Haftstrafe** an. ● Dem **Brandenburger Flüchtlingsrat** wird der **Julius-Rumpf-Preis der Martin-Niemöller-Stiftung** verliehen; damit werde das Engagement der Initiative als „Lobby der Lobbylosen" gewürdigt. ● Auf der in Bonn stattfindenden **Welternährungskonferenz** betonen Experten, dass der **Kampf gegen Hunger keine Gentechnik brauche**. Viel sinnvoller sei es, auf die Erfahrungen der einheimischen Bauern zu vertrauen. Erforderlich sei eine ökologische Landwirtschaft ohne zerstörerischen Pestizideinsatz und Gentechnik.

04.09.: Die Bundesministerin für wirtschaftliche Zusammenarbeit, Wieczorek-Zeul, stellt ein überarbeitetes Konzept für die **Entwicklungszusammenarbeit mit Asien** vor: Im Mittelpunkt stünden die Reduzierung der Armut, die Eindämmung der Umweltzerstörung und die Förderung von Demokratisierungsprozessen im Zusammenhang mit Krisenprävention.

05.09.: Die **Bundesregierung** hat ein **neues Atomgesetz** verabschiedet, das auf dem sog. **Atomkonsens** beruht und dazu führen soll, dass spätestens 2020 das letzte deutsche Atomkraftwerk vom Netz geht; das Gesetz sieht ferner ein Verbot von Atommüll-Transporten von 2005 an vor. ● Nach sechs Wochen Haft sind drei Berlinerinnen freigelassen worden, die sich an **Aktionen gegen den G-8-Gipfel in Genua** beteiligt hatten; sie berichteten von Einschüchterungen und Misshandlungen seitens der italienischen Polizei. Fünf Deutsche sind weiter in Haft.

06.09.: **Yousaf Ismail**, Angehöriger der verfolgten religiösen Minderheit der Ahmadis, ist von Stuttgart aus **nach Pakistan** trotz heftiger Proteste von Flüchtlingsorganisationen **abgeschoben** worden; seine fünfköpfige Familie ist untergetaucht. Sie hatte seit 1992 vergeblich versucht, Asyl zu bekommen.

07.09.: Der diesjährige **Menschenrechtspreis der Friedrich-Ebert-Stiftung** wird am 4.10.2001 an die serbische Protestbewegung **Otpor** verliehen. Otpor habe einen entscheidenden Beitrag zur **Verteidigung der Freiheits- und Menschenrechte** der serbischen Bevölkerung und zum **Sturz des jugoslawischen Präsidenten Milosevic** geleistet.

08.09.: Die **UN-Weltkonferenz gegen Rassismus** in Durban (Südafrika) hat nach zähem Ringen eine **Abschlusserklärung** verabschiedet: Israel wird wegen seiner Palästinapolitik nicht ausdrücklich verurteilt. Die Sklaverei wird nicht offiziell entschuldigt, sondern nur tiefes Bedauern ausgedrückt; betont wird eine neue Partnerschaft zwischen Industrie- und Entwicklungsländern, die Schuldenerlass, Armutsbekämpfung und einen besseren Zugang der Entwicklungsländer zu den globalisierten Märkten einschließe. ● In Grimma (Sachsen) hat die Polizei einen **NPD-Aufmarsch mit 2.000 Teilnehmern** aufgelöst. Mehrere hundert Menschen haben gegen die NPD-Anhänger demonstriert.

11.09.: Nach **Terroranschlägen auf das World Trade Center (New York) und das Pentagon (Washington)** wird mit Tausenden

Toten gerechnet. ● US-Präsident Bush spricht von einer „nationalen Tragödie" und kündigt massive Vergeltung an, auf die Verantwortlichen für diese Tat und deren Unterstützer werde „Jagd" gemacht. Bundeskanzler Schröder nennt die Anschläge eine „Kriegserklärung an die gesamte Welt", Nato-Generalsekretär Robertson eine „Aggression gegen die Demokratie".

12.09.: Über das Ausmaß der Terroranschläge herrscht Unklarheit. Weltweit wird den USA Solidarität bekundet. In der Bundesrepublik Deutschland finden Schweigemärsche statt. Der saudische Terrorist **Osama bin Laden** wird von US-Außenminister Powell als **Hauptverdächtiger** bezeichnet. ● Die **Nato** stellt erstmals in ihrer 50jährigen Geschichte den **kollektiven Verteidigungsfall** (Artikel 5 Nato-Vertrag) fest.

13.09.: Die **Bundeswehr** wird infolge der Terroranschläge in **erhöhte Alarmbereitschaft** versetzt; durch die Erklärung des Bündnisfalles (Artikel 80a Grundgesetz) werden eine Teilmobilmachung der Bundeswehr ermöglicht und ein Teil der Notstandsgesetze aktiviert. ● Die **Internationale Juristenorganisation gegen den Atomkrieg (IALANA)** hegt erhebliche Zweifel an der Rechtmäßigkeit der Erklärung des Nato-Bündnisfalles, sie kritisiert den **Natobeschluss als Blankovollmacht.** ● Im Bundestag erhält der Nato-Kurs breite Unterstützung, lediglich die PDS bildet eine Ausnahme. ● Deutsche Friedensorganisationen mahnen zur Besonnenheit und rufen dazu auf, nicht mit militärischer Gegengewalt zu reagieren, um auf diese Weise eine weitere Eskalation zu verhindern. ● In **Mazedonien** setzt die Nato das **Einsammeln von Waffen** fort. ● Über US-amerikanische und britische **Bombardements südirakischer Stellungen** gibt es einander widersprechende Meldungen. ● UNICEF weist auf die **Unterernährung von 150 Millionen Kindern** weltweit hin.

14.09.: Der **US-Senat ermächtigt den US-Präsidenten zu Militäraktionen** und bewilligt 40 Mrd. US-Dollar als sogenannte Notmittel. Ferner werden **50.000 US-Reservisten mobilisiert.** ● Zahlreiche Menschenrechtsorganisationen fordern die Ahndung der Attentate in den USA durch den Weltstrafgerichtshof. Sie unterstreichen die Notwendigkeit einer der Gewalt den Boden entziehenden Außen- und Entwicklungspolitik.

16.09.: US-Präsident Bush ruft zu einem langen und schwierigen Krieg gegen die Drahtzieher der Terroranschläge auf, er bezeichnet Osama bin Laden als Hauptverdächtigen

● **Bundespräsident Rau** spricht sich **gegen Militäraktionen** aus, er plädiert für die **Anwendung ziviler Mittel.** Auch der russische Präsident Putin mahnt zur Besonnenheit. In der SPD werden Forderungen nach Gründung einer Nationalgarde laut; Innenminister Schily „denkt" über **Bundeswehreinsätze im Inland** „nach". ● In Nürnberg wird der internationale **Menschenrechtspreis an Bischof Ruiz Garcia** verliehen. Damit soll sein Einsatz für die Rechte indianischstämmiger Völker gewürdigt werden.

17.09.: Deutsche **Friedensinitiativen warnen erneut vor voreiligen Militäraktionen.** ● In **China** soll angeblich eine **erfolgreiche Kreuzung von Mensch und Tier** geglückt sein: aus Zellen eines Siebenjährigen und eines Kaninchens sollen Embryos gezüchtet worden sein.

18.09.: **US-Präsident Bush** bemüht sich weltweit um die **Bildung einer internationalen Anti-Terror-Allianz.** ● Die Vereinten Nationen warnen vor einer **drohenden Hungerkatastrophe in Afghanistan.** ● Im Zusammenhang mit den Aktionen gegen den Castor-Transport am 28.3.2001 wird ein **Atomkraftgegner vom Vorwurf der gefährlichen Körperverletzung freigesprochen.** Für die gegen ihn erhobenen Anschuldigungen habe es keine Beweise gegeben. Gegen drei Polizisten soll nun wegen Meineides ermittelt werden.

19.09.: Der **Deutschen Bundestag** beschließt (565 zu 40 Stimmen, 6 Enthaltungen) eine auch militärische Hilfszusage an die USA im Kampf gegen den Terrorismus. ● Die **Bundesregierung beschließt** eine Erhöhung der Tabak- und Versicherungssteuer (geschätzte Einnahmen 3 Milliarden DM) zur Finanzierung von **Anti-Terror-Maßnahmen;** sie beschließt ferner ein Aktionspaket zur Stärkung der inneren und äußeren Sicherheit.

20.09.: Der **Rat islamischer Theologen und Rechtsgelehrter Afghanistans** und die Taliban-Regierung fordern **Osama bin Laden** zum freiwilligen Verlassen Afghanistans auf. Sie drohen bei einem US-Angriff auf Afghanistan mit einem Heiligen Krieg. ● US-Präsident Bush fordert die sofortige Auslieferung bin Ladens an die zuständigen US-Behörden.

21.09.: **US-Präsident Bush** macht in einer Rede vor dem US-Kongress **bin Laden und das Terror-Netzwerk Al-Quaeda** für die Anschläge auf New York und Washington **verantwortlich.** Er kündigt einen entschlossenen Kampf gegen den Terrorismus an. Jedes Land stehe vor der Entscheidung, sich entweder an die Seite der USA oder an die Seite der Terroristen zu stellen. Länder, die Terroristen unterstützten, würden als feindlich eingestuft. ● Die Taliban-Regierung **lehnt** die geforderte **Auslieferung** ohne Vorlage von Beweisen **ab.** ● Mitglieder der Friedensbewegung warnen erneut vor einer Eskalation der Gewalt.

22.09.: In Berlin, München, Köln und anderen deutschen Städten **demonstrieren Tausende** unter dem Motto „Kein Krieg – keine Vergeltung". ● In Regensburg wird ein **Iraker** von einer Gruppe Skinheads **überfallen** und verletzt; vier Skinheads können festgenommen werden. ● In **Rostock und Neuruppin** protestieren etwa 200 Menschen gegen **Aufmärsche von Rechtsextremisten** (300 bzw. 90 Teilnehmer).

23.09.: Die **Bürgerschaftswahl in Hamburg** führt zu einem überraschenden Ergebnis: SPD 36,5%; CDU 26,2%; FDP 5,1%; GAL 8,5%; Schillpartei 19,4%. Damit **verliert** die Hamburger **SPD** nach **44 Jahren die Macht** und die rechtspopulistische Schillpartei erreicht auf Anhieb etwa 20% der Wählerstimmen.

25.09.: Saudi-Arabien bricht die Beziehungen zur Taliban-Regierung in Afghanistan ab; als einziges Land unterhält noch Pakistan diplomatische Kontakte. ● Das Oberlandesgericht Celle hat vier Jahre nach einem **Castor-Transport** einen Rechtsstreit über den Schadensersatz für zerstochene Traktorreifen beendet: der **Schadensersatz** für die zerstochenen Traktorreifen wird von DM 14.000 auf DM 7.000 **halbiert.** Die Kläger treffe als Teilnehmer einer rechtswidrigen Demonstration ein erhebliches Mitverschulden am Schadenseintritt.

26.09.: **US-Verteidigungsminister Rumsfeld** erwartet einen langen **Krieg** gegen den Terrorismus **mit vielen Toten.** ● Die **Nato** beschließt eine **Nachfolgemission für Mazedonien.**

27.09.: **Der Deutsche Bundestag** beschließt (528 Ja-, 40 Neinstimmen, 10 Enthaltungen), **600 Bundeswehrsoldaten für die zweite Mazedonien-Mission** zur Verfügung zu stellen. Die Operation „Amber Fox" soll **unter deutscher Führung** stehen. Voraussetzung sind die Zustimmung Mazedoniens und eine unterstützende Resolution des Weltsicherheitsrates. ● Die UCK in Mazedonien beschließt ihre Selbstauflösung.

28.09.: Die Polizei hat **Räume** der „Gewaltfreien Aktion Atomwaffen abschaffen (GAAA)" in Kornwestheim **durchsucht** und **wegen „öffentlicher Aufforderung zu Stafta-**

ten" einen Computer, T-Shirts mit Slogan-Aufdruck und Plakate beschlagnahmt. Als Hintergrund wird die geplante Aktion „Zivile Inspektion des Atomwaffenlagers in Büchel/Eifel" (30.09.01) vermutet.

29.09.: **1.500 Menschen demonstrieren in Frankfurt/Main** für Frieden und Gerechtigkeit und mahnen zu Besonnenheit und Weitsicht.

30.09.: Die US-Bundespolizeibehörde FBI verlautbart, dass die **Terroranschläge** auf die USA **in der Bundesrepublik Deutschland geplant** worden seien. ● Die afghanische Opposition (sog. Nordallianz und ehemaliger König) richten offiziell ein Hilfeersuchen an die USA. ● **Weltweit** finden **Demonstrationen gegen mögliche US-Militäraktionen** statt: Washington (ca. 10.000 Teilnehmer), Barcelona (ca. 5.000 Teilnehmer), Rom, Athen, Rio de Janeiro, Sydney, New York. ● Der **UN-Weltsicherheitsrat** beschließt einstimmig eine **Resolution,** der zu Folge dem terroristischen Untergrund sämtliche finanzielle Mittel entzogen werden sollen, alle Staaten zu künftiger Zusammenarbeit verpflichtet werden, die Erlaubnis zur Verhängung von Strafen erteilt, das **Recht jedes Landes auf „individuelle und kollektive Selbstverteidigung" bestätigt,** auf eine Definition des Begriffs Terrorismus jedoch verzichtet wird. ● Eine **DVU-Kundgebung** in der Passauer Nibelungenhalle wird von 1.200 Teilnehmern besucht, **an fünf Protestaktionen** beteiligen sich etwa 3.000 Menschen. ● In Tostedt (Hamburg) löst die Polizei ein illegales Skinhead-Konzert auf.

Oktober 2001

01.10.: **US-Präsident Bush** hat die **Genehmigung zu verdeckter Hilfe für die afghanische Nordallianz** erteilt; rund um Afghanistan sind weitere Truppenverbände konzentriert worden. ● Die **UN-Generalversammlung** hat Beratungen über „Maßnahmen zur Beseitigung des internationalen Terrorismus" aufgenommen. ● **UN-Generalsekretär Annan** hat zu **verstärkter Rüstungskontrolle** aufgerufen, damit künftige Terrorakte mit Massenvernichtungsmitteln verhindert werden können. Annan befürchtet Streit über die Definition des Begriffs Terrorismus. ● Die UN beginnen mit Lebensmitteltransporten für Afghanistan.

02.10.: Erstmals in ihrer Geschichte hat die **Nato** den **Bündnisfall nach Artikel 5 des Nato-Vertrages in Kraft** gesetzt. Damit werden die **Anschläge auf die USA als Angriff auf das gesamte Bündnis** betrachtet und ein kollektiver Vergeltungsschlag möglich gemacht

● Die USA haben die Nato-Staaten um konkrete Hilfe im Kampf gegen den Terrorismus gebeten und eine Unterstützungsforderungsliste übergeben.

03.10. Die **Neue Richtervereinigung** warnt vor einem „**blindwütigen Krieg**" und fordert, **an „zivilisierten und rechtsstaatlichen Grundsätzen"** bei allen innen- und außenpolitischen Maßnahmen **festzuhalten.** ● Am Tag der deutschen Einheit ist in Berlin eine **NPD-Demo** (ca. **600 Teilnehmer**) **durch 4.000 Polizisten geschützt** worden. Im Abstand von einigen Kilometern haben **Tausende Gegendemonstranten „Für ein friedliches Zusammenleben in Europa – Gegen nationalen Größenwahn"** demonstriert. ● **Der Preis für Zivilcourage der „Solbach-Freise-Stiftung"** wird an **Gregor Böckermann,** Frankfurter Ordenspriester und Mitglied der „Ordensleute für den Frieden", als Würdigung seines Einsatzes für eine Annäherung von Christentum und Islam sowie seines Eintretens für eine gerechte Weltwirtschaftsordnung und Zinspolitik verliehen. Böckermann hat im Frühjahr 2001 eine achttägige Haftstrafe wegen zweier Verstöße gegen das Bannmeilengesetz verbüßt.

04.10.: Die **Nato** hat zugesagt, die **USA bei Militärschlägen zu unterstützen.** ● Der britische Premier **Blair** hat **keinerlei Zweifel, dass es eindeutige Beweise für die Planung und Durchführung der Terroranschläge durch bin Laden und seine Organisation** gebe. ● In **Mazedonien** ist eine **zweite Nato-Truppe** (1.000 Mann) zum Schutz von 200 Beobachtern und Polizeiberatern der OSZE und EU eingetroffen. Sie steht **unter deutschem Kommando.** ● Laut gemeinsamer Recherchen der Frankfurter Rundschau und des Berliner Tagesspiegels sind **seit der Wiedervereinigung 97 Todesopfer rechter Gewalt in der Bundesrepublik** zu beklagen. Die offizielle Statistiken nennen nur 37 Opfer. ● Zweieinhalb Monate nach den Demonstrationen in Genua sind die letzten fünf von insgesamt 71 inhaftierten deutschen Globalisierungsgegnern freigelassen worden. ● Die **Alternativen Nobelpreise 2001** werden an die **israelische Friedensgruppe** „Gush Schalom" wegen ihres Einsatzes für Frieden zwischen Israel und Palästina, an den **brasilianischen Befreiungstheologen Leonardo Boff** aufgrund seiner wegweisenden „Einsichten in die Zusammenhänge zwischen menschlicher Spiritualität und sozialer Gerechtigkeit" sowie seines „jahrzehntelangen Einsatzes bei der Hilfe für die Armen", an die **britische Anti-Atom-Gruppe „Trident Plughshares"** für ihre „modellhaften, transparenten,

direkten und gewaltfreien Aktionen" gegen Atomwaffen und an den **Venezolaner José Antonio Abreu,** den Gründer eines nationalen Systems für Kinder- und Jugendorchester, verliehen. Letzterer habe zahllosen Kindern unter den Armen „Freude an der Musik" vermittelt.

05.10.: Regierung und Opposition im Deutschen Bundestag bezweifeln in keiner Weise die Schuld bin Ladens an den Terroranschlägen in den USA. ● **Bischof Marx,** Vorsitzender der Deutschen Kommission Justitia et Pax, unterstreicht den **Vorrang der Gewaltvorbeugung vor militärischen Reaktionen.**

07.10.: Die **USA und Großbritannien** beginnen mit **Luftangriffen auf Afghanistan.** Die Angriffe seien gegen Lager des Moslemextremisten bin Laden sowie gegen militärische Anlagen der Taliban-Miliz gerichtet, so US-Präsident Bush. ● BRD-Kanzler **Schröder unterstützt** die **Angriffe** auf „terroristische Ziele in Afghanistan **ohne Vorbehalte".** ● Ein außerordentlicher Länderrat von **Bündnis 90/Die Grünen** billigt mit 44 zu 13 Stimmen **begrenzte Militäraktionen** als Antwort auf die Terroranschläge vom 11.9.2001. ● Der **PDS-**Bundesparteitag **lehnt Militärschläge ab,** schließt „repressive Anti-Terror-Aktionen" jedoch nicht aus. ● Ein Treffen der 22 Geberländer des „**Afghanistan-Forum**s" beschließt in Genf **600 Millionen US-Dollar für Afghanistan-Hilfslieferungen** zur Verfügung zu stellen.

08.10.: Die USA und Großbritannien starten eine **zweite Angriffswelle gegen** Ziele in **Afghanistan.** Parallel zu den Angriffen werden Lebensmittelpakete abgeworfen. ● UN-Generalsekretär **Annan bestätigt die Rechtmäßigkeit** der Luftangriffe. ● Die Bundeswehr leistet indirekte **Militärhilfe:** AWACS-Flugzeuge und Besatzungen werden in die USA verlegt. ● Der britische Premier **Blair** präsentiert angeblich „**konkretes Beweismaterial" für die Schuld bin Ladens** an den Terroranschlägen in den USA.

09.10.: Die Bombardements Afghanistans werden fortgesetzt; der **Tod von vier zivilen UN-Mitarbeitern** des **Minenräumprogramms ATC** wird bestätigt.

10.10.: Durch die **Luftangriffe auf Afghanistan** sind nach Angaben der Taliban-Regierung bisher **70 Menschen getötet** und **über einhundert verletzt** worden. ● Die Taliban-Regierung und die Al-Quaeda-Organisation kündigen einen „Heiligen Krieg" mit weiteren Flugzeugschlägen gegen die USA an. ● Über eine direkte deutsche Beteiligung an den Militäraktionen gegen Afghanistan gibt es Spekulationen. ● Gegen einen Castor-Transport nach La Hague mit sieben Atommüllcontainern aus Brunsbüttel, Stade und Mülheim-Kärlich gibt es Proteste und Gleisblockaden.

11.10.: Afghanistan wird erstmals bei Tage unter dem Einsatz von Streubomben aus der Luft angegriffen; es ist von 130 getöteten Zivilisten die Rede. ● BRD-Kanzler Schröder spricht in einer Regierungserklärung von der „gewachsenen internationalen Verantwortung der BRD" und einem „neuen Selbstverständnis"; er unterstreicht die „Bereitschaft zum Einsatz militärischer Mittel" und stellt eine „deutsche Beteiligung an militärischen Aktionen zur Verteidigung von Freiheit und Menschenrechten und zur Herstellung von Stabilität und Sicherheit" in Aussicht. ● Die Carl-von-Ossietzky-Medaille der Internationalen Liga für Menschenrechte wird an die Bundesarbeitsgemeinschaft „Asyl in der Kirche" verliehen: damit soll die Zivilcourage der Kirchengemeinden bei ihrem Eintreten für Flüchtlinge gewürdigt werden.

12.10.: Die Luftangriffe auf Afghanistan werden fortgesetzt; UN-Menschenrechtskommissarin Robinson fordert eine Aussetzung der Angriffe zur Versorgung der Bevölkerung mit Hilfsgütern vor Einbruch des Winters. ● In verschiedenen Großstädten Asiens protestieren Hunderttausende gegen die USA. ● Der Friedensnobelpreis geht an UN-Generalsekretär Annan und die UN.

13.10.: Die USA räumen zivile Opfer bei ihren fortgesetzten Luftangriffen auf Afghanistan ein. ● Ein Taliban-Sprecher stellt die Auslieferung bin Ladens in ein neutrales Land in Aussicht, wenn Beweise für seine Täterschaft an den Terroranschlägen in den USA vorgelegt werden. ● In den USA wird eine steigende Zahl von Milzbrand-Fällen verzeichnet.

14.10.: An Anti-Kriegsdemonstrationen beteiligen sich in London 50.000, in Assisi/Perugia 150. 000, in Berlin 30.000 und in Stuttgart 15.000 Menschen.

15.10.: In Afghanistan werden die bisher schwersten US-Luftangriffe mit zahlreichen zivilen Opfern verzeichnet. ● Ein mit dem Milzbranderreger infizierter Brief erreicht den Präsidenten des US-Senats Daschle. ● Der Parteirat von Bündnis 90/Die Grünen unterstützt die Forderung nach Unterbrechung der Luftangriffe auf Afghanistan zur Versorgung der Bevölkerung. Diese Forderung wird von der

SPD-Spitze zurückgewiesen. ● Die Kirchen in der BRD nehmen zu den Militärschlägen gegen Afghanistan eine unentschiedene Haltung ein.

16.10.: Bundeskanzler Schröder kündigt eine umfangreiche und auch militärische Hilfe bei der Terrorismus-Bekämpfung an. ● Die USA setzen in Afghanistan erstmals Flugzeuge für den Bodenkrieg ein. ● Bundesinnenminister Schily (SPD) legt ein sog. Anti-Terror-Paket vor, das weitreichende Befugnisse für die Behörden enthält. ● Die Evangelische Kirche Deutschlands fordert Schutzzonen für die Zivilbevölkerung in Afghanistan und unterstreicht den Vorrang der Politik bei der Bekämpfung des Terrorismus. ● Das Oberlandesgericht Celle gibt der Beschwerde von Castor-Gegnern gegen ihre In-Gewahrsahnahme statt.

17.10.: US-Bomben treffen eine Schule und ein Lager des Roten Kreuzes in der Nähe von Kabul. ● Das US-Abgeordnetenhaus wird nach dem Fund von Milzbrandsporen geschlossen. ● Außenminister Fischer unterstützt die Fortsetzung der Militärschläge zur wirksamen Bekämpfung des Elends der Zivilbevölkerung und zur Herbeiführung anderer politischer Verhältnisse; er sehe keinen „humanitären Gewinn" durch eine Unterbrechung der Bombardements.

18.10.: Die deutsche Regierung unterbreitet den USA ein militärisches Angebot für den Bereich Sanitätswesen sowie zur Abwehr biologischer und chemischer Angriffe. ● US-Präsident Bush kündigt den Einsatz von Bodentruppen in Afghanistan an.

19.10.: Der Einsatz von US-Elitesoldaten im Bodenkrieg in Afghanistan wird bestätigt. ● Der EU-Gipfel in Gent bezeichnet den Sturz der Taliban als legitimes Ziel und warnt vor einer humanitären Katastrophe.

21.10.: US-Präsident Bush erteilt dem Geheimdienst CIA den Auftrag zur Tötung bin Ladens und unterstreicht die Notwendigkeit einer sehr engen Kooperation von Geheimdiensten und Militär. ● Der Attac-Kongress in Berlin (4.000 Teilnehmer) fordert die Regulierung des Globalisierungsprozesses, eine Umverteilung von oben nach unten, Schutz und Ausbau demokratischer Rechte, soziale Sicherheit. ● Beim Treffen der außerparlamentarischen Linken in Frankfurt/Main wird massive Kritik an der rot-grünen Bundesregierung formuliert und ein Memorandum mit sechs Projektalternativen beschlossen: Vollbeschäftigung; solidarische Verteilung gesellschaftlichen Reichtums; ökologisch-sozialer Umbau der Industriegesellschaft; Absage an den Abbau solidarischer Sozialversicherungssysteme; demokratische Kontrolle der Wirtschaft, Ausbau der Mitbestimmung; zivile Konfliktregelung, Krisenprävention statt Militäraktionen.

22.10.: Die **USA** kündigen die **offene militärische Unterstützung der afghanischen Nordallianz** zur Koordination von Bodenangriffen an. ● Bei der **Wahl zum Berliner Abgeordnetenhaus** verzeichnet die CDU hohe Verluste (-17,1%): SPD 29,7%; CDU 23,7%; PDS 22,6%; FDP 9,9%; Bündnis 90/Die Grünen 9,1%. ● **Mehrere hundert Atomkraftgegner** haben **im Wendland** gegen den bevorstehenden Castor-Transport in das Zwischenlager Gorleben demonstriert und Straßen blockiert.

24.10.: Die Auswirkungen eines Brandanschlags auf die Bahnlinie Lüneburg-Dannenberg auf den für November geplanten Castor-Transport ins Zwischenlager Gorleben sind unklar. ● Die USA bestätigen „Fehltreffer" bei ihren Bombardements in Afghanistan. ● In den USA werden weitere Milzbrand-Verdachtsfälle bekannt. ● Nach 18 Jahren Gefängnis wird das Ex-RAF-Mitglied Rudolf Heißler auf Bewährung aus der Haft entlassen. ● Für ihr **Eintreten gegen Rechtsextremismus** werden junge Erwachsene und Initiativen mit dem **Otto-Brenner-Preis** ausgezeichnet.

25.10.: US-Verteidigungsminister **Rumsfeld** kündigt an, dass der **Krieg in Afghanistan bis zum Sturz der Taliban-Regierung** fortgesetzt wird. ● Gegen den Einsatz von **Streubomben** wird international zunehmend **Kritik** laut. ● Atomkraftgegner planen **Protestaktionen gegen** die geplante **Atommüll**fuhre nach Gorleben im November.

26.10.: Bei den bisher heftigsten US-Luftangriffen auf Kabul ist ein **zweites Rot-Kreuz-Lager zerstört** worden. ● Die Taliban-Regierung läßt den Oppositionellen Abdul Hak hinrichten. ● Zur Abtötung möglicher Milzbrandbakterien wird die Behördenpost für Washington mit Elektronen bestrahlt. ● Die Polizei verdächtigt Atomkraftgegner als Täter für den Wurf einer Hakenkralle auf die Oberleitung der Bahnstrecke Berlin - Magdeburg.

28.10.: Etwa 5.000 bewaffnete Pakistaner brechen in Richtung Afghanistan zur Unterstützung der Taliban-Regierung auf. ● Kanzler **Schröder** betrachtet eine **Feuerpause in Afghanistan** als **Behinderung für eine politische Lösung.** ● Für den nächsten **Castor-Transport** sind in der Zeit vom 5. bis 20.

November entlang der Bahnstrecke Lüneburg - Dannenberg sowie entlang der Straße von Dannenberg nach Gorleben umfangreiche **Demonstrationsverbote** erlassen worden. ● Die Bundesanwaltschaft hat Ermittlungen gegen Mitglieder der Bundesregierung wegen des Bundeswehreinsatzes in Mazedonien abgelehnt: es habe keine Verstöße gegen das Grundgesetz, die Charta der Vereinten Nationen und den Nato-Vertrag gegeben. ● In Heidelberg, Nürnberg und Oldenburg protestieren **NPD-Mitglieder gegen die US-Angriffe auf Afghanistan**; gegen diese Aufmärsche wenden sich zahlreiche Gegendemonstranten.

29.10.: Die Diskussion über einen Stopp der Luftangriffe auf Afghanistan während des Fastenmonats Ramadan hält an. ● Zahlreiche **US-Politiker** fordern den **Einsatz von Bodentruppen.**

30.10.: **UN-Flüchtlingskommissar Lubbers** zeigt sich über die Ausweitung der US-Militäreinsätze in Afghanistan **beunruhigt.** ● Im Rahmen von Protestaktionen gegen den **Atommülltransport nach Sellafield** findet in Unterweser/Bremen eine Sitzblockade statt.

31.10.: Die internationale katholische Friedensorganisation **Pax-Christi** fordert den sofortigen **Stopp der Bombardierung** Afghanistans und die **Rückkehr zu diplomatischen, politischen, polizeilichen Mitteln** im Kampf gegen den Terror unter sofortiger eindeutiger **Führung der Vereinten Nationen.**

November 2001

01.11.: Der **UN-Generalsekretär** und der amtierende **EU-Ratspräsident** fordern eine **Unterbrechung der Luftangriffe auf Afghanistan.** ● Zwischen der SPD und der IG-Metall bzw. innerhalb der SPD gibt es Auseinandersetzungen über die Forderung nach einem Ende der Luftangriffe auf Afghanistan. ● Ein Düsseldorfer **Amtsrichter** erhebt bei einem Prozess gegen einen Fahnenflüchtigen schwere **verfassungsrechtliche Bedenken gegen die allgemeine Wehrpflicht**: die Wehrpflicht sei ein nicht länger erforderlicher Eingriff in die Grundrechte und verstoße gegen den Gleichheitsgrundsatz des Grundgesetzes.

02.11.: Die anhaltenden US-Luftangriffe auf Afghanistan werden mit Hilfe von Bodentruppen gesteuert. ● Die **Grünen in Europa** appellieren an die EU-Ratspräsidentschaft, dass diese sich für eine „**Feuerpause" in Afghanistan** als wichtigen „Bestandteil einer ausgearbeiteten Strategie für eine humanitäre Reaktion" einsetze. ● Ein niedersächsischer **Pfarrer** wird wegen Verstoßes gegen das Ausländergesetz **zu einer Geldbuße** in Höhe von DM 4.000 **verurteilt**: er hat einer von Abschiebung bedrohten kurdischen Familie 14 Monate **Kirchenasyl** gewährt. ● Mit Hilfe von Kartoffelbergen blockieren Umweltschützer stundenlang das Zwischenlager Gorleben.

04.11.: Die **Evangelische Kirche Deutschlands** zieht die US-Strategie in Zweifel und plädiert für einen **Bombenstopp** während des Fastenmonats Ramadan. ● In einem weltweit auf zahlreichen Fernsehkanälen ausgestrahlten Videoband bezeichnet **bin Laden** den **US-Krieg als** einen **Religionskrieg gegen den Islam** und nennt die UN ein Werkzeug des Verbrechens. Die Arabische Liga distanziert sich umgehend von den Äußerungen bin Ladens. ● Bei einer NPD-Demonstration in Leipzig mit 1.200 Teilnehmern kommt es zu Auseinandersetzungen mit friedlichen Gegendemonstranten.

05.11.: SPD und Bündnis 90/Die Grünen einigen sich auf Eckpunkte eines neuen **Zuwanderungsrecht**s.

06.11.: Die **Bundesregierung** erklärt ihre Bereitschaft, **3.900 Soldaten für den Kampf gegen den internationalen Terrorismus** bereitzustellen, und stellt beim Bundestag einen entsprechenden Antrag. ● Friedensorganisationen und die IG Metall lehnen den geplanten Bundeswehreinsatz ab.

07.11.: Die Bundesregierung fasst den formellen Beschluss über den Bundeswehreinsatz im „Kampf gegen den internationalen Terrorismus". ● Im Zusammenhang mit dem geplanten **Castor-Transport** von La Hague nach Gorleben kündigen Umweltschutzinitiativen große **Blockadeaktionen** an.

08.11.: Bei der Bundestagsdebatte über den Bundeswehreinsatz im „Krieg gegen den Terrorismus" findet der geplante deutsche Militäreinsatz einhellige Zustimmung bei CDU/CSU und FDP; bei SPD und Bündnis 90/Die Grünen werden etwa 20 „Kritiker" vermutet. Die PDS lehnt den geplanten Bundeswehreinsatz geschlossen ab. ● Beide großen **Kirchen** äußern **Bedenken gegen den Bundeswehreinsatz**.

09.11.: Der **Bundestag** verabschiedet die ersten **Anti-Terror-Gesetze**: das Religionsprivileg wird aus dem Vereinsrecht gestrichen, ein Drei-Milliarden-Programm für mehr Sicherheit aufgelegt, die Tabak- und Versicherungssteuer zur Finanzierung dieser Maßnahmen erhöht.

10.11.: In **Gorleben** werden die **Protestaktionen** fortgesetzt; die Bürgerinitiativen klagen über die massive Einschränkung von Grundrechten.

11.11.: Acht Bundestagsabgeordnete von Bündnis 90/Die Grünen lehnen den geplanten Bundeswehreinsatz in Afghanistan definitiv ab; auch in der SPD-Bundestagsfraktion wächst der Widerstand. Vor der Abstimmung am 16.11.2001 wird die Zahl von 25 „Wackelkandidaten" genannt. ● In **Rom, Genf, Paris** und **Berlin** demonstrieren **Hunderttausende gegen Krieg und Globalisierung**. ● Infolge des Afghanistan-Krieges nehmen bei der Zentralstelle für Kriegsdienstverweigerer die Anfragen von Reservisten zu. ● **NPD-Demonstrationen** in Gera und Grimma werden von Gegendemonstrationen begleitet.

12.11.: Der Parteirat von Bündnis 90/Die Grünen empfiehlt der Bundestagsfraktion, dem Bundeswehreinsatz in Afghanistan unter bestimmten Bedingungen zuzustimmen. ● Ein einstimmiger Beschluss des SPD-Bundesvorstandes fordert die SPD-Bundestagsfraktion zur Zustimmung zum Bundeswehreinsatz auf. ● Die Nordallianz in Afghanistan kontrolliert angeblich 40% des afghanischen Territoriums. ● Bei der Berliner Generalstaatsanwaltschaft werden von **Friedensorganisationen Anzeigen wegen des Verdachts „auf Vorbereitung eines Angriffskrieges"** (§ 80 Strafgesetzbuch) erstattet. ● Gegen den **Castor-Transport** gibt es auf dem Weg nach Gorleben laut Aussagen von Kernkraftgegnern **„ungebrochenen Widerstand"**: Demonstrationen, Blockaden, Ankettaktionen. Die Polizei reagiert mit Aufenthaltsverboten, Fest- und In-Gewahrsamnahmen.

13.11.: Bundeskanzler **Schröder verknüpft die Abstimmung über den Bundeswehreinsatz mit der Vertrauensfrage**. ● Die Nordallianz marschiert in Kabul ein. ● Friedensorganisationen fordern zu **Protestaktionen gegen die Bundestagsentscheidung** über den geplanten Bundeswehreinsatz auf. ● Auf dem Weg nach Gorleben **stoppt** der **Castor-Transport** aufgrund zahlreicher Schienenbesetzungen und anderer Aktionen; die Polizei reagiert mit Schlagstock- und Pfeffersprayeinsätzen. ● Die entsprechende **Enquetekommission** des Bundestages votiert **gegen den Import von embryonalen Stammzellen**.

14.11.: Angeblich befinden sich **zwei Drittel Afghanistans unter Kontrolle der Nordallianz**. ● Atomkraftgegner klagen über das unverhältnismäßige Vorgehen der Polizei, die Kriminalisierung des Widerstandes, die Aufhebung des Rechtsschutzes im Versammlungsrecht, kurzfristige Demonstrationsverbote trotz rechtzeitiger Anmeldung sowie das stundenlange Festhalten von Demonstranten.

15.11.: Taliban-Führer Omar droht mit einem Guerilla-Krieg und der Zerstörung Amerikas. ● Der Weltsicherheitsrat der **UN** verabschiedet eine **Resolution** über die „**Zeit nach der Taliban-Regierung**". ● Acht Mitglieder der christlichen Hilfsorganisation Shelter Now werden nach dreimonatiger Gefangenschaft in Afghanistan freigelassen. ● Der Bundestag verabschiedet ein **neues Naturschutzgesetz**: Naturschutzauflagen für Land-, Forst- und Fischwirtschaft, Klagerecht für Verbände auf Bundesebene, Zusammenschluss von 10% der Gesamtfläche Deutschlands zu einem Bio-Verbundsystem. ● **Friedens- und Bürgerrechtsgruppen** organisieren **Protestaktionen** gegen die bevorstehende Bundestagsentscheidung zum Bundeswehreinsatz in Afghanistan.

16.11.: Der **Bundestag** stimmt mit seiner rotgrünen Mehrheit **für einen Bundeswehreinsatz** in Afghanistan und spricht damit gleichzeitig Kanzler Schröder das Vertrauen aus: 336 Ja-Stimmen, 326 Nein-Stimmen, 4 abwesende Abgeordnete. ● Während der Bundestagssitzung wird **vor dem Reichstag protest**iert. ● Bei Kämpfen um die afghanische Stadt Kandahar greifen erstmals US-Elitesoldaten ein.

18.11.: Der Tod des Stellvertreters bin Ladens, Atef, wird bestätigt. ● Die **US-Bombardements** fordern wieder **zahlreiche Opfer** unter der Zivilbevölkerung. ● Der amtierende afghanische Präsident Rabbani kehrt nach Kabul zurück. ● In London und einigen deutschen Städten finden **Demonstrationen gegen den Afghanistan-Krieg** statt.

19.11.: Die afghanische Nordallianz lehnt die Entsendung von 6.000 britischen Soldaten nach Afghanistan ab. ● Um die Städte Kundus und Kandahar gibt es heftige Kämpfe. ● Bei Auseinandersetzungen zwischen Taliban- und Al-Quaeda-Kämpfern sollen angeblich 300 kapitulationsbereite Taliban von Al-Quaeda-Angehörigen getötet worden sein.

20.11.: **Menschenrechtsorganisationen warnen vor Kriegsverbrechen in Afghanistan.**

22.11.: Das Bundesverfassungsgericht weist eine Klage der PDS ab, die Parlamentsrechte verletzt sieht, da der Bundestag nicht mit dem neuen Nato-Konzept befasst gewesen ist. Der ursprüngliche Nato-Vertrag sei durch die Washingtoner Erklärung vom April 1999 nicht geändert, sondern bloß fortentwickelt worden; die Bundesregierung besitze außenpolitisch einen weiten Spielraum, durch eine parlamentarische Zustimmungspflicht werde die Handlungsfähigkeit der Regierung ungerechtfertigt beschnitten. ● Gegen drei Jugendliche (15, 17 und 18 Jahr alt) werden nach einem **Brandanschlag auf ein Asylbewerberheim** in Aystetten bei Augsburg Haftbefehle erlassen.

23.11.: **Menschenrechtsorganisationen** üben massive **Kritik an der „Anti-Terror-Allianz**": weltweit würden Freiheitsrechte geschwächt, in der BRD würde eine Verschärfung des Ausländer- und Asylrechts geplant, auf die Anschläge vom 11.09.2001 werde überzogen reagiert, der Krieg sei in Bezug auf die Entwicklung der UN ein Rückschritt, das Völkerrecht legitimiere US-Angriffe auf Afghanistan in keiner Weise. ● In der „tageszeitung" wird ein von 88 Personen unterzeichneter **Aufruf** veröffentlicht, der Bundeswehrsoldaten auffordert, **sich einem Einsatz im sogenannten „Krieg gegen den Terror" zu widersetzen.**

24.11.: Eine dreiviertel Mehrheit der Bundesdelegiertenkonferenz von **Bündnis 90/Die Grünen „akzeptiert"** die Entscheidung der Bundestagsfraktion, die mit großer Mehrheit für die **Beteiligung deutscher Soldaten am „Anti-Terror-Krieg"** gestimmt hat; gleichzeitig wird die Verbundenheit und das Verpflichtetsein gegenüber der pazifistischen Tradition betont.

25.11.: Truppen der Nordallianz besetzen die Stadt Kundus. ● In Masar-e-Scharif werden hunderte ausländische Söldner getötet.

27.11.: Auf dem Petersberg bei **Bonn** beginnt die **Afghanistan-Konferenz** der UN. ● Bei einem Aufstand von Gefangenen werden in Masar-e-Scharif **800 Taliban-Kämpfer getötet**. Amnesty International fordert eine Untersuchung und fragt nach der Verhältnismäßigkeit der eingesetzten Mittel. ● In Berlin wird die **„Ausstellung über Verbrechen der deutschen Wehrmacht im Zweiten Weltkrieg" neu eröffnet**. ● Die Enquetekommission des Bundestages lehnt therapeutisches Klonen ab: therapeutisches Klonen sei ein Einstieg in das reproduktive Klonen.

28.11.: Der Vorstand der Gewerkschaft **ver.di** verurteilt den **Afghanistan-Krieg** scharf: Krieg fördere den Terror.

29.11.: Die Diskussion – Massaker oder Niederschlagung einer Revolte – über den Tod von ca. 600 Taliban-Kämpfern hält an. ● 14 Mitglieder des Nationalen Ethikrates votieren für den **Import embryonaler Stammzellen** unter strengen Bedingungen: Stammzellen aus überzähligen Embryonen, keine Züchtung zu Forschungszwecken, Zustimmung der Eltern, keine Geldzuwendungen für Eltern; vier Mitglieder des Rates sprechen sich für einen zeitlich befristeten Entscheidungsaufschub zur Führung einer vertieften Diskussion aus, vier Mitglieder sind für ein generelles Importverbot. ● Der Geschäftsführer der „Gewaltfreien Aktion Atomwaffen abschaffen" erhält vom Amtsgericht Ludwigsburg wegen seines Aufrufs zur **„Inspektion des Atomwaffenlagers Büchel"** (30.9.2001) einen Strafbefehl über DM 3.600. ● Zahlreiche **Initiativen rufen zu** massivem **Widerstand gegen** eine **NPD-Demonstration** in Berlin auf, deren Route durch das historische jüdische Scheunenviertel geplant ist. ● Ein breites Bündnis von **Kinderrechts- und Fachorganisationen** (pro asyl, Deutscher Kinderschutzbund, terre des hommes) fordert **gleiche Rechte für Flüchtlingskinder**, die Rücknahme der Vorbehalte gegen die UN-Kinderrechtskonvention sowie den **Vorrang des Kindeswohls** bei allen Gesetzen.

Dezember 2001

01.12.: Der 8. Friedenspolitische Ratschlag in Kassel erhebt die Forderung nach ziviler Bekämpfung des Terrors unter Verantwortung der UN und nach Auflösung der Krisenreaktionskräfte; die neue Nato-Strategie und der Umbau der Bundeswehr zu einer Interventionsarmee werden abgelehnt. ● Ein **Neo-Nazi-Aufmarsch** mit etwa 3.500 Teilnehmern wird **von 4.000 Polizisten geschützt**; 4.500 Menschen beteiligen sich an **Gegendemonstrationen**.

02.12.: Berichte über „**Fehlschläge" von US-Luftangriffen** in Afghanistan häufen sich: bei den Kämpfen um Kandahar seien Hunderte Zivilisten getötet worden.

03.12.: Der Vormarsch der Taliban-Gegner auf Kandahar wird durch **massive US-Bombardements** unterstützt.

05.12.: Auf dem Petersberg bei Bonn wird das **Afghanistan-Abkommen** unterzeichnet: Verständigung auf eine 30köpfige Interimsregierung für 6 Monate, anschließende Einberufung einer Loya Jirga („große Versammlung"), Bildung einer Übergangsregierung für 2 Jahre, Erarbeitung einer Verfassung, Vorbereitung freier Wahlen, internationale Schutztruppe für Kabul.

06.12.: In Kandahar kapitulieren die Taliban; die Kämpfe um die Bergfestung Tora Bora, ver-

muteter Aufenthaltsort bin Ladens, verschärfen sich. ● Der **UN-Sicherheitsrat billigt** die **Beschlüsse** der Afghanistan-Konferenz. ● Nach dem Scheitern der Koalitionsverhandlungen zwischen SPD, FDP und Bündnis 90/Die Grünen in Berlin beginnen entsprechende Verhandlungen zwischen SPD und PDS.

08.12.: Am Flughafen Frankfurt/Main beteiligen sich etwa 200 Menschen an einer vom „Aktionsbündnis Gegen Abschiebungen Rhein-Main" organisierten **Demonstration gegen Abschiebungen** und für die Öffnung der Grenzen für Flüchtlinge.

09.12.: Die GAL Hamburg schafft die Trennung von Amt und Mandat und damit die Doppelspitze ab: Sie übernimmt unter den grünen Landesverbänden eine Vorreiterrolle.

10.12.: Die Klagen gegen den umstrittenen Braunkohletagebau Garzweiler II werden vom zuständigen Verwaltungsgericht abgewiesen: der Betriebsplan sei rechtmäßig, in der jetzigen Planungsphase gebe es keine Klagebefugnis. ● Der **Einsatz der Bundeswehr in Mazedonien** wird durch einen Kabinettsbeschluss **verlängert**.

11.12.: Im Streit um den Religionsunterricht in Brandenburg unterbreitet das Bundesverfassungsgericht einen Kompromissvorschlag: Religionsunterricht werde ab 12 Teilnehmern eingerichtet, das Fach könne benotet werden, Teilnehmer würden vom LER-Unterricht befreit, LER sei verfassungsgemäß.

12.12.: Nach einem gewaltsamen **Brechmitteleinsatz** ist ein tatverdächtiger **Drogen-Dealer** aus Kamerun **gestorben**; Menschenrechtsgruppen kritisieren Brechmitteleinsätze massiv und betonen deren Verfassungswidrigkeit.

13.12.: Ein aufgefundenes Video-Band soll angeblich die Schuld bin Ladens an den Terroranschlägen in den USA beweisen. ● Der Bundestag beschließt die Verlängerung des Bundeswehreinsatzes in Mazedonien. ● US-Präsident **Bush kündigt** den **ABM-Vertrag** von 1972. ● Nach einer Anschlagserie startet die **israelische Armee** umfassende **Angriffe auf Einrichtungen der palästinensischen Autonomiebehörde**. Palästinenserpräsident Arafat bricht zu Israel alle Kontakte ab.

14.12.: Der **Bundestag beschließt** ein zweites **Gesetzespaket zur Terrorismusbekämpfung**: Verschärfung der Pass- und Ausweisregelungen, Schwächung des Datenschutzes, Stärkung der Befugnisse von Ausländerbehörden,

Polizei, Bundeskriminalamt, Bundesgrenzschutz und Geheimdiensten. (Zustimmung von SPD, CDU/CSU, Bündnis 90/Die Grünen, Ablehnung von FDP und PDS). ● Der **Bundestag beschließt** ferner die **Änderung des Atomgesetzes**, die den Atomausstieg innerhalb der nächsten 20 Jahre ermöglicht (Zustimmung von SPD, Bündnis 90/Die Grünen, Ablehnung von CDU/CSU, FDP, PDS).

15.12.: Rund 1.000 Menschen demonstrieren in Bottrop gegen einen Aufmarsch von 80 Rechtsextremisten.

16.12.: Die Deutsche Bahn, der Bundesgrenzschutz und das Technische Hilfswerk verlangen DM 166.714,95 **Kostenerstattung von fünf Castor-Blockierern**, die sich im März auf der Bahnstrecke Lüneburg - Dannenberg angekettet hatten und erst nach Stunden losgeschnitten werden konnten. Diese Aktion hatte die Ankunft des Zuges aus der französischen Wiederaufbereitungsanlage La Hague ins Atomzwischenlager Gorleben um einen Tag verzögert.

17.12.: Die „**Gemeinsame Konferenz Kirche und Entwicklung**"(GKKE) übt an der deutschen **Rüstungsexportpolitik** heftige **Kritik**: unter Rot-Grün laufe der Waffenexport zwar transparenter, der Exportumfang nehme allerdings nicht ab. Letzteres gelte vor allem für den Export in sog. Entwicklungsländer.

18.12.: Die **aktuelle Kriegsbilanz** der Arbeitsgemeinschaft Kriegsursachenforschung (Akuf) an der Universität Hamburg listet für das Jahr 2001 **46 kriegerische Konflikte** auf gegenüber 47 Kriegen im Vorjahr: über 90 Prozent aller Kriege seit 1945 fänden in der sog. „Dritten Welt" statt.

19.12.: Die **Ausweitung des sog. Anti-Terror-Krieges auf Somalia** wird in deutschen Regierungskreisen nicht ausgeschlossen. ● Das **Bundesverfassungsgericht** entscheidet, dass **Blockaden Nötigung sein können**. Demonstranten, die sich bei Blockadeaktionen anketten, könnten wegen gewaltsamer Nötigung bestraft werden. Die Aktion müsse allerdings zusätzlich verwerflich sein; Strafrichter dürften bei der Verwerflichkeitsprüfung nicht den Demonstrationszweck beurteilen, sondern müssten das Anliegen der Protestierenden berücksichtigen, Aufmerksamkeit in gesellschaftlichen Fragen zu erzielen.

20.12.: In einer Resolution des **Weltsicherheitsrates** wird die **Entsendung einer Afghanistan-Schutztruppe** beschlossen: Mandatsdauer: 6 Monate, britisches Oberkommando, Recht auf Anwendung militärischer Gewalt nach Artikel VII UN-Charta, Einsatz in Kabul und Umgebung zum Schutz der Interimsregierung und zur Gewährleistung der Sicherheit der Region. ● Die Zahl der **Opfer der Anschläge in New York** wird auf **2.992** korrigiert. ● Der Bundesrat stimmt dem sog. Sicherheitspaket II zu. Das Zuwanderungsgesetz und das Naturschutzgesetz werden abgelehnt, das Gesetz zur Neuausstattung der Bundeswehr gebilligt. ● **Verkürzung des Wehrdienstes** (von 10 auf 9 Monate), **Verringerung der Truppenstärke** von 324.000 auf 255.000 Soldaten, Ausbildung von 150.000 Mann für internationale Einsätze, **Verkürzung des Zivildienstes** (von 11 auf 10 Monate). ● Der **Europäische Gerichtshof für Menschenrechte** hat die Klage von sechs Jugoslawen gegen Nato-Angriffe auf einen serbischen Rundfunksender während des Jugoslawien-Krieges zurückgewiesen. Zur Begründung wird angeführt, der Angriff mit 16 Toten sei außerhalb des Zuständigkeitsgebietes des Gerichts geschehen. Die Kläger sind der Auffassung, der Angriff habe gegen die Europäische Konvention für Menschenrechte verstoßen.

22.12.: Der Bundestag beschließt auf Antrag der Bundesregierung die **Beteiligung von bis zu 1.200 deutschen Soldaten an einer Schutztruppe für Afghanistan** (538 Ja-, 35 Nein-Stimmen, 8 Enthaltungen; keine Nein-Stimmen aus der Fraktion von Bündnis 90/Die Grünen).

23.12.: Nach **blutigen Protesten** gegen die Sparpolitik der Regierung ist der **Peronist Saa** vom argentinischen Parlament zum **Übergangspräsidenten** gewählt worden; er soll das Land aus der schweren wirtschaftlichen und politischen Krise führen.

25.12.: Etwa **600 Asylsuchende** – vornehmlich Kurden, Iraner und Afghanen – haben **vergeblich** versucht, **durch den Eurotunnel von Calais aus nach Großbritannien** zu kommen. Nachdem es ihnen zunächst gelungen war, Absperrungen zu durchbrechen und Sicherheitskräfte zu überrennen, wurden sie schließlich von Polizeiverstärkungen wieder zurückgedrängt und in das Lager Sangatte des Roten Kreuzes gebracht.

26.12.: Die USA unternehmen einen neuen Anlauf, die **Suche nach** dem muslimischen Extremisten **Osama bin Laden** und dem Taliban-Chef **Mohammed Omar** fortzusetzen. Über deren Aufenthaltsorte gibt es widersprüchliche Angaben. ● **Indien droht Pakistan** im Konflikt um Kaschmir offen **mit Krieg** und

412

verlegt Mittelstreckenraketen an die Grenze zu Pakistan. Beide Seiten verhängen Sanktionen gegeneinander. Anlass für die Spannungen ist ein Überfall auf das indische Parlament in Delhi, für den von Pakistan unterstützte Terroristen verantwortlich gemacht werden.

27.12.: Die Zahl der **Opfer der Anschläge in New York, Washington und Pennsylvania** ist erneut korrigiert worden: die Zahl der Toten wird nun mit **3.225** angegeben. ● Bei wieder aufgenommenen **US-Bombardements** Afghanistans sollen mindestens **25 Zivilisten getötet** worden sein.

28.12.: Die neue afghanische Regierung fordert, dass künftige US-Luftangriffe mit dem afghanischen Verteidigungsministerium abgesprochen werden sollen. ● In **China** sind **35 Menschen** wegen Mordes oder schweren Raubes **hingerichtet** worden. Dadurch soll der Bevölkerung vor den Neujahrsfeiertagen ein Gefühl von Sicherheit vermittelt werden. Nach Angaben westlicher Diplomaten sollen zwischen April und Juli etwa **2.000 Todesurteile** vollstreckt worden sein. ● Die **Europäische Union** veröffentlicht eine **Liste mit 13 Terror-Organisationen und 29 mutmaßlichen Terroristen**, die von allen EU-Ländern als gefährlich eingestuft werden.

29.12.: Etwa **200 jugendliche NPD-Anhänger demonstrieren** in Trier **für die „Todesstrafe für Kinderschänder"**; etwa **400 Gegendemonstranten** haben mehr als eine Stunde lang den Busbahnhof lahmgelegt.

30.12.: Die afghanische Übergangsregierung stimmt einer Vereinbarung über die Stationierung einer internationalen Schutztruppe zu: 300 Soldaten sollen in Kabul, der Rest der bis zu 3.000 Mann nahe dem Flughafen stationiert werden. ● Das Forschungsinstitut Death Penalty Center in Washington berichtet, dass in den **USA** die Zahl der Hinrichtungen und der Todesurteile im Vergleich zu den beiden Vorjahren abgenommen habe und daher ein „**Trend weg von der Todesstrafe**" festzustellen sei: Exekutionen in 1999 98, in 2000 85, in 2001 66; Todesurteile in 1999 272, in 2000 214. Zur Zeit gebe es 3.700 Verurteilte in Todeszellen, 450 davon in Texas.

Januar 2002

01.01.: Der **US-Bombenangriff** auf ein ostafghanisches Dorf **mit 92 getöteten Zivilisten** ist von der Regierung in Kabul bestätigt und gerechtfertigt worden: nur durch einen Luftangriff habe ein Waffenlager zerstört werden kön-

nen. ● In einem Brief an den Bundesvorsitzenden der „Opfer der Militärjustiz", den Wehrmachtsdeserteur Ludwig Baumann, hat **Bundesjustizministerin Däubler-Gmelin** bekräftigt, dass in absehbarer Zeit die von NS-Richtern verurteilten Wehrmachtsdeserteure eindeutig rehabilitiert werden. Sie wolle sich auch künftig für die Belange der Verurteilten einsetzen. Däubler-Gmelin räumt ferner ein, dass die vom Gesetz geforderte Einzelfallprüfung eine unzumutbare psychologische Belastung für die Betroffenen und zu Recht als entwürdigend empfunden werde. Das 1998 verabschiedete **Gesetz zur Aufhebung von NS-Unrechtsurteilen** soll entsprechend **nachgebessert** werden. ● An einer **Protestwanderung der Bürgerinitiative „Freie Heide Kyritz – Wittstock – Ruppin"** gegen den Truppenübungsplatz „Bombodrom" bei Wittstock haben sich mehr als 600 Menschen beteiligt. Das vom Bundesverwaltungsgericht im Dezember 2000 verfügte Anhörverfahren läuft bis Ende Januar 2002.

02.01.: Zu ihrem ersten Einsatz im Rahmen des von den USA angeführten sog. Anti-Terror-Krieges sind sechs Schiffe der **deutschen Marine mit etwa 750 Soldaten** an Bord in Richtung **Dschibuti** am Horn von Afrika ausgelaufen. Dort sollen Seewege gesichert sowie Nachschub- und Fluchtwege mutmaßlicher Terrorgruppen unterbrochen werden. ● Die **Zahl der Asylbewerber**, die **2001** Schutz in Deutschland gesucht haben, beträgt laut Angaben des Innenministeriums **90.000**; dies ist in den letzten 14 Jahren der zweitniedrigste Stand. Die Zahl der Aussiedler liegt mit mehr als 95.000 erneut höher. ● Mit Eduardo Duhalde, dem früheren Provinzgouverneur von Buenos Aires, ist binnen zwei Wochen der fünfte Präsident Argentiniens vom argentinischen Kongress gewählt worden. Auch er hat in seiner Antrittsrede eine umfassende Reform des Wirtschaftssystems in Argentinien angekündigt. Es wird damit gerechnet, dass eine Regierung der Nationalen Einheit gebildet wird.

03.01.: Der neue afghanische Regierungschef Karsai hat 200 ehemalige Taliban-Kämpfer begnadigt. Die Männer seien an mehreren Fronten gefangen genommen und jetzt ihren Familien übergeben worden. ● Der Berliner Rechtsanwalt Ulrich Dost hat im Namen von Hinterbliebenen und Versehrten beim Berliner Landgericht eine **Zivilklage auf Schadensersatz gegen die Bundesrepublik** Deutschland als Nato-Mitglied eingereicht. Dabei gehe es um einen Angriff von Nato-Kampfbombern auf eine Brücke in der serbischen Kleinstadt Varvarin am 30. Mai 1999, bei dem zehn Menschen starben und 30 verletzt wurden. Dosts Klage stützt sich auf das Erste Zusatzprotokoll zu den Genfer Verträgen von 1977, die Soldaten dazu verpflichten, vor jedem Militärschlag sicherzustellen, dass Zivilisten nicht unverhältnismäßig in Mitleidenschaft gezogen werden. ● US-Forschern soll es erstmals gelungen sein, **genmanipulierte Ferkel** zu **klonen**. Mit Hilfe dieser Züchtungen soll versucht werden, die Transplantation tierischer Organe auf den Menschen voranzutreiben. Das Erbgut von Schweinen sei erfolgreich verändert worden, so dass die sonst übliche Immunabwehr beim Menschen umgangen werden könne.

04.01.: Die Vereinten Nationen haben bestätigt, dass bei einem **US-Luftangriff** mindestens **52 Zivilisten getötet** worden sind. Der UN-Afghanistan-Sonderbeauftragte wolle darüber mit dem afghanischen Interimsregierungschef Karsai und US-Diplomaten reden. ● Bei einem neuerlichen **US-Bombenangriff** seien erneut **mehr als 30 Dorfbewohner getötet** worden. ● Die **USA, Israel** und die **Palästinenser** haben sich darauf verständigt, ihre **gemeinsamen Sicherheitsgespräche** wieder aufzunehmen. Dem US-Sondergesandten Zinni ist es offensichtlich gelungen, Israel und die Palästinenser wieder an einen Tisch zu bringen und über den von ihm favorisierten Tenet-Plan zu verhandeln. Der US-Geheimdienstchef Tenet hatte im Sommer einen detaillierten Plan zur Sicherung der Waffenruhe vorgestellt, demzufolge beide Konfliktparteien während einer sechswöchigen Pause zur Eindämmung der Gewalt beitragen sollen: Verhaftung militanter Extremisten durch die palästinische Autonomiebehörde einerseits, Verlassen der Autonomiegebiete und Aufhebung der Blockaden und Straßensperren durch Israel andererseits.

06.01.: Bundesverteidigungsminister Scharping hat dem deutschen **Vorauskommando der Bundeswehr für den Afghanistan-Einsatz** den **Marschbefehl** erteilt. Geplant sei der Abflug von zunächst 70 Soldaten der sog. gemeinsamen Einheit. ● **Indien und Pakistan** sollen nach Vermittlungsgesprächen des britischen Premierministers Blair **Gesprächsbereitschaft** zur Lösung des Kaschmir-Konflikts signalisiert haben. Der indische Premier Vajpayee fordert, dass Pakistan gegen terroristische Gruppen vorgehen müsse, der pakistanische Militärmachthaber Musharraf bekräftigt seinen Willen zum Dialog, der Truppenaufmarsch müsse beendet und der Meinungsaustausch institutionalisiert werden. ● Der Staatsminister im Auswärtigen Amt, Ludger Volmer, hält ein stärkeres militärisches Engagements Deutschlands

in naher Zukunft für unausweichlich. Zugleich fordert er von den Anhängern des Pazifismus wegen der neuen Bedrohung durch den internationalen Terrorismus ein Umdenken: Pazifismus könne militärische Gewalt als letztmögliches Mittel nicht leugnen. ● Trotz verstärkter Werbung haben die **Gewerkschaften** ihren **Mitgliederschwund** 2001 nicht stoppen können: die DGB-Organisationen haben mehr als 200.000 Mitglieder verloren. Insgesamt sind noch etwa 7,9 Millionen Menschen in einer DGB-Gewerkschaft organisiert.

07.01.: Der UN-Sonderberichterstatter für die Menschenrechte in Afghanistan hat in Kabul betont, dass die **zivilen Opfer der US-Bombenangriffe** das **Recht auf eine Untersuchung** über eventuelle Verletzungen der Menschenrechte besäßen. ● In der **Türkei** ist der **45. hungerstreikende Häftling gestorben**, wie die Menschenrechtsorganisation Human Rights Association mitteilt. Die Häftlinge protestieren seit über einem Jahr gegen die Haftbedingungen in türkischen Gefängnissen.

08.01.: Das Welternährungsprogramm (WFP) hat in Genf mitgeteilt, dass wegen fehlender Sicherheit **Hunderttausende Afghanen** nicht von Hilfsorganisationen versorgt werden könnten und daher **hungerten**. Zahllose Opfer seien bereits zu beklagen. Allein in Kandahar würden etwa 400.000 Einwohner seit September auf Hilfslieferungen warten. ● Nach Angaben des Flüchtlingshilfswerk der Vereinten Nationen (UNHCR) sind rund 80.000 Afghanen freiwillig und spontan aus den Nachbarländern Iran und Pakistan in ihre Heimat zurückgekehrt; zugleich halte aber die Fluchtwelle aus dem Süden Afghanistans an.

09.01.: Um die **Abschiebung einer Kurdenfamilie** zu **verhindern**, haben in **Bremen** etwa 150 Demonstranten eine **Straßenblockade** errichtet und sich schützend vor das Haus der Kurden gestellt. Die Polizei habe die Barrikade geräumt, auf ein gewaltsames Vordringen in das Haus aber verzichtet. Die Familie, die seit mehr als 13 Jahren in Bremen lebt, gehört zu jenen 500 Menschen, die nach eigenen Angaben als staatenlose Kurden aus Libanon mit gefälschten türkischen Papieren nach Deutschland geflüchtet sind. ● Aus der vom Bundesinnenministerium veröffentlichten Jahresstatistik geht hervor, dass **2001** die **Quote der Asylanerkennungen** deutlich **gestiegen** ist. 107.000 Entscheidungen sind vom Nürnberger Asylbundesamt 2001 gefällt worden, in 5,3 Prozent der Fälle sind die Antragsteller als Asylberechtigte nach Art. 16 Grundgesetz anerkannt worden; 15,9 Prozent

414

der Antragsteller ist das „kleine Asyl" gewährt worden – Abschiebeschutz aufgrund von Gefährdung aus politischen, rassischen oder religiösen Gründen. Weiteren 3 Prozent sei Abschiebeschutz aus humanitären Gründen zuerkannt worden. Die Ablehnungsquote beträgt 54,8 Prozent.

10.01.: Das Strafverfahren gegen einen 35jährigen Reserveoffizier der Bundeswehr, der im Rahmen der Kranzniederlegung für Kriegsdienstverweigerer und Deserteure der NS-Zeit am 20. Juli 2000 im Hof des Bendler-Blocks in Berlin den Vorsitzenden der „Vereinigung Opfer der NS-Militärjustiz", Ludwig Baumann, mit dem Wort „Straftäter" beleidigt hatte, ist vom Amtsgericht Berlin-Tiergarten gegen Zahlung einer Geldbuße von 500 Euro und nach einer ausdrücklich vom Gericht verlangten Entschuldigung bei Ludwig Baumann eingestellt worden. Die Staatsanwaltschaft hatte zuvor einen Strafbefehl über 5.000 Euro verhängt. ● Ibrahim **Rugova** ist vom Parlament in Pristina **erneut nicht zum Präsidenten von Kosovo gewählt** worden. Damit ist der in der entsprechenden UN-Resolution vorgesehene Aufbau demokratischer Institutionen zur Selbstverwaltung der Provinz innerhalb Jugoslawiens zunächst blockiert. ● Gegen die Anfang Februar in München stattfindende „Nato-Sicherheitskonferenz" haben sich rund **hundert Organisationen** zu einem „**Bündnis gegen die Nato-Sicherheitskonferenz**" zusammengeschlossen. Geplant sind eine Kundgebung auf dem Marienplatz und ein Demonstrationszug durch die Innenstadt. ● In seinem Jahresbericht 2002 hat das Worldwatch-Institut darauf hingewiesen, dass die sich verschlechternden sozialen und ökologischen Trends langfristig eine größere Gefahr für die Menschheit darstellten als der Terrorismus. Eindringlich wird dazu aufgerufen, das Klimaprotokoll von Kyoto in Kraft zu setzen.

11.01.: Mit der Ankunft von **32 deutschen Soldaten in Kabul** ist der Bundeswehreinsatz in Afghanistan angelaufen. Insgesamt wird Deutschland voraussichtlich 800 bis 1.000 der etwa 4.500 Mann starken „International Security Assistance Force" (ISAF) stellen. ● Die unter anderem von Deutschland und Spanien mitfinanzierte **Flughafen-Landebahn** des internationalen Flughafens von **Gaza** ist **von der israelischen Armee** als Bestrafung für palästinensische Anschläge **zerstört** worden. Bei weiteren Vergeltungsschlägen sind mehr als 70 Häuser dem Erdboden gleichgemacht worden und damit mehr als 400 Familien obdachlos geworden.

12.01.: Anlässlich des zehnjährigen Bestehens des Gesetzes über die Unterlagen der DDR-Staatssicherheit hat sich die Bundesbeauftragte für die Stasi-Unterlagen, Marianne Birthler, für eine historische Kommission zur Aufarbeitung des Kommunismus in einer europäischen Institution ausgesprochen. Ihr Vorgänger **Gauck** lobte im Rahmen einer Feierstunde in Leipzig das **Stasi-Unterlagengesetz** als „Vorbild für Europa. Unsere Lösung dient der **Sache der Unterdrückten** besser als alle anderen Lösungen."

14.01.: Die Vereinten Nationen haben dringend um Unterstützung für Afghanistan gebeten, da dem Land der Bankrott drohe. Die Kosten für den Wiederaufbau werden in den ersten zehn Jahren auf 15 Milliarden Dollar geschätzt. ● Für **Asylbewerber-Kinder** soll in Nordrhein-Westfalen die **Schulpflicht** eingeführt werden. Bisher besteht für diese Personengruppe kein Zwang, wohl aber ein Recht, zur Schule zu gehen.

16.01.: Die **UN-Hochkommissarin** für Menschenrechte, Mary Robinson, hat gefordert, dass die von US-Truppen gefangen genommenen und auf den US-Flottenstützpunkt Guantanamo verbrachten **Taliban- und Al-Quaeda-Kämpfer** dem Völkerrecht entsprechend als **Kriegsgefangene** und nicht als „gesetzlose Kämpfer" (so US-Verteidigungsminister Rumsfeld) zu behandeln seien. Über den Status der bisher 50 nach Guantanamo transportierten Gefangenen müsste gegebenenfalls gemäß der Genfer Konvention ein kompetentes Gericht urteilen. Mögliche Prozesse müssten „nach den Grundsätzen der Fairness und der Unschuldsannahme geführt werden." ● Amnesty International hat die Bundesregierung aufgefordert, die USA zur Einhaltung der Genfer Konvention zu drängen. ● **Bundesjustizministerin Däubler-Gmelin** hat einen Gesetzesentwurf für ein neues „**Völkerstrafgesetzbuch**" vorgeschlagen, demzufolge Strafverfolgungsbehörden und Gerichte schwerwiegende Verstöße gegen das Völkerrecht (Völkermord, Kriegsverbrechen, ethnische Säuberungen, Einsatz von Dum-Dum-Geschossen, Aushungern der Zivilbevölkerung) ohne einen Bezug auf Deutschland verfolgen sollen. Wer sich schwerer Menschenrechtsverletzungen schuldig macht, soll „künftig nirgends auf der Welt mehr sicher sein". Der Internationale Strafgerichtshof könne auch Personen anklagen, die die Menschenrechte nicht beachtet haben, deren Länder sie aber vor Strafverfolgung schonen.

17.01.: Die Organisation **Reporter ohne Grenzen**, die **Internationale Liga für Men-**

schenrechte und **Human Rights Watch** haben in einem gemeinsamen Bericht festgestellt, dass **seit** den Attentaten des **11. September 2001** viele Länder **verschärfte Sicherheitsgesetze** verabschiedet haben, die zu Übergriffen auf kollektive und individuelle Freiheiten führen können oder bereits geführt haben. In den **USA** seien regelrechte „**Menschenjagden**" inszeniert worden: fast 1.200 Personen seien verhaftet worden, in den meisten Fällen hätten sie keinen Anwalt sprechen oder Kontakt zu ihren Familien aufnehmen können. Der US-Justizminister habe bestätigt, dass sich noch 600 Personen ohne entsprechende Gerichtsbeschlüsse in Haft befänden, er habe sich geweigert, eine Namensliste dieser Leute herauszugeben. In bezug auf Deutschland wird das Antiterror-Gesetz kritisiert, da die Zuständigkeit des Verfassungsschutzes mit der der Polizei vergleichbar sei. ● Die Anwälte – so genannte „**amici curiae**" –, die einen fairen Prozess gegen Slobodan Milosevic **vor dem Internationalen Kriegsverbrechertribunal in Den Haag** sicherstellen sollen, haben angekündigt, sowohl die **Rolle der Nato** als auch die „Angriffe auf die territoriale Integrität Jugoslawiens" durch albanische Partisanen und die Nato **ausleuchten** zu wollen. Sie haben ferner angekündigt, untersuchen zu wollen, inwieweit die Nato-Luftangriffe „darauf abzielten, terroristische Gruppen zu unterstützen und die jugoslawische Regierung zu schädigen". Weitere Schwerpunkte sollen sein: das Recht Jugoslawiens auf Selbstverteidigung und „Zerstörung und Tod durch Nato." ● Das **Berliner Abgeordnetenhaus** hat einen **von SPD und PDS** gebildeten **Senat gewählt**; einige Senatoren mussten Gegenstimmen aus den eigenen Reihen hinnehmen, der SPD-Landesvorsitzende benötigte sogar einen zweiten Wahlgang. Regierender Bürgermeister bleibt Klaus Wowereit (SPD).

18.01.: Nach heftiger Kritik von Menschenrechtsgruppen hat eine vierköpfige **Delegation des Internationalen Komitees vom Roten Kreuz** das **Lager für inhaftierte Taliban** auf dem US-Stützpunkt Guantanamo **besucht** und Gespräche mit einigen der 110 Gefangenen vorbereitet. Ein IKRK-Sprecher betont, dass grundsätzlich den internationalen Regeln über Kriegsgefangene und Häftlinge unterlägen. ● Als Reaktion auf den blutigen Anschlag eines Selbstmordattentäters mit sechs Toten im Norden Israels hat die israelische Armee das **Hauptquartier von Palästinenser-Präsident Arafat in Ramallah mit Panzern umlagert**. Arafat steht seit dem 3.12.2001 unter **Hausarrest**.

19.01.: Nach der **Sprengung des** Hauptgebäudes des offiziellen **palästinensischen Rundfunks** und Fernsehens (PBC) **durch die israelische Armee** sind weitere Militärschläge als Vergeltung für den Selbstmordanschlag in Chadara angekündigt worden. Israel begründet die Zerstörung mit fortlaufender Hetze gegen Israel. PLO-Chef Arafat hat um internationale Hilfe gebeten. ● Die Organisation **Attac** hat mit einem „**Manifest für eine andere Welt**" ihre Kritik an der Globalisierung bekräftigt. In Paris haben sich mehr als 6.000 Attac-Anhänger zum bislang größten Treffen des 1998 gegründeten Netzwerks versammelt. ● Der deutsche Attac-Koordinierungskreis hat die Beschlüsse des Grünen-Länderrats („Wir wollen die Globalisierung zähmen, zivilisieren und positiv gestalten!") massiv kritisiert: die Partei nehme weder die grundsätzliche Kritik an der Globalisierung ernst noch habe sie diese richtig verstanden. ● Gegen einen **NPD-Aufmarsch in Magdeburg** (etwa 300 Teilnehmer) zum Gedenken an die Zerstörung der Stadt am 16.1.1945 durch alliierte Luftangriffe haben rund 200 Magdeburger auf **Initiative des Bündnisses gegen Rechts** – ein Zusammenschluss von Kommunalpolitikern, Vertretern von Kirchen, Gewerkschaften, Parteien – **protestiert**. Zu einer zweiten Gegendemonstration sind nach einem Aufruf linksautonomer Gruppen Jugendliche zusammengekommen.

20.01.: Großbritannien hat von den USA eine Erklärung zu Fotos gefordert, die **gefangene Taliban und Al-Quaeda-Kämpfer in offenen Gitterkäfigen** auf dem Boden kniend und mit Masken über Mund und Nase zeigen. Die britische Regierung fordert, „Gefangene, unabhängig von ihrem Status, menschlich und in Übereinstimmung mit dem völkerrechtlichen Gewohnheitsrecht" zu behandeln. Auch der EU-Koordinator für Außenpolitik, Javier Solana, und Bundesaußenminister Fischer erinnern an die Genfer Konvention.

21.01.: Der **Europäische Gerichtshof für Menschenrechte** meldet einen Rekord bei Klagen: von 31.000 eingereichten neuen Klagen seien 14.000 zur näheren Behandlung zugelassen worden. Die große Mehrheit der Streitfälle ende in einer gütlichen Einigung, viele Beschwerden würden als unbegründet zurückgewiesen, 900 Entscheidungen seien gefällt worden. 413 Urteile richten sich gegen Italien - meist wegen überlanger Prozesse -, 229 gegen die Türkei: zu lange Untersuchungshaft, Folter, Misshandlung, Verstöße gegen Presse- und Meinungsfreiheit.

22.01.: Zum **Wiederaufbau Afghanistans** hat die internationale Gemeinschaft auf der **Geberkonferenz** in Tokio **4,5 Milliarden Dollar für die nächsten fünf Jahre** zugesagt. Nach Schätzungen der Vereinten Nationen seien in den kommenden zehn Jahren etwa 15 Milliarden Dollar nötig. ● Der Konflikt über die Zustände in dem in der australischen Wüste gelegenen Flüchtlingslager Woomera verschärft sich: Insassen haben versucht, sich das Leben zu nehmen, 180 afghanische Flüchtlinge befinden sich seit Tagen im Hungerstreik, viele – auch Kinder – haben sich die Lippen zugenäht, einige sind aufgrund von Entkräftung kollabiert. **Menschenrechtsgruppen protestieren** seit langem **gegen die Zustände in den australischen Internierungslagern**, speziell die Internierung von Kindern stehe im Widerspruch zu internationalen Verträgen. ● Im Rahmen einer Übung der US-Operation „Enduring Freedom" ist die **Verlegung von 250 deutschen ABC-Spezialisten** und einiger Fuchs-Spürpanzer **nach Kuwait** angekündigt worden. ● Im **NPD-Verbotsverfahren** hat das Bundesverfassungsgericht die anberaumten mündlichen Verhandlungstermine aufgehoben, da ein NPD-Mitglied als Belastungszeuge aussagen soll, das bis 1995 **V-Mann des Verfassungsschutzes** Nordrhein-Westfalen gewesen ist. ● Das **Landgericht Berlin** hat ausländischen Studenten Recht gegeben und die gegen diesen Personenkreis vorgenommene **Rasterfahndung** für **unzulässig** erklärt. Die Voraussetzungen für Datenkontrolle seien in Berlin nicht erfüllt, das Vorgehen der Polizei sei dazu geeignet, Bürgerrechte auszuhebeln.

23.01.: **Amnesty International** bezeichnet die unkorrekte Behandlung von Gefangenen als ein Kriegsverbrechen im Sinne der Genfer Konvention. Im Blick auf die Lage der gefangenen Taliban- und Al-Quaeda-Kämpfer auf **Guantanamo Bay** betont AI das Recht zu schweigen und auf Überprüfung der Rechtmäßigkeit der Haft. Gefangene ohne Kontakt zur Außenwelt festzuhalten und sie durch Maßnahmen wie unfreiwilliges Rasieren zu erniedrigen, seien klassische Taktiken, um den Willen eines Menschen zu brechen. ● Ein 19jähriger **Totalverweigerer** ist nach 77 Tagen Arrest „unehrenhaft" aus der Bundeswehr entlassen worden. Nach Angaben der Kampagne gegen Wehrpflicht, Zwangsdienste und Militär, die mehrfach gegen die vierfache Einsperrung protestiert hat, drohe dem Verweigerer nun ein Verfahren wegen Fahnenflucht. Der erneute Arrest habe ausschließlich Strafcharakter gehabt, was laut Gesetz unzulässig sei.

25.01.: **Indien** hat eine **atomwaffenfähige Kurzstreckenrakete getestet**, die als Schlüsselelement in Indiens atomarer Abschreckung gilt. Der Test wird als Botschaft an Pakistan gewertet, dass Indien bei seiner entschlossenen Haltung im Kaschmir-Konflikt bleibt. ● Der **Landtag Nordrhein-Westfalens** hat die Aufnahme von **Kinderrechten in die Landesverfassung** beschlossen. Kinder und Jugendliche haben damit Anspruch auf eine Erziehung ohne Gewalt, ihnen wird besonderer Schutz vor Vernachlässigung und Ausbeutung zugesichert. Staat und Gesellschaft werden verpflichtet, für altersgerechte Lebensbedingungen zu sorgen.

27.01.: Am **Horn von Afrika** – Dschibuti – ist der **deutsche Flottenverband eingetroffen**, der im Rahmen der Operation „Enduring Freedom" die Sicherheit der Seewege gewährleisten und Verbindungswege terroristischer Organisationen unterbrechen soll.

28.01.: Bei einer Kommandoaktion im Krankenhaus der ehemaligen Taliban-Hochburg Kandahar sind sechs Al-Quaeda-Kämpfer, die sich dort seit Dezember verschanzt hatten, getötet worden. Die 158 Gefangenen auf dem US-Stützpunkt Guantanamo kommen laut US-Angaben aus 25 Ländern.

29.01.: Der **Verfassungsschutz Nordrhein-Westfalen**, der **Bundesnachrichtendienst** und der **Militärische Abschirmdienst** haben eineinhalb Jahre lang **Personen abgehört, ohne** die dazu erforderliche **Genehmigung** der G-10 Kommission des Düsseldorfer Landtages erhalten zu haben. Der Landtag hat nach der Wahl im Mai 2000 die im Gesetz vorgeschriebene Kommission zum Schutz des Fernmeldegeheimnisses erst zum 19.12.2001 bestimmt. Deren Vorsitzender sieht sich vom Parlament aufgefordert, bis dahin illegal durchgeführte Abhöraktionen der Geheimdienste rückwirkend zu genehmigen. ● **52 Reserveoffiziere und -soldaten** von Elitetruppen **der israelischen Armee** haben in Anzeigen auflagestarker Zeitungen erklärt, ab sofort ihren **Dienst im Westjordanland und im Gaza-Streifen zu verweigern**. Sie lehnen den Regierungskurs ab und wollen keinen Krieg führen um des Friedens jüdischer Siedlungen willen. Die Entsendung ins Westjordanland und in den Gaza-Streifen bedeutet ihrer Meinung nach einen Auftrag zur Eroberung, Unterdrückung, Zerstörung, Tötung, Aushungerung und Demütigung der palästinensischen Bevölkerung. Der Einsatz in den Palästinensergebieten diene der Kontrolle der Palästinenser, nicht dem Schutz Israels.

30.01.: Der **Bundestag** hat nach intensiver Debatte mit 339 zu 266 Stimmen, die für ein Totalverbot eintreten, den **Import embryonaler Stammzellen unter strengen Auflagen zu Forschungszwecken** gebilligt. Über die Vertretbarkeit wichtiger Forschungsprojekte werden eine Zentrale Ethikkommission und eine Kontrollbehörde entscheiden. Die gesetzliche Umsetzung des Parlamentsbeschlusses soll noch im Juni erfolgen. ● Einer Dokumentation der Antirassistischen Initiative Berlin zufolge sind beim **Versuch der illegalen Einreise nach Deutschland** und bei **Abschiebungen in den vergangenen neun Jahren** mindestens **261 Menschen gestorben**, allein 100 Menschen an den deutschen Ostgrenzen. 99 Menschen hätten sich angesichts ihrer drohenden Abschiebung getötet, fünf Menschen starben während der Abschiebung. Es habe elf rassistische Übergriffe gegeben, bei denen Menschen getötet worden seien, 58 Menschen seien bei Bränden in Flüchtlingsunterkünften gestorben, wobei die Brandursache nicht immer habe geklärt werden können. ● Die tatsächlich geleisteten **Verteidigungsausgaben** Deutschlands sind **2001 um fast 20 Prozent gestiegen**, wie das Statistische Bundesamt mitteilt. 52,1 Milliarden Euro seien für Polizei, Justiz und Verteidigung ausgegeben worden. Lediglich für soziale Sicherung sowie für Wissenschaft, Bildung und Kultur seien noch mehr Steuergelder aufgewendet worden. ● Die Münchener Polizei hat während der Nato-Sicherheitskonferenz wegen befürchteter Gewalt ein **Demonstrationsverbot** gefordert. Das Bündnis gegen die **Nato-Sicherheitskonferenz** hat die Einschätzung der Polizei – „2.000 bis 3.000 gewaltbereite Teilnehmer" – als völlig aus der Luft gegriffen zurückgewiesen. ● Der mehrfach vorbestrafte **Rechtsextremist Manfred Roeder** ist vom Landgericht Frankfurt wegen Verunglimpfung von Verfassungsorganen zu zwei Jahren Haft ohne Bewährung verurteilt worden. Roeder gehe es um die Wiederherstellung des Nazi-Unrechtsstaates, als „Lobredner des Nationalsozialismus" äußere er für Demokratie und Meinungsfreiheit nur Verachtung.

31.01.: Die Arbeit mit menschlichen embryonalen Stammzellen – z.B. die des Bonner Neurobiologen Brüstle – wird von der Deutschen Forschungsgemeinschaft gefördert; dies hat der DFG-Hauptausschuss beschlossen. Weitere Anträge auf Forschungsgelder liegen der DFG vor. ● Die **Stadt München** hat **alle Demonstrationen während der Sicherheitskonferenz** wegen befürchteter Ausschreitungen **untersagt**. Das Protestbündnis hat beim Verwaltungsgericht umgehend eine Aufhebung des Verbotes beantragt. Eine Versammlung gegen das Demonstrationsverbot ist zugelassen worden. ● Als ein wichtiges politisches Signal für einen Neuanfang hat Entwicklungsministerin Wieczorek-Zeul einen **Schuldenerlass für Afghanistan** in Höhe von **75 Millionen Euro** bezeichnet. Die Hoffnung auf eine Rückzahlung sei ohnehin illusorisch. ● Die australische Regierung hat afghanischen Flüchtlingen Geld angeboten, wenn sie ihre Asylanträge zurückziehen und in ihre Heimat zurückkehren. In australischen Internierungslagern befinden sich zur Zeit etwa 1.100 Asylsuchende.

Februar 2002

01.02.: Aus der Antwort der Bundesregierung auf eine Anfrage der PDS geht hervor, daß **2001** in Deutschland von offiziellen Stellen insgesamt **10.113 rechtsextremistische und fremdenfeindliche Gewalt- und Straftaten registriert** worden sind: 6.823 Propagandadelikte, 579 Gewaltdelikte und 508 Angriffe gegen Personen, 385 von Rechtsextremisten Verletzte, 7 versuchte Tötungen, 7.463 Tatverdächtige, 731 vorläufig Festgenommene, 155 Haftbefehle. ● Das vom Bundestag einstimmig verabschiedete **Gesetz zur Verbesserung der Kinderrechte** soll künftig Kinder besser vor häuslicher Gewalt schützen. Demzufolge können im Haushalt lebende Personen, die Kinder schlagen oder missbrauchen, der Wohnung verwiesen werden. Ferner wird bekräftigt, dass Gewalt kein Erziehungsmittel sein dürfe. ● Das Atomausstiegs-Gesetz und das neue Naturschutzgesetz sind vom Bundesrat verabschiedet worden. ● In letzter Instanz hat der **Bayerische Verwaltungsgerichtshof** das **Demonstrationsverbot während der Sicherheitskonferenz** in München bestätigt. Zum Konferenzauftakt ist nach einer Sitzblockade von etwa 2.000 Demonstranten der Marienplatz geräumt worden. ● Die Türkei hat Einschränkungen der Europäischen Menschenrechtskonvention für die Kurdengebiete aufgehoben. Artikel 5 der Konvention, der bestimmte Rechte von Festgenommenen definiert, soll auch wieder in den vorwiegend von Kurden bewohnten südöstlichen Provinzen gelten.

02.02.: Trotz gerichtlichen Verbots sind in München etwa **7.000 Menschen** auf die Straße gegangen und haben unter dem Motto **„Kriegsrat in München, nein danke!"** gegen die in München tagende Sicherheitskonferenz demonstriert. Die Polizei hat 849 Personen festgenommen. ● Gegen einen **NPD-Aufmarsch in Bielefeld** (ca. 1.700 NPD-Anhänger) haben mindestens **8.000 Gegendemonstranten** protestiert. Die NPD hatte bundesweit zu einer Kundgebung gegen die Wehrmachtsausstellung aufgerufen.

03.02.: Die wachsende Kluft zwischen armen und reichen Ländern ist zentrales Thema sowohl der Weltwirtschaftskonferenz in New York als auch der Gegenveranstaltung **Weltsozialforum** in **Porto Allegre** (Brasilien). Während sich in New York viele der 2.700 Teilnehmer besorgt über die ungleichmäßige Verteilung der „Früchte der Globalisierung" gezeigt haben, ist in Porto Allegre (über 40.000 Teilnehmer) die **Globalisierung** massiv **kritisiert** worden, da sie die soziale Ungerechtigkeit und das Elend auf der Welt vertieft, Macht und Reichtum aber weiter konzentriert habe.

04.02.: Zur Sicherung der deutschen Marineflugbasis in Dschibuti sind **40 Fallschirmjäger** zur Bewachung des Flugplatzes **Ambouli** nach **Afrika** verlegt worden. Der Flugplatz dient als Hubschrauberbasis der Anti-Terror-Flotte der Bundesmarine am Horn von Afrika.

05.02.: Die **USA** haben die **irrtümliche Tötung von verbündeten afghanischen Kämpfern** eingeräumt und US-Medienberichten zufolge bereits damit begonnen, Angehörigen Entschädigungszahlungen von je 1.000 Dollar zu leisten. Auch sollen sich die Militärs für ihre fehlgeleiteten Angriffe entschuldigt haben. Der afghanische Interimspräsident Karsai hat die tödlichen Fehler bei US-Luftangriffen bestätigt. ● Zum Abschluss des Weltwirtschaftsforums hat UN-Generalsekretär **Annan** die **Verdopplung der Entwicklungshilfe** gefordert und zu verstärktem Engagement gegen Armut aufgerufen. Technologie und Wissenschaft sollten gegen Hunger, Epidemien, Umweltzerstörungen und politische Konflikte mobilisiert werden.

06.02.: In Höxter sind **250 Soldaten** eines **ABC-Abwehrbataillons** zum Aufspüren atomarer Kampfstoffe zum Einsatz nach Kuwait **in Marsch gesetzt** worden. Sie sollen an einer Übung im Rahmen der Anti-Terror-Operation Enduring Freedom teilnehmen. ● Zwei **Atommülltransporte** mit radioaktiven Abfällen aus den Kraftwerken Neckarwestheim, Stade und Brunsbüttel sind in Richtung La Hague bzw. Sellafield losgefahren. ● Eine seit fast 14 Jahren in Deutschland lebende **Kurdenfamilie** ist von Bremen in die Türkei **abgeschoben** worden.

07.02.: In **Jena** versucht die **NPD**, die Stadt unter Druck zu setzen, ein „**nationales Jugendzentrum"** einzurichten. Etwa 40 „nationalen

Jugendlichen", die wegen „ihrer Kleidung und Musik" ausgegrenzt würden, solle eine „Heimat" geboten werden, so eine Kampagne der „Initiative Jugend für Jena". Vorbild ist Zittau, wo die Stadt dem rechtsextremen Nationalen Jugendblock ein eigenes Haus samt einem Pachtvertrag für zwölf Jahre überlassen hat. Kritiker bezeichnen dieses Vorgehen als „**buchstabengetreue Umsetzung des Konzepts zum Aufbau sogenannter befreiter Zonen"**. ● Das **Landgericht Wiesbaden** hat die **Rasterfahndung** nach muslimischen Hochschulen als **rechtswidrig** eingestuft: die gesetzlichen Voraussetzungen seien nicht erfüllt. Da die Rasterfahndung auch eine Vielzahl von Unbeteiligten betreffe, müssten konkrete Anhaltspunkte für eine „gegenwärtige Gefahr für den Bestand oder die Sicherheit des Bundes oder des Landes oder für Leib, Leben oder Freiheit einer Person" vorliegen. ● Drei Jahre nach Ende des bewaffneten Kampfes hat die **Kurdische Arbeiterpartei PKK** beschlossen, „innerhalb der Grenzen der EU und der Türkei die Arbeit unter dem Namen PKK einzustellen", so der jetzt bekannt gewordene Beschluss des PKK-Rates, der bereits Ende Januar stattgefunden hat.

08.02.: Das Internationale **Komitee vom Roten Kreuz** und **Menschenrechtsgruppen,** darunter auch Amnesty International, betrachten die geänderte Haltung der USA zum Status der in Afghanistan Gefangengenommenen als nicht ausreichend, sie fordern die **Anwendung der Genfer Konvention** auch **für die festgesetzten Al-Quaeda-Kämpfer.** Die USA haben entschieden, nur Taliban-Kämpfer nach den Regeln der Genfer Konvention zu behandeln. ● Der Europäische Gerichtshof für Menschenrechte in Straßburg hat der in Istanbul praktizierenden Juristin **Eren Keskin**, über die Grenzen ihres Landes hinaus als **Vorkämpferin für Menschenrechte** bekannt, 10.700 Euro **Schadenersatz** und 3.000 Euro Ersatz für Auslagen zugesprochen, zahlbar **vom türkischen Staat.** Keskin, so das Urteil, sei Opfer von zwei ungesetzlichen Strafverfahren geworden.

09.02.: Die Übergangsregierung in **Afghanistan** hat rund 270 gefangengenommene Taliban-Kämpfer freigelassen, bei denen es sich um „einfache Leute, die sich keiner Verbrechen schuldig gemacht hätten", handeln soll. Ferner sind unter den Taliban abgeschaffte Teile der früheren Verfassung wieder in Kraft gesetzt worden.

11.02.: Bei einem **US-Bombenangriff** auf ein ostafghanisches Dorf sind nach Angaben der afghanischen Regierung keine Al-Quaeda-Kämpfer, sondern **ausschließlich Zivilisten getötet** worden. ● Das Kinderhilfswerk der Vereinten Nationen **(Unicef)**, **Terre des Hommes** und die **Duisburger Kindernothilfe** haben die Bundesregierung aufgefordert, dafür zu sorgen, daß gemäß der Kinderrechtskonvention **nicht länger Minderjährige in die Bundeswehr** aufgenommen werden: 200 bis 300 Freiwillige im Alter von 17 Jahren treten jährlich ihren Dienst bei den Streitkräften an. ● Das **Oberlandesgericht Düsseldorf** hat der **Rasterfahndung nach islamistischen Terroristen Grenzen gesetzt.** Als **unverhältnismäßig und rechtswidrig** werten die Richter die **Einbeziehung deutscher Staatsangehöriger** in die Suchaktion, die Rasterfahndung bei Personen aus islamischen Ländern wird dagegen ausdrücklich gebilligt.

12.02.: Der **Streit** zwischen unabhängigen Wissenschaftlern und Menschenrechtsgruppen auf der einen Seite und den USA auf der anderen **über die tatsächliche Zahl der zivilen Opfer des Krieges in Afghanistan** hält an. Menschenrechtsorganisationen warnen, dass es auch nach Ende der Kampfhandlungen weitere zivile Opfer aufgrund noch nicht entschärfter Bombenpartikel – Human Rights Watch schätzt deren Zahl auf 36.000 – geben werde. ● **Saad Eddin Ibrahim** – ägyptischer Sozialwissenschaftler und Bürgerrechtler – erhält den **Preis für Internationale Verständigung und Menschenrechte** der Jenaer Ulrich-Zwiener-Stiftung für seine Bemühungen um das friedliche Zusammenleben von Muslimen, Juden und Christen im Nahen Osten.

13.02.: **60 prominente Intellektuelle** unterstützen mit einem Aufruf US-Präsident Bush und dessen erklärten Kampf gegen den internationalen Terror: Gewalt sei als letzter Ausweg moralisch **gerechtfertigt.** ● Die **Ausländerbeauftragte** der Bundesregierung, Marieluise Beck, hat die **neuesten „Daten und Fakten zur Ausländersituation"** vorgelegt: im Jahre 2000 lebten in Deutschland mit 7,3 Millionen Ausländern 47.000 weniger als im Vorjahr; der Ausländeranteil habe bei 8,9 % der Gesamtbevölkerung gelegen; die Zahl der Einbürgerungen sei auf 187 000 gestiegen – ein Zuwachs von 30 %; dem Zuzug von 650.000 Ausländern stünden 562.000 Fortzüge gegenüber; es habe eine **tatsächliche Zuwanderung von 86.000 Ausländern** gegeben. Zusammen mit **81.000 deutschen Rückkehrern** und Aussiedlern sei die Bevölkerung in Deutschland um 0,1 Prozent gestiegen. ● In **Russland** versucht die Regierung mit Hilfe eines Gesetzesentwurfs den

Streit über die **Einrichtung eines Zivildienstes** zu entschärfen. Ein Kompromissvorschlag des Kabinetts sieht einen vierjährigen Zivildienst vor, der doppelt so lange dauern soll wie der Wehrdienst. Die russische Verfassung gesteht das Recht auf einen Alternativdienst zu, das ausführende Gesetz fehlt seit acht Jahren.

14.02.: Der **Europäische Gerichtshof für Menschenrechte** in Straßburg hat die **Türkei** wegen des gewaltsamen Todes eines jungen Kurden **verurteilt.** Der 23jährige Abdulselam Orak ist 1993 von türkischen Sicherheitskräften zu Tode gefoltert worden, da er verdächtigt worden war, der kurdischen Arbeiterpartei PKK anzugehören. Ankara muss den Angehörigen nun 72.500 Euro zahlen.

15.02.: Gegen **drei Beamte des Bundesgrenzschutzes** hat die Staatsanwaltschaft Frankfurt **Anklage wegen fahrlässiger Tötung** eines 30 Jahre alten Sudanesen erhoben, der während seiner **Abschiebung** infolge rabiater Behandlung nach dem Start in Frankfurt im Flugzeug erstickte. ● Das Bundesverfassungsgericht hat in einem veröffentlichten Beschluss festgestellt, dass Ausländer, die in Abschiebehaft genommen wurden, gegen dieses Vorgehen auch nach ihrer Entlassung gerichtlich vorgehen können. Eine Inhaftierung sei in derart schwerwiegender Eingriff in die Grundrechte der Betroffenen, dass dessen Rechtmäßigkeit auch im Nachhinein überprüfbar sein müsse. ● Insassen des größten britischen **Abschiebegefängnisses** in der Nähe von **Bedford** haben ihre **Wärter überwältigt** und die **Einrichtung in Brand gesteckt.** Hunderte Flüchtlinge sind evakuiert worden; an den Haftbedingungen hat das UN-Flüchtlingskommissariat Kritik geäußert. Das UNHCR ist generell gegen die Inhaftierung von Asylsuchenden, insbesondere gegen die Inhaftierung von Kindern.

18.02.: Das **Verwaltungsgericht Mainz** erklärt im Gegensatz zu anders lautenden Entscheidungen von Gerichten in Wiesbaden, Berlin und Düsseldorf die **Rasterfahndung als Mittel der Terrorismusbekämpfung** für **rechtens.** Die erforderliche „gegenwärtige erhebliche Gefahr" sei wegen der Terroranschläge von New York und Washington gegeben. ● Erst zwei Wochen nach einem Angriff auf einen 31jährigen Mann aus Äthiopien in einem Regionalzug von Halle nach Eisenach sind die beiden Skinheads festgenommen worden, nachdem sie zunächst von den Bundesgrenzschutzbeamten laufen gelassen worden waren. Die Staatsanwaltschaft Halle spricht von einer

420

„offensichtlichen Fehleinschätzung" der Grenzschützer. ● Der **Siemerling-Sozialpreis 2002** wird an den Vorsitzenden des deutsch-vietnamesischen Vereins „Dien Hong" in Rostock, **Nguyen do Thinh**, für seine Verdienste um die Verständigung zwischen Kulturen und Religionen verliehen. Der Buddhist Nguyen do Thinh kam 1982 als Vertragsarbeiter in die damalige DDR und engagierte sich nach der Wende für seine oftmals arbeitslos gewordenen Landsleute. ● Die 250 Soldaten der ABC-Abwehrkräfte der **Bundeswehr** haben in **Kuwait** ein **Manöver** mit kuwaitischen und US-amerikanischen Truppen begonnen. ● Der **Bundesgerichtshof** hat die sechsjährige Jugendstrafe gegen zwei Rechtsextremisten wegen eines ausländerfeindlichen Brandanschlags im oberbayerischen Landkreis Erding bestätigt und die Revision als offensichtlich unbegründet zurückgewiesen. Die damals achtzehnjährigen zur rechten Szene gehörenden Brüder hatten mit sechs Mittätern in der Nacht zum 15.4.2000 ein von Ausländern bewohntes Heim mit Benzin angezündet. Nur weil ein Hund das Feuer bemerkte, wurden die Bewohner wach und konnten sich retten. ● Das **Simon-Wiesenthal-Zentrum** in Los Angeles hat zum **Schutz** von Gotteshäusern und Gläubigen aller Konfessionen **vor extremistischen Angriffen** angeregt, das **Demonstrationsrecht vor Kirchen, Synagogen und Moscheen zu begrenzen**. Die jeweiligen Konfessionen sollten in Entscheidungen über die Zulässigkeit von Demonstrationen einbezogen werden. Als abschreckendes Beispiel wird der NPD-Aufmarsch in Berlin genannt. In den vergangenen 15 Monaten habe es mehr als 300 Hassangriffe auf jüdische Institutionen, Friedhöfe und Synagogen gegeben. ● Das **Bundesverfassungsgericht** hat die Handlungskompetenz des Bundes in Fragen der Atomenergie gestärkt und betont, dass auch informelle Absprachen des Bundesumweltministers mit AKW-Betreibern zulässig sind. Der **Atomausstiegs**-Konsens sei **reine Bundesangelegenheit ohne Mitwirkungsrechte der Länder**. Die Länder besäßen auch kein Mitspracherecht bei der Endlagerung von Atommüll.

20.02.: Ein **Castor-Transport** vom AKW Unterweser über Frankreich zur britischen Wiederaufbereitungsanlage Sellafield ist ohne „nennenswerte Störungen" – so die Polizei – durch Deutschland gerollt. Vier Personen seien vor dem Start in Gewahrsam genommen worden, weil sie sich trotz eines Platzverweises wieder zu den Gleisen begeben hätten. Zwischen Elsfleth und Berne sei der Zug von etwa zehn jungen Leuten, die sich auf die Gleise

gestellt hätten, gestoppt worden. ● Mit einer von allen Teilstreitkräften gestützten **Offensive** hat **Israel** auf einen Anschlag gegen einen Armeeposten nahe Ramallah reagiert und dabei auch den **Amtssitz des Palästinenserpräsidenten** Arafat und weitere Ziele im Westjordanland **angegriffen**.

21.02.: Nach Angaben der Vereinten Nationen sind in den vergangenen Tagen **Tausende Menschen** in Afghanistan vor ethnischen Konflikten aus dem Norden des Landes **geflohen**. Die Hilfsorganisation Ärzte ohne Grenzen warnt vor einer Hungerkatastrophe und fordert dringend internationale Hilfe. Nach Ansicht der Deutschen Welthungerhilfe richte sich die internationale Hilfe zu sehr auf „prestigeträchtige Projekte in den Städten" mit „schnell vorzeigbaren Ergebnissen". Im Mittelpunkt müsse die Versorgung der Landbevölkerung mit Nahrungsmitteln stehen.

23.02.: **Gegen** eine Kundgebung von knapp **150 Neonazis in Salzwedel** (Sachsen-Anhalt), die die altmärkische Kreisstadt zur „national befreiten Zone" erklärt haben, haben mehrere hundert **Linksautonome und Bewohner** der Stadt **demonstriert**.

24.02.: Nach der Bekanntgabe der Festnahme der drei Mörder des israelischen Tourismusministers Seevi hat das Kabinett in Jerusalem eine **Lockerung des Hausarrestes für Palästinenserpräsident** Arafat beschlossen. Arafat konnte seit dem 3.12.2001 sein Hauptquartier in Ramallah (Westjordanland) nicht mehr verlassen. ● **Fünfzig Sozialdemokraten** – darunter Mandatsträger aus Bremen und Oldenburg – haben ihre Partei dazu aufgerufen, „von der neuen Kriegspolitik abzurücken". Sie **wenden sich gegen die „fatale Militarisierung der Außenpolitik"** und unterstreichen, daß der Afghanistan-Krieg gegen das Völkerrecht verstoße, da er über eine erlaubte Selbstverteidigung hinausgehe. Die Unterzeichner erinnern ferner an das SPD-Programm, demzufolge das Militär „ausschließlich der Landesverteidigung zu dienen" habe. ● Das deutsche Verteidigungsministerium hat erstmals bestätigt, daß **deutsche Soldaten in Afghanistan im Kampfeinsatz** sind. Die KSK-Soldaten seien an Aktionen gegen die Terrororganisation Al Quaeda beteiligt, was „eindeutig" durch das Bundestagsmandat gedeckt sei. ● Nach Einschätzung der türkischen Menschenrechtsstiftung TIHV hat sich die **Menschenrechtssituation in der Türkei 2001 nicht nennenswert gebessert**. Das vergangene Jahr sei als „Jahr der Repressionen" zu charakterisieren. Der Grundwiderspruch in der Türkei bestehe darin, dass die Regierung dem Schutz des Staates Vorrang vor den politischen, sozialen und kulturellen Rechten der Bürger gebe.

25.02.: Die **Bürgerinitiative** Umweltschutz Lüchow-Dannenberg will auch nach dem Abbau von Sicherungsmaßnahmen am stillgelegten Erkundungsbergwerk **in Gorleben gegen das geplante atomare Endlager** kämpfen. Man werde „mit Vehemenz dafür eintreten, dass aus dem Baustopp in Gorleben das endgültige Ende des Endlagerausbaus wird". ● Wegen eines Angriffs auf einen Asylbewerber und Sachbeschädigung hat das Amtsgericht Speyer einen 17jährigen zu einer einjährigen Haftstrafe auf Bewährung verurteilt. Mit zehn anderen Jugendlichen sei der Verurteilte im März 2001 vor eine Asylbewerberunterkunft in Böhl-Iggelheim (Rheinland-Pfalz) gezogen und habe dort ausländerfeindliche Parolen gerufen und einen Afrikaner getreten. ● Der **Berliner Flüchtlingsrat** hat erneut die **Freilassung von minderjährigen Flüchtlingen aus der Abschiebehaft** gefordert. Die Inhaftierung Jugendlicher im Berliner Abschiebegewahrsam verstoße gegen die UN-Kinderrechtskonvention. Zur Zeit befänden sich zehn Jugendliche in Haft, zwei davon seit sechs Monaten. ● Im **Kriegssteuerrechtsstreit** mit dem Finanzamt Grimma (Sachsen) will der Kläger S. Fleischhack nach dem Bundesfinanzhof nun auch das Bundesverfassungsgericht anrufen. Nach dem Beschluss des Bundestages zur Beteiligung am Nato-Einsatz gegen Jugoslawien im Oktober 1998 hat Fleischhack zehn Prozent seiner Einkommenssteuer als Spende für ein ziviles Friedensprojekt in Jugoslawien einbehalten. Der Bundesfinanzhof hat die Beschwerde gegen das Urteil des sächsischen Finanzgerichts mit der Begründung abgelehnt, dass die Steuerpflicht nicht den „Schutzbereich des Grundrechts der Gewissensfreiheit" berühre.

26.02.: Aus **Angst vor der Abschiebung in die Türkei** hat sich ein 40 Jahre alter **Kurde vor einen** einfahrenden **Zug in Stadtallendorf geworfen.** Seiner Ehefrau und den sechs Kindern droht nach seinem Tod die Ausweisung. ● Die Vereinigung „Ärzte in sozialer Verantwortung" will im Fall des bei seiner Abschiebung zu Tode gekommenen Sudanesen Ageeb auch den Vorgesetzten der Bundesgrenzschutzbeamten angeklagt sehen, der für die Fesselung des gegen seine Abschiebung heftig Widerstand leistenden Afrikaners zuständig gewesen sei. Es sei „naiv und kurzsichtig" von der Frankfurter Staatsanwaltschaft, wenn bei den Ermittlungen die Verantwortung der Vorge-

setzten ausgeblendet werde. ● Das frühere RAF-Mitglied **Adelheid Schulz** ist von Bundespräsident Rau „nach eingehender Prüfung des Sachverhalts" **begnadigt** worden. Nach etwa 16 Jahren Haft ist Schulz im Oktober 1998 mit Rücksicht auf ihren schlechten Gesundheitszustand frei gekommen.

27.02.: Bei der Präsentation des Buches „**Nationalsozialistischer Terror gegen Homosexuelle**" (Wolfgang Benz), in dem erstmals ein Überblick über die Forschung zu diesem Bereich geliefert wird, hat die ehemalige Bundestagspräsidentin **Süssmuth** eine breite **Aufklärung** über die Verfolgung von Homosexuellen gefordert. Die Auseinandersetzung mit dem Terror gegen Schwule und Lesben im Nationalsozialismus sei „nicht nur eine Aufklärung gegen das Vergessen, sondern eine Aufklärung mitten in die Gesellschaft hinein". Benz betont, die Homosexuellen hätten unter den NS-Opfern „einen besonderen Platz", da ihre **Verfolgung in der Bundesrepublik** mit dem Strafrechtsparagraphen 175 bis Ende der 60er Jahre **fortgesetzt** worden sei. Eine „Stunde null" habe es für diese Opfer nicht gegeben. ● Das Finanzgericht Freiburg hat die Klage einer Unternehmerin zurückgewiesen, die seit 1995 etwa fünf Prozent ihrer Steuern aus Protest gegen den Auslandseinsatz deutscher Soldaten einbehalten hat. Die Entscheidung über Bundeswehreinsätze obliege nicht dem Einzelnen, sondern dem Parlament.

28.02.: Seit Beginn der Intifada vor 17 Monaten haben **israelische Truppen** erstmals zwei **palästinensische Flüchtlingslager** im Westjordanland **angegriffen.** Die Aktion folgte einem **Selbstmordattentat.** UN-Generalsekretär Annan hat den sofortigen Abzug gefordert. Palästinenserpräsident **Arafat** nennt die **Angriffe ein „Verbrechen"** und ruft die internationale Gemeinschaft zum Handeln auf. ● Eine bislang unter Verschluss gehaltene **Studie** der US-Regierung, die die Folgen von atomarer Strahlung für die Gesundheit analysiert, ist zu dem Ergebnis gekommen, dass die von den Nuklearmächten bis 1963 durchgeführten oberirdischen Atomtests allein **in den USA** mindestens **15.000 Menschen umgebracht** haben. Jede Person, die seit 1951 in den Vereinigten Staaten gelebt hat, sei dem radioaktiven Fallout ausgesetzt gewesen. ● Mit Zustimmung aller anderen Fraktionen bei Enthaltung der PDS hat der **Bundestag** ein **Gleichstellungsgesetz für Behinderte** verabschiedet. Es soll ihnen eine möglichst weitgehende Teilhabe am gesellschaftlichen Leben ermöglichen und insbesondere Barrieren in öffentlichen Gebäuden, im öffentlichen Personennahverkehr und bei der Nutzung elektronischer Medien abbauen. „Einwänden und Vorwänden der Verhinderer" sei ein höherer Stellenwert als den Interessen der Betroffenen eingeräumt worden, kritisiert die PDS. ● Der Bundesverband Bürgerinitiativen Umweltschutz hat **Strafanzeige gegen die Verantwortlichen für den Betrieb des AKW Brunsbüttel** gestellt, da gegen gesetzliche Bestimmungen des Atomgesetzes verstoßen worden sei. Der BBU fordert das Bundesumweltministerium und das zuständige Landes-Ressort in Schleswig-Holstein auf, dem AKW-Betreiber wegen mangelnder Zuverlässigkeit die Betriebserlaubnis zu entziehen. Am 13.12.2001 war Dampf freigesetzt worden; zu einer Inspektion ist der Betreiber erst nach zwei Monaten bereit gewesen.

März 2002

01.03.: Der **Bundestag** hat das **Zuwanderungsgesetz beschlossen**: 320 Ja-Stimmen, 225 Nein-Stimmen, 41 Enthaltungen. ● Eine Kammer des **Bundesverfassungsgerichts** hat einstimmig beschlossen, dass **Rechtsextremisten** um den Hamburger Neonazi Worch **in Bielefeld gegen die Wehrmachtsausstellung demonstrieren** dürfen. Verbotsbeschlüsse des Oberwaltungsgerichts Nordrhein-Westfalen sind damit aufgehoben. ● Mit Beteiligung der Landesverbände des Diakonischen Werkes und der Caritas, des Flüchtlingsrates und der Landesbeauftragten für Flüchtlingsfragen ist die **Arbeitsgemeinschaft „Illegalisierte Menschen in Schleswig-Holstein" gegründet** worden, die sich der Probleme von Menschen annehmen will, die ohne Aufenthaltsrecht im nördlichsten Bundesland leben. Der Alltag dieser Menschen werde geprägt von ständiger Angst vor Abschiebung, sie hätten keinen Zugang zum Gesundheitssystem, eine Ausbildung für Jugendliche ohne Aufenthaltsgenehmigung sei fast unmöglich. ● Die US-Regierung hat den auf dem US-Stützpunkt Guantanamo hungerstreikenden Gefangenen Zugeständnisse gemacht: das Tragen eines Turbans sei erlaubt, es würden ihnen künftig der Stand ihres Verfahrens mitgeteilt und der Zugang zu anderen Büchern als nur dem Koran gewährt.

02.03.: Mehr als **2.500 Menschen** haben **in Bielefeld gegen** einen **Aufmarsch von** rund 600 **Rechtsextremisten**, der sich gegen die Wehrmachtsausstellung gerichtet hat, demonstriert. Redner aus Gewerkschaften, Kirchen und Politik warnten davor, die Gefahr des Rechtsextremismus zu unterschätzen.

03.03.: Innerhalb weniger Stunden sind in Jerusalem und im Westjordanland mehr als 20 Menschen bei Anschlägen getötet worden. ● Bei der größten Bodenoffensive der USA und ihrer Verbündeten gegen Taliban- und Al-Quaeda-Kämpfer sind erstmals auch **thermobarische 900-Kilobomben eingesetzt** worden, die lasergesteuert in unterirdische Verstecke eindringen und durch ihre heftige Schockwelle jedes Lebewesen töten. An der Offensive sind laut US-Angaben auch **deutsche Soldaten beteiligt**.

04.03.: Drei Monate nach den ersten allgemeinen Wahlen im UN-Protektorat Kosovo gibt es für eine beschränkte Selbstverwaltung der Provinz einen Präsidenten, Ibrahim Rugova, und eine Regierung. **Kosovo** hat damit **erstmals** in seiner Geschichte eine **demokratisch gewählte Führung**. ● In Berlin ist die „Stiftung zur Förderung von sozialen Bewegungen" präsentiert worden. Projekte, Kampagnen und Mitarbeiter verschiedener sozialer Bewegungen, außerparlamentarischer Gruppen und NGOs sollen finanziell mit Zuschüssen und Krediten unterstützt werden. Der derzeit verwaltete Grundstock betrage 150.000 Euro.

06.03.: Bei dem Versuch, auf einem Sprengplatz in der Nähe von Kabul Flugabwehrraketen zu entschärfen, sind zwei deutsche und drei dänische Soldaten der internationalen Schutztruppe Isaf durch eine Explosion getötet, sieben weitere Soldaten zum Teil schwer verletzt worden. ● **UN-Menschenrechtskommissarin Robinson** hat die **Kriegsführung der USA kritisiert**. Die Angriffe der „Operation Anaconda" seien so angelegt, daß es zu unangemessen vielen Opfern unter der Zivilbevölkerung komme.

07.03.: Fast **20.000 Personen** sind **durch** die **Rasterfahndung** beim Bundeskriminalamt **erfasst**. Mit Sammlung, Sichtung und Auswertung der Daten sind bis zu sechs Mitarbeiter beschäftigt gewesen. Dies geht aus einer Antwort auf eine kleine Anfrage der PDS hervor.

08.03.: **Deutsche KSK-Soldaten** unter amerikanischem Oberbefehl sind bei den schweren Kämpfen in Ostafghanistan **an vorderster Front eingesetzt**, so Verteidigungsminister Scharping bei einem vertraulichen Treffen mit den Bundestagsfraktionen. Der Einsatzbefehl für die etwa 100 Soldaten lautet: „Spezialaufklärung und Zugriff auf Taliban- und Al-Quaeda-Kämpfer, deren Infrastruktur sowie Versorgungs- und Fluchtwege." ● Akten über prominente Stasi-Opfer dürfen nur noch mit deren ausdrücklicher Genehmigung an Journalisten weitergegeben oder von Forschern zitiert werden, so ein Urteil des **Bundesverwaltungsgerichts**, das damit den Rechtsstreit zwischen Altkanzler Kohl und der Stasi-Unterlagenbehörde beendet hat. Die zehnjährige Praxis der Behörde ist damit für rechtswidrig erklärt, **Kohls Akten bleiben unter Verschluss.**

10.03.: **Französische Piloten**, die an der Offensive in Ostafghanistan beteiligt sind, haben nach einem Bericht der Zeitung Le Monde aus humanitären Bedenken mehrere **Einsätze verweigert.** Anders als die US-Soldaten hätten sie das Risiko für die Bevölkerung als zu hoch eingeschätzt. ● Der Hamburger Völkerrechtler Norman Paech hat betont, dass die deutschen **KSK-Soldaten** bei der Jagd nach Taliban- und Al-Quaeda-Kämpfern in gefährliche **Nähe zu Kriegsverbrechen** geraten. In der US-Strategie vor Ort spiele die Unterscheidung von Zivilisten und Kämpfenden keine Rolle mehr. Der US-geführte Militäreinsatz habe seit dem 20.12.2001 keine völkerrechtliche Legitimation mehr, da an diesem Tag der UN-Sicherheitsrat die Entsendung der Afghanistan-Schutztruppe beschlossen habe. Dies mache das Recht auf Selbstverteidigung, Artikel 51 der UN-Charta, hinfällig. ● Nach einem Geheimbericht des US-Verteidigungsministeriums plant die **Bush-Regierung** die **Entwicklung** neuartiger **Mini-Atombomben** und halte sich die Option offen, **Nuklearwaffen** auch **in begrenzten Konflikten gegen Nicht-Atomwaffen** einzusetzen. Die unmittelbare Möglichkeit eines Konfliktes, der den Einsatz von Atomwaffen erfordern könnte, werde bei Auseinandersetzungen mit China – wegen Taiwan –, Nordkorea, Irak, Iran, Libyen und Syrien gesehen. Ein atomarer Konflikt mit Russland gelte als weniger wahrscheinlich.

11.03.: Nach mehr als drei Monaten hat die israelische Regierung den **Hausarrest gegen Palästinenserpräsident Arafat aufgehoben.** Arafat könne sich ab sofort frei im Westjordanland und im Gaza-Streifen bewegen, für Auslandsreisen benötige er weiterhin die Genehmigung Israels. ● Bei Übergriffen in **Templin und Hennigsdorf** (Brandenburg) sind erneut **Ausländer verprügelt und verletzt** worden.

12.03.: **Zwei Aufklärungsmaschinen der deutschen Marine** werden zum Überwachungseinsatz am Horn von Afrika **nach Kenia** verlegt. In die kenianische Hafenstadt Mombasa werden 80 Soldaten als Unterstützungspersonal starten. ● Der **Jahresbericht 2001 des Wehrbeauftragten** listet **schwere Mängel** auf: durch die zunehmende Zahl von Auslands-

einsätzen und die Reform der Bundeswehr fühlten sich die Soldaten überlastet und verlören Vertrauen in die Militärspitze. Die Kapazitäten der Streitkräfte seien erschöpft; beklagt werden schlechte Ausrüstung, mangelnde Menschenführung, Fürsorge und die unterschiedliche Besoldung in Ost- und Westdeutschland. ● Die Brüsseler Geberkonferenz mit 38 Staaten und 19 Organisationen als Teilnehmer hat für die Umsetzung des Friedensvertrages in Mazedonien im Jahr 2002 307 Millionen Euro bereitgestellt.

13.03.: Der **UN-Sicherheitsrat** hat zum ersten Mal das **Recht der Palästinenser auf einen eigenen Staat** ausdrücklich bekräftigt. Eine von den USA eingebrachte UN-Resolution beschwört die „Vision einer Region, wo zwei Staaten – Israel und Palästina – Seite an Seite innerhalb sicherer und anerkannter Grenzen leben". Die Erklärung wird von allen Ratsmitgliedern bei Enthaltung Syriens unterstützt. ● Das US-Militär hat eingeräumt, dass bei einem Angriff in Ostafghanistan Anfang März auch Zivilisten ums Leben gekommen sind. Es sei unklar, ob es sich bei allen Opfern um Zivilisten gehandelt habe. Die Menschen seien mit Al-Quaeda-Kämpfern in Verbindung gebracht worden. ● **Amnesty International** beklagt weltweit **Rückschritte beim Schutz der Menschenrechte** nach den Terroranschlägen vom 11.9.2001. Im Zuge der Terrorismus-Bekämpfung seien die Beschneidung von Minderheitenrechten, willkürliche Verhaftungen und unfaire Prozesse zu verzeichnen. In den USA seien noch mehr als 1.000 Menschen als Verdächtige im Zusammenhang mit dem 11.9.2001 interniert, rund 600 von ihnen hätten „bis heute noch keinen Anwalt gesehen".

14.03.: Im Vorfeld des PDS-Parteitages in Rostock haben sich Sprecher verschiedener Friedensgruppen skeptisch über die Dauer des pazifistischen Kurses der PDS geäußert: der augenblickliche Anti-Kriegs-Kurs der Partei werde gewürdigt, eine ähnliche Entwicklung wie bei den Grünen sei zu befürchten. ● Rund **10.000 Jugendliche** sind in **München** als einer der größten **Schülerdemonstrationen** der vergangenen Jahre für ein striktes **Verbot von Landminen** auf die Straße gegangen.

16.03.: **Bündnis 90/Die Grünen** haben fast einstimmig nach 22 Jahren ein **neues Grundsatzprogramm** verabschiedet. Das Prinzip **absoluter Gewaltlosigkeit** wird **aufgegeben**, für Auslandseinsätze deutscher Soldaten zur Friedenserhaltung oder -erzwingung mit UN-Mandat soll künftig eine Zweidrittelmehrheit im Bundestag erforderlich sein. Widerstand gegen die Globalisierung wird als „richtig" bezeichnet. ● Anlässlich des EU-Gipfels in **Barcelona** haben mehr als **eine halbe Million Menschen** für **ein „anderes Europa"** demonstriert.

17.03.: Der **Erzbischof von Cali** (Kolumbien), Duarte, ist **ermordet** worden. Er hatte verschiedentlich Paramilitärs, Guerillagruppen und die Drogenmafia heftig kritisiert.

18.03.: Ein **Schiff mit etwa tausend kurdischen Flüchtlingen**, darunter 300 Kindern, ist im Hafen der ostsizilianischen Stadt Catania eingelaufen. Es handelt sich um die bisher höchste Zahl von Flüchtlingen, die an Bord eines Schiffes eingetroffen sind. Seit Jahresbeginn sind bereits mehr als 2.000 Flüchtlinge über das Mittelmeer nach Italien gelangt. ● Bei der Vorstellung des niedersächsischen Verfassungsschutzberichtes ist mitgeteilt worden, dass in ganz **Deutschland** die **rechtsextremistische Szene** von 11.900 auf 13.200 Anhänger **angewachsen** sei; die NPD halte ihre Mitgliederzahl bei 6.500, die Zahl der DVU-Mitglieder sei um 2.000 auf 15.000 gesunken, die der Republikaner um 1.500 auf 11.500. Die Mitgliedschaft „linksextremistischer Gruppierungen" sei von 33.500 auf 32.900 Personen zurückgegangen, der „militante Linksextremismus" befinde sich auch 2001 „weiter in einer Organisationskrise". ● Anlässlich des **Deutschland-Besuches von US-Präsident** Bush im Mai plant ein Zusammenschluss deutscher Friedensinitiativen eine **Großdemonstration** in Berlin und weitere dezentrale Aktionen gegen die Außenpolitik der USA und gegen die „Kriegspläne der US-Regierung" im Nahen und Mittleren Osten. ● Nach der angekündigten Beendigung der Offensive in Ostafghanistan soll der „Kampf gegen die Al Quaeda und Taliban weitergehen", so führende US-Militärs. Großbritannien werde 1.700 Elitesoldaten nach Afghanistan verlegen, eine militärische Intervention in Somalia sei möglich, so der Sender BBC.

19.03.: Der **Kommandeur des deutschen Kontingents** der Internationalen Afghanistan-Schutztruppe (Isaf) hat offiziell den **Befehl** über die für Kabuls Sicherheit zuständigen 4.500 Soldaten **übernommen**.

21.03.: Deutsche **Entwicklungshilfeorganisationen** haben sich **enttäuscht** über die Ergebnisse der ersten **Konferenz der Vereinten Nationen über die Finanzierung von Entwicklungshilfe** in Monterrey (Mexiko) geäußert: es fehlten konkrete Zusagen für mehr Finanzhilfen durch reiche Staaten und klare

Vereinbarungen über Handels- und Schuldenerleichterungen. ● Menschenrechtsgruppen haben die Festlegung endgültiger Verfahrensregeln für die **umstrittenen Militärtribunale**, die Al-Quaeda- und Taliban-Kämpfer aburteilen sollen, heftig **kritisiert**: die Tribunale blieben in zentralen Punkten hinter den Standards ordentlicher Zivil- und Kriegsgerichte zurück, die Regierung Bush sei „Herr des Verfahrens und gleichzeitig letzte Berufungsinstanz". ● In der **Türkei** haben mehr als **eine Million Menschen** an den **Kundgebungen** zum traditionellen **kurdischen Neujahrsfest** teilgenommen. Allein in Diyabakir haben mehr als eine halbe Million Menschen „Frieden und Demokratie" für die kurdischen Gebiete der Türkei gefordert. ● Vier Mitglieder von Robin Wood haben sich im Güterbahnhof Bergedorf an die Gleise gekettet und so mehrere Stunden lang einen **Atommülltransport** zur Wiederaufbereitungsanlage nach La Hague **blockiert**.

22.03.: Der **Bundesrat hat das Zuwanderungsgesetz beschlossen**; das gespaltene Votum des Bundeslandes Brandenburg hat zu einer verfassungsrechtlichen Kontroverse über die Bundesratsabstimmung geführt. ● Der **Bundestag** hat das Mandat für den **Einsatz** von etwa 600 **deutschen Soldaten in Mazedonien** zum zweiten Mal **verlängert**: 470 Ja-Stimmen, 34 Nein-Stimmen, 6 Enthaltungen.

23.03.: In **Rom** haben fast **zwei Millionen Menschen gegen** die Politik der Regierung **Berlusconi** demonstriert. Auslöser der Proteste sind Pläne zur Einschränkung von Arbeitnehmerrechten. ● Mehr als 30.000 Kurden haben in Düsseldorf das kurdische Neujahrsfest gefeiert. ● **Neo-Nazi-Aufmärschen in Neubrandenburg und Erfurt** (ca. 250 Teilnehmer) haben sich rund 500 linke **Gegendemonstranten** in den Weg gestellt; die Polizei war mit 500 Beamten vertreten.

24.03.: Amnesty International, die Deutsch-Kaukasische Gesellschaft und die Internationale Gesellschaft für Menschenrechte beobachten und **verurteilen** einen deutlichen Anstieg der **Ablehnungen tschetschenischer Asylbewerber**. In der Kaukasus-Republik verschärfe sich die Lage, da Russland seine Militäraktionen dem sogenannten „Krieg gegen den Terror" zuzähle. ● In einem Interview hat der UN-Vertreter in Afghanistan, Lakhdar Brahimi, darauf hingewiesen, dass trotz der massiven Spannungen zwischen den in der Übergangsadministration zusammenarbeitenden Volksgruppen das sog. Petersberg-Abkommen besser funktioniere, als erwartet worden sei. Stabilität könne nur durch mehr Sicherheit erreicht werden, das Land dürfe nicht wieder im Stich gelassen werden. Daher seien Friedenstruppen auch außerhalb Kabuls erforderlich.

25.03.: Die Innenbehörde **Bremens** betreibt die **Abschiebung mehrerer kurdischer Männer**; Familien drohen auseinandergerissen zu werden. Damit erreicht der Konflikt um die 500 angeblichen „Scheinlibanesen" eine neue Stufe.

26.03.: Für den **16.04**.2002 haben die drei größten Gewerkschaften **Italiens** zu einem **Generalstreik** aufgerufen. Er richtet sich gegen eine Lockerung des Kündigungsschutzes für Arbeitnehmer. ● Nach der Landung britischer Elitesoldaten bereiten die USA und Großbritannien in Afghanistan eine neue Offensive vor. ● Bei den **Ostermärschen** sind die **US-Atomwaffenpolitik** und die Sorge vor einer **Ausweitung des Afghanistan-Krieges** auf andere Länder die **zentralen Themen**. ● Nach dem Muster der Sammelklagen ehemaliger NS-Zwangsarbeiter hat in New York eine Gruppe prominenter Anwälte im Namen von 35 Millionen Afro-Amerikanern **Klage gegen drei US-Firmen** eingereicht, die vor 1865 vom Menschenhandel profitiert hätten: wer einst am **Sklavenhandel** verdient habe, solle jetzt dafür bezahlen. ● Das Oberverwaltungsgericht Koblenz hält die elektronische Rasterfahndung zur Terrorbekämpfung für rechtmäßig: es gebe kein milderes Mittel, um terroristische Schläfer ausfindig zu machen und aktuelle Gefahren abzuwehren.

27.03.: In einem Bericht des UN-Umweltprogramms (Unep) wird festgestellt, dass drei Jahre nach dem Jugoslawien-Krieg mehrere Regionen in **Serbien und Montenegro** immer noch mit **Uran verseucht** seien. Bei den Luftangriffen auf Jugoslawien ist von den USA Munition mit schwach radioaktivem abgereicherten Uran eingesetzt worden. ● In einer Antwort der Bundesregierung auf eine PDS-Anfrage wird mitgeteilt, dass **40 Prozent der rechtsextremistischer Taten Beschuldigten Erwachsene** seien. Rechtsextremismus sei nicht, wie oft dargestellt, allein ein Jugendproblem. Das erwachsene Umfeld halte Jugendliche oft zu solchen Straftaten an oder legitimiere sie, so die PDS-Bundestagsabgeordnete Jelpke. ● Eine Ausweitung des Mandats der Afghanistan-Schutztruppe über Kabul hinaus wird von den USA abgelehnt. ● Auch das Verwaltungsgericht Bremen billigt die Rasterfahndung: diese sei verfassungskonform.

29.03.: Nach Anschlägen von Palästinensern spitzt sich die Lage in Nahost zu: **Israel greift den Amtssitz von Palästinenserpräsident Arafat an**, Israels Premier kündigt eine „lange Offensive" an.

April 2002

01.04.: An Demonstrationen, Gottesdiensten und Fahrradkorsos im Rahmen der **Ostermärsche** haben sich in **70** deutschen **Städten Zehntausende Menschen** beteiligt. Im Mittelpunkt des **Protests** standen das „**völkerrechtswidrige Vorgehen der israelischen Regierung**", der sogenannte „**Krieg gegen den Terrorismus**" und die Forderung nach einem **Abzug der Bundeswehr aus Kriegsgebieten**. ● Die PDS und Kriegskritiker bei Bündnis 90/Die Grünen fordern, den Anfang Oktober ausgerufenen **Bündnisfall der Nato sofort für beendet zu erklären**. Dem Bundestag liegt ein entsprechender Antrag vor. ● Einer im Auftrag des Bundesinnenministeriums erstellten Studie zufolge werden **rechtsextremistische Straftaten** in Deutschland in der Regel **von männlichen Jugendlichen mit niedrigem Bildungsniveau** begangen, meist in Gruppen, selten allein. Der „Durchschnittstäter" sei zwischen 15 und 24 Jahren alt, nur 9 Prozent der Tatverdächtigen seien Frauen.

02.04.: Der evangelische Pfarrer Schmidt aus Libbenicht bei Seelow (Oderland) und drei Berliner Schüler erhalten das „Band für Mut und Verständigung" des „Bündnisses für Vernunft". Gewürdigt werde die Zivilcourage bei der Verteidigung von Ausländern. ● Aus dem Härtefallfonds der Bundesregierung sind 2001 **151 Opfer rechtsextremistischer Gewalttaten** mit 2,6 Millionen DM **entschädigt** worden, so eine Antwort der Bundesregierung auf eine entsprechende Anfrage der PDS. Bei den Opfern handelt es sich überwiegend um Ausländer, auch 29 Deutsche seien entschädigt worden. ● 14 von 80 Skinhead-Konzerten sind im Jahr 2001 laut Angaben der Bundesregierung von der Polizei aufgelöst worden.

03.04.: Zum Kampf gegen die verbliebenen Taliban und Al-Quaeda-Anhänger sind in Afghanistan britische Elitesoldaten eingetroffen. ● Das **Bundesverfassungsgericht stärkt die Rechte von Häftlingen**: auch nachträglich haben Strafgefangene das Recht, gegen eine menschenunwürdige Unterbringung in Justizvollzugsanstalten zu klagen.

04.04.: Nach Schätzungen der afghanischen Übergangsregierung sind bei **US-Luftangriffen** seit Oktober 2001 **etwa 3.000 unbeteiligte Zivilisten getötet** worden. Die Übergangsregierung meldet ferner einen Putschversuch und beschuldigt den früheren Ministerpräsidenten

Hekmatjar der Verschwörung. ● Zehn Jahre nach der Ratifizierung der UN-Kinderrechtskonvention enthält Deutschland Flüchtlingskindern weiterhin Rechte vor. Darauf haben Pro Asyl und Unicef zum wiederholten Mal hingewiesen. ● Studierendenvertretungen von zehn deutschen Universitäten wenden sich vereint gegen die Rasterfahndung und werfen dem Bundeskriminalamt vor, ohne rechtliche Grundlage mit den erhobenen Daten weiter zu „rastern".

06.04.: Etwa **10.000 Bürger** haben **in Leipzig gegen Rechtsradikalismus** demonstriert. 4.000 Polizisten haben rund 1.000 Rechtsextremisten durch stundenlange Kontrollen daran gehindert, zum Völkerschlachtdenkmal zu ziehen. ● In zahlreichen europäischen Städten demonstrieren **Zehntausende gegen das militärische Vorgehen Israels in den Palästinensergebieten.** Auch in Dortmund, Bonn und Berlin versammeln sich Tausende zum Protest.

07.04.: Die **Zahl der Asylbewerber** ist nach Angaben des Bundesinnenministeriums im Vergleich zum Vorjahreszeitraum um 8,6 Prozent auf 19.224 Menschen **zurückgegangen.** In 33.905 Entscheidungen über Asylbegehren seien lediglich **2,2 Prozent der Bewerber als Asylberechtigte anerkannt** worden, 5,4 Prozent der Antragsteller hätten Abschiebeschutz erhalten, 62,8 Prozent der Anträge seien abgelehnt worden. ● Rund 4.000 Versicherte haben einem Gentest zur Früherkennung der Erbkrankheit Eisenspeicherkrankheit teilgenommen, zu der die Kaufmännische Krankenkasse Hannover aufgerufen hat. Ohne gesetzliche Regelungen sind derartige Screenings umstritten.

08.04.: An den gewaltsamen Tod des Mosambikaners Jorge Gomondai vor elf Jahren ist in Dresden mit einem Gottesdienst, einem Schweigemarsch und einer Kundgebung am Gomondai-Gedenkstein erinnert worden.

09.04.: EU-Institutionen missachten im Umgang mit den Bürgern Grundrechte, die der EU-Gipfel 2000 in Nizza als „Europäische Charta der Grundrechte" proklamiert hat. Diesen Vorwurf erhebt der europäische Ombudsmann Jacob Södermann: Frauen würden bei Bewerbungen benachteiligt, Bürgern Akteneinsicht verwehrt. ● **Amnesty International** hat mitgeteilt, dass sich 2001 weltweit die **Zahl der Hinrichtungen** von 1.457 auf 3.048 **verdoppelt** habe: in 31 Ländern sei exekutiert worden. China, Iran, Saudi-Arabien und die USA seien für 90 Prozent der Hinrichtungen verantwortlich.

10.04.: Das **Bundesverfassungsgericht** hat entschieden, dass die **Wahl zwischen einer Wehrpflicht- und einer Freiwilligenarmee dem Gesetzgeber vorbehalten** bleibe. Die Vorlage des Landgerichts Potsdam, das die Wehrpflicht wegen der veränderten weltpolitischen Sicherheitslage verfassungswidrig sei, wird für unzulässig erklärt. ● In **Peru** haben erste öffentliche **Anhörungen zu Menschenrechtsverletzungen** stattgefunden. Eine im Jahre 2001 gegründete „Wahrheits- und Versöhnungskommission" soll schwere Menschenrechtsverletzungen der vergangenen 20 Jahre untersuchen. ● Rund **150 US-Wissenschaftler klagen** in einem Brief an „Freunde in Europa" die **aggressive Außenpolitik des US-Präsidenten Bush** und dessen Instrumentalisierung universeller Werte an. Sie widersprechen den rund 60 konservativen Intellektuellen, die den „gerechten Krieg gegen den Terror" vehement verteidigen. ● **Israel ignoriert** den gemeinsamen **Appell** von Amerika, Russland, EU und UN **zu** einem unmittelbaren **Waffenstillstand** und einem **Rückzug der Truppen** aus den Palästinensergebieten: die israelische Armee werde bleiben, „bis ihr Ziel erreicht ist, die terroristische Infrastruktur zu zerschlagen", erklärt ein Regierungssprecher.

11.04.: Das jugoslawische Parlament hat ein Gesetz zur Auslieferung von Kriegsverbrechern an das UN-Tribunal in Den Haag verabschiedet. ● Mit der Hinterlegung der 60. Ratifikationsurkunde bei den Vereinten Nationen in New York kann der **erste Internationale Strafgerichtshof zur Verfolgung von Kriegsverbrechen und Völkermord** seine Arbeit zum 1.7.2002 in Den Haag aufnehmen. ● Eine siebenköpfige **kurdische Familie** wollen die zuständigen Behörden des Landkreises Osterholz (Bremen) in die Türkei **abschieben**, obwohl der Familienvater dort angeblich wegen Unterstützung der Kurdenpartei PKK gesucht wird. Alle Asylanträge sind bisher abgelehnt worden. ● Einer Entscheidung des **Bundesverfassungsgericht**s zufolge verstößt die **Wehrpflicht nur für Männer** nicht gegen den Grundsatz der Gleichberechtigung von Männern und Frauen: ein Grundgesetz seien sowohl der Gleichberechtigungsgrundsatz als auch die Wehrpflicht für Männer verankert und hätten im Grundgesetz denselben Rang.

12.04.: Auf dem Rostocker Parteitag der **PDS** hat die Vorsitzende Gabi Zimmer den Appell von fünf europäischen Linksparteien unterstützt, in dem die **Entsendung einer internationalen Schutztruppe in den Nahen Osten** gefordert wird. ● In mehreren Studien des

Deutschen Jugendinstituts und der Universitäten München und Jena ist festgestellt worden, dass **zerrüttete Familienverhältnisse** Kinder und Jugendliche für **fremdenfeindliche Gewalttaten** besonders anfällig machen. Ein Großteil rechter Straftäter habe während der Kindheit Gewalt als Hauptmittel zur Klärung alltäglicher Streitsituationen erfahren und sich angeeignet. ● Die ehemalige Präsidentin des Bundesverfassungsgerichts, **Jutta Limbach**, hat sich für eine „**Definitionsmacht des Gastgeberlandes" gegenüber Einwanderern** ausgesprochen: die Autonomie von Minderheiten finde ihre Grenze bei der Infragestellung universaler Grundwerte der westlichen Verfassung. Es könne keinen Kompromiss mit Religionen geben, die postulieren, „dass göttliches Recht staatliches Recht bricht".

13.04.: In einigen europäischen Städten haben **Massenproteste gegen die israelische Militäroffensive** stattgefunden; auch in mehreren deutschen Städten versammelten sich rund 25.000 Menschen zu Demonstrationen gegen die israelische Politik.

14.04.: 57 Jahre nach der Befreiung des Konzentrationslagers **Buchenwald** ist in der dortigen Gedenkstätte ein Denkmal für die Häftlinge des „Kleinen Lagers" eingeweiht worden. ● In Wien ist es bei einer Demonstration gegen die **Wehrmachtsausstellung** zu Auseinandersetzungen mit Gegendemonstranten und der Polizei gekommen. ● Nach Einschätzung des Versöhnungsbundes ziehen israelische und palästinensische Friedensgruppen für die Lösung des **Nahostkonflikt**s weiter an einem Strang, auch wenn ihre Stimmen von der Übermacht des Militärischen übertönt würden.

15.04.: Mit großer Mehrheit hat die **UN-Menschenrechtskommission** in Genf eine **Resolution** verabschiedet, in der **Israel** wegen der Massentötungen in den besetzten Palästinensergebieten scharf **verurteilt** wird. Zugleich wird den Palästinensern das Recht auf Selbstverteidigung zugestanden.

16.04.: Nach Gewerkschaftsangaben haben sich beim ersten **Generalstreik in Italien** seit 20 Jahren etwa **20 Millionen Menschen beteiligt** und das öffentliche Leben zum Stillstand gebracht. Der Protest richtet sich gegen von der Regierung geplante Arbeitsrechtsreformen. ● Die erste **Präsidentschaftswahl in Osttimor** seit der Loslösung von Indonesien hat der ehemalige Freiheitskämpfer Gusmao klar gewonnen. ● Die UN-Verwaltung endet am 20.5.2002. ● Der dritte **Spanien-Bericht (1995-2002) von Amnesty International** wirft

der spanischen Polizei in 320 Fällen rassistisch motivierte Gewalt vor. Die Opfer sind Angehörige ethnischer Minderheiten oder Ausländer. ● In **Ostafghanistan** hat Großbritannien **eine neue Großoffensive** gestartet. Die Bundesregierung äußert sich nicht zu einer Beteiligung deutscher Soldaten. ● In der italienischen **Apenningemeinde Marzabotto** – Schauplatz des bekanntesten Massakers mit 700 Opfern – hat **Bundespräsident Rau** 58 Jahre nach der Ermordung zehntausender italienischer Zivilisten durch deutsche Soldaten um „**Vergebung" gebeten**.

17.04.: Amnesty International wirft den USA erneut vor, auf dem kubanischen Militärstützpunkt Guantanamo internierte Taliban- und Al-Quaeda-Kämpfer unwürdig zu behandeln und die Rechte der 300 Gefangenen zu verletzen. ● In erster Lesung hat das **russische Parlament** ein **Zivildienstgesetz** verabschiedet. Der geplante Zivildienst soll mit vier Jahren doppelt so lange dauern wie der Wehrdienst. ● US-Außenminister Powell ist es während seiner zehntägigen Nahostreise nicht gelungen, zwischen Israel und den Palästinensern einen Waffenstillstand zu vermitteln. ● Vor dem Amtsgericht Lüneburg ist der **Prozess gegen vier Robin-Wood-Mitglieder** begonnen, die im März 2001 durch ihre Ankettaktion einen Castor-Transport 16 Stunden aufgehalten haben.

18.04.: Mehrere Menschenrechtsorganisationen haben der israelischen Armee vorgeworfen, **im palästinensischen Flüchtlingslager Dschenin** ein **Massaker** verübt zu haben. Viele voneinander unabhängige Zeugen hätten von willkürlichen Erschießungen und Zerstörungen berichtet. ● Trotz zahlreicher Appelle hält die **Türkei** an der **Todesstrafe** fest, deren generelle Abschaffung für den angestrebten EU-Beitritt gefordert wird.

20.04.: Unter dem Motto „Weimar zeigt sich – bunte Vielfalt gegen braune Einfalt" haben in **Weimar 3.000 Menschen gegen** einen Neo-Nazi-Aufmarsch (ca. 250 Teilnehmer) am Geburtstag Hitlers demonstriert.

21.04.: Im Zentrum des Berbergebietes Kabylei in **Algerien** haben etwa **100.000 Menschen gegen die Regierung protestiert** und des „schwarzen Frühlings" vom vergangenen Jahr gedacht, als bei der Unterdrückung von Demonstrationen 107 Menschen getötet und 5.000 verletzt worden waren. ● Bei den Landtagswahlen in Sachsen-Anhalt löst die CDU die SPD ab: CDU 37,3% (+ 15,3%), SPD 20% (- 15,9%),

PDS 20,4% (+ 0,8%), FDP 13,3% (+ 9,1%), Bündnis'90/Die Grünen 2% (-1,2%).

22.04.: UN-Generalsekretär **Annan** hat eine **Kommission** berufen, die die Kämpfe in dem palästinensischen **Flüchtlingslager Dschenin untersuchen** soll. Amnesty International hat erneut schwere **Vorwürfe gegen Israel** wegen der Vorfälle in Dschenin erhoben. Es habe sehr ernste Verstöße gegen internationales Recht gegeben: „Wir sprechen hier von **Kriegsverbrechen.**" ● Das Kammergericht Berlin hält die **Rasterfahndung** in der Hauptstadt doch für rechtmäßig und hebt damit ein vorangegangenes Urteil des Landgerichts auf. ● An Hitlers 113. Geburtstag hat es in einigen Orten Brandenburgs, Sachsens und in Bochum Zwischenfälle gegeben. ● Nach dem überraschenden Sieg des Rechtsradikalen Le Pen (17%) über den sozialistischen Premier Jospin (16%) bei der ersten Runde der Präsidentenwahl in **Frankreich** formiert sich eine **breite Front gegen Le Pen**: Sozialisten und Grüne rufen zur Unterstützung Chiracs (20%) auf.

23.04.: Nach einer Entscheidung des Bundesverfassungsgerichts ist die Neuregelung der **Gefangenenentlohnung** mit dem Grundgesetz vereinbar: die Erhöhung von fünf auf neun Prozent des durchschnittlichen Arbeitsentgeltes sei gerade noch ausreichend und verstoße nicht gegen das verfassungsrechtliche Gebot der Resozialisierung, weil die geleistete Arbeit außer durch den Lohn auch durch andere Vorteile wie Hafturlaub und -verkürzung anerkannt werden könne. Der Monatslohn beträgt **im Schnitt 200 Euro.**

24.04.: In einem Bericht über die **Gewalt in Nahost** hat die UN-Hochkommissarin für Menschenrechte, Robinson, die Übergriffe israelischer Sicherheitskräfte auf palästinensische Zivilisten angeprangert: **Palästinenser** seien wiederholt **als menschliche Schutzschilde** missbraucht worden. Innerhalb von drei Wochen habe die Gewalt auf palästinensischer Seite mindestens 217 Tote und 498 Verletzte gefordert, bei den letzten Selbstmordanschlägen von Palästinensern seien 62 Israelis getötet und 363 verletzt worden. ● Der **Prozess gegen vier Robin-Wood-Mitglieder** in Lüneburg wirft bei Finanzbehörden die **Frage der Gemeinnützigkeit der Umweltorganisation** auf. Entsprechende Bitten um Prüfung einiger Landesinnenminister seien an die Finanzämter Bremen und Hamburg geschickt worden.

25.04.: Das Verwaltungsgericht Göttingen hat das von der Stadt Göttingen angeordnete Verbot einer NPD-Demonstration am 1. Mai aufgeho-

ben. ● Die EU-Innenminister haben einen gemeinsamen Kampf gegen antisemitische und fremdenfeindliche Gewalt angekündigt. Ferner sollen künftig in allen EU-Mitgliedsstaaten gleiche Mindestbedingungen für Asylbewerber gelten.

26..04.: In ihrer letzten Rede als **UN-Hochkommissarin für Menschenrechte** hat Mary Robinson **vor einer Schwächung der UN-Menschenrechtskommission gewarnt.** Deren wichtigste Aufgabe sei, Menschenrechte zu schützen und schwere Verletzungen direkt anzusprechen. Die Bekämpfung des internationalen Terrorismus dürfe kein Vorwand für die Aushöhlung der Menschenrechte sein. ● Die EU-Justizminister haben sich darauf geeinigt, auch in Zukunft mutmaßliche Verbrecher nicht an die USA auszuliefern, wenn ihnen dort die Todesstrafe droht. ● In einer knapp zehnminütigen Bundestagssitzung zur Frage, ob der vor einem halben Jahr ausgerufene **Nato-Bündnisfall** für beendet erklärt werden soll, hat lediglich die PDS-Abgeordnete Lippmann ihre Rede gehalten und den PDS-Antrag auf Revidierung der Nato-Entscheidung entsprechend begründet. Alle übrigen „Redner" haben ihre den Antrag ablehnenden Beiträge schriftlich zu Protokoll gegeben. ● Der **Bundestag** hat das **Strafgesetzbuch um einen „Anti-Terror-Paragraphen" 129b** erweitert: Mitglieder und Unterstützer ausländischer Terrororganisationen können künftig in Deutschland auch dann strafrechtlich verfolgt werden, wenn ihre Gruppierung nur im Ausland agiert. ● Der **Bundestag** hat eine **Verschärfung des Waffengesetzes** beschlossen. Nach Angaben des Innenministeriums sind 2001 in Deutschland 7,2 Millionen Waffen legal im Besitz von 2,3 Millionen Personen gewesen. ● Der **Bundesrat** hat einer **Ausweitung des freiwilligen sozialen Jahres** zugestimmt: Kriegsdienstverweigerern wird künftig ein freiwilliges soziales oder ökologisches Jahr als Ersatz für den Zivildienst anerkannt. ● Der **Bundestag** hat das **Gesetz zum Stammzellenimport** verabschiedet: Stammzellenforschung ist erlaubt; durch eine Stichtagsregelung (1.1.2002) wird verhindert, dass künftig im Ausland Embryonen wegen deutscher Forschungsprojekte getötet werden dürfen. Gearbeitet werden darf nur mit Stammzelllinien, die bereits vor dem 1.1.2002 existiert haben. ● 13 Lehrer, zwei Schüler, eine Sekretärin und ein Polizist sind in einem **Erfurter Gymnasium** von einem 19jährigen ehemaligen Schüler getötet worden, der sich nach seiner Tat erschossen hat.

27.04.: In Paris und rund 40 Provinzstädten haben mehr als **200.000 Menschen** an **Anti-Le-**

Pen-Kundgebungen teilgenommen. ● Bei Stammeskämpfen in **Ostafghanistan** sind zahlreiche Menschen umgekommen; US-Streitkräfte haben eine Vermittlungsaktion zwischen den verfeindeten Warlords begonnen.

29.04.: Ein Bericht der New York Times, demzufolge die **USA** an **Plänen** für einen **Luft- und Bodenangriff auf Irak** Anfang 2003 arbeiten, da ein Sturz Saddam Husseins nicht mithilfe der einheimischen Oppositionskräfte herbeigeführt werden könne, ist von US-Präsident Bush dementiert worden. ● Der **Europäische Gerichtshof für Menschenrechte** hat entschieden, dass es **kein Grundrecht auf Sterben** gebe. Damit ist der Antrag einer todkranken Britin abgelehnt worden, die mit Hilfe ihres Mannes sterben will: „Ein Grundrecht zu sterben ist nicht in der Europäischen Menschenrechtskonvention verankert." ● Vor einer **Eskalation antisemitischer Gewalt** hat nach dem Anschlag auf eine Synagoge in Berlin der Zentralrat der Juden in Deutschland gewarnt. Die Bedrohung jüdischer Gemeinden müsse mit allen rechtlich, politisch und polizeilich möglichen Mitteln bekämpft werden.

30.04.: Ein entschiedenes Vorgehen gegen **Gewalt gegen Frauen** hat der **Europarat** gefordert. Eine Empfehlung mit einem Maßnahmenkatalog ist für die 44 Mitgliedsländer beschlossen worden: alle Formen der **Gewalt in der Familie** und im öffentlichen Leben sollen eingedämmt werden.

Mai 2002

01.05.: Am **Tag der Arbeit** haben in **Deutschland** rund **eine halbe Million Menschen** für mehr soziale Gerechtigkeit **demonstriert**. In mehreren deutschen Städten sind Neonazis aufgezogen, gegen die bundesweit mehr als 10.000 Menschen auf die Straße gegangen sind.

02.05.: **Palästinenserpräsident Arafat** kann sich nach fast fünf Monaten unter Hausarrest und fünf Wochen unter israelischer Belagerung wieder **frei bewegen**. Die UN geben dem Widerstand Israels gegen eine Untersuchung des Vorgehens im Flüchtlingslager Dschenin nach und lösen die dafür bestimmte Kommission auf. ● Gegen die **Bundeswehr-Ausstellung** „Unser Heer" haben in Bremen 200 Militärgegner demonstriert. ● In einem Urteil des **Verwaltungsgerichts Neustadt** heißt es, dass anerkannte **Asylbewerber aus Deutschland ausgewiesen** werden dürfen, wenn sie zu mindestens drei Jahren Haft verurteilt werden. Allerdings seien an eine zwangsweise Abschie-

bung besondere Anforderungen zu stellen. ● Britische, US-amerikanische und afghanische Soldaten haben im **Südosten Afghanistans eine neue Offensive** gegen geflohene Taliban- und Al-Quaeda-Kämpfer begonnen. Die UN haben unterdessen einen Waffenstillstand zwischen Anhängern rivalisierender Kriegsherren vermittelt.

03.05.: Eine **Allianz für Menschenrechte** haben die Bundesregierung, die deutsche Wirtschaft, Gewerkschaften und Nichtregierungsorganisationen gebildet und erstmals eine gemeinsame Erklärung zum weltweiten Schutz der Menschenrechte („**Internationaler Schutz der Menschenrechte und Wirtschaftstätigkeit**") vorgelegt. Es wird dazu aufgerufen, „durch eigenes konkretes Handeln zum Schutz aller Menschenrechte beizutragen." ● **Terre des Hommes** hat die Bundesregierung zu einem härteren Vorgehen **gegen Kinderhandel** aufgerufen. Der Handel mit Kindern sei auch in Deutschland ein großes Problem. Jedes Jahr würden allein 200.000 junge Osteuropäer in die EU-Staaten verkauft. ● In Vilnius ist ein Zusatzprotokoll zur Europäischen Menschenrechtskonvention von Bevollmächtigten aus mehr als 30 europäischen Staaten unterzeichnet worden, demzufolge auch im Krieg und bei Kriegsgefahr **in Europa die Todesstrafe nicht mehr verhängt** werden darf. In den Mitgliedsstaaten des Europarates ist die Todesstrafe seit 1997 de facto abgeschafft. In 40 Staaten gibt es entsprechende Gesetzesregelungen; Armenien, Russland und die Türkei haben ein Moratorium für Todesurteile erlassen.

04.05.: Im Osten **Frankfurts**(Main) haben gut **800 Menschen gegen eine Neonazi-Versammlung** demonstriert. Starke Polizeikräfte haben die Demonstranten auf Distanz gehalten, so dass rund 50 Rechtsextreme durch das Ostend marschieren konnten.

05.05.: **Uri Avnery** ist in Oldenburg der **Carl-von-Ossietzky-Preis** verliehen worden. Gewürdigt wird Avnerys Engagement in der israelischen Friedensbewegung. ● **In Neapel ermittelt die Staatsanwaltschaft gegen Polizeibeamte**, die sich bei einer Demonstration von Globalisierungskritikern in Neapel am 17.3.2001, vier Monate vor den Auseinandersetzungen von Genua beim G8-Gipfel, zu Ausschreitungen verabredet und wehrlose Menschen getreten, geschlagen, gequält und gedemütigt haben sollen. Acht Beamte sind verhaftet worden. ● Zur Ankurbelung der zerstörten Wirtschaft in den von Israel besetzten palästinensischen Gebieten müssten nach

Berechnungen der Weltbank noch dieses Jahr zwei Milliarden Dollar investiert werden. UN-Organisationen beziffern die **von der israelischen Armee angerichteten Schäden** auf **mehr als 300 Millionen Dollar.** ● Die Zahl der auf Guantanamo von den USA Inhaftierten ist auf 363 gestiegen. ● Frankreichs Staatspräsident Chirac ist im zweiten Wahlgang mit 82 Prozent der Stimmen wiedergewählt worden; der Rechtsextremist Le Pen hat 18 Prozent erreicht.

06.05.: In **Burma** ist der **Hausarrest** für die Oppositionsführerin **Aung San Suu Kyi,** Friedensnobelpreisträgerin 1991, nach 19 Monaten **aufgehoben** worden. Suu Kyi betont, dass ihre Freilassung nicht als bedeutender Durchbruch für die Demokratie gewertet werden dürfe. ● Die **US-Regierung** hat beschlossen, die von Präsident Bushs Amtsvorgänger Clinton geleistete Unterschrift unter den **Vertrag zur Errichtung eines Weltstrafgerichtshofs** zu **widerrufen.** Begründet wird dieser Schritt mit dem Argument, dass die weltweit für die gute Sache im Einsatz stehenden US-Militärs von politischen Gegnern vor das Weltstrafgericht gezerrt werden könnten. ● In den Niederlanden ist der Rechtspopulist **Pim Fortuyn erschossen** worden.

09.05.: Als Auszeichnung für ihr Eintreten für Frieden und gegen militärische Vergeltung erhalten die US-amerikanische Kongressabgeordnete **Barbara Lee** und der Siegener Gesamtschullehrer **Bernhard Nolz** den **Aachener Friedenspreis.** Lee hatte am 14.9.2001 als einzige von 421 Abgeordneten des US-Repräsentantenhauses gegen weit reichende Vergeltungsermächtigungen für Präsident Bush gestimmt. Nolz war nach einer Rede auf einer Schülerdemonstration vom Schuldienst suspendiert und an eine andere Schule versetzt worden. ● In einer ersten **Bilanz der deutschen Beteiligung an** der Aktion **„Enduring Freedom"** hat die **Bundesregierung** den Einsatz **militärischer Mittel im sogenannten Anti-Terror-Kampf** auch nach dem Sturz der Taliban als **„unverzichtbar"** bezeichnet. ● Das Nato-nahe Londoner Institut für Strategische Studien hat die USA **vor Kriegen gegen Irak und Nordkorea** gewarnt: die USA können sich in Irak „nicht darauf verlassen, dass nach einer Invasion ein konstruktives Chaos eine dauerhafte Regierung hervorbrächte". Ein Krieg gegen Nordkorea könnte schlimme Folgen für Südkorea und für das amerikanische Verhältnis zu China haben. ● In **Bremen** haben sich fast **500 Menschen** an einem **Schweigemarsch** und einer Kundgebung beteiligt und so

ihre **Solidarität mit sechs türkischen Familien** zum Ausdruck gebracht, die Ende April nur knapp einen Brandanschlag überlebt hatten. ● Auf dem Festakt zum 20jährigen Bestehen der Vereinigung „Ärzte für die Verhinderung eines Atomkrieges" (IPPNW) hat Bundespräsident Rau mehr Schritte zu Abrüstung und Rüstungskontrolle und mehr Vorbeugung gegen internationale Krisen gefordert. ● Bei einem **Bombenattentat auf ein Militärorchester in Dagestan** am „Tag des Sieges über Hitler-Deutschland" sind 34 Menschen getötet und mehr als 150 verletzt worden. Als Täter werden tschetschenische Rebellen vermutet.

10.05.: Gegen das geplante Atomendlager Schacht Konrad haben **Umweltschützer** in **Salzgitter** demonstriert und dabei einen 70 Meter hohen **Förderturm besetzt.** ● Vor den Gefahren „einer übereifrigen Politik der inneren Sicherheit" für die Freiheitsrechte hat die ehemalige Präsidentin des Bundesverfassungsgerichts, **Limbach,** gewarnt und damit die **Rasterfahndung in Frage gestellt.** Die für die Meinungsfreiheit und das Engagement der Bürger notwendige „Furchtlosigkeit" drohe zu gehen, „wenn der Staat seine Bürger biometrisch vermißt, datenmäßig durchrastert und seine Lebensregungen elektronisch verfolgt". ● Die **drastische Zunahme von rassistischen Übergriffen in Westeuropa** haben Amnesty International und Human Rights Watch beklagt. Vor allem Juden und Araber würden seit dem 11. September zunehmend bedroht und verfolgt. ● 38 Tage nach Beginn der Belagerung der **Geburtskirche in Bethlehem** durch die israelische Armee haben die sich dort verschanzt haltenden **Palästinenser und Friedensaktivisten die Kirche verlassen.** 13 von Israel als militant eingestufte Palästinenser werden zunächst nach Zypern ausgeflogen, 26 weitere Palästinenser in den Gazastreifen gebracht, 84 freigelassen.

12.05.: Zum Abschluss des **UN-Kindergipfels** haben sich die Delegierten aus 180 Ländern auf einen **Aktionsplan („Eine kindgerechte Welt")** geeinigt, der das Los der zwei Milliarden Kinder in den nächsten 15 Jahren entscheidend verbessern soll. Im Mittelpunkt stehen die Verbesserung der Gesundheitsvorsorge, der Kampf gegen AIDS, der Schutz vor Missbrauch, Gewalt und Ausbeutung sowie der Zugang zu umfassender und qualifizierter Ausbildung. Auf Druck der USA werden die **Todes- oder lebenslangen Haftstrafen für Minderjährige nicht verboten,** sondern es wird lediglich dazu aufgerufen, diese Strafen nicht zu verhängen. ● In **Tel Aviv** haben **60.000 Bürger**

Israels für den Rückzug des Militärs aus den Palästinensergebieten demonstriert.

13.05.: Auf ein Abkommen zur Abrüstung ihrer Atomwaffen haben sich nach monatelangen Verhandlungen die USA und Russland geeinigt: die Arsenale werden auf zwischen 1.700 und 2.200 Sprengköpfe reduziert. ● In seiner „Berliner Rede" hat **Bundespräsident Rau Verständnis für** die Anliegen der **Globalisierungsgegner** gezeigt und es als Aufgabe der Politik bezeichnet, die Globalisierung gerecht zu gestalten: „Die Menschen überall auf der Welt müssen erleben, dass sie im Mittelpunkt stehen. ... Bisher droht die Globalisierung den Globus zu zerstückeln."

14.05.: Mehr als 30 Menschen sind bei einem **Rebellenangriff** auf einen Bus und ein Armeelager in **Nordindien** getötet worden. Nach indischen Angaben soll es sich um Täter handeln, die einer in Pakistan beheimateten Muslim-Gruppe angehören, der bereits der Anschlag auf das indische Bundesparlament im Dezember 2001 angelastet wird. Die indische Regierung hat militärische Vergeltung angedroht.

15.05.: Der **Euroatlantische Partnerschaftsrat,** dem die 19 Nato-Mitglieder, die vier nicht zum Bündnis gehörenden EU-Staaten sowie 23 mittel-, osteuropäische und zentralasiatische Länder angehören, will die **Bekämpfung des Terrorismus in Europa, im Kaukasus und in Zentralasien** zu einer zentralen Aufgabe machen. Dafür werden die 46 Staaten ihre Zusammenarbeit künftig verstärken, so ein Beschluss der Außenminister des Partnerschaftsrates. ● Zur Sicherung des Besuchs von US-Präsident **Bush in Berlin** werden mehr als **7.700 Polizisten** eingesetzt.

16.05.: 25 Atomkraftgegner haben mit einer **Gleisblockade** den Start eines Atommülltransportes nahe **Wilster** (Schleswig-Holstein) um rund vier Stunden verzögert. ● In **Brasilien** ist zum ersten Mal ein **Offizier** wegen des **Massakers** an 19 armen Bauern im Jahr 1996 in Amazonien **verurteilt** worden (228 Jahre Haft). Am 17.4.1996 hatten zwei Einheiten der Militärpolizei das Feuer auf eine Demonstration von Landlosen eröffnet; dabei starben 19 Menschen, 69 wurden zum Teil schwer verletzt. Weitere 146 Militärpolizisten stehen ebenfalls vor Gericht.

17.05.: Die **Bundestagsmehrheit** von SPD, Bündnis 90/Die Grünen und PDS hat gegen die Stimmen von CDU/CSU und FDP **nationalsozialistische Unrechtsurteile gegen Homose-** xuelle und Deserteure pauschal **aufgehoben.** In der Nazi-Zeit sind 30.000 Todesurteile gegen Wehrmachtsdeserteure und 50.000 Verurteilungen gegen Homosexuelle verhängt worden. 1998 waren nicht alle nationalsozialistische Unrechtsurteile aufgehoben worden, Deserteure und Homosexuelle mussten seither bei der Justiz eine Einzelfallprüfung beantragen. ● Der Bundestag hat das Grundgesetz geändert und den **Tierschutz zum Staatsziel** erhoben: Tierschutzbestimmungen soll Gewicht verliehen werden, wenn sie gegenüber Grundrechten wie der Freiheit von Forschung und Lehre, der Religion oder des Eigentums abgewogen werden müssen. ● Bei einem **Brand in einem Asylbewerberheim** in Freiburg sind 16 Bewohner und zwei Feuerwehrleute verletzt worden. Nach ersten Ermittlungen geht die Polizei von **Brandstiftung** aus. ● Truppen der internationalen Anti-Terror-Koalition haben in **Ostafghanistan eine neue Offensive** begonnen. Nach afghanischer Darstellung sollen US-Hubschrauber eine Hochzeitsfeier bombardiert und mindestens zehn Menschen getötet haben. ● Das **belgische Parlament** hat ein **Sterbehilfe-Gesetz** verabschiedet. Es erlaubt eine Tötung auf Verlangen auch für unheilbar kranke Patienten, die nicht in absehbarer Zeit sterben werden, sowie für Menschen mit andauernden psychischen Leiden.

18.05.: Nach Mitteilung des Vorsitzenden der Innenministerkonferenz, Böse, haben deutsche Polizisten 2001 insgesamt 4.172 Mal geschossen, 500 mal mehr als im Jahr 2000. Fünf Menschen sind dabei getötet worden, im Jahr 2000 sind vier Menschen erschossen worden.

20.05.: **Indien und Pakistan** steuern nach weiteren Überfällen von Untergrundkämpfern, Gefechten zwischen Grenztruppen und diplomatischen Sanktionen auf eine neue **Eskalation** zu.

21.05.: Nach 400 Jahren portugiesischer Kolonialherrschaft und einer Vierteljahrhundert Besetzung durch Indonesien ist **Osttimor ein eigener und unabhängiger Staat** geworden. ● Einen Tag vor dem Besuch des US-Präsidenten Bush in **Berlin** haben etwa **20.000 Menschen gegen die internationale Politik der USA demonstriert** und vor einer weiteren Militarisierung der Politik gewarnt. ● Der Deutsche Initiativkreis für das **Verbot von Landminen** hat in einem offenen Brief Bundeskanzler Schröder und Außenminister Fischer aufgefordert, sich auf dem bevorstehenden G8-Gipfel für ein weltweites Verbot von Landminen einzusetzen. ● **287 israelische Univer-**

sitätsdozenten haben in einem offenen Brief ihre **Unterstützung für Studenten und Kollegen** erklärt, **die sich weigern, in den besetzten Gebieten Militärdienst zu leisten.** Fünfunddreißig Jahre habe man einem ganzen Volk „grundlegende Menschenrechte" verweigert. ● Nach Einschätzung des **International Committee Against Disappearances** seien im Kampf gegen die Entführung von Regime-Gegnern erste Teilerfolge zu verzeichnen: in der Türkei seien solche Fälle seit Gründung des Komitees zurückgegangen.

22.05.: Die Nato hat die Mission „**Amber Fox**" **in Mazedonien** um vier Monate verlängert. ● Vier **Mitglieder von Robin Wood** sind vom Amtsgericht Lüneburg zu einer Geldstrafe von 525 Euro **verurteilt** worden: sie hatten sich im März 2001 an einem Betonblock festgekettet und damit den Castor-Transport mit Atommüll ins Zwischenlager Gorleben 17 Stunden lang aufgehalten. Eine weitere Konsequenz für die Angeklagten: für die Räumung der Schienen sind ihnen 19.000 Euro in Rechnung gestellt worden.

23.05.: Im **Strafprozess wegen eines Massakers an landlosen Bauern in Brasilien** ist ein weiterer Offizier der Militärpolizei schuldig gesprochen und zu 158 Jahren Gefängnis verurteilt worden.

24.05.: Das von über 900 Gruppen und Einzelpersonen getragene „**Bündnis für Demokratie und Toleranz** – gegen Extremismus und Gewalt" – hat in Berlin fünf Initiativen als „Botschafter der Toleranz 2002" ausgezeichnet, die sich vor allem gegen Ausländerfeindlichkeit eingesetzt haben. ● Drei **PDS-Bundestagsabgeordnete**, die während der Rede von US-Präsident Bush im Bundestag ein Anti-Kriegs-Transparent entrollt haben, sind **von der Fraktionsspitze scharf kritisiert** worden: ihnen wird ein Mangel an „Demokratiefähigkeit" und „vordergründige Symbolik" vorgeworfen.

25.05.: Sechs Personen sind bei einem **Brand in einem Asylbewerberheim** in Reichelsheim (Hessen) verletzt worden. Die Polizei geht von **Brandstiftung** aus.

26.05.: Die globalisierungskritische Bewegung **Attac,** in der rund 6.600 Einzelpersonen und 150 Organisationen Mitglied sind, hat beim bundesweiten Ratschlag beschlossen, ein **Netzwerk** zu bleiben, das seine Entscheidungen nach dem **Konsensprinzip** trifft. Der Ratschlag bleibt Entscheidungsgremium für inhaltliche Fragen, eine Delegiertenversammlungen soll

künftig über finanzielle und haushaltspolitische Entscheidungen bestimmen, ein 42-köpfiger Attac-Rat die inhaltliche Vorarbeit für die Ratschläge leisten. In einer neuen Grundsatzerklärung bezeichnet sich **Attac** als **Teil der Friedensbewegung.** ● Nach sieben Jahren Regierungsbeteiligung **verlassen die finnischen Grünen die Koalition mit den Sozialdemokraten** und ziehen damit die Konsequenz aus dem Parlamentsvotum für den **Bau eines neuen Atomkraftwerkes.** ● In seinem Kampf gegen die Todesstrafe **versucht der Europarat** in Japan auf einer hochrangig besetzten Konferenz am Sitz der japanischen Volksvertretung **Japan zur Abschaffung der Todesstrafe zu bewegen.**

27.05.: Das Jahrbuch 2002 des Internationalen Konversionszentrums Bonn sieht **weltweit** eine **neue Aufrüstungsrunde** in vollem Gange: vor allem die USA hätten die Militärausgaben massiv erhöht und ihre Rüstung angekurbelt. ● In Brandenburg haben drei Firmen im Kampf gegen Rechtsextremismus und Fremdenfeindlichkeit erstmals den **Schutz vor Diskriminierung in einer Betriebsvereinbarung** festgeschrieben. In der Vereinbarung „Für Gleichbehandlung und gegen Diskriminierung" zwischen Firmenleitung und Belegschaft verpflichten sich die mittelständischen Betriebe, offensiv gegen Rassismus, Fremden- und Demokratiefeindlichkeit sowie Nationalismus aufzutreten. ● **Menschenrechtsgruppen warnen** die Innenminister von Bund und Ländern energisch **vor zwangsweisen Abschiebungen nach Kosovo**: Abgeschobenen drohe ein perspektivloses Dasein in militärisch abgeschirmten Enklaven, die sie ohne Gefahr nicht verlassen könnten.

28.05.: Das Oberverwaltungsgericht Koblenz hat entschieden, dass der Zwang, in ihrem Heimatland einen Schleier zu tragen, einer afghanischen Klägerin keinen Asylanspruch in Deutschland gibt: eine fremde Rechtsordnung müsse sich nicht an der weltanschaulichen Neutralität und Toleranz des Grundgesetzes messen lassen. Das Asylrecht habe nicht die Aufgabe, die Grundrechte nach deutschem Standard auch in anderen Ländern durchzusetzen. ● Die **Berliner Landesregierung** dehnt die Möglichkeiten zur **Videoüberwachung** aus und regelt die **Rechtslage bei tödlichen Polizeischüssen**: In „Notwehr und Notstand" dürfen Polizisten auch tödliche Schüsse abgeben. ● In einer „Erklärung von Rom" haben die Nato und Russland beschlossen, in der Abwehr „gemeinsamer Gefahren" zu kooperieren. Vorgesehen ist ein **Nato-Russland-Rat,** in dem

Russland gleichberechtigt vertreten sein soll. ● Im **Jahresbericht 2001** kommt **Amnesty International** zu dem Ergebnis, dass der „11.9.2001" das **Gewicht der Menschenrechte in der internationalen Politik** besorgniserregend **verringert** habe: Immer häufiger betrachten Regierungen die Menschenrechte als Hindernis auf dem Weg zur Sicherheit. Anti-Terror-Maßnahmen werden benutzt, um innerstaatliche Gegner zum Schweigen zu bringen. ● Die **EU-Kommission** gibt dem Drängen der deutschen Regierung nach, den Vorschlag für eine einheitliche Regelung des „Rechtes auf **Familienzusammenführung**" für Menschen aus Nicht-EU-Staaten zu **verschärfen:** Für über Zwölfjährige sollen künftig härtere Bedingungen gestellt werden können. ● Die in Istanbul ansässige Kurdische Stiftung für Kultur und Forschung hat beim Europäischen Gerichtshof für Menschenrechte Klage gegen die Türkei eingereicht, weil die Behörden der Stiftung verweigern, kurdische Sprachkurse anzubieten. ● In **Brandenburg** ist ein junger **Aussiedler aus Kasachstan getötet** worden. Die Staatsanwaltschaft Neuruppin ermittelt wegen des Verdachts auf „**fremdenfeindliche Motive**".

30.05.: Nach zwei Jahren Modellversuch soll bald **in ganz Hessen die „Elektronische Fußfessel"** eingeführt werden. ● Britische Truppen haben in Ostafghanistan eine neue Militäraktion gegen Taliban- und Al-Quaeda-Kämpfer begonnen.

31.05.: Hilfsorganisationen in Afghanistan können die unerwartet hohe Zahl von Rückkehrern aus Geldmangel nicht mehr bewältigen. Seit März sind 815.000 Flüchtlinge zurückgekehrt. ● Human Rights Watch hat erneut die Behandlung der 384 Gefangenen in Guantanamo kritisiert: ihnen werde immer noch nicht der Status von Kriegsgefangenen nach der Genfer Konvention eingeräumt. ● Das **dänische Parlament** hat eine **drastische Verschärfung der Asyl- und Ausländergesetze** beschlossen: in den ersten Jahren erhalten Asylbewerber keine volle Sozialhilfe mehr. Im Falle einer Anerkennung haben sie keinen Anspruch mehr auf Wohnraum, Kriegsdienstverweigerer erhalten kein Asyl mehr, Voraussetzung für eine Aufenthaltsgenehmigung ist ein Sprachtest. ● Die **Berliner Humboldt-Universität** hat offiziell für die wissenschaftliche **Vorbereitung von NS-Verbrechen** in den von den Nazis besetzten Gebieten Osteuropas **um Entschuldigung gebeten**: „Wir bitten öffentlich um Entschuldigung bei allen toten und noch lebenden Opfern, denen der verbrecherische General-

Plan-Ost und seine Folgen unendliches Leid zugefügt haben und leisten dafür tief empfundene Abbitte".

Juni 2002

01.06.: Bei einem **NPD-Treffen in Jena** mit etwa 120 Teilnehmern, gegen das rund einhundert Gegner des Rechtsextremismus demonstriert haben, ist es wegen Missachtung von Platzverweisen zu **Festnahmen** gekommen.

02.06.: In der **Schweiz** haben mehr als zwei Drittel der Bürger für die **Liberalisierung des Schwangerschaftsabbruchs** gestimmt: Innerhalb der ersten zwölf Schwangerschaftswochen darf künftig straffrei abgetrieben werden. Die bisher geltende Regelung der grundsätzlichen Strafbarkeit einer Abtreibung – außer bei bestehender Gefahr einer schweren gesundheitlichen Schädigung der Schwangeren – stammt aus dem Jahr 1942. ● Die USA behalten sich das Recht vor, weltweit jederzeit und überall militärisch einzugreifen, um geplante Terroranschläge vorbeugend zu vereiteln. „**Der Krieg gegen den Terror wird nicht in der Defensive gewonnen**", so **Präsident Bush** in der Militärakademie West Point.

03.06.: Die **NS-Vergangenheit der Berliner Kassenärztlichen Vereinigung** soll im Rahmen eines **Forschungsprojekt**s untersucht werden: Es gehe darum, endlich die Mitverantwortung der Berliner Ärzteschaft als „**Erfüllungsgehilfe der Nazis und die Rolle der KV bei der Durchsetzung der NS-Rassengesetze aufzuarbeiten".

04.06.: Der **Abbau von Freiheitsrechten in Deutschland** hat sich nach Einschätzung von Bürgerrechts-Organisationen **mit dem Inkrafttreten der sog. Anti-Terror-Gesetze** enorm beschleunigt. In ihrem „**Grundrechte-Report 2002**" beklagen die sieben Initiatoren die Tendenz, Menschen unter ständigem Verdacht zu stellen.

05.06.: Das **Kammergericht Berlin** hat in dritter Instanz die **satirische Kritik an der Bundeswehr „Ja, Morden"** für **zulässig** erklärt und damit einen sieben Jahre anhaltenden Rechtsstreit beendet. Friedensaktivisten hatten mit dem 1993 veröffentlichten Plakat eine Werbekampagne der Bundeswehr persifliert. Parolen wie „Ja, Helfen" stellen dem Kammergericht zufolge das Erscheinungsbild der Armee nicht vollständig dar. ● Dem inzwischen psychisch schwer kranken und selbstmordgefährdeten **kurdischen Kriegsdienstverweigerer Mehmet Demir** droht, nachdem er mit seinem zweiten Asylantrag gescheitert ist, die erneute **Abschiebung in die Türkei**, obwohl er nach seiner ersten Abschiebung massiv gefoltert worden ist. Pro Asyl und Connection haben den Bundestags-Petitionsausschuss dringend um eine erneute Prüfung gebeten. ● Die **Bundesregierung** hat die **Verlängerung der Bundeswehrbeteiligung** an der Internationalen Schutztruppe für **Afghanistan** um ein halbes Jahr und deren Aufstockung von 1.200 auf bis zu 1.400 Soldaten beschlossen.

06.06.: Die Verteidigungsminister der **Nato** haben Einigkeit darüber erzielt, auf die Linie der USA einzuschwenken, die auf **militärische Präventivschläge** gegen jene Staaten dringt, die der Unterstützung von Terroristen verdächtigt werden. Das Bündnis schließt damit **weltweite Einsätze** nicht mehr aus. ● Die jüngste Tendenz in den USA, Präventivschläge gegen andere Staaten zu einem zentralen Bestandteil ihrer Strategie gegen den internationalen Terrorismus zu machen, sehen **Friedensforscher in Deutschland** mit **Sorge**. So wird ein **US-Angriff auf Irak als ein „Akt bloßer Willkür"** bezeichnet. **Dringlich** sei, **Rüstungskontrolle und Abrüstung** voranzutreiben. ● Den **Westfälischen Friedenspreis 2002** erhält die **Chefanklägerin beim internationalen Kriegsverbrechertribunal in Den Haag, del Ponte**, den **Jugendpreis** die bundesweite **Organisation „Schüler helfen Leben"**. Als Vorsitzende des unabhängigen Anklageorgans sei del Ponte ein „Geschenk der Friedenshoffnung für künftige Generationen". „Schüler helfen Leben" wird für die Versöhnungsarbeit auf dem Balkan ausgezeichnet. ● Die **Innenministerkonferenz** hat beschlossen, dass es für die **in Deutschland lebenden Minderheiten aus dem Kosovo kein dauerhaftes Bleiberecht** geben wird. Die Betroffenen werden zur freiwilligen Rückkehr aufgefordert. ● Am **Frankfurter Flughafen** ist die **neue Unterkunft mit 100 Plätzen für Asylbewerber** bezogen worden. Das Gebäude stelle „eine erhebliche Verbesserung" dar, so Hessens Sozialministerin. Pro Asyl spricht dagegen von einer „technokratisch verbesserten Asylkläranlage".

07.06.: Mit großer Mehrheit hat der **Bundestag** den **Bundeswehreinsatz in Kosovo für ein weiteres Jahr verlängert.** ● Zum Auftakt der Kampagne **„Pro 0,7"** haben viele nichtstaatliche Organisationen und die Hilfswerke der beiden großen Kirchen **mehr staatliche Entwicklungshilfe** für arme Länder gefordert. Derzeit werde gerade einmal 0,27 Prozent des Bruttosozialprodukts für Entwicklungshilfe zur Verfügung gestellt, obwohl sich die Bundesrepublik dazu verpflichtet habe, mindestens 0,7 Prozent dafür aufzuwenden. ● Der **europäische Konvent zur Reform der EU** hat sich für eine **einheitliche Justiz- und Innenpolitik** sowie für eine **Stärkung der europäischen Polizeidienststelle Europol**, einen **europäischen Staatsanwalt und ein gemeinsames Grenzwachkorps** ausgesprochen. ● Bei der Vorstellung des sechsten Menschenrechtsberichts der Bundesregierung hat **Außenminister Fischer** vor einem „Anti-Terror-Rabatt" gewarnt: **Unter keinen Umständen dürften beim Kampf gegen Terroristen Grundrechte eingeschränkt werden.** ● Im Bundestag haben CDU und CSU eine Änderung des Grundgesetzes blockiert, der zu Folge bundesweite Volksinitiativen, -begehren und -entscheide ermöglicht worden wären. Die erforderliche Zweidrittelmehrheit wurde verfehlt.

08.06.: Gut 200 Menschen haben bei einer **Kundgebung des „Aktionsbündnisses gegen Abschiebung" vor dem Terminal 1 des Frankfurter Flughafens** gegen die bestehende Abschiebepraxis demonstriert. ● Rund **2.300 Rechtsradikale** haben in Leipzig **gegen die Eröffnung der Wehrmachtsausstellung** protestiert. Zeitgleich versammelten sich etwa **800 Gegendemonstranten**, die **Polizei** setzte **4.000 Beamte** ein.

10.06.: Mit heftigen Klagen über schwere Versäumnisse hat der **Welternährungsgipfel** begonnen. Angesichts der **weltweit mehr als 800 Millionen Hungernden** mahnt UN-Generalsekretär Annan zur **Eile im Kampf gegen den Hunger**. Die Welternährungsorganisation FAO wirft den reichen Staaten vor, die 1996 gegebenen Versprechen nicht gehalten zu haben.

11.06.: Die frühere Präsidentin des Bundesverfassungsgerichts, **Limbach,** hat gefordert, dem **Datenschutz Verfassungsrang** einzuräumen. Angesichts der zunehmenden Bedeutung des Datenschutzes und des weltweite Siegeszugs des Grundrechts auf informationelle Selbstbestimmung sei es schwer nachvollziehbar, dass dieser noch heute im Grundgesetz nicht ausdrücklich erwähnt werde. ● Bei der Vorlage des Abschlußberichts des Spendenuntersuchungsausschusses des Bundestages hat die rot-grüne Mehrheit **drei Fälle politischer Korruption** seitens der **Regierung** Kohl benannt; CDU/CSU sprechen von Verleumdung. ● Die **Ausweisung eines Kurden** nach der Beteiligung an der Erstürmung des israelischen Konsulats in Berlin 1999 ist **rechtswidrig**, so ein Urteil des Berliner Verwaltungsgerichts. Eine Ausweisung wäre nur gerechtfertigt gewesen, wenn der Mann bei verbotenen oder aufgelösten Aktionen Gewalt verübt hätte.

12.06.: Bei einer **Anhörung des Menschenrechts-Ausschusses des Bundestages** sind sich die Experten einig gewesen, dass das **Völkerrecht** auf Grund der terroristischen Bedrohungen weiterentwickelt werden müsse, die Menschenrechte dabei jedoch nicht unter die Räder kommen dürften. ● Mehr als 30 Mitglieder des US-Repräsentantenhauses haben **Präsident Bush wegen der einseitigen Kündigung des ABM-Vertrages verklagt**: Der Präsident habe nicht die Kompetenz, sich nach 29 Jahren aus dem Vertrag mit Russland zurückzuziehen, er müsse erst die Zustimmung des Kongresses einholen.

13.06.: Ein irischer Journalist hat in einem von ihm in Afghanistan gedrehten Film schwere **Vorwürfe gegen Soldaten der Nordallianz und der USA** erhoben und Aufnahmen von einem angeblichen **Massengrab** präsentiert. Zeugen hätten ihm berichtet, dass dort ein **Massaker** an gefangenen Taliban-Kämpfern verübt worden sei. ● Eine in **Hamburg** nach dem 11.9.2001 durchgeführte **Rasterfahndung** habe zu **900** sogenannten „**Treffern**" geführt, so der zuständige Polizeipräsident Nagel, von denen bisher ein Drittel abgearbeitet worden seien. Über Verdächtige wolle er nichts mitteilen. ● Zum **Abschluss des Welternährungsgipfels** haben mehr als 700 regierungsunabhängige Organisationen den **reichen Ländern vorgeworfen**, den **Hunger in der Dritten Welt zu verstärken**: Durch **Agrar-Dumping** und **Protektionismus des Nordens** würden die Bauern im Süden um ihre Lebensgrundlage gebracht. ● In seinem Jahrbuch 2001 stellt das Stockholmer Friedensforschungsinstitut **Sipri** fest, dass sich seit 11.9.2001 in vielen Staaten die Politik entscheidend verändert habe und sich die **Rüstungsspirale wieder schneller** drehe. Stärkste Militärmacht seien die USA, die schwersten Rüstungsbürden trügen die Menschen in Ländern mit großer Armut, größter Waffenimporteur sei China, Russland der größte Rüstungsexporteur.

14.06.: Mit jeweils großer Mehrheit hat der **Bundestag die Bundeswehreinsätze in Afghanistan und in Mazedonien verlängert**, nur die PDS stimmte dagegen. Mit Ausnahme der PDS werteten sämtliche Debattenredner die bisherigen Einsätze als Erfolg. ● Mit Änderungen im Grundgesetz und im Gerichtsverfassungsgesetz hat der **Bundestag** den Weg für die **Einführung des sogenannten Völkerstrafrechts**

geebnet: das Völkerstrafrecht enthält Strafbestimmungen für schwerste Verbrechen wie Völkermord, Verbrechen gegen die Menschlichkeit und Kriegsverbrechen.

15.06.: **Gegen** einen Aufmarsch von rund **300 Neonazis in Karlsruhe** haben **mehrere hundert Menschen protestiert**. Eine von linken und autonomen Gruppen organisierte Demonstration hatte zunächst versucht, den Neonazi-Aufmarsch zu blockieren. Über tausend Polizisten sperrten jedoch das Gelände um den Hauptbahnhof für Gegendemonstranten ab.

16.06.: Nach einem Bericht der Washington Post hat **US-Präsident Bush** bereits zu Beginn des Jahres den US-Geheimdienst **CIA ermächtigt, den irakischen Präsidenten Saddam Hussein gewaltsam zu stürzen und tödliche Gewalt anzuwenden**. ● Mehr als 40 Friedensgruppen, die sich in der **Kampagne „Atomwaffen abschaffen! Bei uns anfangen!"** zusammengeschlossen haben, haben in Erfurt gefordert, **Atomwaffen zu verschrotten**. Entgegen dem öffentlichen Eindruck nehme die Gefahr eines Atomwaffen-Einsatzes zu. ● Nach einer gerichtlichen Aufforderung hat das **Washingtoner Justizministerium** offengelegt, dass immer noch mindestens **147 Verdächtige** im Zusammenhang mit den Anschlägen vom 11.9.2001 **festgehalten** werden. Zur Zahl der Menschen, die ohne Anklage festgehalten werden, äußert sich das Ministerium nicht.

17.06.: Die Zahl der **Gefangenen** auf der **US-Marinebasis Guantanamo** hat sich auf **536** erhöht. Die Betroffenen werden dort auf unbestimmte Zeit festgehalten und verhört. Die Bedingungen der Häftlingsunterbringung sowie die Tatsache, dass die Gefangenen eine unbestimmte Zeit auf ein Gerichtsverfahren warten müssen, ist von Menschenrechtsgruppen wiederholt kritisiert worden. ● Zehn Jahre nach dem **Brandanschlag gegen das Asylbewerberheim in Rostock-Lichtenhagen** sind im letzten der vielen **Prozesse drei Angeklagte wegen versuchten Mordes und schwerer Brandstiftung zu Bewährungsstrafen verurteilt** worden. Wegen der Dauer des Verfahrens und wegen günstiger Sozialprognosen hat das Gericht die Strafen zur Bewährung ausgesetzt.

18.06.: Acht Jahre nach dem Völkermord in **Ruanda** hat Präsident Kagame die Eröffnung von **Dorfgerichten** bekannt gegeben, die dem enormen **Prozessstau** nach dem Genozid **Abhilfe** schaffen sollen. Mit diesem vorkolonialen Rechtssystem, das ursprünglich zur Schlichtung von Familienstreitigkeiten oder Viehdiebstählen gedient hat, sollen etwa

115.000 Verdächtige von Dorfrichtern verurteilt oder freigesprochen werden. 1994 waren in Ruanda innerhalb von 100 Tagen zwischen 800.000 und einer Million Menschen ums Leben gekommen. ● Die **Überwachung des Telefonverkehrs in Deutschland** hat in den letzten Jahren stark zugenommen. Von knapp 3.700 gemeldeten Überwachungsmaßnahmen ist die Zahl auf **20.000 Lauschangriffe** hochgeschnellt.

19.06.: Nach Angaben der kubanischen Regierung haben sich fast **99 Prozent der Kubaner** für die von Staatschef Fidel Castro angeregte Petition ausgesprochen, den **Sozialismus** als **unantastbaren** Bestandteil der Verfassung festzuschreiben: 8,1 Millionen der 8,2 Millionen registrierten Wähler Kubas haben sich dem Vorschlag angeschlossen. ● **2001** sind **in Deutschland 178.098 Menschen eingebürgert** worden. Die Zahl liegt damit leicht unter dem Rekordjahr 2000 mit 186.688 Einbürgerungen.

20.06.: Bundespräsident **Rau** hat seine **Unterschrift unter das Zuwanderungsgesetz** mit massiver Kritik am Ablauf der Bundesratssitzung am 22.3.2002 verknüpft. Auch er hält die Überprüfung der Bundesratsabstimmung durch das Verfassungsgericht für wünschenswert. ● Die **Speicherung personenbezogener Daten eines Verdächtigen** ist auch dann möglich, wenn er mangels Beweisen freigesprochen worden ist. Das hat das Bundesverfassungsgericht in einem Beschluss festgestellt. Bei der Entscheidung zur Speicherung müsse allerdings der Grundsatz der Verhältnismäßigkeit beachtet werden. ● Die **USA** haben ihren **Widerstand gegen den Internationalen Strafgerichtshof** verschärft und fordern **Immunität für Friedenstruppen mit UN-Mandat**; die USA drohen, sich nicht mehr an UN-Friedensmissionen zu beteiligen. ● Das **Oberste Gericht der USA hat die Hinrichtung geistig Behinderter** für **verfassungswidrig** erklärt und künftig verboten. Solche Exekutionen verstoßen gegen das Gebot der US-Verfassung, wonach keine „grausamen und ungewöhnlichen" Strafen vollstreckt werden dürfen. ● Sechs Monate nach Beginn der **Isaf-Mission in Afghanistan** hat die **Türkei** die **Führung** der internationalen Sicherheitstruppe übernommen. ● In zwei Verfahren vor dem Europäischen Menschenrechtsgerichtshof hat die Türkei nachgegeben; damit sind beide Prozesse eingestellt worden. ● In der ostsächsischen Stadt Zittau hat der Stadtrat dafür gestimmt, dem rechtsextremen „Nationalen Jugendblock" für zwölf Jahre ein Haus zur Verfügung zu stellen.

22.06.: Mehr als **100.000 Globalisierungsgegner** sind dem Aufruf des „Sozialen Forums" gefolgt, während des **EU-Gipfels in Sevilla auf der Straße** einen Gegengipfel auszurichten. „Eine andere Welt ist möglich", so das Motto der Großkundgebung.

24.06.: In Berlin ist ein „**Zentrum für internationale Friedenseinsätze**" (ZIF) gegründet worden. Erstmals verfügt das Auswärtige Amt über eine eigenständige Anlaufstelle, die die internationalen Einsätze von zivilen Experten konzipiert, betreut und nachbereitet. Das ZIF soll Experten und Fachkräfte für Einsätze der UN, der OSZE und der EU zur Verfügung stellen. ● Der **Oberste Gerichtshof in den USA** hat mit einer Grundsatzentscheidung zahlreiche Todesurteile in mindestens fünf Staaten aufgehoben und erklärt, dass **Todesurteile nicht von Richtern, sondern nur von Geschworenen** gefällt werden dürfen. Das Urteil tritt rückwirkend in Kraft, weshalb mehr als 150 Todesurteile neu verhandelt werden müssen.

25.06.: Anlässlich des Internationalen Tages zur Unterstützung der Folteropfer hat der **Menschenrechtsbeauftragte der Bundesregierung, Poppe**, eine erschreckend **hohe Zahl von Folterungen** auf der Welt beklagt: Jährlich würden mehr als zehntausend Fälle bekannt. Nach Angaben von Amnesty International wird zur Zeit in 111 Ländern auf der Erde Folter als **Mittel staatlicher Gewalt** angewendet. ● Für mehr **Bürgernähe**, einen **wirksamer**en **Schutz der Menschenrechte** sowie mehr **Anstrengungen zur Armutsbekämpfung** der Europäischen Union haben sich bei einer Anhörung des EU-Konvents in Brüssel **gesellschaftliche Gruppen und Verbände** eingesetzt. Sie plädierten für Nachbesserungen an der europäischen Grundrechtscharta und deren Aufnahme in den künftigen Vertrag der EU. ● Globalisierung darf nicht allein durch den Markt gesteuert werden, sondern muss durch die Menschen korrigiert werden können: das ist das Fazit der **Enquete-Kommission des Bundestages**, die Chancen und Risiken der Globalisierung der Weltwirtschaft untersucht hat. „Wir müssen die **Demokratie neu erfinden** ... Auf die Steuerung des Weltgeschehens durch den Markt ist kein unbedingter Verlass. Das **Volk, die Demokratie muss korrigieren können**", so der Kommissionsvorsitzende von Weizsäcker in dem 600 Seiten umfassenden Abschlußbericht.

26.06.: Am Anti-Drogen-Tag der Vereinten Nationen sind in **China** mindestens **82 Angeklagte hingerichtet** und 39 weitere wegen Drogenhandels zum Tode verurteilt worden. 2001 sind zum Anti-Drogen-Tag mehr als 100 Todesurteile vollstreckt worden. ● Der Rechtsausschuss des Bundestages hat dem Gesetzentwurf zur **Errichtung der „Magnus-Hirschfeld-Stiftung"** zugestimmt, die das **Leben von Homosexuellen erforschen** und speziell deren **Diskriminierung während der NS-Zeit** beleuchten soll: über fünf Jahrzehnte sei das den Homosexuellen widerfahrene Unrecht in Deutschland nicht angemessen gewürdigt worden. ● **25 Jahre nach dem Mord an Elisabeth Käsemann** hat Deutschland von Argentinien die **Auslieferung von zwei Generälen der früheren Militärjunta verlangt,** die im Verdacht stehen, für die Ermordung Käsemanns verantwortlich zu sein. Käsemann war im März 1977 in Buenos Aires als politisch anders Denkende entführt, in einer Kaserne interniert und am 24. Mai 1977 getötet worden. ● Mit Hilfe von Millioneninvestitionen ist die **britische Regierung** bereit, den **Kanaltunnel dicht** zu **machen,** um „illegale" Einwanderung zu verhindern und stärker nach Asylsuchenden in Zügen und LKW fahnden zu können. ● Aus Protest gegen ihre drohende Abschiebung haben sich Asylbewerber in einem australischen Internierungslager erneut die Lippen zugenäht, weitere 125 Insassen des Lagers Woomera verweigern die Nahrungsaufnahme. ● Parallel zum G-8-Gipfel in Kanada hat in **Mali** ein „**Gegengipfel der Armen"** begonnen: „Wir wollen der Welt sagen, dass wir nicht damit einverstanden sind, zurückgelassen zu werden", so ein Sprecher der Gruppe „Jubilee 2000", die zu dem Treffen aufgerufen hat. Das in Ottawa beschlossene **Nepad-Konzept** wird als **neoliberal und kapitalistisch** gegeißelt. ● Zur **Aufarbeitung des Krieges in Afghanistan** eine „**Wahrheitskommission"** nach dem Vorbild Südafrikas einzusetzen, wird von der Bundesregierung unterstützt, so Außenminister Fischer.

28.06.: Als eines der letzten Länder in Europa hat das **Parlament Russlands** ein Zivildienst-Gesetz verabschiedet: Der in der Verfassung verankerte Ersatzdienst dauert dreieinhalb Jahre. ● Gegen den **G-8-Gipfel in Ottawa** haben mehr als **3.000 Menschen demonstriert.** ● Der **G-8-Aktionsplan für Afrika** wird von internationalen Hilfsorganisationen als „völlig unzureichende Absichtserklärung" **missbilligt,** er habe mit der afrikanischen Wirklichkeit nichts zu tun, sondern enthalte heiße Luft und Plattitüden. ● Fast 40 abgelehnte **Asylbewerber** sind **aus dem** umstrittenen australischen **Internierungslager Woomera ausgebrochen** und seither auf der Flucht.

30.06.: Die wegen ihres Neins bei der Bundestagsabstimmung über den Afghanistan-Einsatz aus der SPD-Fraktion ausgetretene Abgeordnete **Christa Lörcher** hat von der deutschen Sektion von IPPNW die **Clara-Immerwahr-Auszeichnung** erhalten: Lörcher werde für ihren Mut, sich dem „politischen Machtkalkül" zu entziehen, geehrt; ihre Gewissensentscheidung habe sie mit Isolation bezahlt.

Ausgewertet wurden:

Süddeutsche Zeitung
Frankfurter Rundschau
die tageszeitung

Verzeichnis der Autorinnen und Autoren:

Sigrid Becker-Wirth, Jahrgang 1953, war als Gymnasiallehrerin für Religion und Chemie tätig, Mitarbeit in der Redaktion der Zeitschrift der Informationsstelle Lateinamerika (ila), lebt in Bonn (hier: „Die Mauer muss weg")

Ulrich Brand, Jahrgang 1967, wissenschaftlicher Assistent am Fachbereich Gesellschaftswissenschaften der Universität Kassel (hier: Monatskalender Juli 2001: „Seattle", „Genua" und die Rehabilitation von Protest)

Oliver Brüchert, Jahrgang 1968, Soziologe, arbeitet als wissenschaftlicher Mitarbeiter am Arbeitsschwerpunkt „Devianz und soziale Ausschließung", Fachbereich Gesellschaftswissenschaften der J.W. Goethe-Universität Frankfurt, ist Chefredakteur der Zeitschrift „Neue Kriminalpolitik" und politisch aktiv beim Komitee für Grundrechte und Demokratie und der Internetzeitschrift „links-netz" (hier: Gestörte Ordnung und ihre Wiederherstellung)

Andreas Buro, Jahrgang 1928, Politikwissenschaftler, Mitglied des Arbeitsausschusses des Komitees für Grundrechte und Demokratie und dessen friedenspolitischer Sprecher, lebt in Grävenwiesbach/Taunus (hier: Monatskalender November 2001: „Vorratsbeschluss" für eine deutsche Kriegsbeteiligung)

Heiner Busch, Jahrgang 1957, Politikwissenschaftler, freier Journalist, Mitherausgeber von „Bürgerrechte und Polizei" / CILIP, Vorstandmitglied des Komitees für Grundrechte und Demokratie, lebt in Bern (hier: Monatskalender Januar 2002: Verfassungsschützerisches Vertrauen in Neonazis)

Helga Einsele, Jahrgang 1910, war rund 30 Jahre Leiterin der Frauenhaftanstalt Frankfurt-Preungesheim, Mitbegründerin des Komitees für Grundrechte und Demokratie (hier: Um unserer selbst und der Fehlsamen willen; und Diskussionsbeitrag: Zur Problematik von Prognosestellungen im Strafvollzug)

Johannes Feest, Rechts- und Sozialwissenschaftler, Lehrstuhl für Strafverfolgung, Strafvollzug, Strafrecht an der Universität Bremen (hier: Kommunikation mit Gefangenen: eine Verfassungsbeschwerde; und Diskussionsbeitrag: Zur Symbolik der lebenslangen Freiheitsstrafe für die Opfer bzw. Hinterbliebenen)

Albrecht Funk, Jahrgang 1948, Berlin, z. Zt. Department of Political Science / University of Pittsburgh (hier: Monatskalender September 2001: September 11)

Klaus Grapentin, z. Zt. inhaftiert in der JVA Tegel (hier: Die Computergenehmigung)

Sandra Heiland, Jahrgang 1976, Master of Comparative Laws (Deutschland/Australien) (hier: Monatskalender August 2001: Australische Asylpolitik – durch Haft in die Freiheit?)

Roman Herzog, Jahrgang 1968, Politologe, Rundfunkautor, beschäftigt sich seit 1987 mit Argentinien, lebt und arbeitet in Hamburg (hier: Monatskalender Dezember 2001: Termitenbau zerstoben. Argentinien existiert nicht (mehr))

Joachim Hirsch, Jahrgang 1938, Hochschullehrer, Politologe, lebt in Frankfurt (hier: zum 11. September 2001, Die Globalisierung der Gewalt)

Peter Kammerer, Soziologe an der Universität von Urbino (hier: Monatskalender Märzl 2002: Warum dem Phänomen Berlusconi so schwer beizukommen ist)

Hartmut Lindner, Jahrgang 1946, Lehrer für Deutsch, Geschichte und Politische Weltkunde, dem Komitee seit seiner Gründung als Förderer verbunden (hier: Auf, nach Kabul)

Abrecht Maurer, Jahrgang 1949, arbeitet in der politischen und beruflichen Bildung, Mitarbeiter der Bundestagsgruppe PDS/Linke Liste von 1991-1994, Gelegenheitspublizist zu Themen der Inneren Sicherheit, Rassismus, Flucht und Migration, lebt in Göttingen (hier: Monatskalender Oktober 2001: Eine Bevölkerungsgruppe unter Generalverdacht)

Wolf-Dieter Narr, Jahrgang 1937, Hochschullehrer, Politologe, Redaktionsmitglied des Komitee-Jahrbuchs, lebt in Berlin (hier: Monatskalender Mai 2002: Die Wunde, die sich nie schließen darf – Israel, Palästina und „wir"; gemeinsam mit Roland Roth: Einleitung in den Schwerpunkt. Das Haftsystem. Eine sich dauernd selbst erhaltende, ungemein kostenreiche und gleicherweise ungemein symptomatische Absurdität; ebenfalls gemeinsam mit Roland Roth: USA oder die angewandte Aufklärung: ein kurzer Gegenwartsblick auf das Gefängnissystem)

Arno Pilgram, Jahrgang 1946, arbeitet am Institut für Rechts- und Kriminalsoziologie in Wien (hier: Diskussionsbeitrag: Die lebenslange Strafe ist ein unkalkulierbares Risiko)

Roland Roth, Jahrgang 1949, Hochschullehrer, Politologe, Mitglied des Arbeitsausschusses des Komitees für Grundrechte und Demokratie und Redaktionsmitglied des Komitee-Jahrbuchs, lebt in Berlin (hier: gemeinsam mit Wolf-Dieter Narr: Einleitung in den Schwerpunkt. Das Haftsystem. Eine sich dauernd selbst erhaltende, ungemein kostenreiche und gleicherweise ungemein symptomatische Absurdität; ebenfalls gemeinsam mit Wolf-Dieter Narr: USA oder die angewandte Aufklärung: ein kurzer Gegenwartsblick auf das Gefängnissystem)

Albert Scherr, Jahrgang 1958, Hochschullehrer, Soziologe, Vorstandsmitglied des Komitees für Grundrechte und Demokratie, lebt in Landau (hier: Monatskalender April 2002: Nach PISA: Bildung und Chancengleichheit für alle?)

Tobias Schwarz, Jahrgang 1973, Student am Institut für Europäische Ethnologie der Humboldt-Universität Berlin, Mitglied der „Initiative gegen Abschiebehaft" (hier: Acht Monate Abschiebehaft in Berlin)

Martin Singe, Jahrgang 1955, Theologe, Redakteur des FriedensForums – Rundbrief der Friedensbewegung, arbeitet im Sekretariat des Komitees für Grundrechte und Demokratie, Redaktionsmitglied des Komitee-Jahrbuchs, lebt in Bonn (hier: Unschuldig hinter Gittern?)

Christa Sonnenfeld, Jahrgang 1948, Dipl. Psychologin und Sozialwissenschaftlerin, Vorstandsmitglied des Komitees für Grundrechte und Demokratie, lebt und arbeitet in Frankfurt (hier: Monatskalender März 2002: Die Demontage der sozialen Sicherung – ein Angriff auf soziale Grundrechte)

Klaus Vack, Jahrgang 1935, Bürgerrechtler, Mitbegründer des Komitees für Grundrechte und Demokratie, lebt in Sensbachtal (hier: Der harte Stein lebenslange Freiheitsstrafe)

Sonja Vack, Jahrgang 1960, Rechtsanwältin, Gefangenenbeauftragte des Komitees für Grundrechte und Demokratie (hier: Innenansichten aus dem Knastalltag)

Dirk Vogelskamp, Jahrgang 1957, Buchhändler, arbeitet im Sekretariat des Komitees für Grundrechte und Demokratie, Redaktionsmitglied des Komitee-Jahrbuchs, lebt in Düren (hier: Monatskalender Juni 2002: Europawärts: Kontrollen, Lager und Tod)

Bildquellennachweis

Nachweis für die in diesem Jahrbuch abgedruckten Fotos, Bilder, Zeichnungen, Karikaturen usw., zum Teil mit kurzen Erläuterungen: Titelbild/Umschlagseite: Andy Goldsworthy, Fotoband: Mauer, S. 74 ● Seite 1: Signum: aus: Diskus 70, Gefangenenzeitung der Bremer Justizvollzugsanstalten, 1/2002, Titelbild ● Seite 23 oben: Demo gegen Bush-Besuch in Berlin im Mai 2002, aus: Friedensforum 3/2002; unten: D. Goldblatt, Johannesburg, aus: documenta 11, S. 306 ● Seite 27 oben: Steineklopferin; aus: Wissenschaft und Frieden 2/2002; unten: Polizeieinsatz in Barcelona, FR 16.3.2002 ● Seite 31: Pfosten, aus: alaska 233 ● Seite 33: Internierungslager, aus: UNHCR-Report 1995/1996, S. 231 ● Seite 43: Klingelschild, aus: zeitzeichen 11/2001 ● Seite 51: Demonstration am Reichstag am 16.11.2001, Foto: Kampagne gegen Wehrpflicht / Berlin ● Seite 57: Asambleas-Versammlung in Buenos Aires, 17.3.2002, Titelfoto aus: Lateinamerika-Nachrichten April 2002 ● Seite 59: Industriesymbol, aus: A. Stankowski, Photographien, 1990 ● Seite 61: Klassenkämpferische Strömung, aus: Lateinamerika-Nachrichten Mai 2002 ● Seite 67: Zwielichtige Störche, aus: The Family of Man, S. 96 ● Seite 69: Karikatur: Plaßmann, NPD-Ortsvereinsversammlung, aus: FR 16.2.2002 ● Seite 75 oben: Bettler, aus: iz3w, März 1999; unten: Karikatur: Ich-AG, Plaßmann, Die neuen Aktionäre, aus: FR 13.8.2002 ● Seite 81 oben: Proteste gegen den Weltwirtschaftsgipfel in Genua: Saubere Hände, aus: Wissenschaft und Frieden 3/2002; unten: Carabinieri salutieren zur Amtseinführung von Berlusconi, 11.6.2001, aus: FR 5.11.2002 ● Seite 85: Paul Klee, Eidola: weiland Menschenfresser, 1940, aus: Laszlo Glozer, Westkunst, S. 91 ● Seite 91: Kinder, Foto: Arbeiterfotografie, aus: Köln International, Ein Stattbuch gegen Rassismus, Antisemitismus und Rechtsextremismus, 2002, S. 181, ● Seite 95: Kontroverse Ignaz Bubis – Martin Walser, 1998, aus: Barbara Klemm, Unsere Jahre, Berlin 1999, S. 160 ● Seite 99: Universelle Botschaften, Demonstration in Jerusalem, aus: iz3w Juli/August 2002 ● Seite 105: Ein Frachter bringt tausend Flüchtlinge nach Italien, aus: FR 19.3.2002 ● Seite 107: Weltordnungspolitik auf wackligen Beinen, aus: iz3w Oktober 1997 ● Seite 117: Ludmila Seefried, Homo homini lupus II, 1992/1993, aus: zeitzeichen Oktober 2001 ● Seite 121: Gerüstet für die nächste Schlacht im Krieg gegen das Böse? Spezialeinheit der Polizei in Los Angeles, aus: Der Überblick 1/1998 ● Seite 147: Zeichnung: Adam, aus: Kennzeichen 1/2002, Gefangenenzeitschrift der JVA Gießen ● Seite 155: Zeichnung M/M, Erfolgreiche Resozialisierung, aus: unsere zeitung 2/2002, Gefangenenzeitschrift der JVA Brandenburg ● Seite 163: Zeichnung aus: Aufbruch Anthologie. Texte aus dem Strafvollzug, Padligur-Verlag, Bildanhang ● Seite 173: Dokument: Certificate of death (Bestätigung eines Vollzugs der Todesstrafe durch elektrischen Stuhl), aus: Krümmede 2/2002, Gefangenenzeitschrift der JVA Bochum ● Seite 177: Karikatur: Stuttmann, aus: freitag 11.10.2002 ● Seite 181: G. Freiheit 1979, Zeichnung aus: Aufbruch Anthologie. Texte aus dem Strafvollzug, Padligur-Verlag, Bildanhang ● Seite 195: Zeichnung: I have a dream, aus: Krümmede 2/2002, Gefangenenzeitschrift der JVA Bochum ● Seite 201: Karikatur aus: der lichtblick 3/2002, Gefangenenzeitschrift der JVA Tegel ● Seite 205: Karikatur aus: der lichtblick 3/4-2001, Gefangenenzeitschrift der JVA Tegel ● Seite 207: Karikatur: Adam, aus: Kennzeichen 1/2002, Gefangenenzeitschrift der JVA Gießen ● Seite 211: Andy Goldsworthy, Fotoband: Stein, S. 75 ● Seite 213: Andy Goldsworthy, Fotoband: Stein, S. 118 ● Seite 221: Zeichnung: PK, Zeitlupe, aus: Krümmede 2/2001, Gefangenenzeitschrift der JVA Bochum ● Seite 231: Zeichnung: M/M, Warten auf Lockerungen, aus: unsere zeitung 2/2002, Gefangenenzeitschrift der JVA Brandenburg ● Seite 243: Phantom der Oper, aus: American Illustration, Sweet 16, 1997, S. 51 ● Seite 251: Peter de Sève, portrait of quasimodo, aus: American Illustration, Sweet 16, 1997, S. 115 ● Seite 263: Zeichnung: Weihnachten 2001, aus: Kennzeichen 4/01, Gefangenenzeitschrift der JVA Gießen ● Seite 269: Todesanzeige, aus: Ulmer Echo 4/2001, Gefangenenzeitschrift der JVA Düsseldorf ● Seite 273: Hafttagekalender, aus: Kennzeichen 4/2001, Gefangenenzeitschrift Gießen ● Seite 277: Andy Goldsworthy, Fotoband: Stein, S. 63 ● Seite 285: Gitter (aus der Serie: Bettina Kroh, 11 Plakate gegen den Knast) aus: Komitee, Wider die lebenslange Freiheitsstrafe, 1990, S. 51 ● Seite 291 oben: Abschiebehaft USA, aus: Ken Heyman, The World's Family, S. 170; unten: Häftling vor der Abschiebung, aus: Spiegel 34/1995 ● Seite 295: Haftraum, aus: Illegal - Seeking the American Dream, S. 89 ● Seite 303 oben: Flüchtlingslager in Irak/Kurdistan, Foto: R. Maro, aus: iz3w Oktober 1998; unten: Lager, Kosovo-Flüchtlinge, aus: Blickpunkt Bundestag 11/2001 ● Seite 307: Gastarbeiter-Lager, aus: Gerhard Kromschröder, Als ich ein Türke war, S. 92/93 ● Seite 309: Plakat: Deportation-Class, Kein Mensch ist illegal, aus: Flüchtlingsrat 7/2001 ● Seite 319: Demonstration Berlin am Reichstag zum 16.11.2001 (Afghanistan-Entscheidung des Bundestags), Foto: M. Singe ● Seite 331: Antikriegsdemonstration in Berlin 2001, aus: Spiegel 40/2002 ● Seite 333: New York: Um Verstärkung bittender Feuerwehrmann, aus: Spiegel 51/2001 ● Seite 341: Leiche des 23jährigen Carlo Giuliani nach den Protesten in Genua, Juli 2001, aus: World Press Foto 2002, S. 14 ● Seite 345: Demonstration in Dannenberg gegen den Castor-Transport im November 2001, Foto: Gottfried Müller ● Seite 353: Demonstration am Reichstag in Berlin gegen den Afghanistan-Kriegs-Beschluß des Bundestages am 16.11.2002, Foto: M. Singe ● Seite 367: Retortenbabys, aus: Spiegel-Titel 4/2002 ● Seite 373: Demonstration von attac und Friedensbewegung am 14.9.2002 in Köln, Redner: Andreas Buro beim friedenspolitischen Auftakt, Foto: Armin Stolle.

Die Redaktion dankt allen, die mit der Zurverfügungstellung von Bildmaterial zur Illustration des Komitee-Jahrbuches 2001/2002 beigetragen haben, und bittet um Vergebung, wenn wir es manchmal mit dem Urheberrecht nicht peinlich genau genommen haben. Wir selbst freuen uns über jeden – auch ungefragten – Nachdruck aus unseren Publikationen (selbstverständlich unter Angabe der Quelle).

Was will das Komitee für Grundrechte und Demokratie?

Das Komitee für Grundrechte und Demokratie wurde 1980 gegründet. Die Initiative ging aus von Leuten, die am Zustandekommen des Russell-Tribunals über die Situation der Menschenrechte in der Bundesrepublik Deutschland (1978/79) beteiligt waren. Die damals formulierten Ziele sind nach wie vor seine Leitlinie: Couragiertes und menschenrechtlich erforderlichenfalls zivil ungehorsames Engagement für Menschenrechte aller Menschen und überall. Im Gründungsmanifest von 1980 heißt es:

„Das Komitee begreift als seine Hauptaufgaben, einerseits aktuelle Verletzungen von Menschenrechten kundzutun und sich für diejenigen einzusetzen, deren Rechte verletzt worden sind (z.B. im Kontext sogenannter Demonstrationsdelikte, Justizwillkür, Diskriminierung, Berufsverbote, Ausländerfeindlichkeit, Totalverweigerung, Asyl- und Flüchtlingspolitik), andererseits aber auch Verletzungen aufzuspüren, die nicht unmittelbar zutage treten und in den gesellschaftlichen Strukturen und Entwicklungen angelegt sind (struktureller Begriff der Menschenrechte). Die Gefährdung der Grund- und Menschenrechte hat viele Dimensionen, vom Betrieb bis zur Polizei, vom ‚Atomstaat‘ bis zur Friedensfrage, von der Umweltzerstörung bis zu den Neuen Technologien, von der Meinungsfreiheit bis zum Demonstrationsrecht, von der Arbeitslosigkeit bis zur sozialen Deklassierung, von den zahlreichen ‚Minderheiten‘ bis zur längst nicht verwirklichten Gleichberechtigung der Frau."

Was tut das Komitee?

Das Komitee konzentriert seine Arbeit vor allem auf die Situation der Grund- und Menschenrechte in der Bundesrepublik Deutschland. In seinem Selbstverständnis jedoch vertritt das Komitee einen universellen – die Grenzen der Bundesrepublik überschreitenden – Anspruch auf unverkürzte Verwirklichung von Menschenrechten. Verbindliche Arbeit wäre vom Komitee auf globaler Ebene indes weder finanziell noch organisatorisch zu leisten.

Inhalte

Die Schwerpunkte, Themen und Aktionen verändern sich. Aktuelle Fragestellungen werden aufgegriffen und bearbeitet. Einige grundlegende Themen beschäftigen das Komitee jedoch immer wieder neu.

Schwerpunkte der derzeitigen Arbeit:
- Strafen, Haftbedingungen und Gefangenenhilfe
- Friedenspolitik
- Demonstrationsrecht/-beobachtungen
- Flucht, Migration und Asyl
- Soziale Bürger- und Menschenrechte
- Verletzungen von Grundrechten im Namen der „Inneren Sicherheit"
- Neue Technologien (Humangenetik/Biomedizin)
- Umweltschutz
- Kinderferienfreizeiten im ehemaligen Jugoslawien
- gelegentlich Prozeßbeobachtungen
- Fragen einer menschenrechtlich-demokratisch nötigen bundesdeutschen und europäischen Verfassung

Arbeitsformen

Zu vielen dieser Themen sind Arbeitsgruppen tätig, die Aktionen planen, vorbereiten und ermöglichen. Zu aktuellen Fragen werden Stellungnahmen erarbeitet und Pressemitteilungen herausgegeben. Über Hintergründe und Zusammenhänge werden Seminare veranstaltet und wird in Aufsätzen und Broschüren informiert. Dort, wo möglich, nötig und sinnvoll, sucht das Komitee, für bedrohte Menschenrechte und gegen undemokratische Maßnahmen in Formen strikt gewaltfreien symbolischen Handelns direkt einzutreten. Es gibt verschiedene Kooperationen mit anderen Bürgerrechtsgruppierungen. An den Demonstrationsbeobachtungen, mit denen das Komitee bereits 1981 bei der Brokdorf-Demonstration begonnen hat, beteiligen sich viele Förderer, Förderinnen und Interessierte des Komitees – neue Interessierte werden immer gesucht.

Die Gefangenenbetreuung ist arbeitsintensiv. Umfangreiche Briefwechsel mit Gefangenen und Eingaben zur Verbesserung von Haftbedingungen bei den Behörden, aber auch zahlreiche Gefangenenbesuche fallen an. Außerdem schicken wir auf Anfrage von Gefangenen Literatur in die Justizvollzugsanstalten. Ein besonderer Schwerpunkt liegt in der kritischen Auseinandersetzung mit der lebenslangen Freiheitsstrafe und ihren repressiven Auswirkungen auf den sogenannten Normalvollzug.

Dem Selbstverständnis des Komitees entspricht es, nicht primär „große Politik" in Sachen Menschenrechten zu beeinflusssen zu suchen, sondern vor allem einzelnen und Gruppen konkret zu helfen. So wirkt das Komitee einerseits als eine prinzipielle Orientierungsinstanz in der Menschenrechtsfrage, andererseits als eine Stelle, bei der Betroffene direkte Hilfe suchen und auch erwarten können – wenn es irgendwie in unseren Möglichkeiten liegt.

Das Komitee organisiert Tagungen und Seminare, an denen alle Interessierte teilnehmen können. Jedes Jahr erscheint ein Komitee-Jahrbuch, das neben einem Monatskalender, Dokumenten aus der Arbeit des Komitees und einem Ereigniskalender Aufsätze zu einem jeweils neu gewählten Schwerpunktthema enthält. Zu den verschiedenen Schwerpunkten des Komitees erscheinen Broschüren und Bürger- und Bürgerinnen-Informationen. Letztere sollen BürgerInnen in verständlicher und kurzer Form mit aktuellen Problemen konfrontieren beziehungsweise sie darüber informieren.

Wie ist das Komitee organisiert?

Das Komitee hat die Rechtsform eines eingetragenen, gemeinnützigen Vereins. Es ist jedoch nicht in lokalen Gruppen strukturiert. Es will Hilfestellungen und Orientierungen für Initiativen, Gruppen und einzelne geben. In das, was das Komitee sagt und tut, fließen viele Erfahrungen eines langjährigen basispolitischen Engagements derjenigen ein, die das Komitee tragen. In diesem Sinne ist das Komitee eine „Kopf-Institution", weder von der Basis berufen noch ihr abgehobener Stellvertreter. Über die vielfältigen, außerhalb des organisatorischen Rahmens des Komitees liegenden Aktivitäten seiner Mitglieder in Projekten, lokalen oder übergreifenden Initiativen ist es zusätzlich auf indirekte Weise mit den sozialen Bewegungen vernetzt.

Mitglieder, Förderer, Förderinnen und InteressentInnen

Organisatorisch besteht das Komitee aus einem kleinen Mitgliederkreis von etwa 100 engagierten ExpertInnen zu spezifischen Fragen der Grund- und Menschenrechte (monatlicher Mindestbeitrag 25 Euro). Darüber hinaus gibt es einen Förderkreis zur finanziellen Unterstützung des Komitees (zur Zeit etwa 1.000 FörderInnen mit einem monatlichen Mindestbeitrag von je 10 Euro). Mitglieder und FörderInnen erhalten alle Publikationen des Komitees sowie unregelmäßig herausgegebene Informationen über die Aktivitäten des Komitees etc. kostenlos zugesandt (diese Materialien sind durch die Beiträge bezahlt). Das Komitee verfügt über einen InteressentInnen- und SympathisantInnenkreis von etwa 7.500 Einzelpersonen, die in verschiedenen Zusammenhängen politisch tätig sind (in Bürgerinitiativen, Frauenbewegung, Friedensbewegung, Umweltschutz, in Parteien, Gewerkschaften, Kirchen usw.). An diese InteressentInnen gehen von Zeit zu Zeit Informationsblätter, wichtige Stellungnahmen und Orientierungspapiere o.ä. des Komitees. Die AdressatInnen dieser Informationssendungen zahlen keine Beiträge. Diese spenden gelegentlich und greifen auf die vom Komitee publizierten Materialien usw. zurück.

Der Verein

Das Komitee hält alle zwei Jahre eine Mitgliederversammlung ab, auf der – neben einer inhaltlichen Schwerpunktsetzung mit Referaten und Diskussionen – die erforderlichen Regularien behandelt werden: Geschäfts- und Finanzbericht, Vorstandswahl u..ä. Stimmberechtigt sind die Mitglieder. Die FörderInnen werden eingeladen, können teilnehmen und mitdiskutieren. Die letzte Mitgliederversammlung war im Dezember 2001.

Die Arbeit des Komitees wird getragen von einem Vorstand (gegenwärtig 8 Mitglieder) und einem Arbeitsausschuß (incl. Vorstand gegenwärtig 19 Mitglieder). Dieser wird koordiniert vom Geschäftsführenden Vorstand:

Volker Böge, Oberer Lindweg 26, 53129 Bonn
Theo Christiansen, Eichenstr. 27, 20259 Hamburg

Sekretariat

Die Arbeit des Komitees wird koordiniert von einem Sekretariat in Köln, in dem Martin Singe, Dirk Vogelskamp und Elke Steven arbeiten. Das ursprüngliche Sekretariat in Sensbachtal, das die Arbeit 19 Jahre lang getragen hat, ist zum 1. Januar 1999 geschlossen worden. Zum 1. Januar 1993 wurde das Sekretariat in Köln eingerichtet, das nun die Arbeit ganz übernommen hat.

Gerade bei einer kleinen, zugleich vielfältig und intensiv arbeitenden Institution wie dem Komitee für Grundrechte und Demokratie liegt es auf der Hand, daß dem Büro eine besondere Bedeutung zufällt: die vielfältige Arbeit zu ermöglichen; in vielen Fällen einzelnen direkt zu helfen; aus- und inländische Bürger und Bürgerinnen zu unterstützen, die (vor allem) staatlichen Repressionen aller Art ausgesetzt sind. Ein funktionstüchtiges Sekretariat ist von großer Bedeutung. Darum ist es wichtig, daß das Komitee finanziell gut ausgestattet ist, um seinen Aufgaben und Anforderungen gerecht werden zu können. Dazu braucht das Komitee noch mehr Förderer und Förderinnen, auch dann, wenn diese sich nicht aktiv an der Arbeit des Komitees beteiligen können. Ihre Geldbeiträge und Spenden helfen dem Komitee, seinerseits Hilfe gewähren zu können.

Komitee für Grundrechte und Demokratie e.V.
Aquinostr. 7-11, 50670 Köln
Telefon: 02 21/9 72 69-20 und -30
Telefax: 02 21/9 72 69-31

email: Grundrechtekomitee@t-online.de
web-Seite: http://www.Grundrechtekomitee.de

Spenden erbeten:
Volksbank Odenwald, Kto. 8 024 618, BLZ 508 635 13
(Spenden sind steuerlich absetzbar.)